Lehr- und Handbücher der Politikwissenschaft

Herausgegeben von
Dr. Arno Mohr

Bisher erschienene Werke:

Bellers, Politische Kultur und Außenpolitik im Vergleich

Bellers · Benner · Gerke (Hrg.), Handbuch der Außenpolitik

Bellers · Frey · Rosenthal, Einführung in die Kommunalpolitik

Bellers · Kipke, Einführung in die Politikwissenschaft, 4. Auflage

Benz, Der moderne Staat

Bierling, Die Außenpolitik der Bundesrepublik Deutschland, 2. A.

Braun · Fuchs · Lemke ·Töns, Feministische Perspektiven der Politikwissenschaft

Deichmann, Lehrbuch Politikdidaktik

Gabriel · Holtmann, Handbuch Politisches System der Bundesrepublik Deutschland, 3. Auflage

Glöckler-Fuchs, Institutionalisierung der europäischen Außenpolitik

Jäger · Welz, Regierungssystem der USA, 2. Auflage

Kempf, Chinas Außenpolitik

Krumm · Noetzel, Das Regierungssystem Großbritanniens

Lehmkuhl, Theorien Internationaler Politik, 3. Auflage

Lemke, Internationale Beziehungen

Lenz · Ruchlak, Kleines Politik-Lexikon

Lietzmann · Bleek, Politikwissenschaft – Geschichte und Entwicklung

Maier · Rattinger, Methoden der sozialwissenschaftlichen Datenanalyse

Mohr (Hrg. mit Claußen, Falter, Prätorius, Schiller, Schmidt, Waschkuhn, Winkler, Woyke), Grundzüge der Politikwissenschaft, 2. Auflage

Naßmacher, Politikwissenschaft, 5. Auflage

Pilz · Ortwein, Das politische System Deutschlands, 3. Auflage

Rupp, Politische Geschichte der Bundesrepublik Deutschland, 3. Auflage

Reese-Schäfer, Politische Theorie heute

Reese-Schäfer, Politische Theorie der Gegenwart in fünfzehn Modellen

Riescher · Ruß · Haas (Hrg.), Zweite Kammern

Schmid, Verbände

Schubert · Bandelow (Hrg.), Lehrbuch der Politikfeldanalyse

Schumann, Repräsentative Umfrage, 3. Auflage

Schumann, Persönlichkeitsbedingte Einstellungen zu Parteien

Schwinger, Angewandte Ethik – Naturrecht · Menschenrechte

Sommer, Institutionelle Verantwortung

Tömmel, Das politische System der EU, 2. Auflage

Wagschal, Statistik für Politikwissenschaftler

Waschkuhn, Grundlegung der Politikwissenschaft

Waschkuhn, Demokratietheorien

Waschkuhn, Kritischer Rationalismus

Waschkuhn, Kritische Theorie

Waschkuhn, Pragmatismus

Waschkuhn, Politische Utopien

Waschkuhn · Thumfart, Politik in Ostdeutschland

von Westphalen (Hrg.), Deutsches Regierungssystem

Woyke, Europäische Union

Xuewu Gu, Theorien der internationalen Beziehungen · Einführung

Das Regierungssystem Großbritanniens

Eine Einführung

Von
Dr. Thomas Krumm
und
Prof. Dr. Thomas Noetzel

Unter Mitarbeit von
Jochen Fischer, Ray Hebestreit und Sandra Staicu

R. Oldenbourg Verlag München Wien

Bibliografische Information Der Deutschen Bibliothek

Die Deutsche Bibliothek verzeichnet diese Publikation in der Deutschen
Nationalbibliografie; detaillierte bibliografische Daten sind im Internet
über <http://dnb.ddb.de> abrufbar.

© 2006 Oldenbourg Wissenschaftsverlag GmbH
Rosenheimer Straße 145, D-81671 München
Telefon: (089) 45051-0
www.oldenbourg-wissenschaftsverlag.de

Gedruckt auf säure- und chlorfreiem Papier
Gesamtherstellung: Druckhaus „Thomas Müntzer" GmbH, Bad Langensalza

ISBN   3-486-58062-0
ISBN 978-3-486-58062-4

Inhaltsverzeichnis

Tabellen- und Abbildungsverzeichnis

Tabellen:

Abbildungen:

1. Einleitung

Zu Beginn des 21. Jahrhunderts ein Buch über ein Regierungssystem zu veröffentlichen, ist durchaus ein gewagtes Unternehmen. Der angesichts des scheiternden Modells umfassender wohlfahrtsstaatlicher Daseinsfürsorge sich nicht nur in Europa durchsetzende Skeptizismus gegenüber etatistischen Lenkungsansprüchen verbietet gleichsam ein naives Reden über Regieren im Sinne einer hierarchischen Organisierung der Gesellschaft durch das Zentrum des politischen Systems, den Staat. Dem verfetteten Leviathan wird nichts mehr zugetraut, ja er traut sich selbst nicht mehr zu. Solche und ähnliche Diagnosen, die noch in den siebziger Jahren des 20. Jahrhunderts vor allem von eher konservativen Politikbeobachtern formuliert worden sind, werden heute als Mainstream politikwissenschaftlichen Wissens artikuliert.[1] Ist vom Staat überhaupt noch die Rede, dann vor allem kollaborativ, kooperativ, „schlank" oder „ironisch" (Willke 1992). Diese Sichtweise eines systemtheoretisch informierten Steuerungsskeptizismus hat durchaus einiges für sich, fallen doch die Erfolge staatsinterventionistischer Praktiken vom Arbeitsmarkt über die Sozial- bis hin zur Bildungspolitik eher bescheiden aus. Schwarz (1977) sprach sogar vom „europäischen Konzert der gelähmten Leviathane." Die Klage über „Unregierbarkeit" wurde in den 70er Jahren vor allem auf die klassische Schwäche parlamentarisch regierter Vielparteiensysteme mit häufig brüchigen und mit sich selbst beschäftigten Koalitionen zurückgeführt. Im Falle Großbritanniens, das von solchen „Koalitionsspielen" nicht oder kaum betroffen war, fand sich ein anderer Adressat für die Diagnose der Unregierbarkeit: die „maßlosen Arbeitnehmerorganisationen" im Zusammenspiel mit radikalen Parteien bzw. Parteiflügeln (ebd.: 297). Unregierbarkeit wurde also auch dann diagnostiziert, wenn Regierungen zwar über ausreichende parlamentarische Mehrheiten verfügten (was trotz Westminster-Modell nicht immer der Fall gewesen ist), „aber zu schwach sind, sich gegen starke Verbände durchzusetzen, die dem Gemeinwesen schaden (z.B. Gewerkschaften, Bauernverbände usw.)" (ebd.).

---

[1] Scharpf sah bereits 1977 die Gefahr eines "politischen Immobilismus" in der Bundesrepublik und Schmidt (1987) sah zehn Jahre später die Gestaltungsoptionen auf eine "Politik des mittleren Weges" festgelegt. Den ambitionierten Reformprojekten der Aufbruchära folgte eine Diagnose und Beschreibung des Regierens als "muddling through" (Lindblom 1975), die allenfalls inkrementalistische Anpassungsschritte für wahrscheinlich hielten.

In anderer Sprache war damit das Thema der „Krise der Demokratie" auf der politikwissenschaftlichen Agenda etabliert, das sich trotz oder wegen mehrfachen Gestaltwandels bis
heute erhalten hat. Die Krise der Demokratie als politikwissenschaftlicher Dauerbrenner wird
seit einigen Jahren als Krise des Regierens in seinen traditionellen, zentralistischen, direktiven
und hierarchischen Formen diskutiert. Die Praxis des Regierens wie auch die akademischen
Theorien über Regierung haben sich verändert, nachdem klassische Konzepte staatszentrier-
ten, hierarchisch geordneten Regierens mehr und mehr suspekt wurden (Peters 2004: 57). In
der Praxis des Regierens hat das dazu geführt, dass mit der Suche nach größerer Effektivität
des Regierungshandelns eine Bewegung fort von etatistischem Selbstverständnis und hin zu
Bemühungen um die „Kooptation" zivilgesellschaftlicher und privatwirtschaftlicher Akteure
bei der Erfüllung öffentlicher Aufgaben stattgefunden hat.[2]

Diese Einleitung zum Regierungssystem Großbritanniens bietet einen doppelten Überblick.
Sie soll zum einen den Wandel der Regierungsforschung der letzten Jahre umreißen wie auch
den der Praxis des Regierens in Großbritannien seit dem Regierungswechsel 1997 selbst. Sie
soll einen integrierenden Überblick über Entwicklungslinien und grundlegende Ideen des Re-
gierungsprojekts unter New Labour bieten,[3] bevor in den folgenden Kapiteln die einzelnen
Teilbereiche vertieft werden. Auf beiden Ebenen lassen sich vielschichtige Veränderungen
beobachten, die auch in Sprachsymbolen signifikant werden. Während mit *New* Labour auch
eine *new language* (Fairclough 2000) in die Regierungspraxis einzog, hat die Regierungsforschung folgerichtig ihren begrifflichen Schwerpunkt von *government* zu *governance*, von der
Regierung auf das Regieren, verlagert. Konsequent zu Ende gedacht, hielt Rhodes (1997) sogar „governance without goverment" für möglich. Aber auch in weniger extremen Positionen
ist die gestiegene Bedeutung gesellschaftlicher Gruppen im Prozess des Regierens sowie „the
increasing indeterminacy of policy decisions as a result of that involvment" (Peters 2004: 57)
beobachtet worden. Diese Einführung in das Regierungssystem reagiert auf diese Entwicklungen, indem sie den häufig recht engen Fokus der Regierungsforschung auf die Dimension
der Polity überwindet und sich verstärkt um die Prozess- und die Inhaltsdimensionen, um Politics und Policies und ihre Wechselwirkungen mit der Polity, bemüht.

---

[2] Dass der kurze Abschied von der langen Zuversicht wissenschaftlich angeleiteter, staatlich zentrierter Steue-
    rung der Gesellschaft auch etwas mit der Alterung einer regierungsoptimistisch sozialisierten Generation zu
    tun hat, kann hier nur am Rand vermerkt werden, geht die Krise des Regierens in den politischen Systemen
    des atlantischen Projekts der Moderne über die Befindlichkeitslage dieser oder jener Generation (Bude 1997)
    weit hinaus.

[3] In der Sprache New Labours könnte man auch von einer *joint-up presentation* sprechen, die dem leider nicht
    vermeidbaren „*departmentalism*" der Aufteilung der folgenden Einführung in einzelne Kapitel Rechnung
    trägt.

Governance hat in Politik- und Verwaltungswissenschaft zunehmend an Attraktivität gewonnen und ist gegenwärtig dabei, die ältere Begrifflichkeit der politischen Steuerung zu ersetzen (Becker 2005a: 301). Damit wird auch auf die permanenten Negativbilanzen reagiert, die mit den von den politischen Eliten formulierten Politikzielen quasi zwangsläufig verbunden sind. Immer öfter konnte konstatiert werden, dass das eigentlich Gewollte nicht erreicht worden ist.[4] Bei der Analyse solcher Zielverfehlungen rücken die Probleme der Koordination der gesellschaftlich und politisch beteiligten Akteure in den Mittelpunkt der Beobachtung. Das bedeutet nicht, auf Machtzentrierung und *governing from the centre* zu verzichten. Im Gegenteil: wie in Großbritannien ist in den meisten westlichen Demokratien ein Prozess der Macht- und Verantwortungszentralisierung an den exekutiven Spitzen beobachtet worden (Murswieck 2003:132). Um angesichts gestiegener gesellschaftlicher Komplexität ein steuerungsfähiges Regierungszentrum zu erhalten bzw. zu gewährleisten, wird auf neue Instrumente zugegriffen, werden Entscheidungen delegiert, informalisiert und ausgelagert und die Responsivität des Zentrums erhöht. Es gehört(e) zum neuen Stil sozialdemokratischer Regierungschefs um die Jahrtausendwende, sich die „Beratungsresistenz" vorangegangener Regierungen nicht mehr leisten zu können. Blair und Schröder mach(t)en ausgiebig von beratenden Kommissionen gebrauch, nicht nur um eine Innovationsfunktion zu bedienen, sondern auch um Entscheidungen gegenüber Widerständen innerhalb und außerhalb der Regierungspartei quasi überparteilich zu legitimieren.

Governance umfasst Überlegungen zu neuen Formen öffentlicher Kontrolle und Regulation, die mit den komplexen Veränderungen moderner Gesellschaften einher gehen. Wichtiger Teil ist dabei die Auflösung einer klaren Abgrenzung zwischen Staat und Gesellschaft sowie zwischen Staat und internationaler Gemeinschaft. „Regieren" in diesem Sinne umfasst sowohl etablierte hierarchische, staatliche Steuerung wie auch neue Formen der Ausgliederung öffentlicher Leistungen an parastaatliche und private Träger und netzwerkartige Dezentralisierung mit flachen Hierarchien. Der öffentliche Sektor benutzt weniger *command and controll*-Instrumente und dafür mehr Instrumente, die auf direkte Anordnung verzichten und mehr Verhandlungen und Beteiligung von betroffenen Akteuren ermöglichen. Im systemtheoretischen Jargon spricht man hier auch von „dezentraler Kontextsteuerung" (Willke/Teubner 1980). Das kann zum Beispiel bedeuten, dass die Regierung mehr „'soft law', such as negoti-

---

[4] Dass sich hierzu in den letzten Jahren mehr Beispiele für die Bundesrepublik als für Großbritannien finden lassen, führt uns bereits zu einem ersten Hinweis auf institutionelle Bedingungen des Regierens in Großbritannien wie das Mehrheitswahlrecht und Einparteienregierungen sowie das Fehlen von Föderalismus, Länderkammer, Verfassungsgericht und Konkordanzkultur.

ated pacts, standard setting, as well as some degree of self-regulation for the groups affected"
(Peters 2004: 57) einsetzt.

Daneben hat *governance* auch erhebliche normative Implikationen bezüglich Verantwortlichkeit und Transparenz des Regierens. Für die Bundesrepublik ist hier an die Debatte um die
„Macht der Verbände", um „Unregierbarkeit" (Hennis et al. 1977 und 1979) oder den „semi-
souveränen Staat" (Katzenstein 1987) mit stark eingeschränkten Gestaltungsmöglichkeiten in
den 1970 und 1980 Jahren zu denken. Die Debatte ist quasi das Präludium für die nächste
Phase der „Privatisierung des Regierens" durch die Erfolge der *New Public Management*-
Bewegung der 80er und 90er Jahre gewesen. Neue Formen des Regierens und Verwaltens wie
Public Private Partnerships und *Private Finance Initiatives* und die Welle der Ausgliederung
öffentlicher Aufgaben in quasiautonome, dafür aber wettbewerblicher und effizienter geführte
Agenturen hat Fragen der Verantwortlichkeit und Transparenz aufgeworfen. Für Großbritannien ist diese Umwälzung des Regierens als besonders weitreichend einzuschätzen, da hier
die Verantwortlichkeit gegenüber dem Parlament immer zentral war. Das Prinzip der *responsible government* ist im Zuge der Reformen zwar nicht auf der Strecke geblieben, sieht sich
aber durch den inzwischen erreichten Stand einer *differentiated polity* einem erhöhten Bewäh-
rungsdruck ausgesetzt. Dies lässt sich besonders eindrücklich am Beispiel der Verwaltung
illustrieren, deren Spitzenbeamten einen Wandel durchgemacht haben von nach außen hin
unsichtbaren, ohne politische Verantwortung agierenden „Amtsverwaltern" zu für die Erreichung politischer Vorgaben verantwortlichen „Managern", häufig in der Leitung quasiauto-
nomer Agenturen (Johnson 2001).

Governance-Konzepte öffnen die Analyse insbesondere für den Einfluss und die empirische und normative Rolle von Interessengruppen im Entscheidungsprozess. Die wachsende
Einbindung zivilgesellschaftlicher Gruppen in die Entscheidungsfindung wie auch die
Implementation macht das Regieren nur auf den ersten Blick offener und demokratischer. Es
kann nämlich auch als Aneignung öffentlicher Macht zum Nutzen begrenzt gemeinwohlorien-
tierter gesellschaftlicher Interessen gedeutet werden (vgl. Peters 2004: 58).

Ein weiteres wichtiges Kriterium, das im Zuge der Transformation des Regierens auf der
Strecke bleiben könnte, ist die Fähigkeit der Politik, raum- und zeitübergreifende kohärente
Programme zu entwerfen. Interessengruppen und andere zivile Akteure können einerseits helfen, die Kohärenz von Programmen unter Bedingungen von *multi level governance* zu festigen, da die meisten Interessengruppen auf mehreren Ebenen agieren. So können sie Beobachtungen von einer Ebene für Entscheidungen auf anderen nutzbar machen. Während sie in ver-

tikaler Hinsicht für einen sinnvollen Austausch sorgen können, kann sich im Hinblick auf horizontale Koordination ihre begrenzte themenbezogene Reichweite als hinderlich erweisen (ebd.). Hier muss bei ihrer Einbeziehung darauf geachtet werden, in welchem Ausmaß der zivile Akteur zum Klientelismus neigt.

Das Prinzip demokratischer Verantwortung auch für die in den Prozess des Regierens eingebundenen privaten bzw. gesellschaftlichen Gruppen stellt die Politik vor neue Herausforderungen. Verantwortlichkeit muss deswegen auch als wachsende Fähigkeit des Staates verstanden werden, die Handlungen von privatwirtschaftlichen Akteuren wie auch Interessengruppen oder autonomen Behörden, die in die Politik eingebunden werden, zu überwachen und zu kontrollieren (ebd.: 62). Während Interessengruppen eher an der Input-Seite des politischen Systems ansetzen, finden sich private Unternehmen und quasiautonome Verwaltungseinheiten vermehrt bei der Implementation eingebunden. An den unterschiedlichen Stellen müssen demzufolge auch unterschiedliche Kontrollformen ansetzen. Da das Vereinigte Königreich nie über ausgeprägte korporatistische Strukturen verfügt hat und ein vergleichsweise schwaches Verbändewesen hat, muss sich der Fokus demokratischer Kontrolle stärker auf die Implementationsseite des Regierungsgeschäftes richten. Verhandlungsspielräume und „Partnerschaften" bei der Implementation ermöglichen zunehmend Einflussmöglichkeiten an Stellen im politischen Prozess, an denen dies früher überhaupt nicht vorgesehen war. Aber auch der unmittelbare Wissens- und Einflusstransfer von Verbandsexperten auf die Ministerialbürokratie und von dort wiederum auf die Politik ist hier zu nennen. Diese Beobachtungen sprechen dafür, von einer Stärkung des informellen „Gegenkreislaufs" demokratischer Willensbildung und Machtzirkulation unter Bedingungen von *new governance* auszugehen.

Governance-Konzepte eröffnen zugleich einen analytischen Zugriff auf die Differenzierung von Politics im Zuge der Europäischen Integration und darüber hinaus der Globalisierung. Das Konzept bildet damit die *differenciated polity* in der Prozessdimension ab. Die Spannweite des Konzeptes reicht von *global governance* über *national* und *regional governance* bis hin zu *local governance* (Benz 2004). Unter Bedingungen von *multilevel governance* ist ein „Durchregieren" in regionale oder lokale Belange auch in unitarischen Systemen zunehmend erschwert, weil jede Ebene ihre neu gewonnene Eigenständigkeit schnell zu verteidigen weiß. Das hat auch Tony Blair bald nach Einleitung der Devolution erfahren müssen, als Versuche der Einflussnahme auf die Auswahl der Labour-Spitzenkandidaten in Wales und London rasch scheiterten. Seit der erstmaligen Wahl der Labour-Regierung 1997 haben sich die Bedingungen des Regierens wie auch die Verfassung insgesamt eindrucksvoll verändert.

Die neue Begrifflichkeit zeigt allerdings auch, dass es bei der Analyse eines modernen *Regierungs*systems in der Hauptsache immer noch um die Untersuchung der grundlegenden politischen und rechtlichen Entscheidungsstrukturen geht, also gleichsam um eine Polity-Orientierung. Daran ändert die schon beschriebene Relevanz der Prozessdimension bei der Untersuchung des Regierungshandelns nichts, denn die Politikprozesse werden in formellen und informellen Institutionen kanalisiert und reguliert. Zwar bilden die Prozesse selbst solche Leitkanten der Entwicklung des Regierungssystems heraus, Politics werden zu einem Faktor der Politygenerierung, wobei Grenzen und Möglichkeiten der Handlungen der Akteure durch die Polity – gerade auch in ihrem jeweiligen Prozessvollzug – definiert bleiben.

Und in der Tat lässt sich feststellen, dass die grundlegenden Erneuerungen des britischen Regierungssystems vor allem auf dieser Ebene der Rahmung und Kanalisierung politischer Entscheidung angesiedelt sind. Die Veränderungen der Bedingungen der Möglichkeiten erfolgreichen Regierens moderner, gesellschaftlich pluralisierter, politisch nicht mehr über Werte integrierter Systeme lassen sich beispielhaft in Großbritannien beobachten. Durchaus lässt sich die im 19. Jahrhundert formulierte Feststellung eines deutschen Philosophen aktualisieren, nach der dort der „ursprüngliche Prozess" der Herausbildung der bürgerlichen Gesellschaft stattgefunden habe. Heute müsste es wohl eher „post-industrielle Gesellschaft" heißen. Der grundsätzliche Befund bleibt jedoch richtig. Spätestens mit der Wahl Margaret Thatchers zur Premierministerin 1979 ist Regierungshandeln in Großbritannien jenseits des Versuchs, einen produktivitätsorientierten Korporatismus zu installieren, situiert. Der bis Anfang der siebziger Jahre von beiden großen Parteien nicht in Frage gestellte wohlfahrtsstaatliche Kurs, der dem Staat zentrale Verantwortung für die kompensatorische politische Regulierung ökonomischer Konkurrenz zuwies, wurde neu bestimmt nicht nur in seinen spezifischen Politikzielen, sondern in einer Neudefinition des Staates und seiner Handlungskompetenzen. Seit dem ist keine Regierung zu den Zielen, Strategien, vor allem aber Formen und Rahmen des sozialdemokratischen Politikdesigns zurückgekehrt. Das „goldene Zeitalter" umfassender sozialdemokratischer Steuerungsmodelle ist definitiv zu Ende gegangen (vgl. Merkel 1993). Daran hat auch der Sieg der sich bezeichnenderweise „New" nennenden „Labour Party" 1997 nichts geändert. Ganz im Gegenteil.

Seit der erstmaligen Wahl der Labour-Regierung 1997 haben sich die Bedingungen des Regierens wie auch die Verfassung in Großbritannien noch einmal eindrucksvoll verändert. Wobei im Zentrum eine Neubestimmung des verfassungsrechtlichen und politisch-geographischen Gefüges steht. So wurde die lange Zeit für quasi undenkbar gehaltene Dezentralisierung des Staates durch die Einführung mehr oder weniger politischer Selbstbestimmung in Schottland, Wales und Nordirland umgesetzt. Gleichzeitig erfuhr die regionale und kommunale Demokratie eine Stärkung; so kann der Bürgermeister nicht nur in London direkt gewählt werden, sondern darüber hinaus wurden neue proporzorientierte Wahlrechtsverfahren auf der Regionalebene eingeführt. Die Parlamentsstruktur wurde durch die Abschaffung aller erblichen Sitze im House of Lords tiefgreifend verändert. Die Parteienfinanzierung wurde der Kontrolle einer Wahlkommission unterstellt. Schließlich verrechtlichte sich das politische System Großbritanniens weiter, in dem der „Human Rights Act" 1998 die Europäische Menschenrechtskonvention in britisches Recht inkorporiert und damit alte Forderungen britischer Bürgerrechtsinitiativen nach kodifizierten Individualgrundrechten teilweise realisierte.

Fast zwangsläufig hat die politikwissenschaftliche Regierungsforschung nicht nur in Großbritannien durch den Machtwechsel 1997 und das anschließend freigesetzte Reformprogramm vielfältige Anregungen bekommen, deren Reichweite und Tragfähigkeit sich in der praktischen Forschung allmählich klärt. So wird das in der britischen Regierungsforschung gebräuchliche Konzept der „Kernexekutive" allmählich auch von der bundesdeutschen Politikwissenschaft rezipiert (vgl. Bandelow 2005). Das Konzept führt eine funktionale Definition von Regierung als Alternative zur institutionalistischen Perspektive ein. Damit wird eine Erweiterung bei gleichzeitiger Konzentration auf die wesentlichen Akteure und die „eigentlichen" Entscheidungszentren möglich, die bei einer sich auf verfassungsrechtliche Institutionen verengenden Analyse (Kabinett, Minister, Regierungschef usw.) aus dem Blickfeld verschwinden. Für die Untersuchung der allmählichen Entwicklung eines Regierungssystems wie das Großbritanniens die Konzentration auf Politikfelder wie Innen- und Justizpolitik oder Außenpolitik sinnvoll, da von solchen Feldern wiederum ein strukturierender Einfluss auf die programmatischen Grundlagen von Regierungspolitik ausgehen kann. Kursänderungen etwa im Bereich der inneren Sicherheit in der Folge des internationalen Terrorismus können sich viel leichter auf Kernbestände der Polity auswirken, da dieser Bereich nicht wie in der Bundesrepublik durch besondere Vorkehrungen geschützt ist. Obwohl oder weil die gesamte Polity disponibel ist, hat sie sich bisher als besonders anpassungsfähig erwiesen. Diese Flexibilität macht sie aber zugleich besonders imprägnabel für Dynamiken einzelner Politikfelder wie z.B. die Auswirkungen der wirtschaftspolitischen und arbeitsrechtlichen Reformen unter Thatcher. Bei der Gestaltung der Rahmenbedingungen einzelner Politikfelder kann stärker als in der Bundesrepublik mit Polity-Faktoren gearbeitet werden. Polity und Policies befinden sich quasi in einer dynamischeren Wechselwirkung.

Wir stoßen hier auf eine grundsätzliche, neue Herangehensweise an das Problem des Regierens moderner Gesellschaften. Umfasste früheres politisches und politikwissenschaftliches Denken über *central government* in Großbritannien (vgl. Rhodes 1997: 7, McMillan/Massey 2001: 25) vor allem solche Bereiche wie Parlamentssouveränität, starke Kabinettsregierung, Verantwortlichkeit durch Wahlen, mehrheitsdemokratische Kontrolle der Regierung, ausgeklügelte Konventionen für die Ausübung der Regierung (*conduct of business*), institutionalisierte Opposition und Regeln für die Debatte, so bezieht die Rede von *governance* nun auch immer die gesellschaftliche Umwelt des politischen Systems und seiner zentralen Struktureigentümlichkeit (Staat) in Überlegungen zur politischen Steuerung mit ein. Nicht zuletzt aufgrund der Reformen des öffentlichen Sektors und den Veränderungen in der Regierungspraxis, was hier *governance* und *government* meint, wird das traditionelle Modell einer entrückten Staatlichkeit mit der folgelogischen Konzentration auf seine Institutionen als adäquate Beschreibung des Funktionierens der Regierung zunehmend in Zweifel gezogen. Es wird sogar argumentiert, dass das Vereinigte Königreich im Zuge der jüngsten Reformen und der weiteren Differenzierung der Polity zunehmend ein *Disunited Kingdom* (McMillan/Massey 2001) geworden sei. Auch wenn die Grundstrukturen des Westminster-Modells hiervon bisher noch nicht berührt worden sind, so habe sich doch die Art und Weise, in der regiert wird verändert (ebd.). Der einschlägige Begriff, mit dem diese Veränderungen erfasst werden lautet eben *governance*. „Governance is now the language, and indeed the currency, of modern British government" (ebd.: 25). Rhodes (1997: 15) beschreibt governance als „self-organizing, interorganisational networks charakterized by interdependence, resource exchange, rules of the game and significant autonomy from the state".

Rhodes hat diese neue Komplexität der politisch-gesellschaftlichen Interpenetration auf den Begriff der *differentiated polity* gebracht, der die traditionellen Präsuppositionen des Westminster-Modells herausfordert. Er beschreibt die sozial-räumiche, funktionale und institutionelle Spezialisierung und Fragmentierung von Politikfeldern und Politikprozessen und sieht damit auf organisatorischer Ebene einen Wandel von government zu governance. Im Zuge der fortschreitenden exekutiven und administrativen Regionalisierung (Devolution) wird nicht nur die staatliche Einheit des Vereinigten Königreichs zu einer Schlüsselfrage. Die Regionalisierung von Polity, Politics und Policies hat gravierende Auswirkungen auf das traditionelle politische Entscheidungszentrum. Legislative und Exekutive sehen sich mit neuen Herausforderungen konfrontiert, die über die vorsichtige Föderalisierung des politischen Systems hinausgehen. So verändern sich Struktur und Performance des öffentlichen Dienstes, des Civil Service tiefreichend, ist doch seine überkommene monolithische Organisationsform in den letzten Dekaden nicht nur zugunsten der funktionalen, problemfeldorientierten Agenturen (*agencies*) zurückgegangen, sondern auch territorial ausdifferenziert worden.

Es kann festgestellt werden, dass dadurch das Regieren in London allerdings doch nicht so einfach ist und so viele Effektivitätsressourcen freigesetzt hat wie die optimistischen Selbstbekundungen der Zentrale vermuten lassen. In der Regionalpolitik gibt es alte Probleme und neue Entwicklungen: Der seit dreißig Jahren akute Konflikt in Nordirland ist auch unter Blair noch nicht zufriedenstellend gelöst worden. Mit der Einrichtung der Regionalparlamente für Schottland und Wales entwickelt das Vereinigte Königreich föderalistische Strukturen, die eine Eigendynamik nach weiterer Machtübertragung entwickeln. Vor allem in Schottland hat sich dabei ein bisher eher latent vorhandenes, eigenständiges politisches System herausgebildet: Das Parlament wird hier nach einem Verhältniswahlrecht gewählt und von vier Parteien dominiert, von denen die schottischen Nationalisten SNP die zweitstärkste Fraktion bilden und mit den anderen Parteien darum konkurrieren, wer mehr schottische Selbstbestimmung durchsetzen kann. Welche Zentrifugalität hier angelegt ist, zeigt das Faktum, dass das Schottische Parlament schon jetzt über erhebliche eigene Kompetenzen verfügt und, im Gegensatz zum deutschen „Einheitsföderalismus", auch das Recht besitzt, die in Schottland zu zahlende Einkommensteuer im Vergleich zum Rest des Vereinigten Königreichs um maximal drei Prozent anzuheben oder zu reduzieren.

Neben den durch Referenden in Schottland, Wales und Nordirland legitimierten grundsätzlichen und auf Langfristigkeit angelegten Umbrüche in der Struktur des traditionellen Zentralstaates – wobei nur für England keine umfassende Devolution vorgesehen ist – wurden auch die hergebrachten parlamentarischen Entscheidungsstrukturen verändert. Die New Labour Regierung hat eine Neuorganisation des Oberhauses (House of Lords) begonnen und alte Adelsprivilegien abgeschafft. Lediglich die Institution der Monarchie blieb von Blairs Reformeifer weitgehend unberührt. Durch eine verstärkte Verrechtlichung des Regierungshandelns und der zunehmenden Bedeutung von in der EU getroffenen Entscheidungen für das politische System Großbritanniens verliert die traditionelle Souveränität des Parlamentes, insbesondere des Unterhauses (House of Commons), an Bedeutung. Nicht alle Reformschritte waren allerdings zielführend. Die von Blair angestoßene Reform des unter demokratiephilosophischen Prämissen problematischen relativen Mehrheitswahlrechts ist jedenfalls auf der Ebene der Unterhauswahlen nicht vom Fleck gekommen.

Ein Teil der im Rahmen dieser Einleitung nur zu skizzierenden Veränderungen kann als Informalisierung der britischen Regierungspraxis gelten. Die Devolution hat die Dienstwege in Schottland, Wales und Nordirland „kleiner gemacht" und näher an das Publikum herangerückt. Hinzu kommt ein neuer spezifischer Organisationsstil der Regierung Tony Blairs, in dem sich ein durchaus informeller direkter Zugriff auf einzelne Politikfelder (Chefsachen) mit professioneller Kommunikation und konsequenter Machtzentrierung verbindet (Becker 2005a). Die neuen regionalisierten und aus dem traditionellen öffentlichen Dienst verlagerten Entscheidungsstrukturen haben die Londoner Zentralregierung jedoch nicht geschwächt oder für Unpopularität der Regierungspartei gesorgt, wie auch die Parlamentswahlen 2005 gezeigt haben. Hier bietet Großbritannien ein gänzlich anderes Bild als etwa die Bundesrepublik Deutschland.

Zu den Innovationen der Regierung Blair gehört auch ein neuer Umgang mit Medien und Öffentlichkeit. In diesem Bereich wird deutlich, dass Regieren nicht nur in und durch spezifische Institutionen erfolgt. Das britische Beispiel zeigt auch, dass neben der Polity auch die Kommunikation des Politikprozesses, der Politics selbst, Leitkanten für die Bedingungen der Möglichkeit des Regierens verlegt. An erster Stelle soll hier die mediale Konstruktion politischer Entscheidungen genannt werden. Zwar griff bereits Margaret Thatcher für ihren Wahlsieg 1979 auf professionalisierte Medienmanager zurück[5], die Strategen New Labours verstanden es aber in nie gekanntem Ausmaß, die Medienkommunikation für ihre Anliegen zu nutzen. In der Anfangszeit standen der Regierung hierfür die „spin doctors" Peter Mandelson (ab 1996 Labours Wahlkampfmanager, dann im ersten Kabinett Blaris bezeichnenderweise Minister ohne Portfolio) und Alastair Campbell zur Verfügung. Zu den Beratern gehört auch der Sozialexperte und ehemalige Chef der Politikberatungsfirma „Demos", Geoff Mulgan. Insbesondere die Wahlkämpfe manifestierten eine neue Öffentlichkeitsorientierung im Sinne der „Befriedigung" politischer Konsumentensouveränität. Fokusgruppen und Telefonumfragen, aber auch die eingekauften Daten von Kreditkartenfirmen über Konsumentenverhalten lieferten die Grundlage für populäre Kampagnen, die von besserer Krankenversorgung bis zu einer rigiden „tough on crime policy" reichten. Es scheint, dass auch in ihrer Regierungspraxis New Labour sich als politisches Unternehmen begreift, dass seine Produkte am Markt platzieren muss. Ähnlich wie Konsumenten werden die Wähler zielgruppenspezifisch angesprochen. Durch die Auswertung des Konsumentenverhaltens werden inzwischen Listen von Wählern erstellt, die der jeweiligen Partei Nahe stehen könnten, um sie dann direkt anzusprechen (*microtargeting*).

---

[5] So schuf der auch heute noch bekannte Musicalkomponist Andrew Lloyd-Webber extra eine neue konservative Parteihymne, die bei Auftritten Thatchers gespielt wurde und den schönen Titel trug. „It´s great to be great."

Es passt in dieses Bild eines an Marktprozessen orientierten Politikmanagements, dass inzwischen eine neue Semantik zur Beschreibung des Regierungshandelns eingesetzt wird: Es geht um die „Lieferung" des politisch Bestellten. *Delivery* fungiert als Zauberwort, als Bannwort, mit dem die Gunst des Publikums errungen werden soll. Wobei im Zentrum des Angebots die charismatische Führungsgestalt steht. Mit einem auf Tony Blair zugeschnittenen und durch eine offensive Medienstrategie ausgetragenen Wahlkampf 1997, inklusive der eingeworbenen Unterstützung des Massenblattes *Sun*, gelang die Vermittlung eines Aufbruchgefühls und in der Folge der Wiederaufstieg der vormaligen „Arbeiterpartei" als New Labour. Er ist der erfolgreiche Mann der Taten, der über Partei und Gewerkschaften steht und seine Ideologiefreiheit betont. Aus der Vielzahl der Felder, in denen Politik als pragmatische Veranstaltung begriffen wird, ragen dann die Einzelfälle gesinnungspolitischer Festlegungen (Irak) umso deutlicher heraus.

An dieser Personalisierung des Regierungshandelns und die Machtkonzentration in den Händen Blairs hat sich bis heute trotz des mit jeder Wiederwahl geringer werdenden Vorsprungs nur wenig geändert. Wenig geändert hat sich auch an der Kritik an diesem neuen Politik- und Regierungsstil, der als opportunistisch gilt und sich kurzfristig wechselnden Stimmungslagen anpasse, die vor allem der Premierminister aufgreife. Bis auf seine Beteiligung am Irak-Krieg 2003, der in der britischen Bevölkerung unpopulär war und von Blair gegen viele Widerstände durchgesetzt wurde, ist ihm diese Orientierung an den Stimmungen gelungen. In der Regierungspraxis hat das zu einer Stärkung der Stellung des Prime Minister geführt. Galt noch Blairs Vorgänger John Major als primus inter pares seiner Kabinettskollegen, so führt Blair ein striktes *prime ministerial government*, das sich an der Führungsrigidität Thatchers orientiert, von der Zeitgenossen behaupteten, ihre Kontrolle der Entscheidungsverläufe zeige, dass in Großbritannien mit Blick auf die Machtfülle des Premiers von einer „elected dictatorship" gesprochen werden müsse. Beobachter der Machtausübung Blairs sprechen sogar von einem „court government", von kleinen Entscheidungszirkeln, die vor allem die Interessen des „hofhaltenden" Premiers umsetzen, und in die man je nach Grad der Duldung zugelassen wird oder von denen man ausgeschlossen bleibt.

Zu den prozessabhängigen Faktoren im britischen Regierungssystem gehört entscheidend die Qualität des Verhältnisses von Regierung und Opposition. Die Regierungszeit Tony Blairs ist gekennzeichnet durch einen weitgehenden Ausfall der Opposition, die ihrer Polity-Funktion, eine „Regierung im Wartestand" bereitzustellen, kaum gerecht geworden ist. Die Konservative Partei hat sich von den Verwerfungen ihrer Regierungsjahre unter John Major und Margaret Thatcher weder organisatorisch noch programmatisch erholt. Da außer einer letztlich nicht wählerwirksamen Europhobie kein Thema durch die Konservativen hegemonial besetzt wird, bestimmt die New Labour Party die politische Semantik, was ihr das „Durchregieren" leichter macht. Da sind es dann schon eher innerparteiliche Widersprüche, wie etwa in der Frage der Beteiligung des Irak-Krieges oder sozialpolitischer Kürzungen, die der Regierung Blairs zu schaffen machten. Allerdings konnten bisher aller innerparteilichen „Revolten" durch das Charisma des Premiers zur Unmutsäußerung frustrierter nachgeordneter Funktionäre aus der zweiten und dritten Reihe herabgestuft werden.

Ein Wiederaufleben der in der Labour Party einstmals populären korporatistischer Ideen, die ja erhebliche Bedeutung für das Regierungssystem haben, ist nicht festzustellen. Blair hat sich – etwa im so genannten „Schröder-Blair Papier"[6], das die deutsche Sozialdemokratie an das Projekt eines „Dritten Weges" zwischen neoliberal entgleistem Kapitalismus und etatistisch erstarrtem Sozialismus der erfolgreichen britischen Schwesterpartei ankoppeln sollte – explizit von sozialdemokratischen „Runden Tischen" oder anderer „konzertierten Aktionen", beispielsweise einem durch die Regierung zu moderierendem „Bündnis" der Sozialpartner „für Arbeit", distanziert. Diese Absage bedeutet nun aber nicht zwangsläufig den Verzicht auf eine Politik der sozialen, partizipativen oder generationellen Gerechtigkeit. Sozialpolitisch gab es Einschränkungen etwa für alleinerziehende Mütter, Witwen oder Behinderte bei gleichzeitiger Förderung von Familien und den jeweiligen Selbstorganisationsanstrengungen der o. g. Gruppen. Eine solche Stärkung der Eigenaktivitäten ist auch im Bereich der Bekämpfung der Jugend- und Langzeitarbeitslosigkeit zu beobachten. Hilfen zur Arbeitsplatzfindung rücken im *welfare to work*-Programm an die Stelle klassischer Sozialhilfe. Die für die Förderung dieser Gruppen notwendigen Mittel wurden sogar durch eine Sondersteuer, der so genannten *windfall tax*, die von privatisierten Monopolunternehmen aufgebracht werden musste, finanziert. Diese Steuerschöpfung und die Einführung eines garantierten Mindestlohns zeigt aber keine Neuauflage sozialdemokratischer Regierungspolitik alten Stils an. Im Bereich der Wirtschafts- und Finanzpolitik gab es keine Rückkehr zu *deficit spending* und staatsinverventionistischer konjunktureller Gesamtsteuerung. An der liberalen Marktwirtschaft wird nicht gerüttelt. Eine Renationalisierung privatisierter Unternehmen, wie von Teilen der Labour Party und den Gewerkschaften insbesondere für die Eisenbahnen gefordert, ist nicht in Sicht. Finanzpolitisch gab es lediglich kleinere Korrekturen des Thatcherismus, die ohne direkte Steuererhöhungen durchgeführt wurden. Über die Amtsvorvorgängerin bei der

---

[6]   „Der Weg nach vorne für Europas Sozialdemokraten. Ein Vorschlag von Gerhard Schröder und Tony Blair", London, 8. Juni 1999. Darin wurde u.a. eine „neue angebotsorientierte Agenda für die Linke" vorgeschlagen sowie auf die „unterschiedlichen Traditionen im Umgang zwischen Staat, Industrie, Gewerkschaften und gesellschaftlichen Gruppen" hingewiesen.

Deregulierung hinausgehend entließ Schatzkanzler Gordon Brown die britische Nationalbank sogar in die finanzielle und politische Unabhängigkeit, wie sie die Deutsche Bundesbank schon lange vorher genossen hatte.

Kontinuität bewies die New Labour Regierung auch bei ihren internationalen Beziehungen. Die Außenpolitik im Regierungssystem Großbritanniens ist seit Ende des Zweiten Weltkrieges von dem Spannungsfeld der *special relationship* zu den USA und der ambivalenten Haltung im europäischen Einigungsprozess geprägt. Tony Blair ist dabei allerdings wie seinen Vorgängern trotz seiner Bekenntnisse zu Europa keine Lösung des transatlantischen Dilemmas gelungen, zumal die öffentliche Euroskepsis in Großbritannien eine vollständige Integration in die EU weiterhin blockieren wird. Die propagierte Brückenfunktion zwischen den Kontinenten hat auf europäischer Seite insbesondere durch den Irakkrieg 2003 deutliche Risse bekommen. Ob die EU-Ratspräsidentschaft in der zweiten Jahreshälfte 2005 langfristig dazu genutzt werden kann, verlorenes Vertrauen wiederherzustellen und die Krise nach dem Scheitern der EU-Verfassung als Chance zu nutzen, bleibt abzuwarten. Zwar hat Blair sein Bekenntnis zu einem Europa, das mehr sein soll als eine Freihandelszone, wiederholt bekräftigt, zugleich soll aber ein europäischer „Superstaat" verhindert werden.

Blickt man auf das Regierungssystem Großbritanniens seit 1997 so kann als Fazit gelten, dass bei aller Rede von einer „Blair Revolution"[7] ein grundlegender Wandel allein in einigen Bereichen der Grundstrukturen des politischen Systems stattgefunden hat. Von einem umfassenden Politikwechsel kann demgegenüber nicht gesprochen werden. Stattdessen stößt der Beobachter auf das bekannte britische Muster evolutionären Politikwandels, das Beharrung und Flexibilität des britischen Regierungssystems seit seinem Übergang in die moderne bürgerliche Gesellschaft bestimmt. Die gegenwärtige Modernisierungswelle des britischen Regierungssystems begann, so lässt sich pointiert formulieren, mit der „eisernen Lady" Margaret Thatcher, die wiederum auf Programme ihres Vorgängers Edward Heath zurückgriff und diese radikalisierte. Tony Blair setzte den Modernisierungskurs weitgehend fort, erweiterte aber die neokonservative Reformagenda, indem er sie mit einer Wertorientierung an „sozialer Teilhabe" und „Stärkung gemeinschaftlicher Bindungen" ergänzte.

Diese Einführung in das Regierungssystems Großbritanniens, die sich insbesondere mit den Veränderungen seit 1997 beschäftigt und damit die vorhandenen allgemeinen Darstellungen aktualisiert, ist das Ergebnis eines zwischen März 2004 und Februar 2006 abgelaufenen

---

[7] 1996 veröffentlichte Peter Mandelson seine umjubelte „Blair Revolution", die in der zweiten Amtsperiode wohlwollend „wiederbesichtigt" wurde (Mandelson/Liddle 2004).

Arbeits- und Diskussionsprozesses, an dem Hochschullehrer, Mitarbeiter und Studierende des Instituts für Politikwissenschaft der Philipps Universität Marburg mitgewirkt haben. Unter Gesamtleitung von Thomas Krumm (Kapitel Wahlen, Parteien, Regierung, Verbände, Verwaltung und Innenpolitik) und Thomas Noetzel (Verfassung) haben Jochen Fischer (Kapitel Öffentlichkeit und Außenpolitik), Ray Hebestreit (Wirtschaftspolitik und Sozialpolitik) und Sandra Staicu (Regionen/Kommunen) geforscht und die jeweiligen Teilkapitel verfasst.

Marburg/ Stadtallendorf

Thomas Krumm

Thomas Noetzel

2. Verfassung

Das politische System Großbritanniens kennt keine kodifizierte Verfassung. Folgerichtig entfällt damit auch die Möglichkeit, vor einem Verfassungsgericht vermeintliche oder tatsächliche Verstöße gegen die Verfassung zur Verhandlung zu bringen. Trotz dieses Fehlens einer schriftlich fixierten Verfassung existieren Regeln, die wichtige grundlegende Beziehungen zwischen den verschiedenen Teilen der Staatsgewalt, zwischen Legislative, Exekutive und Judikative, Regionen und Zentralregierung, individuelle und kollektive Abwehr- und Anspruchsrechte gegenüber der Regierung usw. definieren: 1. Parlamentsgesetze (*Statutes*): Vom Parlament beschlossene Gesetze haben Vorrang vor anderen verfassungsrechtlichen Quellen, wie etwa Konventionalregeln oder Gewohnheitsrechten, 2. Gewohnheits- bzw. Richterrecht (*Common Law*): Regeln, Gebräuche, richterliche Entscheidungen, königliche Prärogativrechte, 3. Allgemein akzeptierte Verfassungsinterpretationen (*Works of Authority*), 4. Konventionalregeln (*Conventions*): Regeln, die ein angemessenes Verhalten der am politischen Prozess beteiligten Personen und Institutionen festlegen, ohne für ihre Bindungswirkung Gesetzeskraft beanspruchen zu können, 5. Gesetze der Europäischen Union (*European Union Law*): Mit dem Beitritt Großbritanniens zur EG (niedergelegt im vom Parlament 1972 beschlossenen „European Communities Act") wird der EU eine übergeordnete Rechtsstellung zugebilligt. Der eigentliche Ort politischer Souveränität liegt im britischen Regierungssystem aber nicht in der Verfassung, sondern im Parlament, das sich keinem höheren rechtlichen oder politischen Willen unterordnet, sondern im Rahmen seiner absoluten Selbstbestimmungsfreiheit sich selbst binden kann, etwa an die EU. „*Parliamentary sovereignty*" und die „*rule of law*" stehen im Zentrum der politischen Verfasstheit Großbritanniens. Seit Beginn des 20. Jahrhunderts hat sich von den beiden Kammern des Parlaments, („House of Commons"und „House of Lords"), das House of Commons als dominierende Instanz entwickelt. Zu den durch die New Labour Party angestrebten Verfassungsreformen gehört die Abschaffung des traditionellen Oberhauses und die Schaffung einer neuen zweiten Kammer. Seit ihrem Amtsantritt nimmt die Verrechtlichung des britischen Regierungshandelns zu (Übernahme der „Europäischen Menschenrechtsdeklaration" ins britische Recht 1998) und passt sich damit peu à peu kontinentaleuropäischen Verhältnissen an.

2.1 Grundprinzipien

Schon eine kurze Überlegung zur Bedeutung von Verfassungen für Regierungssysteme führt
zu dem Ergebnis, dass begrifflich zwischen zwei Formen von Verfasstheit unterschieden werden muss. Unter Verfassung soll im Folgenden eine Sammlung der wichtigsten Normen und
Regeln verstanden werden, die einen Staat sozialräumlich und in seinen symbolischen Reprä-
sentationen fixieren und die Beziehungen zwischen den verschiedenen Teilen der Staatsgewalt, zwischen Legislative, Exekutive und Judikative, Regionen und Zentralregierung usw.
definieren. Ebenso normieren Verfassungen das Verhältnis der staatlichen Gewalten zum
Staatsvolk, stellen das Rechtsverhältnis des einzelnen Staatsbürgers mit dem Staat fest, definieren individuelle und kollektive Grundrechte. Sie verleihen den Individuen Abwehr- und
Anspruchsrechte gegenüber dem Staat. Die Verfassung des politischen Systems bringt gleichsam das „Volk" als eigentliche Quelle politischer Legitimität erst hervor, denn in Form einer
physischen Einheit, quasi als „body politic", wie sie etwa im Leviathan des Thomas Hobbes
von 1651 modelliert wurde, ist es als Souverän nicht vorhanden. Zu seiner Konstituierung als
mehr oder weniger handlungsfähigem Subjekt bedarf es einer – wie die Geschichte moderner
politischer Systeme zeigt – kontingenten symbolischen Repräsentation in und durch spezifische politische Institutionen, in deren Zentrum wiederum die Verfassung steht. Vor seiner
politischen Konstruktion existiert kein „Volk" als Legitimationsquelle politischer Herrschaft
in der Moderne, also jenseits der aus der selbstbezogenen Willensäußerung des Volkes in
Wahlen und Abstimmungen stammenden politischen Souveränität traditional-personenver-
bandlicher, kosmologischer oder religiöser Herrschaftsrechtfertigung.[8]

   Mit der Beschreibung dieser funktionalen Aspekte ist allerdings über die Form der Verfassung noch nichts gesagt. Eine bekannte Form ist die schriftliche Fixierung der für wichtig
gehaltenen Normen und Symbolisierungen in einer Art Gründungsdokument des politischen
Systems. Dass Verfassungen aber nicht zwangsläufig vollständig schriftlich niedergelegt werden müssen, gleichsam in einer Art politischem Urtext kodifiziert sein müssen, zeigt ein Blick
auf viele Normen und Regeln, die für die Operationen des politischen Systems und des Staates wichtig sind, aber keinen Eingang in die jeweilige schriftlich fixierte Verfassung gefunden
haben. Für die Bundesrepublik Deutschland markiert etwa das Agieren der unterschiedlichen

---

[8]   Die Vorstellung einer vorpolitischen gesellschaftlichen Homogenität des Subjekts „Volk", die ideenge-
      schichtlich durch Rousseau prominent und tiefwirkend vertreten wurde, ist totalitär. Vgl. dazu: Jacob L.
      Talmon, The Origins of Totalitarian Democracy, New York 1960; symptomatisch: Carl Schmitt, Die geistes-
      geschichtliche Lage des heutigen Parlamentarismus (1923), 7. Auflage Berlin 1991.

gesellschaftlichen Interessensverbände auch die Handlungsfähigkeit bzw. -unfähigkeit des Staates, ohne dass diese Rolle der Verbände im Grundgesetz erwähnt würde. Die Weimarer Reichsverfassung enthielt sich gar aller Hinweise auf die Bedeutung der Parteien, die gleichwohl schon damals zu den wichtigsten Akteuren im Regierungssystem aufgestiegen waren. Auch andere wichtige Normen und Regeln, wie beispielsweise Fragen des Wahlrechts, werden nur selten in schriftlich fixierten Verfassungen behandelt. Trotzdem gehören die Rechte und Pflichten von Verbänden und Parteien und das Wahlrecht – um unsere Beispiele aufzugreifen – zu entscheidenden Teilen der politischen Verfasstheit des Staates. Diese kurzen Hinweise sollen deutlich machen, dass es offensichtlich bei der Untersuchung eines Regierungssystems nicht genügt, sich mit der kodifizierten Verfassung zu beschäftigen. Das gilt umso mehr für das britische Regierungssystem, weil es dort keine geschlossene niedergeschriebene Verfassung im Sinne der US-amerikanischen „*Constitution*" oder des deutschen „Grundgesetzes" gibt. Vielmehr fußt die Verfassung des britischen Regierungssystems auf fünf ganz unterschiedlich gefassten Fundamenten (Kavanagh 2000: 47).

1. Parlamentsgesetze (*Statutes*): Vom Parlament beschlossene Gesetze haben Vorrang vor anderen verfassungsrechtlichen Quellen, wie etwa Konventionalregeln oder Gewohnheitsrechten. Sie sind es, die das Prinzip der Parlamentssouveränität begründen (Kap. 2.1.2). Beispiele für solche *statutes* sind Wahlgesetze, Gesetz zum Beitritt Großbritanniens zur EG (heute EU), sowie Gesetze, die die relative Selbstständigkeit von Nordirland, Schottland und Wales regeln. Rein formal besteht kein Unterschied zwischen solchen Parlamentsgesetzen, denen Verfassungsrang zugeschrieben wird und solchen, bei denen das nicht der Fall ist. Konstitutionelle Gesetze sind also nicht durch Privilegien wie eine qualifizierte Mehrheit besonders geschützt.

2. Gewohnheits- bzw. Richterrecht (*Common Law*): Regeln, Gebräuche, richterliche Entscheidungen, königliche Prärogativrechte. Diese auch als „gemeines" oder „gewöhnliches Recht" bezeichneten Quellen der Verfassung sind nicht in Form von Gesetzen niedergelegt, bestimmen aber rechtliches und politisches Verhalten. Beispiele für die Bedeutung des *common law* sind das – nicht kodifizierte – Recht auf freie Meinungsäußerung und öffentliche Versammlung oder das königliche Vorrecht, Verträge mit anderen Staaten abzuschließen, Kriege zu erklären und das Unterhaus aufzulösen. Das britische *common law* mit seiner mittelalterlichen Herkunft ist derjenige Teil der Verfassung, mit der sich Großbritannien am stärksten von der kontinentaleuropäischen, vom römischen Recht geprägten Verfassungs- und Rechtstradition unterscheidet (vgl. Kap. 11.1). Die damit verbundene Konzentration auf Prä-

zedenz- und Einzelfälle haben zur Charakterisierung des nur in Wales und England dominanten „case law" als „typisch englisch" geführt.

3. Allgemein akzeptierte Verfassungsinterpretationen (*Works of Authority*): Kommentare, die als gültige Interpretationen der Verfassung gelten, wie etwa die des Oxforder Juristen A. V. Diceys „An Introduction to the Study of the Law of the Constitution" von 1885 oder auch Walter Bagehots verfassungsgeschichtliche Systematisierung „The English Constitution" von 1867. Auf den Juristen und Journalisten Bagehot geht die Unterscheidung zwischen den *dignified* und den *efficient parts* der Verfassung zurück. Erstere umfassen traditionelle, monarchische Elemente wie das Oberhaus und die Krone, letztere das eigentliche Entscheidungszentrum mit Kabinett und Premierminister. Zu Diceys Verdiensten gehört die Systematisierung dreier Prinzipien, auf denen die Verfassung beruht: Parlamentssouveränität, Herrschaft des Gesetzes und Konventionalregeln (Kamm/Lenz 2004: 164).

4. Konventionalregeln (*Conventions*): Regeln, die ein angemessenes Verhalten der am politischen Prozess beteiligten Personen und Institutionen festlegen, ohne für ihre Bindungswirkung Gesetzeskraft beanspruchen zu können. Ein Beispiel für solche *conventions* ist die Unterzeichnung von im Parlament verabschiedeten Gesetzen durch den Monarchen, ohne die Gesetze keine Rechtskraft erlangen (*royal assent*). Es gibt kein Gesetz, das den Monarchen zwingt, diese Zustimmung zu erteilen. Es ist aber eine bindende Konvention, der er sich fügt. Auch die allein dem Monarchen zustehende Ernennung des Führers der stärksten Unterhausfraktion zum Premierminister und seine Entlassung im Falle des Verlustes einer Parlamentsmehrheit oder als Reaktion auf ein erfolgreiches Misstrauensvotum des Parlaments folgt der Konvention genauso wie die Regel, dass der Premierminister Mitglied des Unterhauses sein muss. Zu den *conventions* gehört auch, dass der Premierminister die im *common law* fixierten Vorrechte des Monarchen nach eigenem Willen ausübt, etwa was die Auflösung des Parlaments und die Festsetzung von Neuwahlen betrifft. Es sind vor allem diese Konventionalregeln, die den Charakter der Verfassung als „ungeschrieben" prägen, auch wenn solche Regeln im Laufe der Zeit durch *statutes* oder durch autoritative Kommentare und Sammlungen[9] schriftlich fixiert werden.

5. Gesetze der Europäischen Union (*European Union Law*): Mit dem Beitritt Großbritanniens zur EU (niedergelegt im vom Parlament 1972 beschlossenen „European Communities

---

[9] Z.B. das 1844 erstmals publizierte Handbuch von Sir Thomas Erskine May über „Parliamentary Practice". Die ursprünglich deskriptiv angelegte Sammlung von Konventionalregeln des Parlaments zählt mittlerweile zu den *works of authority* mit Verfassungsrang.

Act") wird der EU eine übergeordnete Rechtsstellung zugebilligt. Britische Gerichte dürfen Parlamentsgesetze auf ihre EU-Kompatibilität prüfen. In der Folge des Beitritts entstand eine Debatte darüber, ob das Parlament noch souverän sei, zu entscheiden wie es wolle, oder ob seine Souveränität nun eingeschränkt oder gar geteilt ist. Nicht zuletzt um Zweifel an der Legitimität des Beitritts und damit an der Suprematie von EU-Recht auszuräumen, entschied sich die Regierung Wilson 1975 für ein Referendum in dieser Frage, bei dem sich 67 % für die britische Mitgliedschaft in der EG entschieden. Zu einer folgenschweren Umwälzung hat auch die Übernahme der *European Convention on Human Rights* (ECHR) in britisches Recht durch den „Human Rights Act" 1998 geführt (vgl. Kap. 2.4).

Großbritannien ist mit diesem sehr flexiblen Mischsystem verfassungsgenerierender rechtlicher und politischer Quellen ein überaus interessantes Beispiel für die Relevanz der zweiten Form von Verfassungen, die nicht primär auf systematischen Kodifizierungen beruht, sondern der überkommenen, kristallisierten und eingeschliffenen Handlungspraxis der politischen Akteure entspringt. Das hängt auch damit zusammen, dass kein historischer Moment der Gründung eines großbritischen Staates, dem eine verfassungsgebende Versammlung Struktur und Ziele hätte geben können, existiert. Die revolutionären Veränderungen von 1649 und 1689 mündeten in einem Gradualismus, der eben zu keinem fundamentalen Neuentwurf des Regierungssystems führte, wie an der jeweiligen Rekonstituierung der Monarchie abzulesen ist. In diesem Sinn war die Verfassung des United Kingdom schon immer da, „given, a fact of life" (King 2001: 39). Für die kontinentaleuropäische Tradition der häufig durch eine Revolution erkämpften und einen Konstituanten geschriebenen Verfassung wirkt die britische Form der evolutionär errungenen und als Einheit nur virtuell präsenten Verfassung zunächst oft befremdlich. Man sollte sich jedoch nicht zu dem Vorurteil hinreißen lassen, die britische sei gar keine richtige oder nur eine defizitäre Form von Verfassung. Die britische Verfassungstradition hat vielmehr gegenüber der zweiten Form voraus, die älteste niemals abgelöste Verfassung zu sein. Keine andere Verfassung kann auf eine vergleichbar lange Bewährung selbst unter stürmischsten Bedingungen verweisen.

Zwischen diesen beiden Formen, dem Gründungsdokument eines Staates und der Normgewinnung aus der tradierten Praxis heraus, gibt es insbesondere in Großbritannien nur unvollständige Überschneidungen, weil die vorhandenen aber unsystematisch kodifizierten Teile der Staatsverfassung relativ klein sind und vieles offen lassen. So ist etwa die Maximaldauer der Legislaturperioden und die Macht von Unter- und Oberhaus gesetzlich festgelegt, aber die Regel, dass der Vorsitzende der stärksten der im Parlament vertretenen Parteien vom Monarchen zum Premierminister ernannt wird, eben nicht. Trotzdem verfährt das britische Staatsoberhaupt schon seit sehr langer Zeit dementsprechend, obwohl kein Verfassungsartikel es dazu zwingt. Eine Reform des derzeit geltenden relativen Mehrheitswahlrechts in Richtung Verhältniswahl würde auch eine Reform dieser Praxis bedeuten, da dann nicht länger die stärkste Fraktion auch den Premierminister stellen muss. Vielmehr könnte eine Koalition unterlegener Parteien die Mehrheitspartei überstimmen. Der derzeit noch funktionierende Automatismus bei der Ernennung des Premiers würde obsolet. Das Beispiel illustriert auch das historisch fein abgestimmte Netzwerk einzelner Regeln. Ein Eingreifen an einer Stelle zieht in der Regel eine Reihe von Konsequenzen an anderen Stellen nach sich. Auf diese Weise ist das Netzwerk der einzelnen Konventionen und Statuten wie ein sich selbst stabilisierendes System.

Für die Analyse der Verfasstheit des britischen Regierungssystems verlangen solche und ähnliche Beobachtungen nicht nur, dass die große Bedeutung und Bindungswirkung von Konventionalregeln zu beachten ist, sondern darüber hinaus einzelne politische Maßnahmen, einzelne Politikfelder auf die in ihnen angelegten Bestätigungen oder Dementierungen solcher Konventionalregeln geprüft werden müssen. Punktuelle und sachlich begrenzte Veränderungen der politischen Praxis, wie sie beispielsweise in der politischen In-/Exklusion sozialer Bewegungen und gesellschaftlicher Gruppen, außenpolitischen Neuorientierungen, Gesetzesveränderungen im Bereich Rechtspolitik u. ä. können dann auch durchaus verfassungsändernde Qualität haben, wenn sie denn das bisher tragende Verfassungsfundament tiefgreifend verschieben. Dem Hinweis, dass solche tiefgreifenden Umbauten der politischen Landschaft die Verfassung nicht berührten (King 2001: 3), kann in dieser Allgemeinheit nicht zugestimmt werden, weil sich gerade in der Umwälzung eingefahrener Politiken auch Änderungen der politischen Grundprinzipien und Legitimitätskonstruktionen – also dem Kernaufgabenbereich kodifizierter oder nicht-kodifizierter Verfassungen – manifestieren können, wie gerade die Reformen der Blair-Regierung seit 1997 zeigen.

Zu den Grundnormen und Strukturen des britischen Verfassungssystems gehört seine adversiale Orientierung. Können zahlreiche Verfassungen als Regelsammlung für die Gewaltenteilung des politischen Systems beschrieben werden, so gilt für Großbritannien eher das Gegenteil einer Legitimation der Machtkonzentration bei der im Parlament sich auf eine Mehrheit stützende Zentralregierung, der eine politisch eher ohnmächtige Opposition gegenübersteht. Das britische politische System ist durch einen starken Dualismus von Regierung und Opposition bestimmt, der keine Konsensstiftung zwischen diesen und anderen politischen Akteuren vorsieht. Die britische Verfassung verleiht der Regierung erhebliche Macht, die häufig nicht gleichmäßig zwischen Kabinett und Premierminister ausbalanciert ist (vgl. Kap.

7). So ist es „starken" Premiers immer wieder gelungen, ihre Macht innerhalb der Regierung auf Kosten des Kabinettsprinzips auszudehnen. Dabei kann der Premier sein konventionelles Recht auf Präzedenzentscheidungen geschickt nutzen, z.B. indem er neue Ämter einführt, um die Machtverhältnisse innerhalb der Regierung zu seinen Gunsten zu verschieben.[10] Wie weiter unten noch zu zeigen sein wird, hat sich zwar mit der Regionalisierung britischer Politik hier ein neuer, relativierender Aspekt ergeben (vgl. Kap. 3), aber an der Konzentrierung der Macht in den Händen der „Londoner Zentrale" wenig geändert. Konnte man bis zur Mitte des 20. Jahrhunderts noch mit Blick auf die Kommunen von Räumen politischer Autonomie in Fragen der Sozial-, Gesundheits- und Bildungspolitik und des Polizeiwesens sprechen, so gerieten die Kommunen mit dem Auf- und Ausbau eines modernen britischen Wohlfahrtsstaates immer stärker unter die Kontrollkompetenz der Zentralregierung.

Die scharfe Frontstellung zwischen Regierung und Opposition korrespondiert mit einem personalisierenden Mehrheitswahlrecht, das bis heute für gesamtbritische Parlamentswahlen keinerlei Proporzberücksichtigung kennt. Diejenige Partei, die die meisten Wahlkreise für sich gewinnen kann, stellt die Regierung, ganz ungeachtet der insgesamt landesweit abgegebenen Stimmen. Erhebliche Abweichungen zwischen Mandatsstärke im Unterhaus und prozentualem Stimmenanteil sind die Regel.[11] Diese nur für den oberflächlichen Beobachter von vornherein als undemokratisch zu bewertende Stimm- und Sitzverteilung[12] verweist auf die verfassungsrechtliche Fiktion, nach der die politische Macht nicht innerhalb des Parlamentes zwischen Regierung und Opposition geteilt wird, sondern zwischen der Exekutive auf der einen und dem Parlament als Ganzem auf der anderen Seite, wobei im politischen Körper des Monarchen oder der Monarchin die Einheit dieser Differenz von Exekutive und Legislative symbolisiert wird. So ist der Premierminister als Chef der Exekutive „Erster Minister" des Monarchen, wird von diesem ernannt und entlassen (vgl. Kap. 7), aber auch das Unterhaus

---

[10] So ist im Laufe der Zeit No. 10 Downing Street durch immer neue Abteilungen und Posten zu einer modernen Regierungszentrale ausgebaut worden – ohne jedoch mit dem deutschen Bundeskanzleramt vergleichbar zu sein. Unter Blair wurde z.B. der *Cabinet Enforcer* eingeführt, der für die Konsistenz der Regierungspolitiken über die einzelnen Ressorts hinweg verantwortlich ist.

[11] Bei der Parlamentswahl im Mai 2005 erhielt die Labour Party 35,2 % der abgegebenen Stimmen (schnitt also nur wenig besser als ihre deutsche Schwesterpartei bei den Wahlen im September 2005) und gewann dennoch 356 Abgeordnetenmandate (55,1 % der Sitze im Parlament). Die Konservativen kamen auf 32,3 % (196 Abgeordnete, 30,7 %), die Liberaldemokraten erhielten 22,0 % Stimmen (62 Abgeordnete, 9,6 %) und andere Parteien und Kandidaten kamen auf einen Stimmenanteil von 10,5 %, was diesen 30 Abgeordnete (4,6 %) einbrachte (vgl. Kap. 5).

[12] Berücksichtigt man die verfassungsleitende Vorstellung, dass im Unterhaus eine sozialräumliche Repräsentation Großbritanniens stattfindet, so erklärt sich die starke Konzentration auf die politische Konkurrenz in den Wahlkreisen. Und da haben durchaus auch Kleinparteien und Einzelbewerber eine Chance, wenn sie genügend lokale Unterstützung gewinnen. Immerhin sind im Unterhaus mehr Parteien vertreten, bildet sich also ein sozialräumlich verankertes politisches Spektrum vielfältiger ab als im Deutschen Bundestag.

kann als Legislative nur zusammentreten, wenn der Monarch in Form einer symbolischen Repräsentationsinstallation, dem so genannten *mace*,[13] anwesend ist. In der Verfassungsfiktion tritt also das Parlament der Regierung als Kontrollorgan gegenüber. Die Verfassungswirklichkeit in Großbritannien – wie auch in anderen liberaldemokratisch verfassten politischen Systemen – zeigt aber eine deutliche Dominanz der parlamentarischen Arbeit durch die Regierung, die den größten Teil der Gesetzesvorhaben ins Parlament einbringt und sogar in der Lage ist, weitgehend die Tagesordnung des Unter- und Oberhauses zu bestimmen.

Mit der Bindung exekutiver Macht an stabile parlamentarische Mehrheiten hat sich schließlich seit Mitte des 18. Jahrhunderts der Dualismus zwischen Parlament und Exekutive zum Widerstreit von Regierungsmehrheit und Opposition hin entwickelt, der bis auf das alle Differenzen aufhebende einheitsstiftende Symbol der Krone keine konsenssichernde Systematik kennt. Zwar gibt es in diesem auf Konkurrenz ausgerichteten politischen System nur selten Kooperationen, aber immer mal wieder kam und kommt es in Hintergrundgesprächen der jeweiligen kleinen Führungsgruppen – inoffiziell, *„behind the Speaker's chair"* – zu einer Verständigung zwischen Regierung und Opposition. Während der beiden Weltkriege des 20. Jahrhunderts wurden Koalitionsregierungen gebildet und auch in der britischen Nordirlandpolitik oder angesichts der argentinischen Invasion der Falklandinseln[14] hat sich ein gemeinsames Vorgehen ergeben. Insbesondere zwischen 1945 und 1979 hatte sich darüber hinaus in Fragen wohlfahrtsstaatlicher Entwicklung ein Konsens der jeweiligen Regierungsparteien herausgebildet. Wohl hatten auch die wechselnden Tory- und Labour-Regierungen zuvor einige Maßnahmen der jeweiligen Vorgänger wieder rückgängig gemacht und etwa in Fragen der Verstaatlichung und Reprivatisierung von Schlüsselindustrien konträre Positionen eingenommen, doch beiden großen Parteien waren sich bis in die Mitte der siebziger Jahren darin einig, dass der Staat soziale Verantwortung zu tragen habe. Von Harold Macmillan, konservativer Premierminister von 1957 bis 1963, stammt tatsächlich das Wort, ihm seien fünf Prozent

---

[13] Das *mace* ist eine Art reichverzierter Keule, die zu Beginn und am Ende jeder Parlamentssitzung in einer feierlichen Prozession in das Plenum getragen und auf den Tisch vor dem Stuhl des Parlamentspräsidenten, dem *speaker*, gelegt wird. Premierminister und Oppositionsführer sitzen sich in der ersten Reihe des Parlaments gegenüber und haben nur diesen Tisch mit dem *mace* zwischen sich, fungieren also beide unter dem Schirm königlicher Autorität. Ab und an haben radikale Members of Parliament versucht, während der Sitzung des Unterhauses das *mace* zu entfernen, um so ein Ende der Debatten zu erzwingen, was allerdings von den anwesenden Saaldienern immer erfolgreich verhindert werden konnte. Das *mace* gehört in allen politischen Systemen, die die britische Monarchin als Staatsoberhaupt anerkennen (u. a. Australien, Neuseeland), zu den wichtigsten Souveränitätssymbolen.

[14] 1982 besetzten argentinische Truppen die völkerrechtlich zu Großbritannien gehörenden aber der argentinischen Küste unmittelbar vorgelagerten und von Argentinien beanspruchten Falklandinseln mit ihren 1800 britischen Bewohnern. Nach wenigen Wochen gelang einem britischen Expeditionskorps die Rückeroberung. Insgesamt starben dabei ca. 1000 argentinische und 250 britische Soldaten.

Inflation lieber als fünf Prozent Arbeitslose. R.A. Butler, einer der konservativen Parteiführer der fünfziger Jahre, erklärte 1971 rückblickend für seine Partei, dass sie eine Politik verfolgt habe, die lebensfähig, effizient und human gewesen sei, die Unternehmertum und Initiative förderte und belohnt habe, ohne soziale Gerechtigkeit zu vernachlässigen oder in Massenarbeitslosigkeit abzuleiten (Butler 1971: 132). Keynes' Überzeugung, der Staat könne durch antizyklische Ausgabenpolitik bis hin zur Verschuldung Arbeitslosigkeit verhindern, wurde als politökonomischer Imperativ verstanden. Auch die Tories betrieben eine keynesianische Politik. Erst Thatcher brach nachhaltig mit dieser Konsenspolitik des „*Butskellism*".[15] Gleichwohl sind inoffizielle Kooperationen selten und offizielle Koalitionen – von säkularen Notlagen abgesehen – unbekannt.[16]

Diese starke Konfliktstruktur des politischen Systems korrespondiert mit einer entsprechenden gesellschaftlichen Schichtendifferenzierung. Die durch sozioökonomischen Status, Bildung und kulturelle Markierungen – vor allem die Sprache – getragene soziale Segmentierung ist in Großbritannien sehr viel rigider gewesen als etwa in der Bundesrepublik Deutschland. Konservative und Labour waren damit auch immer politische Vertreter von sich gesellschaftlich unversöhnlich gegenüberstehenden Schichten. Man denke in diesem Zusammenhang nur an die Militanz der britischen Arbeiterbewegung, ihre Streikbereitschaft und das weitgehende Fehlen korporatistischer Verständigungsstrukturen. Umso wichtiger sind für die Erhaltung und den Wandel der politischen Ordnung ein flexibles und zugleich auch normativ bindendes System von verfassungsrechtlichen Auffangstrukturen, so dass trotz der zwar nachlassenden, aber immer noch prägenden Klassenstrukturen die Grundprinzipien der Verfassung breite Akzeptanz finden.

---

[15] Eine Zusammensetzung aus den Namen der Repräsentaten der beiden großen Parteien in den fünfziger und sechziger Jahren, Butler und Hugh Gaitskell (Labour).

[16] Zwar ist es seit dem späten 19. Jahrhundert immer mal zu interfraktionellen Absprachen und zu parlamentarischen Tolerierungspakten zwischen Liberalen und Irischen Nationalisten, zwischen der Labour Party und den Liberalen oder der Labour Party und walisischen und schottischen Nationalisten gekommen, aber nie zu institutionalisierten Koalitionen. Die aderversiale Grundstruktur schließt auch nicht aus, dass Anhänger der jeweiligen Opposition wichtige Posten erhalten können, etwa im Direktorium der BBC oder als britische EU-Kommissare.

2.2 Parlamentssouveränität und Rechtsstaatlichkeit

Zwar folgt die in Großbritannien gültige politische Legitimationsfiktion der Idee, dass erst das Zusammenwirken von Krone, Oberhaus und Unterhaus Gesetzen Gültigkeit verleihen, aber diese in der Person des Monarchen ihre Einheit findende Troika erfüllt vor allem die Funktion, die Einheit des politischen Systems zu symbolisieren. Spätestens seit Ende des 17. Jahrhunderts hat sich das House of Commons als Ort der politischen Souveränität behauptet: „The principle of Parliamentary sovereignty means neither more nor less than this, nameley, that Parliament thus defined has, under the English constitution, the right to make or unmake any law whatever; and, further, that no person or body is recognised by the law of England as having a right to override or set aside the legislation of Parliament." (Dicey 1959: 39)[17] An dieser Stelle werden zwei der wichtigsten Verfassungsprinzipien Großbritanniens, *parliamentary sovereignty* und *rule of law*, implizit und explizit benannt. Dazu gehört die Suprematie des Unterhauses, dem keine andere politische Legitimitätsquelle übergeordnet ist. Das richtet sich zunächst gegen Machtansprüche des Monarchen und des Oberhauses. Während die Vorherrschaft des Unterhauses gegen die absolutistischen Ansprüche des Königs im Laufe des 18. Jahrhunderts immer stärker durchgesetzt werden konnte, war die Konkurrenz zwischen dem „House of Commons" und dem „House of Lords" zählebiger. Gerade im Oberhaus hielten sich aufgrund des in ihm durch monarchische Ernennung vertretenen Erbadels, der hohen Geistlichkeit und hoher Richter lange Zeit antidemokratische Vorstellungen. Erst zu Beginn des 20. Jahrhunderts gelang es dem Unterhaus, sich in diesem Suprematiestreit mit dem Oberhaus durchzusetzen (vgl. Kap. 2.5). Darüber hinaus ist aber jedes Parlament auch nicht durch Beschlüsse vorangegangener Parlamente gebunden. Alle vorhandenen Gesetze stehen jederzeit auf dem Prüfstand und können mit einfacher Mehrheit geändert werden. Die Souveränität des Unterhauses wird durch keinerlei Anforderungen an bestimmte qualifizierte Mehrheiten – wie etwa bei Grundgesetzänderungen in der Bundesrepublik Deutschland – eingehegt. Es gibt keinen Unterschied zwischen Verfassungsgesetzen und anderen Gesetzen (Creuzburg 2004: 10ff.). Auch Gerichte haben kein Recht, Gesetze, die im Parlament ordnungsgemäß zustande gekommen sind, im Namen einer höheren Souveränitätsinstanz aufzuheben, zu verändern o. ä.. Das Parlament ist nur sich selbst unterworfen, in ihm verschmelzen

---

[17] Dicey (1835-1922) lehrte Jura in Oxford (1882-1909) und war Vorsitzender des Working Men´s Council in London. Sein Buch über die englische Verfassung wurde zu ihrem Bestandteil, weil sich viele Legitimationsnarrative auf Dicey als Verfassungsquelle selbst berufen. Sein Text ist ein Beispiel für den diskursiven Teil der englischen Verfassung, der sich auf Rechtsinterpretationen – wie sie Dicey liefert – als Verfassungsargumente beruft.

die Positionen von Untertan und Souverän zur Selbstgesetzgebung als einziger legitimer Herrschaftsbegründung.

Das zweite Verfassungsprinzip, die Rechtsstaatlichkeit, geht auf eine sehr alte politische Diskussion über die Abwehr persönlicher Willkür im Personenverbandsstaat einher. Gerade in vormodernen, auf persönlicher Gefolgschaft fußenden Formen politischer Herrschaft war die Frage der Verhinderung despotischer Machtanmaßung drängendes Ordnungsproblem. Das Prinzip, das durch den Grundsatz der *rule of law* gebannt worden ist, war die Dominanz von *personal rule*. Ein wichtiger, wenn nicht der wichtigste Ausgangspunkt für die Beschränkung/Bindung der Macht des Monarchen an Recht und Gesetz ist die Magna Charta von 1215. Sie ist der erste große Schritt in einer Entwicklung der Zähmung der Willkür an der Spitze des Staates durch die Einführung rechtlicher Kontrollmöglichkeiten auch für die Macht der Krone und damit auch für die Evolution nicht nur der britischen Gesellschaft zu einem Typus von gewaltenteilenden, liberalen westlichen Verfassungsstaaten.

Die britische Entwicklung der Rechtsstaatlichkeit, die sich historisch über die Petition of Rights (1628), die Habeas Corpus Akte (1679) und die Bill of Rights (1689) fortgesetzt hat, mündete dann ein in die Entwicklung freiheitsverbürgender westlicher Gesellschaftsformen. Grundmerkmale rechtstaatlich verfasster Gesellschaften ist die Beschränkung der Regierung sowie die Gewährleistung eines Maximums an individuellen Freiheiten. Bereits das Prinzip der Beschränkung der Macht der Regierung ist aber viel älter und begegnet uns an prominenter Stelle bereits bei Aristoteles und im Kontext der Gewaltenteilung.

Die Herrschaft des Gesetzes stellt sich mit Blick auf Großbritannien als Geltung dreier Prinzipien dar. „It means ... equality before the law, or the equal subjection of all classes to the ordinary law of the land administered by the ordinary law courts; the 'rule of law' in this sense excludes the idea of any exemption of officials or others from the duty obedience to the law which governs other citizens." (Dicey 1959: 117). Danach darf niemand bestraft werden, der nicht selbst einen Rechtsbruch begangen hat. Dabei steht keine Person, ungeachtet ihrer gesellschaftlichen oder politischen Stellung – also auch nicht der Monarch – über dem für alle geltenden Recht. Damit fußt ein Großteil der Bestimmungen der britischen Verfassung letztlich auf richterlichen Einzelfallentscheidungen und nicht auf Verfügungen der Regierenden (Kingdom 1999: 66). Diese Gewährleistung der individuellen Freiheiten findet sich bereits in der Magna Charta angeführt, etwa in Artikel 39, worin festgelegt wird: „Kein freier Mann soll verhaftet, gefangen gehalten, enteignet, geächtet, verbannt oder auf irgendeine Art zugrunde gerichtet werden, noch werden wir gegen ihn vorgehen oder ihn verfolgen, es sei denn, aufgrund gesetzlichen Urteilsspruchs von seinesgleichen oder aufgrund des im Lande geltenden Rechts" (zit. n. Händel/Gossel 2002: 153). Solche und ähnliche Formulierungen illustrieren anschaulich, welche Bedrohung es durch die dem Monarchen vom Parlament abgetrotzte Magna Charta zu bannen galt. Dass Machtkonzentration auch unter demokratischen Premierministern möglicherweise kritische Implikationen für den Schutz individueller Freiheitsrechte haben kann, zeigte sich bei der ersten Abstimmungsniederlage Tony Blairs im Unterhaus. Ein im November 2005 dort zur Abstimmung gestelltes Anti-Terror-Gesetz, das eine Ausweitung der möglichen Haftzeit bei Terrorverdächtigen ohne Gerichtsverfahren auf 90 Tage vorsah, wurde trotz einer Labour Mehrheit von über 60 Mandaten mit 322 zu 291 Stimmen abgelehnt. Schließlich einigte man sich auf eine Verdopplung auf 28 Tage Inhaftierung ohne Prozess.[18]

Der Verfassungsgrundsatz des „rule of law" markiert eine scheinbar spannungsreiche Kopplung zwischen dem politischen und dem rechtlichen System. Denn mit der Herrschaft des Gesetzes wird eine Souveränitätsquelle benannt, die insbesondere im angelsächsischen Rechtssystem, das ja dem vom Richter zu entscheidenden Einzelfall und dem so entstehenden Gewohnheitsrecht (*case law*, *common law*) große Bedeutung einräumt, als Konkurrenz zum Parlament wirken könnte. Schließlich wird auch vom Parlament erwartet, dass es selbst das Prinzip der Rechtsstaatlichkeit akzeptiert. Doch diese vermeintliche Konkurrenz besteht schon deshalb nicht, weil das Parlament immer berechtigt ist, alle juristischen Angelegenheiten durch eigene Gesetzgebung (*statutes*) zu regeln. Die Kompetenz der Rechtsschöpfung durch Fallentscheidungen steht Richtern damit nur soweit zu, wie das Parlament keine anwendbaren Gesetze erlassen hat. Liegen diese aber vor, sind sie Grundlage des richterlichen Urteils. Dieser hat dann die Aufgabe, den Willen des Gesetzgebers zu deuten und auf den Einzelfall anzuwenden. So bleibt in der Legitimitätszuschreibung das Parlament Herr aller juristischen Entscheidungen. Dass es trotz dieser sozialräumlichen Situierung aller politischen Souveränität im Parlament zu keinen größeren Brüchen in der Entwicklung des Rechtssystems gekommen ist, liegt vor allem daran, dass die großen Traditionsbestände des angelsächsischen Rechts seit der Magna Charta Libertatum von 1215 Abwehrrechte gegen staatliche Willkürakte und Machtmissbräuche formulieren. Diese überkommenen Rechte fügen sich damit in das verfassungsfiktionale Selbstbild des britischen Parlaments ein, das sich nicht als Institution der Regierung, sondern als deren Kontrollorgan versteht und damit an der Siche-

---

[18]　Vgl. auch das britische "Quantanamo" im Süden Londons mit Terrorverdächtigen, die aufgrund internationaler Konventionen nicht abgeschoben werden dürfen, bei denen die Beweislage aber auch nicht für die Eröffnung eines Prozesses reicht. Einige sind bereits seit Jahren ohne Gerichtsbeschluss inhaftiert. Die Beispiele zeigen, dass von der neuen Welle des internationalen Terrorismus eine Gefahr nicht nur für Leib und Leben der Bürger ausgeht, sondern gerade auch für das *rule of law* im Feld der inneren Sicherheit (vgl. Kap. 11.3).

rung dieser Kontrollmöglichkeiten interessiert ist. Demgegenüber sieht die Verfassung für die Regierung die eigentliche aktive Rolle vor. Premierminister und Kabinett sollen im vom Parlament akzeptierten Rahmen führen, und dazu werden der Regierung erhebliche Möglichkeiten eingeräumt, die weit über das Maß dessen hinausgehen, das etwa das Grundgesetz der Bundesrepublik Deutschland für die Bundesregierung vorsieht. So nimmt die britische Regierung in der Person des Premierministers das königliche Prärogativrecht wahr, in allen außenpolitischen Fragen bis hin zu militärischen Interventionen, Kriegserklärungen etc., ohne Zustimmung des Parlaments handeln zu können.[19]

Die Machtkonzentration in den Händen der Regierung führt zu einer erheblichen Anforderungshaltung der politischen Akteure im engeren und der Öffentlichkeit im weiteren Sinne ihr gegenüber. Von der Regierung wird „action this day" erwartet und ein Verzicht auf diese Entscheidungsmacht durch Einsetzen beratender und vermittelnder „Royal Commissions" gilt als Schwächezeichen und Flucht aus der Verantwortung. Der sich mit dieser Adressierung von Verantwortung an die Regierung und ihrer Kontrolle durch das Parlament verbindende Elitismus verträgt sich nicht mit Vorstellungen einer unmittelbaren, plebiszitären Grundierung des Regierungssystems. Das „Volk" taucht in den unterschiedlichsten Teilen der Verfassung als Ausgangspunkt aller staatlicher Gewalt kaum auf. Entsprechend selten waren die ad hoc durchgeführten Referenden etwa zur Frage des Beitritts Großbritanniens zur EG (1975) und zur Teilautonomie Nordirlands, Schottlands und Wales (siehe Kap. 3). Die zu Beginn des 20. Jahrhunderts von Lord Loreburn formulierte grundsätzliche Absage kann demgegenüber auch als heute noch gültige Stellungnahme eines großen Teils des politischen Systems gelten: „The referendum would... be fatal to representative government. The political genius of the English people was the first to discover, and after great difficulty to develop, the real basis of liberty and of self-government in this country – a system which has been copied all over the world.

---

[19] Teil der Aktivitäten der Charter 88-Gruppe (s.u.) besteht bis heute darin, ein Gesetz in das Unterhaus einzubringen, dass diese Vorrechte der Regierung aufhebt. Die Labour-Abgeordnete und wegen ihrer Kritik am I-rak-Krieg von Blair aus dem Kabinett entlassene ehemalige Entwicklungshilfeministerin Clare Short hat Mitte 2005 eine Gesetzesvorlage eingebracht (Parliament Approval for Participation in Armed Conflict Bill), die die bestehenden Prärogativrechte nur noch für Notfälle vorsieht und im Normalfall für jede Beteiligung britischer Truppen eine parlamentarische Genehmigung fordert. Die politische Entmachtung des Monarchen durch den sich seiner Mehrheit im Unterhaus sicher seienden Premier demonstrierte der Konservative Regierungschef Stanley Baldwin, der 1936 den Nachfolger des verstorbenen Königs George V., König Edward VIII, zum Rücktritt zwang, weil dieser eine zweifach geschiedene US-Amerikanerin heiraten wollte und dies dem Premier unpassend erschien. Wegen dieser sich an diesem Punkt deutlich manifestierenden Machtposition des Regierungschefs sprechen Beobachter mit Blick auf das britische Regierungssystem auch von einer „elected dictatorship".

Every referendum is an attack on the representative system". (zit. n. Goodhart 1971: 33)[20] In solchen Stellungnahmen zur Bedeutung des repräsentativen Systems zeigt sich die langanhaltende Wirkung eines spezifischen angelsächsischen Vokabulars der Rechtfertigung politischer Herrschaft, das vor allem die Abwehrrechte der Individuen gegenüber Staat und Gesellschaft betont. Auch die Souveränität eines sich direktdemokratisch artikulierenden „Volkes" findet in diesen individuellen (Natur-)Rechten ihre Grenze; eine Demarkationslinie, die von Locke bis John Stuart Mill immer wieder beschrieben worden ist und im aufgeklärten Egoismus sozialvertragstheoretischer Staatslegitimation ihr Fundament besitzt. Es ist wohl kein Zufall, dass Ideologien, die Staatlichkeit nicht aus einer solchen individuellen Kalkulation hervorgehen lassen, auch dem „Volk" als Subjekt jeder politischen Souveränität größere Bedeutung einräumen.[21]

2.3 Verfassungsreform

Trotz des das britische Regierungssystem kennzeichnenden Gradualismus ist es immer wieder zu Debatten über seine überkommenden Grundstrukturen gekommen. Mit Blick auf die Verfassungsdiskurse ist dabei nicht so sehr eine radikal-republikanische Kritik an den symbolisch immer noch deutlich vordemokratischen monarchischen Verhältnissen relevant (Ziegesar 1993), sondern die Forderung nach einer weitgehenden Kodifizierung des verfassungspolitischen und –rechtlichen Rahmens der britischen Politik innerhalb der vorgegebenen konstitutionellen Monarchie. Auch als Reaktion auf die sich in den achtziger Jahren des 20. Jahrhunderts manifestierende ideologische Hegemonie des Thatcherismus, auf die die Labour Party zunächst mit einer sie weit in das politische Abseits führenden Linkswendung und ohnmächtigen Zuspitzung der Gegnerschaft zu den Konservativen auf gerechtigkeitsökonomische Fragen reagierte, organisierte sich in Großbritannien Ende 1988 eine neue soziale Bürgerbewegung, die sich in Anspielung auf die tschechischslowakische Dissidentenbewegung der siebziger Jahre (Charta 77) „Charter 88" nannte und eine grundlegende Verfassungs-

---

[20] Die durch New Labour eingeführte Möglichkeit der Direktwahl der Bürgermeister größerer Städte (siehe Kap. 3) und die Ankündigung über die Einführung des Euro ein Referendum zu veranstalten, drückt eine gewisse, vorsichtige Neuorientierung aus.

[21] Die angelsächsischen Kritiker dieses stark betonten Individualismus, wie etwa Burke oder Hume, gründen ihre Legitimitätsfiktion allerdings nicht auf völkischen Ideologien, sondern auf die Prägekraft überkommener Konventionen und Traditionen, für die wiederum aber das „Volk" als geschichtsphilosophisches Subjekt keine größere Bedeutung hat.

reform für Großbritannien forderte (Rohde 2003: 111). Daneben feierte man 1988 den 300. Geburtstag der „Glorious Revolution" von 1688/1689, die den letzten Versuch der Stuart-Dynastie, quasi absolutistische Verhältnisse in England wiederherzustellen, erfolgreich verhinderte. Getragen wurde die Charter 88, die bis 2005 von mehr als 80. 000 Personen unterzeichnet worden ist, anfangs von Sympathisanten und Mitgliedern der Liberaldemokratischen Partei, die sich vor allem an dem Autoritarismus der Konservativen Regierung der „Eisernen Lady" stießen, gingen doch die umfassende ökonomische Deregulierung und Entstaatlichung, die Margaret Thatcher propagierte und ihr neoliberales Credo sozialpolitischer Minimalstaatlichkeit mit einem rigiden sicherheitspolitischen und verwaltungsrechtlichen Zentralismus und Staatsausbau einher. Demgegenüber verlangten die Unterzeichner der Charter 88 eine die Grundrechte der Individuen definierende, geschriebene „Bill of Rights", die Übernahme der Europäischen Menschenrechtsdeklaration in britisches Recht und weitere institutionelle Reformen der Parlamentszusammensetzung, des Wahlrechts und der unitarischen Struktur des Staates:

„The time has come to demand political, civil and human rights in the United Kingdom. We call, therefore, for a new constitutional settlement which will:

Enshrine, by means of a Bill of Rights, such civil liberties as the right to peaceful assambly, to freedom association, to freedom from discrimination, to freedom from detention without trial, to trial by jury, to privacy and to freedom of expression.

Subject Executive powers and prerogatives, by whomesoever exercised, to the rule of law.

Establish freedom of information and open government.

Create a fair electoral system of proportional representation.

Reform the Upper Hause to establish ademocratic, non-hereditery Second Chamber.

Place the Executive under the power of a democratically renewed Parliament and all agencies of the state under the rule of law.

Ensure the independence of a reformed judiciary.

Provide legal remedies for all abuses of power by the state and by officials of central and local government.

Guarantee an equitable distribution of power between the nations of the United Kingdom and between local, regional and central government.

Draw up a written constitution anchored in the ideal of universal citizenship, that incorporates these reforms.

The inscription of laws does not guarantee their realisation. Only people themselves can ensure freedom, democracy and equality before the law. Nonetheless, such ends are far better
demanded, and more effectively obtained and guarded, once they belong to everyone by inal-
ienable right."[22]

Diese ausführliche Beschäftigung mit dem Text der Charta ist auch deshalb gerechtfertigt,
weil sie zu einem der wichtigsten programmatischen Dokumente eines neuen Regierungshandeln nach der Ablösung der Konservativen Regierungen unter Thatcher und Major geworden
ist. Kam es doch mit dem Anschluss einer Reihe gewichtiger, jüngerer Labour-Politiker an
diese verfassungsreformatorische Bewegung schließlich vor den Wahlen 1997 sogar zu einer
gemeinsamen Publikation von Liberaldemokraten und New Labour über eine von beiden Parteien getragene Verfassungsreform (Driver/Martell 1998: 122), die in den folgenden Jahren
schrittweise betrieben wurde und zu erheblichen Veränderungen in der Regierungspraxis geführt hat. Die in der Charta erhobenen Forderungen stellen gleichsam eine verfassungspolitische Agenda dar, deren Vollzug in den folgenden Abschnitten überprüft werden soll, wobei
Fragen der Wahlrechtsreform und der Föderalisierung Großbritanniens eine eigenständige,
ausführliche Behandlung in anderen Kapiteln dieses Buches erfahren (vgl. Kap. 3 und 5).

2.4 Human Rights Act und die Verrechtlichung des Politischen

Die Umsetzung der Forderung nach einer systematisch entworfenen Verfassung mit einer
starken Grundrechtsorientierung (*Bill of Rights*) ist bisher nur in Form der 1998 in das britische Recht inkorporierten Europäischen Menschenrechtsdeklaration erfolgt (*Human Rights
Act*). Zwar gehörte Großbritannien zu den Gründungsstaaten des Europarates und ratifizierte
als einer der ersten Mitgliedsstaaten deren Menschenrechtskonvention ECHR, aber eine förmliche Übernahme des dort niedergelegten Grundrechtskatalogs ins britische Recht unterblieb
(Lord Lester/Clapinska 2004: 62). So mussten britische Staatsangehörige, die sich in ihren
durch die ECHR verbürgten Rechten verletzt sahen, gegen den britischen Staat vor dem
Straßburger Menschenrechtgerichtshof klagen. Erst seit 1966 haben Briten die Möglichkeit,

---

[22] http://www.charter88.org/about/charter.html

nach Ausschöpfung aller innerstaatlichen Appellationsinstanzen vor dem Straßburger Menschenrechtsgerichtshof gegen Menschenrechtsverletzungen des britischen Staates zu klagen.
Obwohl eine Klage vor dem Europäischen Menschenrechtsgerichtshof erheblichen Problem
unterworfen ist, kamen bis in die jüngste Zeit der größte Teil der anhängigen Verfahren durch
Eingaben britischer Bürger zustande (ca. 800 jährlich). Es ist bemerkenswert, dass ein Drittel
dieser Verfahren für die Klagenden erfolgreich verliefen. Damit hat die britische Regierung so
viele Verfahren in Straßburg verloren wie keine andere. Obwohl man bei diesen Zahlenanga-
ben berücksichtigen muss, dass sich ein Großteil von ihnen auf das Vorgehen der Sicherheits-
kräfte in Nordirland bezogen hat, bleibt der allgemeine Hinweis auf eine problematische
Grundrechtssicherung britischer Bürger richtig. Immerhin wurden bis zum „Human Rights
Act" 1998 insgesamt ca. 80 britische Gesetze als Konsequenz Straßburger Entscheidungen
verändert (Sturm 1998b: 217). Vor diesem Hintergrund wird noch deutlicher, warum die Bewegung der Charter 88 so vehement eine neue grundrechtssichernde „Bill of Rights" gefordert hatte. Die Labour Party griff diese Lücke der grundrechtlichen Sicherung im Wahlkampf
1997 mit dem Slogan „bringing rights home" auf und fügte als Regierungspartei die Europäische Menschenrechtsdeklaration in das englische Recht ein.[23] Zwar ist es bis heute nicht zu
einer umfassenden Bill of Rights gekommen, aber durch den „Human Rights Act" (HRA) hat
es doch eine erhebliche Verbesserung des individuellen Grundrechtsschutzes gegeben. Allein
im ersten Jahr nach seinem Inkrafttreten kam es zu 600 Klagen wegen vermeintlicher und
tatsächlicher Menschenrechtsverletzungen, von denen allerdings nur 15 % erfolgreich waren
(Woodhouse 2002: 254).

Gleichwohl ist die Bedeutung der Einführung des HRA tiefreichend für das Verhältnis von
rechtlichem und politischem System. So hat sich mit dem Human Rights Committee ein Parlamentsausschuss institutionalisiert, der sich mit der Anpassung britischer Gesetze an den
HRA beschäftigt und eine wichtige Schnittstelle bildet zwischen politischem und juristischem
Diskurs. Dazu gehört, dass in diesem Parlamentsausschuss häufig führende Richter des Landes angehört werden. Im Zentrum des Dialogs zwischen Recht und Politik steht dabei die
Frage, wie die britischen Richter zukünftig den Verfassungsgrundsatz der Parlamentssouveränität mit den normativen Ansprüchen des HRA zum Ausgleich bringen. § 19 des HRA sieht
vor, dass jedes neue Gesetz mit einem Kompatibilitätszertifikat ausgestattet werden muss.
Dieses Zertifikat bescheinigt dem entsprechenden Gesetz seine Übereinstimmung mit dem

---

[23] Der „Human Rights Act" wurde 1998 im Unterhaus verabschiedet und trat in England und Wales am 2. Ok-
      tober 2000 in Kraft. Übernahmen der Erklärung fanden auch im nordirischen und schottischen politischen
      System statt.

HRA. Der Souveränitätsvorbehalt des Parlaments ist dadurch gewährleistet, dass es sich hier zunächst um eine reine Selbstzertifizierung des politischen Systems handelt. Auch Verordnungen, Erlasse, Durchführungsbestimmungen, die in Ministerien erarbeitet werden, müssen zertifiziert sein. Dabei sehen die britischen Gerichte bis heute in der Regel davon ab, Begründungen für diese Selbstzertifizierungen zu überprüfen. Ganz im Gegenteil wird bei einem Verfahren, dass eine vermeintliche Verletzung des HRA beklagt, zunächst versucht, die inkriminierte Praxis von Ministerien, Ämtern usw. so zu interpretieren, dass die Selbstzertifizierung bestätigt wird.[24] Diese Rechtssprechungspraxis bedeutet jedoch nicht die Ausstellung eines „Persilscheins" für das Handeln der Exekutive.

Dabei wird deutlich zwischen der unangetastet zu bleibenden Parlamentssouveränität und exekutivem Fehlverhalten unterschieden. Beispielhaft lässt sich dieser Zusammenhang an einem der ersten Verfahren darstellen, das unter Geltung des HRA abgelaufen ist. Der pakistanische Kläger hatte gegen die Entscheidung des Innenministeriums Wiederspruch eingelegt, Asylgesuche von pakistanischen Staatsbürgern allein schon mit dem Hinweis ablehnen zu können, dass Pakistan auf einer vom Innenministerium selbst zusammengestellten und vom Parlament verabschiedeten Liste so genannter „sicherer" Staaten stehe, in denen es keine Verfolgung von Minderheiten im Sinne der Europäischen Menschenrechtsdeklaration gebe. Erstinstanzlich konnte sich der pakistanische Beschwerdeführer mit seinem Widerspruch gegen die Geltung der Liste „sicherer Staaten" durchsetzen, worauf das Innenministerium vor der nächsthöheren Instanz mit dem Hinweis klagte, dass dem Gericht das Recht zur Überprüfung einer Parlamentsentscheidung überhaupt nicht zustehe. Der Court of Appeal wies dieses Argument des Innenministeriums mit einer Begründung zurück, die inzwischen als Paradigma der Balance zwischen richterlicher Normenkontrolle und Achtung der Parlamentssouveränität gelten kann. Danach wurde mit der Aufhebung der Liste sicherer Staaten nicht das Wollen des Parlaments, Asylmissbräuche zu verhindern konterkariert, sondern nur die mangelnde Umsetzung dieses Willens durch das Innenministerium. Dabei wies das Appellationsgericht darauf hin, dass die Exekutive den grundsätzlichen Willen des Parlaments, das HRA zu beachten, als implizite Aufforderung deuten muss, das ministerielle Handeln danach auszurichten. So wurde also nicht das Parlament kritisiert, sondern die Gesetzgebungsarbeit der Regierung (Irvine 2004: 744).

---

[24]   In Deutschland wird dasselbe Problem durch „wohlwollende Interpretation" (N. Luhmann) politischer Steuerung durch Gerichte gelöst.

Da sich seit 2000 solche richterlichen Eingriffe häufen,[25] wird inzwischen ein Gesetzgebungsverfahren praktiziert (*fast-track Remedial Order process*), das Korrekturen von gerichtlich beanstandeten Gesetzespassagen schnell und ohne weitere politische Debatten ermöglicht. In der Rechtssprechungspraxis wird also die Selbstzertifizierungsmöglichkeit der Exekutive durch gerichtliche „*declarations of incompatibility*" erheblich eingeschränkt. Konnte man bisher davon sprechen, dass: „there is commonly nothing for the British courts to bite on in the institutional arrangements of British central government" (Flinders 2001: 57). So gilt heute schon eher, dass Großbritannien auf dem sehr langen Wege ist, legislatives und exekutives Handeln durch die Möglichkeit eines juristischen Normenkontrollverfahrens zu kontrollieren. Damit verliert auch das Gebot der Parlamentssouveränität langsam an Bedeutung, wobei die juristische Möglichkeit der Normenkontrolle von einigen Richtern schon als demokratischer Zugewinn gedeutet wurde: „...a democratic constitution is in the end undemocratic if it gives all power to ist elected government...they (stated fundamental rights) are categorically judicial creations. They owe neither their existence nor their acceptance to the will of the legislature. They have nothing to do with the intentions of Parliament, save as a fig leaf to cover their true origins."(Laws 1995: 71) Trotz dieser größeren Bedeutung juristischer Entscheidungen für die britische Regierungspraxis kann allerdings von einer grundsätzlichen Neuverortung der Quelle politischer Souveränität noch nicht gesprochen werden. Schließlich gilt das Parlament auch für die das HRA auslegenden Gerichte als das eigentliche Fundament politischer Legitimität.[26] Der Grundsatz absoluter Parlamentssouveränität bleibt von gerichtlichen Überprüfungen auch deshalb unberührt, weil selbst gerichtliche Feststellungen einer Inkompatibilität nicht zu einer sofortigen Aufhebung des Gesetzes führt. Es gilt solange als Grundlage aller juristischen Entscheidungen bis das Parlament den bemängelten Gesetzestext überarbeitet hat. Dazu kann es aber letztlich nicht gerichtlich gezwungen werden (Schieren 2001: 285). Zwar scheint die Zahl juristischer Überprüfungen und Aufhebungen exekutiver Entscheidungen zuzunehmen (Flinders 2001: 61), aber immer noch ist die gerichtliche Kontrolle des Regierungssystems in Großbritannien – etwa im Vergleich zur Bundesrepublik – gering ausgeprägt. Das liegt sicherlich auch daran, dass es eine systematisierte Verwaltungsgerichtsbarkeit bis heute nicht gibt. Trotz dieser immer noch relativ schwachen juristischen Einfluss-

---

[25] Vgl. die teilweise Überarbeitung des „Mental Health Act", des „Children's Act", „Youth Justice and Criminal Evidence Act" und des „Consumer Credit Act".

[26] Hinzu kommt, dass die Möglichkeit des Parlaments, durch neue Gesetze gerichtliche Einzelfallentscheidungen zu konterkarieren, mit der Einführung des HRA nur partiell eingeschränkt worden ist. In dem oben zitierten Beispielsfall des pakistanischen Asylbewerbers ist ja vor allem die unzureichende legislative Basis der Asylablehnung festgestellt worden. Ein von der Regierung einzubringendes neues Gesetz, das die Listen „sicherer Staaten" ausführlicher begründet, könnte der restriktiven Asylgewährung Legitimität verschaffen.

nahme auf politische Entscheidungen hat allein schon die Anwendung des HRA in ausgesuch-
ten Fällen zu erheblicher Kritik der Exekutive geführt. Nicht alle sind dabei soweit gegangen
wie der ehemalige Labour-Innenminister David Blunkett, der Ende 2001 eine „Suspendierung" des HRA forderte und sich gegen zunehmende „politische Justiz" in Großbritannien zur
Wehr setzte (Woodhouse 2002: 261). Solche Stimmen sind allerdings bis heute in der Minderheit geblieben, zumal nach dem 11. September 2001 die Gerichte Beschwerden von Terrorverdächtigen, die sich auf das HRA bezogen, fast vollständig abwiesen. Selbst in nicht so
brisanten Rechtsstreitigkeiten, wie sie etwa der Londoner Bürgermeister gegen die Zentralregierung wegen der Privatisierung der Londoner U-Bahn geführt hat, haben sich die zuständigen Gerichte den Entscheidungen der Exekutive angeschlossen (Jowell/Cooper 2003). Besonders schwer wiegt in diesem Zusammenhang, dass die britischen Obergerichte Entscheidungen der Exekutive, die aufgrund der königlichen Prärogativrechte getroffen worden sind,
nicht einmal auf ihre Kompatibilität mit dem HRA überprüfen (Prince 2004: 296).

Ein viel größeres Problem bei der Kopplung des juristischen an das politische System stellt
allerdings die zunehmende Verwaltungstechnik des Übertragens früherer staatlicher Aufgaben
an private Anbieter und Dienstleister dar (siehe Kap. 9.4). Für das Rechtssystem bedeutet die
Privatisierung die Zunahme privatrechtlicher Streitigkeiten zwischen Kunden und Anbietern,
wobei der Bezug auf Entscheidungen des politischen Systems weitgehend verloren geht. Die
mit der Einführung des HRA verbundene Überprüfungsmöglichkeit politischer Entscheidungen wird so konterkariert. Das politische System ist einerseits von direkter richterlicher Kontrolle entlastet, andererseits verstellen die privatrechtlichen Auseinandersetzungen oft das mit
der Privatisierung von öffentlichen Dienstleistungen verbundene politische Steuerungsziel,
d.h. Regieren wird in Großbritannien für Recht, Politik und Öffentlichkeit unübersichtlicher
und weniger adressierbar. Auch das 2005 erfolgte in Kraft treten des „Freedom of Information
Acts" (FoIA) hat an dieser Unübersichtlichkeit wenig geändert. Immerhin ist es jetzt britischen Staatsangehörigen möglich, mehr als 100.000 staatliche Körperschaften und private
Organisationen, die staatliche Aufgaben wahrnehmen, zur Offenbarung bestimmter personenbezogener Daten zu zwingen.[27] Allerdings sieht das Gesetz 37 weit definierte Ausnahmetatbe-
stände vor, wie etwa die Vermeidung „of political embarrassment" der Regierung gegenüber
anderen Staaten. Die Regierung hat daneben das Recht, Einsprüche gegen ihre Weigerung,
Antragstellern Akteneinsicht zu gewähren, die durch eine neu geschaffene *Information Commission* erhoben werden können, ohne weitere Widerspruchsmöglichkeit zurückzuweisen.

---

[27] http://www.dca.gov.uk/constitution/holref/lordsfaq2004.htm

Auch nach der Einführung des FoIA bestehen die ca. 300 vorhandenen Gesetze (darunter auch der Official Secrets Act, vgl. Kap. 4), die die Weitergabe von behördlichen Informationen, Akteneinsicht etc. verbieten, weiter. Regieren in Großbritannien findet zu einem großen Teil weiterhin in einem arkanen Raum statt. Zwar hat die New Labour Regierung mit dem 1998 verabschiedeten Data Protection Act die Sammlung personenbezogener Daten durch Behörden, Firmen usw. eingeschränkt und damit die Abwehrrechte der Individuen gegenüber staatlichen und privaten Eingriffen in ihre Privatsphäre ausgedehnt. Aber gleichzeitig sind die Möglichkeiten des Datenabgleichs staatlicher Stellen ohne Information und Zustimmung betroffener Bürger ausgeweitet worden.[28]

2.5 Reform des Oberhauses

Die Aufgabe der zweiten Kammer im britischen Parlamentarismus liegt v.a. in einer ergänzenden und gesetzestechnischen Kontrolle gegenüber dem Unterhaus. Das House of Lords besitzt keine korrigierende Funktion, wie sie etwa der deutsche Bundesrat hat, wenn Länderinteressen betroffen sind. Es kann lediglich Gesetzesentwürfe des Unterhauses für kurze Zeit anhalten, die zu schnell und möglicherweise nicht ausreichend beraten durchs Parlament gebracht werden sollen. Das Oberhaus nimmt insbesondere eine detaillierte und sachkundige Prüfung der Gesetze vor, was zum einen für das Unterhaus eine Entlastung bedeutet, zum anderen die Qualität der Gesetze verbessern hilft. Zwischen 1990 und 2000 hat das Oberhaus pro Jahr etwa 2000 Änderungen zu Gesetzesentwürfen der Regierung beschlossen – von denen letztlich aber nur ein verschwindend geringer Bruchteil Bestand hatte. Die wichtigste Funktion der zweiten Kammer besteht bis heute darin, dass es die Rolle des höchsten britischen Appellationsgerichts (vergleichbar dem deutschen Bundesgerichtshof) einnimmt. Im 18. Jahrhundert wurde durch die „Acts of Union" mit Schottland und Irland die Mitgliedschaft entsprechend erweitert und 1876 mit dem „Appellate Jurisdiction Act" die Funktion des obersten Berufungsgerichts mitsamt der Law Lords errichtet, d. h. es wurden juristisch erfahrene Sachverständige, bewährte Richter, Rechtsprofessoren etc. als Lords in das Oberhaus berufen, um dort überhaupt kompetent Recht sprechen zu können. Faktisch waren die *Law Lords*, deren Zahl nicht festgelegt ist und je nach Zugehörigkeit von peers zum Juristen-

---

[28] „Investigatory Powers Act" 2000. In diesen Zusammenhang gehört auch die für Großbritannien 2008 geplante Einführung eines zentralen Melderegisters und eines Personalausweises.

stand schwankt, die ersten *life peers*, lange bevor diese dann 1958 offiziell eingeführt wurden, gleichzeitig mit der Öffnung des Hauses für Frauen.

Das House of Lords ist einer der Bereiche der britischen Verfassungsordnung, der mit am stärksten den verfassungsrechtlichen Reformbemühungen seit 1997 ausgesetzt ist. Die strukturellen Veränderungen des Oberhauses sind eng mit der Reform des Amts des *Lord Chancellors* verbunden (siehe unten) und lassen sich unter dem Stichwort der *differenciated polity*, der weiteren Ausdifferenzierung der Verfassungsinstitutionen, zusammenfassen. Insbesondere die Labour Party hatte in den Perioden ihrer jeweiligen Oppositionszeiten vehement die Abschaffung des Oberhauses, gefordert (Shell 2000: 290).[29] Wobei der Hinweis auf die vollständig fehlende demokratische Legitimation dieses Teils des britischen Parlamentarismus durchaus berechtigt war. Diese seit dem 14. Jahrhundert bestehende Institution setzte sich bis Ende 1999 aus knapp 1100 Mitgliedern zusammen: den Angehörigen des britischen Erbadels (*hereditary peers*), die das Privileg besaßen, mit ihrem Adelstitel auch den Sitz im Oberhaus zu vererben; den auf Lebenszeit ernannten Mitgliedern (*life peers*), die ihren Sitz nicht vererben konnten; den höchsten Richtern des Landes (*Law Lords*) und den Erzbischöfen und Bischöfen der Anglikanischen Kirche (*Lords Spiritual*). Da keines dieser Oberhausmitglieder gewählt worden war, hatte die zweite Kammer ein demokratisches Begründungsdefizit, das umso größer wurde, je stärker sich die Lords gegen Entscheidungen des gewählten Unterhauses stellten. Bis zu Beginn des 20. Jahrhunderts war die Mitregierungsfunktion des House of Lords erheblich, mussten doch alle im Unterhaus verabschiedeten Gesetze auch eine Mehrheit im Oberhaus finden. Erst 1911 hat König George V. auf Drängen der damaligen Liberalen Regierung diese Einflussmöglichkeit der Lords durch die Drohung versperrt, so viele neue Lords zu ernennen (Peers-Schub), bis eine dem Unterhaus entsprechende Mehrheit auch im Oberhaus vorhanden gewesen wäre. Diese Drohung hätte allerdings durch die Erhebung der neuen Peers in den Adelsstand zwangsläufig zu einer Hypertrophie des Erbadels und damit des House of Lords geführt. Seit 1958 („Life Peerages Act") besteht die Option, Adelstitel auf Lebenszeit zu vergeben und damit flexibler auf die Zusammensetzung des Oberhauses Einfluss zu nehmen. Seitdem wird von dieser Möglichkeit Gebrauch gemacht, um verdiente Personen des öffentlichen Lebens zu ehren. Dass dabei oft politische Sympathie des zukünftigen Lords und seine Spenden an die Regierungspartei eine große Rolle spielt, stellt ein weiteres Problem der politischen Akzeptanz des Oberhauses in der britischen Öffentlichkeit dar. So sind wegen

---

[29] Bezeichnenderweise änderte sich diese Einstellung aber immer dann, wenn die Labour Party zur Regierungspartei geworden war. Labour Premierminister und Minister kamen mit den Lords überraschend gut zurecht, was u.a. auch daran lag, dass im konkordanzfreien Regierungssystem Großbritanniens das konservative Oberhaus als „Sündenbock" für eigene politische Steuerungsprobleme verantwortlich gemacht werden konnte.

ihrer jeweiligen parteipolitischen Nähe in den letzten Jahren der Musical-Komponist Lloyd-Webber, der Schauspieler und Filmregisseur Richard Attenborough und die frühere Premierministerin Thatcher in das Oberhaus berufen worden.

Auch wenn das House of Lords nicht unmittelbar parteipolitisch besetzt wird und es auch keine konsequente Spaltung der Peers nach Fraktionen oder nach einem festen Schema von Regierung und Opposition gibt, steht es dennoch nicht völlig über der Parteipolitik. Lange Zeit war es deutlicher den Konservativen zugeneigt, was insbesondere den Unmut der Labour-Party, aber auch der Liberalen auf sich gezogen hat. So war es 1911 konsequent, dass eine liberale Regierung nach wiederholter Blockade ihrer Gesetzesvorhaben dem konservativ geprägten Oberhaus kurzerhand das Vetorecht beschnitt und die Souveränität des Unterhauses endgültig besiegelte. Und es war 1949 eine Labour-Regierung (Attlee), von der die weitere Reduzierung dieses Vetorechts ausging.[30] Damit gab es im 20. Jahrhundert zwei grundlegende Reformen, die die Beteiligung am Gesetzgebungsprozess betrafen. 1911 entzog die erste Kammer der Zweiten das Vetorecht bei Finanzgesetzen und wandelte das bis dahin auch für die übrigen Politikfelder geltende Vetorecht in ein suspensives Veto mit maximal zwei Jahren aufschiebender Wirkung um. 1949 wurde diese Frist dann sogar auf ein Jahr reduziert.

Es kann aber festgestellt werden, dass sich Diskussionen über eine Reform der Lords schwer taten, was nicht zuletzt auf die zum einen lediglich supplementäre Rolle des Oberhauses im parlamentarischen Prozess und zum anderen auf seine Nähe zu den *dignified parts of the constitution* zurückzuführen ist. Die Abschaffung der Lords bedeutet zugleich einen Verzicht auf den Pomp ihrer Versammlungen, der Roben, Perücken und jahrhundertealten Riten. Eine Oberhausreform stellt dabei nicht nur auf der Ebene symbolischer Politik eine beträchtliche politische Anstrengung dar und bindet erhebliche Planungs- und Verwaltungsressourcen, während die damit verbundenen Gewinne an demokratischer Legitimität und Souveränität für das Unterhaus nach der Beschneidung der Oberhausrechte gering sind. Das Oberhaus steht bis heute für eine recht sympathische Amateurisierung der ansonsten professionalisierten Politik. So bekommen die Peers z.B. keine Diäten für ihre politische Tätigkeit, sondern üben sie – sieht man von einer kleinen Aufwandsentschädigung ab – ehrenamtlich aus. Auch haben sie bei den Wahlen zum Unterhaus weder aktives noch passives Wahlrecht. Wenn ein Peer in die aktive Politik gehen will, muss er auf den Sitz im Oberhaus verzichten. Erst seit dem „Peerage Act" 1963 können *hereditary peers* auf ihren Sitz im Oberhaus verzichten, wenn sie z.B. in

---

[30] Die Lords haben auf diese Einhegung mit der Selbstbindung reagiert (Salisbury-Convention), nach der Vorhaben der Regierungspartei durch das Oberhaus nicht blockiert werden sollen, wenn diese im Wahlprogramm angekündigt gewesen seien.

die „aktive" Politik gehen wollen (House of Lords 2005).[31] Schließlich wurde im „House of Lords Act" 1999 das erstmals in der Präambel des „Parliament Acts" 1911 gegebene Reformversprechen für das Oberhaus eingelöst. Das Gesetz beendete die 700-jährige Tradition eines automatischen Rechts des Erbadels, einen Sitz im Oberhaus einzunehmen.

Allerdings war auch dieser erste Reformschritt New Labours gewissen Kompromissen unterworden. Um das Reformgesetz im Oberhaus nicht zu verzögern, hat sich die Regierung mit den Fraktionsführern der Konservativen und der Unabhängigen (*Crossbencher*) des Oberhauses darauf geeinigt, dass 92 der Erbadeligen vorläufig (bis zu einer zweiten Reformstufe) im House of Lords verbleiben. Die parteipolitische Selbsteinstufung dieser Gruppe wirft ein bezeichnendes Licht auf die politische Struktur des Oberhauses als Ganzem. Von den 92 bezeichnen sich 51 Anhänger der Konservativen Partei, 4 Labour-Anhänger, 5 Liberaldemokraten und 30 Unabhängige, die sich keiner der Parteifraktionen anschließen[32] (Hazell u.a. 2000: 243).[33] Den Großteil der Mitglieder des Oberhauses stellen heute die 561 *life peers*, desweiteren gibt es 29 Law Lords und 26 Bischöfe. Insgesamt umfasst das Oberhaus 733 Mitglieder (Stand 2006). Mit der weitgehenden Abschaffung der *hereditary peers* hat sich auch der parteipolitische Schwerpunkt zugunsten New Labours verlagert. Nach Parteien geordnet bestand die Kammer im März 2005 aus 203 von den Konservativen, 202 von Labour und 69 von den Liberal Democrats unterstützten Mitgliedern. 183 Mitglieder sind *Crossbencher* (Unabhängige), dazu müssen als eigenständige Gruppen noch die Vertreter der Anglikanischen Kirche und die Law Lords gezählt werden. Trotzdem hat sich am Demokratiedefizit des Hauses nichts geändert. Auch nach der fast vollständigen Beendigung der Mitgliedschaft des Erbadels geht von den ca. 700 verbliebenen Peers immer noch keine politische Legitimationskraft aus, gehören doch alle aufgrund willkürlicher Entscheidungen der jeweiligen Regierungen der Kammer an. Bezeichnenderweise sind Frauen (18 %), ethnische und andere gesellschaftliche Minderheiten (4 %) bis heute drastisch unterrepräsentiert.[34] Hinzu kommt, dass das House of Lords dramatisch überaltert ist. 18 Mitglieder sind 2005 in Amt und Würden gestorben, darunter ein 97-Jähriger und zwei 92-Jährige. Der 2006 ins achtundachtzigste Lebensjahr gehen-

---

[31] Ironischerweise hat davon vor allem ein Vertreter des radikal linken Flügels der Labour Party profitiert: der nach der Abgabe seiner hochadligen Titel schlicht als Tony Benn in die Geschichte des Landes eingegangene spätere Handels- und Industrieminister.

[32] Die Gruppe des Hochadels wird durch zwei Vertreter komplettiert, die ex officio im Oberhaus verbleiben.

[33] Diese übrig gebliebenen 92 Mitglieder (Ende 2004 bereits nur noch 91) firmieren offiziell als *elected hereditary*.

[34] Die heutige Vorsitzende des Oberhauses, Valerie Amos, ist Schwarze. Kürzlich wurde das erste islamische Mitglied ernannt.

de Earl Jellicoe ist seit 1939 Mitglied im House of Lords und wurde zu einem Zeitpunkt zum *life peer*, als Winston Churchill noch nicht Premierminister Großbritanniens war. Das Durchschnittsalter der Oberhausmitglieder liegt heute bei 68 Jahren. Als weiteres Problem hat sich in der Vergangenheit gezeigt, dass einige Lords in bemerkenswerter Verkennung ihres Ehrenamtes für unterschiedlichste gesellschaftliche Interessengruppen tätig geworden waren. Zur Oberhausreform gehört deshalb seit 2002 die Führung eines verschärften Interessenregisters für alle Mitglieder (*Register of Lords Interests*). Nach dem *code of conduct* müssen die Peers relevante Interessenverbindungen, die möglicherweise ihr Handeln im Oberhaus tangieren könnten, registrieren lassen. Relevant sind solche Verbindungen dann, wenn „interest might reasonably be thought by the public to affect the way in which a Member of the House of Lords discharges his or her parliamentary duties." (ebd.: § 8)

Seit der ersten Reformstufe hat die Regierung Blairs allerdings überraschenderweise nicht weniger, sondern mehr Niederlagen im Oberhaus hinnehmen müssen. Insgesamt scheint mit dem Ausscheiden des Erbadels (im weniger charmanten Volksmund auch als Gruppe der „old fogeys" bezeichnet) das Oberhaus politisch aktiver geworden zu sein. Das ist für die Regierung weniger erfreulich, hat sich doch seit der dortigen politischen Renovierung die Anzahl ihrer Abstimmungsniederlagen im Oberhaus erhöht. So musste die Regierung in den fünf Jahren nach den Reformen von 1999 dreimal auf die Regelung des „Parliament Acts" 1949 zurückgreifen, um ihre Vorhaben gegen das Oberhaus durchzubringen.[35] Zu den Effekten des reformierten Oberhauses gehört auch, dass die konservative Mehrheit dort für die Labour-Regierung nun nicht mehr als Grund für Streitereien mit den Lords herhalten kann. Seit der Pluralisierung der zweiten Kammer ist das Argument des „konservativen Oberhauses" für Labour nicht mehr so einfach strategisch einsetzbar.

Seit Einsetzen einer Königlichen Kommission zur weiteren Reform des Oberhauses 1999 und ihrem ein Jahr später vorliegenden Bericht *A House for the Future* ist die Dynamik des Veränderungsprozesses verharzt. Die detaillierten Vorschläge zur Neuordnung des Oberhauses, wie die Reduzierung auf etwa 550 Mitglieder sind bislang unausgeführt geblieben. Die Regierung nahm einige der Vorschläge schließlich in ihr vielkritisiertes White Paper *The House of Lords: Completing the Reform* Ende 2001 auf. Darin ging sie von einem durch eine unabhängige *Appointment Commission* zu besetzendes Oberhaus aus, wobei die regionale und geschlechtliche Verteilung zu berücksichtigen sei. Die zweite Kammer sollte nach dem Wil-

---

[35] Am meisten Staub aufgewirbelt hat dabei das Verbot der Fuchsjagd im Herbst 2004, für das sich bei den Lords keine Mehrheit fand (vgl. Kap. 7.3).

len der Regierung 600 Mitglieder umfassen, davon 330 von Parteien nominierte und 120 in
den Regionen gewählte Mitglieder. Andere Schlüsselvorschläge der Kommission wie ein 15-
Jahres-Rhythmus bei Ernennungen und die Kontrolle parteipolitischer Ernennungen durch die
Appointment Commission wurden nicht ins das White Paper aufgenommen. Die nach der
Veröffentlichung der Regierungspläne einsetzende Kritik entzündete sich u.a daran, dass der
Anteil der in einer Volkswahl zu bestimmenden Lords nur 20 % betragen soll (Hazell u.a.
2003: 163). Auch das *Commons Public Administration Select Committee* des Unterhauses hat
inzwischen einen eigenen Reformvorschlag als Alternative zur Royal Commission und zum
Weißbuch Downing Streets erarbeitet. Es plädiert für eine weitgehend gewählte zweite Kam-
mer. Diese soll 350 Mitglieder umfassen, von denen 60 % gewählt und 40 % ernannt werden.
Bischöfe und Law Lords sollten bis 2009 ausscheiden und *life peers* hätten sich im Zuge der
Verkleinerung einer internen Wahl zu stellen. Vorschläge der Konservativen in der Diskussion gingen sogar noch darüber hinaus und forderten 80 % gewählte Mitglieder (ebd.: 164). Als
Mitte 2005 das angekündigte House of Lords Bill immer noch nicht vorlag, gab es Spekulationen, dass die erste Reformstufe von 1999 auch die letzte gewesen sein könnte (Kelly u.a.
2005: 215) und die provisorische zu einer Dauerlösung werde. Dabei ist die Einführung eines
durch Wahl zu bestimmenden Teils der Peers unter den Akteuren inzwischen Konsens, damit
sukzessive das Stigma als *unelected House* reduziert werden kann. Auch sind sich die großen
Parteien weitgehend darin einig, einen regionalen Faktor bei Ernennungen oder Wahlen zum
Oberhaus zu stärken, um es in Richtung einer quasi-föderalen Kammer umzugestalten. Während die Konservativen für einen größeren Wahl-Anteil eintreten, will Labour hier nur für
eine Minorität zu wählender Mitglieder zulassen.

Die mit der demokratischen Aufwertung der Lords verbundenen Probleme sind jedoch
vielfältiger als es auf den ersten Blick erscheint. So wird mit der Schaffung eines vom Volk
gewählten Oberhauses der Souveränitätsanspruch des Unterhauses deutlich eingeschränkt,
was einer verfassungsrechtlichen Revolution gleichkommt. Die britische Verfassung kennt bis
heute nicht die Idee einer Teilung der Souveränität und der Regierungsgewalt. Neben solchen
grundsätzlichen Überlegungen spielt bei der Skepsis gegenüber einer durch Wahlen gestärk-
ten zweiten Kammer auch die in Großbritannien als abschreckendes Beispiel empfundene
Politikverflechtungsfalle etwa des bunderepublikanischen Konkordanzföderalismus eine große Rolle. Die in Deutschland selbst als undeutlich wahrgenommenen Entscheidungs- und
Verantwortungslinien zwischen Bund, Ländern und Kommunen sollen auf keinen Fall dem
normativ auf klare Verantwortlichkeitszuordnung ausgerichteten englischen Regierungssystem übergestülpt werden. Doch ein gewähltes Oberhaus ohne gesetzgeberische Kompetenz-

ausweitung könnte der Öffentlichkeit nur schwer vermittelt werden. Warum soll gewählt werden, wenn die Gewählten keine relevanten politischen Mitentscheidungsbefugnisse erhalten? Die Frage ist in der britischen Diskussion über die Reform des Oberhauses unbeantwortet geblieben. Hinzu kommt, dass die Einführung einer allgemeinen Personenwahl von Peers zu einer Politisierung des Oberhauses führen wird. Bislang waren die Lords dem Bereich der kompetitiven Politik weitgehend entzogen. Ins Oberhaus gelangte man durch Herkunft, Amt oder *Honour*. Gerade um eine Politisierung der Auswahl der Lords zu vermeiden, wurde mit dem Reformgesetz 1999 die Schaffung der *Appointments Commission* angekündigt. Dieser – noch nicht für das Oberhaus geltenden – Reform des traditionellen auf Saturierung der eigenen Klientel ausgerichteten Praxis der Vergabe von Titeln, Ehren und honorigen Ämtern durch die jeweilige Regierungspartei würde zunichte gemacht, was allerdings der Ernennungspraxis der New Labour Party entspräche. So stieg durch die Ende 2005 vorgenommenen Erhebungen von Parteifunktionären und -sympathisanten in den Adelsstand der Anteil von Labour Lords im Oberhaus auf 43,1 %, während der Stimmenanteil der Partei bei den Unterhauswahlen im Mai desselben Jahres 35,2 % betragen hatte. Zum Vergleich: die Liberaldemokraten stellen im Oberhaus 14,9 % der Lords und sind damit – bei einem Unterhauswahlergebnis von 22 % – deutlich unterrepräsentiert.[36]

Es ist also eine Mischung aus grundsätzlichen verfassungsrechtlichen, politischen und klientilistischen Gründen, die die britische Regierung von einer Reform des House of Lords abgehalten hat. Im April 2004 sind die von Politikern und Juristen im Gutachten *Next steps for the House of Lords* vorgeschlagenen Veränderungen (siehe oben) nicht wie geplant als Gesetz (House of Lords Reform Bill) eingebracht worden. Die offizielle Begründung dafür lautete, dass die Unterstützung dieses Gesetzes im Oberhaus nicht gesichert sei und die Regierung die Reform im Konsens mit den Lords durchführen wolle.[37] Es hat sich ein gemeinsames Komitee des Ober- und Unterhauses gebildet, das sich mit den Kompetenzen einer neuen zweiten Kammer beschäftigt.[38]

---

[36] Vgl. http://www.electthelords.org.uk. Diese Ernennungspraxis zeigt, dass sich Konservative und Labour auch gegenseitig überproportionale Vertretungen im Oberhaus sichern. Nach den jüngsten Ernennungen lag der Anteil Konservativer Lords bei 42,1%, nur ein Prozent weniger als Labours Anteil, aber immerhin fast 9% mehr als dem Unterhauswahlergebnis von 32, 3% entspricht.

[37] Vgl. http://www.dca.gov.uk/constitution/holref/lordsfaq2004.htm

[38] Bemerkenswert ist auch das von einer interfraktionellen Abgeordnetengruppe eingebrachte Second Chamber of Parliament Bill, zu der führende Politiker wie Kenneth Clark (Konservative), Tony Wright (Labour) und Paul Tyler (Lib Dem) gehört haben.

Ein weiteres gravierendes Problem bei der Oberhausreform stellt die grundsätzliche Neu-
strukturierung des britischen oberen Gerichtswesens dar. Im Kern geht es dabei um die Herstellung der in Großbritannien bisher unterentwickelten Gewaltenteilung zwischen Exekutive,
Legislative und Rechtssystem. Die bisher bestehende prekäre Gemengelage manifestiert sich
deutlich in der Rolle, die der *Lord Chancellor* einnimmt. Er steht bisher eher für eine Fusion
der Gewalten als einer Gewaltenteilung, hat er doch Funktionen und Ämter in allen drei Bereichen inne. Er ist Chef des britischen Justizwesens, Mitglied und Sprecher des House of
Lords und Mitglied des Regierungskabinetts. Diese Machtballung kommt ihm aber allein aufgrund der Zugehörigkeit zur jeweiligen Regierungspartei zu, die damit eine gleichzeitige
Durchgriffsmöglichkeit auf Politik, Recht und Verwaltung besitzt. Von einer Trennung der
Gewalten kann keine Rede sein. Diese Vermischung setzt sich auch bei den Law Lords (12
von diesen fungieren als *Lords of Appeal in Ordinary* und leiten die jeweiligen Verfahren)
fort, die als Mitglieder des Appellationskomitee des Oberhauses Rechtssprechung vornehmen
und gleichzeitig wie jeder andere Lord an der Gesetzgebung des Landes mitwirken.

Die im Juni 2003 durch die Blair-Regierung angekündigten Veränderungen beim Zuschnitt
der Lord Chancellorship führen in letzter Konsequenz nicht nur zur Abschaffung des Amtes
des Lord Chancellors, das seit 1400 Jahren besteht und eines der ältesten angelsächsischen
Staatsämter überhaupt ist, sondern auch zur Herauslösung der Law Lords aus dem Oberhaus
und der Schaffung eines *Supreme Court*. Das Lord Chancellors Department wurde inzwischen
aufgelöst und in ein Ministerium für Verfassungsangelegenheiten (Department for Constitutional Affairs) überführt. 2008 soll auch die Installierung eines *Supreme Courts* abgeschlossen
sein, was nicht nur für das Oberhaus das Ende einer alten Rechtspflegetradition bedeutet,
denn auch erhebliche Kompetenzen des *Judicial Committee of the Privy Council* sollen an
den neuen Obersten Gerichtshof fallen. Damit würde eine weitere Regierungsinstitution
Großbritanniens grundlegend reformiert.

Dieser seit der normannischen Invasion bestehende Privy Council (Kronrat) hat bis ins 17.
Jahrhundert als Zentrum des politischen Systems gegolten, aber auch danach noch wichtige
Regelungsfunktionen behalten. Heute besteht er aus ca. 400 vom Monarchen (d.h. vom Pre-
mierminister) ernannten Mitgliedern. Dazu zählen sämtliche Kabinettsmitglieder, führende
Angehörige vorangegangener Regierungen, die Spitze der größten Oppositionspartei und die
höchsten Richter aus Großbritannien und dem gesamten Commonwealth. Um das Parlament
zu entlasten, kann der Privy Council nachgeordnete Gesetze und Verordnungen erlassen. Sein
Tagesgeschäft besteht in der Kontrolle der ca. 400 in das Königliche Register eingetragenen
Körperschaften (*chartered bodies*), wie Ärzteverbände, zahlreiche weitere Berufsverbände,

höhere Bildungsinstitutionen wie Universitäten und Colleges, sowie gemeinnützige Institutionen, wie Wohlfahrtsverbände usw.. Das *Judicial Committee* des Privy Council agierte nun bislang als höchstes Appellationsgericht einiger Mitgliedsstaaten des Commonwealth, die auch schon deutlich gemacht haben, es in dieser Funktion unbedingt beibehalten zu wollen. Weiter wird das Justizkomitee als Disziplinarkammer in Verfahren gegen Mediziner, Veterinärmediziner und Angehörige der Anglikanischen Kirche tätig. Darüber hinaus ist es inzwischen auch die höchste Rechtsinstanz in Fragen der sich aus der Devolution ergebenden Gesetzgebung. Gerade der letztgenannte Tätigkeitsbereich wird auch an den Supreme Court gehen, so dass für den Privy Council letztlich nur die oberste Gerichtsbarkeit für einige Commonwealth-Staaten, für die Kanalinseln Jersey, Guernsey und die Isle of Man übrig bleibt. Daneben wird der Kronrat weiterhin quasi verwaltungsgerichtliche Funktionen in Fällen, die die Anglikanische Kirche und die Universitäten des Landes betreffen, erfüllen.

Wie schon bei der Reform des Oberhauses fällt auch beim Blick auf den Privy Council auf, dass die New Labour-Regierung bei allem Veränderungswillen Rudimente überkommener verfassungsrechtlicher Traditionen bestehen lässt. Diese zögerliche Haltung zeigt sich auch bei der Veränderung des Ernennungsverfahrens von Richtern und anderen Angehörigen des Justizwesens. Berufungen an Gerichte, Versetzungen und Beförderungen lagen bisher im persönlichen Verantwortungsbereich des Lord Chancellors und werden zukünftig durch eine unabhängige *Judicial Appointments Commission* wahrgenommen. Alle Personalentscheidungen dieser Kommission bedürfen aber vor in Kraft treten der Zustimmung des neuen Verfassungsministers (*Secretary of State for Constitutional Affairs*), der gegenwärtig aber kein anderer ist als der bisherige Lord Chancellor.

Die Entkopplung der Gewalten ist durch die Schaffung eines Ministeriums für Verfassungsangelegenheiten, das allerdings darüber hinaus Funktionen eines Justizministeriums erfüllt, institutionalisiert worden. Das *Department for Constitutional Affairs* (DCA), dem der Lord Chancellor vorsteht, ist bis heute aber nicht nur Gegenstand von Diskussionen über die zukünftige verfassungsrechtliche Struktur Großbritanniens, sondern auch Streitobjekt zwischen dem Innenministerium und dem DCA selbst, das langfristig seine justizministeriellen Kompetenzen ausweiten und damit in die Struktur des Innenministeriums stark eingreifen wird (Prince 2004: 290). Das DCA wurde im Juni 2003 eingerichtet und beschäftige 2005 bei einem Jahresetat von ca. 4 Milliarden Pfund 24.000 Vollzeitmitarbeiter (DCA 2005: 14). Zu den Aufgaben des DCA gehört u. a. die Organisation des britischen Justizwesens, Unterstützung der Unter- und Obergerichte sowie die Durchführung von Opfer- und Zeugenschutzprogrammen. Damit ist es verantwortlich für die mehr als eine Millionen Strafverfahren, die

2004 vor britischen Gerichten verhandelt worden sind. Zu den Kernaufgaben des DCA gehört jedoch die Weiterführung der begonnenen Verfassungsreformen. Hier soll es initiativ werden und die Gesetzgebungsprozesse begleiten. Mit dem 2005 in Kraft getretenen „Constitutional Reform Act" ist ein weiterer Schritt auf dem Weg zu einer Neuformierung des Regierungshandelns abgeschlossen worden. Danach wird zum ersten Mal in der britischen Rechtsgeschichte die Unabhängigkeit der Justiz verfassungsrechtlich kodifiziert. Regierungsmitglieder sind verpflichtet, die Unabhängigkeit der Justiz zu sichern. Die Kommunikation von höheren Regierungsmitgliedern und Beamten mit Richtern außerhalb des rechtlichen Verfahrens ist seitdem offiziell verboten. Diese strukturelle Trennung von Recht und Politik wird verstärkt durch die Übertragung der richterlichen Kompetenzen des Lord Chancellors auf das neugeschaffene Amt des Präsidenten der Gerichtshöfe von England und Wales (*President of the Courts of England and Wales*). Der bisher den Law Lords vorsitzende *Lord Chief Justice* wird Leiter dieses neuen Präsidiums, das verantwortlich ist für die Ausbildung, Aufsicht und Verteilung von Richtern in England und Wales.[39] Neben der endgültigen Installierung der *Judicial Appointments Commission* hat der Reform Act die Schaffung des Supreme Court weiter konkretisiert. Dieser wird über einen eigenen Mitarbeiterstab und ein eigenes Budget verfügen und auch räumlich in einem neu zu errichtenden Gebäude vom House of Lords separiert. Entscheidend für die Stärkung der Selbstbestimmung des britischen Rechtssystems ist, dass der Supreme Court sich unabhängig aus der Richterschaft Englands und Wales selbst rekrutieren kann. Damit verliert das politische System eine verfassungsrechtlich legale Möglichkeit, auf die Zusammensetzung des obersten britischen Gerichtes Einfluss zu nehmen. Gleichwohl bedeutet die Schaffung eines Obersten Gerichtshofes nicht, dass es zu Normenkontrollklagen im deutschen oder US-amerikanischen Sinne kommen wird, denn eine systematisch kodifizierte Verfassung oder ein die Grundrechte listende Bill of Rights, die Grundlage solcher Verfassungsbeschwerden sein könnten, existieren bis heute nicht. Die Arbeit an der Verfassung des Vereinigten Königreichs bleibt, was sie immer schon war – Stückwerk.

---

[39] Für das schottische Rechtssystem galten schon bisher andere Instanzenzüge, vgl. Kap. 11.

Links:

Britische Monarchie: www.royal.gov.uk/output/Page1.asp

Constitution Unit: www.ucl.ac.uk/constitution-unit

Department for Constitutional Affairs (DCA): www.dca.gov.uk

House of Lords: www.parliament.uk/about_lords/about_lords.cfm

Kampagne für ein gewähltes Oberhaus: www.electthelords.org.uk

3. Regionen und Kommunen

Nach der Regierungsübernahme 1997 leitete Tony Blair sogleich Reformen ein, die bestimmte dem Parlament und der Zentralregierung vorbehaltene Rechte im Sinne einer Dezentralisierung (Devolution) auf die einzelnen Landesteile Schottland, Wales und Nordirland übertru-
gen. England, der größte Landesteil, steht diesem Dezentralisierungsprozess relativ skeptisch
gegenüber; konkretere Pläne, die über eine Stärkung der Regionalautonomie nördlicher Regionen Englands hinausgehen, sind noch keineswegs mehrheitsfähig. Die Dezentralisierung
dieser klar definierten Handlungskompetenzen, die entsprechend der Parlamentssouveränität
jederzeit rückgängig gemacht werden kann, fand jedoch asymmetrisch und „auf Nachfrage"
statt. Schottlands gewähltes Parlament und die Exekutive haben deutlich weitreichendere
Handlungsbefugnisse als Parlament und Exekutive in Wales. Nordirlands Parlament *Stormont*
musste wiederholte Male seine Kompetenzen an Westminster abtreten. In letzter Zeit erhöhte
sich auch die Frequenz der Diskussionen um eine gesamtenglische regionale gewählte Körperschaft, jedoch ohne grundsätzliche Zustimmung weder in der Zentralregierung noch bei
der Bevölkerung. Stimmt man Ron Davies, dem ehemaligen Labour-Minister für Walisische
Angelegenheiten zu, so muss Devolution „as a process and not an end-point" betrachtet werden. Wie Schottland und Wales gezeigt haben, bedeutet dies auch, dass die Bereitschaft relative Autonomie anzunehmen die Nachfrage und der damit verbundene Druck bereits vor der
Einleitung der Devolution wachsen muss. Somit ist eine zukünftige Dezentralisierung für
England, wenn auch nicht sehr wahrscheinlich, so doch nicht ausgeschlossen (Mitchell 2003:
33).

3.1 Devolution: Dezentralisierung auf regionaler Ebene

Bereits im Jahr 1979 wurden in Schottland und Wales Referenden über zu schaffende, gewählte Kammern mit exekutiven und im Falle Schottlands auch mit legislativen Befugnissen
abgehalten. Diese Volksabstimmungen waren der vorläufige Höhepunkt einer Bewegung, die
unter Stichworten wie „Aufstand der Provinz" in den 70er Jahren eine Welle des „nationalen
Regionalismus" nicht nur in Großbritannien bildete. Mit dem vorläufigen Scheitern der Devo-

lutionsbegehren im Vereinigten Königreich an einer zu geringen Wahlbeteiligung ebbte auch die Regionalismusbewegung vorläufig ab. Durch zunehmende Vertiefung interregionaler Disparitäten kam das Thema im Laufe der 80er Jahre aber rasch wieder auf die Agenda (Schmitt-Egner 2005: 24). In den folgenden Jahren wuchsen die nationalistischen Bewegungen in beiden Landesteilen weiter an. Dieser Zuwachs des nationalistischen Lagers hing auch damit zusammen, dass von 1979 bis 1997 die Konservativen die Regierung in London stellten, wobei Thatcher und Major in Schottland und Wales nie mehrheitlich gewählt worden waren. Auch das die unpopuläre Kopfsteuer, die *poll tax*, welche Grundeigentümer entlastete und ärmere Schichten belastete, in Schottland ein Jahr früher eingeführt wurde als in den anderen Landesteilen empfand man dort als besondere Benachteiligung.

Der Diskurs um die Devolution wurde sowohl von den Konservativen als auch von Labour, wenn auch mit unterschiedlicher Zukunftsperspektive, geführt. Während die Konservativen eine Unterminierung des Zusammenhalts des Vereinigten Königreichs mit langfristig angestrebter vollständiger Unabhängigkeit fürchteten, sprach Labour eher von einer Basis gemeinsamer Werte, die trotz oder gerade weil Dezentralisierung zugelassen werde, sogar eine Stärkung erfahren und dadurch ein möglicherweise gewaltsames Auseinanderbrechen Britanniens verhindern könne (Mitchell 2003: 34). Formal behält Großbritannien auch nach der zwischen 1997 und 1999 durchgeführten Devolution den Status eines einheitlichen Zentralstaates (Norton 2001: 261).

Kennzeichnend für den Devolutionsprozess ist seine Durchführung „auf Nachfrage", d. h. auf Drängen großer Teile der Bevölkerung, und die dadurch bedingte Asymmetrie. Während es in Schottland den stärksten Wunsch nach Devolution von Institutionen gab, war er in England am schwächsten ausgeprägt. So gibt es in England kaum eine eigene nationale Identität oder nationalistische Parteien wie in Schottland und Wales. Ein eigenes englisches Parlament würde auch weitgehend einer Kopie des Westminster-Parlaments gleichkommen, da die englische Bevölkerung etwa 85 Prozent der britischen Bevölkerung ausmacht. Ähnlich schwach sind auch eigene Identitäten auf der Ebene englischer Regionen ausgeprägt. Die seit 1946 bestehenden neun englischen Regionen sind lediglich aufgrund administrativer Erwägungen eingerichtet und reformiert worden.[40] Auf diese Strukturen aufbauend wurden 1994 zehn *Government Offices for the Regions* eingerichtet, in denen eine Reihe von Ministerien ihre Aktivitäten in den Regionen bündeln. Ziel dieser *Offices* ist es, die Wettbewerbsfähigkeit der je-

---

[40] Dies spiegelt sich auch deutlich in ihren Bezeichnungen wieder: Greater London, South East England, South West England, West Midlands, North West England, North East England, Yorkshire and Humber, East Midlands sowie East of England.

weiligen Region zu steigern sowie sie in Verbindung mit den ebenfalls neu eingerichteten *Regional Development Agencies* zu demokratisch gewählten Regionalparlamenten auszubauen (Hübner/Münch 1998: 64, vgl. Kap. 9.4.1). Ende 2004 wurde in der Region *North East*, in der die Autonomiebestrebungen immer am stärksten waren, ein Referendum über eine direkt zu wählende Regionalversammlung abgehalten. Das negative Ergebnis der Abstimmung dürfte entsprechende Pläne exekutiver Devolution für Jahre auf Eis gelegt haben.

Die Verfassung des Vereinigten Königreichs sieht keine Möglichkeit vor, die devolvierten Institutionen quasi mit einem Bestandsschutz zu versehen. Ein zukünftiges Parlament kann aufgrund seiner Souveränität die Devolution bzw. Teile davon jederzeit wieder rückgängig machen. Devolution kann nicht nur als Dezentralisierung, sondern auch als reversible Delegierung verstanden werden (Jeffery/Palmer 2000: 328). Eine gewisse Einschränkung der Rücknahme ergibt sich allerdings durch die abgehaltenen Referenden, die aber lediglich im Falle Schottlands (und Nordirlands) auf eine breite gesellschaftliche Basis der devolvierten Institutionen hinweisen. Für ihren Erhalt auch unter einer zukünftigen konservativen Regierung spricht allerdings, dass auch Gegner der Devolution ihre Ergebnisse aufgrund der inzwischen breiten gesellschaftlichen Verankerung akzeptiert haben (Jeffery 2001: 131).

Durch die Devolution sind auch neue Möglichkeiten der Beziehung zwischen den Regionen und der Europäischen Union entstanden. Schottische und walisische Institutionen können ihre Vertreter im Ausschuss der Regionen selbst bestimmen, Lobbyarbeit leisten und Kontakte zu anderen Regierungen aufnehmen. Ferner sind sie für die Ausführung der europäischen Strukturpolitik in ihrer Region selbst verantwortlich. Der Einfluss auf britische Positionen im EU-Ministerrat wird von Schottland eher durch eigene Minister und für Wales eher durch den *Welsh Secretary* ausgeübt (Jeffery/Palmer 2000: 338). Für den Fall eines Streites zwischen der Zentralregierung und den Regionalregierungen in Edinburgh und Cardiff ist der Rechtsausschuss des Privy Council (*Judicial Commission*) unter Vorsitz des Lord Chancellors als Vermittlungsausschuß vorgesehen. Darüber hinaus ist ein Gemeinsamer Ministerrat in Fällen zuständig, in denen Westminister Befugnisse der neuen Organe beschneidet oder wenn Entscheidungen dieser Organe die Interessen anderer Regionen betreffen (ebd.: 336).

3.2 Schottland

Schottland weist besondere charakteristische Merkmale auf und hat kulturelle und politische Traditionen auch nach der Union mit England aufrechterhalten. Denn als Schottland 1707 im Zuge des Zusammenschlusses mit England und Wales sein Parlament abtrat, behielt es sein Rechts- und Justizsystem, sein Bildungssystem, die *Bank of Scotland* sowie die presbyterianische *Church of Scotland*. Somit blieb das Fundament eines spezifisch schottischen Nationalbewusstseins innerhalb der Union erhalten. Dieses jedoch übersetzte sich lange Zeit kaum in eine besondere Stärke der 1934 gegründeten nationalistischen *Scottish National Party* (SNP). Erst in den sechziger und siebziger Jahren, vor dem Hintergrund einer rapide einsetzenden Deindustrialisierung in den klassischen, Wales und Schottland prägenden schwerindustriellen Sektoren, der Ölkrise und der Entdeckung schottischen Nordseeöls, kam die Idee einer möglichen ökonomischen Abkoppelung vom Vereinten Königreich auf. Autonomiebestrebungen, Ausdruck der Unzufriedenheit mit Westminster und dem *Scottish Office*, hatten generell ökonomische Konnotationen und fanden, angesichts der als dringlich erachteten Situation, im Abschlussbericht der durch die Labourregierung Wilson (1964-1970) ins Leben gerufenen *Royal Commission on the Constitution* mit der Empfehlung der Einrichtung einer regionalen Versammlung ihren Niederschlag. Mit dem langfristig in Aussicht gestellten Versprechen einer gesetzgebenden Versammlung wollte die Labour Party wichtige schottische Stimmen sichern, während die Konservativen, eine völlige Abnabelung dieser Regionen befürchtend, ihrem Missmut in Form jahrelanger Untätigkeit in Sachen schottischer Teilautonomie Ausdruck verliehen (Norton 2001: 259).

3.2.1 Das Schottische Parlament: Funktionen und Politikprozesse

Der explizite Wunsch nach einem eigenen Parlament entwickelte sich in Schottland nicht synchron mit der stetig zunehmenden Unzufriedenheit der Schotten mit der Zentralregierung. Zwar wurde bereits 1886 die *Scottish Home Rule Association* mit dem Anliegen konstitutioneller Reform ins Leben gerufen. Doch schon ein Jahr zuvor war das Ministerium für schottische Angelegenheiten (*Scottish Office*) in London errichtet worden, um diesen ethnisch-kulturell bedingten und durch den politisch sehr erfolgreichen irisch-gälischen Nationalismus dieser Zeit angefachten Separatismus stillzustellen. Die Frage des „home rule" blieb dann auch bis in die 1960er Jahre kein Thema mit öffentlicher Resonanz (Mitchell 2003: 34).

Erst mit dem Amtsantritt Blairs 1997 wurde in London ein neues Kapitel aufgeschlagen: seine Wahlversprechen einer umfassenden Regionalisierung erfüllte die New Labour-Regierung rasch in Form des Referendums vom 11. September 1997, in dessen Rahmen zwei entscheidende Fragen zum Charakter der Devolution von der Mehrheit der wahlberechtigten Schotten positiv beantwortet wurden: 1) Soll es ein schottisches Parlament geben? 2) Soll diesem Parlament die Steuerbefugnis übertragen werden?

Nach der mehrheitlichen Zustimmung zu beiden Fragen im Referendum (74,3 % stimmten für ein eigenes Parlament) fanden am 6. Mai 1999 die Wahlen zum ersten schottischen Parlament seit 1707 statt. Die Mischung aus Mehrheits- und Verhältniswahlrecht (*Additional Member System*, AMS, vgl. Kap. 5.2.3) berechtigt den Wähler zwei Stimmen abzugeben, wobei mit der Erststimme 73 der 129 *Members of the Scottish Parliament* (MSP) nach dem Mehrheitswahlrecht aus den jeweiligen Wahlkreisen gewählt werden, während mithilfe der zweiten Stimme entsprechend des Verhältniswahlrechts die restlichen 56 Mandate, jeweils sieben pro Großwahlkreis (wobei diese Großwahlkreise deckungsgleich mit den Europawahlkreisen sind), vergeben werden. Die *Scottish Labour Party* (SLP) konnte 56 von insgesamt 129 Abgeordnetensitzen, jedoch und als Konsequenz aus dem AMS nicht die absolute Mehrheit auf sich vereinen. Sie ging deshalb eine Koalition mit den *Liberal Democrats* (LDP), die 17 Abgeordnete ins Parlament schickten, ein. Die *Scottish National Party* (SNP) errang 35 Abgeordnetensitze (Becker 2002: 66).

Der SLP Politiker Donald Dewar besetzte das Amt des *First Minister*, sein Stellvetreter wurde der *Liberal Democrat* James Wallace. Die Exekutive setzte sich aus weiteren neun Ministern zusammen, die am 1. Juli 1999 ihre Tätigkeit in den Bereichen aufnahmen, die zuvor unter die Zuständigkeit der Minister für schottische Angelegenheiten im *Scottish Office* gefallen waren.

Anders als im Falle der Walisischen Versammlung erstreckt sich der Aktionsradius des Schottischen Parlaments sowohl über die Primärgesetzgebung in sämtlichen schottischen Angelegenheiten, die nicht unter das Prinzip der Parlamentssouveränität fallen, als auch über die autonome Anhebung oder Absenkung des Einkommenssteuersatzes um bis zu 3% vom in den übrigen Teilen des Vereinten Königreichs herrschenden Steuersatzes. Das Schottische Parlament übt seine Zuständigkeit in den Bereichen der Gesundheit, Bildung und Erziehung, ökonomischer Entwicklung und Landwirtschaft, Kommunalverwaltung sowie Wohnungsbau, Sport und Kultur aus. Bereits kurze Zeit nach seiner Installierung konnte das Parlament beeindruckende Fortschritte erzielen. Während der Schottland betreffende Gesetzgebungsprozess in Westminster bis dahin eher träge höchstens ein *Scottish Bill* pro Jahr verabschiedete, trug die Arbeit im Schottischen Parlament (*Holyrood*) bereits nach kurzer Zeit Früchte. Somit erfüllte sich die Hoffnung, eine Dezentralisierung der Befugnisse könne den Output an Politikergebnissen beflügeln. Von Zynikern mehr als Aktionismus charakterisiert und von der Presse negativ porträtiert fand die zügige Tätigkeit der MSPs jedoch Anklang bei den Schotten selbst. Die Bilanz nach der ersten Legislaturperiode belief sich auf 62 Gesetze, wobei 50 von Mitgliedern der Exekutive (*Executive Bills*) initiiert wurden. Darüber hinaus konnten acht von Abgeordneten vorgebrachte Gesetzesvorschläge (*Members' Bill*), drei Ausschussinitiativen (*Committee Bill*) und eine *Private Bill*, ein von einer Privatperson oder einer privaten Körperschaft vorgebrachter Gesetzesentwurf, ratifiziert werden (Constitution Unit 2002).

Das Parlament erarbeitet tagespolitische Themen in spezifischen ständigen Ausschüssen (*Standing Committees*), denen vielfältige Erörterungs- und Eigenvorschlagsrechte eingeräumt werden. Die Ausschüsse im schottischen Parlament besitzen damit mehr Kompetenzen als die in Westminster arbeitenden Ausschüsse des *House of Commons*. Überhaupt kommt den Ausschüssen eine besondere Rolle zu im selbstgestellten Anspruch der schottischen Administration, den politischen Prozess dahingehend zu transformieren, dass er Transparenz, Kooperation und ausgiebige Beratung mit der Partizipation von Nicht-Regierungsmitgliedern aus dem gesellschaftlichen Bereich vereint. An diesem Knotenpunkt betreten so genannte *stakeholders* die politische Bühne. Dabei handelt es sich um von Gesetzesänderungen und -einführungen direkt betroffene Personengruppen, Angehörige unterschiedlicher Berufe usw., im Allgemeinen also diejenigen, die die Umsetzung gesetzlicher Vorgaben garantieren. Durch ihre Expertise und Erfahrung werden sie als bereichernd für die Ausformulierung von Problemkomplexen erachtet und genießen einen durchaus privilegierten Status. Auch wenn sie kein explizites Mitentscheidungsrecht haben, so können sie Diskurse doch in eine bestimmte Richtung führen. Kritisch zu beachten ist dabei die Tatsache, dass *stakeholders* nicht im üblichen Sinn als Interessensgruppen eingestuft werden und deshalb auch nicht dementsprechend öffentlich als solche identifiziert werden können. Gleichwohl leisten sie als Beobachter der und Teilnehmer an den Konsultationen in den Ausschüssen oft partikularistische Lobbyarbeit und können weniger privilegierten Teilen der Gesellschaft den Zugang zum Entscheidungsprozess durchaus verschließen (Bonney 2003: 463).

Das Parlament selbst forderte gegenüber der schottischen Regionalregierung immer wieder mehr Autonomie ein. Mit ihrer Uneinigkeit bei der Wahl des stellvertretenden Parlamentsvorstehers (*Deputy Presiding Officer*), sowie in Fragen einer Gefängnisschließung übte es Druck auf die Exekutive aus und zwang sie auch zu Kehrtwendungen. Die Dominanz der Exekutive wurde zwar herausgefordert, blieb aber, am deutlichsten an der Anzahl ratifizierter Gesetze erkennbar, wegweisend. Zudem wurde die Größe des Parlaments einer Überprüfung unterzogen: Die schottische *Boundary Commission* empfahl in einem Bericht die Reduzierung der Mandatsträger in *Holyrood* auf 110, entsprechend den Sitzkürzungen schottischer Abgeordneter in Westminster von überproportionalen 72 auf 59 (Bradbury/McGarvey 2003: 223).

Die Mitwirkung schottischer Abgeordneter in Westminster wird auch unter der „West-Lothian Question" behandelt. Sie spielt allgemein auf eine gewisse Vorzugsbehandlung schottischer und walisischer Abgeordneter in Westminster an und geht auf die Initiative eines Labour-Abgeordneten des schottischen Wahlkreises West Lothian zurück (Hübner/Münch 1999: 61). Die schottischen Mitglieder des House of Commons sind auch weiterhin befugt über rein englische und indirekt auch walisische Sachverhalte zu entscheiden, während englischen Westminster MPs es nicht mehr gestattet ist, sich mit schottischen Angelegenheiten zu befassen. Deshalb möchten Kritiker die politische Entscheidungskompetenz bei englischen Angelegenheiten in Westminster auf die englischen Abgeordneten beschränken. Im gleichen Zusammenhang ist auch die Finanzbemessung nach der so genannten *Barnett*-Formel aus dem Jahre 1976 zu betrachten, die Schottland eine privilegierte Stellung zuweist. Demnach werden die von der *UK Treasury* zur Finanzierung öffentlicher Leistungen zur Verfügung gestellte Gelder einerseits mithilfe der Bevölkerungszahl, aber auch entsprechend der damals festgestellten speziellen zusätzlichen Bedürfnisse bemessen. Angesichts gestiegener schottischer Prokopfeinkommen wird der Vorteil gegenüber England auf 20 bis 25 % an Zusatzleistungen eingeschätzt (Kavanagh 2000: 25). Somit stiegen die Zuschüsse real auch nach der Installierung des schottischen Parlaments, ließen die Verhandlungsposition Schottlands um Fonds für außerordentliche Finanzallokationen jedoch unverändert in Bittstellerhaltung.

3.2.2 Die Schottische Exekutive

Die Arbeit der Exekutive, um eine spezifisch schottische Nuancierung der Politik bemüht, sah sich von Anfang an mal mehr mal weniger mit Schwierigkeiten konfrontiert, die trotz der Zahl ratifizierter Gesetze, nicht zuletzt auf das Fehlen einer kohärenten Politik zurückzuführen waren. Der rasche Wechsel an der Spitze der Exekutive verhinderte die Etablierung einer richtungsweisenden Führungskraft. First Minister Dewar verstarb im Oktober 2000 und Jack McLeish kam an die Spitze. Dieser unternahm den Versuch, sich von Westminsterschen Vorgehensweisen zu lösen, scheiterte jedoch an den Spannungen sowohl innerhalb der SLP als auch innerhalb der Koalition, denn die schottische Labour Party machte immer wieder deutlich, dass sie langfristig in Schottland ohne Koalitionspartner regieren wolle. Gegenüber der Politik der Londoner Zentralregierung sah man von einer radikalen Abwendung ab. Politische Inhalte und auch der Fokus der drei großen Parteien, der SLP, der mitregierenden LDP und der SNP, zentrierten sich zumeist um die Frage der Verteilung und weniger um Struktur- und Prozessumwälzungen und blieben somit der Westminstertradition verhaftet. So schrieb der Journalist Fraser Nelson, die Grundhaltung der Exekutive unter McLeish habe eine „astonishing capacity for regurgitating work done in London" (Bradbury/Mitchell 2002: 331). Der Frage der Altenpflege und der Studiengebühren wurde dennoch ein schottischer Anstrich gegeben: die finanziellen Zuwendungen für die Altenpflege in Schottland wurden erhöht, um die Leistung kostenlos anbieten zu können. Bei den Studiengebühren konnte man sich immerhin auf ein Rückzahlungsprogramm einigen und auf Distanz zur englischen Kostenpflichtigkeit für das Erststudium gehen.

Bereits ein Jahr nach seinem Amtsantritt wurde McLeish im Zuge der „*Officegate*"-Affäre allerdings zur Demission gezwungen. Noch als Westminsterabgeordneter hatte er sein Wahlkreisbüro weitervermietet, ohne die Einnahmen rechtmäßig an das Parlament abzuführen. Sein Nachfolger wurde Henry McConnell. Der in London nicht besonders Beliebte nahm in einer „night of the longknives" weitreichende Veränderungen des Kabinetts vor, indem er vier der Minister entließ – den Finanzminister MacKay, den Parlamentsminister McCabe, die Verkehrsministerin Baillie und die Gesundheitsministerin Deacon, die zuvor McLeishs Initiative zur Altenpflege und jetzt das Portfolio für soziale Gerechtigkeit ablehnte. Obwohl Wendy Alexander, McConnells Rivalin um den Posten des *First Minister* und Inhaberin weitreichender Kompetenzen, im Amt blieb, schien sich 2002 die Situation aufgrund der Neubesetzungen und der erneuten Koalitionsverhandlungen unter der Losung „do less, better" zu entspannen. Das Augenmerk lag auf den öffentlichen Dienstleistungen wie Gesundheit, Bildung, der Bekämpfung von Kriminalität und der Schaffung von Arbeitsplätzen.

Generell litten sowohl die Exekutive als auch das Parlament an ihrer mangelnden Initiative im Bereich der ökonomischen Entwicklung. Zwar stieg seit 1999 die Anzahl der Befürworter der Devolution und McConnell, der den bisher markantesten Führungsstil entwickeln konnte, gewann die bisher vermisste Legitimation der vorausgegangenen *First Ministers* (Bradbury/McGarvey 2003: 223). Allerdings fand die allgemeine Zustimmung keinen Eingang in die Parlamentswahlen von 2003. Die Wahlbeteiligung von 49,4 % lag neun Prozentpunkte sowohl unter der von 1999 als auch unter den Zahlen der *general election* von 2001 und enttäuschte die Hoffnungen, das schottische Parlament habe sich als Zentrum schottischer Politikbewusstseins etabliert. *Labour* und die SNP verloren sechs, bzw. 8 Sitze, die *Liberal Democrats* hielten ihre 17 Sitze, ebenso wie die *Conservatives* ihre 18 Sitze. Die *Greens* und die *Scottish Socialist Party* (SSP) konnten bedeutende Erfolge verbuchen: erstere verbesserten ihr Ergebnis von einem auf sieben Sitze, während die SSP ihre Abgeordnetenzahl von einem auf sechs steigern konnte. Die SSP war es auch, die entgegen des allgemeinen Trends, sich moderat zu positionieren, Umverteilungspolitik in Betracht zog und somit mehr als Opposition agierte als die SNP, die Steuerveränderungen nun, trotz früherer Kritik an *Labour*, selbst nicht mehr anvisierte. Da das Parlament seine Hauptaufgabe darin sah, Geld auszugeben, hatte es eine recht unbekümmerte Haltung wenn es darum ging, Finanzquellen abzuschöpfen (Mitchell/Bradbury 2004: 330). Um hier gegenzusteuern tendierte die Exekutive auch dazu, Gebrauch von den umstrittenen so genannten *Sewel motions* zu machen. Prinzipiell ist es Westminster zwar untersagt, Entscheidungen in schottischen Angelegenheiten zu treffen, ohne die Zustimmung von *Holyrood* eingeholt zu haben. Unter Anwendung der *Sewel Convention* kann das Unterhaus jedoch auch in *devolved matters* Gesetze für Schottland verabschieden, ohne diese einer Prüfung durch die MSPs unterziehen zu müssen. Bis 2002 hatte das Schottische Parlament sein Einverständnis für dreißig solcher *motions* erteilt, um öffentlichen Dissonanzen und schwierigen parlamentarischen Auseinandersetzungen aus dem Weg gehen zu können (Mitchell/Bradbury 2004: 332). Das britische Unterhaus verfügt also über ein kurzfristig einsetzbares Steuerungsinstrument, um in schottische Angelegenheiten eingreifen zu können.

3.3 Wales

Wales wurde bereits seit seiner Annektierung 1536 von London aus regiert. 1964 setzte man das *Welsh Office* mit einem *Secretary of State for Wales* ein, der ähnlich wie das *Scottish Office* strukturiert, in walisischen Angelegenheiten zu entscheiden hatte. Der Wunsch nach Kompetenzübertragung an eine lokal agierende walisische politische Körperschaft war nie besonders stark ausgeprägt, genauso wenig wie der Zulauf zu nationalistischen Parteien. Ihre Besonderheit drückte Wales politisch in Form der Unterstützung der im britischen politischen System in Opposition stehenden *Liberal* und der – meist ebenso oppositionellen – *Labour Party* aus, und kulturell in den Bemühungen, die eigene Sprache und kulturelle Traditionen am Leben zu erhalten. Darin besteht letztlich sowohl die Attraktivität der nationalistischen

Plaid Cymru, als auch ihre geringe Durchschlagskraft, wenn man bedenkt, dass nur noch fünf Prozent der Bevölkerung die walisische Sprache sprechen.

Beim Referendum 1997 stimmte eine knappe Mehrheit für eine Walisische Versammlung (*Welsh Assembly*). Die Wahlbeteiligung von 50 Prozent drückte weniger Interesse an der Dezentralisierung als in Schottland aus. 1998 trat der „Government of Wales Act" in Kraft, der die Wahl der Walisischen Versammlung für das darauffolgende Jahr ansetzte.

3.3.1 Die Walisische Versammlung

Verglichen mit dem Schottischen Parlament erhielt die Walisische Versammlung deutlich weniger Befugnisse. Während den Schotten die Zuständigkeit für schottlandspezifische Angelegenheiten ganz übertragen wurde, musste sich die Walisische Versammlung mit Kompetenzen der sekundären Gesetzgebung zufrieden geben. Dies bedeutet, dass die *Welsh Assembly* erstens nur Gesetzeszusätze, also Ausformulierungen der Umsetzung vorhandener Gesetze zu ratifizieren befugt ist und dies zweitens nur für Gesetze gilt, die nicht den Beschränkungen der Westminstersouveränität unterliegen, d.h. die nur walisische Angelegenheiten betreffen. Sie ist neben öffentlichen Dienstleistungen also für die Politikbereiche zuständig, mit denen zuvor der Minister für Wales betraut war. Gesetze, die in Westminster erlassen werden, gelten für Wales auch weiterhin. Ein weiteres Unterscheidungsmerkmal zu *Holyrood* ist der fehlende steuerrechtliche Einfluss auf den Haushalt, der von Westminster bereitgestellt wird und an Richtlinien gebunden ist. Allein in der Art und Weise und der Prioritätssetzung der Allokationen wird der Versammlung freie Hand gewährt.

Die Wahl zur ersten Walisischen Versammlung fand parallel zur Wahl des Schottischen Parlaments am 6. Mai 1999 und, um eine angemessene Repräsentation zu gewährleisten, ebenfalls nach dem System gemischten Mehrheits- und Verhältniswahlrechts (AMS) statt. Mit der ersten Stimme wurden hierbei 40 der insgesamt 60 Abgeordneten aus den verschiedenen Wahlkreisen nach dem Mehrheitswahlrecht gewählt, mithilfe der zweiten Stimme rekrutierten die Wähler jeweils vier Abgeordnete aus den fünf regionalen Wahlkreisen Wales' entsprechend des Verhältniswahlrechts.

Der „Government of Wales Act" von 1998 setzt die Rahmenbedingungen für die Tätigkeit und die politischen Entscheidungsfelder der Versammlung fest. An ihrer Spitze stehen der von der gesamten Versammlung gewählte *First Minister* und seine Ressortminister, die der Versammlung zur Rechenschaft verpflichtet sind. Die Versammlung selbst wird von ihrem

Vorsitzenden, dem *Presiding Officer* in seinen ordnungsgemäßen Handlungsabläufen angeleitet und überwacht. Bearbeitet werden die politischen Sachverhalte in den Ausschüssen, die in ihrer Besetzungsstruktur die Kräfteverhältnisse der Parteien innerhalb der Versammlung widerspiegeln. Nach der ersten Wahl besetzte *Labour* 28, die *Liberal Democrats* 9 Sitze. Die nationalistische *Plaid Cymru* profitierte von Londons Protegierung des Blair-Vertrauten, in Wales aber unbeliebten Alun Michaels als Kandidat für den *First Minister*-Posten. Zu dieser von vielen als Fehler eingestuften Entscheidung Labours kam es, nachdem der *Secretary of State for Wales* und Vorsitzende der *Welsh Labour Party* Ron Davies aus persönlichen Gründen von beiden Ämtern zurücktrat, und als etablierter Politiker und „Vater" der walisischen Dezentralisierung ein spürbares Vakuum hinterließ. Blair unternahm den Versuch, dieses mit Alun Michael gegen den mehrheitlich gewünschten Rhodri Morgan zu füllen. Die Unverfrorenheit der Einmischung verschreckte genug Labourwähler, um *Plaid Cymru* mit 17 Sitzen in die Position der zweitstärksten, wenn auch in der Opposition agierenden Partei zu befördern (Bradbury/Mitchell 2001: 263). Bei der Wahl zur zweiten Legislaturperiode der Versammlung musste *Plaid Cymru* schmerzhafte Einbussen verbuchen. Die Partei verlor 5 Sitze und obwohl sie die Rolle der Opposition behielt, war *Plaid Cymru* durch die zwei Sitze, die die *Conservatives* zusätzlich zu ihren neun Sitzen von 1999 gewannen, irritiert. *Labour* hingegen verbesserte sich leicht und errang mit 32 Sitzen die absolute Mehrheit.

Die Debatte über die tatsächliche Natur und der Wunsch nach Ausweitung der Befugnisse sowie der Umstrukturierung der Versammlung war und ist auch in der zweiten Legislaturperiode eine der wichtigsten Themenkomplexe. Dass die Zentralregierung ihren Kontrollzugriff nur sehr ungern lockerte, wurde nicht allein an der Provokation um Alun Michael deutlich. Dieser konnte man sich zwar erwehren (siehe Abschnitt 3. 3. 2.), nicht aber beispielweise der von Westminster veranlassten und nichtkommunizierten Verwendung genetisch veränderten Saatguts in Wales. In Fragen der Geldervergabe bleibt die Walisische Versammlung von den Entscheidungen der Zentralregierung abhängig und ist bei der Entwicklung langfristiger Sozialpolitik so stets eingeschränkt (Mitchell/Bradbury 2004: 338).

Die strukturell bedingten Bevormundungen durch London hinterließen ein gewisses Minderwertigkeitsgefühl und die Erkenntnis, dass zwar nicht durchweg, aber doch meistens „the Whitehall machine does not recognise devolution" (Bradbury/Mitchell 2001: 271). Es liegt an der Walisischen Versammlung, die Erfolge der ersten Jahre zu multiplizieren und wohl auch Öffentlichkeitsarbeit zu leisten, um eine Ausweitung ihrer Befugnisse bewirken zu können. Die walisische Bevölkerung scheint jedoch von der politischen Notwendigkeit der Versamm-

lung und einer Kompetenzerweiterung nicht mehrheitlich überzeugt zu sein (Mitchell/Brad-
bury 2004: 339).

3.3.2 Die Walisische Exekutive

Zum ersten *First Minister* wurde 1999 der von Blair favorisierte und gegen erheblichen innerparteilichen Widerstand durchgesetzte Alun Michael gewählt. Obwohl Michael mit *Plaid
Cymru* und den *Liberal Democrats* themengebundene Vereinbarungen traf, um die Arbeitsfä-
higkeit von Assembly und Exekutive bis zu einem gewissen Grad garantieren zu können,
sorgte er mit seinem dominanten Auftreten für Unbehagen. Auch konnte er Gelder der *UK
Treasury* nicht in voller Höhe sichern und sah sich letztlich mit der Drohung eines Misstrau-
ensvotums konfrontiert. Angesichts des mangelnden Vertrauens der Versammlung, der unklaren Bewegungsrichtung bei der Reformierung der Kommunalpolitik und der Unentschlossen-
heit und Langsamkeit bei der Implementierung der EU Hilfsprogramme trat Michael zurück
und machte im Oktober 2000 Platz für den beliebten walisischen Regionalpolitiker Rhodri
Morgan (Mitchell/Bradbury 2001: 271).

Morgan war es, der die Labour Party mit einem spezifisch walisischen Kolorit versehen
konnte. Er betrieb die Formierung einer Koalition des walisischen Nationalinteresses. Weil
Plaid Cymru nach internen Umgestaltungen abwinkte und die oppositionelle Rolle übernahm,
wurden die *Liberal Democrats* zum Koalitionspartner. Dennoch hatte auch Morgan kein
leichtes Spiel: zunächst traf er die Entscheidung, eine Koalition zu bilden mehr im Alleingang
als in Abstimmung mit der Partei. Überhaupt wurde die Koalition mit den LD als eine kurzfristig angelegte Prothese betrachtet, sowohl von *Labour*, die wieder alleine regieren wollte,
als auch von den *Liberal Democrats*, die sich unter den neuen Bedingungen der Devolution
als ernstzunehmende zweite Kraft in Wales zu etablieren suchten und mehr in die oppositionelle Sphäre drängten. Nicht zu bestreiten ist jedoch der grundsätzliche Konsens innerhalb der
Koalition, die gemeinsamen sozialen und politischen Werte und Ziele, die prinzipielle Beja-
hung der Dezentralisierung und auch der Fokus auf eine walisische Identitätspolitik, die im
Oktober 2002 in einem „*Plan for Wales*" schriftlich festgehalten wurden.

Trotz des offensichtlich eingeschränkten Charakters der walisischen Devolution konnte die
Koalition zwei primäre Gesetzesinitiativen zur Sozialpolitik auf den Weg bringen: die
„Children's Commissioner for Wales Bill", die die Einsetzung eines Kinderbeauftragten vor-
schreibt, und die Reformierung des walisischen NHS, die die medizinische Grundversorgung

auf 22 lokale Gesundheitsbehörden verteilte. In Sachen Bildungspolitik setzte man einen finanziellen Schwerpunkt auf die Förderung öffentlicher Schulen. Neugründungen von Schulen
unter privater Trägerschaft wurden nicht mehr unterstützt. Anstelle der ansonsten landesweit
geltenden „A-levels" wurde das *Welsh Baccalaureate* eingeführt. Die *Liberal Democrats* taten
sich hervor durch Initiativen wie die der Einführung kostenloser Schulmilch, der Abschaffung
kostenpflichtiger Rezepte und zahnärztlicher Gebühren für unter 25-Jährige und über
60-Jährige sowie durch die Lösung der Frage der Studiengebühren nach schottischem Vorbild. Alles in allem übte die Administration mit dem Beweis ihres Arbeitspotentials und der
Stabilität der Koalition Druck auf die Blair-Regierung aus, der Walisischen Versammlung
auch die primäre Legislativfunktion zu übertragen (Bradbury/Mitchell 2002: 305f.). Das ist
allerdings bis heute nicht geschehen.

3.4 Nordirland

Der Konflikt in Nordirland hat eine lange gewundene Geschichte, die zwar Andeutungen von
Fortschritten und friedlicher Annäherung aufblitzen ließ, jedoch keine nachhaltige Umwälzung vollziehen konnte. Ohne hier auf den Konflikt zwischen irisch-katholisch-
nationalistischen und britisch-protestantisch-unionistischen Interessen näher eingehen zu
können, lässt sich festhalten, dass die protestantische, seit Gründung des nordirischen Teil-
staates 1921 bestehende Dominanz ab den 1960er Jahren in einem, von terroristischen Organisationen beider Seiten herbeigeführten Chaos unterging. Seit 1972 wurde die Provinz direkt
durch die Londoner Zentralregierung geführt. Zwar hatte es seitdem immer wieder Versuche
gegeben, die nordirischen Konfliktparteien zu einer gemeinsamen Verwaltung Nordirlands
anzuregen, aber erst 1998 hatten diese Bemühungen Erfolg (Noetzel 2003). Am 10. April
1998 wurde das *Good Friday Agreement* (Karfreitagsabkommen), das Ergebnis harter Verhandlungen, die immer wieder auseinander zu brechen drohten, unterzeichnet (Becker 2002:
91). Es war ein entscheidendes positives Signal langfristiger politischer Auseinanderset-
zungsbereitschaft auf beiden Seiten des ideologischen Spektrums; bis zur Phase der Implementierung des Abkommens galt es zunächst jedoch Verhandlungen einzuleiten und alle Parteien an einen Tisch zu bringen.

Als Folge der im Jahre 1993 verkündeten *Downing Street Declaration*, die ein Engagement
aller Konfliktparteien und Verhandlungen forderte, *Sinn Féin* also mit einbezog, erklärte die

IRA im August 1994 einen kompletten Waffenstillstand. Obgleich die IRA das Abkommen selbst ablehnte, glaubte sie dennoch mithilfe der britischen Regierung, „[who] no longer had a selfish strategic interest in Northern Ireland", gegen das so genannte protestantische „unionist veto" Verfassungsänderungen herbeiführen zu können (Cochrane 2001: 56). Somit wurde der von den Unionisten misstrauisch beäugten *Sinn Féin* der Weg in den Friedensprozess geebnet (Becker 2002: 90).

Eine der kritischsten Fragen war dabei von Anbeginn und ist noch immer die der Entwaffnung paramilitärischer Organisationen, der IRA und die der protestantischen Loyalisten, dazu gehörig die *Ulster Defence Association* und die radikalere *Ulster Volunteer Force*. Trotz des Waffenstillstands und des Eintritts *Sinn Féins* in politischen Verhandlungen 1994, wollte die IRA ihr paramilitärisches Potential nicht vermindert sehen. Immer wieder kam es zu Gewaltausbrüchen, eine Abrüstung wurde, wie schrittweise auch immer, nicht in Betracht gezogen. Mit dem Regierungswechsel 1997 verkündete die IRA erneut einen Waffenstillstand, der nach sechs Wochen Beobachtung durch die britische und irische Regierung für zuverlässig erklärt wurde. Die schleppende oder gar nicht voran kommende Dekommission der Waffen wurde vor allem von den Unionisten wiederkehrend zum Anlass temporärer Ausstiege aus den Verhandlungen genommen. David Trimble, der Vorsitzende der *Ulster Unionists* lenkte schließlich aber doch ein, und die Verhandlungen konnten am 15. September 1997 ihren Anfang nehmen (Becker 2002: 91).

3.4.1 Das Good Friday Agreement

Das *Good Friday Agreement* (GFA)[41] vom 10. April 1998 löste das *Anglo-Irish Agreement* des Jahres 1985 ab (Norton 2001: 279). Letzteres erkannte die unterschiedlichen Identitäten der zwei großen Gemeinschaften Nordirlands bereits an und räumte die Möglichkeit eines geeinten Irlands ein – eine Geste der Anerkennung nordirischer Selbstbestimmung. Die darin festgeschriebene Erfordernis einer mehrheitlichen Zustimmung zur Vereinigung durch die nordirischen Bürger, das so genannte *consent principle*, konnte damals auch die Unionisten besänftigen und ihre Zustimmung für das *Anglo-Irish Agreement* gewinnen (Kavanagh 2000: 31). Zur selben Zeit kamen sich auch die Regierungen Großbritanniens und Irlands am Tisch der *Intergovernmental Conference* in Sachen politischer, ökonomischer, legaler Zusammenarbeit und nicht zuletzt in Fragen nordirischer Sicherheit näher (Norton 2001: 274). Mit dem

---

[41] Vgl. www.nio.gov.uk/agreement.pdf.

GFA wurde diese Linie weiter geführt. Es galt, sich mit den umkämpften politischen und kulturellen Identitäten und den daraus resultierenden Kontrollbestrebungen der Konfliktparteien innerhalb Nordirlands auseinander zu setzen. Dies geschah in Form der Erklärung, „the participants [...] recognise the legitimacy of whatever choice is exercised by a majority of the people of Northern Ireland with regard to its status, [...]" (GFA: 2i).

Das GFA ist jedoch nicht nur ein multilateraler Vertrag wohlwollender Friedensbestrebungen – geschlossen zwischen den Regierungen Großbritanniens und Irlands, und den bedeutsamsten Parteien Nordirlands –, sondern auch die Vereinbarung über die Devolution parlamentarischer Souveränität an die Nordirische Versammlung. Seit der Auflösung des nordirischen Parlaments *Stormont* im Jahre 1972 lag die Entscheidungsmacht in nordirischen Angelegenheiten ganz und gar beim *Northern Ireland Office* als Teil der britischen Zentralregierung. Das GFA rief *Stormont* erneut ins Leben und versah die neue Versammlung mit 108 Mitgliedern, die per Mechanismus des *Single Transferable Vote* aus den sechs Wahlkreisen, Down, Antrim, Derry, Tyrone, Fermanagh und Armagh gewählt werden sollten. Die Versammlung hält die exekutive und legislative Kompetenz über diejenigen Politikfelder, die sich bis dato in der Hand des Ministeriums für nordirische Angelegenheiten befanden. Das Kabinett besteht aus zwölf Ministern, an deren Spitze der *First* und der *Deputy First Minister* stehen (GFA: strand one, 2).

Das Konzept des *power-sharing* wurde als einzig vernünftige Rahmenbedingung für die demokratische Funktion der Versammlung in Form einer mit der Parteistärke korrespondierenden proportionalen Verteilung der Sitze sowohl in der Versammlung als auch im Kabinett implementiert (Cochrane 2001: 57; GFA: safeguards 5a). Ebenfalls darin verankert ist die Europäische Menschenrechtskonvention, die als Matrize Maßstäbe für die Gestaltung der Gesetzgebung setzt (GFA: safeguards 5 b/c). Weiter schreibt die Verfassung vor, „arrangements to ensure key decisions are taken on a cross-community basis". Zu diesem Zweck, nämlich der Erfassung der Meinungsbildung beider rivalisierender Gemeinschaften und der Sicherstellung ihrer gerechten proportionalen Beteiligung bei Entscheidungen sieht die Verfassung vor, die Mitglieder der Versammlung hinsichtlich ihrer politisch-kulturellen Selbstidentifizierung, ob nationalistisch, unionistisch oder anders orientiert, zu erfassen (GFA: strand one, 6). Die Ratifizierung von Gesetzen ohne besonderes ideologisches Konfliktpotenzial erfordert eine einfache Mehrheit, während bei Schlüsselentscheidungen, die beide Gemeinschaften gleichermaßen betreffen, auch die Zustimmung verhältnisgleich beschaffen sein muss (Bradbury/Mitchell 2001: 272).

Neben der Regelung der Regierungsstrukturen sowie der Rahmenbedingungen für die In-
teraktion und Kollaboration umfasst das Abkommen zwei weitere Dimensionen: Der gesamt-
irischen Ebene widmet man sich in Form des *North-South Ministerial Council*, „to develop
consultation, co-operation and action within the island of Ireland – including through implementation on an all-island and cross-border basis – on matters of mutual interest within the
competence of the Administrations, North and South" (GFA: strand two, 2). Zu diesen potentiellen gemeinsamen Interessensgebieten gehören unter anderen die Landwirtschaft, Fragen
der Bildung und des Umweltschutzes, sowie Gesundheit und ökonomische Entwicklung
(GFA: strand two Annex 1-12). Die dritte Dimension bildet das Verhältnis zwischen den Regierungen des Vereinten Königreiches und der Republik Irlands, institutionalisiert im *British-
Irish Council* (auch bezeichnet als *Council of the Isles*). Daran beteiligt sind Vertreter der britischen und irischen Regierungen, der „devolved institutions" von Nordirland, Wales und
Schottland, der Isle of Man und der Kanalinseln mit dem Zweck der politischen Zusammenarbeit (GFA: strand three, 2).

Am 22. Mai 1998 wurde ein Referendum über den Inhalt des Abkommens abgehalten, das
sowohl die irischen als auch die nordirischen Bürger zur Entscheidungsfindung aufrief (Becker 2002: 91). Das GFA wurde durch ein überwältigendes Votum legitimiert. Sowohl die
Wahlbeteiligung von 80,9 % in Nordirland und 66,5 % in der Republik Irland, aber auch der
Anteil an abkommensaffirmativen Stimmen, 71,1 % in Nordirland und 94,4 % in Irland sprachen für sich.[42] Erwähnenswert ist in diesem Zusammenhang die Divergenz katholischer und
protestantischer Stimmenabgabe: während unter den katholischen Nordiren 96 % für das Abkommen abstimmten, waren es auf der Seite der Protestanten, wenn auch die Mehrheit, so
doch „nur" 55 %. Die Ergebnisse erbrachten den Beweis, mit der Besiegelung des *Good Friday Agreements* einen wichtigen basisdemokratischen Schritt in Richtung der politischen
Konsolidierung des konfliktgezerrten Nordirland gemacht zu haben (Norton 2001: 279).

---

[42] Die Wähler in der irischen Republik schafften im Referendum das bis dahin bestehende Wiedervereini-
gungsgebot der irischen Verfassung ab.

3.4.2 Die Wahlen zur Nordirischen Versammlung

Unmittelbar nach dem Triumph des Abkommens im Referendum wurden am 25. Juni 1998 Wahlen zur Besetzung der Nordirischen Versammlung abgehalten. Darin wurden, wie erwartet, jene Parteien mit Stimmen belohnt, die sich durch ihre Unterstützung der Konsensfindung in den Abkommensverhandlungen hervorgetan hatten. Eben diese Parteien konnten insgesamt 75 % der Stimmen auf sich vereinen: Die protestantische *Ulster Unionist Party* (UUP) errang 21,3 % (28 Sitze), die katholische *Social & Democratic Labour Party* (SDLP) 22 % der Stimmen und besetzte 24 Sitze, *Sinn Féin* 17,6 % (18 Sitze), die *Progressive Unionist Party* (PUP) 2,5 % (2 Sitze), die *Alliance Party* 6,5 % (6 Sitze) und die *Women's Coalition* 1,6 % (2 Sitze). Die restlichen der 108 Parlamentssitze verteilten sich wie folgt auf die Parteien, die dem Abkommen skeptisch bis offen ablehnend gegenüber standen: die extremistische *Democratic Unionist Party* (DUP) erzielte 18,1 % der Stimmen und somit 20 Sitze, die *UK Unionist Party* gewann 4,5 % und 5 Sitze; drei weitere unabhängige Unionisten schafften als Einzelbewerber den Sprung in die Nordirische Versammlung (Norris 2000: 39).

Trotz ihrer erreichten Position als stärkste Partei und David Trimbles Designation zum Amt des *First Ministers*, hatte die UUP im Vergleich zu vorangegangenen Wahlen empfindlich verloren: 1992 erreichte sie noch 34,5% der Stimmen, in den Jahren danach ging es stetig bergab (Norris 2000: 40). *Sinn Féin* profitierte allerdings von den transferierten überschüssigen Stimmen (vgl. *single transferable vote*, vgl. Kap. 5.2), die als positiver Zuspruch der Wähler hinsichtlich der gemäßigten und verhandlungsoffenen Haltung der Partei zum Tragen kamen (Norris 2000: 42).

Die nordirische Regierungsexekutive setzte sich zusammen aus David Trimble (UUP) als *First Minister*, Seamus Mallon (SDLP) als *Deputy First Minister* und zehn weiteren Ministern. Die UUP besetzte die Ministerien für Wirtschaft, Kultur und Umwelt, die SDLP übernahm die Ministerien für Finanzen, Hochschulbildung und Landwirtschaft, die DUP hatte die Kompetenz über die Ministerien für regionale Entwicklung und Soziales – nahm die Posten aber nicht ein –, während *Sinn Féin* die Minister für Bildung und Gesundheit stellte (Becker 2002: 93). Es erscheint als ungewöhnlich, wenn auch nachvollziehbar, dass die UUP das Ministerium für Kultur nicht *Sinn Féin* überlassen und für sich beansprucht hat – aus Angst, als Sprachrohr republikanischen Symbolismus genutzt zu werden. Somit erhielt *Sinn Féin* die Kompetenz für Ministerien mit hohen Allokationsprioritäten und sorgte bei ihrer Tätigkeit für Argwohn, weniger im Sinne ihrer Investitionsziele als vielmehr ihrer Investitionsgebiete. So war man sich zwar beim Infrastrukturausbau über den Vorrang von Bildung und Gesundheit

einig, doch investierte *Sinn Féin* verstärkt in republikanisch ausgerichtete Gemeinden (Brad-
bury/Mitchell 2002: 311).

3.4.3 Die Implementierung des Good Friday Agreement

Das übergeordnete Ziel des Karfreitagsabkommens war die Ermöglichung eines friedlichen,
nicht sektiererischen Umgangs der antagonistischen Lager der Nationalisten und der Unionisten miteinander und dessen Übersetzung in politisch stabile und arbeitsfähige Institutionen
(Cochrane 2001: 59). Die Durchführung der Vereinbarungen des Abkommens, sei es die In-
stallation der Exekutive oder die von den Unionisten immer wieder als akute Notwendigkeit
ins Spiel gebrachte Entwaffnung der IRA, erwies sich aber als schwieriger als der Optimis-
mus nach dem Übereinkommen es vermuten ließ. Unterschwellig blieb das Misstrauen an
beiden Enden der politischen Tonleiter bestehen und erschwerte somit die Zusammenarbeit
(Bradbury/Mitchell 2002: 309).

Die Zeit nach der Unterzeichnung des Abkommens war geprägt von Höhen und Tiefen,
z.B. der Nichtanerkennung *Sinn Féins* als legitimer Teil der Koalition sowohl von den erbit-
tertesten Opponenten des Abkommens, der DUP, als auch von David Trimble. Auf der anderen Seite stand die Weigerung von *Sinn Féin* Politikern, die IRA resoluter zur Waffenabgabe
aufzufordern. Es folgten erneute Ausbrüche sektiererischer Gewalt, Kontroversen im Zusammenhang mit der Freilassung republikanisch orientierter terroristischer Gefängnisinsassen und
sogar die temporäre Suspendierung der Exekutive vom 29. Januar 2000 bis Juli 2001, als der
Vorsitzende der UUP und *First Minister* David Trimble von seinem Amt zurücktrat und sich
ihm wenig später sämtliche protestantischen Minister anschlossen. Nach erneuten Verhandlungen und einer weiteren Devolutionsphase von November 2001 bis Oktober 2002 befinden
sich die legislativen und exekutiven Kompetenzen der nordirischen Versammlung erneut in
Westminster (Bradbury/Mitchell 2004: 339). Seit Ende 2002 kann also nur noch sehr eingeschränkt von einer nordirischen Selbstverwaltung gesprochen werden.

Am 23. Oktober 2001 begann die IRA erstmals Teile ihrer Waffen abzugeben und ermöglichte somit den Rückzug weiterer britischer Truppen, die sich seit 1969 unter Oberbefehl von
Whitehall in der Provinz befanden (Becker 2002: 94). Auch die Exekutive konnte reinstalliert
werden, nachdem Trimble erneut zum *First Minister* ernannt worden war und mit Mark Dur-
kin (SDLP) als *Deputy First Minister* an seiner Seite, nach *Stormont* zurückkehrte (Bradbu-
ry/Mitchell 2002: 309).

Ein weiterer zentraler Streitpunkt war die Reform der Polizei, der *Royal Ulster Constabu-lary*. Strukturell war die Polizei protestantisch dominiert, nur jeder zehnte Polizeibeamte in Nordirland war katholisch. Das GFA spricht der Polizei aber die Rolle einer Institution zu, die „[...] fair and impartial, free from partisan political control" sein soll (GFA: policing, 2). Um also Präsenz und Repräsentation für beide Gemeinschaften zu inkorporieren, wurde der Name in *Police Service of Northern Ireland* (PSNI) geändert. Zudem wurde, um das bestehende Ungleichgewicht auszugleichen, die Rekrutierung von Katholiken und Protestanten auf eine paritätische Basis gestellt (Becker 2002: 92). Die DUP schürte verstärkt Besorgnis um die Nichteinhaltung der Waffenruhe durch die IRA – die tatsächlich weiterhin im Stillen die von ihr kontrollierten Wohngebiete vor allem in Belfast terrorisierte und so genannte *punishment shootings* fortführte, doch von Seiten der Politik Stillschweigen genoss – und warf Trimble vor, dem irischen Republikanismus zu schmeicheln. *Sinn Féin* warf der PSNI diskriminieren-des Verhalten gegen ehemalige IRA-Inhaftierte vor. Die Konsequenz war eine geringere als die angestrebte Zahl katholischer Rekruten und darüber hinaus eine komplex aufgeladene öffentliche Stimmungslage (Bradbury/McGarvey 2003: 228).

3.4.4 Das Spannungsfeld nordirischer Unabhängigkeitsbestre-bungen

Nordirland nimmt in der Gesamtbetrachtung politischer Entwicklungen des Vereinigten Kö-nigreichs eine Sonderstellung ein. Die Frage der Devolution wurde in Zusammenhang mit Nordirland bedeutend weniger verkrampft wahrgenommen als es mit Schottland, Wales und seit neuesten Entwicklungen auch mit England der Fall war und ist. Das Vereinte Königreich hält nicht an Nordirland als integralem Bestandteil fest. Das Prinzip der Devolution ist hier unangefochten. Beunruhigender stellt sich jedoch die Situation dar, wenn man sich die Praxis der Devolution in Nordirland anschaut.

Im Oktober 2002 wurden der Nordirischen Versammlung ihre dezentralisierten Kompeten-zen wieder entzogen, die inhaltspolitische Agenda wurde somit wieder auf Eis gelegt. Das Prinzip des *power-sharing* von irischen Nationalisten und britischen Unionisten, das eine Ko-operation möglich machen sollte, hat sich nach der zweiten Wahl zur Versammlung 2003 geradezu gegen diejenigen gewandt, die den Friedensprozess erst eingeleitet hatten. Interpar-teiliche Spannungen, wie sie zwischen den Unionisten und den Nationalisten als fast natürlich betrachtet wurden, weiteten sich auf Auseinandersetzungen zwischen der UUP und der DUP aus. Der Stein des Anstoßes, die Entwaffnung der IRA, vertiefte die Gräben zwischen der DUP und UUP-Hardlinern auf der einen und den moderateren Unionisten David Trimbles auf der anderen Seite. Dieser war also zwischen seiner Loyalität dem Abkommen gegenüber und den schweren Verratsvorwürfen der DUP hin und hergerissen. Offensichtlich wurde nur, dass *Sinn Féins* doppelbödiges Engagement für den Frieden und ihr Streben nach Reformen David Trimble und die mit ihm verbundene längerfristige Perspektive der Zusammenarbeit ins Schwanken brachte und ihn den Angriffen radikaler Unionisten aussetzte (Mitchell/Bradbury 2004: 341). Somit spielten die wiederholten Suspendierungen der Exekutive, die in gewissem Sinne stets aufgrund des Wunsches nach „richtiger" Umsetzung des Karfreitagsabkommens riskiert wurden, und der sich daraus ergebende Vertrauensverlust untereinander der Radikalisierung in die Hände. Es wurde deutlich, dass bei den 2003 anstehenden Wahlen Extremisten auf beiden Seiten zu den dominierenden Kräften gehören würden. Auch eine Verschiebung der Wahl und Gespräche zwischen den Vorsitzenden der UUP und *Sinn Féin*, David Trimble und Gerry Adams, konnten am Ergebnis nicht rütteln. Die Wahl zur Nordirischen Versammlung 2003 brachte die *Democratic Unionist Party* als großen Sieger hervor; eine Entwicklung, die sich bei der *general election* im Mai 2005 fortsetzte. Die Partei konnte, bei einem Anteil von 25,7 % der *first preference votes*, einen Zuwachs von 10 Sitzen erzielen und belegte somit 30 Sitze im Nordirischen Parlament. *Sinn Féin* erlangte eine Ausdehnung ihrer Vertretung im Parlament von 18 auf 24 Sitzen. Die UUP verlor nur einen Sitz, doch stellte sie nun nicht mehr den First Minister. Die DUP hatte das Recht einen Kandidaten aus den eigenen Reihen aufzustellen, während das Amt des *Deputy First Ministers* mit einem Politiker *Sinn Féins* besetzt werden sollte. Da die DUP jedoch nicht von ihrem Kurs der Weigerung mit *Sinn Féin* zu verhandeln, ja sie überhaupt als legitimer Teil der nordirischen Devolution und Friedensbestrebungen zu sehen, abgewichen ist, konnte es nicht zur Bildung einer Regierung kommen.

Im Hinblick auf die politische Agenda der Versammlung und der Exekutive, d.h. auf die tagespolitische Aktivität jenseits der Implementierung abkommensrelevanter Richtlinien hat sich die Heterogenität der Exekutive ebenfalls hindernd ausgewirkt. Während der jeweils sehr kurzen Gastspiele delegierter Kompetenzen an *Stormont* wurde vielmehr versucht, nordirische Gestaltungsspielräume zu erhalten, in Form von *politics without policy*. Mit anderen Worten kämpft das Konzept des *power-sharing* um den Prozess der Devolution, der die friedliche und relativ kooperative Situation aufrecht zu erhalten versucht, ohne innovativ auf die politischen Inhalte einwirken zu können (Mitchell/Bradbury 2004: 339).

Die Exekutive, sich der politisch-ideologischen Diskrepanzen der Legislative bewusst, bemühte sich parteipolitische Alleingänge der Ministerien einzudämmen, indem sie sich auf sehr generelle übergeordnete Richtlinien einigte: Die Zusammenarbeit von Katholiken und Protestanten, Förderung der Gesundheit der nordirischen Bürger, Investitionen in Bildung und Ausbildung, der Aufbau und die Unterstützung einer wettbewerbsfähigen Wirtschaft und, wie auch im GFA festgehalten, die Entwicklung fruchtbarer Beziehungen zur Republik, zum UK und auf internationaler Ebene (Bradbury/Mitchell 2002: 310).

3.5 Lokalverwaltung: institutioneller Rahmen und Organisation

Die Reform der Lokalverwaltung in Großbritannien steht nicht erst seit Amtsantritt der Regierung Thatcher als Dauerthema auf der politischen Agenda. Da sich ein demokratisches System kommunaler Selbstverwaltung erst seit der zweiten Hälfte des 19. Jahrhunderts langsam entwickelt hat und keinen besonderen verfassungsrechtlichen Schutz genießt, haben sich Regierungswechsel und Reformpolitiken auf nationaler Ebene oft auch stark auf Struktur und Aufgaben der Kommunalverwaltung auswirken können (Sullivan 2003). Mit der Expansion des Wohlfahrtsstaates wurden die Kommunalverwaltungen dafür zuständig, wohlfahrtsstaatliche Politiken des britischen Parlaments in Form von lokalen sozialen und administrativen Dienstleistungen auszuführen. Dabei mussten sie sich mehr oder weniger streng an den vorgegebenen Rahmenbedingungen orientieren, die zumeist mit Hilfe der Höhe der bewilligten Finanzleistungen in die Funktionsweise der Verwaltungen imprägniert wurden. Während der Konservativen Regierung 1979 -1997 wurde die Kommunalverwaltung nach Grundsätzen von „efficiency, a limited role of the state and the empowerment of comsumers" (ebd: 40) tiefgreifend reformiert. Der Grundsatz der Effektivität lenkte die Bemühungen auf die Minimierung der Kosten, z.B. durch Einführung marktwirtschaftlicher Steuerungsmechanismen (*New Public Management*) und der Überwachung der Ressourcenverwendung der Kommunen. Der Grundsatz *rolling back the state* sah eine stärkere Beteiligung des privaten Sektors an der Leistungserbringung vor und schließlich führte die Einführung der Rolle des „Komsumenten" kommunaler Leistungen zu einer aktiveren Wahrnehmung der Rechte der Steuerzahler gegenüber ihren Kommunalverwaltungen (ebd.: 42). Da labour-dominierte Kommunen in dieser Zeit auch als Orte des Widerstands gegen die Politik der Regierung wahrgenommen wurden, wurden diese noch stärker auf ihre administrativen, ausführenden und daher unpolitischen Aufgaben verwiesen. Sämtliche Befugnisse werden vom Westminster-Parlament übertragen, definiert und nicht zuletzt limitiert (Stewart 2000: 35). Die Reformen der Labour-Regierung nach 1997 orientierten sich an den Grundsätzen der weiteren Modernisierung, der demokratischen Erneuerung und der Ermöglichung von *community leadership*. Die konservative Betonung von Effizienz wurde nicht zurückgenommen, sondern durch Werte wie Legitimität ergänzt bzw. ausbalanciert (Sullivan 2003: 60)

3.5.1 Größe, Aufgaben und Finanzierung

Die heutigen neun *regions* (Regionen) Englands bestehen aus 441 kommunalen Verwaltungseinheiten, die ihre Zuständigkeiten abgestuft auf die *counties* (Grafschaften) und *district councils* (Stadt- bzw. Gemeinderäte) verteilen; diese umfassen durchschnittlich 140.000 Einwohner. In städtischen Ballungsräumen sind es einheitliche Verwaltungen, so genannte *allpurpose unitary authorities*. Davon gibt es in England 46, darunter auch die *Greater London Authority* mit den dem direkt gewählten Bürgermeister unterstehenden 32 *boroughs* (Stadtbezirke). In Schottland und in Wales gibt es nur *unitary authorities*, 32 und 22 an der Zahl (Becker 2002: 96f.). Die Wurzeln dieser Struktur liegen im „Local Government Act" des Jahres 1974, der das zweistufige, so genannte *two-tier system* einführte, und das Land zunächst in 47 *county councils* und 300 *district councils* unterteilte. Darüber hinaus wurden auch sechs *metropolitan counties* und ihnen untergeordnet 36 *metropolitan districts* installiert (Norton 2001: 290). Aufgrund stetiger Politisierung und Instrumentalisierung der Lokalverwaltung durch die oppositionelle *Labour Party* Anfang der 80er Jahre, vor allem in Form kontroverser Steuerverwendungsobjektive zur Verärgerung der konservativen Regierung, wurden der *Greater London Council* und weitere Verwaltungen städtischer Ballungsräume kurzerhand abgeschafft. Die Befugnisse wurden an nichtöffentliche Organisationen umgeleitet (Kavanagh 2000: 322).

Um Effektivität zu erzielen, Ausgaben zu kontrollieren und drohende politische Extravaganzen zu verhindern, wurde unter Thatcher die Anzahl der *local authorities* deutlich minimiert. Im europäischen Vergleich liegen die heutigen Größen und die Einwohnerzahl im Verhältnis zu den gewählten Volksvertretern der Verwaltungseinheiten in Großbritannien deutlich höher: Kommen in Frankreich und Deutschland 116 bzw. 194 Einwohner auf einen Volksvertreter, so repräsentiert ein britischer Volksvertreter durchschnittlich 2605 Bürger im jeweiligen Einzugsgebiet. Unter anderem gehört dieses Moment der Lokalstruktur zu den oft vernommenen Kritikpunkten hinsichtlich eines „demokratischen Defizits" in der Praxis der Lokalpolitik (Wilson 2003a: 265).

Die Beziehungen der lokalen Verwaltungen und der Zentralregierung sind auch entlang der Entwicklungslinie verstärkten Kompetenzwachstums lokaler Autoritäten, d.h. mit der Zunahme der an sie delegierten Aufgaben stets von Spannungen und konkurrierenden Interpretationen des Stellenwerts der Lokalverwaltung innerhalb des Gesamtzusammenhangs der Regierung geprägt (Lowndes 2000: 116). Spricht man von Reformen oder Umgestaltungen der Struktur und Aufgabenfelder lokaler Verwaltung, die in jeder Regierungsphase einen mehr oder minder hohen Stellenwert eingenommen haben, so stehen diese meist im Zusammenhang mit einer administrativen Effektivitätserhöhung (Norton 2001: 289). Eine solche Effektivitätserhöhung durch Verbreiterung der Partizipation ist nicht zu verwechseln mit einer Verfestigung lokaler Demokratie (Wilson 2003b: 335f.).

Die lokale Verwaltung hält, trotz zunehmender Kompetenzabgaben an nichtgewählte lokale Versorgungsorganisationen und der stetigen Kürzung ihrer von der Zentralregierung zugewiesenen Bezüge, eine Schlüsselposition in der Versorgung mit öffentlichen und sozialen Dienstleistungen inne. Zu den klassischen Aktionssphären lokaler Verwaltung gehören *need services*, die Dienstleistungen im Bereich Erziehung, persönliche Soziale Dienste oder Wohngeld umfassen; *protective services* wie Feuerwehr und Rettungsdienste, aber auch die Polizei; *amenity services* zur Instandhaltung und Säuberung von Straßen, Parks und anderen öffentlichen Plätzen, darüber hinaus Verbraucherschutz sowie ökonomische Entwicklung der Region; zuletzt *facility services* wie Wohnungsbau, Finanzierung von Museen, Freizeiteinrichtungen, aber auch Sperrmüll und Friedhöfe.

Für diese vielen verschiedenen öffentlichen Dienstleistungen stellt die Zentralregierung ca. 25% ihre Budgets dem *local government* zur Verfügung. Im Jahre 2000 handelte es sich um die Summe von rund 80 Milliarden Euro (Norton 2001: 295), 2002/03 betrugen die Ausgaben der Kommunen ca. 153 Milliarden Euro (ONS 2004). Diese Differenz zwischen Zuschüssen der Londoner Zentralregierung und Ausgaben der Kommunen zeigt, dass ihre Eigenfinanzierungsquote in den letzten Jahren wieder zugenommen hat. Machten Ende der 30er Jahre die Zuschüsse der Londoner Zentrale 29 % der kommunalen Einnahmen aus, so stieg dieser Anteil auf 65 % Ende der 70er Jahre und liegt heute bei ca. 40 %. Viele Lokalverwaltungen sind mehr oder minder stark davon abhängig, besonders wenn sie über diese hinaus kaum Einnahmen aus den drei weiteren üblichen kommunalen Finanzquellen generieren können: Darunter fallen Gewerbesteuern, Gebühren und Spesen für geleistete Dienste und die Gemeindesteuer,

die *council tax*, die 1993 von der Regierung John Majors eingeführt wurde und die umstrittene und besonders unbeliebte, weil nicht progressiv angelegte und als unfair erachtete *poll tax*
(Kopfsteuer) der Thatcher-Regierung ablöste. Letztere war eine pauschale Steuer, die von
allen erwachsenen Einwohnern erhoben wurde, eine Registrierung erforderte und einer kost-
spieligen Verwaltung bedurfte. Fernerhin behielt sich die Regierung das Recht vor, die Einnahmen zu kürzen, d.h. Teile davon abzuführen (Kavanagh 2000: 333). Die *council tax* hingegen wird nur von Immobilienbesitzern abgeschöpft, und zwar unter Berücksichtigung des
Immobilienwerts. Die Sätze sind je nach lokaler Verwaltungseinheit verschieden und unterscheiden sich auch generell in England, Schottland und Wales (Becker 2002: 98). Weil die
Regierung sich vorbehalten hat, die Einnahmeobergrenzen zu limitieren, sind auch die durch
die *council tax* einfließenden Einahmen (bis zu 26 % der Gesamteinnahmen) örtlich variabel
(Kavanagh 2000: 334; ONS 2004).

Die konservativen Regierungen neigten seit Anfang der 80er Jahre stets dazu, die Ausgaben der lokalen Behörden einzuschränken und übersichtlich zu halten, um unter anderem auch
gegen Autonomiebestrebungen gewappnet zu sein. Charakteristisch hierfür ist der 1981 in
Kraft getretene Erlass, wonach sich die Regierung unter der Bezeichnung *grant-related expenditure* (GREA) den Spielraum schuf, die penible Einhaltung der im vorhinein zwischen
Vertretern der lokalen Verwaltungen und den Ministerien ausgehandelten Zuschussgrenze
durchzusetzen. Dies geschah indem bei Überschreitung die darauffolgenden Zuschüsse gekürzt wurden. Somit blieb kaum Spielraum für Eigeninitiativen in der Lokalverwaltung. Die
enge Verflechtung von finanzieller Regulierung und politischer Autonomie wird hier besonders deutlich (Kavanagh 2000: 333). Die kommunale Fiskalpolitik Londons hat sich auch mit
dem Regierungswechsel 1997 nicht verändert. Geldmittel bleiben an von der Regierung vorgegebenen Verwendungsrichtlinien gebunden.

3.5.2 Wahlen und Organisation

In England, Wales und Schottland finden Kommunalwahlen jährlich am ersten Donnerstag im
Mai statt, in Nordirland am dritten Mittwoch im Mai. Kommunale Amtsträger werden nach
dem System des *first-past-the-post* für eine Amtsperiode von vier Jahren gewählt. Die Wahl
bestreiten nicht alle Volksvertreter und alle Kommunen jedes Jahr. Vielmehr gibt es *county
councils*, die sich alle vier Jahre in ihrer Gesamtheit zur Wahl stellen, dann wiederum gibt es

lokale Parlamente, die jedes Jahr ein Drittel ihrer Amtsträger in die Wahl schicken und im vierten Jahr pausieren (Becker 2002: 100).

Kandidieren darf jeder, der das einundzwanzigste Lebensjahr erreicht hat, Staatsangehöriger Großbritanniens, Irlands oder des Commonwealth, darüber hinaus im Wählerverzeichnis registriert ist. Weitere Voraussetzungen sind vorhergehende zwölf Monate Wohnsitz oder das Bestehen des Hauptarbeitsverhältnisses in der jeweiligen Kommune sowie die ausdrückliche Unterstützung von zehn der im selben Wählerverzeichnis Registrierten (Kavanagh 2000: 325). Es gibt keine Höchstamtszeit. Die landesweit rund 22.000 *councillors* (Räte) repräsentieren meist die großen, überregionalen Parteien. Besteht eine Mehrheit an Räten aus einer Partei, dann dominiert auch die jeweilige Parteipolitik. Kann keine Mehrheitsregierung gebildet werden, so besteht dennoch die Möglichkeit einer Minderheitsregierung, aber natürlich auch die einer Koalition, meist zwischen *Labour* und den *Liberal Democrats*. Grundsätzlich werden Kommunalwahlen weniger als Ausdruck lokaler Identitäten und Präferenzen angesehen, vielmehr als Stimmungsbarometer für aktuelle Regierungswert- oder -minderschätzung (Norton 2001: 294).

Die Demographie der *councillors* verdeutlicht die Missrepräsentierung der Bevölkerung in den Kommunalverwaltungen: diese sind einem Zensus des *Local Government Management Board* nach im Durchschnitt 56 Jahre alt, männlich, weiß und der Mittelklasse angehörig. Viele Bewohner und Bewohnerinnen fühlen sich von dieser kommunalpolitischen Elite einfach nicht repräsentiert. Dies ist eine mögliche Erklärung für die geringe Wahlbeteiligung von unter 40 %, mit regional deutliche darunter liegenden Werten. Die niedrige Wahlbeteiligung wird übrigens immer wieder zum Konterkarieren lokaler Demokratieverwirklichungsansprüche von den Kritikern einer starken und politischen Lokalverwaltung in Feld geführt. Positiv ausgedrückt: „Local government in Britain derives its legitimacy from its democratic base, and the lower the turnout, the harder it is for the councils to speak for their electorate" (Rallings/Thrasher: 2003: 700).

Doch greift die Indifferenz der Bürger ihren Repräsentanten gegenüber – besonders bei den *Labour*-Anhängern ist ein ausgeprägtes Mobilisierungsdefizit zu bemerken (Cole 2003: 189) – auch als starkes Argument *Labours*, die Interaktionsstruktur grundsätzlich zu erneuern, d.h. „enhancing community representation and local government's democratic practices" (Brooks 2000: 594). Was das heißt, ist im Weißbuch „*Modern Local Government: In Touch with the People*" dargelegt: prinzipiell geht es um die Verbesserung der Partizipationsmöglichkeiten auf der einen und um die Effektivitäts- und Qualitätserhöhung der angebotenen Leistungen auf der anderen Seite: „'in touch with the people' sent a clear message that unter New Labour local government would be an institution for all members of the community, not just those who pay for or provide services, again signalling a distinctive break with the Conservative's previous emphasis on consumers and tax-payers" (Sullivan 2003: 44). Mit den „Local Government Acts" von 1999 und 2000 wurden Vorschläge des Weißbuchs umgesetzt.

Nennenswert ist vor allem die Einführung dreier wahlpflichtiger Modelle der Kommunalregierung, die eine Trennung der Exekutive und des repräsentativen und prüfenden Auftrages der Räte vollführen sollen. Augenscheinlich allein zum Zweck der Entwirrung prozessualer Vorgänge, der Effektivitätssteigerung und der Transparenz, folgt diese Umstrukturierung der in Misskredit geratenen Tradition der Räte, die dazu tendierten parteipolitische Interessen in den Vordergrund zu rücken, dem generell beliebten Mantra der starken politischen Führung mit Geschäftssinn. In die Praxis umgesetzt bedeutet die Reformierung die Konsolidierung einer starken Elite, der Exekutive, während der Großteil der Räte von direkten Einflussnahmen ausgeschlossen werden (Bonney 2004: 50).

Das erste Modell, *a directly elected mayor with a cabinet*, sieht vor, den Bürgermeister von den Bürgern direkt wählen zu lassen. Dieser stellt sich sein Kabinett aus der Mitte der amtsinhabenden Räte zusammen. Beim zweiten Modell, *a directly elected mayor with a council manager*, wird der Bürgermeister ebenfalls direkt gewählt. Ihm wird ein Ratsmanager zur Seite gestellt, der vom Rat bestimmt und mit Aufgaben strategischer Planung beauftragt wird (Becker 2002: 101).

Die ersten beiden Modelle mit den direkt gewählten Bürgermeistern gehören zu den Favoriten der Regierung Blair. Zwar kann durch die enge Mitarbeit von Bürgermeister und Kabinett oder von Bürgermeister und Gemeindevorsteher effektive Entscheidungsfindung betrieben werden, doch wird die Vielfalt mehr oder weniger privilegierter Interessen und Bedürfnisse, die idealtypisch von den Räten als Repräsentanten ihrer Gemeinden miteinander vereinbar gemacht und implementiert werden sollen, ausgeblendet. Eine Chance für die demokratische Partizipation der Wähler besteht dennoch möglicherweise darin, dass ihr personengebundener Fokus auf die Lokalpolitik im Falle von Unzufriedenheit direkt in ihr Wahlverhalten übersetzt werden kann. Dadurch dass die Exekutive ins Zentrum der Aufmerksamkeit rückt, verleiht dies der Wahl selbst etwas Konkretes. Die Personalisierung birgt neben solchen Demokratisierungschancen aber ebenfalls die Gefahr opportunistischer Politik. Durch das Prestige von Wahlsiegen auf lokaler Ebene könnten sie auch als Wegbereiter für nationale Wahlen ge- bzw. missbraucht werden.

Das dritte Modell beschreibt die Option des *cabinet with an indirectly appointed leader*; dabei wird ein Ratsvorsteher von den Räten gewählt, der seinerseits ein Kabinett aus der Mitte der Räte zusammenstellt. Diese Option wurde von den meisten Lokalverwaltungen implementiert, da sie dem zu reformierenden System am nächsten liegt und somit bei den Räten, die sich von dem Konzept der starken Führung – unter anderem auch aus rein karrieristischen Motiven – ausgebootet fühlten, auf den größten Zuspruch stießen (Cole 2003: 182).

Die erste Wahl des London Mayor fand am 4. Mai 2000 statt. Der unabhängige Ken Livingstone konnte 39 % der *first preference votes* und 12,6% der *second preference votes* auf sich vereinen und ließ somit den konservativen Steve Norris (27,1 %; 13,2 %) hinter sich. Livingstone konnte sich bei den Wahlen am 10. Juni 2004 mit 55,4 % erneut vor Steve Norris eine zweite Amtszeit sichern. Livingstone steht als direkt gewählter Bürgermeister an der Spitze der *London Assembly*, die 25 Mitglieder umfasst und mit der ständigen Kontrolle bürgermeisterlicher Aktivitäten und Entscheidungen betraut ist. Dies geschieht zumeist in formellen öffentlichen Sitzungen oder in Untersuchungskomitees. Die *Greater London Authority* setzt den jährlichen Haushalt autonom fest, ist jedoch wie jede andere Kommunalverwaltung am Prinzip des *best value* gebunden und auch Objekt von Überprüfungen durch die *Audit Commission* (Rechnungshof). Zurzeit gibt es in Großbritannien, neben Ken Livingstone, weitere elf direkt gewählte Bürgermeister. Auffällig ist der Anteil an fünf Unabhängigen, weitere vier sind Labourmitglieder, die restlichen zwei gehören den *Liberal Democrats* bzw. den *Conservatives* an.

Im Mai 2003 wurden in 340 *district councils* Lokalwahlen abgehalten. Bemerkenswert ist dabei, dass Labour Stimmen und die Mehrheit in 28 Lokalverwaltungen verlor, während die Konservative Partei ein Plus von 31 Lokalverwaltungen gewann. Ebenfalls zu den Gewinnern gehörten die Liberaldemokraten, die in fünf zusätzlichen Lokalverwaltungen eine Mehrheit von Stimmen erhielten. Als Gewinner könnte man auch die Green Party bezeichnen, die 2003 den an sie abgegebenen Stimmenanteil um 30 % steigern konnte und neun zusätzliche Sitze in *district councils* erhielt (ONS 2004).

3.5.3 „Central-local Relations"

Labour brachte direkt nach seiner Ankunft an der Regierungsspitze 1997 eine Reihe von Reformen zu Papier und in die Diskussion. Ein zentraler Punkt des neuen Gesamtkonzepts „New Labour" war die Inangriffnahme einer grundsätzlichen Reform der Lokalverwaltung, ihrer Struktur, ihrer Effizienz und Verantwortung gegenüber den Bürgern bzw. Konsumenten, sowie der einer Verbesserung und Belebung bedürfenden Beziehungen zwischen Zentralregierung und den Lokalverwaltungen. Letztere waren seit jeher nicht nur aufgrund der rein funktionalen und einseitigen Interaktionsbasis gespannt. Grundsätzlich lässt sich diese als eine Mixtur aus Kontrolle, Kooperation und der Schaffung von Interdependenzen charakterisieren (Kavanagh 2000: 326).

Die Labourregierung ist sich des über Jahre hinweg aufgebauten gegenseitigen Misstrauens zwischen Zentralregierung und den Lokalverwaltungen bewusst und möchte die Faktoren der Zusammenarbeit im Sinne eines neuentdeckten Kommunitarismus auf ein Fundament des Vertrauens setzen (Lowndes 2000: 117). Allerdings gibt es in diesem Zusammenhang divergierende Definitionen und Konnotationen von „Vertrauen": „Central government sees trust as emerging out of a bargaining process [...]" (Lowndes 2000: 120). Aus Sicht der Zentralregierung müssen sich Lokalverwaltungen das Vertrauen verdienen, indem sie Nähe zu ihren Gemeinden herstellen und beweisen, die Bedürfnisse der Repräsentierten verstehen und erfüllen zu können. Erst dann ist eine Ausweitung ihrer Kompetenzen gerechtfertigt. Auf der anderen Seite wird Vertrauen von den Lokalverwaltungen auch gesehen als „emerging out of a consensus on common values" (Lowndes 2000: 120). Diese zweite Lesart von „Vertrauen" geht prinzipiell von der lokalen Selbstbestimmung aus, d.h. die Lokalverwaltungen müssen zunächst mit Kompetenzen ausgestattet werden, um erst in zweiter Instanz, aus der Praxis heraus, diese Kompetenzen als gerechtfertigt zu legitimieren.

Sämtliche Befugnisse werden von Westminster übertragen und können auch jederzeit wieder zurückgenommen werden. Von den Konservativen in den Diskurs des „starken Staats" eingebettet und von Labour als bester Weg zur Erzielung breitgefächerter Gleichheit erwogen, war der Zentralismus des *top down* beiden Parteien eigen. In der Fortsetzung dieser Tradition befindet sich auch „New Labour" seit den extensiven Publikationen und Diskussionen zur Modernisierung in den Jahren 1998-99. Das herausgegebene Weißbuch „*Modern Local Government: In Touch with the People*" wirbt mit den Schlagworten *leadership, community, democracy.* Im „Local Government Act" 2000 wurde den lokalen Behörden die Aufgabe des *community leadership* zugewiesen. Damit sollte das von den Konservativen hinterlassene *lea-*

dership-Vakuum auf lokaler Ebene gefüllt werden und den Kommunen ein strategischer Entscheidungsraum für die Gemeindeentwicklung eröffnet werden (Sullivan 2003: 51). In Bereichen wie Gesundheit, Bildung und der Finanzierung dieser Aufgaben hat die Zentralregierung besonderes Engagement an den Tag gelegt. Die faktischen Unterschiede der lokalen Verwaltungen hinsichtlich ihrer Orientierung an Whitehall, ihrer Größe, Befugnisse und nicht zuletzt ihrer Ressourcen und den daraus resultierenden Bedürfnissen und Problemen erfordern ausgiebige Konsultationen. Hilary Armstrong, Ministerin für Angelegenheiten der Lokalverwaltung sagt dazu: „It is vital we lose the skills of battle and find the skills of organisation and partnership" (Armstrong 1997: 18).

Am lautesten wurde die Qualitätssicherung sowohl der angebotenen Dienstleistungen als auch der Führung der Lokalverwaltung betont. In diesem Zusammenhang beschreibt „Partnerschaft" nicht nur die Dimension der Beziehung der Zentralregierung zu den lokalen Verwaltungen, sondern ein immer breiter werdendes, in den Privatsektor reichendes Netzwerk von Dienstleistungsanbietern, das der Maxime ökonomischer Effektivität verpflichtet ist und in fast gebieterischer Weise vorangetrieben wurde: die *Public Private Partnership* (PPP, vgl. Kap. 9.4). Die Auswahl der Partner wird den einzelnen Verwaltungen überlassen, womit die Regierung die Schaffung eines Raums lokaler Autonomie erreichen möchte – doch muss jeder partnerschaftliche Vertragsabschluss den Normen des *best value* Prinzips entsprechen. Dies bedeutet nichts anderes als die Anerkennung der höchsten Priorität nationaler Standards und ihre Widerspiegelung in einer kompetitiven Umsetzung durch die einzelnen Lokalverwaltungen. *Best Value* ersetzt den Mechanismus des *Compulsory Competitive Tendering* (CCT) der Konservativen Regierung, der zwar Ausgabeneinsparungen ermöglichte, aber von den Adressaten der öffentlichen Dienste gespürt wurde. *Best Value* erfordert keine zwangsläufige Privatisierung der Dienstleistungen, aber deren Ausschreibung. Vielmehr wird aus der Fülle von Angeboten „the highest quality services at the best value for money" anvisiert (Bevir/O'Brien 2000: 9), d.h. in jedem Fall wird der am besten geeignete Lieferant der Dienstleistungen unter Vertrag genommen.

Innerhalb des „*Best Value regime*" (Brooks 2000: 599) hält die *Audit Commission* eine Schlüsselrolle inne. Sie ist eine unabhängige Körperschaft, die mit der kritischen Überprüfung lokaler Dienste und Leistungen beauftragt ist. Über ihr Selbstverständnis als *watchdog* hinaus erteilt sie Ratschläge und Anweisungen zur Verbesserung der Arbeitsergebnisse der Lokalverwaltungen und veröffentlicht ihre Beobachtungen im Rahmen des *Comprehensive Performance Assessment* (CPA) (www.audit-commission.gov.uk). Die Kommission selbst kann gemäß „Audit Commission Act 1998" vom Innenminister Anweisungen zur Durchführung ihrer Überwachungstätigkeit erhalten und ist zur Rückmeldung verpflichtet.[43] Die Berichte der *Audit Commission* haben ein besonders hohes Druckpotential auf die jeweiligen zu beurteilenden Lokalverwaltungen, zunächst nur *unitary* und *county councils*. Len Duvall, der Vorsitzende der *Improvement and Development Agency* (IDeA) fasste die Atmosphäre folgendermaßen zusammen: „Death by inspection and hit squads lies in wait for authorities not up to scratch" (Wilson 2003b: 329).

Die vierstufige Kategorisierung der *Audit Commisssion* in *high-performing, striving, coasting* und *poor-performing* erfolgt auf der Bewertungsgrundlage von Kerndienstleistungen wie Bildung, Sozialfürsorge, Wohnungsbau, Umwelt, Bibliotheken und Freizeiteinrichtungen sowie die Nutzung von Ressourcen. Im Dezember 2002 konnten 22 Lokalverwaltungen exzellente Leistungen aufweisen, die sie für Sonderleistungen von Seiten der Zentralregierung qualifizierten. Viele dieser Gemeinden, die besonders gut abgeschnitten haben, kamen bisher jedoch kaum in den Genuss der Steuerabgabenbefreiung, größerer Freiheiten in Fragen von Investitionen oder gar einer Verminderung der Strenge der Überprüfung (Pratchett/Leach 2004: 367).

Die *Audit Commission* und in ihrer Tätigkeit ähnlich ausgerichtete Organisationen wie die *Improvement and Development Agency* oder die *Local Government Association* können als Ausdruck zentralistischer Überwachungstrukturen betrachtet werden, die zwar unabhängig von der Regierung, so doch als vermittelnde Organisationen indirekt den hohen Uniformitätsstandard der Zentralregierung durch Kontrolle durchzusetzen versuchen. Die Modernisierungskampagne verspricht den lokalen Verwaltungen mehr Autonomie, ist aber in einer straffen Strategie regierungsdominierter Reformagenda eingebunden, die letztlich lokale Verwaltungen doch nur in ihrer Funktion als Anbieter qualitativ hochwertiger und preisgünstiger nationaler Dienstleistungen zementiert sehen möchte (Brooks 2000: 594).

Als eng damit verbunden kann auch das *Public Sector Benchmarking Project* (PSBP) betrachtet werden, das zur Verbesserung der Organisation, zur vernünftigen Nutzung der Ressourcen und zur Erhöhung der Konsumentenzufriedenheit verhelfen soll (Bevir/O'Brien 2000: 11). In gleicher Absicht hat die Regierung so genannte *Public Service Agreements* (PSA) eingeführt. Prinzipiell geht es hierbei um einen freiwilligen Kontrakt zwischen lokaler Behörde und der Regierung, der die Erfüllung eines höheren Grades der Performanz auf der Seite der lokalen Behörde an Belohnungen in Form von finanziellen Zusatzleistungen durch die Zentralregierung koppelt. Von den 150 dafür geeigneten Lokalverwaltungen haben 147

---

[43] Vgl. Audit Commision Act 1998 (schedule 1, 3(1) und 3(2); www.opsi.gov.uk/acts/acts1998/19980018.htm).

Interesse angemeldet; im Juli 2003 wurden bereits 94 solcher Agreements vereinbart, während sich 48 noch in Verhandlungen befanden (ONS 2004).

Labours Bemühungen, den Service der Lokalverwaltungen zu optimieren, Verantwortlichkeit zu erhöhen und Partnerschaft zu institutionalisieren, entfalten sich in der Idee des „Netzwerks" und manifestieren sich in der Konzertierung kaufmännischer Aspekte und konsumentenfokussierter Qualitätssicherung (Kavannagh/Richards 2001: 8). Teil des Netzwerks sollen mehrere verschiedene interdependente, gewählte und nichtgewählte Akteure sein, die Expertisen erstellen, flexible Arbeitsweisen ermöglichen und Dienste bündeln (Bevir/O'Brien 2000: 14, HM Treasury 1997: 2). Die *Private Finance Initiatives* (PFIs), die obiges Konzept in die Tat umsetzen sollen, wurden von der Regierung mit vier Milliarden Pfund bezuschusst. Dabei ist zu beachten, dass die Mittelzielrichtung, die beispielsweise die Instandhaltung und den Neubau von Schulen, Strassen oder Hospitälern betrifft, von den jeweils zuständigen Ministerien gebilligt werden muss (Becker 2002: 99). Von weitreichender Bedeutung ist auch die Tatsache, dass die PFIs zurzeit die einzige Möglichkeit zur beträchtlicheren Kapitalinvestition bieten (Pratchett/Leach 2004: 367, vgl. a. Kap. 9.4).

Durch die Pluralisierung der Dienstleistungslieferanten bleiben dem Staat zwar weniger direkte Werkzeuge, aber dennoch eine Variation an indirekten Mitteln zur Kontrolle bürokratischer Ineffizienz, die ebenfalls nach dem Prinzip des Netzwerks funktionieren (Bevir/O'Brien 2000: 16). Dazu gehören beispielsweise die *Regulatory Impact Unit*, die Transparenz, Verantwortlichkeit, langfristig beständige Qualität und geographische Ausgewogenheit der Dienste fördern soll.

Die Qualitätssicherung ist gleichzeitig Ziel und Legitimationsbasis der interventionistischen Position der New Labour-Regierung. Die Implementierung von nationalen Standards in den Bereichen der Bildung (auf regionaler Ebene *Local Education Authorities* (LEAs)) und des Gesundheitssystems (in Form von Organisationen wie die *Commissions for Care Standards* (CCSs), das *National Institute for Clinical Excellence* (NICE), die *Commission for Health Improvement*) eröffnet ein großes Feld von Regulationen und Inspektionen (Cole 2003: 191f.), führt aber auch zum Dialog zwischen Dienstleistungsanbietern und Endverbrauchern (Bevir/O'Brien 2000: 17).

Die Entwicklung von *local government* im Vereinigten Königreich der letzten zwei Jahrzehnte bilanzierend kann man von einer ständig zunehmenden Diversifizierung der Akteursstrukturen sprechen. Die gewählte *local government* ist nur noch ein Teil in einem Geflecht von Akteuren und Agencies, die sich mit kommunalen Aufgaben befassen: „In the last two decades its role as a direct service provider has declined markedly. Partnerships at local level have increased: elected local authorities now 'share the turf' with a wide range of non-elected agencies conventionally known as 'local quangos'" (Wilson 2005: 155). Trotz der Labour-Versuche der *community leadership* und Erneuerung lokaler Demokratie muss sich die einst sehr viel stärkere *elected local government* nun die Verantwortung mit einer Reihe von Quangos und Dienstleistungsunternehmen des privaten Sektors und Freiwilligenagenturen teilen (ebd.). Die grundlegende Umgestaltung der *Central-local Relations* wurden unter der Regierung Thatcher/Major durchgeführt. Wichtige Anliegen waren die Reform der Finanzierung, die der Zentralregierung mehr und effektivere Kontrolle über die Ausgaben der Gemeinden brachte, die Fragmentierung der Zuständigkeiten durch die „Explosion der Quangos" und die Notwendigkeit zur Zusammenarbeit mit anderen öffentlichen und privaten Einrichtungen sowie die Einführung von *New Public Management*. Die Entwicklungen unter New Labour lassen sich weniger einheitlich zusammenfassen. Auf der einen Seite gibt es Bemühungen um landesweite Standards und klare, hierarchische Vorgaben aus London. Auf der anderen Seite gibt es aber auch die Ermutigung der Gemeinden zu Innovation, *executive leadership* und vermehrter *public participation*. Insgesamt wurde der Dialog zwischen Zentrale und Kommunen verstärkt. In der zweiten Legislaturperiode von New Labour wurde der Schwerpunkt weiter von Kontrollen zu Inputs und Anreizen (*earned autonomy*) verlagert (Wilson 2005: 172). Die Veränderungen in den letzten drei Dekaden lassen sich schematisch wie folgt gegenüber stellen:

Tabelle 1: Reformzyklen der Kommunalverwaltung

Vor 1979	Konservative Regierung 1979-1997	Labour Regierung Seit 1997
Provider	Enabler	Leader
Client	Consumer	Citizen
Hierarchy	Markets	Networks
Corporate bureaucracy	Fragmentation	Joining-up
Professionals	Managers	Reticulists

Quelle: Sullivan 2003: 60

Links:

Audit Commission (Rechnungshof): www.audit-commission.gov.uk

Ausschuss für Nordirische Angelegenheiten:
www.parliament.uk/parliamentary_committees/northern_ireland_affairs.cfm

Kommunalverwaltung London: www.london.gov.uk

Northern Ireland Office (NIO): www.nio.gov.uk

Schottische Regionalregierung: www.scotland.gov.uk

Schottisches Regionalparlament: www.scottish.parliament.uk

Walisische Regionalregierung: www.wales.gov.uk

4. Öffentlichkeit und Medien

Öffentlichkeit und Medien sind in den westlichen Kommunikationsgesellschaften als Sphären des Diskurses zu Schlüsselsegmenten des politischen Lebens gereift. In einem demokratischen System ist Öffentlichkeit deshalb als kommunikativer Raum zwischen bürgerlicher Privatsphäre und staatlichem Handeln zu positionieren. Hier entsteht und artikuliert sich die öffentliche Meinung, die idealtypisch als Kontrollinstanz im Regierungssystem agiert. Großbritannien nahm bei der Ausbildung einer modernen politischen Öffentlichkeit für die Entwicklung in Europa eine Vorreiterrolle ein. Dabei hat sich bereits früh ein Pressewesen herausgebildet, das als Medium für die kritische öffentliche Meinung diente. Während die Printmedien durch ungehinderten Wettbewerb ökonomische Eigendynamik entwickelten, waren Rundfunk und Fernsehen zunächst weitestgehend staatlich reguliert. Parallel zur technischen Revolution in der Informationstechnologie unterlag jedoch auch das britische Mediensystem tiefgreifenden Wandlungen. Durch die zunehmende Medialisierung der britischen Gesellschaft scheinen sich die theoretischen Opponenten Medien und Politik angenähert zu haben. Vor allem die von Tony Blair geführte *New Labour Party* hat dabei die Möglichkeiten einer Mediengesellschaft am konsequentesten genutzt.

4.1 Entstehung und Entwicklung der Massenmedien

Die bürgerliche Öffentlichkeit der liberalen Demokratie in Großbritannien ist schon in ihrer Herausbildung als Konkurrenz zum Konzept der repräsentativen Öffentlichkeit des Absolutismus an die Entwicklung eines pluralistischen Mediensystems gekoppelt. Rekapituliert man die Entwicklungsgeschichte insbesondere der elektronischen Medien und ihrer Einflüsse auf Politik und Gesellschaft des 20. Jahrhunderts, so erscheint Öffentlichkeit in Großbritannien, wie in sämtlichen westlichen Gesellschaften zu Beginn des 21. Jahrhunderts, als ein sowohl qualitativ wie quantitativ vorwiegend massenmedial beeinflusstes Kommunikationsfeld. Differenziert man zwischen Präsenz- oder Versammlungsöffentlichkeit einerseits und der Medienöffentlichkeit andererseits (Schulz 1997: 94f.; Wilke 2000), so lässt sich erkennen, dass den Medien als Plattform, aber auch als Akteur der öffentlichen Meinungsbildung eine entscheidende Rolle im Prozess des Regierens zukommt. Die Entwicklung der Medien wird somit insbesondere in Großbritannien zum wichtigen Faktor für die Stellung der Öffentlichkeit innerhalb des gesamten Gesellschaftssystems. Nachfolgend wird deshalb der strukturierende Blick vorwiegend auf das Mediensystem in Großbritannien, seine Entstehung und Entwicklung sowie seine Rolle und Funktion im Regierungssystem gerichtet.

4.1.1 Meinungsfreiheit

Das Entstehen einer politisch fungierenden Öffentlichkeit in England zu Beginn des 18. Jahrhunderts ist als Modellfall bezeichnet worden (Habermas 1990: 122). Bedingt durch die *Glorious Revolution* ermöglichten private bürgerliche Salons und literarische Clubs einen Raum der politischen Diskursfähigkeit, der im absolutistischen Obrigkeitsstaat zuvor nicht gegeben und ausschlaggebend für die Herausbildung einer öffentlichen Meinung war. Parallel zur Politisierung des Bürgertums entfaltete sich ein Pressewesen, das sich als Träger der öffentlichen Meinung herausbildete und bereits Anfang des 18. Jahrhunderts als „Supplement zum Parlament" funktionierte (Hohendahl 2000: 16). Als Medium, das Meinungen eine Plattform bietet und über relevante Bereiche des gesellschaftlichen und politischen Lebens berichtet und informiert, entwickelte sich die Presse schließlich zum Motor der entstehenden bürgerlichen Öffentlichkeit und einer zunehmend umfassenderen demokratischen Repräsentation im Großbritannien des 18. und 19. Jahrhunderts.

Öffentlich verbreitete und politisch motivierte Meinungsäußerungen waren im Europa der frühen Neuzeit, ohne Maßnahmen seitens der politischen Führung fürchten zu müssen, nicht möglich. Ein hoher Analphabetismus ließ eine breitenwirksame politische Kommunikation zunächst kaum aufkommen. Zudem war das Druck- und Pressewesen des europäischen Absolutismus durch strikte Zensur weitestgehend abhängig von der Willkür des Herrschenden. So konnte etwa die Veröffentlichung eines unliebsamen politischen Kommentars die Konfiszierung der Druckerpressen oder Arrest des betreffenden Autors nach sich ziehen. Die Unterbindung eines freien Verkehrs von Informationen verhinderte das Entstehen einer Öffentlichkeit, die als Innovations- oder Kontrollorgan für gesellschaftliche Strukturen hätte fungieren können. Bedingt durch die Aufhebung der staatlichen Lizensierung von Zeitungen per Parlamentsdekret im Zuge der politischen Veränderungen Ende des 17. Jahrhunderts konnte sich jedoch bereits im 18. Jahrhundert in Großbritannien ein Pressewesen etablieren, das den Aufstieg der Öffentlichkeit zum Träger der öffentlichen Meinung vorwiegend im 19. Jahrhundert lancierte (Williams 1982; Habermas 1990; Humphreys 1996).

Mit den *taxes on knowledge* wurde 1712 wieder eine direkte staatliche Kontrolle des Pressewesens eingeführt, wenngleich der staatliche Eingriff durch Abgaben auf Werbung, Zeitungen und Rohpapier nun weniger politische Zensur als ökonomisches Kontrollinstrument für das sich entwickelnde Mediensystem darstellte. Zunächst stellten sich die wöchentlich erscheinenden Zeitungen wie der 1709 gegründete *Tatler* jedoch als ein rein den bürgerlichen Eliten vorbehaltenes Medium der Partizipation am politischen Geschehen dar, das der Identität der aufkommenden bürgerlichen Gesellschaft Vorschub leistete. Mitte des 18. Jahrhunderts wurden schätzungsweise jährlich neun Millionen Zeitungen verkauft (Fröhlich 2004: 55). Die Folge der ansteigenden Berichterstattung über politische Nachrichten, Skandale und gesellschaftliche Ereignisse war eine zunehmende Ausdehnung und Pluralisierung politischer Meinungen und eine gewisse Transparenz von politischen Entscheidungen. Die relativ freie Entfaltungsmöglichkeit der Presse ermöglichte ein wachsendes Bewusstsein von „social responsibility" (Humphreys 1996: 22). Bildung und Wohlstand waren allerdings die Voraussetzungen für eine Teilhabe an der öffentlichen Meinung. Politik war zwar noch keine wirklich öffentliche Angelegenheit, sie war jetzt aber nicht mehr das Privileg einiger weniger.

4.1.2 Pressewesen

Die Zeitung als Nachrichtenjournal hat neben dem Büchermarkt (Stokes 1999: 10) die längste Tradition unter den Medien in Großbritannien. Mit der *Times* erscheint seit 1785 die älteste Tageszeitung der Welt in Großbritannien. Bedeutend für die Entwicklung der britischen Zeitungslandschaft war in besonderem Maße die Phase des Bürgerkrieges Ende des 17. Jahrhunderts, in der die zunächst noch vereinzelnd existierenden Journale zu bedeutsamen Diskussionsforen und politischer Öffentlichkeit avancierten. Mehr als Folge der enorm gestiegenen Anzahl von Publikationen denn aus Motiven der Meinungsfreiheit wurde die staatliche Zensur 1695 mit dem „Printing Act" de facto aufgehoben. Der Anstieg der Veröffentlichungen ließ eine wirkungsvolle Kontrolle des gedruckten Wortes nicht mehr zu und so billigte das Parlament nun die freie Verbreitung von Zeitungen und Druckerpressen, wodurch die Ausbreitung einer medialen Öffentlichkeit möglich wurde. Inhaltlich kann von Pressefreiheit jedoch nur eingeschränkt die Rede sein, denn weiterhin waren sowohl Gotteslästerung als auch kritische Berichte zur Politik der Regierung untersagt. So hielt sich dann auch eine der ersten Wochenzeitschriften des Königreiches, der 1711 gegründete *Spectator*, prinzipiell aus tagespolitischen Entscheidungen heraus (Eldridge/Kitzinger/Williams 1997: 19; Hohedahl 2000: 11; Fröhlich 2004: 59).

Mit der zunehmenden Alphabetisierung breiter sozialer Schichten im Verlauf des 19. Jahrhunderts, einer Lockerung der Beschränkungen der Meinungs- und Pressefreiheit und der Verbesserung der Rahmenbedingungen, wie der Befreiung von der *stam duty* mit der „Reform Bill" 1836, wirtschaftspolitischem Liberalismus und Verbesserungen in der Drucktechnik im Zuge der Industrialisierung, waren ein vielfältiges Pressewesen und ein breites Publikum möglich. So war der Entfaltungsmöglichkeit des Verlags- und Druckgewerbe in England seit der Jahrhundertmitte kaum noch Schranken gesetzt. Zu Beginn des 19. Jahrhunderts wurden bereits jährlich über 25 Millionen Zeitungen verkauft. Um 1850 las jeder achte Brite regelmäßig eine Tageszeitung und jeder Zwanzigste eine Sonntagszeitung (Williams 1982: 15; Schulz 2000: 67).

Tiefgreifende Veränderungen in der ökonomischen Marktstruktur prägten Ende des 19. Jahrhunderts das Pressewesen des Königreichs, an dessen Ende sich die Massenpresse „politisch, ökonomisch und geistig von Staat und Gesellschaft emanzipiert hatte" (Schulz 2000: 83). Zum einen steigerte sich die Abhängigkeit der Zeitungen von Werbeeinnahmen; wurde das typische Blatt des 19. Jahrhunderts noch größtenteils durch den Verkaufserlös finanziert, waren die Zeitungen durch die gestiegene Konkurrenzsituation zunehmend auf Werbeerlöse angewiesen. Zudem änderten sich die Besitzverhältnisse im Zeitungsmarkt drastisch. Während bis dato selten ein Verleger oder ein Unternehmen Anteile an mehr als einer Zeitung besaß, schufen sich einzelne Unternehmer wie der später zum Earl of Northcliffe geadelte Alfred Harmsworth aus zunächst einer Zeitung innerhalb von 25 Jahren ein Presseimperium, zu dem die wichtigsten Tageszeitungen wie die *Times* und *Daily Mail* gehörten. Sein Bruder Vere besaß u.a. den *Daily Mirror*, den *Daily Record* und das schottische Blatt *The Glasgow Evening News*. Neben der ökonomischen Kartellisierung der Medienlandschaft bestand zudem durch die meinungsbildende Macht der Pressebarone eine Gefahr für die demokratische Freiheit in Großbritannien zu Beginn des 20. Jahrhunderts. Denn Harmsworth erhoffte sich durch die Ausweitung des Wahlrechts und die Möglichkeiten der Massenbeeinflussung durch sein Medienimperium, auf die Zusammensetzung der politischen Klasse Einfluss haben zu können (Schulz 2000: 76). 1937 kontrollierten die vier größten Verleger etwa 43 % des gesamten Printmedienmarktes in Großbritannien (Eldridge/Kitzinger/Williams 1997: 28). Darüber hinaus erreichten die Zeitungen mittlerweile den größten Teil der Bevölkerung, sie entwickelten sich zu Beginn des 20. Jahrhunderts zu wirklichen Massenmedien. So verdreifachte sich die Zahl der Zeitungsleser in Großbritannien innerhalb von zwanzig Jahren von 3,1 Millionen im Jahr 1918 auf 10,6 Millionen im Jahr 1939 (Williams 1982: 19; Eldridge/Kitzinger/Williams 1997: 28).

Der Aufstieg der Medienmogule lag einerseits an der konsequenten Nutzung der ökonomischen Freiheiten. Zudem setzten die Presseunternehmer Journalisten ein, die, scheinbar modernste journalistischen Methoden anwendend, den Anteil von politischen Analysen zugunsten des Entertainments reduzierten. Die Unternehmer erkannten die Massenkompatibilität von Boulevardblättern, die schließlich zum Bedeutungsverlust der politischen Presse und zur Dominanz der „mainstream commercial press" (Humphreys 1996: 27) führen sollte, und nutzen diese Strategie um gezielt ihre politischen Aussagen zu lancieren und die öffentliche Meinung für eigene Interessen zu manipulieren. Was im kontinentalen Europa erst nach Ende des Zweiten Weltkrieges einsetzte, hatte sich in Großbritannien bereits Anfang des 20. Jahrhunderts entwickelt: die „depoliticisation" (Weymouth 1996: 42; Humphreys 1996: 41) der Presse, in deren Folge die politischen Zeitungen marginalisiert und die kommerzielle, auf ein Massenpublikum ausgerichtete Presse zur Dominanten in den europäischen Medienmärkten wurde. Trotz aller Versuche politische und ökonomische Machtinteressen durch die Wirkung der Presse in das politische Leben des Königreichs durchzusetzen, war der direkte Einfluss der Medienmogule letztlich aber nur auf die Beibehaltung des Status quo beschränkt. (Humphreys 1996: 27; Eldridge/Kitzinger/Williams 1997: 30)

Unterdessen spiegelten sich gesellschaftliche Entwicklungen zunächst auch im Zeitungsangebot wieder. Durch ihre Unrentabilität, die ökonomischen Veränderungen der Zeitungsindustrie zu Beginn des 20. Jahrhunderts und die Konkurrenz der Massenblätter hatten explizit politische Zeitungen, wie der aus der Arbeiterbewegung hervorgegangene *Daily Herald*, zunächst jedoch wenig Überlebenschancen. Entgegengesetzt zur Presseentwicklung auf dem kontinentalen Festland gab es seit den vierziger Jahren weder eine auflagenstarke Zeitung der Labour- noch der kommunistischen Anhänger. Obwohl die Zeitungen in Großbritannien durchaus politisch agierten, in dem Verständnis „to act as watchdogs for the public" (Sparks 1999: 45), entwickelten sich keine Zeitungen, die eng an eine Partei gebunden waren, wie dies in anderen europäischen Ländern der Fall war. Exemplarisch für die weitere Entwicklung des Zeitungsmarktes ist stattdessen der *Daily Herald*, der einige Jahre später durch den Australier Rupert Murdoch übernommen, in *The Sun* umbenannt wurde und mit dem Konzept eines mit großformatigen Schlagzeilen operierenden Boulevardjournalismus zur meistverkauften Zeitung in Großbritannien aufstieg. Mit 3,38 Millionen verkaufter Exemplare ist *The Sun* heute die mit Abstand erfolgreichste Tageszeitung Großbritanniens (Kamm/Lenz 2004: 313). Die weiter steigende Bedeutung des Pressewesens, nicht zuletzt durch die Bedeutung der Massenblätter im gesellschaftlichen Gefüge des Vereinigten Königreiches, ließ schließlich ein mediales System entstehen, das in Bezug auf die Printmedien „among the strongest and the most dynamic in Western Europe" (Weymouth 1996: 39) darstellt.

4.1.3 Audiovisuelle Medien

Die Entstehung von Rundfunk und Fernsehen in Großbritannien gestaltete sich jedoch konträr zur Presse, denn anders als die Printmedien entwickelten sich die audiovisuellen Medien unter staatlicher Obhut. Mit der Gründung der *British Broadcasting Cooperation* (BBC) 1927 als Nachfolger der im Jahr 1922 gegründeten *British Broadcasting Company* in Form einer *public corporation* (vgl. Kap. 9.4.3) wurde das neue Medium Radio zwar unter öffentliche Kontrolle gestellt, durch die „Royal Charter" 1926 verankerte das Parlament jedoch auch die politische Unabhängigkeit des Mediums. Bedingt durch die Erfahrungen des Pressewesens entfaltete sich der britische Rundfunk zu Beginn des zwanzigsten Jahrhunderts somit nicht aus privaten ökonomischen Interessen, sondern wurde als öffentliche Einrichtung staatlicher Aufsicht unterstellt und zunächst als Monopol eingeführt. Die staatliche Regulierung hatte sowohl ökonomische, technische als auch politische Gründe. Man erhoffte sich durch eine frei von ökonomischen Marktabhängigkeiten angelegte Organisationsweise des neuen Mediums eine Demokratisierung der Gesellschaft, da das Publikum als Bürger und nicht als Konsument angesprochen werden sollte. Darüber hinaus erforderten die technischen Voraussetzungen durch die spärlichen Radiofrequenzen den Zugang zu reglementieren. Aus Angst vor chaotischen Zuständen im Bereich der Frequenzen zwangen die Gegebenheiten den Staat, so das Argument, zu einer Art natürlichem Monopol bei Radio und später auch Fernsehen (Eldridge/Kitzinger/Williams 1997: 45; Goodwin 1999: 131).

Durch die Implementierung als öffentliche Anstalt ordnete sich die BBC als „quasi-state body" (Goodwin 1999: 130) in das Gesellschaftssystem Großbritanniens ein. Die Finanzierung der Programme durch Gebührenerhebung sicherte der BBC aber trotz des staatlichen Einflusses über die Lizenzvergabe und die Festsetzung der Höhe der Gebühren durch das Parlament eine gewisse Unabhängigkeit, sowohl gegenüber der Staatsmacht als auch gegen Machteinflüsse des Marktes. Denn da durch die Gebühren der Zwang zu Werbeeinnahmen entfiel, war die Gefahr der Indoktrination durch privatwirtschaftliche Einflüsse oder Abhängigkeiten zu staatlichen Finanzstellen auf die Inhalte der Programme im Gegensatz zu den Erfahrungen mit den Auswüchsen des Pressemarktes nicht gegeben. Zwar hätte der Staat indirekt in den Programmablauf eingreifen können, doch enthielt sich dieser prinzipiell, was durch die

Selbstkontrolle der Rundfunkanstalt dokumentiert wurde. Die BBC war sowohl durch ihre ökonomische als auch durch die politische Organisationsweise durch Finanzierung und Kontrolle weitestgehend unabhängig und damit geschützt vor Missbräuchen der Exekutive, wie es etwa dem Rundfunk in Deutschland während der Nazi-Diktatur erging. Denn durch das *Board of Governors* kontrollierte sich die BBC selbst. Dieses zwölfköpfige Gremium wird auch heute noch durch die Queen auf Vorschlag von Ministern nach Absprache mit der Opposition ernannt und vertritt die öffentlichen Interessen, „the interests of viewers and listeners", wie es nach Auskunft der BBC heißt.[44] Das Gremium, das sich aus Mitgliedern mit nachweislicher Unabhängigkeit, Kompetenz und Erfahrung im öffentlichen Dienst zusammensetzt, ist mit weitreichenden Rechten versehen, wie der Berufung des Generaldirektors der BBC. Das *Executive Board* setzt sich aus den neun Direktoren der einzelnen Abteilungen der BBC zusammen, die wiederum dem *Board of Governors* Rechenschaft ablegen müssen (Humphreys 2004: 330).

Mit der Einführung eines dualen Rundfunksystems durch die neugewählte konservative Regierung 1954 wurde das staatliche Monopol in den audiovisuellen Medien gebrochen. Die Zulassung von privaten, sich durch Werbung finanzierenden Fernsehanstalten durch das Parlament im „Television Act" 1954 veränderte das britische Mediensystem nachhaltig. Ein durch das Innenministerium berufenes Gremium, zunächst *Independent Television Authority* (ITA) später *Independent Broadcasting Authority* (IBA), wurde als Lizenzvergeber und Kontrollinstanz nach dem Muster der BBC-Kontrolle für die neuen privatfinanzierten Fernseh- und später auch Radioanstalten eingesetzt. Insgesamt wurden zunächst fünfzehn lokale Sender gegründet, die sich als Verband der *Independent Television* (ITV) zusammenschlossen. Mit der Zweigliedrigkeit von staatlichen und privaten Medien ordnete sich das britische Rundfunkmodell damit zwischen der marktorientierten Variante in den USA und der staatlichen Rundfunksysteme des kontinentalen Europas ein (Goodwin 1999: 132). Das staatlich eingesetzte Gremium IBA besaß jedoch die zentrale Sanktionsgewalt durch das Recht, Lizenzen zu vergeben oder zu entziehen. Somit war der öffentliche Einfluss auf die Medienstruktur der Rundfunksender, konträr zum Pressewesen, auch nach der Einführung privatwirtschaftlicher Anstalten wenigstens in der Kontrolle noch vorhanden.

Mit der Regierungsübernahme Margaret Thatchers 1979 wurden neue Initiativen zur Aufspaltung des weitestgehend staatlich reglementierten Medienmarktes umgesetzt. Der Medienmarkt sollte in der Thatcher-Ära zu einem innovativen und durch wenig staatlichen Ein-

---

[44] Vgl. "How the BBC is run" (http://www.bbc.co.uk/info/running; 18.11.2004).

fluss behinderten Wirtschaftszweig werden. Die Einführung des zwar werbefinanzierten aber
öffentlich-rechtlichen Fernsehkanals *Channel 4* und die Förderung der neuen Technologien
Breitband-Kabel und Satelliten-Fernsehen standen für zunehmenden Wettbewerb und eine
Liberalisierung des Fernsehmarktes in Großbritannien. *Channel 4* war dabei als Alternative zu
den bestehenden Programmangeboten geplant. Mit besonders innovativen Sendungen sollten
bevorzugt Minderheiten angesprochen werden. Der Sender entwickelte sich in den achtziger
und neunziger Jahren zur Produktionsstätte für den unabhängigen Film in Großbritannien. So
wurden Welterfolge wie *Trainspotting* u.a durch *Channel 4* finanziert. Folge der marktöff-
nenden Politik war jedoch auch die nordamerikanische Kontrolle des britischen Kabelnetzes
und die Dominanz des Australiers Rupert Murdoch auf dem Sektor der Satelliten- und Pay-
TV-Programme (vgl. Goodwin 1999; Humphreys 2004).

4.2 Das Mediensystem der Gegenwart

Das britische Mediensystem hat durch seine Bedeutung für das Entstehen einer kritischen Öffentlichkeit eine tiefe Verwurzelung in der Gesellschaft. Presse, Rundfunk und Fernsehen
sind daher feste Bestandteile im Gefüge zwischen Bürgern und Staat. Aus diesem Bewusstsein heraus begriffen sich die Medien in Großbritannien stets als verantwortlich, öffentliche
Aufklärungsarbeit zu leisten und im politischen System als kontrollierende Instanz zu fungieren. Es haben im Mediensystem des Königreichs jedoch einige tiefgreifende Entwicklungen
stattgefunden, die die gesamte Gesellschaft nachhaltig verändert haben und weiter verändern.
Nach dem historischen Rückblick auf die Ausbildung des Mediensystems sollen nun einige
strukturelle Merkmale im Hinblick auf die massenmedialen Aspekte im Regierungssystem
Großbritanniens herausgestellt werden.

4.2.1 Strukturelle Merkmale

Grundsätzlich unterscheiden sich die Mediensegmente in Großbritannien durch deren Markt-
organisation. Während der Rundfunkbereich durch die marktbeherrschende Stellung der öffentlich-rechtlichen BBC und die Implementierung verschiedener gesetzlicher Bestimmungen
staatlich reglementiert ist, sind die Printmedien weitestgehend dem freien Wettbewerb ausgesetzt.

Der überregionale britische Zeitungsmarkt lässt sich in die Bereiche Qualitäts- und Boule-
vardzeitungen unterteilen. Zu den Qualitätszeitungen (*broadsheets*) sind etwa die Blätter *Times*, *Independent*, *Guardian* und *Telegraph* zu zählen. Inhaltlich sind diese Zeitungen mit se-
riöser politischer und wirtschaftlicher Berichterstattung auf die gebildete Schicht der britischen Gesellschaft ausgerichtet. Da sie sich hauptsächlich durch Werbeeinnahmen finanzieren, liegt das besondere Interesse deshalb in der Orientierung an einer spezifisch finanzkräfti-
gen Leserschaft. Demgegenüber bedienen die Boulevardblätter (*tabloids*) in erster Linie den
breiten Massengeschmack, der sich vornehmlich in der Berichterstattung von *human interest
stories* ausdrückt. Zeitungen wie *Sun*, *Daily Record*, *Daily Mirror* und *Daily Star* müssen,
bedingt durch ihre Ausrichtung auf einen möglichst großen Leserkreis, eher populistische
Themen aufgreifen und können es sich daher nicht leisten, tendenzielle Minoritäten innerhalb
einer Debatte zu unterstützen. Oftmals steht die Hoffnung einen potentiellen Skandal aufzu-
decken vor den journalistischen Prinzipien, fair und ausgewogen zu berichten. Da der britische Sensationsjournalismus vor allem durch die voyeuristischen Berichte über das englische
Königshaus immer wieder in die Kritik geriet, wurde 1991 die *Press Complaints Commission*
(PCC) gegründet, die einen *Code of Practise* definierte, der die Selbstregulierungsprinzipien
des britischen Journalismus festhielt. Neben dem freien Markt steht den Zeitungen auch die
inhaltliche Ausrichtung offen. Während die Fernsehsender gesetzlich zur Überparteilichkeit
verpflichtet sind, haben insbesondere die Massenblätter klare parteipolitische Ausrichtungen.
Wie die folgende Tabelle zeigt, hinken die Qualitätszeitungen den Boulevardblättern in ihrer
Auflagenstärke allerdings deutlich hinterher.

Mit etwa 30 Millionen verkaufter Exemplare ist der Zeitungsmarkt in Großbritannien bezogen auf die Einwohnerzahl heutzutage der stärkste in Europa. Allerdings stagnieren die
Verkaufszahlen der Printmedien seit dem Aufkommen von Rundfunk und Fernsehen und sind
seit den siebziger Jahren rückläufig, was den Wettbewerbsdruck zusätzlich erhöht. Folge ist
die zunehmende Ausrichtung auch traditioneller Zeitungen an die Erfordernisse des modernen
Zeitungsmarktes im Zeitalter des Internets und der Kurzlebigkeit von Informationen. Sowohl
im Erscheinungsbild als auch im Inhalt haben sich die Qualitätszeitungen wie *Times* und
Guardian mittlerweile deutlich dem Massengeschmack genähert, was sich in einem prozentu-
alen Rückgang von reinen politischen Nachrichten manifestiert. Derzeit erscheinen in Großbritannien mehr als 1.000 Zeitungen mit einer Auflagenzahl von 25,5 Millionen Exemplaren.
Dabei ist der Markt der Lokal- und Regionalzeitungen mit einem Werbeumsatz von knapp
3 Mrd. Pfund ein bedeutender Wirtschaftsfaktor und zudem zweitwichtigstes Werbemedium

in Großbritannien (vgl. Humphreys 1996; Sparks 1999; Becker 2002; Kamm/Lenz 2004; Humphreys 2004).

Tabelle 2: Der britische Zeitungsmarkt

Zeitungsunternehmen in Großbritannien	Zugehörige Zeitungen (Auflage)	Gesamtauflage
News Corporation	The Times (709.061), The Sunday Times (1.416.679), The Sun (3.441.613), News of the World (3.953.700)	9.521.053
Trinity Mirror PLC	The Mirror (2.127.115), The Sunday Mirror (1.778.075), The People (1.336.670)	5.241.860
Daily Mail and General Trust PLC	Daily Mail (2.419.792), The Mail on Sunday (2.351.224)	4.771.016
Northern and Shell	Daily Express (927.797), Daily Star (654.544), Sunday Express (862.030)	2.444.371
Telegraph Group Ltd.	The Daily Telegraph (1.004.574), The Sunday Telegraph (781.101)	1.785.675
Guardian Media Group PLC	The Guardian (401.570), The Observer (453.827)	855.397
Pearson PLC	The Financial Times (486.074)	486.074
Independent News and Media	The Independent (225.748), The Independent on Sunday (232.006)	457.754

Stand des Jahres 2003. Quelle: Humphreys 2004: 327f.

Seit den siebziger Jahren wird das britische Organisationsmodell der elektronischen Medien durch eine Vielzahl von Faktoren zunehmend in Frage gestellt. Durch den Einfluss von globalisierten Märkten, veränderten kulturellen Bedingungen vor allem in der Jugendkultur, aber auch technischen Innovationen wie Breitbandkabel und Satellitenfernsehen scheint der traditionelle staatlich regulierte Rundfunkmarkt überholt. Dabei ist vor allem die Organisationsweise der öffentlich-rechtlichen Anstalt BBC immer wieder in die Kritik geraten. 1985 überprüfte das durch die Thatcher-Regierung einberufene *Peacock Committee* die Finanzierungsweise des Senders. Die Ablehnung der Forderungen nach Werbefinanzierung durch die Kommission wurde mit der Einschränkung der Entscheidungsfreiheit des Zuschauers begründet und schob diesbezüglichen Diskussionen einen Riegel vor (Goodwin 1999: 137). Die Einführung der Kabel- und Satellitensender 1990 hat jedoch auch im Fernsehmarkt zu einer verschärften Wettbewerbssituation geführt. Ähnlich wie im Zeitungsmarkt hat die Marktsituation zu einer Angleichung der Inhalte geführt. Eine zunehmende Problematik ist außerdem das wachsende Desinteresse der Bevölkerung an politischen Sendungen oder Nachrichten. So hatten nach einer Umfrage 2001 32 % der Briten überhaupt kein Interesse an Nachrichtensendungen (Stanyer 2002: 385). Folge des gewachsenen Konkurrenzdruckes und der schrittweisen Depolitisierung des Publikums war eine kontinuierliche Reduzierung politischer Programme und Nachrichten zugunsten populärer Sendungen aus dem Angebot der BBC, die sich in ihrer Programmstruktur den Veränderungen anpassen musste. Konsequenz dieser strukturellen Anpassung der Inhalte ist, dass es „no news on the most popular terrestrial channels during prime time" (Stanyer 2001: 351) geben wird.

Das Fernsehen bleibt jedoch weiterhin die wichtigste Informationsquelle der Briten und gilt als das Medium mit der höchsten Glaubwürdigkeit. So haben etwa 88 % der Wähler ihre Informationen zur Wahl 2001 über das Fernsehen wahrgenommen, während entsprechende Presseberichte nur 74 % lasen (Stanyer 2002: 385).

Tabelle 3: Der britische Fernsehmarkt

Fernsehsender in Großbritannien	Zuschaueranteile in %	Organisationsstruktur (größter Anteilseigner)
BBC 1	26,3	Öffentl.-rechtlich
BBC 2	11,3	Öffentl.-rechtlich
BBC Choice	0,3	Öffentl.-rechtlich
BBC News 24	0,3	Öffentl.-rechtlich
Channel 4	10,0	Öffentl.-rechtlich/werbefinanziert
S4C Wales	0,3	Öffentl.-rechtlich/werbefinanziert
Channel 5	6,4	Privat (RTL/Bertelsmann)
ITV (Channel 3)	24,8	Privat (Granada TV 50 %, Carlon Comm. 40%)
ITN News	0,1	Privat (ITV PLC 40%; Daily Mail & General Trust, United Business Media, Reuters je 20%)
Kabel- und Satellitenkanäle	20,2	Privat [Kabel: NTL Ltd. (USA) 62% des Marktes; Telewest (USA) 38% des Marktes; Sat: BSkyB (Murdoch) 66% des Marktes]

Stand des Jahres 2002. Quelle: Humphreys 2004: 333; eigene Recherchen

Der Fernsehmarkt in Großbritannien wird dominiert von der Konkurrenzsituation der terrestrischen Anbieter, der BBC und ITV auf der einen Seite, sowie dem Markt der Kabel- und Satellitenprogramme, der vollständig von privaten Anbietern ausgefüllt wird, auf der anderen Seite. Hier ist es vor allem der Medienunternehmer Rupert Murdoch, der den Markt beherrscht und in Verbindung mit dem Zeitungsunternehmen *News Corporation* der führende Medienunternehmer Großbritanniens ist.

Bisher wurde der Medienmarkt in Großbritannien durch relativ strenge Regeln reguliert, um Monopolstellung innerhalb des gesamten Mediensektors (*cross-media-ownership*) zu verhindern. Mit der „Communications Bill" aus dem Jahr 2003, der umfassendsten Reform in der britischen Mediengeschichte (Vick/Doyle 2004: 38), war der Ansatz der Blair Regierung jedoch den Markt zu liberalisieren, womit Labour stark an die Innovationen auf dem Medienmarkt zu Beginn der Thatcher-Ära erinnerte. Mit der Einführung des „Office of Communications" (Ofcom) wurde eine Institution geschaffen, die durch die Verschmelzung der Aufsichtsbehörden ITC (Fernsehen), RA (Radio), Oftel (Telekommunikation), BSC (Rundfunkinhalte) und der Institution für die Frequenzregelung sowohl wirtschaftliche, technische als auch inhaltliche Aspekte der wichtigsten Bereiche des Kommunikationsektors zentral regeln sollte, um künftig effizienter auf Marktveränderungen reagieren zu können.

Vor allem aber waren die Veränderungen in den Eigentumsregeln des Mediensektors elementar. So gestatte die neue Regelung, dass ein Verlag, der mehr als 20 % Anteil am Printmedienmarkt besitzt, nun auch mehr als 20 % an einem privaten Fernsehsender besitzen dürfe. Zudem wurden die Beteiligungsreglementierungen für Medienunternehmen soweit gelockert, dass Nicht-EU-Beteiligungen an den privaten Sendern der *ITV* und *Channel 5* nicht mehr verboten waren. Folge dieser Medienpolitik ist, dass sich große Teile des britischen Medienmarktes zukünftig in den Händen von Medienkonglomeraten und transnationalen Unternehmen befinden können, was in besonderem Maße die Expansionschancen des Rupert Murdoch steigern wird. Zudem besteht nach Meinung einiger Beobachter unter demokratisch-pluralistischen Gesichtspunkten die Gefahr, dass unter dem Gewinnstreben und dem Ziel der Publikumsmaximierung dieser Medienakteure „the necessary political programming for a healthy democracy" (Stanyer 2003: 320) leiden könnte.

Trotz der weiterhin bedeutenden Stellung der traditionellen Medien innerhalb der Gesellschaft Großbritanniens, gehören die Wandlungen durch das immense Wachstum des Internets und der New Economy auch in Großbritannien zu den wichtigsten Veränderungen zu Beginn des 21. Jahrhunderts. Da immerhin fast 40 % der britischen Haushalte im Jahr 2002 über Internet-Zugang verfügten, wuchs die Bedeutung der entsprechenden Möglichkeiten des digitalen Informationsaustausches (Stanyer 2001; Becker 2002). Allerdings kann von einer Ablösung der herkömmlichen Medien nicht gesprochen werden, denn obwohl die neuen Medien für das zivilgesellschaftliche Leben enormes Potential offenbarten, war man in der Realität weit entfernt „from being the anarchic, decentralized, democratic infrastructure of a new and political order" (Cornford/Robins 1999: 112). Deshalb werden auch in naher Zukunft die politischen Basisinformationen über die traditionellen Medien wahrgenommen, während das Internet vorwiegend als zusätzliche und vertiefende Quelle genutzt werden wird. Ihren Niederschlag fanden die Möglichkeiten des Internets vor allem in den etablierten Medienkonzernen, die beträchtliche Summen für ihr Angebot im *World Wide Web* investierten, um der veränderten Informationslandschaft gerecht zu werden. Mit dem Intranetangebot des *Knowledge Network* und vielfältigen Informationsseiten versuchte auch die Regierung durch Veröffentlichungen in den neuen Medien, Vernetzung der einzelnen Ministerien und der Einrichtung eines Bürgerportals und Diskussionsforen dem Ruf nach höherer Transparenz gerecht zu werden (Stanyer 2001: 355).

4.2.2 Internationaler Vergleich

Konträr zu anderen europäischen Staaten entwickelte sich das britische Mediensystem schon sehr früh zu seiner heutigen Grundform. Während etwa in Deutschland und Österreich in den 1920er Jahren die Presselandschaft ideologisch und konfessionell polarisiert war, dominierten in Grossbritannien kommerzielle Massenblätter neben Qualitätszeitungen und einer eher unbedeutenden politischen Presse. Wie schon festgestellt wurde, hatte sich das britische Pressewesen zum einen weniger stark an gesellschaftlichen Differenzen orientiert wie die kontinentale Presse und zum anderen gab es bereits einen profitorientierten Zeitungsmarkt (Humphreys 1996: 24). Vorbildcharakter hatte das Mediensystem in Großbritannien in besonderem Maße was die audiovisuellen Medien angeht. Das Rundfunksystem mit einem Monopol der öffentlichen Anstalt BBC war als Modell wegweisend für die Organisation des Mediensystems in der Bundesrepublik nach dem Zweiten Weltkrieg. Während sich jedoch beispielsweise das öffentlich-rechtliche System in Westdeutschland durch die fehlende kommerzielle Alternative bis Anfang der achtziger Jahre zu einem Mischsystem aus Werbe- und Gebührenfinanzierung entwickelte, blieb die BBC bei dem Verzicht auf Werbung und der ausschließlichen Finanzierung durch Rundfunkgebühren. Im Jahr 2002 waren dies immerhin 2,53 Milliarden Pfund (Humphreys 2004: 331).

Eine besondere Stellung im internationalen Vergleich hat das britische Mediensystem nicht zuletzt durch bisher nicht eindeutig festgeschriebene Regeln des Presserechts. Da das britische Regierungssystem keine niedergeschriebene Verfassung besitzt, existiert auch kein dementsprechendes Presserecht sowie Gesetze zum Schutz der Privatsphäre oder dem Recht auf Gegendarstellung. Dennoch wird die Pressefreiheit durch einfache auf dem *Common Law* basierende Gesetze geregelt. Während etwa in der US-amerikanischen Verfassung die Pressefreiheit kaum gesetzlichen Schranken unterworfen ist, sind Geheiminformationen der Regierung in Großbritannien traditionell vor Veröffentlichungen gesetzlich geschützt. Folge dieses Geheimhaltekultes (Jäger 1992: 39) war zumindest bis zum in Kraft treten des „Freedom of Information Act 2000" der Regierung Blair im Jahr 2005 eine niedrigere Transparenz der Regierungsentscheidungen. Auch die öffentliche Darstellung von politischen Institutionen hat im

Gegensatz zur Bundesrepublik in Großbritannien kaum Tradition. Bis zu Beginn des 19. Jahrhunderts war der öffentliche Zugang zu Parlamentsdebatten offiziell nicht gestattet. Die Missachtung dieser Regelung durch die Presse führte Ende des 18. Jahrhunderts zu einem Machtkampf zwischen Medien und Parlament, der letztlich zur Duldung von Parlamentsberichten in der Presse führte. Erst in den siebziger Jahren des 20. Jahrhunderts wurden Rundfunkübertragungen zugelassen. Während in Deutschland schon 1953 Bundestagsdebatten im Fernsehen ausgestrahlt wurden, erfolgte die vollständige mediale Öffnung des britischen Parlamentarismus durch Liveübertragung per Fernsehen nach langem öffentlichen Ringen erst im Jahr 1989. Der Grund für die Skepsis der Parlamentarier gegenüber einer elektronischen Übertragung der Debatten lag vor allem in der Angst vor einem verzerrten öffentlichen Bild des Parlaments und einer Minderung der Spontaneität zugunsten theatralischer Auftritte. Bestand hat diese Skepsis weiterhin in den „Rules of Conduct", die klare Regelungen über die Art und Weise der televisuellen Umsetzung der Übertragungen vorgibt (Jäger 1992; Wilke 2000; Humphreys 2004).

4.3 Öffentlichkeit, Medien und Politik

Obwohl die zunehmende Medialisierung in allen westlichen Informationsgesellschaften festzustellen ist, kommt den Medien im Gefüge der britischen Gesellschaft eine besondere Bedeutung zu. Das britische Gesellschaftssystem erscheint durch seine Vorbildfunktion bei der Herausbildung einer öffentlichen Meinung und ihrer Transformation in mediale Strukturen vor allem unter dem perspektivischen Aspekt der symbiotischen Annäherung von Politik und Medien besonders bedeutend. Für die strukturelle Einordnung öffentlicher Meinung im Prozess des Regierens ist zu berücksichtigen, dass sie im Lauf ihrer Ausbildung eine Art von Janusgesicht zwischen den Polen Politik und Medien entwickelt hat.

4.3.1 Die öffentliche Meinung

Die öffentliche Meinung als in der Öffentlichkeit, also „jedermann zugänglich" (Noelle-Neumann 1996: 88) getätigte Äußerung vorwiegend politischen Charakters sollte in ihrer idealisierten Form dem aufstrebenden Bürgertum des 18. Jahrhunderts vor allem in Frankreich und Großbritannien als kritische Instanz gegenüber Mißbräuchen der säkularen und sakralen Autoritäten dienen (vgl. Hunziker 1996: 111ff.).

Durch die Aufwertung des Unterhauses nach der *Glorious Revolution* entstand ein neuer Bezug zwischen Parlament und der aufkommenden publizistischen Öffentlichkeit, der letztlich „den qualitativen Unterschied zum bisherigen System" schaffte (Habermas 1990: 129). Mit der Presse als publizistischer Plattform einer öffentlichen Meinung, etablierten sich schließlich die Medien nach und nach zum *fourth estate*. Die Entstehung und Einfügung der Medien in den politischen Prozess in Großbritannien zeugen bis heute von dem historischen Selbstverständnis der Medien als Kontrollinstrument zwischen Regierung und Gesellschaft zu fungieren.

Neben in der medialen Öffentlichkeit getätigten Äußerungen, Kommentaren und Meinungen vorwiegend politisch Verantwortlicher oder Sachverständiger, sind repräsentative Meinungsumfragen Mittel zur Feststellung eines empirisch belegbaren politischen Willens. Meinungsforschung erweist sich dabei als zulässiges Mittel den Willen einer Mehrheit der Bevölkerung auch abweichend zum allgemeinen Medientenor oder zur herrschenden politischen Meinung zu ermitteln. Öffentlichkeit ist somit als ein pluralistisches Kommunikationsfeld zu verstehen, das man in öffentliche und veröffentlichte Meinung unterteilen kann (Bergsdorf 1992). Adressaten der öffentlichen Meinung sind die institutionalisierten Exekutiven oder zur Lösung einer Problematik beitragenden Träger des gesamtgesellschaftlichen Handelns. Das können sowohl politische Entscheidungsinstanzen aber auch wirtschaftliche und kulturelle Organisationen oder Wohlfahrtsverbände sein (Hunziker 1996: 117). Eine besondere Rolle spielen hier die Massenmedien, weil sie Meinungsäußerungen kanalisieren, vervielfältigen und die veröffentlichte Meinung prägen. Es sei jedoch auf die Wechselwirkung dieser genannten Felder der öffentlichen Meinung hingewiesen. So sehr wie Medien Einfluss auf Stimmungen innerhalb der Bevölkerung nehmen können, beeinflussen Umfrageergebnisse politische Meinungsäußerungen und mediale Berichterstattung und umgekehrt. Dennoch sind Medien bei der Organisation von Massenkommunikation die wesentlichen Faktoren, sie bilden die Quelle der öffentlichen Meinung (Noelle-Neumann 1996).

Durch den Umfang der Berichterstattung, die eingenommene Position in der Sache, ob mittelbar oder unmittelbar, sowie die Art der Darstellung beeinflussen Massenmedien, also Tages- und Wochenzeitungen, Rundfunk und Fernsehen und nicht zuletzt die Neuen Medien, den Prozess der öffentlichen Meinungsbildung zu Beginn des 21. Jahrhunderts in entscheidendem Maße. Es ist deshalb die Medienöffentlichkeit, die als Vermittler und als Imageproduzent der Empfänger politischer Botschaften ist (Schulz 2000: 91). Für den Erfolg der Aktivierung von öffentlicher Meinung spielt zudem die Gewinnung der Interessen durch Dramatisierung oder Personalisierung eine wichtige Rolle (Lippmann 1922). Wenn Massenmedien für die öffentliche Meinungsbildung demnach nicht nur als Instrument (Habermas 1990: 166) fungieren, sondern selbst durch Quantität und Qualität der Darstellung zur dominanten meinungsbildenden Kraft werden können, verlieren sie die idealtypische Stellung als vierte Gewalt innerhalb des demokratischen Systems.

Für die Politik und die Parteien in Großbritannien wiederum ist die Annäherung an die Massenmedien zur Leitstrategie des politischen Handelns geworden. Der Zugang zu Medien und eine positive Berichterstattung sind „zentrale Machtressourcen für eine Partei und ihre Politiker" (Becker 2002: 263). Vor allem während des Wahlkampfes haben die führenden Politiker den Hauptfokus ihrer Aktivitäten auf ihre Darstellung in den Medien gelegt, auch wenn das Fernsehen in Großbritannien einer gesetzlich vorgeschriebenen Überparteilichkeit unterliegt, die an der quantitativ gemessenen Sendezeit über die jeweilige Partei ermittelt wird (Jun 2002; Stanyer/Wring 2004). Der Bedeutungsgewinn der Massenmedien innerhalb der Gesellschaft auf der einen und die Ausrichtung der Politik auf ihre Präsentation auf der anderen Seite provozieren dann eine Diffusion von Politik und Medien, da nur über den Mediendiskurs Meinungen gebildet und Wahlen gewonnen werden können. In einer kritischen Perspektive der Entwicklung der britischen Medien erscheinen diese dann weniger als Instanz zur Kontrolle der Politik denn als Instrument zur Kontrolle der Gesellschaft durch Beeinflussung der Meinungsbildung (Eldridge/Kitzinger/Williams 1997: 12f.). Entscheidend für die Stellung der Massenmedien innerhalb des politischen Prozesses bleibt letztlich der Einfluss, den diese auf die breite Masse der Bevölkerung hat.

Neben der öffentlichen Meinung ist die Freiheit der Information ein wichtiger Bestandteil der öffentlichen Kontrolle. Erst mit einer Transparenz von Informationen kann die Skepsis der Bürger gegenüber Verwaltung und Politik abgebaut werden. Um diesen Prozess der Informationsfreiheit zu verankern und Bürgern Zugang zu behördlichen Dokumenten und Informationen zu ermöglichen, trat 2005 der „Freedom of Information Act" in Großbritannien in Kraft. Den Bürgern von England, Wales und Nordirland steht mit dem neuen Gesetz nun das Recht zu, von ihren Behörden Auskunft über persönliche Informationen, die in Besitz von Polizei, Schulen, Gesundheitsämtern, Krankenhäusern usw. sind, zu verlangen (vgl. Kap. 2).

4.3.2 Diffusion von Medien und Politik?

Ignoriert man die Verflechtungen von wirtschaftlichen Interessen und politischer Machtausübung, könnte der Medienmarkt in Großbritannien auf Grund seines Einflusses und seines Beitrages zur Entwicklung einer kritischen Öffentlichkeit als eine zusätzliche Säule im politischen System bezeichnet werden. Bei der idealisierten Vorstellung von demokratischer Kontrollfunktion ist jedoch vor allem in Bezug auf den Zeitungsmarkt nicht zu vergessen, dass „newspapers in Britain are first and foremost businesses" (Sparks 1999: 45). Diese Marktorientierung vorwiegend der dominierenden *tabloids* äußert sich dann in der schrittweisen Reduktion differenzierter Darstellung politischer Themen zugunsten einer einprägsamen und symbolischen Form, deren Erfolg in der Höhe des Unterhaltungswertes bemessen wird und eben nicht an dem Kontrollgrad für das demokratische System. Dieser Mechanismen bewusst, scheinen sich nun auch die britischen Parteien auf die Meinungsbildungsdominanz der Medien einzustellen und sich deren Anforderungen symbiotisch anzunähern.

Eine zunehmende Konvergenz der politisch Handelnden und der massenmedialen Vermittlung ist vor allem mit der quantitativen Zunahme der Medien bei gleichzeitigem Bedeutungsgewinn innerhalb der Gesellschaft seit Ende des 20. Jahrhunderts festzustellen. In der öffentlichen Medienkommunikation etablieren sich in zunehmendem Maße professionelle PR-Berater als Verbindungselemente für die Schnittstelle zwischen Medien und Politik. Denn durch das Bewusstwerden des potentiellen Einflussanstieges von Medien innerhalb des politischen Prozesses ist als Reaktion eine Entwicklung hin zur Professionalisierung der Darstellung von Politik zu beobachten. Da das Leitmedium Fernsehen Politik in erster Linie durch die Wirkung von Bildern und durch Personen vermittelt, müssen die Parteien in ihrer Außendarstellung auf die Veränderungen eingehen, sie müssen sich der Logik der Medien anpassen, um erfolgreich zu sein. Es wird deshalb im Zusammenhang mit Wahlkämpfen immer wieder auf eine potentielle „Amerikanisierung" der traditionell auf Parteien fokussierten Wahlkommunikation in Westeuropa hingewiesen (Plasser 2000).

Medienstrategien haben sich vor allem seit den neunziger Jahren in Großbritannien zum wichtigen Schlüssel auf dem Weg über die öffentliche Meinung zur politischen Macht entwickelt. Die politischen Parteien versuchen eine hohe Repräsentanz in den Medien zu erreichen, um sich, ihre Vertreter und ihre Themen für die Wähler relevant werden zu lassen. Die Parteien sind dabei sowohl Handelnde als auch Getriebene der veränderten Kommunikationsstrukturen (Jun 2002). So genannte *spin doctors* dienen als PR-Strategen, um in den Medien gezielt das Image des jeweiligen Politikers zu beeinflussen oder betreffende Themen innerhalb des Mediendiskurses zu lancieren, wie dies bei *Agenda Setting* zu beobachten ist (vgl. dazu Considine 1998; Brandenburg 2002). Das Ziel ist die Lenkung der medialen Berichterstattung, um das gewünschte Bild über den Kandidaten oder ein Thema in der Öffentlichkeit zu erhalten. Zusätzlich haben Meinungsumfragen seit den Wahlen 1997 an Bedeutung für die Wahlkämpfe in Großbritannien verloren. Sowohl ihre absolute Erhebungsanzahl als auch die Berichterstattung auf den Hauptseiten der Zeitungen über die demoskopischen Ergebnisse hat kontinuierlich nachgelassen (Crewe 2001: 656). Damit scheint die statistische Ermittlung der Bevölkerungsmeinung zugunsten einer veröffentlichten Meinung an Bedeutung zu verlieren. Ein Grund, Meinungsumfragen weniger zu berücksichtigen, so vermutete Ivor Crewe (2001) für die Wahlen 2001, könnte die weniger klare Mehrheit Labours durch die Umfragewerte gewesen sein, die zwar eine Mehrheit prophezeiten, „but not a landslide" (ebd: 664). Folge wäre eine weniger große Selbstsicherheit bei Labour und eine geringere Mutlosigkeit auf Seiten der Konservativen gewesen.

Zwar nutzte bereits Margaret Thatcher bei den Unterhauswahlen 1979 professionalisierte Medienarbeit durch die Einbindung einer Werbeagentur in den Wahlkampf, aber in besonderem Maße wurden diese Medienstrategien während des Wahlkampfes in Großbritannien 1997 sichtbar, bei dem der „kommunikative Angriffsstil" (Jun 2002: 300) des *spin doctoring* einen wahren Boom erlebte. Die *spin doctors* dirigierten als Mitarbeiter einer modernen, professionell geführten und zentral gesteuerten Wahlkampagne die Kontakte zur Presse, Interviews und Reden der Kandidaten, beobachteten die Ergebnisse der Meinungsforschung und koordinierten die Strategie der jeweiligen Partei. Peter Mandelson, der bereits seit Mitte der achtziger Jahre wesentlich zu einem grundlegenden Imagewandel Labours beitrug, und Alastair Campbell bildeten hierbei das Zentrum in der Medienkampagne Tony Blairs. Die Zentralisierung der Entscheidungskompetenzen verbunden mit einer größtmöglichen Autonomie und die Strategie der „joined-up presentation" (Kavanagh/Richards 2001: 12), sowie eine konsequente Nutzung der Mechanismen zwischen Politik und Medien rückten in den Mittelpunkt der Medienkonzeptes von New Labour. Um sowohl publizistisch als auch politisch erfolgreich zu sein, wurden die Abhängigkeiten zwischen Journalisten und Politikern durch bevorzugte oder verweigerte Informationspolitik gezielt instrumentalisiert. So bekamen etwa Journalisten nach jeder politischen Aktion der regierenden Konservativen eine kritische Gegeninformation aus der Labour-Kampagnenzentrale, die diese dann mit oder ohne Quellenangabe als Schlagzeile nutzen konnten. Labour war mit diesem aggressiven Medienwahlkampf so erfolgreich, dass sogar vormalige Gegner auf Seiten der Medien überliefen (Esser/Reinemann 1999: 49; Jun 2002: 302).

Erstaunlicherweise war es vor allem die zuvor kaum vorstellbare Verbindung zu dem erfolgreichsten populistischen Massenblatt *Sun*, die Tony Blair und der Labour Partei ihren überragenden Wahlerfolg sicherten. Die *Sun* hatte als breitenwirksamste und traditionell den Konservativen nahestehende Tageszeitung in Großbritannien durch ihre klar ausgesprochene Festlegung auf Tony Blair eine bedeutsame Richtungsentscheidung getroffen. Dies war vor allem deshalb strategisch von Belang, da man die Zugehörigkeit der *Sun* zu Rupert Murdochs Medienimperium berücksichtigen musste. Doch auch Murdoch versprach sich durch eine Unterstützung New Labours kommerziellen Erfolg, wäre ein Einbruch der Verkaufszahlen bei einem komfortablen und sich andeutenden Wahlsieg New Labours und gleichzeitiger Unterstützung der Konservativen vorprogrammiert gewesen. Zudem erhoffte sich Murdoch keine Beschneidung seines Medienimperiums durch mögliche einschränkende medienökonomische Gesetzesinitiativen vor allem in Hinblick auf das kommende Zeitalter des digitalen Fernsehens. Es schienen also weniger politische als opportunistische Beweggründe für den Umschwung der Sun verantwortlich zu sein. Folgerichtig titelte die *Sun* am 18. März 1997: „The Sun backs Blair – Give change a chance". Interessanterweise bezog sich die Unterstützung explizit auf Blair, nicht aber auf die Labour Partei. Die Berichterstattung der *Sun* über die Person Blair war daraufhin bis zum 1. Mai 1997 in 87 Prozent der Fälle positiv (Seymour-Ure 1997: 603). Nach Darstellung Peter Mandelsons startete nun „New Labours's spin machine" (Mandelson 2002a) mit einem auf Tony Blair zugeschnittenen und durch eine offensive Medienstrategie ausgetragenen Wahlkampf. Personalisierung und Einbindung der zuvor kritischen Boulevard- und Massenmedien wurden zu Erfolgsgaranten für das Wiedererstarken von New Labour (Seymour-Ure 1997; Becker 2002).

Insbesondere die traditionelle parteipolitische Bindung der britischen Leser an ihr Blatt machten die Ausrichtung der Zeitungen während des Wahlkampfes für die Parteien in Großbritannien zur wichtigen Hürde auf dem Weg zur Regierungsübernahme, auch wenn durch die zunehmende Fernsehorientierung Parteiloyalitäten sich insgesamt eher verringerten (Jun 2002: 296). So lässt sich der Erfolg oder Misserfolg der Konservativen und der Labour-Party nach dem Zweiten Weltkrieg auch an der Unterstützung seitens der Presse ablesen (vgl. Seymour-Ure 1997; Newton/Brynin 2001). Der Medienfeldzug der New Labour-Strategen musste daher auch auf die Breite des Medienmarktes ausgerichtet sein. Waren es in den vierzehn nationalen Wahlen von 1945 bis 1992 nie mehr als drei überregionale Tageszeitungen, unterstützten 1997 sechs der zehn größten Tageszeitungen nun offen die Partei, was als „historic moment [...] in the political history of the press" gefeiert wurde (Seymour-Ure 1997: 586). Weniger überraschend ist dies jedoch, wenn man die Ergebnisse einer Studie über *spin doctoring* für den britischen Wahlkampf 1996/97 berücksichtigt. Demnach waren 58 % der Erwähnungen, der als *spin doctors* klassifizierten Wahlkampfberater in den überregionalen Tageszeitungen in Großbritannien der Labour-Partei zugehörig (Esser/Reinemann/Fan 2001: 30).

Der Einfluss der Zeitungen auf die Wahlentscheidungen darf sicherlich nicht überbewertet werden. Dass Medien Einfluss auf politische und ökonomische Verhaltensweisen von Teilen des Publikums haben, ist aber unbestritten (Newton/Brynin 2001; Gavin/Sanders 2003). Für den Meinungspluralismus innerhalb einer Demokratie bedeutender ist jedoch die Ausgeglichenheit der Richtungen innerhalb der Zeitungslandschaft. Der Wahlkampf 1997 schien mit seiner diesbezüglichen Eindeutigkeit und dem hohen Einfluss der *spin doctors* daher eine neue Zeitrechnung im Verhältnis von Politik und Medien in Großbritannien heraufzubeschwören. Vor allem die Verbindung von erfolgreichem personalisiertem Medienmanagement seitens der Politik und dem Bedeutungsgewinn der Medien innerhalb der Gesellschaft deuteten auf eine Verschiebung der politischen Diskurse von den Parlamenten hin zu den massenmedial verbreiteten Orten der Öffentlichkeit (Becker 2002: 267f.). New Labour hatte einen wesentlichen Teil seiner Strategie auf die Anpassung an die Medienstrukturen verwendet und damit einen symbiotischen Weg der Politik in Richtung Medien eingeschlagen. Indem die Parteien die Logik der Medien aufnahmen, nach der eine Person oder ein Thema nach dessen Image oder Nachrichtenwert beurteilt wurde, entdifferenzierten sich die Sachverhalte zugunsten von Polarisierung und Personalisierung. Nicht zuletzt der Einfluss der Parteimitglieder auf politische Konzepte und deren Umsetzung hatte durch die Bündelung der Strategiekompetenzen und deren Übertragung auf professionelle Medienstrategen an Bedeutung verloren. Stattdessen dominierten die „erwartete Medienresonanz und die Einschätzungen professioneller Berater" (Jun 2002: 304) das strategische Zentrum sowohl Labours und später auch der Konservativen. Auch nach dem Wahlsieg 1997 wurde diese Strategie durch die Einrichtung einer *Strategic Communications Unit* (SCU), die in Zusammenarbeit mit dem Pressebüro des Premierministers die Öffentlichkeitsarbeit von Regierung, Ministerien und Partei koordiniert, übernommen und institutionalisiert. Interessanterweise zielte die Zusammenlegung der Medienstrategie sowohl auf Regierung als auch auf die Partei, womit die Zentralisierungstendenz der Medienpräsentation der Blair-Administration nochmals hervortrat.

Doch bereits mit der Unterhaus-Wahl 2001 wurde das so erfolgreiche und in weiten Teilen von dem personalisierten Wahlkampf in Deutschland 1998 übernommene (vgl. Esser/Reinemann 1999; Esser/Reinemann/Fan 2001) medienstrategische Konzept Labours in Frage gestellt. Auch wenn der zuvor prognostizierte Wahlsieg Blairs, die Positionierung in der Mitte des Parteienspektrums und die Schwäche der Konservativen keine wirkliche Alternative zuließen, geriet die Spezifizierung der Politik auf deren Präsentation zuungunsten der Inhalte unter dem Gesichtspunkt „All Spin and No Substance?" (Norris 2001) in die Kritik. Problematisiert wurde nicht so sehr die Qualität des Medienmanagments, sondern deren Quantität. Das Ausmaß und die Fokussierung auf Medienstrategien brachten Tony Blair und der Labour Party den Vorwurf ein, reine PR-Agentur zu sein. Hinzu kam eine zu beobachtende Ablehnung medial aufbereiteter politischer Inhalte seitens der Bevölkerung bzw. eine gewisse generelle Politikverdrossenheit, die sich in der historisch niedrigen Wahlbeteiligung von 59,4 % an den Unterhauswahlen 2001 wiederspiegelte (vgl. Kap. 5.4). Die Medienberichterstattung bewegte sich deshalb auf einer „increasingly fine line between comprehensive coverage and overkill" (Stanyer 2002: 387). Je mehr die Parteien offensichtlich an ihrer öffentlichen Darstellung statt an der inhaltlichen Arbeit interessiert zu sein schienen, desto größer wurde die generelle Ablehnung politischer Themen seitens der Bevölkerung. Peter Mandelson, der selbst für die *Spin*-Offensive New Labours verantwortlich war, sah daraufhin für die Blair-Regierung die Gefahr, dass „too much of what the government is doing fails to make an impact because its words are dismissed as spin" (Mandelson 2002b).

Der Einfluss der Presse auf die tatsächlichen Wahlentscheidungen in Großbritannien hat nach Gavin/Sanders (2003) auch unter New Labour jedoch nicht die Breitenwirkung, die man zunächst vermuten könnte. Vor allem die Boulevardblätter *Sun* und *Daily Mail* „apparently fail to exert any influence" (Gavin/Sanders 2003: 589).[45] Hinzuzufügen ist jedoch, dass es mit Sicherheit für eine Partei und deren Spitzenkandidaten leichter ist, eine Wahl zu gewinnen, wenn das meistgelesene Boulevardblatt offensiv für dessen Wahl plädiert. Das Medienkonzept New Labours, mit entsprechenden Medienberichten das Gefühl eines Aufbruchs zu vermitteln, war für den Erfolg mit großer Wahrscheinlichkeit nicht unerheblich. Während die Konservativen weiter alten Vorstellungen von Öffentlichkeitsarbeit anhingen, „ignoring the modern paraphernalia of opion polls and focus groups, media management, and professional advisers" (Norris 2001: 4), hatte New Labour die Möglichkeiten der Kommunikationsgesellschaft zunächst am konsequentesten durch ein professionalisiertes Medienmanagement nutzen

---

[45] Was der Labour Regierung, so Gavin/Sanders (2003: 589), vor einem möglichen Euro-Referendum in Zukunft weniger Sorgen bereiten könnte.

und damit zum „Trendsetter" (Jun 2002: 295) im britischen Parteiensystem werden können. Allerdings ist sowohl die Unterstützung innerhalb der Presse seit dem Erfolgsjahr 1997 in diesem Maße nicht mehr vorhanden, als auch eine Übersättigung der Bevölkerung an medial präsentierter Politik festzustellen. So wünschten sich nach einer Gallup Umfrage dreiviertel der Befragten eine stärkere Ausrichtung der Regierung auf politische Sachfragen als auf deren Präsentation (Norris 2001: 3). Das Verhältnis der Medien zur Regierung Blair hat sich seit den Wahlen 2001 zunehmend abgekühlt. Negative Berichterstattung über Finanzaffären, die Manipulation der Presse durch New Labour und persönliche Attacken gegen Ehefrau und Sohn Tony Blairs durch die Medien haben zu einem Verblassen des Zaubers der „New Labour media-management machine" geführt (Stanyer 2003: 309). So ist die historisch breite Front innerhalb der Presse zugunsten Labours nach „Drittem Weg" und Irakkrieg sowohl rechts als auch links merklich geschrumpft.[46] Dem rauher werdenden Wind vor allem seitens der Murdoch-Presse entgegnete die Blair-Administration im Jahr 2002 mit einer Anzeige bei der *Press Complaints Commission*. In Umfragewerten sank die Vertrauenswürdigkeit der Regierung, allerdings gewichtet nach der publizierenden Zeitung (Stanyer 2003: 313). Nach Forderungen aus den eigenen Reihen nach einem neuen Medienmanagement (Mandelson 2002b) öffnete die Regierung 2002 die traditionellen geheimen *briefings* mit ausgewählten Pressevertreter und richtete ein offeneres Treffen mit einer größeren Breite von Journalisten und der Möglichkeit der Aufzeichnung nach amerikanischem Vorbild ein.

Als besonders problematisch erwies sich die verschwimmende Grenze zwischen Information und Manipulation durch die politischen Medienstrategien während und nach dem Einsatz britischer Streitkräfte im Irakkrieg im Jahr 2003. Skeptisch wurde dabei die Außenpolitik bzw. das Verfahren zur Festlegung der Außenpolitik in Großbritannien gesehen (Williams 2004). Die Frage welche Rolle die Öffentlichkeit bei der Entscheidung über einen Kriegseinsatz zu spielen hat rückte nach der Masse der Antikriegsdemonstrationen in den Mittelpunkt. Die Reaktion der Blair-Administration auf die Skepsis auch innerhalb der eigenen Partei orientierte sich daraufhin an den Möglichkeiten der Medienkommunikation, um den Kriegseinsatz zu rechtfertigen. Im Zentrum der „propaganda battle" (Stanyer 2004b: 420) lag das Interesse der britischen Regierung im Vorfeld und während des Einmarsches in den Irak an einer Kriegsberichterstattung im Sinne der Regierungspolitik.

Die folgende Medienoffensive durch Tony Blair, der diverse Radio- und Fernsehinterviews absolvierte, diente dem Ziel, der zweifelnden Bevölkerung die Gefahr, die durch den iraki-

---

[46] Vgl. Krönig, Jürgen: Zu links, zu rechts, in: Die Zeit, 19/2004.

schen Diktator Saddam Hussein angeblich ausgehe, glaubhaft zu vermitteln. Beobachter verglichen daraufhin den Versuch der Regierung die öffentliche Meinung für sich zu gewinnen, mit einem „Schlachtfeld", „on which the struggle for hearts and minds are taking place" (Williams 2004: 912). Dabei unterstützten vor allem die Zeitungen und Sender der einflussreichen Murdoch-Medien die Kriegspolitik des Premierministers. Doch trotz des gemeinsamen Kurses weiter Teile der Medien und der führenden politischen Kräfte in Großbritannien schienen die Differenzen zwischen der öffentlichen Meinung, der veröffentlichten Meinung und der Regierung zunächst weiter unübersehbar zu bleiben. Durch die Medienoffensive der Blair-Regierung in Verbindung mit der 24-Stunden-Berichterstattung der britischen Nachrichtenkanäle verstärkte sich das Gefühl der Übersättigung seitens der Bevölkerung. Nach einer Meinungsumfrage empfanden 32 % der Befragten die Berichterstattung des Fernsehens zu Beginn des Krieges als pro-Tony-Blair-lastig und fast zwei Drittel waren der Ansicht, die Menge der Berichterstattung der Medien über den Krieg wäre zu hoch (Sancho/Glover 2003). Erstaunlicherweise kam es nach der Eroberung Bagdads allerdings zu einem Stimmungsumschwung in der britischen Bevölkerung. Nun lag die Unterstützung des Krieges bei 63%, was dem sogenannten „Baghdad bounce" (Stanyer 2004b: 429) zugeschrieben wurde.

Während im Mai 2004 der Skandal um gefälschte Fotos von angeblichen Misshandlungen irakischer Gefangener durch britische Soldaten noch zu Lasten des Sensationsblattes *Daily Mirror* ging, geriet durch die so genannte Kelly-Affäre um die Dossiers um angebliche Waffenbestände Saddam Husseins während des Irakkrieges 2003 das gesamte Mediensystem, insbesondere das öffentlich-rechtliche, in eine tiefe Krise. Nachdem Premierminister Blair im Vorfeld des Irakeinsatzes zunächst erklärte, der Irak könne innerhalb von 45 Minuten Massenvernichtungswaffen einsetzen, sorgte ein Bericht des BBC-Reporters Andrew Gilligan für Aufregung. Gilligan behauptete unter Berufung auf Regierungskreise, die Regierung habe die Gefährlichkeit des Iraks wissentlich und gegen den Protest der Geheimdienste übertrieben. Nach Prüfung eines Untersuchungsausschusses des Unterhauses wurde die Regierung jedoch vom Vorwurf der Täuschung freigesprochen. Der Biowaffenexperte und Regierungsberater David Kelly wurde daraufhin als vermeintliche Quelle des BBC-Berichts in der Öffentlichkeit dargestellt. Besondere Brisanz erhielt die Affäre, als jener Kelly im Juli 2003 vermutlich[47] Selbstmord verübte. Als schließlich der Lordrichter Brian Hutton eine Untersuchung des gesamten Falles aufnahm, wurde immer deutlicher, dass sowohl Regierung als auch die BBC

---

[47] Im Dezember 2004 zweifelten die Rettungskräfte, die den toten Kelly auffanden, im Observer die Selbstmordthese an. Allerdings sah der zuständige Untersuchungsrichter keinen Anlass, den Fall neu aufzurollen (Barnett 2004).

schwerwiegende Fehler begangen hatten. Mit dem im Januar 2004 veröffentlichten Untersuchungsbericht Huttons verschoben sich schließlich die Anklagen. Der Bericht entlastete die Blair-Regierung, erhob aber schwere Vorwürfe gegen die unseriöse Berichterstattung der BBC. Als Konsequenz traten daraufhin sowohl der Intendant Greg Dyke als auch der Vorstandsvorsitzende Gavyn Davies von ihren Ämtern zurück.

Folge dieser Affäre war neben dem Vertrauensverlust und den sinkenden Umfragewerten Tony Blairs zunächst eine Grundsatzdebatte über die Kommunikationsstrategien der Regierung. Die Frage die sich stellte war, inwieweit der Bürger überhaupt unterscheiden könne, „between what is real and what has been manipulated by Downing Street spin-doctors" (Stanyer 2004b: 433). Die Untersuchungen Huttons und der speziell zur Überprüfung der Regierungskommunikation eingerichteten Phillis-Kommission brachten als Ergebnis die Einsetzung eines Staatsbeamten anstelle eines Politikers in der Position des Koordinators der Medienkommunikation der Regierung. Wichtig war dabei die Trennung von parteipolitischen Strategien und offizieller Regierungspolitik. Zwar konnte diese Maßnahme nicht als das Ende des *spinning* bezeichnet werden, es war jedoch „a return in spirit to the way media operations were run before Blair's election in 1997, with civil servants back in control" (Stanyer 2004b: 432).

Darüber hinaus rückte die Relevanz der BBC in das Zentrum der Kritik. Wie keine andere Rundfunkanstalt stand die BBC weltweit für objektiven und unabhängigen Journalismus. Diese Reputation wurde durch die Affäre Kelly in ihren Grundfesten erschüttert. Es stand nicht mehr ein zwar kritischer aber möglichst objektiver Journalismus im Vordergrund, sondern der Verkauf von Spekulationen als Tatsachen. Der *scoop*, die Sensationsmeldung eines Kampagnenjournalismus wie es die Boulevardpresse Großbritanniens tagtäglich vorlebte, schien nun selbst in der seriösen BBC die Maxime der Journalismus zu sein. Hob sich die BBC aber qualitativ nicht mehr von den privaten Medien eines Rupert Murdochs ab, mehrten sich die Stimmen, die das Konzept der BBC in Frage stellten. Folgerichtig wurde im Anschluss an die Kelly-Affäre verschärft über den Sinn der Rundfunkgebühren und der Selbstkontrolle der BBC debattiert. Folgen könnten die Entwicklungen vor allem im Jahr 2006 haben, wenn die Charta der BBC neu verhandelt wird, denn die Konservativen wollen das Exklusivrecht der Gebührenfinazierung dann aufheben. Zwar will die Blair-Regierung an dem bestehenden Modell festhalten, inwieweit sie diese Positionen bei stärker werdendem Druck, vor allem der Konkurrenzmedien der BBC, wird beibehalten können, bleibt abzuwarten. Sicher ist, dass die Rolle des Aufsichtsrates sich ändern wird. Im November 2004 wurde bereits eine zwar symbolische aber aufschlussreiche Entscheidung getroffen. Mit der räumlichen Trennung von

Aufsichtsrat und Geschäftsführung der BBC will man nach Angaben der Kulturministerin Tessa Jowell dem Hauptziel näherrücken, dass die BBC der Öffentlichkeit mehr Rechenschaft ablegt.

Links:

BBC (*British Broadcasting Company*): www.bbc.co.uk

The Guardian: www.guardian.co.uk

The Independent: www.independent.co.uk

ITV (*Independent Television*): www.itv.com

Media UK (umfangreiche Infoseite zu Medien in Großbritannien): www.mediauk.com

Ofcom (*Office of Communications*, Kommunikations-Regulierungsbehörde): www.ofcom.org.uk

The Times/The Sunday Times: www.sunday-times.co.uk

5. Wahlen und Wahlrecht

Das Wahlrecht in Großbritannien befindet sich seit Ende der 1990er Jahre wieder in einer Phase intensiver Reformen. Da Wahlrechtsreformen unmittelbare Auswirkungen auf die parlamentarische Präsens der Parteien haben, sind sie entsprechend umstritten. Die Reformen der Regierung Blair gehen zurück auf die Empfehlungen der *Jenkins-Commission* (1998), in denen unter anderem die Einführung von Proporzelementen vorgeschlagen wurde. Die Reformen haben zunächst die regionale und die europäische Ebene betroffen, für die Reform des relativen Mehrheitswahlrechts auf nationaler Ebene ist ein Referendum angekündigt, aber noch nicht durchgeführt worden. Die historische Entwicklung des Wahlrechts ist nicht zuletzt Ausdruck sozialstruktureller und politischer Veränderungen und hat stärksten Einfluss auf das Parteiensystem und die Demokratie generell. Das relative Mehrheitswahlrecht in Einerwahlkreisen gilt als eines der konstituierenden Prinzipien des Westminster-Modells parlamentarischer Demokratie, das auch in Ländern wie den USA und Kanada, aber auch in Commonwealth-Ländern wie Indien und Malaysia Nachahmung gefunden hat. Das britische Zweiparteiensystem wird durch das relative Mehrheitswahlrecht, in dem die Wähler die Möglichkeit haben, direkt zwischen Regierung und Opposition zu entscheiden, wesentlich gestützt.

5.1 Entwicklung des Wahlrechts

Das Wahlrecht des Regierungssystems ist mit am stärksten einem historischen Wandel unterworfen gewesen, bei dem sich im Laufe des 20. Jahrhunderts die allgemeinen Wahlrechtsgrundsätze (allgemein, gleich, direkt, geheim) wie in Großbritannien schließlich überall in Europa durchgesetzt haben. Die nach heutigem Verständnis demokratische Wahl des Parlaments ist eine im Vergleich zur britischen parlamentarischen Tradition junge Entwicklung. Die allmähliche Entwicklung einer immer umfangreicheren Inklusion der Bevölkerung in das System der Politik ist als zentraler Faktor für den Grad der Demokratisierung des Landes zu verstehen. In Großbritannien fand eine erste vorsichtige demokratische Öffnung des Parlaments mit der Unterzeichnung des „Great Reform Act" 1832 durch den König statt. Durch diese Reform wurde die Zahl der Wahlberechtigten von bisher ca. 440.000 in England und Wales um ca. 200.000 vergrößert. Der Anteil der Wahlberechtigten war damit von fünf auf sieben

Prozent der Bevölkerung, der der erwachsenen englischen Männer auf über 18 Prozent erhöht worden (Schröder 1998: 41). Nach dem „Reform Act" 1832 durften diejenigen wählen, die ein Haus besaßen oder gemietet hatten, das steuerlich mit mindestens zehn Pfund im Jahr veranschlagt wurde und die die Steuern dafür auch selbst abführten (ebd.: 40). Das Zensuswahlrecht, die Kopplung des Wahlrechts an den Nachweis von Eigentum bzw. an den Nachweis, dass Steuern entrichtet wurden, war bis 1918 charakteristisch für das britische Wahlrecht. Zudem wurde die Wahlkreiseinteilung neu eingerichtet, um die Verzerrungen in der Repräsentativität städtischer und ländlicher Wahlkreise, die im Zuge gestiegener Verstädterung in der Folge der industriellen Revolution entstanden waren, auszugleichen (Becker 2002: 216). Die Reform von 1832 brachte eine Stärkung der städtisch-bürgerlichen Schichten und enttäuschte diejenigen Teile der Arbeiterschaft, die die bürgerliche Reformbewegung unterstützt hatten und nun leer ausgingen. Der Reform Act weitete zwar das Wahlrecht zugunsten des Bürgertums aus, stabilisierte zugleich aber auch vor dem Hintergrund der sich abzeichnenden gesellschaftlichen Umbrüche das System der Adelsherrschaft in Großbritannien.

Ein weiterer Demokratisierungsschritt erfolgte mit dem „Representation of the People Act" 1867. Nun hatten in den *boroughs*, den städtischen Wahlbezirken, nicht nur steuerzahlende Haushaltsvorstände, sondern auch Untermieter, die mehr als zehn Pfund Miete im Jahr zahlten, das Wahlrecht. Durch das neue Gesetz hatte sich die Anzahl der Wahlberechtigten in England und Wales mit nunmehr etwa 2,5 Millionen mehr als verdoppelt. Frauen waren aber nach wie vor von der Wahl ausgeschlossen und für die männliche Bevölkerung blieb das Wahlrecht noch bis 1918 an einen Besitznachweis gebunden. Weitere wichtige Schritte auf dem Weg zu den heute üblichen Wahlrechtsgrundsätzen waren die Einführung der geheimen Wahl durch den „Ballot Act" 1872 und schließlich ein annähernd allgemeines und gleiches Männerwahlrecht durch den „Franchise Act" 1884, durch den auch die Landarbeiter das Wahlrecht bekamen. Der Anteil der Wahlberechtigten lag jetzt bei fünf Millionen bzw. 25 Prozent der erwachsenen Bevölkerung. 1885 wurde durch den „Redistribution of Seats Act" erstmals das Prinzip ähnlich großer Wahlkreise eingeführt sowie die Anzahl der Einerwahlkreise erheblich ausgeweitet. Durch die Neueinteilung der Wahlkreise erhöhte sich die Zahl der Abgeordneten aus London von 22 auf 68. Insgesamt verlagerte sich der Schwerpunkt des politischen Systems vom Land auf die Stadt (Schröder 1998: 43). Die Veränderungen dieser dritten Wahlrechts- und Parlamentsreform wirkten sich unmittelbar auf die sozialstrukturelle Zusammensetzung des Unterhauses aus. Während der Anteil der Grundbesitzer immer weiter zurückging, errangen bürgerliche Schichten bis gegen Ende des 19. Jahrhunderts eine knappe Mehrheit im Unterhaus.

Erst mit dem „Representation of the People Act" von 1918 wurde die Verbindung von Wahlrecht und Eigentum, an der bei den bisherigen Reformen immer noch festgehalten wurde, endgültig aufgegeben, „wodurch der faktische Ausschluss von schätzungsweise 40 Prozent der erwachsenen Männer vom Wahlrecht, der sich nicht zuletzt auch aus den Wohnsitzbestimmungen ergeben hatte, aufgehoben wurde" (Schröder 1998: 45). Zugleich wurde das Wahlrecht für Frauen über 30 Jahre eingeführt, das 1928 auf das auch für Männer geltende Alter von 21 Jahren abgesenkt wurde. Ab diesem Zeitpunkt kann man also von einem allgemeinen und gleichen Frauenwahlrecht sprechen. Das Elektorat umfasste jetzt 99 Prozent der erwachsenen Bevölkerung oder 27 Millionen potenzielle Wähler (Forman/Baldwin 1999: 35). Im „Representation of the People Act" 1949 wurde schließlich auch das 1918 eingeführte Pluralstimmrecht abgeschafft, das Universitätsabsolventen zusätzlich zu ihrem Stimmrecht am aktuellen Wohnsitz eines in ihrer Universitätsstadt gab und Landbesitzern sowie Betriebseigentümern ein zusätzliches Stimmrecht in einem weiteren Wahlkreis, wenn sie dort Landbesitz oder einen Betrieb hatten. Ab 1949 waren dann in Großbritannien die allgemeinen Wahlrechtsgrundsätze implementiert. Ab diesem Zeitpunkt wurden auch die letzen Mehrpersonenwahlkreise zugunsten von Einerwahlkreisen abgeschafft. 1969 wurde das aktive Wahlrecht von 21 auf 18 Jahre gesenkt und 1985/89 auf britische Staatsbürger ausgedehnt, die sich dauerhaft (bis zu 20 Jahre) im Ausland niedergelassen haben. An den nationalen Wahlen 1997 hätten sich so z.B. über 1,5 Millionen Briten im Ausland beteiligen können, tatsächlich haben sich aber nur 23.583 zur Wahl registrieren lassen (ebd.: 36).

Seit dem „Parliament Act" 1911 darf ein Parlament nicht länger als fünf Jahre tagen (vorher: sieben Jahre). Aufgrund der Parlamentssouveränität darf es allerdings auch hierüber explizit anders entscheiden, was bisher nur zweimal, während der beiden Weltkriege, geschehen ist. Das genaue Datum der Wahl kann der amtierende Premierminister während der Legislaturperiode frei festlegen. Er geht dann zum Monarchen bzw. zur Monarchin und bittet um *royal assent* für die Parlamentsauflösung. Nach dem Wahlrecht müssen zwischen der Auflösung des Parlaments durch die Queen und dem Wahltag mindestens 17 Werktage liegen. Traditionellerweise dauert die Wahlkampagne dann vier bis fünf Wochen. Die *General Election* 2005 wurde von Tony Blair am 5. April für den 5. Mai angekündigt. Auch die Wahl 2001 wurde die Wahl einen Monat vorher angekündigt, 1997 waren es sechs Wochen. Etwa eine Woche nach der Wahl konstituiert sich das neue Parlament. Da die Kampagnen sehr kurz sind, fallen sie entsprechend intensiv aus. Gewählt wird immer an einem Donnerstag zwischen 7 und 22 Uhr. Zur Wahl 2005 hatten sich 44,18 Millionen Briten und Nordiren registrieren lassen. Nach Schließung der Wahllokale werden die Wahlurnen dann zu einem zentralen Ort im Wahlkreis transportiert, wo sie unter Aufsicht des *Returning Officers*, der gewöhnlich der *Chief Executive of the local authority* ist, ausgezählt werden. Seit 1948 gibt es auch die Möglichkeit der Briefwahl, wenn man sich bis etwa acht Tage vor der Wahl in ein Briefwahlregister eintragen lässt. Bei der Wahl 1997 nutzten immerhin 738.000 oder 2,4 Prozent der Wähler diese Möglichkeit (ebd.: 40). 2001 waren es mit 1,4 Millionen fast doppelt so viele. Das Mobilisieren bzw. Organisieren von Unterstützung bei der Briefwahl war lange Zeit eine Stärke der Konservativen, ehe New Labour auch dabei aufgeholt hat. 2001 haben schätzungsweise jeweils 39 Prozent der Briefwähler Konservative und New Labour gewählt, 19 Prozent die Liberaldemokraten (Ballinger 2002: 210). Um die Wahlbeteiligung zu erhöhen, war 2001 eine Verfahrensvereinfachung für die Briefwahl beschlossen worden. Durch einen Manipulationsskandal von Labour-Politikern bei Kommunalwahlen in Birmingham im Frühjahr 2005 war die Briefwahl insgesamt in Misskredit geraten. Ein Richter hatte die Vorgänge mit Gepflogenheiten in einer „Bananenrepublik" verglichen und gewarnt, dass auch die Parlamentswahl vor Manipulationen nicht sicher sei. Mit 5,3 Millionen ausgegebener Briefwahlunterlagen hat sich der Anteil der Briefwähler bei den nationalen Wahlen 2005 sogar auf 15 Prozent verdreifacht.

5.2 Das gegenwärtige Wahlrecht

Die Wahlen im Vereinigten Königreich legitimieren die Kommunalparlamente, die Regionalparlamente in Nordirland, Schottland und Wales, das Unterhaus und die britischen Abgeordneten im Europäischen Parlament. Für jede dieser Wahlen gilt inzwischen ein eigenes Wahlrecht. Das Spektrum reicht vom Verhältniswahlrecht für die Wahlen zum Europäischen Parlament über die verschiedenen Ausprägungen des *Additional Member Systems* (AMS) in Wales und Schottland bis zum *Single Transferable Vote* (STV)-Verfahren in Nordirland. Auf nationaler Ebene, für die Wahl zum Unterhaus, gilt das relative Mehrheitswahlrecht. Danach ist gewählt, wer die relative Mehrheit der abgegebenen Stimmen in einem Wahlkreis auf sich vereinigen kann. Die Stimmen für unterlegene Kandidaten entfalten bei der Verteilung der Parlamentssitze keine Wirkung mehr. Es findet also keine Verrechnung der abgegebenen Stimmen über die nationale Ebene, wie beim Verhältniswahlrecht, statt. Auch gibt es keine Zweitstimme wie in der Bundesrepublik Deutschland.

5.2.1 Relative Mehrheitswahl

Die gebräuchliche Bezeichnung *first-past-the-post* macht deutlich, worum es bei diesem Wahlrecht geht: Wer am meisten Stimmen auf sich vereinigt, wer also als erster die Ziellinie überquert, gewinnt das Wahlkreismandat, während die anderen Bewerber leer ausgehen. Das Wahlrecht ist an einer Art *horse-race*-Modell der Politik orientiert, bei dem die Sieger überproportional profitieren. Das relative Mehrheitswahlrecht in Einerwahlkreisen hat eine stark mehrheitsbildende Funktion. In der Regel ist der Mandatsanteil der stärksten Partei im Parlament größer als ihr landesweiter durchschnittlicher Stimmenanteil bei der Wahl. Umgegehrt ist der Mandatsanteil der zweitstärksten Partei im Parlament häufig niedriger als ihr Stimmenanteil bei der Wahl. Für die drittstärkste Partei ist dieser Disproportioneneffekt in der Regel am stärksten. Bei ihr klafft der teilweise beträchtliche Stimmenanteil bei der Wahl und der Mandatsanteil im Parlament am weitesten auseinander, während sich bei den anderen Kleinparteien Stimmen- und Mandatsanteil wieder annähern. Ziel dieser Regelung ist, die Regierungsbildung zu vereinfachen und eine klare, eindeutige Verteilung von Verantwortung zu bewirken. Es soll eine starke, durchsetzungsfähige Regierung ermöglicht werden, die für die Politikgestaltung dann auch in die Verantwortung zu nehmen ist. Über die Zuteilung von Regierungsverantwortung und Oppositionsrolle soll vom Volk direkt in der Wahl entschieden werden und nicht in anschließenden Koalitionsverhandlungen zwischen Parteieliten unter Ausschluss der Öffentlichkeit. Das Prinzip möglichst gleichmäßiger Repräsentation der einzelnen Voten tritt hinter das der Regierungsstabilität bzw. der *responsible government* zurück. Die Repräsentationsbeziehung läuft über den Wahlkreisabgeordneten, „der nach seiner Wahl als Ansprechpartner für alle Wahlkreisbürger, auch diejenigen, die nicht seiner Partei nahe stehen, zu dienen hat" (Sturm 2002: 237).

Da das relative Mehrheitswahlrecht keine Listenwahl kennt, steht beim Ausscheiden eines Abgeordneten auch kein Nachrücker von der Liste bereit. Auch der Zweitplatzierte im Wahlkreis rückt nicht nach, stattdessen findet eine Nachwahl (*by-election*) während der laufenden Legislaturperiode statt. Solche Nachwahlen können regelrecht zu Stimmungstest für oder gegen die amtierende Regierung gemacht werden und die lokale politische Konkurrenzsituation überlagern. Ergebnisse aus solchen Nachwahlen sind aber, da sie z.B. nur temporären Protest artikulieren können, als Trends für die nächsten Unterhauswahlen nur sehr begrenzt aussagekräftig (ebd.).

Das aktive Wahlrecht haben alle geistig gesunden Briten über 18 Jahre, die nicht dem Oberhaus angehören. Da es in Großbritannien keine Einwohnermeldeämter gibt, erfolgt die

Zulassung zur Wahl durch den Eintrag in ein Wahlregister. Wahlberechtigt ist, wer in einem der Wahlregister, die regelmäßig aktualisiert werden, verzeichnet ist. Das passive Wahlrecht haben alle britischen Staatsangehörigen sowie Staatsangehörige anderer Commenwealth-Länder und der Republik Irland, die ihren Wohnsitz im Vereinigten Königreich haben. Es gibt kein Alterslimit für Kandidaten, allerdings darf im Falle eines Wahlsiegs das Mandat erst mit 21 Jahren aufgenommen werden. Von einer Kandidatur ausgeschlossen sind Gemeinschuldner, zu Haftstrafen von mehr als einem Jahr Verurteilte, Geisteskranke, Mitglieder des Oberhauses, Angehörige des Klerus der großen Kirchen oder wegen Wahlbetrugs Verurteilte sowie Personen in bestimmten öffentlichen Ämtern wie Berufsrichter, Beamte, Soldaten, Polizei oder bezahltes Kronamt. Die Kandidaten müssen 500 Pfund als *deposit* hinterlegen, die sie nur ab fünf Prozent erzielter Wahlkreisstimmen erstattet bekommen. 1997 verloren 1599 oder 42,9 Prozent der Kandidaten ihr *deposit* (Forman/Baldwin 1999: 41).

5.2.2 Die Wahlkreise

Das Staatsgebiet des Vereinigten Königreichs ist gegenwärtig in 646 Wahlkreise (*constituencies*) aufgeteilt, die jeweils einen Unterhausabgeordneten wählen. Auf England entfallen 529, auf Wales 40 und auf Nordirland 18 Wahlkreise. Die Anzahl der schottischen Wahlkreise ist 2005 auf 59 reduziert worden. Vier Wahlkreiskommissionen (*boundary commissions*) achten darauf, dass die Anzahl der Wahlberechtigten in den Wahlkreisen ungefähr gleich groß ist und machen Reformvorschläge, die in der Regel von der Regierung umgesetzt werden. Dennoch kann es zu erheblichen Unterschieden in der Wahlkreisgröße kommen. 1997 umfasste das Elektorat auf nationaler Ebene in jedem Wahlkreis durchschnittlich 67.218 registrierte Wähler, während es in den Wahlkreisen in England durchschnittlich 69.577, in Nordirland 66.122, in Schottland 55.563 und in Wales 55.338 waren. Die „Western Isles" hatten mit 22.983 das kleinste Elektorat und die „Isle of Wight" mit 101.680 das größte. Da Schottland (wie auch Wales) im Zuge der Devolution ein eigenes Parlament bekommen hat, ist die Überrepräsentation schottischer Abgeordneter im Unterhaus zur Wahl im Mai 2005 korrigiert worden. Wegen der relativ kleinen schottischen Wahlkreise konnte Schottland zuvor 72 Abgeordnete nach Westminster entsenden, zur Wahl 2005 aber nur noch 59. Entsprechend wurde das Unterhaus von 659 auf 646 Abgeordnete verkleinert. Ginge man streng von gleicher Repräsentativität wie in englischen Wahlkreisen aus, stünden Schottland sogar lediglich etwa 57 Abgeordnete zu. Mit der Reduzierung auf 59 Wahlkreise ist man in London allerdings der Empfehlung der schottischen Wahlkreiskommission gefolgt (Boundary Commission for Scotland 2004: 200). Die Reduzierung ist einer der vielen Langzeit-Effekte der Devolution und hat bei der Wahl 2005 zu einem Wechsel der Wahlkreise führender Labour-Politiker wie Gordon Brown geführt, deren bisherige Wahlkreise aufgelöst wurden. Für Wales, das im Zuge der Devolution ebenfalls eine eigene Versammlung bekommen hat, ist eine vergleichbare Korrektur nicht geplant. In England gibt es gegenwärtig 529 Wahlkreise, wobei eine geringfügige Erhöhung der Zahl der Wahlkreise auf 534 diskutiert wird (Boundary Commission for England 2004: 1).

Laut Gesetz dürfen die Wahlkreise bis zu 25 Prozent vom Landesdurchschnitt abweichen (Nohlen 2000: 266). 537 der Wahlkreise wichen 1997 um 10 Prozent vom Durchschnitt ab, der Rest hatte größere Abweichungen (Forman/Baldwin 1999: 40). Diese Unterschiede rühren zu einem wesentlichen Teil aus Entwicklungen des Bevölkerungswachstums her. Während die Bevölkerung in den letzten Dekaden z.B. in Südwestengland gewachsen ist, ist sie in den Innenstädten von London, Birmingham und Liverpool geschrumpft. Die Einteilung der Wahlkreise war historisch immer wieder Gegenstand von Reformbemühungen. Langfristig kommt hier ein Wandel der Repräsentationsidee von einer territorialen zur Volksrepräsentation zum Ausdruck (Nohlen 2000: 265). „In den verschiedenen Reformen hat sich das Prinzip der bevölkerungsgleichen Wahlkreise indes nur langsam, als Kriterium ausformuliert erst 1918 durchgesetzt" (ebd.). Seit dieser Reform dürfen die Wahlkreisgrenzen auch von den Grenzen der kommunalen Verwaltungseinheiten abweichen.

1917 wurde erstmals eine *Boundary Commission*, einer Wahlkreiskommission, die die Grenzen der einzelnen Wahlkreise überprüfen sollte, eingesetzt. Seit 1944 gibt es vier permanente, unabhängige Wahlkreiskommissionen für je eine Region, die die Grenzen alle zehn bis fünfzehn Jahre überprüfen müssen und bei Bedarf Anpassungsempfehlungen geben. Die Entscheidung über die Umsetzung der Reformen liegt aber (wieder) bei den Parteien, die die Umsetzung von für sie ungünstigen Reformen zumindest verzögern können (Nohlen 2000: 267). Mit dem „Political Parties, Elections and Referendums Act" 2000 wurde eine *Electoral Commission* eingerichtet, die noch unabhängiger von der aktuellen Regierung sein soll. Ihre Aufgabe ist die Modernisierung des Wahlsystems des Vereinigten Königreichs und mehr Öffentlichkeit für Fragen des Wahlrechts und des demokratischen Prozesses herzustellen. In dem Gesetz ist außerdem vorgesehen, die Aufgaben der vier parlamentarischen *Boundary Commissions* an die *Electoral Commission* zu übertragen, wenn sie sukzessive ihre noch laufenden *general reviews* abgeschlossen haben.

Aufgrund solcher Kommissionsempfehlungen wurde 1983 die Anzahl der Wahlkreise von 635 auf 650 erhöht, ehe sie 1991 und 1997 auf 659 Wahlkreise erweitert wurden. Seit 1970 dürfen die Kandidaten nicht nur ihren Namen (einschließlich Adresse) auf die Wahlzettel setzen, sondern auch eine bis zu sechs Worte lange Erklärung zu Parteizugehörigkeit oder politischer Position (Forman/Baldwin 1999: 41). Die seit 2000 geltende Regelung ist, dass Kandidaten von nichtregistrierten Parteien[48] sich auf dem Stimmzettel nur als „Independent" oder gar nicht näher beschreiben dürfen. In der Vergangenheit war es nämlich durch Bezeichnungen wie „Literal Democrat" zu Missverständnissen gekommen. Wenn keine Missverständnisse möglich sind, dürfen Kandidaten von registrierten Parteien den Parteinamen auch leicht verändern, z. B. durch lokaler Zusätze (Ballinger 2002: 210). Während der Wahlkampagne sind die Ausgaben der Kandidaten auf einen Betrag von ca. £ 9.000 begrenzt. 2001 wurde dieses Limit lediglich von einigen Kandidaten in *marginal seats* annähernd erreicht (ebd.). Größere Ausgaben werden über die Zentralen der Parteien finanziert. Seit dem „Political Parties, Elections and Referendums Act 2000" gibt es auch für die Ausgaben auf nationaler Ebene Obergrenzen. Mit dem Gesetz wird die *Electoral Commission* beauftragt, die Spenden an und Ausgaben von politischen Parteien zu registrieren. Zunächst wurde ein Höchstbetrag an Ausgaben pro Partei von £ 20 Millionen pro Jahr festgesetzt, der 2001 noch einmal reduziert wurde (Harrop 2001: 297). Jede Partei darf jetzt nur noch £ 14,5 Mio. ausgeben, ein Limit, das 2001 von keiner Partei erreicht wurde (Butler/Kavanagh 2002: 259). Nach der Wahl hat die Kommission das Recht, die Parteikonten zu kontrollieren. Die Ergebnisse, sowohl auf Wahlkreisebene wie auf nationaler Ebene, sollen dann nach Jahresende von ihr publiziert werden.

5.2.3 Europäische und regionale Ebene

Das Wahlrecht zum Europäischen Parlament unterscheidet sich grundlegend von dem zum nationalen Parlament. Für die Europawahl ist Großbritannien in 12 Europawahlkreise aufgeteilt, in denen die Abgeordneten über Parteilisten nach Proporz gewählt werden. Es gilt also das Verhältniswahlrecht. Einer der zwölf Wahlkreise ist Nordirland, das wahlrechtlich eine Ausnahme bildet. Hier werden die Abgeordneten für das Europaparlament nach dem irischen Verfahren der *Single Transferable Vote* (STV, etwa: Übertragbare Einzelstimmgebung) gewählt. Bei diesem Verfahren wird von jedem Wähler eine Rangfolge aller Kandidaten erstellt.

---

[48] Im Prinzip kann sich jeder unabhängige Kandidat auch für £ 150 als Partei registrieren lassen.

Beim Wählen wird nicht einfach angekreuzt, sondern durch Nummerierung eine Präferenzliste gebildet. Dann wird aus den zu vergebenen Sitzen und den abgegebenen Stimmen eine Stimmzahl errechnet (*Droop-Quote*[49]), die zur Wahl eines Kandidaten nötig ist. Ein Kandidat ist gewählt, wenn seine Stimmenzahl größer als das Ergebnis der Droop-Quote ist. Weitere für diesen Kandidaten abgegebene Erstpräferenzen kommen dem auf dem Wahlzettel Nächstplatzierten zugute. Wenn kein Kandidat mit Mehrheit gewählt wurde oder noch Sitze frei geblieben sind, wird der Kandidat mit der geringsten Unterstützung gestrichen. Seine Stimmen werden an die auf dem Wahlzettel Nächstplatzierten übertragen. Diese Schritte werden so lange wiederholt, bis alle Sitze vergeben sind. Aus diesem komplizierten Auszählverfahren ergeben sich auch Besonderheiten für die Darstellung des Wahlergebnisses. Eine einfache Darstellung im Sinne von Stimmen pro Kandidat oder pro Partei ist bei STV nicht möglich. In der Regel wird aber die Zahl der Erstpräferenzen pro Kandidat und der übertragenen Stimmen an jeder Stelle des Auszählprozesses veröffentlicht. Das STV ist ein proportionales Personenwahlsystem, das zu dem Zweck eingeführt wurde, das Problem der unwirksamen Stimmen bei der reinen Mehrheitswahl zu korrigieren und zu einer besseren Repräsentation aller abgegebenen Stimmen zu gelangen.[50] Wie Nordirland bilden auch Schottland und Wales einen eigenen Europawahlkreis. Die verbleibenden neun Europawahlkreise verteilen sich auf das Gebiet Englands. In den 11 Wahlkreisen Großbritanniens stellt jede Partei eine Kandidatenliste auf. Die zwischen vier und 10 pro Wahlkreis zu vergebenden Sitze werden dann nach dem Anteil der Stimmen pro Liste vergeben. Wie viele andere „Altmitglieder" der EU verlor auch Großbritannien mit der Osterweiterung der EU Sitze im Europaparlament zugunsten der neuen Mitglieder. Die Anzahl der Sitze des Vereinigten Königreichs hat sich von 87 auf 78 bei der Europawahl 2004 reduziert.

Im Zuge der Devolution hat sich auch auf regionaler Ebene das Wahlrecht erheblich differenziert. Für die Wahl der Abgeordneten zum nordirischen Regionalparlament gilt das irische Wahlverfahren der *Single Transferable Vote*. Für die Wahl der 140 Abgeordneten zum Schottischen Parlament gilt ein *Additional Member System* (AMS) mit einem Anteil von 43 Prozent *Top-up-seats*, die über Parteilisten in Großwahlkreisen mit bis zu sieben Abgeordneten gewählt werden. Für die Wahl zur *Welsh Assembly* wurde ein AMS mit 40 lokalen Wahlkreisen und fünf regionale Großwahlkreise gebildet, die deckungsgleich mit den 1994 eingerichteten Europawahlkreisen sind und in denen jeweils vier *additional members* gewählt wer-

---

[49] Das gebräuchlichste Verfahren ist die "Droop-Quota": [Gesamtstimmenzahl / (Gesamtsitzzahl+1)] +1

[50] Das Wahlsystem wird neben Irland auch in Australien verwendet. Gegen Ende des 19. Jahrhunderts wurde eine Einführung bei den Wahlen zum englischen Unterhaus diskutiert, aber letztlich verworfen.

den. Die insgesamt 60 Mitglieder starke Versammlung setzt sich also aus 40 Wahlkreisabgeordneten und 20 Zusatz- bzw. Listenabgeordneten zusammen. Gewählt wird mit zwei Stimmen, der ersten Stimme für den lokalen Wahlkreis und der zweiten Stimmen für den regionalen Wahlkreis, in dem vier Mandate nach Proporz vergeben werden. Die Legislaturperiode
beträgt vier Jahre, die erste Wahl war im Mai 1999, die zweite im Mai 2003[51] (vgl. Kap. 3.3).

Für die Wahl zur *London Assembly* gilt ein *Additional Member System*. Die nationalen
Wahlkreise (*constituencies*) sind zu 14 Großwahlkreisen zusammen gefasst, in denen Parteilisten und Kandidaten gewählt werden können. In jedem der Wahlkreise wird ein Kandidat
direkt gewählt sowie Parteilisten, über die weitere elf Mandate vergeben werden. Das Wahlrecht ist so gestaltet, dass die Sitzverteilung in der 25-köpfigen Versammlung dem Stimmenanteil einer Partei in der gesamten Stadt entspricht. Die Wahl findet zur selben Zeit wie die
Wahl des Londoner Bürgermeisters statt, dessen Arbeit sie ja auch kontrollieren soll. Eine
Kuriosität des Wahlrechts zur London Assembly ist die Fünf-Prozent-Hürde, an der 2004
Kleinparteien wie die *British National Party* und *Respect* gescheitert sind (Lam-
be/Rallings/Thrasher 2005).

5.3 Folgen des Wahlrechts

Das relative Mehrheitswahlrecht hat erhebliche Konsequenzen für die Struktur des parteipolitischen Wettbewerbs. Die beiden wichtigsten sind, dass es die Dominanz zweier Parteien stabilisiert und das Erstarken dritter Parteien erschwert, und dass es der Mehrheitspartei einen
zusätzlichen „Bonus" gibt, so dass in der Regel absolute Mehrheiten an Sitzen möglich sind,
auch wenn der Gewinner nur relative Stimmenmehrheiten mit deutlich unter 50 Prozent erhalten hat. Durch die Diskriminierung dritter Parteien und dem Bonus für die Mehrheitspartei
stellt das Wahlsystem sicher, dass Wahlen auch wirklich ein Wettbewerb zwischen zwei Regierungsalternativen sind. Das traditionelle relative Mehrheitswahlrecht ist in diesem Sinne
„koalitionsfeindlich". Es verhindert, dass Politiker nach der Wahl in Koalitionsverhandlungen
Mehrheiten suchen müssen und darüber entscheiden können, welche Parteien die Regierung
stellen. Es soll eine unmittelbare demokratische Manifestation des Volkswillens gewährleisten, indem der Wähler bzw. die Wählerin sich bei der Stimmabgabe bereits darüber im Klaren
ist, dass es nur zwei Alternativen gibt. Man kann, indem man sich für eine der beiden großen

---

[51] Vgl. www.wales.gov.uk/pubinfaboutassembly/pdfs/german.pdf

Parteien entscheidet, zugleich eine der zwei Regierungsalternativen wählen. Die unterlegene Alternative ist nicht nur eine unter mehreren Oppositionsparteien, sondern als *Her Majesty's Opposition* ein Quasi-Verfassungsorgan. Entscheidet man sich bei der Stimmabgabe für eine dritte Partei, so wählt man, in einem engen Verständnis, noch nicht einmal die Opposition. Das ist unter einem Verhältniswahlrecht nicht so einfach möglich, da hier auch Kleinparteien in die Regierung aufgenommen werden können bzw. müssen, um parlamentarische Mehrheiten zu erreichen. Das Wahlergebnis des britischen Wahlrechts drückt nicht nur Regierungspräferenzen aus, die dann noch Spielraum für Interpretationen eines „Wählerwillens" lassen, sondern es determiniert in der Regel die Regierung. In der Folge kann die Regierungspartei auch nicht mehr mit Kompromissen und Rücksichtnahmen auf Koalitionspartner argumentieren und steht gegenüber dem Elektorat klarer in der Verantwortung. Eine Regierung kann unter relativem Mehrheitswahlrecht leichter abgewählt werden. Das Prinzip heißt *responsible government* und ist den Briten bedeutend wichtiger als die Herstellung von *fairness* in Verhältnis von gewonnener Mandatszahl und Stimmenanteil einer Partei (Curtice 2001: 804). Während es in der Bundesrepublik Deutschland bei einem Regierungswechsel erst einmal zu einem vollständigen Austausch von Regierungs- und Oppositionsparteien gekommen ist (1998), ist dies in Großbritannien die Regel und seit dem Zweiten Weltkrieg sechsmal geschehen (1951, 1964, 1970, 1974, 1979, 1997).

Im britischen Parteiensystem hat es zwar immer weitere Parteien gegeben, doch ist ihre Rolle weitgehend marginal geblieben. Erst seit der letzten Dekade ist ihr Anteil kontinuierlich gestiegen. 1997 wurden 75 Abgeordnete von anderen Parteien als von Konservativen und Labour gewählt, den höchsten Anteil seit 1923. 2001 stieg der Anteil von Abgeordneten dritter Parteien noch weiter auf 80 MPs oder 12 Prozent (Curtis 2001: 812). 2005 wurden 93 Abgeordnete dritter Parteien gewählt, das entspricht 14,4 Prozent. Um zu einer führenden Partei im Parlament aufzusteigen, muss eine dritte Partei auf nationaler Ebene auf 30-35 Prozent der Stimmen aufsteigen. Erst ab dieser Größenordnung ist es wahrscheinlich, eine substanzielle Anzahl von Unterhaussitzen gewinnen zu können (Forman/Baldwin 1999: 62). Davon sind die Liberal Democrats, die traditionelle dritte Kraft im Parteiensystem, trotz stetig wachsender Mandatszahl, noch weit entfernt. Trotz des Disproportionseffektes ist es aber für eine dritte Partei nicht unmöglich, die „Schallmauer" von ca. 30 Prozent der Stimmen zu durchbrechen und sich als eine der beiden führenden Parteien zu etablieren, wie die Verdrängung der Liberalen durch die Labour Party in der ersten Hälfte des 20. Jahrhunderts gezeigt hat. Neben dem Disproportionseffekt bei der Repräsentation ist auch kritisiert worden, dass das britische

Mehrheitswahlrecht abrupte Politikwechsel und einen konfrontativen Politikstil födere, die dem Land schadeten (Rohde 2003: 88).

Die disproportionalen Effekte des relativen Mehrheitswahlrechts haben das Thema Wahlrechtsreform immer dann auf die Tagesordnung gehoben, wenn die Diskrepanz zwischen tatsächlichem Stimmenanteil einer Partei und Mandatsanteil besonders groß war, so zum Beispiel bei der Unterhauswahl 1983, bei der die *Liberal-SDP-Alliance* auf nationaler Ebene aufaddiert 25,4 Prozent der Stimmen bekam, aber nur 3,5 Prozent der Mandate (23 Sitze), während Labour mit 27,6 Prozent der Stimmen 209 Sitze gewann (Rohde 2003: 88). Für Diskussionen sorgten auch die aufaddierten Ergebnisse der Unterhauswahl von 1951, die Labour zwar mehr Stimmen brachte, aber den Konservativen mehr Mandate und damit die Regierungsmacht. Die Konservativen bekamen mit 48,0 Prozent absolutem Stimmenanteil 321 Sitze, Labour mit 48,8 Prozent nur 295 Sitze (Rohde 2003: 87). Kurios ist auch das Ergebnis der Unterhauswahl vom Februar 1974, bei der die mehrheitsfördernde Funktion des Wahlrechts versagte und keine Partei die notwendige Mehrheit von 318 Sitzen bekam. In diesem Fall hatten die Konservativen sogar 0,7 Prozent mehr Stimmen, aber vier Sitze weniger als Labour bekommen. Das Parlament wurde nach einem halben Jahr wieder aufgelöst. In einem solchen, allerdings sehr seltenen Fall spricht man auch von einem *hung parliament*.

Besonders betroffen sind aber immer wieder die Liberal Democrats, die z.B. bei den Unterhauswahlen 1997 mit 16,7 Prozent der Stimmen nur 6,9 Prozent der Sitze erhielten, während die siegreiche Labour Party sich mit 43,2 Prozent der Stimmen 63 Prozent der Sitze sicherte (ebd.). Kritiker sprechen davon, das gegenwärtige Wahlsystem sei „biased to Blair" (Curtis 2001), da es zusätzlich zum Gewinnerbonus seit den 90er Jahren weitere Verzerrungen zugunsten von Labour entwickelt habe. So haben die Konservativen 1992 mit ihrem Wahlsieg von 42,8 Prozent und einem Vorsprung gegenüber Labour von 7,6 Prozent einen ähnlich eindrucksvollen Sieg erzielt wie Labour 1997. Während John Major 1992 aber nur eine knappe Mehrheit von 21 Sitzen errang, hatte Tony Blair fünf Jahre später 167 Sitzen Vorsprung. Curtis (2001: 808) führt das u.a. darauf zurück, dass Labour zum einen in kleineren Wahlkreisen und zum anderen mehr Sitze mit kleineren Mehrheiten gewonnen hat. Im Durchschnitt wurde 1997 ein Labour-Sitz mit 65.387 Stimmen gewonnen, ein Sitz der Konservativen mit 70.626 Stimmen, was einer Differenz von über 5.200 Stimmen entspricht, die ein Kandidat der Konservativen mehr benötigte, um einen Sitz zu gewinnen. Auch die niedrigere Wahlbeteiligung in einem Wahlkreis hat sich zugunsten von Labour ausgewirkt: „If the turnout is systematically lower in seats won by one of the main parties, then the electoral system will exhibit a bias in its favour" (ebd.: 809). Während 1997 die durchschnittliche Wahlbeteilung in Wahlkreisen, die von Labour gewonnen wurden, bei 69,7 Prozent lag, war sie bei den Konservativen bei 74,4 Prozent. Bei der Wahl 2001 wurden Labour-Wahlkreise mit einer durchschnittlichen Wahlbeteiligung von 56,8 Prozent gewonnen, während in den Wahlkreisen, die von den Konservativen gewonnen wurden, die Beteiligung bei durchschnittlich 63,2 Prozent lag. 2005 war die durchschnittliche Wahlbeteiligung in Konservativen-Wahlkreisen bei 65 Prozent, in Labour-Wahlkreisen bei 58 Prozent, also um sieben Prozent niedriger.

Für das taktische Wettbewerbsverhalten der Parteien ist es folglich sinnvoll, sich nicht auf die „Breite" bzw. auf die „Fläche" zu konzentrieren, sondern lediglich auf knappe, umkämpfte Wahlkreise (*marginal seats*). Nicht jede Stimme ist für eine Partei gleich wichtig, es kommt vielmehr darauf an, wo sie abgegeben wird. Auch im britischen Wahlkampf spielen *territorial politics* eine zentrale Rolle. Während in den Parteihochburgen die Gefahr der Verödung des politischen Lebens und der Abnahme der Wahlbeteiligung besteht, gibt es einen intensiven Wettbewerb um die Stimmen für die *marginal seats*. Dies kann so weit gehen, dass die Themen, die in knappen Wahlkreisen diskutiert werden, auf regionaler und nationaler Ebene überdurchschnittlich gewichtet werden. Je weniger umkämpfte Wahlkreise es gibt, umso größer ist ihre Bedeutung und damit auch die Gefahr der Übergewichtung von Wahlkreisthemen auf regionaler oder nationaler Ebene. Das Wahlrecht begünstigt Kleinparteien, die sich auf regionale Hochburgen konzentrieren wie die schottische und walisische Nationalpartei. Dagegen werden Parteien mit einer breiten Unterstützung, aber wenigen Hochburgen deutlich benachteiligt, da in allen nichtgewonnen Wahlkreisen die für sie abgegebenen Stimmen unberücksichtigt bleiben. Da die Stimmen einen sehr unterschiedlichen Erfolgswert haben, besteht für die Wähler ein Anreiz, sich eher für einen aussichtsreicheren Kandidaten zu entscheiden, wenn die Stimme später in der Regierung repräsentiert werden soll.

Eine weitere Folge des wahlkreiszentrierten Wahlrechts ist, dass die Arbeit eines Abgeordneten in und für den Wahlkreis in den letzten Jahrzehnten kontinuierlich gestiegen ist: „The typical Member of Parliament in the 1990s [...] is a constituency-active member with a home in the constituency, with a far greater proportion of time given over each week to correspondence and constituency engagement that was ever the case with his or her predecessor. For many MPs, constituency work is becoming the predominant part of their parliamentary work" (Norton 1993: 152). Die Wahlkreisbindung der Abgeordneten ist immer wieder ein zentrales Argument in der Diskussion um eine Wahlrechtsreform. Anhänger des *first-past-the-post*-Systems weisen regelmäßig darauf hin, dass das System doch gut arbeite und stabile Regierungen bzw. Mehrheiten hervorbringe. Auch wird die Einparteienregierung geschätzt als stabiler, durchsetzungsfähiger, verantwortungsbewusster und responsiver als Koalitionsregierungen. Sicherheitsvorkehrungen wie Sperrklauseln oder ein „konstruktives Misstrauensvotum" wie in der Bundesrepublik sind nicht notwendig. Eine weitere Folge der starken Verzerrungen durch das relative Mehrheitswahlrecht ist, dass es bereits seit dem 19. Jahrhundert Diskussionen um eine Wahlrechtsreform gab. Allerdings ist es erst unter der Regierung Blair zu tiefgreifenderen Reformen gekommen.

5.4 Wahlverhalten

5.4.1 Allgemeines

Als Wahlverhalten bezeichnet man das Entscheidungsverhalten der wahlberechtigten Bevölkerung bei Wahlen. Dazu sucht die Wahlforschung nach Klassifikationen und Typologien, Erklärungen und Bestimmungsgründe für die individuellen Wahlentscheidungen im Elektorat. Mit der Konstruktion von Variablen des Wahlverhaltens versucht die Wahlforschung also, Licht ins Dunkel der geheimen Stimmabgabe zu bringen. Berücksichtigt werden müssen neben kurzfristigen Überlegungen rationaler Nutzenmaximierung auch langfristige, sozialstrukturell gebundenen Wert- und Interessenlagen. Häufig verwendete Variablen, mit denen die Wahlforschung die Intransparenz der individuellen Entscheidungen aufzuklären versucht, sind Alter, Geschlecht, Beruf, Konfession, Parteimitgliedschaft bzw. -identifikation und Wertorientierungen, die dann zu *cleavages* zusammengefasst werden. Ähnlich wie in anderen westlichen Industriegesellschaften lassen sich für Großbritannien eine Reihe unterschiedlich stark ausgeprägter Konfliktlinien ermitteln. Hier ist zunächst der sozioökonomische Konflikt („Klassenkonflikt") zu nennen, sodann geographische bzw. Zentrum/Peripherie-Konflikte, die partiell mit dem Konflikt von Argar- und Industriesektor konvergieren, Konflikte zwischen Staat und Kirche (in Großbritannien z.B. über die Themen Abtreibung und Privatschulen) sowie Wertkonflikte zwischen materialistischer „alter" und postmaterialistischer „neuer" Politik.

Während die letzteren Konflikte nur gelegentlich akut wurden, ist der Klassenkonflikt lange Zeit prägend für Wahlverhalten und Parteienlandschaft gewesen. Aber bereits mit dem Regierungsantritt von Margaret Thatcher ist eine Art *decline of class voting* beobachtet worden. Seither ist eine sukzessive Lösung des Wahlverhaltens von traditionellen, insbesondere sozialstrukturellen parteipolitischen Bindungen und Werte zugunsten kurzfristigerer, „rationalerer" Wahlentscheidungen festgestellt worden. Die Abschwächung klassenbezogener Wäh-

lerbindungen hat in den 80er Jahren insbesondere die Labour Party vor große Herausforderungen gestellt. Die Wahlforschung versucht diese Entwicklung z.B. mit der Unterscheidung
von Wechselwählern und Stammwählern zu erfassen. Das Wahlverhalten in Großbritannien
partizipiert an dem europaweiten Trend zur Erosion dauerhafter Parteibindungen und zur
Stärkung des Typus des Wechselwählers. Neben den eher sozialstrukturellen Variablen des
Wahlverhaltens ist auch ein eher semantischer „Performance"-Bereich politischer Parteien zu
unterscheiden, dem Variablen wie *Agenda Setting*, *Campaigning*, symbolische Politik sowie
Personalisierung der politischen Auseinandersetzung zuzuordnen sind (vgl. Kap. 4.3).

5.4.2 General Elections

Die grundlegendste Entscheidung beim Wählen ist zunächst die, ob man sich überhaupt an
der Wahl beteiligt oder nicht. Nichtwählen wird dabei zunehmend als rationale Entscheidung
gesehen; die Wahlforschung hat hierfür den Typus des „Nichtwählers" kreiert. Über den Anteil der Nichtwähler gibt die Quote der Wahlbeteiligung Aufschluss. Bei den Unterhauswahlen lag sie seit der Nachkriegszeit kontinuierlich über 70 Prozent, 1950 und 1951 sogar über
80 Prozent (Butler/Butler 2000: 236ff.). Bei den Wahlen von 1955 bis 1992 pendelte sie zwischen 78 und 72 Prozent. 1997 wurde mit einer Beteiligung von 71,5 Prozent das schlechteste
Ergebnis seit 1935 (71,2 Prozent) erreicht, 2001 mit einer Beteiligung von 59,4 Prozent das
schlechteste Ergebnis seit 1918 (58,9 Prozent). Bereits die für britische Verhältnisse niedrige
Beteiligung von 1997 hat Spekulationen über einen langfristigen Niedergang der politischen
Partizipation und einen Vertrauensverlust in die politischen Institutionen ausgelöst. Entwar-
nungen nach der Wahl 1997, in denen darauf hingewiesen wurde, dass der größte Rückgang
in der Wahlbeteiligung zwischen 1950 und 1970 stattgefunden habe und dass sich zwischen
1974 und 1997 keine Hinweise auf eine langfristig rückläufige Wahlbeteiligung finden (Pat-
tie/Johnston 2001), wirken nach der Wahl von 2005 allerdings weit weniger überzeugend. Die
Wahlbeteiligung scheint sich bei etwa 60 Prozent zu stabilisieren. An der Europawahl 1999
haben nur 24 Prozent der Wahlberechtigten teilgenommen. Eine Ausnahme stellt Nordirland
dar, wo es 1997 zu einem leichten Anstieg der Wahlbeteiligung kam, was darauf zurückgeführt wird, dass die Wahl unter den unionistischen Wählern zu einer Art Referendum über
die Zukunft des Karfreitagsabkommens wurde (Becker 2002: 229). Der Vergleich z.B. mit
der Wahlbeteiligung in der Ära Thatcher zeigt aber, dass ein allgemein erwarteter „eindeutiger" Wahlausgang nicht zwangsläufig zum Sinken der Beteiligung führt.

Die Ergebnisse der Unterhauswahl 2001 werden in der Literatur als „apathischer Erd-
rutsch" beschrieben (Harrop 2001, Norris 2001b). Das bereits 1997 vorgebrachte Argument,
die Wahlbeteiligung sei so niedrig gewesen, weil das Ergebnis allgemein antizipiert wurde,
wirkt nach den Wahlen von 2001 und 2005 weiter überstrapaziert. Bei der Unterhauswahl
2001 gab es zum ersten Mal in der britischen Geschichte einen größeren Anteil an Nichtwäh-
lern als an Wählern der Mehrheitspartei. 2005 entschieden sich 22 Prozent der Wahlberechtigten für die Regierungspartei und 38 Prozent für Nichtwählen.

Bei Unterhauswahlen seit dem 2. Weltkrieg konnten sich Konservative und Labour immer

Tabelle 4: Mandate und Stimmanteile bei Unterhauswahlen seit 1945

	Conservative	Liberal*	Labour	Gesamt	Wahlbeteiligung
1945	213 (39,8 %)	12 (9 %)	393 (47,8 %)	640	72,7 %
1950	298 (43,5 %)	9 (9,1 %)	315 (46,1 %)	625	84,0 %
1951	321 (48,0 %)	6 (2,5 %)	295 (48,8 %)	625	82,5 %
1955	344 (49,7 %)	6 (2,7 %)	277 (46,4 %)	630	76,7 %
1959	365 (49,4 %)	6 (5,9 %)	259 (43,8 %)	630	78,8 %
1964	304 (43,4 %)	9 (11,2 %)	317 (44,1 %)	630	77,1 %
1966	253 (41,9 %)	12 (8,5 %)	363 (47,9 %)	630	75,8 %
1970	330 (46,4 %)	6 (7,5 %)	287 (43,0 %)	630	72,0 %
1974 (Feb.)	297 (37,9 %)	14 (19,3 %)	301 (37,1 %)	635	78,7 %
1974 (Okt.)	277 (35,8 %)	13 (18,3 %)	319 (39,2 %)	635	72,8 %
1979	339 (43,9 %)	11 (13,8 %)	269 (36,9 %)	635	76,0 %
1983	397 (42,4 %)	17 (13,7 %)	209 (27,6 %)	650	72,7 %
1987	376 (42,3 %)	17 (12,8 %)	229 (30,8 %)	650	75,3 %
1992	336 (41,9 %)	20 (17,8 %)	271 (34,4 %)	651	77,7 %
1997	165 (30,7 %)	46 (16,8 %)	419 (43,2 %)	659	71,5 %
2001	166 (31,8 %)	52 (18,3 %)	413 (40,7 %)	659	59,4 %
2005	198 (32,3 %)	62 (22,0 %)	356 (35,2 %)	646	61,3 %

Quelle: Butler/Butler 2000: 236 ff.; eigene Ergänzung
* Ab 1992, nach der Fusion mit der Social Democrat Party, als Liberal Democrat Party.

auf die loyale Unterstützung einer signifikanten Anzahl von Stammwählern stützen. Für die beiden großen Parteien wurde der Anteil der Stammwähler auf jeweils zwischen 6,5 und 7,5 Millionen Wähler geschätzt, mit sinkender Tendenz. Dagegen wird die Stammwählerschaft der liberalen Parteien als steigend eingeschätzt, gegenwärtig auf einen Umfang von 1 bis 1,5 Millionen Wähler, was einer Verdopplung gegenüber den Schätzungen für die 60er Jahren entspricht (Forman/Baldwin 1999: 61). Bei den beiden nationalistischen Parteien, der Scottish National Party (SNP) und der walisischen Plaid Cymru (PC) ist es schwieriger, den Anteil der Stammwähler zu schätzen, da diese Parteien auch einen wechselnden Anteil von Protestwählern an sich binden können und ihre Ergebnisse stark schwanken. Bei der Unterhauswahl 1997 haben beide zusammen im gesamten Wahlgebiet nur 2,5 Prozent der Stimmen bekommen, in ihren Heimatregionen aber 22,1 Prozent (SNP) und 9,9 Prozent (PC).

Fasst man Wechsel- und Nichtwähler zu einer Kategorie zusammen, dann hat über den Zeitraum von 1959-1979 die Hälfte der Wähler ihr Wahlverhalten mindestens einmal geändert. 1997 haben schätzungsweise 23 Prozent derjenigen, die 1992 die Konservativen gewählt haben, eine andere Partei gewählt, aber nur 7 Prozent der Labour-Wähler von 1992 haben sich 1997 umentschieden. Am höchsten ist die Fluktuation zwischen den beiden Wahlen bei den Liberal Democrats mit 31 Prozent (Forman/Baldwin 1999: 62). Nichtwählen als Wahlenthaltung der so genannten Stammwähler habe, so wird geschätzt, einen großen Einfluss auf die Wahlen 1951, 1974 und 1997 gehabt (ebd.).

Mit der Erosion des Typs des Stammwählers ist auch die Kategorie „soziale Klasse" weniger aussagekräftig geworden. Bei den Kleinparteien sind Klassenbindungen traditionell schwächer ausgeprägt als bei den Großparteien. Labour erhielt im Schnitt 1/4 der Mittelklassen-Stimmen und über die Hälfte der Stimmen der Arbeiterschaft. Bei den Konservativen kann man davon ausgehen, dass sie in den letzten Dekaden im Schnitt 2/3 der gesamten Mittelklasse-Stimmen erreicht haben und 1/3 der Stimmen der gesamten Arbeiterschaft. Insbesondere in den 80er Jahren hat Labour stark darunter gelitten, dass ein großer Teil der Arbeiter konservativ gewählt hat. 1987 haben 37 Prozent der Arbeiter konservativ gewählt – das beste Ergebnis der Konservativen in dieser Gruppe seit dem Zweiten Weltkrieg. 1992 waren es immerhin noch 35 Prozent der Arbeiterschaft, was 46 Prozent der Stimmen der Konservativen entspricht: „While on average between 1945 and 1970 62 per cent of all manual workers had voted Labour, by 1983 Labour support form this quarter had fallen to 38 per cent" (Forman/Baldwin 1999: 64.). Die Konservativen sind also nicht mehrheitsfähig, wenn es ihnen nicht gelingt, wesentliche Teile der Arbeiterschaft anzusprechen. Umgekehrt muss Labour versuchen, die Stimmen der Arbeiter geschlossener hinter sich zu bringen, wenn sie mehr-

heitsfähig werden will. Der Niedergang des traditionellen klassenbasierten Wählens in Großbritannien kann teilweise auf den Wandel und die Differenzierung in der Arbeiterschaft, teilweise auf der Abkehr der *new skilled working class* von Labour und ihrer Hinwendung zu den
Konservativen zurückgeführt werden. Labour hatte in den 80er Jahren weniger Probleme mit
der traditionellen, gewerkschaftlich orientierten Arbeiterschaft im Norden als mit der „neuen
Facharbeiterschaft" bzw. neuen Mittelklasse im Süden des Landes. Das in den 90er Jahren
entwickelte Konzept von „New Labour" sollte auf der einen Seite die traditionellen Wähler
im Norden halten, zugleich aber die Attraktivität der Partei für die aus der klassischen Arbeiterschaft entwachsene „neue Mittelschicht" vornehmlich im Süden des Landes erhöhen.

Tabelle 5: Sozialstruktur der Wähler 2001

	Konservative	Labour	LibDem	Wahlbeteiligung
Alle	33 (+2)	42 (-2)	19 (+2)	59
Frauen	33 (+1)	42 (-2)	19 (+1)	61
Männer	32 (+1)	42 (-3)	18 (+1)	58
Mittelschicht (AB)	39 (-2)	30 (-1)	25 (+3)	68
Untere Mittelschicht (C1)	36 (-1)	38 (+1)	20 (+2)	60
Gelernte Arbeitskräfte (C2)	29 (+2)	49 (-1)	15 (-1)	56
Ungelernte Arbeitskräfte (DE)	24 (+3)	55 (-4)	13 (0)	53
18-24	27 (0)	41 (-8)	24 (+8)	39
25-34	24 (-4)	51 (+2)	19 (+3)	46
35-44	28 (0)	45 (-3)	19 (+2)	59
45-54	32 (+1)	41 (0)	20 (0)	65
55-64	39 (+3)	37 (-2)	17 (0)	69
65+	40 (+4)	39 (-2)	17 (0)	70
Hausbesitzer	43 (+)	32 (0)	19 (-1)	68
Mieter von Sozialwohnungen	18 (+3)	60 (-4)	14 (+2)	52
Gewerkschaftsmitglieder	21 (+)	50 (-7)	19 (+1)	63

Angaben in Prozent.
Quellen: Butler/Kavanagh 2002: 257, Norris 2001: 579 (in Klammern: Veränderungen gegenüber 1997)

Nach Geschlechtern differenziert hat Labour traditionell eine überproportionale Unterstützung bei Männern gehabt, die Konservativen bei Frauen. 1987 waren die Anteile zum ersten Mal ausgeglichen, 1992 war der Anteil der Wählerinnen der Konservativen wieder größer, während er 1997 bei den Konservativen wieder sank und dafür bei Labour anstieg. 2001 hatte Labour bei beiden Geschlechtern einen etwa gleichmäßigen Vorsprung (Butler/Kavanagh 2002: 256). In der Kategorie Alter haben die Konservativen ihre stärkste Unterstützung bei den 50-64-Jährigen, Labour bei den unter 30-Jährigen. In der Unterhauswahl 1997 hat Labour bei den unter 30-Jährigen sogar 19 Prozent hinzugewonnen, während sie bei den über 65-Jährigen zwei Prozent verloren haben. Während über die Hälfte der Labour-Wähler unter 45 war, sind es bei den Konservativen nur ein Drittel gewesen.

In der Aufteilung nach sozioökonomischen Gruppen hat Labour 1997 in jeder Kategorie hinzugewonnen: 11 Prozent unter denjenigen ohne Ausbildung und den Angelernten, 13 Prozent unter den ausgebildeten Arbeitern, 22 Prozent unter den *white collar workers* und 11 Prozent unter den Fach- und Führungskräften. Bei der Unterhauswahl 2001 musste Labour wieder einige Unterstützung abgeben, am meisten bei den ungelernten Arbeitern (-4 Prozent).

Abschließend lässt sich festhalten, dass das Elektorat in Großbritannien zunehmend „volatiler" wird und sich kaum noch nach sauber abzugrenzenden Klassen oder Großgruppen unterscheiden lässt. Die Wählerschaft ist weniger einfach zu kategorisieren und legt sukzessive alte Loyalitäten gegenüber ihrer qua Sozialstruktur ableitbaren soziologischen Bezugsgruppe oder Klasse ab. Die gestiegene „soziale Mobilität" der Gesellschaft kommt auch im Wahlverhalten und hier insbesondere im *decline of class voting* zum Ausdruck.

5.4.3 General Election 2005

Die Ergebnisse der Wahl vom 5. Mai 2005 sind als das Ende der *british presidency* von Tony Blair kommentiert worden. Obwohl Tony Blair in Umfragen im Vorfeld der Wahl so schlecht wie noch nie in seiner Amtszeit dastand, galt seine dritte Amtszeit dennoch als sicher. Er ist der erste Labour-Premierminister in der Geschichte, der drei Wahlsiege in Folge errungen hat. Bei den Konservativen gelang das zuvor nur Margaret Thatcher.

Von den 5,5 Prozent Stimmenverlust von Labour gingen etwa drei Prozent an die Konservativen, gefolgt von Verlusten an die Liberaldemokraten.[52] Sie sind die eindeutigen Gewinner

---

[52] Für die nachfolgenden Angaben vgl. Butler/Kavanagh 2005, Norris/Wlezien 2005 sowie Becker 2005b.

Tabelle 6: Ergebnisse der Unterhauswahl vom 5. Mai 2005 und 7. Juni 2001

Partei	2005 Sitze und Stimmenanteil in Prozent		2001 Sitze und Stimmenanteil in Prozent	
Labour	356 (-47*)	35,2 (-5,5)	413 (-6)	40,7 (-2,6)
Conservative	198 (+33*)	32,3 (+0,6)	166 (+1)	31,8 (+1,0)
Liberal Democrat	62 (+11*)	22,0 (+3,7)	52 (+6)	18,3 (+1,5)
Democratic Unionist	9 (+4)	0,9 (+0,2)	5 (+3)	0,7 (+0,4)
SNP	6 (+2*)	1,5 (-0,3)	5 (-1)	1,8 (-0,2)
Sinn Fein	5 (+1)	0,6 (-0,1)	4 (+2)	0,7 (+0,3)
Plaid Cymru	3 (-1)	0,6 (-0,1)	4	0,7 (+0,2)
SDLP	3	0,5 (-0,1)	3	0,6
Ulster Unionist	1 (-5)	0,5 (-0,3)	6 (-4)	0,8
Respect	1	0,3 (+0,3)	-	-
Kidderminster Hospital	1	0,1	1 (+1)	0,1 (+0,1)
UK Independence	0	2,3 (+0,8)	0	1,5 (+1,2)
Green	0	1,0 (+0,4)	0	0,6 (+0,4)
Sonstige	1	0,9	0 (-2)	1,8

Quelle: Butler/Kavanagh 2002: 260 f., www.bbc.co.uk   * Nachwahlen berücksichtigt

der Wahl und erzielten ihr bestes Ergebnis seit 80 Jahren. Sie konnten sich um 11 auf 62 Sitze verbessern und besonders stark in Labour-Territorien eindringen. Die Konservativen konnten mit einer Verbesserung ihres Stimmenanteils von lediglich 0,6 Prozent 34 Sitze hinzu gewinnen. Ihre Strategie, gezielt Wählergruppen in umkämpften Wahlkreisen zu umwerben, hat zwar Wirkung gezeigt, war aber insgesamt nicht wahlentscheidend. Wahlverlierer war auch die nordirische UUP David Trimbles, die fünf ihrer sechs Sitze verlor, während die radikalere DUP Ian Paisleys ihren Anteil um vier auf neun Sitze steigern konnte.

Im Wahlkampf hatten sich die beiden großen Parteien gezielt um die Identifizierung und Kontaktaufnahme mit einer kleinen Gruppe von wahlentscheidenden Wechselwählern in knappen Wahlkreisen bemüht. Die gezielte Ansprache dieser Wähler erfolgt nicht nur durch

Call Center, Briefsendungen und per e-mail, sondern auch durch Hausbesuche lokaler Partei-aktivisten. Mit spezieller Software, die bereits von den US-Republikanern bei den Präsident-schaftswahlen zur Identifizierung von Schlüsselwählern in den *swing states* Ohio und Florida benutzt wurde, sollten auch in Großbritannien einige Tausend Wähler in den umkämpften Wahlkreisen identifiziert und direkt angesprochen werden. Beide Großparteien haben durch dass Sammeln von Informationen wie Postleitzahlen, Lese- und Einkaufsgewohnheiten und deren Auswertung durch spezielle Software Rückschlüsse auf das Wahlverhalten bestimmter sozialer Gruppen und in bestimmten Regionen gezogen. Die auf diese Art gewonnenen Daten haben dazu geführt, dass potentielle Wähler in knappen Wahlkreisen dann mit modernen Marketingmethoden umworben worden sind. Die Konzentration des Wahlkampfs auf eine kleine Gruppe von Wechselwählern wurde vom damaligen konservativen Parteivorsitzenden Howard damit begründet, man müsse nur 838.000 Wechselwähler in 165 knappen Wahlkrei-sen überzeugen, um einen Regierungswechsel herbeizuführen. Einen Monat vor der Wahl gelang es den Konservativen sogar, bis auf zwei Prozent an Labour aufzuschließen. Die Kon-servativen hatten im Oktober 2004 den Australier Lynton Crosby zum Kampagnenleiter beru-fen. Der hatte bereits für den australischen Premier John Howard zwei Wahlkämpfe erfolg-reich geleitet. Er setzte sogleich auf eine harte Position in Fragen der Einwanderungspolitik und brachte Flugblätter und Plakate in Umlauf, die bei vielen Mittelschicht-Wählern auch Unwohlsein auslösten, aber auf Zustimmung in der weißen Arbeiterschicht zielten. Darüber hinaus fing er an, mit einer Kampagne über *dirty hospitals* Beispiele für das Versagen des staatlichen Gesundheitssystems aufzuzeigen und die Spin-Doktoren von Labour erstmals in die Defensive zu drängen.

Labour hat eine ähnliche Strategie gefahren und z.B. in 60 knappen Wahlkreisen jeweils 5.000 potentiellen Schlüsselwählern eine DVD mit Werbematerial geschickt. Die Kampagne über die Massenmedien, über Pressekonferenzen, Zeitungsanzeigen und Tourbusse wurde dagegen von den großen Parteien zurückgefahren. Lediglich die Liberaldemokraten haben sich diesem Trend entgegen gesetzt und zum ersten Mal mehrere Millionen Pfund für Zei-tungs- und Plakatwerbung ausgegeben. Labour gab etwa zwei Drittel seiner £ 15 Mio. für den lokalen *ground war* aus und nicht für Werbung in den Massenmedien. Da Labours Mitglied-schaften seit 1997 um die Hälfte gefallen sind, stand nicht mehr ausreichend Personal für den traditionellen lokalen *door-to-door* Wahlkampf zur Verfügung. Labour hat deshalb um die 100 Vollzeitmitarbeiter für die Organisation der Kampagne in knappen Wahlkreisen enga-giert. Die Tories haben ähnlich Probleme im Wahlkampf vor Ort gehabt, da ihre Mitglieder im Durchschnitt Mitte 60 sind.

Das Wahlziel der Liberal Democrats, besonders intensiv die Konservativen zu bekämpfen, ging nicht auf. In zwischen Liberaldemokraten und Konservativen umkämpften Wahlkreisen gab es sogar eher einen *swing* zu den Tories. Auch das Ziel, den konservativen Schattenministern den Weg ins Parlament zu versperren (*decapitation strategy*), ging nicht auf. Auffällig gut schnitten die Liberaldemokraten bei den 18-24-Jährigen ab, wo sie sogar vor den Konservativen lagen.

Nach dem Verlust von 57 Sitzen gegenüber 2001 hat Labour nur noch eine Mehrheit von 65 Sitzen. Labour liegt in der unteren Mittelschicht (C 1), die von ihr seit 1997 besonders kultiviert wurde, mit den Konservativen etwa gleichauf. Starke Verluste musste Labour auch bei den ungelernten Arbeitskräften hinnehmen, wo die Unterstützung gegenüber 2001 um etwa 10 auf nunmehr 45 Prozent gefallen ist. Labour ist es diesmal wieder gelungen, die *gender-gap* zu schließen. Noch bis 1997 hatten die Konservativen etwa fünf Prozent mehr Unterstützung bei Frauen als bei Männern. Labour hatte sich im Wahlkampf besonders bemüht, Mütter mit Themen wie *childcare*, Gesundheitsservice und Bildung zu umwerben. Allerdings spielt für diesen Gleichstand auch die niedrigere Unterstützung von Labour in der männlichen Arbeiterschaft eine Rolle. Vermutlich wegen ihrer Niedrigzinspolitik konnte Labour auch einen Vorsprung von etwa acht Prozent gegenüber den Konservativen bei verschuldeten Hausbesitzern halten.

Die Nettogewinne der Konservativen von 33 Sitzen (auf insgesamt 198) dürfen nicht darüber hinweg tauschen, dass sie auch nach dieser Wahl immer noch 11 Sitze weniger haben als Labour 1983. Damals hatte Labour sein schlechtestes Ergebnis seit dem Zweiten Weltkrieg erzielt. Die Konservativen profitierten vor allem im Süden Englands von den Verlusten bei Labour, ohne sich selbst wesentlich verbessert zu haben. Die stärksten Gewinne verbuchten sie in London und im Südosten Englands mit etwa 2,3 Prozent. Der *swing* in diesen Regionen wurde weniger durch eigene Zuwächse als durch Verluste Labours erreicht. Es ist ihnen aber gelungen, in einer Reihe symbolträchtiger Vororte wie Wimbledon und Putney, die traditionell eher konservativ waren, wieder die Mehrheit zu erringen. Unter den neuen Tory-Abgeordneten sind zwar eine Reihe Jüngerer, dennoch ist die Partei, vor allem auf dem Land, immer noch von den Älteren dominiert und hat es versäumt, sich gezielt um neue, jüngere Mitglieder zu bemühen. In der politischen Unterstützung führen sie bei den über 65-Jährigen sogar mit bis zu 10 Prozent. Unmittelbar nach der Wahl kündigte der Vorsitzende Michael Howard seinen baldigen Rücktritt an, weil er bei der nächsten Wahl mit 67 oder 68 Jahren zu alt wäre. Zum neuen Vorsitzenden wurde der 39-jährige David Cameron gewählt.

Die Liberaldemokraten sind mit einem Stimmenzuwachs von 3,7 Prozent der Hauptgewinner. Ihnen ist es gelungen, sich mit bestimmten Themen wie Irak-Krieg und der Einführung von Studiengebühren links von Labour zu platzieren. Der Irak-Krieg war eines der Schlüsselthemen für ihre Gewinne,[53] was sich vor allem in mit Labour umkämpften Wahlkreisen ausgezahlt hat. Hier ist es ihnen gelungen, sich erfolgreich als Protestpartei zu positionieren. Dass dagegen in mit den Konservativen umkämpften Wahlkreisen mehr Verluste als Gewinne eingefahren wurden, deutet auf eine „linksliberale" Lagerbildung im Parteiensystem hin. Regional schnitten sie auffallend gut in Schottland ab, wo sie 18 Prozent der Mandate errangen, in Nordengland, Wales und Südwestengland. In London kam es dagegen zu Verlusten. In Universitätsstädten wie Cambridge gab es einen *swing* von bis zu 15 Prozent zu ihren Gunsten. In den 25 zwischen Labour und den Liberaldemokraten am meisten umkämpften Wahlkreisen gab es einen durchschnittlichen swing von 6,7 Prozent zu ihren Gunsten. Insgesamt gewannen sie 12 Sitze von Labour. Von den Konservativen wurden nur drei Sitze gewonnen, dagegen fünf an sie verloren. Hier betrug der durchschnittliche swing in den 25 umkämpftesten Wahlkreisen 1,6 Prozent zugunsten der Tories. Allerdings ist es ihnen gelungen, in der oberen Mittelklasse ihren Anteil auf Kosten der Konservativen zu vergrößern. In der Altersgruppe der 18-34-Jährigen haben sie sich besonders auf Kosten von Labour ausgedehnt. Die Gewinne bei den Jungwählern sind auch auf die Mobilisierung von Studenten gegen die Erhöhung der Studiengebühren zurückzuführen, was sich insbesondere in Universitätsstädten bemerkbar gemacht hat.

Die Wahlbeteiligung lag 2005 mit 61,3 Prozent nur um zwei Prozent höher als 2001 und hat sich damit auf einem niedrigen Niveau stabilisiert. Legt man die Gesamtzahl der Wahlberechtigten zu Grunde, dann ist Labour nur von 22 Prozent gewählt worden. Das ist die niedrigste Unterstützung, die eine Regierungspartei im Elektorat je bekommen hat. Eine Besonderheit der Wahl war, dass wegen des plötzlichen Todes eines Kandidaten in einem Wahlkreis die Wahl verschoben worden ist. Deswegen gab es nach der Wahl auch kein offizielles Endergebnis, bis die Wahl in dem betreffenden Wahlkreis nachgeholt war. Eine Überraschung war auch das Abschneiden der neuen Partei *Respect* in einem Wahlkreis im Osten Londons. Ein prominenter, aus der Labour-Partei ausgeschlossener Kriegsgegner konnte sich in einem Wahlkreis mit überwiegend muslimischer Bevölkerung gegen die Labour-Kandidatin, die in der Irak-Frage auf Regierungskurs war, durchsetzen.

---

[53] In einer MORI-Umfrage nannten 33 Prozent der Wähler, die von Labour zu den Liberaldemokraten gewechselt sind, den Irak-Krieg als entscheidenden Grund für den Wechsel.

Die nationalistischen Parteien haben leichte Verluste an Wählerstimmen hinnehmen müssen. Die walisische Plaid Cymru verlor einen Sitz, während die schottische SNP trotz Stimmenverlusten zwei Sitze hinzugewonnen hat.[54] In Nordirland fand dagegen ein swing von den moderaten Parteien zu den extremistischen Unionisten und Republikanern statt. UUP-Führer und Friedensnobelpreisträger David Trimble[55] verlor sein Mandat, das er seit 1990 gehalten hatte, an die DUP und trat vom Parteivorsitz zurück. Die UUP war jahrzehntelang die beherrschende Kraft in Nordirland, ehe sie in der letzten Dekade kontinuierlich an Unterstützung verlor (vgl. Kerr 2005). Auf der Seite der Nationalisten konnte Sinn Fein den Vorsprung gegen den langjährigem Konkurrenten SDLP weiter ausbauen. Die SDLP konnte allerdings einen Überraschungserfolg in einem traditionell unionistischen Wahlkreis im Süden Belfasts erzielen, wo sie von einem Stimmengleichstand von UUP und DUP profitierte.

Bereits einen Tag nach seiner Wiederwahl stellte Blair das neue Kabinett vor. Schatzkanzler und potentieller Blair-Nachfolger Gordon Brown behielt erwartungsgemäß sein Amt. Neue Gesundheitsministerin wurde die bisherige Handelsministerin Hewitt, der bisherige Gesundheitsminister Reid wurde neuer Verteidigungsminister. Da Blair weitere grundlegende Reformen im Gesundheitssystem angekündigt hat, wird dem Gesundheitsministerium wieder großes Gewicht beigemessen. Der bisherige Verteidigungsminister Hoon wurde zum Fraktionsführer „degradiert". Neuer Arbeits- und Sozialminister wurde David Blunkett, ein Blair-Vertrauter, der erst ein halbes Jahr zuvor wegen eines Skandals um eine beschleunigte Aufenthaltsgenehmigung für das Kindermädchen seiner ehemaligen Geliebten als Innenminister zurückgetreten war.[56] Der neue Europaminister (und Brown-Vertraute) Alexander wurde sogleich auf Kabinettsrang befördert. Darin drückte sich eine Aufwertung der Europapolitik aus, die vor dem Hintergrund der britischen EU-Ratspräsidentschaft in der zweiten Hälfte des Jahres 2005 und den angekündigten Referenden über die EU-Verfassung und den Beitritt zur Währungsunion zu sehen ist.

Für seine dritte Amtszeit hat Blair nach der Wahl weitere „radikale" innenpolitische Reformen in der Gesundheits-, Bildungs-, und Einwanderungspolitik angekündigt. Deren Umsetzungen dürften allerdings weitaus problematischer werden als die bisheriger Reformen. Der Vorsprung Labours im Parlament ist von 165 auf 65 Sitze geschrumpft. Eine Reihe von

---

[54] Zu den weiteren Ergebnissen in Schottland vgl. Herbert/Burnside/Wakefield (2005) unter www.scottish.parliament.uk/business/research/briefings-05/SB05-28.pdf

[55] Trimble hatte 1998 gemeinsam mit John Hume, dem ehemaligen Vorsitzenden der SDLP, für die Rolle im nordirischen Friedensprozess den Friedensnobelpreis zugesprochen bekommen.

[56] Der von Geburt an blinde Blunkett ist der einzige Behinderte in Blairs Kabinett gewesen.

umstrittenen Projekten war in der zweiten Amtszeit Blairs nur mit knappen Mehrheiten durchgesetzt worden, so die Krankenhausreform mit 35 Stimmen, das neue Antiterrorgesetz mit 14 Stimmen und die Verdreifachung der Studiengebühren sogar nur mit fünf Stimmen Mehrheit. Auch die von Labour geplante und sowohl in der Bevölkerung wie auch in der Partei umstrittene Einführung von Personalausweisen dürfte nun erheblich schwieriger werden (vgl. Kap. 2). Die „Rebellen" in der Labour Party fordern Blairs baldigen Rücktritt, um den Weg für Gordon Brown frei zu machen.

5.4.4 Regional- und Europawahlen

Durch die im Zuge der Devolution eingerichteten Regionalversammlungen für Wales, Nordirland und Schottland mit ihren unterschiedlichen Wahlsystemen ist nach den Europawahlen eine weitere Ebene politischer Willensbildung entstanden. Die vertikale Gliederung der Willensbildung durch Wahlen hat sich seit dem EU-Beitritt also deutlich differenziert. Bei den Wahlen zu den Regionalparlamenten sind bisher deutliche Abweichungen von der nationalen Ebene zu beobachten gewesen. Traditionell lag bei Unterhauswahlen Labour in Schottland und Wales und im Norden und Nordwesten Englands vorne. Nach dem Erdrutschsieg von 1997 hatten die Konservativen aus Wales und Schottland keinen einzigen Abgeordneten mehr im Unterhaus. Die Verluste der Konservativen waren insbesondere in den dichtbevölkerten Ballungszentren hoch. Die Abkehr von den Konservativen war in jenen Gebieten besonders hoch, in denen sie in der Ära Thatcher noch starke Unterstützung hatten wie im Südosten und den Midlands (Forman/Baldwin 1999: 66). Die regionalen Abweichungen zeigen sich auch an der Zusammensetzung der Regionalparlamente.

In Wales wurde 1999 bei der ersten Wahl zur neuen Welsh Assembly Labour mit 28 von 60 Mandaten stärkste Partei, gefolgt von Plaid Cymru (17), Konservativen (9) und den Liberaldemokraten mit 6 Mandaten. Die Wahlbeteiligung lag bei 35 Prozent. Im internen Machtkampf bei Labour setzte sich Blairs Kandidat Alun Michael durch und kündigte an, dass Labour eine Minderheitsregierung bilden würde. Wie bei vielen anderen Personalentscheidungen setzte Blair seine Vorstellungen zunächst rigoros durch, erlitt in der Folgezeit mit solchen Entscheidungen aber gelegentlich auch empfindliche Niederlagen. So musste Blairs Wunschkandidat Michael bereits nach kurzer Zeit als First Minister wieder zurück treten. Dieses Beispiele illustriert einerseits Blairs Bemühungen, trotz Devolution nicht zuletzt mit Hilfe seines Patronagepotenzials auf die regionale Ebene „durchzuregieren". Es zeigt zugleich aber auch das Scheitern dieser Bemühungen, die sich insbesondere in der Anfangszeit der Ära Blair fanden. Verlierer der Wahl 2003 war Plaid Cymru, die fünf Mandate abgeben mussten, während Labour und Konservative je zwei dazu gewannen. Labour hat die absolute Mehrheit um einen Sitz verfehlt.

Tabelle 7: Wahlen zum Schottischen Parlament 2003 und 1999

	2003			1999		
	Sitze	Erststimmen in %	Zweitstimmen in %	Sitze	Erststimmen in %	Zweitstimmen in %
Labour	50	34,4	29,3	56	38,7	33,3
SNP	27	23,8	20,9	35	28,7	27,3
Conservatives	19	16,6	15,5	18	15,5	15,4
LibDems	17	15,4	11,8	17	14,2	12,4
Greens	7	0	6,9	1	0	3,9
SSP	6	6,2	6,7	1	1,0	2,0
Andere	4	3,4	8,9	1	1,9	5,4

Quelle: Burnside/Curtis/Herbert 2003.

Tabelle 8: Wahlen zur Welsh Assembly 2003 und 1999

	2003		1999	
	Stimmen in %*	Sitze	Stimmen in %*	Sitze
Konservative	19,5	11	16,2	9
Labour	38,3	30	36,5	28
Liberal Democrat	13,4	6	13,0	6
Plaid Cymru	20,5	12	29,5	17
UKIP	2,9	0	-	-
Andere	5,4	1	4,9	0

Quelle: Young 2003.   * Mittelwert aus Erst- und Zweitstimmenanteil

Während in England die sozialen Klassen und dementsprechend *class-voting* zwar noch präsent ist, aber rückläufigen Einfluss hat, wird die Bevölkerung Nordirlands (1,6 Millionen Menschen) primär entlang einer ethnisch-nationalistischen Konfliktlinie strukturiert. Hier zeigen sich auch keine rückläufigen Tendenzen. Nach der Volkszählung von 2001 sind 44 Prozent Katholiken und 53 Prozent Mitglieder der drei größten protestantischen Kirchen (*Presbyterian, Church of Ireland, Methodist*) und sonstiger protestantischer Glaubensgemeinschaften, darunter Ian Paisleys *Free Presbyterian Church* mit über 12.000 Mitgliedern. Drei Prozent sind konfessionslos (Noetzel 2003: 198). Auch das soziale Leben ist sehr stark durch diesen ethnisch-konfessionellen Gegensatz strukturiert. So lebt heute nach den zahlreichen Auseinandersetzungen der sechziger und siebziger Jahre die Hälfte der Bevölkerung in Gebieten, in denen der jeweilige Anteil an Protestanten bzw. Katholiken über 90 Prozent der Gebietsbevölkerung ausmacht. Nur sieben Prozent leben in Gebieten, in denen das Verhältnis der Konfessionen auch ihrem Anteil an der Gesamtbevölkerung entspricht (Noetzel 2003: 198).

Wie stark dieses Cleavage das politische Leben prägt, zeigen auch die Wahlergebnisse, die ziemlich genau die Gewichtung der konfessionellen Lager widerspiegeln. Bei der Unterhauswahl 1997 erzielten Unionisten in Nordirland 50,5 Prozent, während auf der anderen Seite SDLP 24,1 Prozent und Sinn Fein 16,1 Prozent, zusammen 40,2 Prozent erzielten. Die konfessionell offene Alliance Party erreichte acht Prozent. In ähnlichen Größenordnungen fielen 1998 die Ergebnisse der Wahlen zum neuen nordirischen Parlament, der Northern Ireland Assembly, aus. Im katholischen Lager erhielten SDLP und Sinn Fein 1998 zusammengerechnet 39,9 Prozent und 2003 zusammen 40,4 Prozent der Erstpräferenzen. Das protestantische Lager kam 1998 zusammen auf 52 Prozent, wovon auf die Ulster Unionist Party 21,3 Prozent und auf Ian Paisleys DUP 18,1 Prozent entfielen. Die nichtkonfessionelle APNI verschlechterte sich zwar von 6,5 Prozent auf 3,6 Prozent, hielt aber ihren Anteil von sechs Mandaten konstant. Im protestantischen Lager war David Trimbles UUP 1998 noch mit Abstand stärkte Partei im Parlament, wurde aber 2003 von der DUP um drei Mandate überholt. Der Vorsprung der DUP wurde durch drei Parteiübertritte im Januar 2004 noch verstärkt. Die Wahlbeteiligung lag 1998 bei 69,9 Prozent und 2003 bei 63,1 Prozent.

Tabelle 9: Wahlen zur Nordirischen Versammlung 2003 und 1998

	2003		1998	
	Sitze	First Preference Votes (%)	Sitze	First Preference Votes (%)
DUP	30 (33)*	25,7	20	18,1
UUP	27 (24)*	22,7	28	21,3
SF	24	23,5	18	17,7
SDLP	18	16,9	24	22
Alliance	6	3,6	6	6,5
Andere	3	7,3	12	14,5

Quelle: www.niassembly.gov.uk/io/summary; www.bbc.co.uk/northernireland/learning/history/stateapart
* Veränderung durch drei Parteiübertritte am 5. Januar 2004

Da sowohl in Schottland als auch in Wales mit einem *Additional Member System* operiert wird, stehen den Wählern zwei Stimmen zu. Das eröffnet Möglichkeiten des Stimmensplittings, der Wahl unterschiedlicher Parteien mit Erst- und Zweitstimme. Obwohl das Splittingverhalten noch nicht detailliert untersucht worden ist, steht zu vermuten, dass ähnlich wie in der Bundesrepublik Kleinparteien vor allem von der Zweitstimme profitieren.

Die Wahlbeteiligung bei Europawahlen ist traditionell sehr niedrig und spiegelt nicht zuletzt auch die geringe Wertschätzung Europas bzw. des Europäischen Parlaments auf der Insel wieder. 1999 war sie mit lediglich 24 Prozent die niedrigste in der gesamten EU. Bei der Wahl am 10. Juni 2004 stieg sie auf immerhin 38,2 Prozent. Die um über ein Drittel gestiegene Wahlbeteiligung lässt sich auch auf zugleich durchgeführte *Local Government*-Wahlen sowie die Londoner Bürgermeisterwahl und die Wahl der *London Assembly* zurückführen. Das überraschendste Ergebnis der Europawahl 2004 war aber der fast zehnprozentige Gewinn für die antieuropäische *UK Independence Party*. Ihre Gewinne sind stark auf Kosten der Konservativen und von Labour gegangen. Während die Konservativen acht Prozent Stimmenanteil und neun Mandate einbüssten, verlor Labour mit über fünf Prozent Stimmenanteil zehn Mandate. Die Wahl zur *London Assembly* 2004 hatte eine Wahlbeteiligung von 36 Prozent. Stärkste Partei wurden die Konservativen, die neun der 25 Mandate errangen, gefolgt von Labour mit sieben, Liberaldemokraten mit fünf, Grüne mit zwei und UK Independence Party (jetzt: *Veritas Party*, s. Kap. 6.5) ebenfalls mit zwei Mandaten.

Tabelle 10: Europawahlen 2004 und 1999

	Stimmen (in %)		Mandate	
	2004	1999	2004	1999
Conservative	27,4	35,8	27	36
Labour	22.3	28	19	29
UK Independence Party	16.8	6,5	12	3
Liberal Democrat	15,1	12,7	12	10
Green	6.2	5,9	2	2
Scottish National Party	3	2,7	2	2
Plaid Cymru	1,1	1,8	1	2
UUP	1	1,1	1	1
Sinn Fein	1	< 1	1	0
DUP	1	1,8	1	1
SDLP	< 1	1,8	0	1

Quelle: www.elections2004.eu.int/ep-election/sites/de/results1306; www3.europarl.eu.int/election/results/uk_tab

5.5 Reformdiskussionen

Während es in der Bundesrepublik in der Zeit der großen Koalition von 1966 bis 1969 Überlegungen zur Einführung eines relativen Mehrheitswahlrechts nach britischem Muster gab, um die mehrheitsbildende Funktion stärker zu gewichten (vgl. Sontheimer/Bleek 2003: 274), gibt es in Großbritannien in jüngerer Zeit Überlegungen, sich stärker an Proporzsystemen wie dem der Bundesrepublik zu orientieren. So hat sich die von der Regierung Blair 1997 eingesetzte *Jenkins-Commission* ausführlich auch mit dem bundesrepublikanischen Verhältniswahlrecht befasst. Verständlicherweise wird die Diskussion und eine Wahlrechtsreform von den durch das geltende Wahlrecht benachteiligten Kleinparteien wie den Liberal Democrats, aber auch von Teilen der beiden großen Parteien getragen. Die Reformdiskussion des britischen Wahlrechts hat durch die Verfassungsbewegung Charter 88 (vgl. Kap. 2) und durch den Amtsantritt der Regierung Blair neuen Auftrieb bekommen, sie ist allerdings wesentlich älter. Bereits 1885 wurde die *Proportional Representation Society* (PRS) gegründet, die sich die

Einführung eines Verhältniswahlrechts zum Ziel gesetzt hatte. 1908 setzte die liberale Regierung Asquith eine Kommission zur Wahlrechtsreform ein, deren Vorschläge allerdings durch die Verfassungskrise von 1911 und den folgenden Ersten Weltkrieg ins Leere liefen. Das Thema blieb zwar auf der Agenda, doch mit „dem Ende der letzten liberalen Regierung von Lloyd George 1922 scheiterten auch spätere Vorhaben zur Einführung eines proportionalen Wahlsystems wiederholt am Widerstand des Parlaments. Allein die Parlamentssitze der Universitäten Oxford und Cambridge, die allerdings nur bis 1950 existierten, wurden nach dem Single Transferable Vote (STV) gewählt" (Rohde 2003: 87). Die Thematik der Einführung eines proportionalen Wahlrechts wird regelmäßig von den Liberal-Demokraten in die öffentliche Diskussion eingebracht, da sie durch das aktuelle Wahlrecht strukturell benachteiligt werden. Im Wahlprogramm von 1997 forderten sie deswegen verständlicherweise die Einführung proportionaler Repräsentation für alle Wahlen, mit einer deutlichen Präferenz für das *Single Transferable Vote System* (ebd.: 89).

Ganz unterschiedlich gestalten sich die Positionen der großen Parteien zu einer Reform des Wahlrechts. Da die Konservativen langfristig am meisten vom bestehenden Wahlrecht profitiert haben, lehnen sie eine Veränderung am entschiedensten ab. Im Wahlprogramm von 1997 sprachen sie sich gegen Reformen aus, die die Verbindung zwischen einem Abgeordneten und seinem Wahlkreis lockern bzw. zerbrechen würde, unstabile Koalitionsregierungen hervorbringen und effektives *leadership* erschweren würde, wie dies beim Verhältniswahlrecht der Fall sei. Insgesamt wird „ein Verhältniswahlrecht [...] als unbritisch abgelehnt" (Rohde 2003: 88).

In der Labour Party hat die lange Phase der Oppositionszeit bis zu ihrem Wahlsieg 1997 die ursprünglich meist positive Einstellung zum Mehrheitswahlrecht erodieren lassen. Die Mitte der neunziger Jahre eingesetzte *Plant-Commission* hatte der Partei bereits die Einführung eines Proporzsystems empfohlen. Man näherte sich in diesem Punkt den Liberaldemokraten an und beauftragte ein *Joint Consultative Committee on Constitutional Reform*, das ein Referendum über die zukünftige Gestaltung des Wahlrechts vorschlug; ein Punkt, der von New Labour auch ins 97er Wahlprogramm aufgenommen wurde, bisher aber noch nicht eingelöst worden ist. Eingelöst worden ist dagegen der Programmpunkt: „An independent commission on the voting system will be appointed" (zit. nach Rohde 2003: 89). Noch Ende 1997 beauftragte die neue Labour-Regierung eine fünfköpfige Kommission unter Vorsitz von Lord Roy Jenkins, die „beste Alternative" zum bestehenden Wahlrecht auszuarbeiten. Die Kommission setzte sich aus je einem Vertreter der drei großen Parteien zusammen, einem Regierungsbeamten und einem Journalisten. Zielvorgaben der Kommission waren: es sollte ein

System gefunden werden, dass weitgehende Proportionalität herstellt, Regierungsstabilität sichert, die Auswahlmöglichkeiten der Wähler erweitert und die Verbindung zwischen den Abgeordneten und ihren Wählern aufrecht erhält (Nohlen 2000: 282). Bei der Suche nach Reformmöglichkeiten befasste sich die Jenkins-Kommission auch ausführlich mit dem personalisierten Verhältniswahlrecht der Bundesrepublik Deutschland. Der im Oktober 1998 vorgelegte Abschlussbericht empfahl die Einführung eines Zwei-Stimmen-Mischsystems, bei dem die große Mehrheit der Abgeordneten über den Wahlkreis und ein Rest über regionale Parteilisten gewählt werden. Über regionale Großwahlkreise sollen so genannte *Additional Members* nach Proporz gewählt werden. Entsprechend nennt sich das Verfahren *Additional Member System* (AMS). Zusätzlich sollte für die Wahlkreise die Möglichkeit der Präferenzbildung eingeführt werden, die sich an das irische STV anlehnt. Dieses Element nennt sich *Alternative Vote* (AV).

Während über die Erststimme die bisherigen Vorteile des Mehrheitswahlrechts wie z.B. die enge Bindung eines Abgeordneten an seinen Wahlkreis kontinuiert werden sollen, wird nach Vorstellung der Kommission über die zweite Stimme für eine Regionalliste der Proporzaspekt in der Repräsentation stärker berücksichtigt. 80 bis 85 Prozent der MPs sollten mit der Erststimme nach wie vor über den Wahlkreis gewählt werden, der Rest mit der Zweitstimme, bei der die Wähler aber auch die Wahl haben, für eine (regionale) Parteiliste oder für einen einzelnen Kandidaten zu stimmen (vgl. Rohde 2003: 91). Auf nationaler Ebene zögert die Regierung bisher allerdings, die Vorschläge umzusetzen. Auch hat Blair das Verhältniswahlrecht als „unfair" bezeichnet, weil es kleinen Parteien, in diesem Fall den Liberal Democrats, einen überproportionalen Einfluss auf die Regierungsbildung eröffne, ihr quasi die Rolle eines „Züngleins an der Waage" zuspiele.

Nach Berechnungen von Charter 88 für die Unterhauswahlen 1997 und 1992 hätte ein nach dem Vorschlag der Jenkins-Kommission reformiertes Wahlrecht nicht zu anderen Regierungen geführt, allerdings wäre die Mehrheit weniger komfortabel ausgefallen. Wenn nur 17,5 Prozent der Sitze nach Proporzsystem vergeben worden wären, hätten die Liberaldemokraten ihre Mandatszahl mindestens verdoppeln, bei einem kompletten Systemwechsel zu STV in der Wahl 1992 sogar verfünffachen können.

Die Reaktionen auf den Bericht der Jenkins-Kommission sind zwar durchweg positiv gewesen, jedoch wurde das Wahlversprechen, ein Referendum über das zukünftige Wahlverfahren abzuhalten, bisher nicht eingelöst. Dies wird zum einen auf fehlendes öffentliches Interesse wie auch auf Widerstände im Kabinett gegen eine dann notwendig werdende engere Zu-

Tabelle 11: Sitzverhaltung zur Unterhauswahl 1997 nach alternativen Berechnungen

	Conservative	Labour	LibDem
Rel. Mehrheitswahl	165	419	46
Jenkins-Plan	194	354	77
AMS (83 % : 17 %)	190	354	82
STV	144	342	131
Reine Verhältniswahl	202	285	111

Quellen: Dunleavy/Margetts 1999: 23; Rohde 2003: 91, Sturm 2002: 238

sammenarbeit mit den Liberaldemokraten zurückgeführt (Rohde 2003: 92). Die Beispiele in Schottland und Wales zeigen, das bei einer stärkeren Berücksichtigung von Proporz wie beim Additional Member System Koalitionen zwischen New Labour und Liberaldemokraten wahrscheinlicher werden. Für die Labour-Regierung könnte dies heißen, sich mit Hilfe einer „Mitte-Links-Koalition" langfristig die Macht zu sichern. Andererseits würde eine Stärkung der Liberaldemokraten durch eine Wahlrechtsreform für Labour bedeuten, seine eigene, sowohl 1997 wie auch 2001 bequeme Mehrheit zugunsten eines potenziellen Koalitionspartners zu schmälern. Auch hätten die Konservativen gegenwärtig keinen vergleichbaren Koalitionspartner, wie ihn Labour mit den Liberal Democrats hat. Sie müssten zur Mehrheitsbeschaffung mit Kleinparteien wie der UK Independence Party verhandeln oder sich den Liberal Democrats annähern, wodurch diese sich in einer Art *core position* befänden. Jede Wahlrechtsreform in Richtung Proporzsystem würde die Machtbasis der Regierungspartei schmälern und ist unter diesem Aspekt quasi „selbstschädigend", denn eine ganze Reihe von Abgeordneten der Regierungspartei würde unter einem reformierten Wahlrecht nicht wieder ins Unterhaus einziehen. Unter diesem Gesichtspunkt war der wiederholte deutliche Wahlsieg von New Labour bei den Unterhauswahlen 2001 kontraproduktiv für die Motivation der Regierungspartei zur Reform. Das schlechtere Abschneiden Labours und die Gewinne der Liberaldemokraten bei der Wahl 2005 könnten dagegen eine neue Dynamik für das Thema bringen.

Die Beispiele aus den Regionen zeigen deutlich, dass dort, wo Institutionen neu zu errichten waren, auch relativ problemlos neue, stärker proporzorientierte Verfahren installiert werden konnten, während die Reform bestehender Institutionen wie die Wahl zum Unterhaus auf viel stärkere Widerstände trifft. Aufgrund des neuen Wahlrechts kommt es gegenwärtig bei der Bildung von Regionalregierungen häufig zu Koalitionen. Die damit verbundene Möglichkeit größerer Regierungsinstabilität wird in der Öffentlichkeit anscheinend nicht als Ge-

fahr gesehen, denn die neuen Regelungen finden, mit Ausnahme der unbeliebten geschlossenen Parteilisten, große Akzeptanz in der Bevölkerung (Rohde 2003: 93). Das sukzessive Vorgehen der Regierung Blair bei der Reform des Wahlrechts lässt sich auch als „demokratischer
Experimentalismus" beschreiben. Man wartet, bevor es zu Reformen auf nationaler Ebene
kommt, zunächst ab, wie sich die neuen Regelungen auf den anderen Ebenen bewähren. Je
länger aber die neuen, proportionalen Verfahren auf kommunaler und regionaler Ebene sowie
bei Europawahlen Anwendung finden und sich bewähren, „desto einfacher wird auch ihre
Ausdehnung auf die Wahlen zum Unterhaus sein" (Rohde 2003: 94).

Eine thematisch ganz anders gelagerte Reformdiskussion ist nach dem Briefwahlskandal
Labours in Birmingham im Vorfeld der Unterhauswahl 2005 entstanden.[57] Nachdem ein Richter festgestellt hatte, dass das erst im Jahr 2000 reformierte Briefwahlrecht *wide open to fraud*
sein, hat die Regierung weitere Reformen angekündigt. So soll den Parteien verboten werden,
ausgefüllte Briefwahlanträge in empfang zu nehmen, um sie an die Wahlbehörden weiterzu-
leiten. Um der Verwaltung mehr Zeit zur Kontrolle der Briefwahlunterlagen zu geben, sollen
die Anträge nun mindestens 11 Tage und nicht wie bisher sechs Tage vor der Wahl abgegeben werden. Auch sollen statt Seriennummern nun Barcodes auf den Wahlunterlagen verwendet werden, um das Fälschen von Unterlagen zu erschweren. Während sich die Electoral
Commission für ein System stark gemacht hat, bei dem sich jeder Wähler individuell registrieren lassen muss, bevorzugt die Regierung das Verfahren, ein Formular pro Haushalt auszugeben, auf dem jeder unterschreiben kann, der sich zur Wahl registrieren lassen will. Die
Einführung der individuellen Registrierung habe in Nordirland zu einem deutlichen Rückgang
der Registrierungen geführt. Von den Liberaldemokraten wurde in diesem Zusammenhang
angeregt, den Wahltag auf das Wochenende zu verlegen.

Auf eine Steigerung der Wahlbeteiligung und mehr Komfort hofft man auch durch electronic voting (e-voting) und electronic counting. Großbritannien beansprucht bei der Erprobung
und Einführung entsprechender Techniken eine führende Rolle (Pratchett/Wingfield 2004:
172). Erste Pilotprojekte wurden bei Kommunalwahlen 2002 durchgeführt und seither erheblich erweitert. Im Mai 2003 wurden entsprechende Verfahren in 59 Gemeinden getestet. In
den Gemeinden, in denen mit zusätzlichen Stimmabgabemöglichkeiten per Internet, Telefon
oder sogar per sms experimentiert wurde, ist die Stimmabgabe allerdings um 1,5 Prozent gefallen. In diesen Gemeinden wurden zwischen neun und 25 Prozent der Stimmen elektronisch

---

[57] Vgl. z.B. The Guardian, 05. April 2005: „Warehouse was electoral fraud factory: Poll officials broke rules,
      police ignored evidence and Labour councillor lied, Birmingham postal voting investigation concludes."

abgegeben. In Gemeinden, in denen es keine Wahllokale gab, so dass ausschließlich per Briefwahl abgestimmt werden musste, ist sie dagegen um durchschnittlich 15 Prozent gestiegen.[58] Briefwahl scheint also nach wie vor der beste Weg zu sein, um die Wahlbeteiligung zu erhöhen. Die Pilotprojekte haben sich bisher auch ausschließlich auf die technischen Aspekte konzentriert und die normative Dimension von „remote voting" außer acht gelassen, kritisieren Pratchett und Wingfield (2004: 187): „Indeed, some of the publicity sourrounding the pilots showed groups of young people sitting together to cast their votes on mobile phones. If anything, the pilots appeared to endorse 'family' or 'collective' voting."

Links:

Boundary Commissions:

   England: www.statistics.gov.uk/pbc

   Nordirland: www.boundarycommission.org.uk

   Schottland: www.bcomm-scotland.gov.uk

   Wales: www.bcomm-wales.gov.uk

Electoral Commission: www.electoralcommission.org.uk

Electoral Reform Society: www.electoral-reform.org.uk

Europawahl 2004: www.elections2004.eu.int

General Election 2005: www.electoralcommission.gov.uk/elections/genelec.cfm
                     www.politics.guardian.co.uk/election2005

---

[58] www.electoralcommission.org.uk/elections/modernisingelections.cfm (25.07.2007)

6. Parteiensystem und Parteien

Seit dem 19. Jahrhundert waren die Parlamentsparteien durch die Ausdehnung des Wahlrechts immer wieder gezwungen, ihre organisatorische Basis auch außerhalb des Parlaments zu verbreitern. Auch die unter Tony Blair initiierten Wahlrechtsreformen werden im britischen Parteiensystem auf allen Ebenen Restrukturierungen des politischen Wettbewerbs auslösen. Allerdings wäre es zu vereinfachend, das Wahlrecht als einzig entscheidende Determinante der Entwicklung des Parteiensystems zu beschreiben, nicht zuletzt, weil dadurch für das Parteiensystem relevante sozialstrukturelle Veränderungen ausgeblendet würden. Charakteristisch ist das Fehlen eines förmlichen Parteiengesetzes, auch wenn einzelne Regulierungen wie die Limitierung der Wahlkampfausgaben der Parteien inzwischen durch den „Political Parties, Elections and Referendum Act" 2000 erfolgt sind.

Die Bezeichnungen des Systemformats schwanken zwischen Zweiparteiensystem, Mehr- und Multiparteiensystem sowie dominantem Parteiensystem. Da die Parteien ihre Organisationsstruktur unabhängig von gesetzlichen Vorgaben gestalten können, haben sie teilweise sehr unterschiedliche Organisationsformen entwickelt. Während die Konservativen und die Liberaldemokraten ihren *Party Leader* von den Mitgliedern wählen lassen, wird er in der Labour Party von Parteitagsdelegierten gewählt. Die Entwicklung der Labour Party seit 1993 ist von ihrer sukzessiven Emanzipation von gewerkschaftlichem Einfluss geprägt, insbesondere auch bei der Wahl des Parteivorsitzenden. Inhaltlich hat sie sich unter neuem Namen von der noch stark sozialistisch geprägten Programmatik der 80er Jahre verabschiedet. Seit der Regierungsübernahme 1997 hat sie mit dieser Neuausrichtung allerdings fast die Hälfte ihrer Mitglieder verloren. Aber auch die Konservativen leiden unter Mitgliederverlust. Sie konnten von ihren 1998 durchgeführten einschneidenden Organisationsreformen nicht profitieren. Lediglich die Liberaldemokraten konnten ihre Mitgliederzahl stabilisieren. Sie profitieren nicht nur von den Wahlrechtsreformen, sondern gehören auch zu den Gewinnern der *General Election* 2005.

6.1 Entwicklung und Struktur des Parteiensystems

Anders als in Deutschland liegen die Ursprünge der Parteien in Großbritannien (mit Ausnahme der Labour Party) im Parlament. Erst lange nach ihrer Etablierung als Parlaments- und Regierungsparteien wurden sie durch die Wahlrechtsreformen von 1832, 1867 und 1884/5 sukzessive vor die Aufgabe gestellt, ein immer größeres Elektorat an sich zu binden und in den politischen Prozess zu integrieren (vgl. Döring 1993: 29). Erst im Zuge dieser Reformen wurde die Etablierung nationaler Parteiorganisationen mit ansprechenden Forderungen und Programmen notwendig. Die größeren Parteien (mit Ausnahme von Labour) sind weitaus älter als die demokratische Entwicklung des Staates. So konnte es den frühen Parteien gelingen, selbst prägenden Einfluss auf die Entstehung und Entwicklung der konstitutionellen Strukturen zu nehmen. Die Herausbildung eines Zweiparteiensystems aus Whigs und Tories wird allgemein auf das 17. Jahrhundert datiert. Im 18. Jahrhundert waren die Parteien vor allem Zusammenschlüsse einflussreicher aristokratischer Familien ohne Programm, Organisation oder gar interne demokratische Willensbildung. Bis heute ist die Binnenstruktur der großen Parteien durch einen Dualismus von *Parliamentary Party* und *Constituency Party* geprägt, dessen Grundlage bereits in der Entstehungsgeschichte des Parteiensystems gelegt wurde.

Da das Stimmrecht noch an einen Eigentums- bzw. Mietnachweis eines Hauses bzw. eine Steuerpflicht gebunden war, gelang es vor allem Grund- und Hausbesitzern, ihre Interessen parteiförmig zu repräsentieren (Schröder 1998). Das starke Bevölkerungswachstum in den Handels- und Industriezentren sowie die rasch wachsende Proletarisierung der Bevölkerung spiegelten sich in der Parlamentsstruktur zunächst nicht wieder. Nur mit großer zeitlicher Verzögerung näherte sich die Sozialstruktur des Parlaments jener der Bevölkerung wieder an. Allmählich gelang es dem Parteiensystem, auch diese Interessen aufzunehmen und zu repräsentieren. So verloren die grundbesitzenden Schichten ihre dominierende Stellung im Parlament zugunsten kommerzieller und industrieller Schichten erst nach der Parlamentsreform von 1884 (ebd.). Gegen Ende des 19. Jahrhunderts waren Konservative und Liberale die beiden führenden Parteien. Das weitere Anwachsen der Arbeiterklasse fand (wiederum mit entsprechender Verzögerung) in der Zwischenkriegszeit auf Ebene des Parteiensystems seinen Ausdruck in der Verdrängung der Liberalen durch die Labour Party als zweiter Kraft im System. Die Liberalen hatten vergeblich versucht, sich als Interessenvertretung auch der Arbeiter zu verbreitern. Der schnelle Aufstieg von Labour von der Gründung 1906 bis zur Ablösung der Liberalen in der Zwischenkriegszeit ist auch als Ausdruck veränderter gesellschaftspolitischer *Cleavages* zu verstehen. Der Dominanz von Konservativen und Liberalen lag ein prägendes Stadt-Land Cleavage zugrunde, bei dem die Liberalen die städtischen kommerziell-industriellen Interessen vertraten und die Konservativen entsprechend ihrer Herkunft aus dem niederen Landadel, der *gentry*, die Interessen der grundbesitzenden Schichten auf dem Land. Bis in die Gegenwart hat sich die Stärke der Konservativen in ländlichen Gegenden gehalten. Mit dem Aufstieg von Labour kam dann auch im Parteiensystem das Cleavage Arbeit-Kapital zur Dominanz. Für die Konservativen war damit die Öffnung für die Interessen von Handel und Wirtschaft verbunden, die jetzt den Einfluss der Grundbesitzer verdrängten. Die Liberalen verloren damit zwar ihre Position im Parteiensystem an Labour, einen wichtigen Teil ihrer repräsentierten Interessen aber an die Konservativen.

Seit der Nachkriegszeit hat das britische Wahlrecht alternierend nur zwei Parteien, nämlich die Konservativen und die Labour Party, an die Regierung gebracht. Auch in säkularer Perspektive lässt sich eindeutig eine dualistische Struktur rekonstruieren, anfangs mit dem Gegensatz von Whigs uns Tories, später dem von Konservativen und Liberalen und seit dem zweiten Weltkrieg mit dem von Konservativen und Labour Party. Dennoch wäre es falsch, von einem reinen Zweiparteiensystem in Großbritannien zu sprechen. Auch in historischer Perspektive bietet sich ein facettenreicheres Bild, als der erste Eindruck zunächst vermuten lässt.

Becker (2002: 156) beschreibt das britische Parteiensystem als ein Konkurrenzparteiensystem, dass von einer einzelnen Partei dominiert wird. In einem solchen „dominanten Parteiensystem" gelingt es einer Partei überproportional häufig die Regierung zu stellen. In Großbritannien hatte die Konservative Partei in langen Phasen des 20. Jahrhunderts eine solche „dominante" Position. In den 87 Jahren zwischen 1918 und 2005 war sie 57 Jahre zumindest an der Regierung beteiligt oder stellte sie alleine. Betrachtet man allerdings lediglich den Zeitraum von 1945 bis 1979, dann ist der Anteil der Regierungszeit beider Parteien genau ausgewogen. Eine ähnliche Phase der Dominanz einer Partei, wie sie die Konservativen nach 1979 erlebten, wird gegenwärtig auch von der Labour Party durchlaufen.[59] Ein weiteres Kennzeichen dominanter Parteien sind lange Phasen ununterbrochener Regierungstätigkeit. Auch dies trifft auf die Konservativen zu, zuletzt von 1979 bis 1997, davor von 1951 bis 1964 und von 1931 bis 1945. Die 18 Jahre der Regierungen Thatcher/Major war die längste zusammenhängende Regierungsphase einer Partei seit 1832.

---

[59]   Nach dem „nur" durchschnittlichen Wahlsieg von Labour in 2005 ist Premier Blair gedrängt worden, das Amt an Finanzminister Gordon Brown abzugeben. Sollte der Wechsel gelingen, deutet sich für Labour ein ähnliches Muster wie bei der Regierung Thatcher/Major an.

Diese langfristige strukturelle Dominanz einer Partei ist zu unterscheiden von dem durch das Wahlrecht induzierten Disproportionseffekt, der die stärkste Partei bevorzugt und ihr auf diese Weise quasi zu einer dominanten Stellung im Parlament verhilft. Die strukturelle Dominanz der Konservativen Partei wird durch das diskriminierende Wahlrecht nicht gefestigt, da auch Labour die Möglichkeit hat, in den Genuss seiner majorisierenden Vorteile zu kommen, wie die Wahlen 1997 und 2001 gezeigt haben. Auch unter einem modifizierten Wahlrecht hätte es zu langen Phasen konservativer Regierungsmehrheit kommen können. Dagegen hat Labour trotz des mehrheitsfördernden Wahlrechts mehrmals nur eine Minderheitsregierung bilden können, so 1924, 1929-31, 1974 und 1977, während die Konservativen noch keine Minderheitsregierung gestellt haben. Die langfristige Stärke der Konservativen hat auch zur Einführung der Bezeichnung „dominantes Parteiensystem" geführt, mit der die strukturelle Dominanz dieser Partei hervorgehoben werden soll (z.B. Heywood 1994: 13). Auch gegenwärtig ist die Entwicklung des Wahlrechts und damit zusammenhängend des Parteiensystems nicht zum Stillstand gekommen. Die Pluralisierung des Wahlrechts im Zuge der Devolution hat lediglich auf nationaler Ebene ein Zweiparteiensystem bestehen lassen, das aber zunehmend zugunsten dritter Parteien erodiert. Auf regionaler wie auf europäischer Ebene haben sich Mehrparteiensysteme etabliert.

Die in kontinentaleuropäischen Parteiensystemen zu beobachtende Erosion stabiler Parteibindungen hat auch vor der britischen Insel nicht Halt gemacht. Bis Mitte der 70er Jahre konnten die beiden großen Parteien zumeist um 90 Prozent der Wählerstimmen auf sich vereinigen; seither wird auch für Großbritannien eine zunehmende Lockerung der Parteibindung der Wählerschaft beobachtet. Das führt zu einer Diversifizierung des Spektrums im Parteiensystem. So kam es in den 70er Jahren zu einem Erstarken der Liberal Party sowie nationalistischer und anderer Kleinparteien. Während in England eher die Liberalen von der Erosion der traditionellen Bindungen an die beiden Großparteien profitierten, waren es in Schottland und Wales auch die nationalistischen Parteien. Anfang der 80er Jahre kam es zu einer starken Polarisierung zwischen den beiden Großparteien. Die Labour-Regierung hatte sich in den 70er Jahren um gesellschaftliche Modernisierung durch Verhandlungen bemüht und war dabei den Gewerkschaften entgegengekommen. Nach dem Regierungswechsel 1979 fand unter Thatcher eine radikale Abkehr von einer sozialstaatlich orientierten Politik statt. Als Reaktion auf die „Rechtswendung" der Konservativen unter Thatcher kam es in Teilen der Labour Party zu einer „Linkswendung", die aber nicht von der gesamten Partei mitgetragen wurde. 1981 kam es zur Abspaltung der SDP, der *Social Demokratic Party*, die von vier Ex-Ministern gegründet wurde. Programmatisch bewegte sie sich auf die kontinentale Sozialdemokratie zu und suchte die Nähe zu den Liberalen. Es kam zu Absprachen über gemeinsame Kandidaturen bei Nachwahlen und bei den Unterhauswahlen 1983 und 1987 zur Zusammenarbeit in der *Liberal-SDP-Alliance*. Inhaltlich traten beide Parteien für die EG-Mitgliedschaft Großbritanniens, einen modernen Wohlfahrtsstaat, keynesianische Wirtschaftspolitik und die Devolution ein. Als größte der Kleinparteien sprachen sie sich natürlich für ein Verhältniswahlrecht aus. 1988 kam es zur Fusion der beiden Parteien; zur Unterhauswahl 1992 traten sie erstmals als Liberal Democrats an. Der Stimmenanteil der Alliance bzw. der Liberal Democrats ist seit dem Höchststand von 1983 (zusammen 25,4 Prozent) kontinuierlich gesunken. Erst 2001 konnte dieser Trend mit leichten Zugewinnen ungekehrt werden. 2005 erreichten sie mit 22 Prozent der landesweiten Stimmen und 62 Sitzen wieder ein sehr gutes Ergebnis.

Gegen Ende der achtziger Jahre reduzierte sich die Polarisierung zwischen Konservativen und Labour wieder. Mit der Ablösung Thatchers durch John Major als Premierminister und Parteivorsitzender war der Zenit der programmatischen Polarisierung im Parteiensystem bereits überschritten. Major änderte die Positionierung der Konservativen in den meisten Politikfeldern nicht wesentlich, lediglich in der Europapolitik nahm er eine neue, freundlichere Haltung ein. Es war der persönliche, stärker konsens- und verhandlungsorientierte Stil Majors, der in Partei und Öffentlichkeit weniger polarisierte. Auch bei Labour hatte man sich ab der zweiten Hälfte der achtziger Jahre auf einen Weg der programmatischen Neuorientierung begeben, der dazu führte, einen Großteil der Reformen der Thatcher-Regierung als irreversibel anzuerkennen und das Verhältnis zu den Gewerkschaften zu überdenken.

Im Unterschied zu den Verfassungsordnungen anderer europäischer Staaten gibt es in Großbritannien keine geschriebenen Verfassungsnormen und kein Parteiengesetz, die den öffentlich-rechtlichen Status und die Aktionsformen der Parteien regulieren könnten (vgl. Kap. 2). Folglich haben politische Parteien nur den Status einer privatrechtlichen, freiwilligen Vereinigung, die ihre Verfasstheit, ihre Satzungen und Statuten weitgehend selbst bestimmen kann. Für 150 Pfund kann man sich als politische Partei registrieren und den Parteinamen schützen lassen. Es gibt keine gesetzliche Definition politischer Parteien, auch haben sie keine formal bestimmte Funktion (Smith 1990). Allerdings kann die Bildung einer stabilen Regierung noch am ehesten als Aufgabe der Parteien im Rahmen konstitutioneller Konventionen angesehen werden. Die Repräsentationsfunktion wird dagegen weniger den Parteien als den Abgeordneten im Parlament zugeschrieben. Eine verfassungsrechtliche oder einfachrechtliche Reglementierung der Parteien würde auch dem Grundsatz der Parlamentssouveränität widersprechen. Die Verfassung wirkt nicht normierend von außen auf die Parteien ein, sondern das Zusammenspiel der Parteien selbst, ihr *common sense*, ist Ausdruck der Verfassung. Das britische Parteiensystem war niemals von „Antisystemparteien" oder verfassungsfeindlichen Kräften bedroht, so dass es auch keine Notwendigkeit für Reglementierungen, Beschränkungen oder gar Parteiverbote gab (Smith 1990). Eine wirksame Kontrolle gegen möglicherweise verfassungsfeindliche Bestrebungen stellt allein das Wahlrecht dar, das solchen Kräften den Zugang zum Parlament erschwert.

Die mit dem „Political Parties, Elections and Referendums Act" 2000 eingerichtete *Electoral Commission* ist zuständig für die Registrierung und die Kontrolle der Finanzierung der Parteien.[60] Sie muss sich ihre Planungen, ihr Budget und ihren Jahresbericht von Parlament genehmigen lassen. Ihre Mitglieder dürfen in den letzen zehn Jahren parteipolitisch nicht aktiv gewesen sein. Viel wichtiger ist aber ihre Rolle bei der Überwachung der Parteienfinanzierung. Zuvor gab es keine Pflicht zur Offenlegung der Einnahmen der Parteien und auch keine Ausgabenobergrenzen für die Parteien auf nationaler Ebene. Registrierte Parteien mit jährlichen Einnahmen oder Ausgaben von mehr als £ 250.000 müssen seither eine jährliche Rechnungsprüfung durchführen lassen. Spenden über £ 200 müssen in der Jahresrechnung offen gelegt werden, Spenden über £ 5.000 auf nationaler und über £ 1.000 auf subnationaler Ebene müssen in vierteljährlichen „Spendenreporten" veröffentlicht werden (Webb 2002a: 371). Während der Wahlkampagne müssen die Spenden sogar wöchentlich an die Wahlkommission gemeldet werden. Auch wurde zum ersten Mal eine Obergrenze für Ausgaben für die nationale Wahlkampagne der Parteien eingeführt. Die Ausgaben waren seit den achtziger Jahren stark angestiegen. Die Konservativen haben ihre Kampagnenausgaben zwischen 1983 und 1997 mehr als verdreifacht und Labour mehr als verfünffacht. Die neuen Obergrenzen für die nationale Wahlkampagne[61] sahen zunächst £ 19,8 Millionen vor, wurden dann noch auf ca. £ 15 Millionen heruntergesetzt (ebd.). Bezugspunkt der Obergrenzen sind wieder die Wahlkreise. Die Obergrenze pro umworbenen Wahlkreis liegt bei nationalen Wahlen bei £ 25.000, bei Europawahlen bei £ 45.000 (Fisher 2003: 393). Als quasi-staatliche Parteienunterstützung wurde ein *Policy Development Fund* mit jährlich zwei Millionen Pfund eingerichtet, der die Parteien bei der Politikentwicklung unterstützen soll (ebd.). Darüber hinaus haben die Kandidaten der Parteien schon seit vielen Jahren das Recht, die Post kostenlos zu nutzen, um die Wähler ihres Wahlkreises anzuschreiben, und sie dürfen die öffentlichen Räumlichkeiten für Wahlversammlungen unentgeltlich nutzen. Besonders geschätzt ist auch die freie Nutzung

---

[60] Durch ihre Registrierung können sich Parteien Name und Parteisymbol schützen lassen.

[61] Der offizielle Zeitraum der Wahlkampagne umfasst die 365 Tage vor dem Wahltag (vgl. Fisher 2003: 393). Da der Wahltermin aber sehr kurzfristig anberaumt werden kann, müssen die Parteien quasi durchgängig ihre Ausgaben im Blick haben.

von Sendezeiten für kurze Radio- und Fernsehspots. Alle Parteien mit einer Mindestanzahl von Kandidaten haben vor einer Unterhauswahl Anrecht auf kostenlose Sendezeit, die von den öffentlich-rechtlichen Sendern bzw. den Rundfunkbehörden vergeben werden. Auf eine darüber hinausgehende staatliche Parteienfinanzierung wurde auch im Gesetzesakt von 2000 verzichtet

Die Unbestimmtheit des britischen Parteienrechts hat zu einer im Vergleich zur Bundesrepublik erheblichen Diversifizierung von parteilichen Organisationsstrukturen und -kulturen geführt. So hat sich die Konservative Partei erst 1998 eine für alle Parteigliederungen einheitliche Satzung gegeben. Es lassen sich aber auch Gemeinsamkeiten zwischen den Parteien feststellen: die Grundlage der politischen Arbeit aller Parteien ist die lokale Parteiorganisation im Wahlkreis, die *Constituency Party* oder *Association* (Becker 2002: 155). Die Wahlkreisorganisationen einer Partei sind in der Regel zu regionalen Verbünden zusammen geschlossen. Schließlich gibt es noch die nationale Organisationsebene der Parteien. Je nach Partei können die einzelnen Ebenen unterschiedliche Autonomiegrade haben. Die Verbindungen zwischen der Fraktion und der Partei außerhalb des Parlaments wird durch die nationalen Parteizentralen gemanagt. Der *Party Leader* der stärksten Partei ist in der Regel Premierminister, der *Party Leader* der zweitstärksten Partei ist Fraktionsführer und zugleich Oppositionsführer. Im Stab des Premierministers ist das *Political Office* für den Kontakt zwischen 10 Downing Street und der Parteiorganisation zuständig. Es wird teilweise von der Partei des Regierungschefs finanziert (Forman/Baldwin 1999: 300).

6.2 Conservative and Unionist Party

Man könnte sich nun fragen, ob mit dem Machtverlust 1997 auch das „konservative Jahrhundert" (Seldon/Ball 1997) und die Zeit der „Conservative and Unionist Party" (so ihr vollständiger Name, im Folgenden auch „CP") zuende gegangen ist. Dies ist angesichts der eindrucksvollen Parteigeschichte nicht zu erwarten. Fisher (1996: 33) nennt die Konservative Partei die „dominante Partei" und in parteiengeschichtlicher Perspektive die in vieler Hinsicht erfolgreichste Partei in Großbritannien. Nichtsdestotrotz gab es gelegentlich auch schmerzliche Wahlniederlagen und tiefe Zerwürfnisse in den Reihen der CP. Auf einen generellen Niedergang der Partei kann daraus allerdings nicht geschlossen werden.

Die Konservative Partei besteht unter diesem Namen seit 1833. Sie ist Nachfolgerin der Partei des landbesitzenden, niederen Adels, der Tory-Partei, die sich nach der Wahlrechtsreform von 1832 für die bürgerliche Mittelklasse öffnete und *Conservative Associations* gründete. Sie war anfänglich lediglich ein Zusammenschluss von Parlamentsmitgliedern und Peers und hat bis zur Ausdehnung des Wahlrechts 1867 keine lokalen Verzweigungen gehabt. Noch im Jahr der Wahlrechtsreform wurden zahlreiche lokale Parteigliederungen und eine nationale Organisation, die *National Union of Conservative Associations*, gegründet. 1875 gab es bereits 472 Verzweigungen in den Wahlkreisen (Birch 1998: 59). Benjamin Disraeli, Premierminister von 1874 bis 1880, modernisierte und zentralisierte die Partei sowohl organisatorisch wie programmatisch. Mit nur drei Jahren Unterbrechung regierten die Konservativen bis 1915 alleine, bis sie eine Koalition mit den Liberalen bildeten (1915-22). Auch nach dem ersten Weltkrieg blieben sie die dominierende Partei im britischen Parteiensystem. Von 1924 bis 1945 stellte sie, mit einer zweijährigen Unterbrechung von 1929 bis 31, wieder die Regierung. Die nächste Ära konservativer Machtausübung währte von 1951 bis 1964. In dieser Ära bestand zwischen Konservativen und Labour ein „Grundkonsens" über eine Politik staatlicher Intervention, Nachfrageplanung und Wirtschaftslenkung, „um das politische System stabil zu halten" (Becker 2002: 160). Erst unter Edward Heath (1970-74) wurden sozialpolitische Einrichtungen wie der von Labour geschaffene *National Health Service* und Themen wie Deregulierung und Reprivatisierung verstaatlichter Unternehmen wieder auf die Agenda gesetzt. Konsequent umgesetzt wurden solche „neoliberalen" Überlegungen aber erst in der Ära der „eisernen Lady" Margaret Thatcher ab 1979. Auch gegenwärtig ist die Mehrheit in der Partei noch stark an den von Margaret Thatcher vorgegebenen Politiken orientiert. Einen organisatorischen Kern hat das Thatcher-Erbe in der Gruppierung *Conservative Way Forward*. Das Ziel dieser Gruppe ist u.a., bei der innerparteilichen Kandidatenauswahl in den Wahlkreisen rechte und europaskeptische Kandidaten zu unterstützen.

6.2.1 Wettbewerbsposition

Die Wettbewerbsposition der Konservativen hat sich nach der verheerenden Wahlniederlage von 1997 als mittelfristig eingeschränkt erwiesen. Mit William Hague wurde ein Kandidat zum Parteivorsitzenden gewählt, der für einen Neuanfang aus dem Mitte-Rechts-Spektrum stehen sollte, dem auch Major zugeordnet wurde, ohne jedoch zur etablierten Ministerriege unter Major oder Thatcher gehört zu haben. Er musste sich nicht nur mit den Nachwirkungen des Thatcherismus und dem Verlust der Meinungsführung seiner Partei bei den meisten Themengebieten auseinandersetzen, sondern die Partei auch europapolitisch integrieren (Criddle 2002: 37). Hague, mit 36 Jahren einer der jüngsten Parteivorsitzenden, konnte den Abwärtstrend in der Wählerschaft, der unter John Major eingesetzt hatte, nicht stoppen. Nach der erneuten Wahlniederlage der Konservativen im Juni 2001 wurde Iain Duncan Smith mit 61 Prozent der Stimmen der Parteimitglieder neuer Parteivorsitzender. Smith war Kandidat der Parteirechten, so dass das Ergebnis ungefähr die Stärke des rechten Flügels in der Partei wiederspiegelte.

Seit den 90er Jahren wird die Positionierung der Partei im politischen Wettbewerb durch Flügelkämpfe insbesondere in der Frage der Steuer- und Europapolitik erschwert. Modernisierer und Traditionalisten stehen sich weitgehend unversöhnlich gegenüber. Es ist oft das Aufeinandertreffen von Europaskeptikern bzw. -gegnern und moderat europafreundlich argumentierenden Konservativen, das eine Profilbildung der Partei in diesem Feld immer wieder erschwert. Die Gespaltenheit in der Europapolitik findet sich noch einmal zugespitzt in der Frage der Einführung des Euros. Unter dem Vorsitzenden Duncan Smith, der als treuer Anhänger Margaret Thatchers galt, war die Partei auf einen streng antieuropäischen Kurs und gegen die Euro-Einführung ausgerichtet. Gegenüber seinem Vorgänger William Hague dürfte sich die Partei noch weiter von der Mitte des politischen Spektrums entfernt haben (vgl. Becker 2002: 161). Smith' Nachfolger Michael Howard[62] konnte die Partei zwar stärker einigen als sein Vorgänger, erzielte bei der Wahl 2005 aber keinen Durchbruch und trat zurück. Auch dass sich die Partei in der Frage von Steuern und öffentlichen Leistungen etwa dreimal so weit vom Medianwähler entfernt befindet als die beiden anderen Parteien, erschwert die Wettbewerbsfähigkeit der Konservativen (Webb 2003: 285). Sie haben in diesem Politiksegment den Kampf um die Mitte bislang deutlich verloren.

Für das politische Wettbewerbsverhalten der Parteien allgemein und der Konservativen als angestammter Regierungspartei im Besonderen ist zu berücksichtigen, dass die Regierung die Bürger innerhalb der Fünf-Jahres-Frist zu einem beliebigen Zeitpunkt zu den Urnen rufen kann. Das bedeutet für die Opposition, dass sie sich bereits nach etwa drei Jahren einer Legislaturperiode langsam auf den Wahlkampf vorbereiten muss, um von der Regierung nicht überrascht werden zu können. Die Konservativen hatten gehofft, nach Jahren der Expansion im öffentlichen Dienst durch die Labour Regierung mit diesem Thema in den Jahren vor der Wahl 2005 punkten zu können. Doch im Haushaltsplan vom Frühjahr 2004 hat Schatzkanzler

---

[62] Michael Howard, von November 2003 bis zur erneuten Wahlniederlage Mitte 2005 Parteivorsitzender, galt als „Verlegenheitskandidat" der Konservativen, weil kein anderer in der seit drei Jahren dauernden Führungskrise den „Schleudersitz-Posten" übernehmen wollte.

Brown angekündigt, dass nach Jahren der Expansion nun wieder mehrere Milliarden Pfund eingespart werden sollen. Die Konservativen wollten die in Aussicht gestellten Einsparungen für Steuersenkungen nutzen, Labour wollte sie in Dienstleistungsbereiche wie Krankenhäuser, Schulen, Züge und Busse investieren, die den Bürgern quasi unmittelbar zugute kämen. Das Beispiel zeigt zum einen die klassische Positionierung von Konservativen und Labour entlang der Unterscheidung staatliche Gestaltung bzw. Steuerung vs. private Entlastung. Eine typisch konservative Argumentation ist hier, dass nicht der Staat, sondern die Bürger bzw. Unternehmen am besten wissen, wie und wo das Geld am sinnvollsten zu investieren ist. Nach Berechnungen der Konservativen stieg die Steuerbelastung der Bürger seit Antritt der Labour-Regierung bis Anfang 2004 um 24 Prozent, wovon vor allem Unternehmen betroffen seien.

Der klassischen Position, durch Steuersenkungen weniger staatliche und mehr autonome Entscheidungen der Bürger über die Verwendung ihres Geldes zu ermöglichen, wird von Schatzkanzler Brown allerdings geschickt begegnet. In Zeiten der Terrorangst und britischer Militärpflichten in aller Welt wäre es verantwortungslos, so Brown, das Budget für innere Sicherheit und Verteidigung kürzen zu wollen. Auch dürfte es den Konservativen schwer fallen, sich für unpopuläre Kürzungen im Gesundheits- oder Erziehungswesen auszusprechen. Dadurch ist gegenwärtig der Spielraum der Konservativen, mit klassischen Positionen im Bereich der Finanzpolitik und des öffentlichen Sektors zu punkten, erheblich eingeschränkt. Auch im Bereich der Wirtschaftspolitik können die Konservativen gegenwärtig kaum Gewinne erzielen. Solange die britische Wirtschaft weiter wächst, greift die Argumentation, dass Labour mit der Expansion im öffentlichen Sektor und ihren Steuererhöhungen der Wirtschaft schade, nicht. Positive Wirtschaftsdaten werden im politischen Prozess eher zugunsten der Regierung gewertet. Um ihre Wettbewerbsposition zu verbessern, müssten die Konservativen paradoxerweise auf schlechtere Daten aus der Wirtschaft warten. Die gegenwärtige Aufschwung- bzw. Wachstumsphase der britischen Wirtschaft arbeitet damit tendenziell gegen die Konservativen.

Auf dem Jahresparteitag in Bournemouth[63] im Oktober 2004 haben sich die Delegierten auch mit den schlechten Ergebnissen der Tories bei den Nachwahlen im nordenglischen Wahlkreis Hartlepool beschäftigen müssen. Dort kam die CP nur noch auf Platz vier – nach Labour, den Liberaldemokraten und der neuen, monothematischen *UK Independence Party*,

---

[63] Ein Jahr zuvor, im September 2003, hatte die Labour Party ihre *Annual Conference* in Bournemoth abgehalten. In den Medien war man davon ausgegangen, dass Tony Blair zur Halbzeit seiner zweiten Amtsperiode Bournemouth zum Symbol seiner Empfehlung macht "Wählt mich ein drittes Mal". Durch die Wahl des gleichen Ortes entstand ein Jahr später der Eindruck, dass die Konservativen (wieder) nur Zweite sind.

die den sofortigen Austritt Großbritanniens aus der EU fordert. Die Wahlergebnisse dieser Protestpartei eröffneten quasi eine „zweite Fort" im zwischenparteilichen Wettbewerb und brachten den neuen Parteivorsitzende Howard in europapolitische Erklärungsnot. Der europafeindliche Flügel in der Partei warf ihm eine zu gemäßigte Haltung gegenüber der Europäischen Union vor. Zu Howards auf dem Parteitag entworfenen „großen Ideen" gehört eine Aufwertung traditioneller *law-and-order*-Politiken wie z.B. die Forderung von 40.000 zusätzlichen Streifenpolizisten und 20.000 neuen Gefängniszellen, mehr Disziplin in den Schulen und strengere Lehrer, dagegen weniger Bürokraten, Drogenkonsumenten und Asylbewerber, besser und hygienischer geführte Krankenhäuser, Rücknahme von indirekten Steuern, Sanierung der Renten, Rückzug aus jenem Teil der EU-Regularien, die nicht im nati-onalen Interesse sind (darunter der neue Verfassungsentwurf).

Auch beim Thema Irak-Krieg gelang es den Konservativen nicht, zu punkten. Zwar beschuldigten sie den Regierungschef erneut, in der Frage der Massenvernichtungswaffen gelogen zu haben. Dieser Vorwurf konnte jedoch nicht wirklich in politisches Kapital umgewandelt werden, da die Tory-Fraktion die Entscheidung, Saddam Hussein zu entmachten, mitgetragen hat. Der Versuch, den Irak-Feldzug auch nachträglich zu rechtfertigen und Blair gleichzeitig der Unwahrheit zu bezichtigen, brachte der Opposition keine Wettbewerbsvorteile ein. Das zeigt sich deutlich auch in der Beziehung der CP zur amerikanischen Schwesterpartei, den Republikanern. Die Bush-Administration honoriert die Irak-Politik der Regierung Blair z.B. dadurch, dass sie die britischen Konservativen ignoriert.[64] Die *special relationship* ist für die Konservativen gegenwärtig nicht zu nutzen, sondern zeigt im Gegenteil gerade vor dem Hintergrund der konservativen US-Regierung die Marginalisierung der britischen Konservativen.

Bei der Europawahl 2004 haben die Tories Stimmen vor allem an die UK Independence Party verloren. Deren starkes Abschneiden ist auch als Protest gegen Blairs Europapolitik gewertet worden. Die CP befindet sich gegenwärtig in einem „Zwei-Fronten-Krieg". Eingekeilt zwischen Protestparteien wie UKIP und den Liberal Democrats hat sie weiterhin Mühe, sich als modernere Alternative zu Labour zu präsentieren. Das Image der „Verliererpartei" haftet den Konservativen nach wie vor an. Zur Strategie des Vorsitzenden Howard im Wahlkampf 2005 gehörte es offenbar, wenigstens die eigenen Stammwähler und Protestwähler zu sichern, die zur Independence Party oder zu den Liberaldemokraten wechseln könnten. Die

---

[64] Ein Besuchsansinnen des Parteivorsitzenden Howard auf dessen USA-Reise im September 2004 bei Bush soll brüsk abgewiesen worden sein. Vgl. FAZ vom 11. Oktober 2004.

stark überalterte Partei steckt auch nach der Wahl 2005 noch in einem Tal der Hoffnungslo-
sigkeit, die an die Situation Labours in den achtziger Jahren erinnert. Ohne die Formierung
eines neuen Projektes ähnlich dem Thatchers oder Blairs können sie selbst Schwächen der
Regierung kaum in eigene Vorteile umwandeln. Andere Protestparteien sind ihnen zuvor gekommen. Labour-Parteistrategen haben bei den Konservativen ein *Clause IV*-Moment ent-
deckt. Wie sich Labour von seiner Verpflichtung zur Verstaatlichung gelöst hat, so müssten
sich die Tories von ihrer Verpflichtung zum Thatcherismus lösen. Sie leiden als Opposition
stärker als Labour an den Widersprüchen eines unterwanderten klassischen Zweiparteiensystems.

6.2.2 Programmatik und Praxis

In der zweiten Hälfte des letzten Jahrhunderts haben die Konservativen eine Reihe programmatischer Erneuerungen eingeleitet, mit denen nicht zuletzt auf veränderte internationale
Konstellationen reagiert wurde. So mussten sie sich von ihrer alten Empire-Tradition lösen
und außenpolitisch neue Wege gehen. Die vom konservativen Premierminister Anthony Eden
mitausgelöste Suez-Krise 1956 verfestigte den Verlust von Großbritanniens Weltmachtstel-
lung einschließlich seiner Kolonien. Nach der Suez-Krise ging man zu einem Kurs der Entkolonialisierung über und betrieb auch eine vorsichtige Hinwendung zur EG. 1973 trat Großbritannien unter dem konservativen Premierminister Eduard Heath der EG bei. Innenpolitisch
trugen die Konservativen lange Zeit wohlfahrtsstaatliche Positionen mit. Der Verstaatli-
chungspolitik der Labour-Regierung sollte bis Mitte der 70er Jahre mit einer Mischung aus
staatlichen Interventionen und freier Marktwirtschaft begegnet werden. Sie knüpften damit
„an Disraelis Konzeption einer nationalen, klassenübergreifenden Partei an und sicherten sich
mit ihrer Betonung persönlicher und wirtschaftlicher Freiheit, des individuellen Eigentums
und der Bedeutung von Gesetz und Ordnung einen Rückhalt in allen Klassen" (Kamm/Lenz
2004: 219). Aber bereits unter Heath deutete sich ein programmatischer Wandel zu einem
stärker meritokratischen Menschen- und Gesellschaftsbild an. Margaret Thatcher baute diesen
Kurs weiter aus. Da sie sich selbst aus kleinen Verhältnissen an die Spitze zunächst von Partei
und dann auch des Staates gearbeitet hatte, verkörperte sie selbst auch das individuelle Leistungsprinzip, das zur Grundlage ihrer Politik wurde (Noetzel 1987). Es kam zu einem Bruch
mit der sozial- und wohlfahrtspolitischen Programmatik der Partei.

Die Dominanz des meritokratischen Denkens führte zu einer Aufwertung spätviktoriani-
scher Tugenden wie Fleiß, Disziplin, Eigenverantwortung und schließlich Leistungsbereit-
schaft. Eher paternalistische Positionen innerhalb des konservativen Spektrums wie die Verpflichtung zur Sorge um die Armen und Benachteiligten traten stärker in den Hintergrund.
„Die bereits von Anthony Eden angedachte, demokratische Ausweitung von Grundbesitz zu
einer 'poverty-owning democracy' fand unter Thatcher eine Fortsetzung durch die umfassende Privatisierung von Sozialwohnungen" (Kamm/Lenz 2004: 220). Aber auch mit anderen
Prinzipien konservativer Programmatik wurde gebrochen. War der Konservatismus früher
eher pragmatisch und ideologiefeindlich, so wurden unter Thatcher das Marktprinzip, der
Monetarismus und meritokratisches Denken zu einer eigenen Ideologie verwoben. Die Gewerkschaften, der Wohlfahrtsstaat, aber auch das Oberhaus wurden zu Feindbildern ausgebaut. Schließlich wurden mit der Auflösung des *Greater London Councils* auch zentrale deli-
berative gesellschaftliche Institutionen angegriffen. In Anlehnung an die Rhetorik von New
Labour sprechen Kamm/Lenz von einer Zäsur von den Old Tories zu den New Tories unter
Thatcher. In der Diskontinuierung bestimmter Grundsätzen konservativer Politik unter Thatcher, die den Konservativen im 20. Jahrhundert viel Zustimmung eingebracht habe, habe sich
die Partei zugleich auch ihren eigenen Erfolg untergraben (ebd.: 221).

Kontrovers wird auch die Frage diskutiert, ob die britischen Konservativen durch die lange
„Ära Thatcher" personell und programmatisch lediglich verbraucht oder sogar strukturell „beschädigt" sind. Kamm/Lenz (2004: 221) sehen den britischen Konservatismus als so weitreichend beschädigt, „dass es auch William Hague nicht gelang, der Partei ein neues Profil zu
verleihen". Auch der Vorsitzende Howard hat zur Wahl 2005 ein Regierungsprogramm vorgelegt, das sich auf alte konservative Hausmittel verlässt. Das heißt vor allem Steuerreduk-
tionen, Abbau staatlicher Bevormundung, Kontrolle der Asyl- und Immigrationsströme mit
fragwürdigen Methoden und die Rückgewinnung von Kompetenzen, die an die EU abgetreten
worden sind. Howards letzte Umbildung seines Schattenkabinetts ließ eine deutliche Wen-
dung nach rechts vermuten. Das wurde von Howard zwar bestritten, ließ seinen Kurs für die
entscheidenden Zentrumswähler aber weithin im Unklaren. Auch der im Dezember 2005 gewählte neue Vorsitzende David Cameron hat inhaltliche Festlegungen zunächst weitgehend
vermieden und an die Aufbruchsbereitschaft der Partei appelliert. Der 39-jährige Cameron
hatte sich in einem Mitgliederentscheid deutlich gegen den Unterschicht-Aufsteiger Davis
durchgesetzt. Nachdem die Konservativen zuletzt regelmäßig soziale Aufsteiger wie z.B.
Margaret Thatcher zu ihren Vorsitzenden gewählt hatten, tritt mit Cameron erstmals seit den

60er Jahren wieder ein Angehöriger der oberen Mittelschicht mit Eton-Abschluss die Parteiführung an.

Tief gespalten ist die CP seit Jahrzehnten in der Europapolitik. Nachdem John Major in der
Europapolitik einen moderateren Kurs einschlug als seine Vorgängerin, wäre er bei der Ratifizierung des Maastricht-Vertrages im Parlament beinahe an der eigenen Partei gescheitert, so
dass er die Ratifizierung mit einer Vertrauensfrage verbinden musste (Schieren 2001: 55).
Unmittelbar davor hatte Major eine „Jahrhundertniederlage" erlitten, als 23 Abgeordnete seiner Partei mit der Opposition stimmten. In den folgenden Jahren war nicht zuletzt aufgrund
einer Reihe verlorener Nachwahlen der europapolitische Handlungsspielraum Majors stark
eingeschränkt. Der Machtverlust 1997 hat die Spaltung der Partei in diesem Feld noch verschärft, da jetzt auch das einigende Band des Machterhaltsinteresses weggefallen war. Auch
bot sich die Europapolitik jetzt zur Profilierung gegenüber der europafreundlicheren Blair-
Administration an. Im Programm zur Europawahl 2004 forderten die Konservativen z.B. einen Kommissars für Deregulierung in der EU. Insgesamt ist die CP in der Europapolitik tief
gespalten zwischen Forderungen, Europa im Sinne der Konservativen zu reformieren, während eine Mehrheit die EU generell ablehnt und für eine „Exit-Option" eintritt. Die Schwäche
der CP hat auch Aufwirkungen auf konstitutioneller Ebene, da sie als „Quasi-Verfassungsorgan" (ebd.: 56) ihrer Aufgabe als institutionalisierter Opposition kaum nachkommen kann.

6.2.3 Organisationsstruktur und Willensbildung

Die Konservative Partei ist eine vergleichsweise hierarchische Partei. Alle Aktivitäten richten
sich mehr oder weniger auf die Unterstützung des Parteivorsitzenden und der Fraktion im
Unterhaus. Diese Ausrichtung der Partei rührt noch von ihrer Entstehungsgeschichte als *Party
in Parliament* her. Die hierarchische Struktur der Willensbildung und die Stellung des Partei-
chefs sind aber auch Ausdruck politischen Denkens in der Partei, ihrer Wertschätzung von
Autorität und Status auf der einen Seite und ihrer Bereitschaft zu dienen auf der anderen. Diesem hierarchischen Image der Partei stehen allerdings auch die plebiszitären Instrumente, die
mit den Reformen nach dem Machtverlust eingeführt wurden, entgegen. Während vorher nur
die Abgeordneten den Parteichef wählen durften, wurde dieser nun von den Mitgliedern direkt gewählt. William Hague, gegen den 1997 gleich vier Mitbewerber antraten, konnte sich
erst im dritten Wahlgang durchsetzen (Butler/Kavanagh 2002: 42). Zu den Rechten des Par-
teichefs gehört auch, Mitgliederbefragungen ansetzten, die allerdings dazu genutzt werden,

Unterstützung für die Politiken des Parteivorsitzenden zu signalisieren und Kritiker zum Verstummen zu bringen.

Vertikal gliedert sich die Partei in eine lokale, eine Bezirks- (*Area*) und eine nationale Ebene. Auf lokaler Ebene sind die Parteimitglieder Teil einer *Ward Association*, die wiederum die lokale Wahlkreispartei konstituieren. Die Wahlkreispartei ist mit den *Area*-Büros verbunden, die die Parteien vor Ort z.B. in Fragen des Wahlkampfes und der Kandidatenauswahl beraten. Die lokalen Organisationen sind in ihrer Arbeitsweise weitgehend autonom. Es ist erst die Organisationsstruktur auf nationaler Ebene, die der Partei den Ruf einer hierarchischen Partei eingebracht hat. Auf dieser Ebene gibt es drei Machtzentren: der Parteiführer, die Fraktion und das *Central Council of the National Union of Conservative and Unionst Organisations*, kurz *National Union* (Fisher 1996: 35). Der Parteiführer hat die alleinige Verantwortung für die Formulierung des Wahlprogramms und unmittelbare Kontrolle über das *Central Office* der Partei.

Die *National Union* wurde 1867 als Organisation der zahlreichen Wahlkreisverbindungen in England und Wales gegründet. Ihre Hauptaufgabe ist die Organisation der zahlreichen Parteikonferenzen während des Jahres. Wie für alle größeren Parteien ist auch für die Conservative Party der Unterschied von *Parliamentary Party* und *Constituency Party* früh prägend gewesen. Weniger für die Willensbildung als für die Disziplinierung und die Geschlossenheit der Parliamentary Party stehen ihr die *Whips* (Einpeitscher) zur Verfügung, für die es im bundesdeutschen Parlament kein Pendant gibt. Die Funktion der Whips liegt quasi in einer „Topdown-Willensbildung". 1870 bekam die Partei in Westminster ein erstes professionell besetztes Central Office, 1922 ein Komitee der Hinterbänkler im Parlament (das so genannte *1922 Committee*) und 1945 ein *Research Department*. Das auch gegenwärtig noch einflussreiche *1922 Committee* soll den Zusammenhalt der Hinterbänkler sowie den Informationsaustausch fördern. Die Partei hat 640 *constituency associations*. Bis zur großen Parteireform 1998 hatten die Konservativen keine Parteisatzung. Im März 1998 wurde, unter dem Eindruck der Krise des Machtverlustes und gestützt auf eine Mitgliederbefragung, eine Parteisatzung beschlossen, die nun alle drei Bereiche der Partei einheitlich umfasst: „The constituency organisations under the umbrella of the National Union were merged with MPs and with Central Office to constitute a single party. A newly created, 15-strong Board was set up to head the new organisation to decide all organisational issues within the party" (Butler/Kavanagh 2002: 42). Fünf der 15 Mitglieder des Boards dürfen vom Parteivorsitzenden ernannt werden. Das Board überwacht auch das neue *Ethics and Integrity Committee*, das unter anderem. die Befugnis hat, „to suspend or expel any member juged to have brought the party into disrepute" (ebd.). Bei den Organisationsreformen seit 1997 sind deutliche Anklänge an die Reformen von Labour nach 1993 erkannt worden, so etwa in Hagues plebiszitärem Stil der Parteiführung, der Einrichtung eines *war rooms* in der Parteizentrale, das Prinzips *one member one vote* sowie die Möglichkeit des Parteiausschlusses bei „disrepute" (ebd.: 43).

Schwieriger als die Organisationsreform dürfte die Verjüngung der Mitgliederstruktur werden. Gegenwärtig sind etwa 63 Prozent der Mitglieder im Rentenalter. Das Alter der Parteimitglieder wirkt sich auf die politische Agenda der Konservativen Partei aus, deren Themen sich teilweise gravierend von der Agenda des gesamten Elektorats unterscheiden. Bei der Wahl 2001 war das wichtigste Thema für konservative Parteimitglieder „Europa", das aber in der gesamten Wählerschaft nur an zehnter Stelle stand. Und während Bildung im Elektorat auf dem zweiten Platz stand, war sie bei den Konservativen auf einem abgeschlagenen vierten Platz. „Elderly Tories clearly have an agenda which focuses far more on Europe and law-and-order than is true of the electorate as a whole, which is more concerned about public services" (Webb 2003: 286). Die Überalterung der Mitgliedsstruktur kann auch in Verbindung gesehen werden mit der programmatischen Rechtsorientierung der Partei, wie sie etwa mit der Wahl des Parteivorsitzenden Smith als Nachfolger William Hagues zum Ausdruck kam.

Die Mitgliederzahlen der Konservativen sinken kontinuierlich. Waren es 1987 noch etwa eine Million, so waren es zehn Jahre später nur noch 400.000. Gegenwärtig sind es noch etwa 300.000 Mitglieder. Damit schneiden die Konservativen aber immer noch besser ab als die regierende Labour Party, die seit dem Regierungswechsel etwa doppelt so viele Mitglieder verloren hat. Die Jugendorganisation *Young Conservatives* hatte 1949, auf dem Höhepunkt ihrer Mitgliederentwicklung, 157.000 Mitglieder. 1978 waren es schätzungsweise 27.500 mit weiter sinkender Tendenz.

Tabelle 12: Mitgliederentwicklung der Konservativen

1987	1992	1996	1997	2000	2001	2002	2003
1.000.000	500.000	350.000 - 400.000	400.000	318.000	k. A.	330.000	ca. 300.000

Quellen: Webb 2000: 193; eigene Ergänzung

6.3 Labour Party

Im August 2003 hat Tony Blair den Rekord seines Amtsvorgängers Clement Attlee als am längsten regierender Labour-Premier gebrochen. Im Mai 2005 wurde er der erste Labour-Premierminister, der zum dritten Mal in Folge wiedergewählt wurde und zog damit seiner konservativen Vorgängerin Margaret Thatcher gleich. Die Vorgeschichte zu diesen Rekorden begann Anfang der 90er Jahre, als die Partei anfing, sich grundlegend zu modernisieren, sich von sozialistischen Ideen zu verabschieden und auf Distanz zu den Gewerkschaften zu gehen. Um den Wandel der Partei auch symbolisch auszudrücken, fügte man dem Parteinamen das Präfix New hinzu. Die Programmatik und Ideologie von New Labour zielt nicht mehr primär auf die Sympathien der Arbeiterklasse, sondern hat sich für die (neue) Mittelschicht und den modernen Dienstleistungssektor geöffnet. Mit dem Konzept von New Labour hat die Partei darauf reagiert, dass sich die britische Gesellschaft stärker individualistisch, leistungs- und konsumorientiert entwickelt hat und die Partei allein mit der Unterstützung der Arbeiterklasse nicht mehr mehrheitsfähig ist. Ironischerweise droht ihr nun aber deren Unterstützung mit am stärksten wegzubrechen.

6.3.1 Wettbewerbsposition

Die Wettbewerbsposition der Labour Party ist trotz des erheblich zusammengeschrumpften Vorsprungs bei der General Election 2005 zu Beginn der dritten Amtszeit immer noch als günstig einzuschätzen. Das ist nicht zuletzt darauf zurückzuführen, dass die konservative Opposition immer noch zerstritten ist und noch keine wirkliche Herausforderung für die strategisch geschickt agierende Labour-Regierung darstellt. Labour ist es bisher immer wieder gelungen, sich erfolgreich in der „Mitte" des politischen Spektrums zu positionieren. Auch arbeitet der gegenwärtige wirtschaftliche Aufschwung Großbritanniens für Labour und gegen die Opposition.

Die Wirtschafts-, Finanz- und Sozialpolitik sind zentrale Felder, in denen sich Labour bisher konkurrenzlos behaupten konnte. Dabei ist davon auszugehen, dass die wirtschafts- und finanzpolitische Positionierung der Labour-Regierung weitgehend von Schatzkanzler Gordon Brown bestimmt wird (vgl. Kap. 12.2). Labours Position ist, dass der Staat Kernaufgaben wie das Gesundheitswesen, Bildung und Infrastruktur nicht weiter an den Privatsektor abtreten, sondern so effizient wie möglich selbst erfüllen soll. Dabei wird auf eine partnerschaftliche

Zusammenarbeit mit dem privaten Sektor gesetzt, nicht auf Konkurrenz. Die Positionierung von Labour muss im Zusammenhang mit der öffentlichen Meinung gesehen werden, welche die Zustände im Gesundheits- und Bildungswesen sowie in der Verkehrsinfrastruktur nicht mehr akzeptabel fand. Lange Wartelisten in den Krankenhäusern, schlecht ausgestattete Schulen mit übergroßen Klassen und ein immer wieder zusammenbrechendes Verkehrssystem prägten das Bild der letzten Jahre der konservativen Regierung. Die neue Labour-Regierung hat etwa seit 1999 das Budget des öffentlichen Dienstes sukzessive um viele Milliarden Pfund erhöht. Die Wahlergebnisse 2001 deuten darauf hin, dass diese Politik der Sanierung des öffentlichen Sektors nicht zuletzt auch durch (indirekte) Steuererhöhungen in der Bevölkerung Akzeptanz gefunden hat. Nach Angaben Labours wurden zwischen 1997 und 2004 zusätzlich 20.000 Lehrer und 80.000 Hilfslehrer, 55.000 Krankenschwestern, 15.000 Ärzte beschäftigt sowie 40 neue Krankenhäuser gebaut. Krebspatienten bekämen jetzt spätestens innerhalb von 14 Tagen einen Facharzttermin und auch die Zahl der Herzoperationen sei aufgrund erhöhter Kapazitäten um die Hälfte gestiegen (vgl. Kap. 13.2).

Nach Jahren der kostenintensiven Expansion im öffentlichen Dienst hat Brown bei der Vorstellung des Haushaltsplans 2004 in diesem Sektor Einsparungen in Milliardenhöhe angekündigt. Dadurch hat Labour in diesem Feld Positionen bezogen, die es den Konservativen erheblich erschweren, das Thema Expansion und Ausgabensteigerung im öffentlichen Sektor dauerhaft zu besetzen. Die Auseinandersetzung kann sich nur noch auf die Anschlussfrage richten, wie die eingesparten Milliarden am besten verwendet werden sollen. Brown setzt auf Reinvestieren in Krankenhäuser, Schulen und Verkehrsinfrastruktur, während die Konservativen für Steuersenkungen eintreten.

Labour gelingt es häufig, ihre Modernisierungspolitik mit symbolischer Politik zu flankieren und damit die Aufmerksamkeit (und teilweise auch die Unterstützung) der Massenmedien zu erringen. Eine Verbindung von Sachpolitik und symbolischer Politik fand sich auch beim hochemotional diskutierten Verbot der Fuchsjagd. Im September 2004 hat Labour ein Gesetz durch das Unterhaus gebracht („Hunting Act"), dass die Fuchsjagd mit Hunden ab Februar 2005 weitgehend verbot. Das Verbot der Fuchsjagd ist ein altes Anliegen von Labour. Seit 1949 hat es insgesamt 24 Initiativen zu einem solchen Verbot gegeben. Zuletzt war 2003 ein entsprechendes Gesetz vom Oberhaus gekippt worden. Die Regierung will nun mit Hilfe einer Regelung, nach der das Oberhaus einen Beschluss des Unterhauses aus dem offiziellen Wahlprogramm der Regierungspartei nicht in zwei aufeinander folgenden Sitzungsperioden blockieren kann, durchsetzen. Seit seiner Einführung 1949 wurde dieser Parliament Act erst drei Mal angewandt. Die Fuchsjagd war zunächst quasi der Familiensport der Großgrundbesitzer und gilt heute als Privileg der Oberschicht. Sie hat von jeher den Zorn klassen-kämpferischer Arbeiter, aber auch bürgerlicher Kreise und Tierschützer, auf sich gezogen. Die emotional geführte Diskussion um das Verbot der Fuchsjagd hat zugleich den Stadt/Land-Unterschied zwischen Tories und Labour offenbart. So wird argumentiert, Labour vertrete bevorzugt die städtischen und vorstädtischen Interessen, nicht zuletzt, weil die ländlichen Wahlkreise oft Hochburgen der Konservativen seien. In ländlichen Gebieten ist man auch über „London" und die Labour-Regierung verärgert gewesen, als diese im Frühjahr 2001 zur Bekämpfung der Maul- und Klauenseuche Massenschlachtungen anordnete und den lokalen Veterinären die Isolierung und Schlachtung verdächtiger Tiere verbot.[65]

Die Politik der Labour-Regierung im Irak-Krieg kann als ein Wendepunkt in der Ära Blair gesehen werden. Seither sind Blairs Popularitätswerte im Sinken begriffen. Seine politische Unterstützung in der Bevölkerung war aber immer noch so groß, dass eine dritte Regie-rungsperiode möglich wurde. Auf dem Parteitag 2002 hatte die Parteitagsleitung eine ab-schließende Abstimmung zur Irak-Politik abgesagt, weil eine Niederlage des Premiers ge-droht hatte. Auf dem Parteitag 2003 wurde dann verhindert, dass das Thema Irak-Krieg auf die Agenda gesetzt wird. 2004 stand der Irak-Krieg und seine Legitimation wieder nach ge-heimer Abstimmung und gegen den Willen der Führung auf dem Parteitagsprogramm. Zu den nichtgefundenen Massenvernichtungswaffen im Irak sagte Blair, er könne sich vielleicht ent-schuldigen für die Qualität der Informationen der Geheimdienste, auf die er sich gestützt ha-be, niemals aber dafür, dass er geholfen habe, das Regime im Irak zu entmachten. Labours Irak-Politik, die nichtvorhandenen Massenvernichtungswaffen, getötete Geiseln und der mutmaßliche Selbstmord des Wissenschaftlers und Regierungsberaters David Kelly haben vor allem zu einem Vertrauensverlust Blairs und seiner Regierung geführt.

---

[65] Die Seuche hatte im ländlichen England erhebliche Folgen für das Leben der Menschen. Ganze Regionen wurden unter Quarantäne gestellt und fast völlig von der Außenwelt abgeschnitten, Schulen wurden ge-schlossen und viele Sportveranstaltungen abgesagt. Jeglicher Tierhandel wurde eingestellt. Als besonders de-primierend wurden zahlreiche Scheiterhaufen empfunden, auf denen über 100.000 Tieren verbrannt wurden. Der Schaden für Großbritannien wird auf über € 15 Mrd. geschätzt.

6.3.2 Programmatik und Praxis

Sozialistische Programmatik hatte in der Labour Party traditionell eine starke Position gehabt. Doch während sozialistische Modelle in der ersten Hälfte des letzten Jahrhunderts zunehmend erfolgreich waren, zur Ablösung der Liberalen als zweiter Kraft führten und schließlich mit dem Wahlsieg von 1945 gekrönt wurde, erwies sich die sozialistische Programmatik in der zweiten Hälfte des Jahrhunderts zunehmend als Hindernis. Auch wenn Labour in den 60er und 70er Jahren noch mehrmals kurz die Regierung stellte, hat sie in diesen Phasen nicht immer nach ihren strengen sozialistischen Leitbildern gehandelt. Das hat bei eher gesinnungspolitisch eingestellten Anhängern, z.B. Ende der 70er Jahre, zu Enttäuschungen geführt. In der Opposition Anfang der 80er Jahre bewegte man sich weiter nach links und erlitt 1983 eine weitere schmerzliche Wahlniederlage. Unter dem neuen Vorsitzenden Neil Kinnock begann eine vorsichtige Modernisierung, die nach der Wahlniederlage von 1987 noch verstärkt wurde. Auf dem Parteitag 1989 wurde ein Großteil sozialistischer Politiken aus dem Programm gestrichen. John Smith, neuer Vorsitzender nach der Wahlniederlage 1992, setzte die Reformen seines Vorgängers fort und lockerte die Verbindung zu den Gewerkschaften. In der Reform von 1993 nahm die Partei den Gewerkschaften die Möglichkeit, en bloc abzustimmen und beschloss für die Kandidatenauswahl in den Wahlkreisen und Entscheidungen auf Parteitagen das Prinzip *one member, one vote*. Nach Smith's überraschendem Tod 1994 setzte Tony Blair als Nachfolger die Abkehr von sozialistischen Leitideen weiter fort. In den Bereichen Bildung, Recht und innere Sicherheit näherte er sich den Konservativen und der dort vermuteten öffentlichen Meinung weit an. Aber er betonte dabei immer wieder, dass sich an der traditionellen Verpflichtung auf soziale Gerechtigkeit nichts geändert hat, ja dass die neuen Politiken lediglich eine zeitgemäße Ausführung traditioneller Labour-Werte sind, dass diese quasi an die neuen ökonomischen und politischen Realitäten angepasst worden seien. Durch dieses „Abholen" der Linken in der Partei ist es ihm gelungen, Flügelkämpfe, wie sie gegenwärtig bei den Konservativen zu beobachten sind, zu verhindern.

Exemplarisch hierzu ist die 1995 durchgeführte Änderung der *Clause IV* des Parteistatus zu nennen.[66] Unter Blair entwickelte sich zwischen Parteiführung und Basis ein gemeinsames symbolisches Verständnis für eine Reihe sozialer Entwicklungen, die ein Klima des Wechsels auch in der Frage der Clause IV begünstigten. Die Streichung der alten Verstaatlichungsklau-

---

[66] Bereits unter dem Parteivorsitzenden Gaitskell 1959/60 gab es einen Anlauf, die Verstaatlichungsklausel des Parteistatus, die so genannte *Clause IV* aus dem Parteistatut von 1918, zu streichen bzw. zu verändern. Der Versuch misslang, weil Gaitskell die Würdigung der Traditionalität des Symbols versäumt hatte.

sel und ihre Ersetzung durch ein allgemeines Bekenntnis zu Zielen des demokratischen Sozialismus symbolisierte in der britischen Öffentlichkeit die Hinwendung der Partei zur Mitte des
politischen Spektrums (Bale 1996). Die programmatische Neuausrichtung der Partei wurde
dabei meist mediengefällig von „symbolischer Politik" begleitet, so z.B. durch das Hinzufü-
gen des unbestimmten Wertattributs *New* zum Parteinamen. Als Ideengeber im Hintergrund
sind dabei die Demokraten unter Clinton in den USA zu sehen, die mit dem Leitbegriff „New
Democrats" für sich warben und sich mit ihrem Politmarketing nicht zuletzt an die so genannten „Reagan Democrats" adressierten (Sebaldt 2001: 134f.). Der Ablauf der Wahlkampagne
1997 glich der Clintonschen in vieler Hinsicht, nicht zuletzt aufgrund der engen Vernetzung
der Beraterstäbe beider Politiker. Wie unter Clinton in den USA ging es um Rückgewinnung
von Wählerstimmen, die in den 80er Jahren zu den führungsstarken Konservativen gewechselt waren und die man mit starken Korrekturen in der Wirtschaftspolitik nicht (zurück)gewinnen konnte (Jaennicke 2000).

Zu den eher rhetorischen Grundlagen von New Labour gehören Argumentationsfiguren
wie *partnership* (public-privat), *fairness* (bei Steuern), sozialer Gerechtigkeit und *democracy*
in Gesundheits- und Bildungsfragen sowie bei Nichtregierungsorganisationen (Forman/
Baldwin 1999: 94). Zu den programmatischen Kernpunkten von New Labour gehört der Abschied vom interventionsbereiten Staat als Versorger „von der Wiege bis zur Bahre". Stattdessen wird der Verantwortung des Staates die Eigenverantwortung des Einzelnen gegenüber
gestellt. Blair wird mit dieser Akzentsetzung in der Nachfolge des meritokratischen Denkens
Margaret Thatchers gesehen, gar als ihr „wahrer Erbe" bezeichnet (Kamm/Lenz 2004: 226).
Sozialpolitisch soll der Staat, der Leistungen gewährt und Potenziale der Einzelnen fördert,
auch fordern dürfen. Die sozialpolitischen Leistungen werden vermehrt mit Pflichten der
Leistungsempfänger gekoppelt. Grundanliegen ist die Abkehr vom klassischen, passiven,
verwahrenden Sozialstaat. Stattdessen soll der „aktive Sozialstaat" mit seinen Leistungen den
in Armut oder Arbeitslosigkeit lebenden Menschen wieder zurück in reguläre Beschäfti-
gungsverhältnisse verhelfen (Kap. 13.1).

In der Wirtschaftspolitik, aber nicht nur dort, wurde das alte Links-Rechts-Schema über
Bord geworfen. Stattdessen, so Blair, soll man sich daran orientieren, ob eine Politik richtig
oder falsch sei (Becker 2002: 169). Im Unterschied zu den Konservativen, die eher den Rückzug des Staates bzw. Deregulierung fordern, sieht sich New Labour als aktiver Gestalter der
Bürgerinteressen. Der Staat wird als Macht gesehen, der die Bürger beim Erreichen ihrer wirtschaftlichen und sozialen Potenziale zu unterstützen hat. Umverteilung durch Steuern und
Lohnzuschüsse sind für diese Zwecke legitime Mittel. Industrie- und Regionalpolitik sind

legitime Politikformen des „aktiven Staates". Im Programm wird sowohl die Bedeutung staatlicher wie auch privater Initiative betont, so dass durch das richtige Zusammenspiel von Regierung und Wirtschaft der nationale Wohlstand erhöht werden kann. Diese Programmatik ist auch als Politik des Dritten Weges vermarktet worden.

Vieles von dem, was New Labour Ende der 90er Jahre als programmatische Ziele ausgegeben hatte (vgl. Forman/Baldwin 1999: 95), ist inzwischen erreicht worden, z.B. höhere Ausgaben für den NHS und Pensionen, Bildung und soziale Sicherung, die Einführung von Mindestlöhnen und Mitbestimmungsrechten für Arbeitnehmer, kürzere Wartezeiten für NHS-Krankenhäuser, Regionalversammlungen in Schottland und Wales, eine Reform des Oberhauses und Verfahrensreformen im Unterhaus, engere Kooperation mit EU-Partnern usw. Durch die Terroranschläge auf die Londoner U-Bahn wird sich dein Schwerpunkt der Arbeit New Labours in Zukunft noch stärker auf die Innenpolitik richten (Kap. 11.)

6.3.3 Organisationsstruktur und Willensbildung

Wie für die anderen Parteien des Parteiensystems ist auch für Labour der Unterschied von Wahlkreispartei (*Constituency Labour Party*, CLP) und Parlamentspartei (PLP) für die Organisationsstruktur prägend. Unterhalb der Wahlkreisebene gibt es noch die lokale *Branch Labour Party* (BLP) und oberhalb eine Reihe von *policy forums* mit dem *National Policy Forum* (NPF) an der Spitze. NPF-Mitglieder bilden zusammen mit Regierungs- und NEC-Mitgliedern acht *policy commissions*, die zu jeweils unterschiedlichen Politikfeldern Vorschläge ausarbeiten. Bis zur Parteireform von 1981 galt die Bestimmung, dass der Parteivorsitzende nur von den Abgeordneten des Unterhauses, also von der Parlamentspartei, gewählt wurde. Nach der Reform galt ein Verfahren zur Wahl von Vorsitzendem und Stellvertreter, bei dem die Gewerkschaften etwa 40 Prozent der Stimmen hielten und die Parlamentspartei und die Wahlkreise etwa jeweils 30 Prozent. Außerdem wurden die Gewerkschaften verpflichtet, vor der Stimmabgabe eine Mitgliederbefragung durchzuführen (Kamm/Lenz 2004: 226). Dadurch wurde der Einfluss der Führungsschicht der Gewerkschaften zusätzlich beschnitten. Mit der Parteireform von 1993 wurde schließlich jedem dieser drei Stimmbereiche ein Drittel der Stimmen zugebilligt.

Neben den beiden prägenden Strukturelementen der Wahlkreis- und Parlamentspartei gibt es das *National Executive Committee* (NEC), den nationalen Parteivorstand. In ihm sind für wichtige Statusgruppen Kontingente reserviert. Das größte Kontingent im 32-köpfigen Parteivorstand haben die Gewerkschaften mit 11 Vertretern, gefolgt von den CLPs mit sechs Vertretern und den Abgeordneten der PLP und der EPLP mit zusammen drei Vertretern. Die Vertreter der CLPs werden jedes Jahr von den Parteimitgliedern direkt gewählt. Stark vertreten ist auch die Regierung mit insgesamt etwa fünf Mitgliedern. Labour-Stadträte haben ein Kontingent von zwei Vertretern, je einen Vertreter bestellen die Jugendorganisation und kleinere sozialistische Gruppen; der Fraktionschef im Europaparlament ist ex officio Mitglied. Ende 2004 waren 13 der 32 Mitglieder Frauen. Die NEC-Mitglieder erarbeiten zusammen mit Regierungsvertretern in *policy-commissions* Vorlagen, die nach einer weiteren Beratungsphase in den lokalen Parteiorganisationen schließlich auf den Parteitagen verhandelt werden und die Grundlage für das *election manifesto* bilden. Zentrales Beschlussorgan ist der jährliche Parteitag, die *annual conference*. Auf ihr wird der Policy-Rahmen für das nächste Wahlprogramm ebenso beschlossen wie Regeln und Satzungen der Partei. Auf den Parteitagen werden auch die Mitglieder des NEC gewählt. Von den im Trades Union Congress (TUC) organisierten Einzelgewerkschaften sind etwa 30 Prozent mit Labour affiliert (Becker 2002: 170), so dass sie stimmberechtigte Delegierte auf den Parteitag entsenden können.

Wie die Konservativen hat auch Labour ein *party committee*, das für Informationsaustausch und informelle Willensbildung genutzt werden kann. Anders als bei den Konservativen ist es aber nicht auf die Hinterbänkler beschränkt, so dass auch Regierungsmitglieder vertreten sein können. Da es keine Veröffentlichungspflicht über die Arbeit dieser Komitees gibt, ist ihre Arbeitsweise bisher noch schlecht untersucht (Kingdom 1999). Auf Initiative der Gewerkschaften gibt es seit 2003 neue Möglichkeiten der „Basisdemokratie" auf Parteitagen. Traditionellerweise wurde die Tagesordnung von Parteitagen durch Komitees organisiert, was erhebliche Einflussmöglichkeiten für Parteitagsregie und Agenda-setting durch die Parteiführung bot. Seit letztem Jahr haben die Delegierten aus den Wahlkreisen im unmittelbaren Vorfeld des Parteitags die Möglichkeit, in geheimer Abstimmung fünf Themen auf die Parteitags-Agenda zu setzen. Über diesen neuen Weg ist dann auch das Thema Irak-Krieg auf das Programm gesetzt worden. Die Parteitagsleitung kann dann nur noch versuchen, unerwünschte Debatten durch ungünstige Zeiten zu unterlaufen. So ist die Debatte über den Irak-Krieg 2004 erst am letzten Tag, dem Abreisetag der Delegierten, auf die Tagesordnung gesetzt worden.

Die Labour Party kennt zwei Arten von Mitgliedschaft: zum einen die Mitgliedschaft von „natürlichen Personen", zum anderen die von „juristischen Personen". Juristische Personen sind Gruppen oder Organisationen wie die Gewerkschaften. Natürliche Personen werden indirekte Mitglieder in der Partei durch Beitritt in eine der im Wahlkreis bestehenden „affiliierten Organisationen", also Gewerkschaften oder sozialistische Gruppen.

Seit der Regierungsübernahme 1997 bis zum Labour-Parteitag 2004 hat etwa die Hälfte der Mitglieder die Partei verlassen. Labour blutet seit der Machtübernahme regelrecht aus. Verglichen mit dem Höchststand von 1997 (407.000) hat sich die Mitgliederzahl mittlerweile fast halbiert. Viele Mitglieder haben den Parteiaustritt auch genutzt, um ihre Opposition zur britischen Beteiligung am Irak-Krieg auszudrücken. Ende 2003 hatte die Partei ca. 215.000 Mitglieder, in der ersten Hälfte 2004 waren es 208.000. Damit hat die Partei fast den Stand der dreißiger Jahre des letzten Jahrhunderts erreicht. Um dieser Entwicklung entgegen zu wirken, hat sich eine Gruppe von Parteimitgliedern unter dem Namen *Save the Labour Party* (SLP) zusammengeschlossen. Mit im Durchschnitt unter 390 Mitgliedern pro Wahlkreis sei die Partei kaum noch fähig, effektive Kampagnen zu betreiben oder in den einzelnen Wahllokalen präsent zu sein. Allerdings ist zu berücksichtigen, dass es im Vorfeld der Regierungsübernahme 1997 auch zu einem starken Anstieg der Mitgliedschaften gekommen ist. Als Blair 1994 den Parteivorsitz übernahm, hatte die Partei 265.000 Mitglieder. New Labour könnte sich auch in dieser Entwicklung als sozialdemokratische Partei neuen Typs erweisen, als Partei, die zwar immer weniger Mitglieder hat, der es aber dennoch immer wieder gelingt, in der Öffentlichkeit prägend zu agieren. New Labour ist sicherlich nicht mehr die „Partei der Straße"; die Mitglieder als Multiplikatoren werden zunehmend durch professionelles Politikmarketing und *spin doctoring* abgelöst (vgl. Kap. 4).

Tabelle 13: Direkte Mitgliedschaften der Labour Party

1991	1996	1997	1998	2000	2001	2002	2003	2004
261.000	400.465	407.000	387.776	360.000	311.000	280.000	248.294	208.000

Quellen: Webb 2000: 193, eigene Ergänzung

6.4 Liberal Democrats

Die Liberal Democrat Party ist 1988 aus der Verschmelzung von Liberaler Partei und Sozialdemokratischer Partei (SDP) entstanden. Die SDP hatte sich 1983 aus Protest gegen die zunehmende Polarisierung von der Labour Party abgespalten. Zu den Wahlen 1983 und 1987 trat man gemeinsam mit der SDP als *Liberal-Social Democrat Alliance* an. Mitte der 80er Jahre profitierten SDP und Liberale von der Schwäche und Radikalität der Labour Party, ohne ihr jedoch ernsthaft die Position als zweite Partei im Parteiensystem streitig machen zu können. Auf lokaler Ebene gibt es über 600 Parteiorganisationen; in England und Schottland zusätzlich eine regionale Organisationsebene. Die Parteispitze ist in drei Zweige für Wales, Schottland und England sowie eine übergeordnete *Federal Party* organisiert. Die *Federal Party* ist verantwortlich für Vorbereitung und Koordination der landesweiten Politik, der Parlamentswahlen und die Finanzierung. Die Organisationen in England, Schottland und Wales sind jeweils verantwortlich für die Aktivitäten auf lokaler Ebene, die Kandidatenauswahl für die Parlamentswahlen, die Mitgliederwerbung und Politikfragen, die insbesondere ihr Gebiet betreffen. Auf nationaler Ebene sind die *Federal Executive*, das *Federal Policy Committee* und das *Federal Conference Committee* die entscheidenden Strukturkomponenten. Daneben haben die Liberaldemokraten eine Reihe von *Specified Associated Organisations* (SAOs), unter anderem für ethnische Minderheiten, Frauen und Jugend in der Partei. Die Schwesterpartei in Nordirland ist die *Alliance Party*.

Während die Partei formal eine föderale Struktur hat, ist sie in der Praxis von der Dualität einer starken Führungselite und einer ebenfalls starken Basis gekennzeichnet (Russel/Fieldhouse 2005). In den 70er Jahren herrschte im Elektorat die Wahrnehmung vor, dass die Liberalen näher bei den Konservativen stehen. Diese Einschätzung hat sich nach der Hinwendung der Labour Party zur politischen Mitte seit 1993 dramatisch geändert. Seit einigen Jahren profitieren die Liberaldemokraten nicht mehr nur von der Schwäche der Konservativen, sondern auch von der wachsenden Unzufriedenheit mit New Labour. Ende 2002 standen sie in Meinungsumfragen auf nationaler Ebene nur vier Prozentpunkte hinter den Konservativen. Die Konkurrenzsituation der Liberaldemokraten ist dadurch gekennzeichnet, dass sie sich programmatisch näher bei New Labour befindet als bei den Konservativen. In Umfragen vor der Wahl 2005 wurden sie in einzelnen Politikfeldern als links von Labour wahrgenommen. In der Umfrage zur Steuer- und Leistungspolitik befanden sie sich nur um 0.05 Punkte „links" von New Labour, aber um 1.04 Punkte „links" von den Konservativen (Webb 2003: 288). Für ihre Wettbewerbssituation heißt dass, das sie stärker mit New Labour um Stimmen konkurrieren als mit den Konservativen. Das hat sich eindrucksvoll bei der Wahl 2005 bestätigt, bei der die liberaldemokratische *decapitation strategy*, der gezielte Wahlkampf in Wahlkreisen konservativer Schattenminister, scheiterte. Die Gewinne wurden insbesondere zu Lasten von Labour erzielt, während man sogar Stimmen an die Konservativen abgeben musste. Bei der Wahl 2001 konnten sie noch von einer *targeting strategy* profitieren, bei der man die Kampagne geographisch auf Wahlkreise und Regionen mit konservativen *marginal seats* und aussichtsreichen liberalen Kandidaten konzentrierte (Russel/Fieldhouse 2005). Im politischen Wettbewerb profitiert die Partei auch von einer quasi dualen Identität. Einerseits kann sie sich auf die Strukturmerkmale einer etablierten Partei verlassen, andererseits gelingt es ihr immer wieder, erfolgreich themenspezifisch zu mobilisieren und damit ein Potenzial an Protestverhalten für das politische System abzuschöpfen, das ansonsten eher für soziale Bewegungen typisch ist (ebd.). Im Wahlkampf 2005 konnte sie mit ihrem Protest gegen den Irak-Krieg ebenso wie mit dem Kampf gegen die Erhöhung der Studiengebühren punkten.

Bis 1997 gab es eine Strategie der *equidistance* gegenüber Konservativen und Labour, die im Vorfeld der Wahlen 1997 vom damaligen Vorsitzenden Paddy Ashdown aufgegeben wurde. Seither gibt man offen zu, dass es eine größere Nähe zu New Labour gibt als zu den Konservativen. Auch auf Ebene der Parteiprogramme ist eine größere Ähnlichkeit festgestellt worden (Webb 2003: 288). Diese Nähe drückt sich auch in förmlicher Zusammenarbeit aus. Auf regionaler Ebene findet eine enge Kooperation von Liberaldemokraten und Labour in Koalitionen statt. Die Nähe auch in Verfassungsfragen hat es beiden Parteien ermöglicht, von 1997 bis 2001 in einem *Joint Cabinet Committee* über Verfassungsreformen zusammenzuarbeiten. Die Herausforderung für die Liberaldemokraten ist jetzt, nachdem sie zu den Konservativen auf Distanz gegangen sind, für enttäuschte Tory-Wähler attraktiv zu werden. Auf Wahlkreisebene gibt es ein besonderes Konkurrenzverhältnis zu den Konservativen.[67] In Schottland und Wales sind die Liberaldemokraten eine Koalition mit Labour eingegangen.

Während sich die Wählerschaft der Liberaldemokraten früher über das gesamte soziale Spektrum verteilte, werden sie gegenwärtig überdurchschnittlich von Gutgebildeten, Mittelklassenangehörigen, Jungwählern, Beschäftigten des öffentlichen Dienstes und Akademikern gewählt. In diesem Klientel spiegelt sich auch die Mitte-Links-Orientierung der Partei. Viele Wähler von Labour und Liberaldemokraten geben an, dass ihre Zweitpräferenz auf die jeweils andere Partei lautet. Bei den Wahlen kann es dann zu taktischem Wählen kommen, wenn Anhänger einer Partei den Kandidaten der anderen wählen, weil dessen Erfolgsaussichten gegen den konservativen Kandidaten höher sind. Solch taktisches Wahlverhalten hat bei den letzten Wahlen beiden Parteien geholfen, jedoch ist solche „Lagerbildung" nicht hilfreich für die Attraktivität der Liberaldemokraten bei potenziellen konservativen Wählern. Weniger stark als bei den beiden großen Parteien sind bei den Liberaldemokraten die Mitgliederzahlen gesunken.

Wie zuvor schon für die Konservativen brachte die Parlamentswahl 2005 auch personelle Umbrüche für die Liberaldemokraten. Zwar hatte man den Stimmenanteil der Partei um über

---

[67] Bei der Wahl 2001 hätte ein Wechsel von 5 Prozent der Wähler der Konservativen zu den Liberaldemokraten letzteren etwa 15 zusätzliche Sitze gebracht, während ein entsprechender Wechsel von New Labour zu den Liberaldemokraten nur einen zusätzlichen Sitz gebracht hätte (Webb 2003: 289).

Tabelle 14: Parteiorganisationen

	Labour			Conservatives			Liberal Democrat		
	Rolle der Mitglieder	Rolle des Zentrums	Machtgleichgewicht	Rolle der Mitglieder	Rolle des Zentrums	Machtgleichgewicht	Rolle der Mitglieder	Rolle des Zentrums	Machtgleichgewicht
Policy-making	Über Anträge in Arbeitskreise (Policy Commissions). Mitgliedschaft im National Policy Forum. Parteitage.	Mitgliedschaft in allen policy-relevanten Gremien. Schlüsselrolle im Agenda-Setting via Joint Policy Committee.	Dominante Rolle des Zentrums trotz erweiterter Möglichkeiten der Mitglieder	Keine formale Funktion	Bestimmt die gesamte Policy.	Zentrum dominiert.	Entscheidungsmächtige Parteitage. Wahl des Federal Policy Committee.	Parteichef sitzt dem Federal Policy Committee vor.	Leicht zugunsten der Mitglieder, aber Parteiführung hat wichtigen Einfluss auf Federal Policy Committee.
Kandidatenauswahl	Alle Mitglieder haben eine Stimme (one member one vote) bei Wahl aus der Liste zugelassener Kandidaten.	Aufstellen einer Kandidatenliste. Festlegung der Positionen auf Parteilisten.	Relatives Gleichgewicht obgleich zentrale Überprüfung der Kandidatenliste.	Alle Mitglieder haben eine Stimme. Lokale Eliten stellen eine Vorschlagsliste auf. Deren Reihenfolge wird von Mitgliedern festgelegt.	Anfängliche Überprüfung aller potenziellen Kandidaten. (Nicht genutztes) technisches Veto über lokale Entscheidungen.	Mitglieder und speziell lokale Parteieliten	Alle Mitglieder haben eine Stimme. Lokale Eliten stellen eine Vorschlagsliste auf, eingeschränkt durch Quotenregelungen.	Anfängliche Überprüfung aller potenziellen Kandidaten. Quoten für Kandidatenlisten. Festlegung der Listen für Europawahlen.	Mitglieder und lokale Parteieliten, obgleich wichtige Quoten existieren.
Wahl der Parteiführung	Alle Mitglieder haben eine Stimme in der Mitgliedersektion des Wahlausschusses (jede Sektion hat ein Drittel im Wahlaussch.)	Abgeordnete haben ein Drittel der Stimmen des Wahlausschusses. Aufstellen von Kandidatenlisten für den Wahlausschuss für Parteiämter (ohne Parteivorsitz)	Bei der Wahl der Parteiführung noch relatives Gleichgewicht, bei anderen Wahlen größerer Einfluss des Zentrums.	Alle Mitglieder haben eine Stimme, aber die Wahl ist auf die letzten zwei Kandidaten des Prozesses beschränkt	Alle MPs entscheiden, ob Parteichef im Amt bleiben soll oder nicht. MPs entscheiden über die letzten zwei Kandidaten bei Wahl des Parteichefs.	Leicht auf Seite des Zentrums, da MPs die Vorauswahl treffen. Mitglieder haben aber das letzte Wort.	Alle Mitglieder haben eine Stimme.	Keine	Mitglieder

Quelle: Fisher 2002: 152; eigene Übersetzung

drei Prozent steigern können, jedoch wurde das Ziel, die absolute Mehrheit der Labour Party zu brechen und ihr eine Regierungsbeteiligung anzubieten, nicht erreicht. Ein halbes Jahr nach der Wahl trat der Vorsitzende Charles Kennedy nach bekannt werden von Alkoholproblemen zurück.[68]

Tabelle 15: Entwicklung der liberaldemokratischen Parteimitgliedschaften

1994	1996	1999	2000	2001	2002	2004
101.091	98.611	82.827	71.641	74.176	76.023	72.868

Quelle: www.libdems.org.uk/party/structure/federal.html

6.5 Sonstige Parteien und Entwicklungsperspektiven

Eine zentrale Entwicklungsdynamik der letzten Dekaden ist im Aufbrechen des Zweiparteiensystems (Nohlen 2000: 276) durch die Erosion langfristiger Parteibindungen und das langsame, aber kontinuierliche Anwachsen der Bedeutung der Kleinparteien zu sehen. 1997 standen über 3.724 Kandidaten in den Wahlkreisen zur Wahl, das waren über 800 mehr als 1992. Dieser Anstieg ist v.a. auf eine Vielzahl euroskeptischer Parteien zurückzuführen, die bis 2001 durch das Auftreten der UKIP wieder verschwunden waren. Zur Wahl 2001 traten immerhin noch 3.318 Kandidaten an, das sind fünf Kandidaten pro Sitz im Vergleich zu 5,6 im Jahr 1997. Manche Parteien, wie die *Natural Law Party*, die 1997 noch mit 196 Kandidaten angetreten war, sind 2001 völlig verschwunden (Criddle 2002: 182). Auch die Anzahl der Abgeordneten von Kleinparteien im Unterhaus steigt seit Jahren kontinuierlich an, obgleich sie ihre Erfolge oft mit an politische Konjunkturzyklen gebundenen Protestthemen erzielen. Hier ist in der Vergangenheit z.B. an die millieugebundene *Referendumsparty* zu denken. Im Europawahlkampf 2004 gelangt es der rechtspopulistischen *UK Independence Party* (UKIP), mit ihrem einzigen Issue der EU-Gegnerschaft zu mobilisieren und (nach Verhältniswahlrecht) mit 16 Prozent der Stimmen 12 Sitze zu erringen. Bei einer wichtigen Unterhaus-Nachwahl Anfang Oktober 2004 im nordenglischen Labour-Stammwahlkreis Hartlepool belegte die monothematischen Anti-EU-Bewegung sogar noch vor den Konservativen den drit-

---

[68] Kennedy war 1983 als jüngster Abgeordneter für die SDP ins Parlament gewählt worden, 1999 übernahm er den Vorsitz der Liberaldemokraten. Während seiner Amtszeit konnte die Partei ihre Ergebnisse zwar weiter verbessern, jedoch gelang ihr bislang weder eine Regierungsbeteiligung noch der Aufstieg zur zweitstärksten politischen Kraft im Parlament.

ten Platz. Der prominenteste Europa-Abgeordnete der UKIP, Robert Kilroy-Silk, ehemaliger Labourabgeordneter und TV-Moderator, erhob daraufhin Anspruch auf den Parteivorsitz. Als er von der Partei nicht gewählt wurde, trat der populistische Frontmann aus der Partei aus und gründete eine eigene Partei mit dem Namen *Veritas*. Bei der Wahl 2005 erzielte UKIP landesweit 2,3 Prozent, blieb mit sieben Prozent der Stimmen in ihrem besten Wahlkreis noch weit von der Erringung des ersten Mandates entfernt. Sie konnte damit zwar nicht an den Erfolg bei der Europawahl anknüpfen, wurde aber immerhin viert stärkste Partei. Kilroy-Silks Partei erzielte landesweit 0,1 Prozent, in seinem eigenen Wahlkreis immerhin 5,8 Prozent der Stimmen. Die britische *Green Party* erzielte 2005 in ihrem besten Wahlkreis 22 Prozent, landesweit aber nur 1,07 Prozent. Die Partei konnte sich landesweit verbessern und erzielte ihre besten Ergebnisse in Schottland. Eine weitere Kleinpartei, die rechtsextreme *British National Party*, konnte ihren Stimmenanteil auf 0,74 Prozent vervierfachen. In einem Londoner Stadtteil erzielte sie mit 17 Prozent ihr bestes Ergebnis.

Die dauerhafte Schwäche der Konservativen seit dem Machtverlust 1997 hat Anlass zu Spekulationen über eine dauerhafte Neuausrichtung des Parteiensystems gegeben, wie sie z.B. bei der Verdrängung der Liberalen durch die Labour Party als zweite Großpartei stattgefunden hat (Webb 2003). In Meinungsumfragen haben die Liberaldemokraten gegenüber den Konservativen stark aufgeholt; Ende 2002 standen sie mit ihren 23 Prozent nur um vier Prozent hinter den Konservativen (ebd.: 284). Verständlicherweise hat dies Diskussionen genährt, ob sie die Konservativen als Großpartei ablösen könnten. Überlegungen eines *realignments* von zweit- und drittstärkster Partei gab es bereits Mitte der 80er Jahre, als die *Liberal–Social Democrat Alliance* die krisengeschüttelte oppositionelle Labour Party von ihrem zweiten Platz im Parteiensystem ablösen wollte. Dass ein *realignment* damals nicht klappte, ist kein ausreichendes Argument gegen eine solche Entwicklung in der Gegenwart, da die Kontexte nicht identisch sind. In den 80er Jahren war das Parteiensystem zwischen Konservativen und Labour viel stärker polarisiert. Die Mitte, die Position nahe des Downs'schen „Medianwählers" war regelrecht vakant. Dagegen gelingt es Labour gegenwärtig recht gut, die politische Mitte besetzt zu halten. In einer Umfrage über Steuern und öffentliche Ausgaben wurde der Durchschnittswert im Elektorat auf einer Skala von 1 bis 11 bei 6,49 ermittelt.[69] Labour wurde im Elektorat bei 5,91 wahrgenommen, die Liberaldemokraten bei 5,96 und die Konservativen bei 4,92. Die Konservativen befinden sich in diesem zentralen Politikfeld etwa

---

[69] 1 steht für eine Präferenz für Steuersenkungen, auch wenn dadurch öffentliche Leistungen reduziert werden müssten, 11 steht für die Verbesserung öffentlicher Leistungen, auch wenn das Steuererhöhungen bedeutet (Webb 2003: 285).

dreimal so weit vom Medianwähler entfernt wie die beiden anderen Parteien (ebd.: 285). Würden sich die Konservativen gegenwärtig weiter auf die Mitte zu bewegen, würden die innerparteilichen Spannungen noch weiter zunehmen. Für ein *realignment* spräche, dass der Weg in die Mitte für die Konservativen zusätzlich von den Liberaldemokraten versperrt ist. Auch haben sie sich von zentripedalen Wettbewerb, dem Kampf um die Mitte bzw. den Medianwähler, weitgehend zurückgehalten. Auch Thatcher hatte Ende der 70er Jahren keine auf die politische Mitte ausgerichtete Politik propagiert, doch war sie in der günstigen Lage, mit ihren konservativen Vorstellungen gegen eine viel stärker gewerkschaftlich-sozialistisch geprägte Labour-Regierung polarisieren zu können. Gegen ein *realignment* spricht, das die Liberaldemokraten ihre Gewinne vor allem auf Kosten von Labour erzielen und ihnen ein Einbruch in konservatives Kernklientel nicht gelungen ist.

Nicht zuletzt aufgrund der Devolution hat sich das Parteiensystem in den letzten Jahren zunehmend regional ausdifferenziert. In Schottland und Wales gibt es zum Teil starke Nationalparteien, so dass man hier sogar von einem Vierparteiensystem sprechen kann. In Nordirland treten seit den 90er Jahren sogar über zehn Parteien kontinuierlich zur Wahl an und ziehen in Stormont ein. Auch das sozialstrukturelle Nord-Süd-Gefälle spielt eine Rolle im Parteiensystem. Im Norden mit seinen altindustriellen Kernen ist die Labour Party immer überproportional stark gewesen, im ökonomisch moderneren Süden die Liberal Demokrats. Bei der Wahl 2005 gelang es ihnen aber, auch in Schottland neun Mandate zu erringen. Durch die Wahlen zu den neu eingerichteten Regionalversammlungen wird die aus föderalen Systemen bekannte „Dialektik der Machtebenen" auch in Großbritannien Bedeutung gewinnen. Das heißt, die Regierungspartei auf nationaler Ebene kann es bei regionalen Wahlen schwerer haben, da nun eine weitere Möglichkeit besteht, sie abzustrafen, ohne sie abwählen zu müssen.

Neben Devolution und Wahlrechtsreformdiskussion hat bereits die Teilnahme Großbritanniens an den Europawahlen Konsequenzen für das nationale Parteiensystem. So wurde im Zuge der Vorbereitung auf die Europawahl 1998 der „Registration of Political Parties Act" beschlossen. Die darin eingeführte Registrierungsmöglichkeit für politische Parteien wurde notwendig, weil sowohl für die Europawahl wie auch für die Wahlen zur Schottischen und Walisischen Regionalversammlung mit einem Listensystem operiert wurde und verhindert werden sollte, dass „Trittbrettfahrer" mit täuschenden Parteiangaben Verwirrung stiften. Die Registrierung ist freiwillig, bietet den Parteien aber zum einen den Schutz ihres Namens und ermöglicht zum anderen den Zugang zur parteipolitischen Rundfunkwerbung (Forman/Baldwin 1999: 92).

Fortsetzen dürfte sich auch der Trend beim Rückgang der Parteimitgliedschaften, zur Pluralisierung der politischen Partizipation und des „markets for activitism" (Richardson 1995).
Parteien haben immer auch soziale Aktivitäten für ihre Mitglieder angeboten, in Großbritannien in der Form der assoziierten Clubs, also z.B. den *conservative clubs, liberal clubs*
und diverse mit Labour affiliierte Arbeiterclubs. Mit der Ausweitung und Heterogenisierung
sozialer und parteipolitisch nicht gebundener „Aktivitätsmärkte" haben diese sozialen Unter-
nehmungen der Parteien an Attraktivität und Bedeutung verloren. Auch wird die Rolle der
Parteien als politische Mediatoren weiter zurückgehen. Durch Bildungsexpansion und Massenmedien ist die Bedeutung der Parteien als Informations- und Meinungsagenturen weiter
gesunken (Webb 2002b: 183). Massenmedien und die Expansion der höheren Bildung werden
auch als die „twin engines" (ebd.) im Prozess der „kognitiven Mobilisierung" beschreiben. In
der Folge dieses gesellschaftlichen Wandels stellt die britische Gesellschaft ein zunehmend
breiteres Spektrum an Informations-, Aktivitäts- und Beteiligungsformen auch im politischen
Feld bereit. Entsprechend wächst auch die Konkurrenz um Aufmerksamkeit und Beteiligung
für politische Parteien generell.

Links:

Großbritannien:

    Conservative Party: www.conservatives.com

    Green Party: www.greenparty.org.uk

    Labour Party: www.labour.org.uk

    Liberal Democrats: www.libdems.org.uk

    Plaid Cymru: www.plaidcymru.org

    Scottish National Party: www.snp.org

Nordirland:

    Democratic Unionist Party: www.dup.org.uk

    Sinn Fein: www.sinnfein.ie

    Social Democratic and Labour Party: www.sdlp.ie

    Ulster Unionist Party: www.uup.org

7. Regierung und Opposition

Das britische Wahlrecht ermöglicht, dass die Regierung in der Regel von einer einzigen Partei gestellt wird und keine Koalitionsverhandlungen notwendig werden. Die Zuschreibung von Verantwortlichkeit, so argumentieren die Anhänger des Westminster-Modells der Demokratie, wird im positiven wie im negativen Sinne erleichtert. Weil unklare Mehrheitsverhältnisse, langwierige Koalitionsverhandlungen und instabile Koalitionsregierungen vermieden werden, wird die Bildung eines demokratischen „Codes" aus Regierung und Opposition und politische Führung durch das Kabinett, insbesondere aber durch die umfangreichen Kompetenzen des Premierministers, erleichtert. Da Rechte und Pflichten des Premierministers nicht kodifiziert und nur marginal gesetzt sind, entsteht ein weiter Spielraum für transitorische Einfluss- und Autoritätssteigerungen. Unter Tony Blair ist das Prinzip des *Cabinet government* wieder zugunsten der *Prime ministerial government* zurückgedrängt worden. Etwa ein Viertel der Abgeordneten der Regierungspartei üben Regierungsämter aus. Der Anteil der Frauen im Parlament ist vergleichsweise niedrig und lag 2005 bei 19,7 Prozent. Der Regierung steht im Parlament die zweitstärkste Partei als *Her Majesty's Official Opposition* gegenüber. Nur sie ist die „Regierung im Wartestand", der das Wahlrecht die Alternierung der amtierenden Regierung ermöglicht. Ihr Vorsitzender ist offizieller Oppositionsführer und ihre primäre Aufgabe ist die Konfrontation der Regierung durch das Einwirken auf die Öffentlichkeit.

7.1 Entwicklung und Besonderheiten britischen Regierens

Mit der „Bill of Rights" 1689 begann der schrittweise Rückzug des Monarchen von der eigenhändigen Ausübung der Macht und ihrer Übertragung auf das Parlament. Das Parlament hatte sich 1688/89 das Selbstorganisationsrecht erkämpft und von nun an vor allem die Finanzen und die Gesetzgebung beherrscht. Aus dieser frühen Entwicklung stammt auch das Selbstverständnis des Parlaments als Opposition zur Regierung des Monarchen. Dass König George I (1714-1727) den Vorsitz im Kabinett seinem *First Lord of the Treasury* überließ, der seither zum wichtigsten Minister des Königs, dem *Prime Minister* wurde, beschleunigte diesen Prozess der Trennung von Macht und Monarchie zusätzlich. Erster Prime Minister von 1721-1742 war Sir Robert Walpole. Die Bezeichnung war schon vorher bekannt, aber deutlich negativ konnotiert, „to signify that the politician concerned was seen as being in the pocket of the Monarch and as little more than the Monarch's messenger" (Forman/Baldwin 1999: 291). In offizielle Dokumente Eingang gefunden hat der Titel erst 1878. Das Machtzentrum verlagerte sich allmählich von Buckingham Palace zu *No. 10 Downing Street*, dem Sitz des Premierministers. Für den Monarchen blieben zunehmend symbolische bzw. repräsentative Aufgaben; auch wenn er nicht mehr in das politische Geschehen eingreift, wird er dennoch regelmäßig vom Premierminister über die aktuelle Politik informiert. Typisch für die britische Verfassungstradition ist auch, dass die Kompetenzen und Befugnisse des Premierministers bis heute kaum in Gesetzen und Statuten niedergelegt sind (vgl. Kap. 2).

Der Begriff *Cabinet* ist älter und bezieht sich auf die Zeit Charles II., der sich mit einigen ausgewählten Beratern für Gespräche in seine privaten Gemächer, sein „Cabinet" (franz. für *private quater*) zurückzog. Die Ratgeber aus diesem engen Kreis wurden als Mitglieder des Cabinets bekannt. Bis zum „Reform Act" 1832 waren Premierminister und Kabinett gleichermaßen dem Parlament und dem Monarchen verantwortlich. Aus der Rolle des Kabinettsprechers gegenüber dem König hatte sich allmählich die Position des Premierministers entwickelt. Seit 1832 war das Kabinett stärker von wechselnden Mehrheiten im Unterhaus abgängig, bis es gegen Ende des 19. Jahrhunderts gegenüber dem Unterhaus zunehmend mehr Befugnisse bekam. Das britische Regierungssystem hat sich allmählich von einer parlamentarischen Regierungsweise klassischen Typs zu einer modernen Kabinettsregierung entwickelt, so dass gegenwärtig eher „durch" das als „vom" Parlament regiert wird (Forman/Baldwin 1999: 292). Wie der Premierminister ist auch das Kabinett ein Beispiel für Regulation durch ungeschriebene Konventionen in der britischen Regierungstradition.

Das Parlament des Königreichs als „Mutter aller Parlamente" kann bis zu den Reformen von 1832 keinesfalls selbstverständlich als demokratisches Parlament verstanden werden (Wimmer 2000: 442). Die Ausdehnung des Wahlrechts auf bürgerliche Kreise 1832 diente zugleich der Stabilisierung der Adelsherrschaft, die auch durch den zweiten „Reform Act" 1867 nur ganz allmählich zu schwinden begann. „Die Regierung Grey, die den Reform Act von 1832 durchgesetzt hatte, war ihrer Zusammensetzung nach die aristokratischste Regierung gewesen, die England seit dem 18. Jahrhundert gehabt hatte" (Schröder 1998: 41). Auch im Unterhaus verlor der (Land)Adel nur langsam seine dominante Stellung. 1867 waren mehr als 500 Abgeordnete Vertreter der grundbesitzenden Schichten und 326 Mitglieder waren verwandtschaftlich direkt mit der Hocharistokratie verbunden, die wiederum im damals noch mächtigeren Oberhaus ohnehin ihr eigenes Repräsentationsorgan besaß. Den Handels-, Industrie- und Schifffahrtsinteressen waren nur 122 Abgeordnete des Unterhaus zurechenbar (ebd.).

Das Parlament hat sich trotz Reformen wie der Einführung eines Ausschusswesens im 20. Jahrhundert nur wenig verändert. In der zweiten Hälfte des 19. Jahrhunderts wurden erstmals *Standing Committees* eingesetzt, um ausgewählte Gesetze zu beraten. Nach 1906 wurde von der Liberalen Regierung die Grundstruktur des gegenwärtigen Systems mit damals vier alphabetisch bezeichneten Ausschüssen eingerichtet, die Gesetzesvorlagen unabhängig von ihrem Thema beraten. Die Anzahl der Ausschüsse ist im Laufe der Zeit auf acht gestiegen (plus zwei *Scottish Committees*), die Anzahl jeweiligen der Mitglieder, die vom *Committee of Selection* ausgewählt werden, von über 100 auf etwa 20 gesunken. Das Unterhaus behielt in hohem Maße seinen „Charakter als Versammlung von Amateur- und Spectator-Politikern, deren Aufgaben im wesentlichen darin bestand, je nach Parteizugehörigkeit entweder die Regierung oder die Opposition zu unterstützen" (Wimmer 2000: 451). Parlamentssitzungen beginnen auch gegenwärtig noch oft nachmittags, so dass die Parlamentarier theoretisch den Vormittag für einen Hauptberuf nutzen könnten, faktisch sind sie aber inzwischen weitestgehend Berufspolitiker. „Die Erhöhung der Abgeordnetenbezüge seit 1964 und ihre Anbindung 1983 an die Gehaltsentwicklung der Spitzenbeamten schuf eine entsprechende finanzielle Basis und hat vor allem den Mittelschichten den Weg ins Parlament geebnet" (Sturm 2002: 223). 1999 bekamen die Abgeordneten ein Grundgehalt von £ 45.066 und £ 49.232 Erstattung von Bürokosten, Minister bekamen 1998 £ 61.650, der Premierminister £ 102.750 und der Oppositionsführer £ 56.513 – zusätzlich zu ihren Abgeordnetenbezügen. 2003 lag das Abgeordnetengrundgehalt schon bei £ 57.400 und das des Premierministers einschließlich Abgeordnetenbezüge bei £ 179.000 (Butler/Butler 2000: 52, 222; Cabinet Office 2004a: 583ff.).

Kaum ein europäisches Parlament ist bis zur „Revolte der Hinterbänkler" gegen Ende der 70er Jahre so von der Regierung beherrscht worden wie das Britische. Bis in die 60er Jahre hatten die meisten Abgeordneten nicht einmal ein Büro zur Verfügung (Wimmer 2000: 451). Auch reichen die 346 Sitzplätze im *floor of the House* bei Weitem nicht aus, um alle Abgeordnete aufzunehmen. Die restlichen Abgeordneten müssen entweder stehen oder versuchen, auf den Seitengalerien einen Platz zu bekommen. Von dort aus können sie allerdings nicht aktiv in die Debatten eingreifen (Händel/Gossel 2002: 163). Vor dem Hintergrund dieser sozialräumlichen Hierarchisierung der Parlamentsstruktur wird auch die herausgehobene Rolle der Whips deutlich, die sich intensiv um die „Pflege" und Disziplinierung der deprivilegierten Hinterbänkler kümmern müssen. Die Frustration der *back-bencher* ob der Einflusslosigkeit

Tabelle 16: Staatliche Gehälter der Spitzenämter (Oktober 2003)

Kabinettsmitglieder	£	Einschließlich Abgeordnetengehalt
Prime Minister	121.437	178.922
Cabinet Minister	72.862	130.347
Secretary of State for Constitutional Affairs and Lord Chancellor	207.742	207.742
Leader of the House of Lords and Lord President of the Council	98.899	98.899
Minister without Portfolio and Party Chair	UNPAID	57.485
Weitere Stellen:		
Parliamentary Under-Secretaries	28.688	86.173
Government Whips – House of Commons	24.324	81.809
Leader of the Opposition	66.792	124.277
Opposition Chief Whip	37.796	95.281
Speaker (House of Commons)	72.862	130.347

Quelle: Cabinet Office 2004[a]: 583 ff.

und der Arbeitsbedingungen führte dann 1979 zu Parlamentsreformen mit der Ausweitung der *Select Committees* auf insgesamt 18. Ihre Aufgabe ist die parlamentarische Kontrolle der Ministerien und zugeordneten Behörden. Die meisten der für eine ganzen Legislaturperiode besetzt Ausschüsse haben 11 Mitglieder, die die Ausgaben, Verwaltung und Politiken der ihnen zugeordneten Häuser überwachen. Sie können den Gegenstand ihrer Untersuchungen selbst bestimmen und dem Unterhaus Berichte vorlegen, auf die die Regierung antworten muss. Zudem erlaubt die hohe Kontinuität in der personellen Besetzung der Ausschüsse eine zunehmende Professionalisierung und den sukzessiven Abbau des Wissens- und Informationsrückstandes der Parlamentarier gegenüber Regierung und Verwaltung. Aber nicht nur für die Ausschussarbeit ist eine steigende Professionalisierung beobachtet worden, auch die Wahlkreisarbeit hat von der „Emanzipation des Parlaments" profitiert.

7.2 Political Leadership

Zur Beschreibung der Akteure und Prozesse der Entscheidungsfindung im britischen Regierungssystem ist in der angelsächsischen Politikwissenschaft der Begriff des *political leadership* gebräuchlich. Er lässt sich am Besten mit „politischer Führung" übersetzen, ist in der
bundesdeutschen Politikwissenschaft allerdings weniger in den *common sense* der Disziplin
aufgenommen worden (vgl. hierzu auch Korte/Fröhlich 2004: 187). Politische Führung hat
gegenüber Begriffen wie „Staatsleitung" oder „Leitungsebene" den Vorteil, nicht etatistisch
fixiert zu sein. Mit diesem Begriff können die unterschiedlichen gesellschaftlichen Kontexte,
in denen sich Regieren manifestiert, in den Blick genommen werden. Neben den politischen
Vorfeldorganisationen ist der Interaktionsbereich von Politik und Medien mit der Schnittstelle
der politischen „Inszenierung" bzw. des politischen „Theaters" zunehmend wichtig geworden.
Politische Führung und Führungsstile haben zwar eine lange Tradition in der Politikwissenschaft, sind als systematische Kategorien jedoch erst in jüngster Zeit wiederentdeckt worden.
Politische Führung kann auf Personen, Situationen und Institutionen zugerechnet werden. Bei
der ausschließlichen Zurechung auf Personen entstehen Personalisierungen nach dem Muster
„Frauen und Männer machen Geschichte", bei der ausschließlichen Zurechnung auf die Situation ist es die „Macht der Verhältnisse", die die Entscheidung erzwingt, während in der Variante des akteurszentrierten Institutionalismus Politiker bestimmte „Handlungskorridore des
Regierens" nutzen (vgl. Korte/Fröhlich 2004: 24f.) und dabei auch unterschiedliche Regierungsstile prägen können. Die älteste solcher stilprägenden Institutionen der Kernexekutive ist
sicherlich das Kabinett. Wir wenden uns also zunächst der Stellung des Kabinetts im Prozess
des Regierens zu, anschließend der des Premierministers. In der angelsächsischen Politikwissenschaft gibt es seit einigen Dekaden eine Diskussion darüber, ob *Cabinet government* zunehmend durch *Prime ministerial government* verdrängt wird (Hennessy 1994, Smith 2002).
Inzwischen ist man sogar noch einen Schritt weiter gegangen und hat Bezeichnungen wie
British Presedency, Premiership oder *elective Dictatorship* in Umlauf gebracht (vgl. Fröhlich
1997). Auch wenn solche Diskussionen als unfruchtbar – da unentscheidbar – kritisiert worden sind, können sie im Folgenden doch den Rahmen für die Rekonstruktion politischer Führungsstrategien und Entscheidungsfindung in der britischen Regierung abstecken.

7.2.1 Das Kabinett

Das Kabinett ist formal die oberste Entscheidungsinstanz in der Regierung. Wenn das Kabinett einmal eine Entscheidung getroffen hat, gilt in dieser Sache das Prinzip der kollektiven Verantwortlichkeit. Jeder Minister hat diese Entscheidung nun zu unterstützen oder, falls ihm das nicht möglich erscheint, zurückzutreten. Die Politik eines Ressortministers muss vollständig mit der Linie des Kabinetts übereinstimmen. Eine Opposition innerhalb der Regierung ist nicht gestattet. Dafür sorgt nicht zuletzt der Premierminister, der den wöchentlichen Treffen des Kabinetts vorsitzt und auch seine Mitglieder beruft. Formell gibt es die Position eines Regierungschefs nicht. Faktisch ist das Kabinett allerdings stark durch den Führungsstil und die Person des Premierminister bestimmt, dessen Macht weit über die eines „Primus inter pares" hinaus reicht. Während der achtziger Jahre unter Premierministerin Thatcher sind vermehrt Studien über das Erstarken der *Prime ministerial government* entstanden (King 1985, Burch 1988, Kavanagh 1990, Foster 1997), während der Amtszeit John Majors dagegen Studien über das Fortdauern von *Cabinet government* (Lawson 1994, Wakeham 1994, Hogg/Hill 1995). Seit dem Amtsantritt Blairs wurde wieder eine Verschiebung in Richtung *Prime ministerial government* beobachtet. Das Prinzip der kollektiven Verantwortlichkeit bedeutet, dass Schlüsselprobleme, die die Zukunft der Regierung oder des Landes betreffen, gemeinsam beraten und zur Entscheidung gebracht werden sollten. Faktisch geschieht dies eher selten. Für das einzelne Kabinettsmitglied bedeutet das Prinzip kollektiver Verantwortlichkeit, dass es bei gravierenden Meinungsverschiedenheiten in einem Feld der Regierungspolitik seinen Widerspruch öffentlich entweder verschweigen muss oder einen Rücktritt erwägen sollte. Hier zeigt sich, ähnlich wie beim Wahlrecht, eine Art Steigerung der Gegensätze zwischen zwei Optionen. In der Regel wird trotz Meinungsverschiedenheiten für einen konformen Verbleib in der Regierung entschieden. Findet dennoch ein Rücktritt statt, ist das für den Zurückgetretenen oft ein „ticket to political obscurity" (Forman/Baldwin 1999: 310).

Das Kabinett setzt sich in der Regel aus 19 bis 24 Ministern einschließlich des Premiers zusammen, die sich regelmäßig Donnerstag Vormittag im Kabinettszimmer in No. 10 Downing Street zu ihren Beratungen treffen. Nicht alle Minister einer Regierung gehören zum Kabinett. Das dritte Kabinett Blairs hat 23 Mitglieder, davon zwei Peers aus dem Oberhaus: der *Lord Chancellor* (Justizminister) und der *Leader of the Lords*. Außerdem werden die Kabinettssitzungen gegenwärtig vom Generalstaatsanwalt, dem *Chief Whip* der Lords und dem Europaminister besucht. Bei den Ministern unterscheidet man zwischen so genannten Senior- und Junior-Ministern. Zu den „klassischen" oder Senior Ministern (auch *Secretary of State*) gehört der *Lord Chancellor* und der *Chancellor of the Exchequer* (Finanzminister), der für die jährliche Einbringung des Haushaltes verantwortlich ist und dem HM Treasury vorsteht. Die Minister der größeren Ministerien, wie der *Home Secretary* (Innenminister), der *Secretary of State for Defence* (Verteidigungsminister) und der *Foreign Secretary* (Außenminister), aber auch der *Deputy Prime Minister*, sind feste Mitglieder des Kabinetts. Die „mittelrangigen" *Ministers of State* (Staatsminister) mit spezifischen Verantwortlichkeiten, die häufig in ihren Bezeichnungen zum Ausdruck kommen, gehören zu den Juniorministern. Juniorminister sind in der Regel einem Ministerium bzw. einem Seniorminister zugeordnet. Die meisten Juniorminister sind *Parliamentary Under-Secretaries of State* oder, wenn ihr Seniorminister nicht „Secretary of State" ist, einfach nur *Parliamentary Secretary* (ONS 2004: 55). Juniorminister nehmen nur an Kabinettssitzungen teil, wenn ihr Verantwortungsbereich unmittelbar betroffen ist.

Innerhalb des Kabinetts bilden sich in der Regel zwei informelle Klassen heraus: Zum einen die einflussreichen Senior-Minister, die quasi den inneren Zirkel um den Premier bilden, sowie die anderen, weniger einflussreichen Kabinettsmitglieder an der „Peripherie". Es kann auch parteipolitische Berufungen ins Kabinett geben. Wenn ein Mitglied der Regierungspartei wegen seiner wichtigen Parteifunktion ins Kabinett berufen wird, dann wird auch erwartet, dass die Partei das Kabinettsgehalt übernimmt.[70] Unter Blair hat sich die Dauer der Kabinettssitzungen weiter verkürzt, auf etwa 20 bis 60 Minuten. Maximal dürfen sie 90 Minuten dauern. Häufig sind die Entscheidungen schon im Vorfeld gefallen, so dass in der Sitzung nur noch die förmliche Absegnung erfolgt. Blair praktiziert, ähnlich wie bereits Thatcher, einen Stil der Entscheidungsfindung in Vieraugengesprächen und Ad-hoc-Gruppen. Durch das so genannte *Sofa-Government*, die informelle persönliche Beratung des Premiers in kleinen Netzwerken durch ausgewählte (bzw. nichtgewählte) *special advisors* und *spin doctors* reduzierte sich der Einfluss des Kabinetts als kollektivem Entscheidungsgremium zusätzlich. Mit diesem Vorgehen stellt Blair auch sicher, dass seine Berater in die Entscheidungs- und Umsetzungsprozesse in die einzelnen Ministerien eingebunden werden (Becker 2002: 142). Eine Krise oder sogar das Ende der Kabinettsregierung ist allerdings nicht nur für Großbritannien festgestellt worden. Auch in Kanada und Australien sind vergleichbare Entwicklungen beobachtet worden, die auf eine strukturelle Evolution der Kernexekutiven schließen lassen (Weller 2003).

---

[70] So hat Tony Blair 1997 John Prescott zu seinem Stellvertreter und „Superminister" für das neu geschaffene Ministerium für Environment, Transport and the Regions ernannt. Prescott übernahm für Blair eine wichtige Vermittlungsfunktion zu „old Labour". Nach seinem Ausscheiden aus dem Ministerium wurde er mit der Leitung des Kabinettsbüros beauftragt.

Zur institutionellen Ausstattung des Kabinetts gehört ein *Cabinet Secretary* und weitere 56 Beamten im Kabinettsbüro (Forman/Baldwin 1999: 292), die für die Vermittlung der Kabinettsentscheidungen an die zuständigen Stellen in den Ministerien bzw. der Verwaltung zuständig sind und die Entscheidungen umsetzen müssen. Das Kabinettsbüro (*Cabinet Office*) ist in der Ära Blair zunehmend politisch aufgewertet worden und umfasst neue, von Blair eingerichtete Abteilungen wie die *Social Exclusion Unit*. Das Kabinettsbüro hat zwei Hauptaufgaben. Es leistet Vorbereitungs- und Umsetzungsaufgaben für das Kabinett und seine Ausschüsse, koordiniert zwischen den Ministerien und managt die Ministerialbürokratie und den Prozess des Regierens (Burch/Holliday 1999: 37). In den *Cabinet Committees* finden Vorarbeiten und Abstimmungen zwischen den Ministerien statt. Formal agieren die Ausschüsse des Kabinetts mit der gleichen rechtlichen Legitimation wie das Kabinett. Sie können eine Angelegenheit auch eigenständig bis zur Entscheidung bearbeiten. Nur im Falle ernsthafter Meinungsverschiedenheiten oder bei sehr wichtigen Fragen müssen die Angelegenheiten noch einmal dem gesamten Kabinett zur Entscheidung vorgelegt werden, ansonsten wird das Kabinett lediglich über die Entscheidungen der Ausschüsse informiert. Man unterscheidet zwischen *Standing Committees* und *ad hoc Committees* des Kabinetts. Zu den dauerhaften Ausschüssen gehören das *Economic Affairs Committee* (EA), das *Home and Social Affairs Committee* (HS), das *Committee on Defence and Overseas Policy* (DOP), das *Legislation Committee* (LEG), Ausschüsse zur Verfassungsreform, den Geheimdiensten, Nordirland, Umwelt- und Energiepolitik, *Local Government*, öffentlichen Ausgaben, Devolution sowie zahlreiche Unterausschüsse. In den 90er Jahren haben sich Ad-hoc-Ausschüsse z.B. mit dem Problem der Flüchtlinge aus dem ehemaligen Jugoslawien oder der Ablösung der *poll tax* durch die *council tax* befasst, unter New Labour mit dem „Jahr-2000-Problem" elektronischer Rechner und biotechnologischen Fragen. Die Ad-hoc-Ausschüsse lösen sich wieder auf, wenn die Angelegenheit, mit der sie sich befasst haben, entschieden ist. Den meisten ständigen Ausschüssen sitzt der Premier vor, wobei Blair beim *Economic Affairs Committee* seinem Finanzminister den Vortritt lässt. Nichtständige Ausschüsse werden in der Regel von einem Senior Minister oder dem Premier selbst geleitet. Juniorminister sind dagegen eher die „Arbeitspferde" im System der Kabinettsausschüsse (Forman/Baldwin 1999: 295).

Von der Möglichkeit zur Kabinettsumbildung (*reshuffle*) wird in Großbritannien öfter Gebrauch gemacht als in anderen westeuropäischen Ländern. Das Instrument der Kabinettsumbildung kann zum einen dazu genutzt werden, die Effizienz und das Erscheinungsbild der Regierung zu verbessern, zum anderen, um die Machtverhältnisse innerhalb des Kabinetts neu auszurichten, also etwa die Position des Premiers zu stärken. Die mit dem Instrument verknüpfte Erwartung ist, dass die ständige Möglichkeit einer Kabinettsumbildung auf die Minister und ambitionierte Abgeordnete disziplinierend wirkt. Häufig werden größere Kabinettsumbildung nach Wahlen vorgenommen, so im Falle Blairs nach dessen Wahlsieg im Juni 2001. Allerdings ist auch darauf hinzuweisen, dass mit steigender Zahl von Entlassungen oder Rücktritten das Ansehen des Premiers geschwächt werden kann. Einerseits zeigt der Premier bei solchen Umbildungen Führungsstärke, andererseits kann ihm das auch als Korrektur früherer Fehlentscheidungen bzw. als Entwertung des Bisherigen ausgelegt werden. Auch bei der Ämterpatronage sind dem Premier Grenzen gesetzt, zum Beispiel durch Rücksichten auf Kabinetts- und Parteikollegen oder auf sozialen und regionalen Proporz. Der Premier ist zwar die öffentlich sichtbarste Person des Kabinetts, aber nicht der einzige wichtige Akteur. Trotz des institutionellen Ausbaus rund um 10 Downing Street verfügt der Premier nicht über alle notwendigen Ressourcen für Politikentwicklung und ist oft auf die Unterstützung des Finanzministers und des Schatzamtes angewiesen. Dennoch scheint es „starken" Premiers immer wieder zu gelingen, das Machtgleichgewicht zu ungunsten des Kabinetts zu verschieben.

Im Kabinett der Regierung Blair hatten bzw. haben zwei Minister eine herausgehobene, starke Position: Finanzminister Gordon Brown und Vizepremier John Prescott. Von Brown nimmt man an, dass er der einzige Minister ist, der Blair wirklich herausfordern könnte. Zwischen beiden hat sich eine Art Interessenausgleich stabilisiert: Brown fordert Blair nicht um das Amt des Parteivorsitzenden heraus und Blair überlässt ihm dafür weitgehende Freiheit beim Entwurf der wirtschaftspolitischen Strategie der Regierung (Smith 2002: 232). Erfolg und Performance der Regierung hängt weitgehend vom reibungslosen Zusammenspiel der beiden „Schwergewichte" des Kabinetts ab. Labours Position zur Mitgliedschaft in der Europäischen Währungsunion wurde von beiden gemeinsam ausgearbeitet (ebd.). John Prescotts starke Position ist darauf zurückzuführen, dass er stellvertretender Parteivorsitzender ist und sich große Teile von „old Labour" mit ihm identifizieren. Durch die Einbindung Prescotts in seine Politik gelingt es Blair, die Parteimitglieder auch an unpopulären Entscheidungen zu binden, wie z.B. die Reform der Gewerkschaftsbeziehungen und den Verzicht auf die Wiederverstaatlichung der Eisenbahn (ebd.). In dieser Funktion als Bindeglied zur Partei und insbesondere zu „old Labour" ist Prescott zu wichtig für Blair, als dass er ihn wegen inhaltlicher Differenzen entlassen könnte.

Effektiver Widerstand gegen Entscheidungen des Kabinetts im Parlament ist nur durch eine entschlossene Revolte der „Hinterbänkler" der Regierungspartei bzw. ihre Androhung möglich. Premier und Kabinett müssen bei ihrer Legislativtätigkeit also immer auf die Stimmungen ihrer Hinterbänkler achten, ebenso wie auf Oppositionsforderungen, die den Fort-

schritt bei einer Gesetzgebungsaktivität blockieren könnte. Parteiaktivisten, Interessenverbände, Medien und öffentliche Meinung sind weitere Faktoren, die mit dem Ausüben politischer
Führung interferieren. Die wichtigste Ressource eines Ministers ist seine Stellung als Chef
eines Ministeriums, wodurch er die Fähigkeit hat, detaillierte Politiken sowohl zu entwerfen
als auch zu implementieren. Der Premierminister muss sich häufig, trotz umfangreicher Beratung und im Vergleich zu den Ministern umfangreicheren Ressourcen, auf den Überblick,
die Koordinierung und den Entwurf von Richtlinien beschränken. Die Minister können dagegen durch das ihnen leichter zugängliche Fachwissen sowie Fragen der Machbarkeit und Umsetzung Einfluss im Kabinett gewinnen. Das Verhältnis von Premierminister und Kabinett im
Kern der Exekutive ist aber nicht als Nullsummenspiel zu verstehen. Machtgewinne auf einer
Seite müssen nicht zwangsläufig auf Kosten der anderen Seite gehen. Zwischen beiden Seiten
besteht ein Verhältnis der Interdependenz. Für ein erfolgreiches Zusammenspiel als Regierung sind beide auf Austausch angewiesen. Dabei können die Minister vor allem ihr Fachwissen aus der Ministerialbürokratie einbringen, der Premierminister seine Fähigkeit zum Überblick, seine Autorität und Persönlichkeit.

7.2.2 Der Premierminister

Der Anspruch, vom Staatsoberhaupt zum Premierminister ernannt zu werden, fällt automatisch dem Parteiführer derjenigen Partei zu, die als Sieger aus den allgemeinen Wahlen her-
vorge-gangen ist. Eine Wahl durch das Parlament findet nicht statt. Mit der Ernennung erhält
er den Titel *First Lord of the Treasury*, dessen Amtsbereich allerdings vom Schatzkanzler
verwaltet wird. Die Ressourcen der politischen Führungsmacht des Premiers sind vielfältiger
als die seiner kontinentaleuropäischen Kollegen. Das liegt nicht zuletzt auch an den Besonderheiten der britischen Verfassungstradition. Auffällig ist, dass sich in der Stellung und den
Kompetenzen des Premierministers ein im westeuropäischen Vergleich deutlicher Rest von
personal rule erhalten hat, einem Kennzeichen von frühmodernen Staaten mit einem ausgeprägt personalistischen Verständnis von Politik (Wimmer 2000: 453). Da es keine systematisch kodifizierte Festlegung der Rechte und Pflichten des Premiers gibt, hat er einen im westeuropäischen Vergleich breiten Spielraum für politische Führung. Beobachter sehen deswegen auch seit dem Amtsantritt Margaret Thatchers eine zunehmend präsidentialistische Entwicklung dieses machtvollsten Amtes im Königreich. Der Premierminister unterliegt keinen
Zwängen zu Kompromissen und Rücksichtnahmen einer Koalitionsregierung, sondern muss
sich lediglich um die Mehrheit im Unterhaus kümmern, es also zu keinen Aufständen in der

eigenen Fraktion kommen lassen. Er muss auch nicht auf Länderkompetenzen und -interessen in einer zweiten Kammer Rücksicht nehmen und braucht kein Verfassungsgericht zu fürchten, dass die Gesetze seiner Regierung „kassieren" könnte. Und als *Head Appointing Officer* hat er außerdem ein weitreichendes persönliches Patronagepotenzial (Becker 2002: 134). Dieses drückt sich auch in seiner Kompetenz aus, etwa einhundert Regierungsstellen im Ober- und Unterhaus zu besetzen oder ihre Inhaber zu entlassen. In der dritten Amtsperiode Blairs gehörten dazu neben den 23 Kabinettsministern noch 27 *Minister of State*, 37 *Under Secretaries of State* bzw. *Parliamentary Secretaries*, 21 *Whips* und 3 *Law Officers*. Insgesamt 90 Labour-MPs (25 Prozent) werden auf diese Weise in die Regierungsarbeit eingebunden.[71]

Der Premierminister entscheidet über den Zuschnitt und die Besetzung der Ministerien. Natürlich kann er die Mitglieder der Regierung jederzeit um Rücktritt bitten. Und er kann dem Monarchen Vorschläge über Ernennungen in öffentliche Ämter, wie z.B. den Vorsitz bei so genannten Quangos (*quasi-autonomous non-governmental organisations*) machen, die vom Monarchen vollzogen werden. Diese Macht des Premiers kann entweder dazu genutzt werden, die Ernennung bestimmter Personen zu fördern oder zu verhindern (Forman/Baldwin 1999: 304). Während er selbst umfangreiche Personalkompetenzen hat, gibt es nur eine Möglichkeit, ihn selbst zum Abtreten zu zwingen: Durch ein Misstrauensvotum des Unterhauses.

Auch wenn der Premierminister keine dem deutschen Bundeskanzleramt vergleichbare Einrichtung zur Unterstützung hat, so hat er doch eine ganze Reihe von institutionellen Ressourcen für Beratung und Unterstützung zur Verfügung, die in den letzten Jahrzehnten immer weiter ausgebaut worden sind. Premier Wilson (1964-1970) richtete das *Political Office* ein, das den Kontakt zur Parteiorganisation des Premiers aufrecht erhalten soll und vergrößerte das Press Office, Heath (1970-74) richtete die *central policy review staff* ein, die dann als *Policy Unit* von fast jedem Premier vergrößert wurde. Unter Blair ist sie seit 1997 auf 25 Mitarbeiter gewachsen. Ihre Aufgabe ist die intensive Prüfung und Beratung von Policy-Vorschlägen und einen Überblick über die Policy-Koordination in Whitehall zu behalten. Sie ist zugleich eine Art Berufungsinstanz bei Konflikten zwischen Ministerien (Butler 2000: 155). Sie hat auch eine wichtige Rolle bei Ausarbeitung und Implementierung der Idee des „Dritten Weges" gehabt. Eng verbunden mit der Policy Unit sind die *special advisers*, deren Anzahl sich unter Blair mit ca. 75 mehr als verdoppelt hat. Neben Beratungs- und Koordinati-

---

[71] www.parliament.uk/directories/hciolists/hmg.cfm#Stats, 15. Juni 2005

onsaufgaben können sie auch die Performance der Ministerialbeamten bewerten.[72]

Daneben gibt es das wichtige *Private Office*, das alle an den Premierminister adressierten offiziellen Dokumente sichtet und ihre Relevanz prüft, das *Press Office*, *Appointments Office* (nicht-politische Ernennungen, z.B. in der Church of England, BBC) und die *Parlamentary Private Secretaries*, die Kontakt zur Meinung der „Hinterbänkler" im Unterhaus halten (Forman/Baldwin 1999: 299, Smith 2002: 224). Daneben steht dem Premierminister auch die Beratung im Kabinett als Ressource zur Verfügung. Hierbei zeigen sich ganz unterschiedliche Umgangsstile. So hat Thatcher häufig Ad-hoc-Treffen oder bilaterale Besprechungen mit Ministern einberufen, vermutlich, weil bei solchen Gelegenheiten leichter von ihr bevorzugte Ergebnisse zu erreichen waren. Später soll sie ihren Ministern die Wahl gelassen haben, ein Thema auf die Kabinettsagenda zu setzen oder es mit betroffenen Kollegen und ihr in kleineren Gruppen zu besprechen (Smith 2002: 225). Thatchers Autorität, auch gegenüber dem Kabinett, war nach dem Falkland-Krieg und dem Erdrutsch-Wahlsieg von 1983 am größten. Dies ermöglichte es ihr, häufiger zum Instrument der Kabinettsumbildung zu greifen um Kritik der Minister zum Verstummen zu bringen. Von Churchill ist das Zitat überliefert, ein Premier müsse „a good butcher" sein. Thatcher hat insbesondere in der zweiten Hälfte ihrer Amtszeit vom ihrem Recht der Entlassung von Ministern Gebrauch gemacht.

Innerhalb der Regierung kann der Premier durch eine Reihe verbürgter Rechte seine Macht entfalten. So kann er z.B. die Minister ernennen und entlassen, die Agenda der Kabinettssitzungen bestimmen und ihre Beschlüsse zusammenfassen, Kabinettsausschüsse einsetzen und ihre Mitglieder auswählen und den wichtigsten Ausschüssen selbst vorsitzen. Er hat einen Aufmerksamkeitsvorsprung gegenüber anderen Regierungspolitikern in den Medien und der Öffentlichkeit, das Recht auf den besten erreichbaren Rat innerhalb der Verwaltung und auch außerhalb und schließlich die politische Führung der Regierungspartei im Unterhaus (Forman/Baldwin 1999: 304). Während der Regierungszeit Margaret Thatchers ist der Einfluss der Premiers gegenüber dem Kabinett stark gestiegen. Um Opposition im Kabinett zu umgehen, ist Thatcher sehr taktisch bei der Einrichtung von *Cabinet Committees* vorgegangen, hat strategische Allianzen geschlossen oder bilateral mit einzelnen Ministern gearbeitet: „Later, when she found increasing opposition in the Cabinet, Thatcher's tactic was to operate, to some degree, outside the Cabinet system. She dependend on her political advisors for support and influenced policy by operating bilaterally with ministers who were not in a position

---

[72]   Butler (ebd.) beschreibt diese Aufgabe sehr plastisch als "discovering young radicals and identifying dark forces of reaction".

to resist her demands" (Smith 2002: 231). Darüber hinaus hat Thatcher mit einem enormen Detailwissen stark in die Arbeit der Ministerien interveniert. Zu einer Rückverlagerung der Machtbalance zwischen Premier und Kabinett kam es, als Thatchers Autorität gegen Ende ihrer Amtszeit einbrach. Als sie bemerkte, dass sie den Rückhalt im Kabinett verloren hatte, verzichtete sie auf den zweiten Wahlgang bei der Wahl zur Parteivorsitzenden und öffnete so den Weg für John Major.

Unter Major ist es dann zu einer Rückverlagerung der Machtbalance zugunsten des Kabinetts gekommen. Sein Führungsstil wird als eher kollegial beschrieben. Die im Vergleich zur Thatcher-Ära knappen Mehrheiten der Konservativen im Parlament dürften ihn auch empfänglicher für „Argumente" seiner Hinterbänkler gemacht haben. Nach einer Reihe verlorener Nachwahlen war er gegen Ende der Legislaturperiode 1992-1997 auf eine Zusammenarbeit mit der nordirischen Schwesterpartei, der UUP, angewiesen. Major kam 1990 ohne eigenes Mandat aus allgemeinen Wahlen und zu einer Zeit ins Amt, als sich die Wirtschaft in einer Rezession befand. Auch hatte er ein Autoritätsproblem, da er zu wenig eine eigene Agenda sichtbar machte und man in der Öffentlichkeit den Eindruck gewann, er sei nur im Amt, um Thatchers Agenda zu implementieren (Smith 2002: 229). Daran konnte langfristig auch die gewonnene Kampfkandidatur zum Parteivorsitz nichts ändern. Als Premier war er darum bemüht, *Cabinet government* wieder zur Geltung zu bringen.

Eine weitere Machtressource des Premierministers ist sein Recht, innerhalb der fünfjährigen Legislaturperiode dem Monarchen den Zeitpunkt für die Auflösung des Parlaments vorzuschlagen. Durch die Wahl eines geeigneten Zeitpunktes kann der Premierminister versuchen, eine für sich und seine Partei positive öffentliche Meinung bzw. positive Umfragewerte oder auch positive Wirtschaftsdaten zum eigenen Nutzen abzuschöpfen. Dies hat z.B. Margaret Thatcher 1983 und 1987 genutzt, als sie das Parlament bereits ein Jahr vor Ablauf der maximalen Zeitspanne von fünf Jahren auflöste. Was sich im Falle Thatchers auszahlte, hatte bei Clement Attlee, der 1951 bereits nach knapp zwei Jahren neu wählen lies, zum Verlust der Regierungsmacht von Labour und langjähriger Oppositionszeit geführt. Ebenso ließ Edward Heath 1974 bereits 18 Monate vor Ablauf der Legislaturperiode Wählen und verlor. Eine Wahlniederlage des Premiers, ganz besonders, wenn sie auf einer solchen strategischen Fehleinschätzung zurückzuführen ist, hat in der Regel auch innerparteiliche Konsequenzen. Meist verliert der unterlegene Premierminister in der Folge auch sein Amt als Parteivorsitzender. Allerdings kann es auch ein Fehler sein, nicht vorzeitig wählen zu lassen, wenn sich ein günstiger Zeitpunkt bietet. So wurde dem Labour-Premier James Callaghan vermutlich zum Verhängnis, nicht auf die eindringlichen Ratschläge aus seiner Partei und den Gewerkschaften gehört zu haben und bereits im Herbst 1978 wählen zu lassen. Es folgte für Labour der „Winter der Unzufriedenheit" (*winter of discontent*) der Gewerkschaften und eine parlamentarische Abstimmungsniederlage bei einer Vertrauensfrage im März 1979. Mit den folgenden Wahlen im Mai 1979 begann dann die Ära Thatcher.

Die politische Führung des Premierministers ist auch im Bereich der Außen- und Sicherheitspolitik gefragt. In der Außenpolitik wird von ihm klare Führung erwartet, wenn die „nationalen Interessen" Großbritanniens bedroht sind und wie dies auch von Anthony Eden 1956 in der Suez-Krise, von Margaret Thatcher 1982 im Falkland-Krieg und von Tony Blair (allerdings umstrittener) gegenüber Diktatoren in Serbien und im Irak geschehen ist. Auch der Nordirland-Konflikt hat immer wieder die Führungsstärke des Premiers herausgefordert. Gegenwärtig ist es das Thema des internationalen Terrorismus, bei dem politische Führung durch den Premierminister erwartet wird. Sowohl der Bereich der internationalen Politik wie auch die Thematik der inneren Sicherheit bzw. des Terrorismus werden in hohem Maße von der Aufmerksamkeit der nationalen und internationalen Medien begleitet. Eine positive internationale Presse kann sich für den Premier auch innenpolitisch auszahlen, wie umgekehrt ein innenpolitisch schwacher oder angeschlagener Premier auf internationaler Ebene in der Regel einen schwierigeren Stand hat.

7.2.3 Regierungsstile der Premierminister

Innerhalb der Kernexekutive gilt der Premierminister zwar als „exceptional individual" (Smith 2002: 233). Jedoch ist es schwierig, Persönlichkeit und persönlichen Stil als Determinante von politischer Führung zu operationalisieren. In jedem Fall ist ein „Regierungsstil" immer auch ein Produkt der Mediendemokratie, der Darstellungsebene von Politik, das nicht zuletzt auch der Abgrenzung von Vorgängern im Amt dient. Mit dem Faktor Persönlichkeit verbunden ist die Beschreibung des Premiers als politischer Entrepreneur oder Risikomanager (ebd.: 234). Diese Sichtweise kann in begrenzterem Umfang auch auf die Minister angewendet werden; jedoch kann der Permierminister, falls einer seiner Minister zu viel „Stil" erkennen lässt, der die öffentliche Aufmerksamkeit von ihm ablenkt, zum Instrument der Kabinettsumbildung greifen. Politischer Stil ist nicht zuletzt eine Frage des Politikmarketings und des „Geschmacks", der bei den potenziellen Nachfragern politischer Images vermutet wird. In der politikwissenschaftlichen Literatur ebenso wie in der Öffentlichkeit finden sich immer wieder Beschreibungen der Regierungsstile der Premiers, mit denen nichtinstitutionalisierte, subjektive Faktoren des Regierens verhandelbar gemacht werden können. Die Nutzung solcher persönlicher, subjektiver Faktoren des Regierens ist sinnvoll für die Bindung und den Ausbau transitorischer Ressourcen wie Einfluss und Autorität (Heffernan 2003).

Der Regierungsstil Tony Blairs wird mit Adjektiven wie integrativ, ausgleichend, modernisierend, pragmatisch und unideologisch angegeben. Diesen eher positiven Eigenschaften werden im Kampf um politische Deutungsmacht auch negativ konnotierte Eigenschaften wie deutliche Anklänge an einen autoritären, kontrollierenden, „präsidentiellen" Führungsstil gegenüber gestellt. *Personal rule* wurde unter Blair in Bezug auf die Medien und institutionelle Absicherungen sogar noch ausgebaut. Vermutlich soll damit auch ein in der politischen Geschichte Großbritanniens nicht unüblicher plötzlicher Popularitätseinsturz mit Verlust der Machtbasis bis hin zur anschließenden „Palastrevolution" verhindert werden. Blairs Führungsstil ist dadurch charakterisiert, dass er im Kabinett allgemeine Policy-Richtlinien vorgibt, denen dann die einzelnen Minister bzw. Ministerien folgen müssen. Zugleich scheint er aber auch näher in einzelne Politikfelder wie „Bildung" und „Nordirland" hineinzuregieren. Das von Blair geschaffene Amt des *Cabinet enforcers* soll sicherstellen, dass die einzelnen Ministerien im gemeinsamen Interesse der Regierung handeln. Zugleich ist diese neue Stelle nützlich für den Premierminister, weil er jetzt nicht mehr selbst direkt in den Ministerien intervenieren muss (Smith 2002: 232). Ein wesentlicher Unterschied zum Führungsstil Thatchers ist, dass Blair sich seiner Abhängigkeiten stärker bewusst ist, denn Thatcher ist am Ende nicht zuletzt deswegen gescheitert, weil sie ihre Abhängigkeit von Kabinett und Partei zu wenig beachtet hat.

Der Einfluss eines Premiers auf die Unterhausfraktion seiner Partei ist meist sehr groß. Eine wichtige Rolle spielt dabei das Recht des Premiers, Abgeordnete mit Regierungsfunktionen bzw. -ämtern zu betrauen und auch wieder zu entlassen. Tendenziell haben konservative Premiers gegenüber ihrer Parlamentsfraktion eine stärkere Machtstellung als Labour-Premiers. Das hängt nicht zuletzt mit der Organisationskultur der einzelnen Parteien zusammen: „Whereas the Conservative Party has been traditionally both hierarchical and deferential towards its leaders, the Labour Party has tended to be more democratic in its aspirations and egalitarian in its attitude towards the leader" (Forman/Baldwin 1999: 306). Die unterschiedlichen parteipolitischen Partizipationskulturen bzw. Führungsstile haben es konservativen Premiers oft einfacher gemacht, ihre parlamentarische Autorität zu sichern. Allerdings gab es auch „schwache" konservative Premiers wie zuletzt John Major, der 1995 von seinem Amt als Parteivorsitzender zurücktrat, um seine Kritiker in der eigenen Partei herauszufordern (ebd.).

Tabelle 17: Führungsstrategien britischer Regierungschefs

	Thatcher	Major	Blair
Strategie	Interventionistisch	Kollegial	Direktiv, zentralistisch „command and control"
Taktiken	Einrichtung kleiner Ministergruppen, um Unterstützung zu erleichtern. Bilaterale Treffen mit Ministern	Zusammenarbeit mit dem Kabinett, um Konsens zu erreichen. Verschieben von Entscheidungen bis ausreichend Unterstützung vorhanden ist	Nutzung des PM- und des Kabinettsbüros, um strategische Richtlinien zu entwickeln: Einrichtung des 'Cabinet enforcers', um deren Umsetzung zu kontrollieren. Informalisierung der Entscheidungsfindung

Quelle: Smith 2002: 230, eigene Ergänzung

Die anschließende Kampfkandidatur gegen einen einzigen Herausforderer gewann Major ü-
berzeugend. Die Stärke eines Premiers gegenüber seiner Fraktion hängt nicht zuletzt auch von
seiner Popularität in den Medien und seinem „Rating" in der öffentlichen Meinung ab, bei
denen Major allerdings weniger überzeugende Ergebnisse hatte.

Viel Aufmerksamkeit hat Tony Blair zu Beginn seiner Amtszeit für das Leitbild eines *joined-up government*, eines gemeinsamen, ressortübergreifenden Regierens unter Einbeziehung externer Berater und interner Experten bekommen. Seit der Nachkriegszeit hat es immer
wieder solche Versuche gegeben, die Pathologien des *departmentalism* im britischen Regierungssystem zu bekämpfen (Kavanagh/Richards 2001: 3-8). Blair hat mit seinem Leitbild den
Anspruch eines *new style of governing* verbunden, mit dem Service (delivery) und Qualität
öffentlicher Leistungen verbessert, aber auch das Policy-making bei komplexem Themen wie
Obdachlosigkeit, Schulschwänzen und frühen Schwangerschaften effektiver organisiert werden sollte. „Therefor, joined-up working aims to coordinate activities across organisational
boundries without removing the boundries themselves. These boundries are inter-
departmental, central-local, and sectoral [...] to join up, initiatives must align organisations
with different cultures, incentives, management systems and aims." (Ling 2002: 616) Labours
erste Initiative 1997 in diese Richtung war die Einrichtung einer *Social Exclusion Unit* unter
dem Dach des Cabinet Office. 1998 kam die *Policy and Innovation Unit* hinzu. Da solche
Querschnittsaufgaben theoretisch auch durch Kabinettsausschüsse übernommen werden

könnten, drückt sich hier auch eine gewisse „frustration with the Cabinet Committee system"
(Kavanagh/Richards 2001: 11) aus. Unter dem Argument der Modernisierung und Überwin-
dung hemmender Organisations- und Ressortgrenzen findet eine weitere Zentralisierung von
Macht im PM- und Cabinet-Office statt. Die mit *joined-up-government* verbundene Schwächung des Ressortprinzips „macht eine zentrale Überwachung der Umsetzung der Regierungspolitik notwendig – die Abteilungen, die hierfür in No. 10 und dem Cabinet Office geschaffen wurden und die Stärkung des Finanzministeriums bei der Kontrolle der übrigen Ministerien sind Ausdruck dafür." (Becker 2002: 278) Da die Zurechnung individueller Verantwortlichkeit durch joined-up government eher schwieriger wird, bedarf es zusätzlicher Kontrollen durch das politische Zentrum. Die Tendenzen zur Machtzentralisierung unter Blair
sind sicherlich ein wichtiger Grund für das *comand and control*-Image des Regierungschefs.
Insbesondere vor und während des Golfkriegs habe Blair im Kabinett auf *command* gesetzt
und mit Brown die Rolle der „*rulers of Whitehall*" durchgesetzt. Die Rede von einer *british
Presidency* oder Wahldiktatur unter Blair ist allerdings überzeichnet und entspringt nicht zuletzt einem Stilisierungs- und Dramatisierungsbedürfnis der Medien. Neben Blair hat die Labour-Regierung ein zweites Machtzentrum in der Person des Finanzministers Gordon Brown.
Becker (2002: 275) spricht von einem „bipolaren Machtzentrum", bei dem Brown durch seine
wirtschafts- und finanzpolitische Kompetenzen auch weite Teile der britischen Innenpolitik
zu prägen versteht, während Blair seinen Schwerpunkt eher in die Außenpolitik verlagert hat
(vgl. auch Hennessy 2005).

Die Stärkung der *Prime ministerial government* unter Blair zeigt sich auch in der Ausweitung des Personals in No. 10. Mit den neu eingerichteten Einheiten und dem Personal der
Policy Unit, Political Office, Press Office und Private Office hat Blair sein personelle Unterstützung mit weit über 50 Mitarbeitern gegenüber Major mehr als verdoppelt. „It is legitimate
to speculate that joined-up government is a code for increasing the power of Number 10 over
Ministers. The growth of staff certainly increases Number 10's potential ability to initiate and
oversee policy in departments" (Kavanagh/Richards 2001: 13). Mit dieser Entwicklung wird
eine Funktion auf- bzw. ausgebaut, die in der Bundesrepublik Deutschland in den „Spiegelre-
feraten" im Bundeskanzleramt[73] zentralisiert ist.

---

[73] Die "Spiegelreferate" sind jeweils einem Ministerium zugeordnet und müssen über alle wesentlichen Angelegenheiten ihrer Ressorts informiert zu sein oder sich kurzfristig informieren können. Sie haben eine Art
"Scharnierfunktion" zwischen diesem Ressort und dem Bundeskanzler bzw. dem Bundeskanzleramt.

7.3 Regieren und Gesetzgebung

Die wichtigste Tätigkeit einer Regierung, ihr Output an Verwaltung, Justiz und Publikum, ist der Erlass von Gesetzen und Verordnungen. Sie hat folglich größtes Interesse, den Prozess der Gesetzgebung möglichst vollständig zu kontrollieren. Der Legislativprozess beginnt formal mit dem Initiativrecht. Grundsätzlich unterscheidet man zwischen *Public Bills* (allgemeine Gesetze) und *Private Bills* (Einzel- oder Gruppeninteressen). Bei den Public Bills unterscheidet man sodann zwischen *Government Bills*, die von der Regierung eingebracht werden, und *Private Members' Bills*, die von jedem Abgeordneten eingebracht werden können. Von den 38 *Public Bills*, die in der Sitzungsperiode 2003-04 *Royal Assent* erhielten, wurden 33 von der Regierung eingebracht und fünf von Hinterbänklern des Unterhauses (House of Commons Information Office 2003: 2). Regierungsentwürfe können bereits vor der Ersten Lesung als *Green Paper* oder *White Paper* für Vorschläge und Kommentare an eine interessierte Öffentlichkeit gereicht werden.[74] Die Erste Lesung einer Gesetzesinitiative ist bereits ihre Einbringung ins Parlament. Hier werden Kopien des Gesetzentwurfs im *Vote Office* für die Abgeordnete und Öffentlichkeit zur Verfügung gestellt. In diesem Stadium ist der Entwurf von Politikern, Ministerialbeamten und Interessenvertretern bereits umfangreich beraten worden, so dass es sich nicht mehr um einem „Rohentwurf" handelt.

Nach einigen Wochen folgt die Zweite Lesung, in der in einer großen Debatte die Grundzüge des Entwurfs im Unterhaus beraten werden. Die Zweite Lesung ist die erste Möglichkeit, dass eine Regierungsvorlage im Parlament scheitern kann. Findet keine grundsätzliche Ablehnung statt, kommt der Entwurf zur Beratung in einen Ausschuss (*Committee Stage*). Dies ist in der Regel ein *Standing Committee*. Initiativen von verfassungspolitischer Bedeutung wie die „House of Lords Bill" 1998/99 können auch vom *Committee of the Whole House* beraten werden. Selten wird auf ein *Special Standing Committee* zurückgegriffen, das vor der eigentlichen Beratung des Entwurfs noch eine Informationsphase zum Thema des Gesetzes vorschalten kann. Die Ständigen Ausschüsse setzten sich aus etwa 18 Abgeordneten zusammen,[75] die den Parteiproporz im Unterhaus wiederspiegeln und denen in der Regel auch zwei oder mehr Minister angehören. Jeder Paragraph eines Entwurfs wird einzeln verhandelt; die Opposition kann Änderungsvorschläge machen und darüber abstimmen lassen. Damit die

---

[74] Als *Green Paper* zeigen sie die konsultative Funktion des Entwurfs an, als *White Paper* sind sie ein *statement of policy* der Regierung.

[75] Die Ausschussgröße darf zwischen 16 und 50 Mitgliedern schwanken.

Opposition dieses Instrument nicht zur Blockade nutzen kann, kann die Regierung das *Guillotine*-Verfahren beschließen und ein Termin für das Ende der Beratungen festsetzen.

Nach der Ausschussphase (*Committee Stage*) folgt die Berichtsphase (*Report Stage*) im Unterhaus, die noch einmal zu einer umfassenden Aussprache genutzt werden kann, auch wenn in der Ausschussphase kaum Veränderungen vorgenommen worden sind. Das Unterhaus kann Änderungen der Ausschüsse ablehnen oder wiederum verändern. Wenn ein Entwurf von dem *Committee of the Whole House* beraten wurde, entfällt die Berichtsphase. Nach der kurzen und förmlich Dritten Lesung, bei der keine Änderungen mehr gemacht werden können, wird abgestimmt. Hat der Gesetzesentwurf eine Mehrheit gefunden, wird er unmittelbar dem Oberhaus zugeleitet, wo er ebenfalls in drei Lesungen verhandelt wird. Im Unterschied zum Unterhaus wird der Entwurf nach der Zweiten Lesung in der Regel nicht in Ausschüssen, sondern vor dem gesamten Haus beraten. Auch gibt es keine Guillotine und in der Dritten Lesung können immer noch Änderungen vorgenommen werden. Wenn die Lords eine Änderung beschließen, wird der geänderte Teil dem Unterhaus zugeleitet, das ihn entweder ablehnen oder akzeptieren oder weiter verändern kann. Wenn sie die Änderungen ablehnen, senden sie dem Oberhaus eine Begründung der Ablehnung.

Seit den „Parliamentary Acts" 1911 und 1949 können die Lords ein Gesetz durch Änderungen nur noch für 12 Monate, also über eine Sitzungsperiode, blockieren. Bringen die Commons das Gesetz in der nächsten Sitzungsperiode unverändert ein und die Lords blockieren es wieder, so kann ihre Opposition unter Berufung auf die beiden Parliament Acts überstimmt werden. In der Praxis geschieht dies nur sehr selten. Die Rolle des Oberhauses im Gesetzgebungsprozess ist nicht vergleichbar mit dem Bundesrat in Deutschland. In der Regel verzichtet das demokratisch nicht legitimierte Oberhaus auf die Blockade eines Gesetzes oder die Regierung akzeptiert Änderungen der Lords oder es wird so lange verhandelt, bis ein für beide Seiten akzeptabler Kompromiss gefunden ist (Barnett 2002: 143). Einer dieser seltenen Fälle war der „European Parliamentary Election Bill" 1998, das vom Oberhaus wegen der Einführung eines Proporzsystems mit geschlossenen Parteilisten zur Europawahl 1999 blockiert wurde, ein weiterer das vom Oberhaus vehement bekämpfte Verbot der Fuchsjagd 2004. Um ein Gesetz in Kraft zu setzen bedarf es abschließend noch der Bestätigung durch die Queen (*Royal Assent*).

Für die Initiierung von *Private Members' Bills* stehen grundsätzlich vier Möglichkeiten offen. Zum einen wird zu Beginn einer Sitzungsperiode eine Liste (*Ballot*) mit Abgeordnetennamen erstellt, die ein solches Gesetz einbringen wollen. Gelingt es nicht, hier einen aussichtsreichen Platz zu bekommen, stehen *Ten minute rule Bills*, *Presentation Bills* und der Weg über das Oberhaus zur Verfügung. Im ersten Fall haben Abgeordnete nach der Fragestunde zehn Minuten Zeit, um vor dem Plenum für ihre Initiative zu werben. In der Regel finden diese Initiativen keine Mehrheit, jedoch nutzen die Abgeordneten sie gerne wegen der günstigen Zeit nach der populären Fragestunde oder um die Stimmung zu einem Thema für spätere Initiativen zu testen (House of Commons Information Office 2003: 3). Im Fall von *Ordinary Presentation* wird der Entwurf förmlich, ohne eine Rede des Abgeordneten, eingeführt. Auch stehen diese Entwürfe an den 13 Freitagen, an denen über Private Members' Bills verhandelt wird, gegenüber solchen aus dem *Ballot*-Verfahren zurück. Über 60 Prozent der in den letzten Jahren erfolgreichen Private Members' Bills sind nach dem *Ballot*-Verfahren eingebracht worden (ebd.: 7). Den *Public Bills* stehen die *Privat Bills* gegenüber, die Angelegenheiten von privaten Organisationen wie z.B. Unternehmen oder von Lokalverwaltungen regeln sollen. Private Bills suchen für ihre Initiatoren Rechte und Befugnisse, die über das hinausgehen, was in *Public Bills* und *Common Law* geregelt ist. Der Initiator benötigt dazu *Parliamentary Agents*, die den Entwurf vorbereiten und ihn auf seinem parlamentarischen Weg begleiten. Außerdem müssen entsprechende Initiativen in den Zeitungen publik gemacht werden, damit Personen und Gruppen, die der Initiative widersprechen wollen, Eingaben machen können. Diese Form der Gesetzestätigkeit war im 19. Jahrhundert sehr gebräuchlich für die Errichtung von Docks und Häfen sowie von Eisenbahn-, Gas- und Wasserinfrastruktur, während sich gegenwärtig nur noch wenige *Private Bills* finden.[76] Das Verfahren gilt als sehr komplex (House of Commons Information Office 2005). Eine Kombination von *Public Bills* und *Private Bills* sind die *Hybrid Bills*. Sie regeln zwar allgemeine Interessen und können von der Regierung oder von Hinterbänklern eingebracht werden, berühren zugleich aber auch signifikant private Einzel- oder Gruppeninteressen.

Die Ausschüsse des Unterhauses sind zwar in die Gesetzgebung eingebunden, haben im politischen Prozess jedoch eine geringe Bedeutung, da es für sie keine festen Zuständigkeiten für bestimmte Regelungsmaterien gibt. Sie werden deshalb auch nicht nach Sachgebieten, sondern mit Buchstaben bezeichnet. In der Regel fehlt den Abgeordneten, die eher politische Generalisten sind, das Detailwissen, um in den Ausschüssen noch nennenswerte Änderungen durchsetzen zu können. Hier ist die Regierung, die auf das Fachwissen der Ministerien und der Beraterstäbe zurückgreifen kann, eindeutig im Vorteil. Auch die *Select Committes*, die Ende der 70er Jahre als Aufsichtsgremien für die Behörden eingerichtet wurden, haben ge-

---

[76] *Privats Acts* sind seit 1991 im Internet unter www.hmso.gov.uk/acts.htm einsehbar.

genüber Behörden und Ministerialbürokratie nur bescheidene Rechte. Neben der offiziellen Aufsichtsfunktion haben diese Ausschüsse auch eine Funktion für die Professionalisierung der Abgeordneten hinsichtlich der Arbeitsweise von Regierungsbürokratien. Das kann von Vorteil sein, wenn die Abgeordneten selbst einmal Regierungsämter übernehmen.

Bei den Lesungen schreibt die Regierung vor, unter welchen Bedingungen ein Entwurf debattiert wird. In der Debatte hat jeder Abgeordnete das Recht zur Wortmeldung. Die Entscheidung, wer wann Redezeit bekommt, liegt aber allein beim *Speaker*, dem Vorsitzenden (Präsidenten) des Unterhauses. Er ist an die von der Regierung festgesetzte Themen- und Tagesordnung gebunden, hat dabei aber einen Ermessensspielraum, um Oppositions- und Minderheitsmeinungen sowie jüngeren Abgeordneten ausreichendes Gehör im Plenum zu verschaffen. Neben der bereits erwähnten Guillotine hat die Regierung weitere Möglichkeiten, auf die Gesetzgebung Einfluss zu nehmen. So gibt es die Möglichkeit, dass einhundert Abgeordnete das Ende der Debatte zu einem Punkt verlangen können, was insbesondere von der Regierungsfraktion genutzt wird. Beim *Kangaroo*-Verfahren lässt der Speaker von vorneherein nur bestimmte Punkte einer Vorlage zur Debatte zu, über alle anderen wird ohne Aussprache entschieden (vgl. Hartmann 2000: 73).

Eines der größten Risiken für eine Regierung ist, ihre parlamentarische Mehrheit bei Abstimmungen zu verlieren. Dies ist vor allem bei ohnehin knapper Mehrheit der Regierungspartei im Unterhaus möglich. Um Abstimmungsniederlagen zu verhindern, hat der Kontakt zur Stimmungslage der Hinterbänkler wie auch ihre „Disziplinierung" oberste Priorität. In umgekehrter Richtung ist das Droh- oder Sanktionspotenzial der Hinterbänkler in solchen Situationen besonders groß. So haben parlamentarische Hinterbänkler der jeweiligen Regierungspartei seit Mitte der 60er Jahre öfters das Scheitern von Regierungsvorhaben angedroht oder auch herbeigeführt, wenn sie durch die Regierungspolitik ihre Wiederwahlchancen im Wahlkreis gefährdet sahen oder aus anderen Gründen auf Konfliktkurs gegenüber der Regierung gingen (Sturm 2002: 222). Zwischen 1992 und 1997 musste die Regierung Major bei 21 Stimmen Mehrheit im Unterhaus 9 solcher Niederlagen hinnehmen, zwischen 1979 und 1992 bei komfortablen Mehrheiten der Konservativen waren es insgesamt nur vier.[77]

Ganz anders sieht es dagegen für die Regierung Blair aus. Während ihrer ersten beiden Amtsperioden mit bequemen Mehrheiten musste sie keine Abstimmungsniederlage befürch-

---

[77] Für die Regierung Wilson/Callaghan in der Zeit von 1974-79, die von Februar bis Oktober 1974 als Minderheitsregierung im Amt war und auch nach den Wahlen im Oktober nur drei Stimmen Mehrheit hatte, waren es sogar 42.

ten. Als jedoch nach der Unterhauswahl 2005 ihre Mehrheit zusammenschrumpfe, erlitt sie auch bald ihre erste Niederlage. Anfang November 2005 fand der Regierungsentwurf zur Verschärfung des Anti-Terror-Gesetzes, der eine Ausdehnung der möglichen Inhaftierungszeit ohne Gerichtsverfahren von 14 auf 90 Tage vorsah, keine Mehrheit im Unterhaus.[78] Da Blair die Abstimmung nicht mit einer Vertrauensfrage verbunden hatte, liefen die anschließenden Rücktrittsforderungen ins Leere. Die Episode zeigt aber, dass der Zenit der Machtentfaltung Blairs deutlich überschritten war und parlamentarische Mehrheiten nicht mehr wie selbstverständlich vorausgesetzt werden konnten.

7.4 Regierungs- und Parlamentssoziologie

Anders als im Regierungssystem der Bundesrepublik Deutschland ist in Großbritannien die Rolle der Minister als Fachleute und Experten für die Materie ihres jeweiligen Ressorts schwächer ausgeprägt. In Großbritannien sind Minister eher Generalisten, die auch häufiger zwischen Ministerien versetzt werden. Nach seiner Wiederwahl 2001 veranlasste Blair auf 13 von 23 Kabinettsposten Umbesetzungen. Dabei wurde zum Beispiel der bisherige Innenminister ins Außenministerium versetzt, und der bisherige Erziehungsminister übernahm das Innenministerium. In sechs Fällen sind Juniorminister auf die höchste Regierungsebene befördert worden. Die Zahl der weiblichen Kabinettsmitglieder hatte sich nach der Wahl von sechs auf sieben erhöht, so viele Frauen wie noch nie in einem Kabinett. Hinzu kommt, dass die meisten Kabinettsministerinnen nun Häusern vorstanden, die deutlich mehr politisches Gewicht haben, während sie zuvor Ministerien geleitet hatten, in denen hauptsächlich organisiert und koordiniert wurde. Im 2005 berufenen Kabinett sind sechs Frauen vertreten, was einem Anteil von 26 Prozent entspricht. Kabinettsumbildungen haben eine geringe Halbwertszeit. Häufig kommt es vor Wahlen zu Umbildungen, um die Regierung für den Wahlkampf zu positionieren, so etwa im Oktober 1999 für die Wahl 2001 oder im Herbst 2004 für die Wahl 2005. Rücktritte von Ministern sind häufiger als in der Bundesrepublik. Das politische Gewicht von Ministern lässt sich daher auch an ihrer Dienstzeit ablesen. So ist etwa Schatzkanzler Gordon Brown im Juni 2004 dienstältester britischer Schatzkanzler des 20. Jahrhunderts geworden.

---

[78] Trotz Zugeständnissen wie der wöchentlichen Überprüfung der Inhaftierung durch einen Richter und der zeitlichen Begrenzung der Regelung auf ein Jahr versagten 49 Hinterbänkler der Labour Party ihrer Regierung hier die Gefolgschaft.

Anders als in präsidentiellen Regierungssystemen wie den USA kann man im Fall des parlamentarischen Westminster-Regierungssystems nicht von Gewaltenteilung, sondern lediglich von Gewaltentrennung bzw. Gewaltenverschränkung sprechen. Etwa ein Viertel der Abgeordneten einer Regierungspartei werden von der Regierung mit größtenteils bezahlten Ämtern und Aufgaben betraut. Durch die dadurch eröffnete Möglichkeit der Personalselektion gewinnt die Regierung einen erheblichen Einfluss auf die Mehrheitsfraktion im Parlament. Abgeordnete, die ein bezahltes Regierungsamt (z. B. Juniorminister, Staatssekretär) inne haben, gehören zu den Vorderbänklern, den *front-benchers* des Unterhauses. Nach der Wahl 2005 hatten 90 der 356 Labour-Abgeordneten ein Regierungsamt inne (25,4 Prozent), darunter 23 Kabinettsmitglieder, 27 *Minister of State*, 37 Staatssekretäre und 21 *Whips*. 28 Prozent dieser Ämter sind von Frauen besetzt. Zu den Vorderbänklern der Opposition gehört das Schattenkabinett und weitere *Junior Spokesmen*. Im 1997 gewählten Parlament bestand das Schattenkabinett aus 20 *Senior Members* der konservativen Fraktion, die alle vom Parteichef, dem offiziellen Oppositionsführer im Parlament, ernannt werden. Hinter dem Schattenkabinett sitzen 20 bis 25 *Junior Spokesmen*, die ebenfalls vom Oppositionsführer, aber in Absprache mit den Mitgliedern des Schattenkabinetts, ernannt werden. Zu den *Opposition Front-Benchers* gehören auch etwa zehn *Opposition Whips* sowie der *Opposition Chief Whip*, der *Opposition Pairing Whip* und der offizielle Oppositionsführer. Letztere bekommen für ihre Aufgaben im Parlament sogar ein zusätzliches Gehalt.

Alle Abgeordneten, die nicht zu den Vorderbänklern von Regierung oder Opposition gehören, sind Hinterbänkler. Es sind größtenteils jüngere Abgeordnete, aber auch einige ältere, die schon lange Zeit im Parlament sind und eventuell schon einmal ein Regierungsamt inne hatten und den Zenit ihrer Karriere überschritten haben. Sie können durchaus noch großen Einfluss in der Fraktion haben. Auf die ambitionierteren jüngeren Hinterbänkler in der Regierungspartei hat die Aussicht, einmal zu den Vorderbänklern zu gehören, ein nicht zu unterschätzendes Disziplinierungsmoment. Neben der Rolle des disziplinierten Hinterbänklers gibt es auch die des Rebellen, der bei seiner Kritik gegenüber der eigenen Partei keine Rücksicht auf Aufstiegschancen in Regierungspositionen nimmt. Für *opposition back-benchers* ist nicht nur dieses Moment intrinsischer Motivation wesentlich schwächer, sie stehen bei Abstimmungen auch nicht unter dem Druck der Partei, Mehrheiten bekommen zu müssen. Für sie geht es „nur" darum, möglichst geschlossen gegen die Regierung zu agieren. Zu den ungeschriebenen Konventionen im Unterhaus gehört es, dass auch Minderheitspositionen und Rebellen in den beiden großen Parteien ausreichend Gehör finden. Hinterbänkler, die gegen ihre

eigene Regierung stimmen wollen, bekommen in der Regel die Möglichkeit, ihr abwei-
chendes Stimmverhalten im Plenum zu erklären.

Zur Funktion von Parlamenten gehört die Ermöglichung von Gruppenbildung (Fraktionen) und Spezialisierung (Ausschüsse). Hinsichtlich der Aspekte Repräsentativität und Spezialisierung bemerkt Wimmer (2000: 455), dass das britische Parlament diese beiden Vorzüge
mehr als ein halbes Jahrhundert lang kaum genutzt habe und im Professionalisierungsniveau
der parlamentarischen Arbeit hinter anderen Ländern zurückgeblieben ist. Zu einem wichtigen
Professionalisierungs- bzw. „Emanzipationsschritt" des Parlaments gegenüber der Regierung
kam es erst durch die Bildung eines neuen, an den Ministerien orientierten Ausschusswesens
seit 1979.

Die Sozialstruktur des Unterhauses ist keineswegs repräsentativ für die britische Gesellschaft. In beiden großen Fraktionen dominieren Abgeordnete aus der Mittelschicht, bei den
Tories eher solche aus dem privaten Sektor wie Anwälte, Unternehmer oder Manager, bei
Labour solche aus dem öffentlichen Sektor, wie Lehrer und Dozenten, aber auch Journalisten.
Im 1997 gewählten Parlament hatten 81 Prozent der Tories, 66 Prozent der Labour-MPs und
70 Prozent der Liberal Democrats eine Universitätsausbildung, bei den Tories hatten 61 Pro-
zent eine Privatschule besucht, bei Labour 16 Prozent (Butler/Butler 2000: 190). Bei den To-
ries waren 37 Prozent der MPs in akademischen Berufen tätig, 39 Prozent waren Ge-
schäftsleute, ein Prozent Arbeiter und 23 Prozent übten sonstige Berufe aus. Von den Labour-
MPs waren 45 Prozent in akademischen Berufen, neun Prozent Geschäftsleute, 13 Prozent
Arbeiter, der Rest sonstige Berufe (ebd.). Bei den Liberal Democrats waren 50 Prozent in
akademischen Berufen, zwei Prozent Arbeiter und 24 Prozent Geschäftsleute. Im diachronen
Vergleich der sozialstrukturellen Zusammensetzung des Parlaments ist hier eine deutliche
„Aufwärtsmobilität" der Abgeordneten festgestellt worden. Der wachsende Anteil Mittel-
schichtabgeordneter spiegelt das Wachstum der Mittelklasse in der britischen Gesellschaft
wieder. Die Tendenz zur Dominanz der Mittelschicht im Parlament vermindert den Einfluss
sowohl der oberen wie der unteren Enden des Spektrums der Sozialstruktur. Mit der breiten
gesellschaftlichen Aufwärtsmobilität verlieren auch die prominenten Public Schools und die
Universitäten Oxford und Cambridge an Einfluss, nicht nur in der Conservative Party (For-
man/Baldwin 1999: 260). Über 2/3 der MPs sind zwischen 40 und 60 Jahre alt. 1997 war nur
ein MP über 80 und zehn unter 30 Jahren alt. Die jüngste Fraktion stellen die Liberal Democrats. Besonders große Repräsentationsdefizite gibt es beim Anteil weiblicher Abgeordneter.
1987 waren es 41 Frauen (6,3 Prozent), 1997 immerhin 120 Frauen, was einer Quote von 18,2
Prozent entspricht, gegenüber 52 Prozent im Elektorat. 2005 zogen 127 Frauen ins Unterhaus

ein, was einem Anteil von 19,7 Prozent entspricht. Innerhalb der Fraktionen ergibt sich noch
einmal ein unterschiedliches Bild: 1997 hatten die Konservativen 7,8 Prozent weibliche Abgeordnete, Labour hatte 24,1 Prozent. Allerdings haben die Konservativen mit Margaret Thatcher die erste Premierministerin gestellt. Neun Abgeordnete gehörten 1997 ethnischen Minderheiten an. 2005 zogen 17 Frauen für die Konservativen ins Unterhaus (8,7 Prozent), 97 für
Labour (27,4 Prozent) und neun für die Liberal Democrats (14,7 Prozent). Auch wenn ihr
Anteil inzwischen stetig steigt, sind Frauen im Parlament auch im europäischen Vergleich
unterrepräsentiert.

7.5 Opposition und Machtwechsel

Für eine Reihe gängiger Abhandlungen über europäische Regierungssysteme ist kennzeichnend, parlamentarische Opposition als Gegenspieler der Regierung systematisch zu vernachlässigen. Dabei ist die Einrichtung und Tolerierung parlamentarisch institutionalisierter Opposition eine der schwierigsten Herausforderungen junger Demokratien. Analog der Entwicklung des englischen Parlamentarismus vom Parlament als Ereignis zum Parlament als Institution lässt sich auch die Entwicklung der Opposition als Ereignis zur Opposition als Institution
beschreiben. Mit dem bereits von Walter Bagehot 1867 beschriebenen Wandel des Gegensat-
zes von Legislative und Exekutive zu dem von Regierungsmehrheit und Minderheit im Parlament veränderte sich auch der Charakter von Opposition. Stand vorher häufig das Parlament
in Opposition zur Krone, so stand ab Ende des 18. Jahrhunderts eine Parlamentsminderheit in
Opposition zur Mehrheit. Ab 1826 ist die Bezeichnung *His Majesty's Opposition* als der Krone gegenüber loyale, die aktuelle Regierung aber ablehnende Minderheit gebräuchlich
(Kastning 1991: 392). In der Folge der Ausweitung des Wahlrechts entwickelte sich das auch
heute noch übliche parteibezogene Verständnis von Opposition als „Regierung im Wartestand". Durch die Institutionalisierung von Opposition im Parlament ist jedoch die Opposition als „Ereignis" nicht überholt. Insbesondere sozialen Bewegungen und Interessengruppen
verstehen sich gelegentlich als „vor-" oder „außerparlamentarische Opposition", die mit der
Inszenierung öffentlichkeitswirksamer Ereignisse ihre Opposition zum Kurs der Regierung
ausdrücken.

Der Abstand an Mandaten zwischen Regierungsmehrheit und Opposition wird durch das
relative Mehrheitswahlrecht in der Regel vergrößert. Mit diesem Disproportioneneffekt soll

die politische Verantwortung für getroffene Entscheidungen eindeutiger der Regierungspartei zugeordnet werden können (Helms 2002: 72). Einer Verantwortungsdiffusion durch institutionelle Verschränkung von Regierung und Opposition (parlamentarische Mitsteuerung) sowie der beiden Kammern des Parlaments wird damit entgegen gewirkt. Diese auch mit größerer Transparenz in Verbindung gebrachte starke Akzentuierung des Unterschiedes von Regierung und Opposition führt schließlich auch zu einer leichteren Identifizierbarkeit der politischen Opposition. Als eine „klar definierte Institution" ist das Konzept der parlamentarischen Opposition nach Helms (2002: 70) „in keinem Land deutlicher ausgeprägt als in Großbritannien." Die größte Minderheitspartei im Unterhaus ist als offizielle Opposition anerkannt, ihr Vorsitzender ist zugleich Oppositionsführer im Parlament und erhält zusätzlich zu seiner Abgeordnetenvergütung ein staatliches Gehalt als Oppositionsführer (2003: £ 66.792) in Höhe des Pensionsgehaltes des Premiers, ebenso der *Chief Opposition Whip* im Unterhaus (2003: £ 37.796) und im Oberhaus (1998: £ 40.547) (Butler/Butler 2000: 52, Cabinet Office 2004[a]: 583). Nur die zweitgrößte Partei im Parlament gilt als offizielle Opposition („with a capital 'O'"), weil nur sie im Falle eines Machtwechsels die Regierung bilden kann.

Die Kehrseite der Transformation von relativen Stimmenmehrheiten in absolute Mandatsmehrheiten durch das britische Wahlrecht ist, dass die bei der Wahl ohnehin unterlegenen Parteien auf der parlamentarischen Bühne zusätzlich geschwächt werden. Auf der Ebene institutioneller Regelungen drückt sich dies in einer strikten Beschränkung der „formal garantierten Mitsprache- und Vetorechte der Oppositionspartei(en)" aus (Helms 2002: 71). Diese Beschränkung wird mit der Möglichkeit der Opposition, einen Regierungswechsel herbeizuführen und selbst einmal Regierungspartei zu werden, begründet. In der Opposition muss eine Partei also weitgehend auf eine Mitgestaltung der Politik verzichten und ist dadurch in ihrem Gestaltungswillen umso mehr auf einen Regierungswechsel verwiesen. Helms (ebd.: 71) bezeichnet deswegen auch die Grundidee des britischen Regierungs- bzw. Oppositionsmodells als „zeitliche Gewaltenteilung". Der Oppositionsführer ist zugleich „Premierminister im Wartestand", das Schattenkabinett der Opposition eine „Regierung im Wartestand".

Das drückt sich besonders in der Ernennung eines Schattenkabinetts zu Beginn einer Legislaturperiode durch den Oppositionsführer aus. Das Schattenkabinett in Großbritannien wird, im Unterschied zu vielen anderen Ländern, keineswegs nur kurzfristig und zu Wahlkampfzwecken zusammengestellt. Die einzelnen Schattenminister werden gleich zu Beginn einer Legislaturperiode in ihr „Amt" eingeführt und ihr Zuständigkeitsbereich wird in der Regel auch an Veränderung des Ressortzuschnitts des jeweiligen Fachministers angepasst. Im Falle der Conservative Party werden die Schattenminister vom Parteivorsitzenden ernannt, bei der Labour Party werden sie von der Fraktion gewählt. „Mit häufigen Rededuellen zwischen Ministern und Schattenministern prägt das Prinzip der *front-bench opposition* heute den parlamentarischen Alltag während der gesamten Legislaturperiode" (Helms 2002: 73). Da die Abgeordneten der front-bench opposition als Regierung im Wartestand und nicht als „normale" *Private Members* gesehen werden, bringen sie auch keine Gesetzesinitiativen ein. Gesetzesvorlagen können also nur von den Hinterbänklern der Opposition eingebracht werden. Da deren Erfolgsaussichten sehr gering sind, z.B. weil *Private Members Bills* nur an einigen wenigen Freitagen pro Sitzungsperiode Vorrang vor Government Bills haben, geschieht dies nur selten. Die Strategie britischer Opposition ist nicht, als „Nebenregierung" aufzutreten, wie dies zum Beispiel durch die umfangreicheren Mitgestaltungsinstrumente in der Bundesrepublik möglich ist, sondern sie besteht aus Kritik und Öffentlichkeit: öffentlich wirksame Kritik bestimmt ihre Kontrollstrategie (Kastning 1991: 402). Schon allein aufgrund der fehlenden Möglichkeit einer „sachlichen" Einbindung der Opposition in die Gesetzgebungsarbeit ist diese auf eine ausgeprägt konfrontative, kompetitive Strategie verwiesen. Der Charakter des Unterhauses als „Redeparlament" kommt dieser Strategie entgegen.

Ein weiteres Merkmal der Opposition ist ihre „Parlamentszentriertheit", bei der sich „institutionell ausgestaltete Kanäle politischer Opposition ausschließlich in der parlamentarischen Arena finden" (Helms 2002: 71). Die Möglichkeiten der Opposition, staatliche Willensbildung und Entscheidungsfindung zu beeinflussen, waren lange Zeit eng an die Struktur parlamentarisch-repräsentativer Mechanismen gebunden. Da das Unterhaus v. a. Redeparlament ist, ein Forum für den Kampf um die öffentliche Meinung, kann die Opposition versuchen, über diese Strukturen Wirkungen in der Öffentlichkeit zu erzielen. Eine wichtige Rolle spielen dabei die insgesamt 20 *Opposition Days* pro Sitzungsperiode im Unterhaus, an denen die Opposition die Themen der Tagesordnung festlegen darf. Über geschicktes Agenda Setting an diesen Tagen kann die Opposition versuchen, sowohl in der parlamentarischen Arena wie auch in der politischen Öffentlichkeit „zu punkten". Erst seit den Referenden über die Dezentralisierung des Vereinigten Königreichs und der Ankündigung von Referenden über die Einführung des EURO und eine Veränderung des nationalen Wahlrechts eröffnen sich für die Opposition langsam neue, nicht mehr parlamentszentrierte Wege der Einflussnahme.

Für die Funktion der Kontrolle und Herstellung von Öffentlichkeit durch die Opposition sind auch die parlamentarischen Fragerechte wichtig, die allerdings im Unterschied zur Regelung in der Bundesrepublik Deutschland als Individual- und nicht als Fraktions- oder Gruppenrechte institutionalisiert sind. Dies kann als Folge des relativen Mehrheitswahlrechts mit seiner starken Wahlkreis- bzw. Kandidatenorientierung gesehen werden. Allerdings wird der starken Individualisierung des Fragerechts auf formaler Ebene in der Praxis durch informelle Gruppenbildungen entgegen gewirkt. „Herzstück" des parlamentarischen Fragerechts ist die *Prime Minister's Question Time.* Vor 1997 gab es zweimal wöchentlich, dienstags und donnerstags, eine Viertelstunde Zeit für Fragen von Abgeordneten an den Premier. Seit dem Regierungswechsel 1997 wird an jedem Mittwoch in der Sitzungsperiode eine halbstündige Fragestunde abgehalten. „Auch in ihrer neuen Form bietet diese Veranstaltung jedoch vor allem ein Forum für die öffentliche Selbstdarstellung des offiziellen Oppositionsführers [...], dem es per Konvention zusteht, bis zu fünf Zusatzfragen zu stellen. In der Praxis der Legislaturperiode 1997-2001 schien sich der neue zeitliche Zuschnitt [...] sogar stark zugunsten des Oppositionsführers William Hague auszuwirken, der in der Öffentlichkeit ansonsten nur äußerst selten als gleichwertiger oder gar überlegener Herausforderer Blairs wahrgenommen wurde" (Helms 2002: 77).

Als weiteres Instrument kann die Opposition die Arbeit der *Select Committees* nutzen. Die Aufgabe dieser aus 11 MPs gebildeten Ausschüsse ist, die Organisation und Praxis eines dem jeweiligen Ausschuss zugeordneten Ministeriums zu kontrollieren. Die Ausschüsse werden entsprechend der Stärke der Parteien im Unterhaus besetzt, wobei öfter auch die Opposition den Ausschussvorsitz erhält. Die Ausschüsse können schriftliche Anfragen stellen oder auch Abgeordnete befragen. Ihre Berichte werden in der Regel in den *wednesday morning debates* dem Plenum präsentiert.

Obwohl es kein „konstruktives", sondern lediglich ein „einfaches" Misstrauensvotum gibt, ist seit 1945 erst einmal eine Regierung über Vertrauensentzug abgelöst worden. Die Labour-Regierung Callaghan hatte allerdings schon vor ihrem Sturz im März 1979 keine eigene Mehrheit mehr und wurde von dem *Lib-Lab-Pact* gestützt. In der Nachkriegsgeschichte kam es bei 6 von 15 Wahlen zu Regierungswechseln. In der Bundesrepublik ist es dagegen erst 1998 zum ersten „kompletten" Regierungswechsel gekommen, bei dem Oppositions- und Regierungsparteien vollständig alterniert wurden. Sebaldt (2001) hat in einer vergleichenden Untersuchung von Oppositionsstrategien den Vorbildcharakter des US-amerikanischen Präsidentschaftswahlkampfes 1992 von Bill Clinton für den Labour-Wahlkampf 1997 von Tony Blair und auch den Wahlkampf der SPD 1998 unter Schröder rekonstruiert. Als isolierte Variablen für erfolgreiche Oppositionsstrategien sind Polit-Marketing, Zielgruppen-Management und *spin-doctoring* allerdings nur eingeschränkt aussagekräftig, da sie ebenso von der Regierung zum Machterhalt eingesetzt werden können.

Links:

Cabinet Office: www.cabinet-office.gov.uk

Central Government: www.direct.gov.uk

Her Majesty's Official Opposition: www.parliament.uk/directories/hciolists/opp.cfm

Parlament: www.parliament.uk

Parlamentsausschüsse:
www.parliament.uk/parliamentary_committees/parliamentary_committees16.cfm

Prime Minister's Office: www.pm.gov.uk

Unterhaus: www.parliament.uk/about_commons/about_commons.cfm

8. Verbände und soziale Bewegungen

Verbände und sozialen Bewegungen gehören, häufig unter dem Begriff Interessengruppen zusammengefasst, zu den genuinen Gegenständen politikwissenschaftlicher Forschung und Regierungslehre. Interessengruppen (*pressure groups*) fokussieren gewöhnlich auf ein viel engeres Themenspektrum als Parteien. Sie unterscheiden sich in ihrer Handlungslogik und den Formen der Einflussnahme wesentlich von der stimmen- und mandatskompetitiven Handlungslogik der Parteien. Großbritannien gehört traditionell nicht zu den Ländern mit einem starken und politisch einflussreichen Verbändewesen. Entsprechend haben auch (neo)korporatistische Settings kaum Wurzeln geschlagen. Die sehr heterogene Gewerkschaftsbewegung hat seit 1979 mit Mitgliederverlusten zu kämpfen, worauf seit Mitte der 90er Jahre mit einer Fusionswelle reagiert wurde. Soziale Bewegungen schließlich suchen neben politischem auch kulturellen Einfluss und haben in der Regel keine oder nur eine sehr schwache organisatorische Basis. Sie artikulieren Protest zu einzelnen Themen, die von Parteien und Verbänden nicht ausreichend repräsentiert werden. Sie haben eine Art Sensorfunktion für das Aufkommen von neuen Themen, die für den politischen Prozess relevant werden könnten. Entsprechend wird die Rolle von Protestbewegungen und Verbänden insbesondere von partizipatorischen Demokratietheorien betont. Menschenrechtsgruppen, die Friedensbewegung in den 80er Jahren und die Umweltschutzbewegung seit den 90er Jahren gehören zu den inzwischen „etablierten" Neuen Sozialen Bewegungen in Großbritannien.

8.1 Entwicklung und rechtliche Grundlagen

Die Ursprünge eines Großteils des britischen Verbändewesens liegen in der Mitte des 19. Jahrhunderts. Die Entwicklung der Verbände kann als eine Begleiterscheinung zur Ausdifferenzierung des Parteiensystems durch die Wahlrechtsreformen in der zweiten Hälfte des 19. Jahrhunderts gesehen werden. Im Vergleich zu den meisten kontinentaleuropäischen Regierungssystemen ist das Verbändewesen in Großbritannien schwach ausgeprägt.[79] Für den so-

---

[79] Das mag nicht zuletzt an der individuumzentrierten Sichtweise auch bei Legitimationssemantiken wie dem "Gemeinwohl" liegen, (vgl. Beyme/Helms 2004: 198): "Während in Großbritannien insgesamt weniger 'das Volk' als vielmehr 'das Individuum' als Hauptakteur zur Realisierung des Gemeinwohls angesehen wurde,

zioökonomischen Bereich ist dies zum einen darauf zurückzuführen, dass die britische Wirtschaft von der frühen Industrialisierung profitierte und gegenüber konkurrierenden europäischen Volkswirtschaften einen „Startvorteil" bei der Eroberung von Märkten und Positionen hatte. Interessenpolitische Einflussnahme auf die Politik, etwa hinsichtlich protektionistischer Maßnahmen, hatte für die britische Wirtschaft eine geringere Priorität (Hartmann 2000: 93). Auch entspricht der schnelle Ruf nach staatlicher Regulierung und staatlichem Schutz nicht der britischen Mentalität. Ein weiterer Grund für das historisch schwächer ausgeprägte Verbandswesen in Großbritannien ist die starke Trennung zwischen dem politischen Bereich des Parlaments und Kabinetts und der weitgehend unpolitischen Beamtenschaft der Ministerialbürokratie. Die Erarbeitung von Vorlagen und Initiativen ist weitgehend Angelegenheit der Beamtenschaft, die mit ihren Entwürfen die Ziele des Premierministers zu antizipieren sucht und entsprechend selektiv auf externes Expertenwissen und Beratung zurückgreifen.

Verbände sind Instrumente der partikularen Interessenvertretung und operieren deshalb an den Schnittstellen gesellschaftlicher Systeme zum politischen System. Lange Zeit nahm dabei die gesellschaftliche Auseinandersetzung um die Beteiligung am industriellen Fortschritt zentralen Raum ein. Zu den zahlenmäßig größten Verbänden gehören folgerichtig die aus der Arbeiterbewegung hervorgegangenen Gewerkschaften. Nach einer Phase der Radikalisierung und der „Maschinenstürmerei" um den Arbeiterführer Ned Ludd („Ludditen") kam es zu Beginn des 19. Jahrhunderts sogar zu einem Gewerkschaftsverbot. Durch den „Combination Act" war die Bildung von Koalitionen von 1799 bis 1824 verboten. Nach dessen Aufhebung entwickelten die Gewerkschaften rasch städtische Koordinierungsgremien und überregionale Organisationen. Die Gründung einer Organisation und der Beitritt zu ihr war jetzt weder rechtlich eingeschränkt noch gerichtlich nachprüfbar. 1832 kam es kurzzeitig sogar zur Gründung des ersten gewerkschaftlichen Dachverbandes (*Grand National Trades Union*) durch den Sozialreformer Robert Owen, der allerdings nur zwei Jahre bestand hatte. Schließlich versammelten sich die Gewerkschaften erstmals 1868 zum *Trades Union Congress* in Manchester, wo sie sich seither regelmäßig zu ihren Jahreskonferenzen treffen. Der Name der Versammlung wurde zugleich zum Namen des nationalen gewerkschaftlichen Dachverbands TUC. Gegenwärtig umfasst der TUC zwar nur etwa 1/3 der oftmals sehr kleinen Einzelgewerkschaften, aber mit 7 Millionen Mitgliedern etwa 80 Prozent der gewerkschaftlich Organisierten. Die Gewerkschaften sind auch heute noch die am stärksten parteipolitisch ausgerichteten Verbände in Großbritannien. Bereits 1871 wurde vom TUC ein *Parlamentary Com-*

rückte in Frankreich das revolutionäre Pathos eines republikanischen Ideals den 'Gemeinwillen' ins Zentrum."

mittee gegründet, im Jahr 1900 dann das *Labour Representation Committee*, aus dem 1906 die Labour Party wurde.

Die Gewerkschaftslandschaft hat sich insgesamt sehr heterogen entwickelt. Bei den großen Gewerkschaften hat es in den letzten Dekaden einen starken Konzentrationsprozess gegeben, dennoch existiert nach wie vor ein bereites Spektrum von Klein- und Kleinstgewerkschaften. Zum vergleichsweise schwach ausgeprägten Verbändewesen in Großbritannien kam in den 80er Jahren die Zerschlagung der meisten „korporativen Netzwerke" zwischen Interessengruppen, Parteien und Ministerien unter der Regierung Thatcher. Dies traf nicht nur, aber insbesondere die Gewerkschaften.[80] In ihrer Hochphase 1979 hatten die Gewerkschaften insgesamt rund 13 Millionen Mitglieder und einen Organisationsgrad von 55 Prozent der Beschäftigten. Auch wenn sich die Mitgliederentwicklung nach starken Verlusten in den 80er und 90er Jahren seit 1999 wieder leicht erholt hat, lag der gewerkschaftliche Organisationsgrad der Arbeitnehmer im Jahr 2000 nur noch bei 27 Prozent (Becker 2002: 210). Zum Vergleich: in der Bundesrepublik Deutschland lag der gewerkschaftliche Organisationsgrad im Jahr 2000 mit ca. 8 Millionen Mitgliedern bei einem knappen Drittel der Arbeitnehmerschaft (Sontheimer/Bleek 2003: 204).

Auf Arbeitgeberseite kam es 1915 erstmals zur Gründung eines branchenübergreifenden Dachverbandes, der *Federation of British Industry* (FBI), die auf Initiative der Regierung gegründet wurde, um ein Gegengewicht zu den erstarkenden Gewerkschaften zu bilden. Sie wurde dann 1965, wiederum auf Initiative der Regierung, mit weiteren Arbeitgeberverbänden zur *Confederation of British Industry* (CBI), dem größten Arbeitgeberdachverband, fusioniert. In der CBI können sowohl einzelne Unternehmen, Arbeitgeberverbände wie auch Handels- und Arbeitnehmerverbände, die bestimmte Wirtschafts- und Industriesektoren repräsentieren, Mitglieder werden. Das erschwert oft die einheitliche Interessenvertretung der Wirtschaft durch die CBI. Außerdem gilt die CBI als von der Großindustrie dominiert, weshalb es z.B. 1971 zum Bruch mit der *Small Business Association* kam (Becker 2002: 207). Ebenfalls zur Arbeitgeberseite gehört das 1903 gegründete *Institute of Directors* (IoD), ein konservativ ausgerichteter Unternehmer- und Managerclub. In der Folge der Zerschlagung korporativer Strukturen unter der Regierung Thatcher entstand in den achtziger Jahren in London ein regelrechter Boom für politische Beratungsunternehmen (*political consultancies*), die sich auf Kontakte und Einflussnahme auf die Parlamentarier spezialisiert haben. Diese Entwicklung

---

[80]   Zur Gewerkschaftsgesetzgebung unter Thatcher vgl. z.B. Coxall/Robins 1998: 234ff.; Kamm/Lenz 2004: 248, 355; Plöhn 2001: 175.

bilanzierend könnte man auch von einem *outsourcing* des Lobbying unter der Regierung Thatcher sprechen. Aus Mangel an einem eigenen britischen Grundrechtskatalog wird für die Vereinigungs- und Koalitionsfreiheit auf europäisches Recht zurückgegriffen. Seit 1951 fungiert der Art. 11 der Europäischen Menschenrechtskonvention als Grundlage der Versammlungs- und Vereinigungsfreiheit. Durch den *Human Rights Act* von 1998 ist die EMRK seit Oktober 2000 auch als innerstaatliches Recht vor britischen Gerichten einklagbar (vgl. Kap. 2). Ein gesetzlich garantiertes Streikrecht existiert nicht, allerdings gilt bis heute das zivilrechtliche Prinzip des Haftungsausschlusses für gewerkschaftliche Arbeitskämpfe.[81]

Eine lange Tradition haben Menschenrechts- und Tierschutzgruppen. Um 1800 kam es zur Gründung erster *Anti-Slavery-Associations*, 1824 zur Gründung der ersten Tierschutzgruppen. Das Thema Kinderarmut führte 1965 zur Gründung der *Child Poverty Action Group* (CPAG) und *Shelter*. Auch im Bereich der Repräsentation umweltpolitischer Interessen gibt es eine dynamische Entwicklung. Seit Ende der sechziger Jahre ist Umweltschutz auch in Großbritannien zunehmend häufig auf der politischen Agenda thematisiert worden. Bis in die siebziger Jahre gründeten sich eine ganze Reihe neuer Umweltschutzgruppen, die ihre Forderungen an die Politik adressierten. Das britische Regierungssystem ist in der Folgezeit einerseits sehr flexibel auf diese Anliegen eingegangen, sofern sie in der öffentlichen Meinung eine gewisse Akzeptanz gefunden haben und nicht zu viele etablierte Interessen berührt haben (Rüdig 1998: 594). Andererseits räumt das hierarchische und zentralistische Regierungssystem „den Umweltgruppen keine institutionellen Möglichkeiten ein, einmal getroffene Entscheidungen effektiv zu attackieren, z.B. durch Verwaltungsklagen" (ebd.). Der Einfluss schwach organisierter Umweltgruppen als „bloße Protestgruppen mit Outsider-Status" auf den Regierungsprozess war sehr gering. In der Folge fand eine organisatorische Verfestigung einzelner Gruppen und die Übernahme von Formen traditioneller Lobbyarbeit statt, was sich am Beispiel von *Friends of the Earth* (gegründet 1970) und *Greenpeace* (gegründet 1977) illustrieren lässt (ebd.). Trotz der „Verbandlichung" der Umweltschutzbewegung wurde auch noch an der Medien- und Öffentlichkeitsorientierung, der selektiven, kampagnen- bzw. aktionsförmigen Mobilisierung von Aufmerksamkeit festgehalten. Tendenzen zur Radikalisierung in den 70er Jahren lösten wenig politische Resonanz aus. Bereits 1973 kam es zur Gründung einer Umweltschutzpartei, der *Ecology Party*, die 1986 in *Green Party* umbenannt wurde.

---

[81] Allerdings sind so genannte „Solidaritätsstreiks" mit anderen Belegschaften (*secondary picketing*) davon ausgenommen.

Gegen Ende der 70er Jahre kam es zu einem Aufflackern der Anti-Atomkraft-Bewegung, die aber ihre Aktivisten und Unterstützung Anfang der 80er Jahre weitgehend an die Friedensbewegung verlor. Die britische Friedensbewegung organisierte sich teils als soziale Bewegung, teils verbandsförmig. Zu den Verbänden gehört die 1958 gegründete *Campaign for Nuclear Disarment* (CND). Ihre Hochphase hatte der für *unilateral disarmament* eintretende Pazifistenverband zu Beginn der 80er Jahre, als die Mitgliederzahl von einigen tausend auf über 100.000 anstieg. Nach dem Ende des Kalten Krieges hat der CND Formen und Inhalte seiner Aktivitäten verändert. Während des Golfkrieges 1991 und Mitte der neunziger Jahre, als Frankreich seine Atomtests auf dem Mururoa-Atoll im Südpazifik wieder aufnahm, kam es zu weiteren Mobilisierungserfolgen (Byrne 1997).

Ab Mitte der achtziger Jahre verlagerte sich das öffentliche Interesse auch langsam von der Friedens- zur Umweltschutzbewegung bzw. Umweltpolitik generell (Rüdig 1998: 596). Das mag auch daran gelegen haben, dass man sich der Umsetzung umweltpolitischer Richtlinien der EG nicht dauerhaft widersetzen konnte. Das Thema saurer Regen und die Rolle Großbritanniens als Großexporteur von Luftschadstoffen (Schwefeldioxyd) standen auf der internationalen Agenda und übten zunehmend Druck auf Großbritanniens Regierung aus. 1988 kam es dann zu einem überraschenden umweltpolitischen Kurswechsel der Regierung Thatcher, die sich jetzt die Forderungen und Rhetorik der Umweltbewegung zu eigen machte (ebd.: 597). Damit war das Thema auch bei den etablierten Parteien auf der Tagesordnung. Das entsprach einem Einstellungswandel in der Bevölkerung, der sich z.B. im starken Mitgliederzuwachs umweltpolitischer Gruppen und in der „grünen Welle" im Konsumentenverhalten wiederspiegelte. Mitte der 90er Jahre traten die ersten Fälle der Übertragung von BSE (*Mad Cow Disease*) durch den Verzehr britischen Rindfleisches auf Menschen auf.

Zu Beginn der 90er Jahre nahm der Einfluss des Themas Umweltschutz auf Politik und Öffentlichkeit wieder ab, ehe es ab Mitte der 90er Jahre zu einer neuen, radikalisierten Protestbewegung gegen den Ausbau des Autobahnnetzes kam. Insgesamt scheint die Schwelle für Protest und *direct action* seit Ende der 90er Jahre gesunken zu sein. Das stellt auch die eingespielte Zusammenarbeit von Politik und etablierten Interessenverbänden vor neue Herausforderungen. War bis dato vor allem die Umweltschutzbewegung Hauptträger des Protests, so hat sich die Bewegungs- und Protestlandschaft weiter differenziert. Tierschützer und Kernkraftgegner sind in ihren Aktionen teilweise militanter geworden und Landwirte und LKW-Fahrer sorgten im Herbst 2000 angesichts steigender Benzinpreise mit ihren Blockaden der Raffinerien für erheblichen Wirbel in der Regierung (Becker 2002: 204). In Anlehnung an die

„außerparlamentarische Opposition" der 70er Jahre könnte man hier von der Entwicklung einer „außerverbandlichen Opposition" in Großbritannien seit Ende der 90er Jahre sprechen.

8.2 Handlungsformen und Einflussnahme

8.2.1 Parteien, Verbände und soziale Bewegungen

Parteien, Verbände und soziale Bewegungen stellen Formen der Interessenartikulation und -aggregation an unterschiedlichen Stellen im britischen Regierungssystem dar. Als wichtigste Handlungsform von Parteien wurde bereits die Teilnahme an und das Gewinnen von Wahlen bezeichnet (vgl. Kap. 5). Über solche Möglichkeiten direktlegitimierter Machtausübung durch Mandatsgewinn verfügen Verbände und soziale Bewegungen nicht. Auf dieser Stufe des politischen Prozesses können sie lediglich versuchen, die Kandidatenauswahl der Parteien zu beeinflussen. Primär müssen sie sich aber anderer Handlungsformen und Wege der Einflussnahme auf den politischen Prozess bedienen. Ihr Äquivalent zur Stimmenmaximierung der Parteien ist die Repräsentation von Mitgliederinteressen in der Politik, teilweise auch in der Öffentlichkeit. Die Handlungsform von sozialen Bewegungen ist dagegen primär die Erzielung von öffentlicher Aufmerksamkeit sowie die Beeinflussung der öffentlichen Meinung für ihr Thema durch Protesthandlungen (Rucht 1993: 268). Zu berücksichtigen ist dabei, dass nicht alle Interessengruppen politische Einflussnahme suchen. Raschke (1988) unterscheidet z.B. zwischen macht- und kulturorientierten sozialen Bewegungen. Von denjenigen Interessengruppen, die eine solche Einflussnahme suchen, gehören wiederum nicht alle zu den *insidergroups*, die regelmäßige Kontakte zu Ministerialbürokratie und Parlament pflegen bzw. dort gehört werden. Der Insider-Status eines Verbandes wird auch durch die so genannte „Standard list" der um Stellungnahme zu bittenden Verbände begründet, was aber noch nicht automatisch größeren politischen Einfluss verbürgt.

Verbände nutzen insbesondere ihr Fachwissen der regulierungsbedürftigen Materie, um Zugang zu den entscheidenden Stellen im Regierungssystem zu bekommen. Ihr Einfluss erfolgt häufig durch fachspezifische *policy communities*. Insgesamt lassen sich fünf Wege verbandlicher Einflussnahme unterscheiden: über die öffentliche Meinung, bei der Auswahl von Kandidaten durch die Parteien, durch Lobbying während des Legislativprozesses, durch finanzielle Zuwendungen an Parteien und durch Expertenwissen gegenüber den Beamten in Whitehall (Forman/Baldwin 1999: 134). Die häufig kaum formal organisierten sozialen Be-

wegungen sind dagegen v.a. auf die Emphase ihrer Anhängerschaft angewiesen, um ihre Anliegen verbreiten und in den politischen Prozess einspeisen zu können (Raschke 1988). Auch
in der Organisationsform ergeben sich wesentliche Unterschiede zwischen Verbänden und
sozialen Bewegungen. Verbände haben ähnlich wie Parteien eine gesatzte Ordnung und hohe
Rollenspezifikation. In sozialen Bewegungen gibt es in der Regel eine geringere Rollenspezifikation und keine Satzung. Stattdessen dominiert das Prinzip des freien Aushandelns von
Zielen und Verfahren. Auch gibt es für Bewegungen im Unterschied zu Verbänden keine
formale Mitgliedschaft. Sie binden Unterstützung durch „gefühlte Zugehörigkeit" an sich. Im
Schema von Zentrum und Peripherie des Regierungssystems sind Bewegungen an der Peri-
pherie angesiedelt, Verbände im intermediären Bereich und Parteien nah am Zentrum des
Regierungssystems. Der britische Verbandsforscher Grant (2000) hat die Unterscheidung von
Insider- und Outsidergruppen zur Kennzeichnung ihres Einflusspotenzials vorgeschlagen.
Insidergruppen sind jene, die bei der Politikformulierung von der Ministerialbürokratie re-
gelmäßig angehört werden, denen also ein gewisser Einfluss auf die Entwurfsarbeit in den
Ministerien zugeschrieben werden kann. Outsidergruppen sind jene, die keinen Zugang zur
Politikformulierung in Whitehall bekommen. Ob die Interessengruppe in Whitehall Gehör
findet, entscheidet sich nach Faktoren wie Autorität und Expertenwissen der Gruppe, ihrem
Sanktionspotenzial bzw. der Möglichkeit zur Leistungsverweigerung, ihrer Vertrauenswürdigkeit und dem Grad ihrer Übereinstimmung mit der Regierungslinie (Becker 2002: 202).
Outsider-Gruppen, die z.B. ideologische oder nicht systemadäquat differenzierte Anliegen
vertreten, bleibt häufig nur der Weg über die Öffentlichkeit. Auch wenn die Ministerialverwaltung ein beliebter Adressat für die Aktivitäten der Verbände ist, kann sich ihre Einflussnahme doch in allen Bereichen des politischen Prozesses abspielen. Parlament und Abgeordnete, Minister und Medien sind weitere Adressaten, auf die mit unterschiedlichen Handlungsformen einzuwirken versucht wird. Fehlt ein direkter Zugang zum politischen Prozess oder
bleibt dieser ineffektiv, kann auch das Mittel öffentlicher Mobilisierung von Mitgliedern und
Unterstützern zur Beeinflussung der öffentlichen Meinung gewählt werden.

Neben den privilegierten Kontakten und der Möglichkeit der Leistungsverweigerung
kommen als Prediktor des Verbandseinflusses auch die Größe und finanzielle Ressourcen in
Frage. Allen voran sind hier immer noch die Verbände im Bereich der Arbeitsbeziehungen zu
nennen, daneben haben bei der Mitgliederzahl die Umweltschutzverbände in der letzten Dekade stark aufgeholt.

8.2.2 Pluralismus und Korporatismus

Im Vereinigten Königreich hat es nie eine korporatistische Einbindung der Verbände wie in vielen kontinentaleuropäischen Staaten gegeben. Anders als etwa in der Bundesrepublik Deutschland haben sich korporatistische Arrangements zwischen Staat und Verbände bei der Erfüllung öffentlicher Aufgaben nur temporär und punktuell ausgebildet (Noetzel 1989a). Das britische Verbändewesen wird als pluralistisch beschrieben, d.h. es gilt der Grundsatz der freien Gründung und Konkurrenz von Verbänden. Kennzeichen des Korporatismus nach Schmitter (1979) sind dagegen z.B. Zwangsmitgliedschaften, Unterbindung des Wettbewerbs zwischen den Verbänden bis hin zum Repräsentationsmonopol und staatlicher Anerkennung bei der Wahrnehmung öffentlich-rechtlicher Aufgaben durch Verbände (in der Bundesrepublik z.B. durch Ärzte-, Anwalts- sowie Industrie- und Handelskammern). Eine pluralistische Verbändeordnung ist dagegen durch freiwillige Mitgliedschaft, Wettbewerb zwischen Verbänden (z.B. zwischen Gewerkschaften) und die Abwesenheit stattlicher Anerkennung und Unterstützung gekennzeichnet. Auch werden in einem idealtypischen Pluralismus Verbände nicht aufgrund staatlicher Initiative gegründet oder reformiert, und selbstverständlich haben sie kein Repräsentationsmonopol für die von ihnen vertretenen Interessen.

Obwohl diese Merkmale typisch für das britische Regierungssystem sind, finden sich auch in der Geschichte des britischen Regierungssystems vereinzelt korporative Beziehungsmuster politischer Akteure, die meist durch die Labour-Party initiiert wurden. In der Nachkriegszeit waren z.B. die *British Medical Association* (vgl. Kap. 13.2.1) und die *National Farmers' Union* bei der Ausführung öffentlicher Aufgaben eingebunden worden. Auch der 1965 auf Initiative der Labour-Regierung durchgeführte Zusammenschluss dreier Wirtschaftsverbände zum CBI passt zu einem korporatistischen Politikmodell. Unter den Labour-Regierungen der 60er und 70er Jahre wurden TUC und CBI verstärkt als „virtually obligatory partners [...] in nearly all matters to do with the management of the economy and often much else as well" (Forman/Baldwin 1999: 132) eingebunden. Interessengruppen, die bestimmte von der Regierung als sinnvoll erachtete Dienstleistungen anbieten, wurden dabei von dieser unterstützt. Darüber hinaus gibt es Verbände, denen faktisch ein legitimes Vertretungsmonopol bestimmter Interessen zuerkannt wird.

Zur Zerschlagung der von Labour initiierten korporativen Beziehungsmuster kam es durch die Regierung Thatcher in den 80er Jahren. Exemplarisch sei hier auf die Gewerkschaftsgesetzgebung durch mehrere „Employment Acts" und den einjährigen Bergarbeiterstreik 1984/85 hingewiesen, mit dem der Zenit des Gewerkschaftseinflusses überschritten

wurde. 1984 rief die *National Union of Mineworkers* zum Streik gegen die geplante Reduzierung der Kohleförderung auf und ging nach einem erbitterten einjährigen Streik als Verlierer
aus dem Arbeitskampf hervor. Geschwächt wurden die Gewerkschaften auch durch die Aufhebung des *closed-shop*-Prinzips, dass die Zwangsmitgliedschaft von Arbeitnehmern eines
Betriebes in einer bestimmten Gewerkschaft vorsah. 1979 waren etwa 25 % der Arbeitsplätze
von der Regelung betroffen, dass ein Arbeitnehmer Mitglied in der von seinem Unternehmen
anerkannten Gewerkschaft sein musste. Für die Unternehmen hieß dies, dass sie nur noch mit
einer Gewerkschaft verhandeln mussten, für die Gewerkschaften bedeutete dies einen erheblichen Einflussgewinn, da z.B. der Ausschluss eines Mitgliedes auch den Verlust des Arbeits-
platzes bedeutet hat. Für die Arbeitnehmer war die „negative Koalitionsfreiheit" erheblich
eingeschränkt (vgl. Kamm/Lenz 2004: 249). Nach der Phase der Schwächung der Gewerkschaften ist etwa ab 1993 beim TUC ein Strategiewandel beobachtet worden. Man setzte jetzt
gegenüber Arbeitgebern und Regierung stärker auf Dialog und Kooperation. Ab 1994 kam es
auch zu einer Lockerung der institutionellen Verflechtung von Labour Party und Gewerkschaften, die schon in der Ära Thatchers durch die Lockerung des *political levy* herbeigeführt
worden war. Bis dahin war es üblich, dass Gewerkschaften einen bestimmten Teil der Beiträge jedes ihrer Mitglieder als Mitgliedsbeitrag an die Labour Party abführten, ohne das Mitglied vorher zu befragen. Die Regierung Thatchers band die Erhebung eines solchen Beitrags
an die Zustimmung der Gewerkschaftsmitglieder.

Auf die im Zuge der Europäischen Integration und der Devolution sich ergebenden Möglichkeiten horizontaler Politikverflechtung haben sich die meisten Verbände zügig eingestellt.
Während sich die Parteien gelegentlich mit der Europäischen Integration noch schwer tun,
haben sich die Interessenverbände bereits schnell auf die zusätzliche Ebene politischer Einflussnahme eingestellt. So ist es keine Überraschung, dass die Anwesenheit und Aktivität von
pressure groups auf europäischer Ebene und insbesondere im Umfeld der Kommission gestiegen sind (Webb 2002b: 177). Auch die neuen Devolutionsregierungen in Schottland und
Wales haben schnell Lobbying-Aktivitäten auf sich gezogen. Je mehr Kompetenzen ein Devolutionsregime hat, umso attraktiver ist es für Lobbying. Dies dürfte am stärksten für das
Devolutionsregime in Schottland zutreffen, dass sogar das Recht zur Variation von Steuersät-
zen hat (innerhalb einer Bandbreite von sechs Prozent), am wenigsten für die bloß sekundären
Gesetzgebungskompetenzen der Regierung von Wales.

8.2.3 Arbeitsbeziehungen

Die britischen Arbeitsbeziehungen werden häufig als kontraktualistisch bzw. voluntaristisch bezeichnet, da sie kaum auf Gesetzen beruhen und der Staat bis in die späten 60er Jahre weitgehend von Eingriffen in den Arbeitsmarkt absah. Ausnahmen waren das Verbot der Kinderarbeit, die Regulierung der Beschäftigung von Frauen in speziellen Bereichen wie dem Bergbau sowie die Bereiche Gesundheit und Arbeitssicherheit (Coats 2004: 3). Tarifvereinbarungen sind nicht gesetzlich durchsetzbar, sondern nur moralisch verpflichtend, es sei den, einzelne Regelungen werden in die individuellen Beschäftigungsverträge aufgenommen. Die britischen Arbeitsbeziehungen unterscheiden sich wesentlich von kontinentaleuropäischen Modellen industrieller Beziehungen. Für die Beziehungen zwischen (individuellem) Arbeitnehmer und Arbeitgeber spielen mündliche Arbeitsverträge, individuelle Verhandlungen und informelle Regelungen eine wichtige Rolle. 1999 waren nur 34,5 Prozent aller Beschäftigten von Kollektivvereinbarungen gedeckt worden (Fulton 2001). Von diesen Formen hat der Flächentarifvertrag in den letzten 20 Jahren die größte Bedeutungseinbuße hinzunehmen.

Tabelle 18: Tarifverträge Gesamtwirtschaft

	1984	1990	1998
Flächentarifvertrag	41	23	13
Unternehmenstarifvertrag	12	14	12
Betriebstarifvertrag	5	4	3
Entscheidung außerhalb des Unternehmens	7	9	14
Entscheidung Management	32	46	55

Angaben in Prozent. Berücksichtigt sind nur Betriebe über 25 Beschäftigten und gewerkschaftlicher Vertretung. Auch blieben teilweise andere Tarifverträge, vor allem im öffentlichen Bereich unberücksichtigt.
Quelle: Fulton 2001: 8.

Allgemeine Tarifverträge werden erst dann verbindlich, wenn sie in die Individualverträge inkorporiert werden. Auch nach gesetzlichen Regelungen über Arbeitszeit, Urlaubsansprüche und Feiertage sucht man vergebens (Händel/Gossel 2002: 143.). Die geringe Regulierungsdichte der Arbeitsbeziehungen ging allerdings nicht zwangsläufig auf Kosten der Arbeitnehmer und Gewerkschaften, wenn die Gewerkschaften in den einzelnen Betrieben stark genug war, um dort Interessen der Belegschaft durchzusetzen (*shop floor system*). Hier spielte der *closed shop* eine entscheidende Rolle. Sie begünstigte vielmehr bis in die 80er Jahre die Kampfbereitschaft der Arbeitnehmer. Mitte der 70er Jahre hoffte die Labour-Regierung, den

„Industrial Relations Act" der konservativen Vorgängerregierung durch einen *social contract* ersetzten zu können. Nicht zuletzt aufgrund fehlender Möglichkeiten, mit den Gewerkschaften zentral zu verhandeln sowie branchen- und landesweite verbindlich Abkommen zu treffen, ist diese Strategie 1978 im *winter of discontent*[82] (vgl. Hübner/Münch 1999: 74) gescheitert.

Die Dominanz der lokalen Ebene und der Pluralismus der Interessenvertretung erschwert auch gegenwärtig eine Einbeziehung der Gewerkschaften in eine landesweite Regulierung der Arbeitsbeziehungen. Dieser nach wie vor bestehende *multi-unionism*, die Wahrnehmung von Arbeitnehmerinteressen durch eine Vielzahl von Gewerkschaften in einer Branche oder einem Unternehmen ist auch als eine Form von Anarchismus in den *industrial relations* beschreiben worden. Dadurch kommt es unvermeidlich zu einer viel stärkeren Konkurrenz um neue Mitglieder, um den Anspruch auf legitime Interessenvertretung einer Belegschaft und bei Tarifverhandlungen (Händel/Gossel 2002: 141). Zu einer stärkeren gesetzlichen Regulierung der Arbeitsbeziehungen kam es erst in der Ära Thatcher. Auch durch die Inkorporierung europäischen Rechts ist es in der Folge zu einer weiteren Verrechtlichung der Arbeitsbeziehungen gekommen. Unter Thatcher wurden inoffizielle („wilde") Streiks durch die Einführung einer verpflichtenden Urabstimmung verboten sowie eine Haftpflicht der Gewerkschaften für durch illegale Arbeitskämpfe entstandene Schäden der Unternehmen eingeführt. Arbeitnehmer bekamen das Recht, auch bei legalen Streiks weiterarbeiten zu dürfen und Arbeitgeber das Recht, sie bei Beteiligung an inoffiziellen Streiks fristlos zu entlassen. Kündigungs- und Mutterschutz griffen erst nach mindestens 24 Monate Betriebszugehörigkeit (Händel/Gossel 2002: 145).

Die Regierung Blair hat die von Thatcher eingeleitete Entwicklung nicht rückgängig gemacht. Im Labour-Wahlprogramm von 1997 heißt es: „Die Schlüsselelemente der Gewerkschaftsgesetzgebung der 80er Jahre über Urabstimmung, Streikposten und Arbeitskampf bleiben bestehen" (Fulton 2001: 3). Mit der Unterzeichung der EU-Sozialcharta 1998, der Einführung eines Mindestlohns 1999 und den so genannten Anerkennungsrechten wurden allerdings flankierende arbeits- und sozialpolitische Maßnahmen eingeleitet. Im „National Minimum Wage Act" 1998 wurden zum 1. April 1999 Mindestlöhne eingeführt und eine *Low Pay Commission* eingerichtet, die ihre Höhe regulieren soll. Die Vorschläge der LPC wurden von der Regierung bisher immer umgesetzt. Coats (2004: 1) bezeichnet die aus jeweils drei Vertretern von Arbeitgebern und Gewerkschaften, zwei unabhängigen Mitgliedern (Wissen-

---

[82] Eine Reihe teilweise illegaler Streiks (z.B. bei Müllabfuhr, Transport und Bestattungen) im öffentlichen Sektor beeinflusste das öffentliche Leben erheblich und erzeugte in der Bevölkerung eine wachsende Unzufriedenheit mit der Politik der Gewerkschaften.

schaftlern) und einem Vorsitzenden bestehende Kommission als das gegenwärtig „erfolgreichste sozialpartnerschaftliche Gremium Großbritanniens." Ab Oktober 2001 wurde der
Mindestlohn auf £ 4,10 pro Stunde für Arbeitnehmer ab 22 Jahren und einem halben Jahr Beschäftigungszeit festgesetzt und auf £ 3,50 für Arbeitnehmer ab 18 Jahren und unter einem
halben Jahr Beschäftigungszeit.

Tabelle 19: Mindestlohnsätze seit 1999

Datum Report	Datum Erhöhung	Lohnsatz Erwachsene	Lohnsatz Jugendliche (18-21)
Juni 1998	April 1999	£ 3,60	£ 3,00
	Juni 2000	£ 3,70	£ 3,20
März 2001	Oktober 2001	£ 4,10	£ 3,50
	Oktober 2002	£ 4,20	£ 3,60
März 2003	Oktober 2003	£ 4,50	£ 3,80
	Oktober 2004	£ 4,85	£ 4,10
März 2005	Oktober 2005	£ 5,05	£ 4,25
	Oktober 2006	£ 5,35	£ 4,45

Quelle: Low Pay Commission, www.lowpay.gov.uk

Wirkungsanalysen haben ergeben, dass zu 70 Prozent Frauen von dem Mindestlohn profitieren sowie zu zwei Drittel Arbeitnehmer auf Teilzeitstellen. Im Hotel- und Gaststättengewerbe, in der Gebäudereinigung und bei den Friseuren profitieren über zwanzig Prozent der
Arbeitnehmer vom Mindestlohn (ebd.). Die Einführung von Anerkennungsrechten ist ein weiterer zentraler Punkt der Arbeitspolitik der neuen Regierung gewesen. Im „Employment Relations Act" 1999 wurde die Stellung der Gewerkschaften auf betrieblicher Ebene gestärkt.
Wenn Gewerkschaften eine Mehrheit der Beschäftigten in einem Betrieb vertreten oder wenn
eine Mehrheit der Beschäftigten dies in einer Urabstimmung wünscht,[83] können sie nun als
offizielle Verhandlungspartner auch bei widerwilligen Unternehmern durchgesetzt werden
(Fulton 2001). Auf diese Weise können Arbeitgeber quasi dazu gezwungen werden, auch gegen ihren Willen Gewerkschaftsvertretungen in Betrieben anzuerkennen.

Weitere Reformen brachten ein Recht für Gewerkschaftsmitglieder, in Disziplinarverfah-
ren von der Gewerkschaft begleitet zu werden, ebenso einen besseren Schutz bei rechtmäßi-

---

[83] Allerdings erst ab einer Betriebsgröße von 20 Mitarbeitern und bei einer Zustimmung von mindestens 40 %
aller Stimmberechtigten einer Urabstimmung.

gem Streik. Kündigungen der Streikenden während der ersten acht Streikwochen gelten als ungerechtfertigt (Fulton 2001: 2). Die Wartefrist für den Kündigungsschutz und andere Arbeitnehmerrechte wurde von zwei auf ein Jahr heruntergesetzt. Durch EU-Richtlinien etwa zu (unbezahltem) Elternurlaub, Recht auf vier Wochen bezahltem Urlaub, Teilzeitarbeit und Europäischen Betriebsräten findet in Teilbereichen eine langsame Annäherung an das „europäische Modell" der Arbeitsbeziehungen statt (ebd.).

Die zentrale Arena der Arbeitsbeziehungen ist der Betrieb, die betriebliche Ebene. Hier hatten die Gewerkschaften lange Zeit im *closed shop*-Prinzip eine wichtige Stütze, ehe auch diese von der Regierung Thatcher eingerissen wurde. Lohnverhandlungen werden inzwischen weitgehend auf betrieblicher Ebene oder individuell geführt. Die Arbeitsbeziehungen haben sich durch die Gewerkschaftsgesetzgebung Thatchers weiter dezentralisiert und individualisiert (Händel/Gossel 2002: 146). Dadurch hat die Rolle der *shop stewards* in den Betrieben weiter an Bedeutung gewonnen. *Shop stewards* sind gewählte (gewerkschaftliche) Vertrauensleute der Belegschaft mit betriebsratsähnlichen Aufgaben. Diese Aufgaben sind allerdings kaum rechtlich festgelegt, sondern haben sich durch Gewohnheit und Praxis ergeben. Die Anzahl der *shop stewards* in Großbritannien wird auf bis zu 400.000 geschätzt (ebd.).

Parallel zum Rückgang von Kollektivverhandlungen ist eine Zunahme so genannter „Partnerschaftsvereinbarungen" beobachtet worden (Brown/Oxenbridge 2004). Partnerschaftsabkommen sind Vereinbarungen zwischen Gewerkschaften und Management, in denen sich beide darauf einigen, gemeinsame Ziele anzustreben. Der TUC baut mit solchen Vereinbarungen seine konsensorientierte Strategie aus und erhofft sich Vorteile für die Repräsentation von Arbeitnehmerinteressen. Auch durch die Europäisierung haben die britischen Arbeitsbeziehungen neue Impulse bekommen. So sieht die EU-Richtlinie von 1996 die Einführung Europäischer Betriebsräte in Unternehmen mit mehr als 1.000 Mitarbeitern vor, die in zwei oder mehr Mitgliedsstaaten mindestens 150 Personen beschäftigen. Sie unterscheiden sich allerdings erheblich vom bundesdeutschen Betriebsratsmodell nach dem Betriebsverfassungsgesetz. Anders als das Deutsche Modell haben die Europäischen Betriebsräte keine Mitbestimmungsrechte, sondern lediglich Informations- und Konsultationsfunktionen (vgl. Eberwein 2002). Trotz dieser Ausdifferenzierung eines Mehrebenensystems einschließlich europäischer Ebene wird sich die vorherrschende Stellung der lokalen bzw. betrieblichen Ebene der Arbeitsbeziehungen in Großbritannien eher noch verstärken.

8.3 Organisierte Interessengruppen

8.3.1 Typologisierung

Die britische Verbändeforschung unterscheidet in der Regel zwischen materiell bzw. ökonomisch orientierten Verbänden (*interest* oder *sectional groups*) und ideell orientierten Verbänden (*promotional* oder *cause groups*). Zu den an materiellen Zielen orientierten Interessengruppen zählen die Gewerkschaften, die Arbeitgebervereinigungen und sonstige Berufsvertretungen. Zu den an ideellen Zielen orientierten Interessengruppen gehören solche aus dem Kultur- und Freizeitbereich, der Religion und Wissenschaft, dem sozialen bzw. karitativen Bereich und Umweltschutzgruppen wie *Friends of the Earth* und *Greenpeace* mit jeweils ca. 200.000 Mitgliedern, *The National Trust* mit 2.5 Millionen Mitgliedern oder *The Council of the Protection of Rural England* mit ca. 46.000 Mitgliedern. Aber auch Menschenrechtsgruppen wie *Amnesty International*, Gruppen zur Strafvollzugsreform oder auch Kinder- und Tierschutzgruppen oder die Friedensbewegung mit verschiedenen Gruppen zur nuklearen Abrüstung sind hier zu nennen.

Die konkreten Handlungsformen und Adressaten verbandlicher Einflussnahme sind abhängig davon, ob es sich eher um materielle oder ideelle Interessen handelt, die repräsentiert und in die politische Sphäre eingespeist werden sollen. Die Ausdifferenzierung materieller Interessenverbände wurde insbesondere durch die Formierung der Gewerkschaftsbewegung im 19. Jahrhundert angestoßen, während es für ideelle Interessengruppen immer wieder einmal Hochphasen gab. So kam es in den 60er und 70er Jahren auch in Großbritannien zu einer Phase der Neugründung ideeller Interessengruppen, „die zumeist aus dem Mittelschicht-Radikalismus der Neuen Linken gespeist wurden" (Kaiser 1998: 224) und ihre primäre Aufgabe in der öffentlichen Mobilisierung, der Herstellung von Öffentlichkeit und Publizität für ihre Themen sahen. Weiteres Kriterium zur Typologisierung ist der bereits erwähnte Status als Insider- oder Outsider-group, der über die Stellung des Verbandes zum politischen System Auskunft gibt. Voraussetzung für den Status als Insider-group ist eine Legitimitätsannahme der Interessenvertretung des Verbandes für ein bestimmtes Themengebiet. Der Insiderstatus garantiert, dass der Verband regelmäßig Kontakt zur Regierung hat und in den das Themengebiet betreffenden Fragen gehört wird. Eine weitere Typologisierung findet mit der Unterscheidung von sektoraler und anliegenbezogener Interessenrepräsentation statt (Plöhn 2001: 171). Weitere Kriterien zur Typologisierung britischer Verbände sind ein eher kooperativer oder konfrontativer Verhandlungsstil und natürlich der Grad der Organisationsdichte und Mitgliederbeteiligung.

Tabelle 20: Typologisierung und Eigenschaften von Interessensgruppen

	Sektorale Verbände	Anliegenbezogene Vereinigungen
Mitglieder	beschränkt auf Angehörige einer Statusgruppe	offen für Unterstützer eines Anliegens
Motivation und Stabilität der Mitgliedschaft	Vergleichsweise stabile Verbindung von Mitgliedschaft und Status	Vergleichsweise fluide Mitgliedschaft in struktureller Abhängigkeit von zyklisch erneuerungsbedürftiger Motivierung
Subjekt der Interessen	Primäre Orientierung an Eigeninteressen der Mitglieder	Primäre Orientierung an subjektiv interpretierten Interessen Dritter
Art der vertretenen Interessen	Typischerweise technische Detailregelung	typischerweise öffentlich appellierende Anliegen
Art der Thematisierung	Relativ häufig defensive Ausrichtung, bevorzugt nichtöffentliche Präsentation der Positionen	offensive Ausrichtung, angesichts aktiver Thematisierung auf öffentliche Identifizierung ausgerichtet und von medialer Präsenz abhängig

Quelle: Plöhn 2001: 171

8.3.2 Sektorale Gliederung

Zu den gut organisierten materiellen Interessengruppen zählen immer noch die Gewerkschaften. Der größte gewerkschaftliche Dachverband ist der TUC, der *Trades Union Congress*, dem Ende 2001 76 der über 230 Einzelgewerkschaften mit 6,8 Millionen Mitgliedern angehörten. Neben dem TUC gibt es einen Dachverband für Gewerkschaften im öffentlichen Dienst, den UNISON, mit 1,3 Millionen Mitgliedern. Von 1990 bis 1998 ist die Anzahl der Gewerkschaftsmitglieder kontinuierlich gesunken, von 8,8 auf 7,1 Millionen. Von 1999 bis 2001 ist die Mitgliederzahl dann wieder gestiegen, auf 7,9 Millionen im Jahr 2001. 72 Prozent der Gewerkschaften haben weniger als 5000 Mitglieder, während 4,5 Prozent der Gewerkschaften über 72 Prozent der Mitglieder repräsentieren. Der gewerkschaftliche Organisationsgrad aller Arbeitnehmer lag 2001 bei knapp einem Drittel. Nicht alle Gewerkschaften sind im TUC organisiert. Anfang 2004 gehörten dem TUC 67 Einzelgewerkschaften mit knapp 6,5 Millionen Mitgliedern an.[84]

Tabelle 21: Die größten TUC-Gewerkschaften

Gewerkschaft	Mitglieder 2004
Unison (Öffentlicher Dienst: Kommunalverwaltung, Gesundheit und Bildung, Transport und Versogung)	1.301.000
Amicus (Allgemeine Gewerkschaft mit industriellem Schwerpunkt)	1.179.850
Transport and General Workers Union, T & G	820.118
Britains General Union, GMT	600.106
Union of Shops, Distribution and Allied Workers, USDAW	331.703
Public and Commercial Services Union, PCS	295.063
Communication Workers Union, CWU	258.696
National Union of Teachers, NUT	239.796
National Association of Schoolmasters Union of Women Teachers, NASUWT	223.486
Union of Construction, Allied Trades and Technicans, UCATT	110.886
Prospect (Allgemeine Gewerkschaft mit industriellem Schwerpunkt)	105.044

Quelle: www.tuc.org.uk

Die britische Gewerkschaftslandschaft ist sehr unübersichtlich. Bei den Einzelgewerkschaften gibt es die häufig sehr großen *general unions*, die in fast allen Branchen und Berufsgruppen vertreten sind. Daneben gibt es Gewerkschaften, die bestimmte Berufsgruppen (z.B. Lehrer oder Krankenpfleger) organisieren und andere, die nur industriebranchenspezifisch (z.B. Finanzwesen oder Druckindustrie) aktiv sind (Fulton 2001: 6). Schließlich gibt es die Gruppe der Angestelltengewerkschaften. Die größte Einzelgewerkschaft ist die UNISON, die 1993 aus einer Fusion dreier Gewerkschaften des öffentlichen Dienstes entstand und 1,3 Millionen Mitglieder hat. Mit dem Zusammenschluss wurde zugleich eine Fusionswelle angestoßen, die bis Ende der 90er Jahre zu einer erheblichen Konzentration unter den Gewerkschaften führte. Zugleich erhöhte sich aber auch die Vielfalt innerhalb der fusionierten Gewerk-

---

[84] Vgl. www.tuc.org.uk

schaften, die ein breiteres Spektrum an Berufen zu repräsentieren haben. Die Fusion von Einzelgewerkschaften ist als eine Antwort auf Mitgliederverlust und knapper werdende finanzielle Ressourcen zu verstehen.

Die Regierungsübernahme durch New Labour hat die Einflusschancen der Gewerkschaften auf die Regierung zwar verbessert, jedoch ist zu berücksichtigen, dass sich New Labour seit Mitte der 90er Jahre zunehmend vom Einfluss der Gewerkschaften emanzipiert hat. Der Einfluss der Gewerkschaften auf die Willensbildung wurde durch eine Reihe von Organisationsreformen der Labour Party sukzessive zurückgedrängt, ist aber dennoch nicht zu unterschätzen, vor allem in finanzieller Hinsicht. Die Gewerkschaften sind immer noch der mit Abstand größte Einzelspender für New Labour und auch auf organisatorischer Ebene existieren nach wie vor enge Verknüpfungen, die den Gewerkschaften erheblichen Einfluss sichern. Blair hat den Emanzipationsprozess seiner Partei gegenüber den Gewerkschaften auf die Formel „fairness not favours" gebracht. In einer Reihe von gewerkschaftsfreundlichen Gesetzen ist die Regierung den Gewerkschaften allerdings entgegen gekommen. Der Einfluss der Gewerkschaften auf die Positionen von New Labour zeigt sich auch beim Thema Eisenbahn. Hier plädieren sie traditionell für eine Wiederverstaatlichung. Diese Position ist inzwischen auch in den offiziellen Labour-Kurs eingeflossen: Auf dem Labour-Parteitag 2004 stimmten 63 Prozent der Delegierten, darunter die Vertreter der Gewerkschaften, für eine Verstaatlichung der Eisenbahn.

Bei den Arbeitgebervereinigungen ist die CBI, die *Confederation of British Industry*, die führende Stimme der Geschäftswelt und der Gesamtverband der Wirtschaft. Die CBI entstand 1965 durch einen von der damaligen Labour-Regierung geförderten Zusammenschluss mehrerer Wirtschaftsverbände. In dieser Förderung kann man eines der wenigen korporatistischen Momente in der britischen Politik sehen. Mitglieder sind sowohl einzelne Unternehmen wie auch ganze Verbände. Sie umfasst gegenwärtig mehr als 250.000 Unternehmen und Arbeitgebervereinigungen und repräsentiert über 50 Prozent der Arbeitskraft in Großbritannien, davon vier Millionen Arbeitnehmer über Einzelunternehmen und sechs Millionen über Verbandsmitgliedschaften. Die CBI führt (wie der BDI in der Bundesrepublik Deutschland) selbst keine Tarifverhandlungen, sondern koordiniert lediglich zwischen Mitgliedsverbänden. Sie leistet insbesondere politische Lobbyarbeit und fungiert als Serviceeinrichtung für ihre Mitglieder. „Von einer institutionellen Verbindung mit den Konservativen hat sich die CBI in Arbeitsteilung mit den *British United Industrialists Ldt.* ferngehalten, so dass die Kooperation des Verbandes mit der Ministerialbürokratie von Mehrheitswechseln nicht gefährdet worden ist" (Becker 2002: 177). Aufgrund ihrer heterogenen Zusammensetzung hat sie oft

Schwierigkeiten, geschlossen aufzutreten und ihren Forderungen gegenüber der Regierung entsprechenden Nachdruck zu verleihen. Auf den Prozess der Devolution hat die CBI mit einer Reorganisation ihrer Regionalorganisationen und einer Verstärkung der Lobbyarbeit in den Regionen reagiert. Seit Einführung des Mindestlohns ist die *Low Pay Commission* (LPC) ein weiterer wichtiger Adressat. Mit der Erhöhung auf £ 4,85 zum 1. Oktober 2004 sei der Mindestlohn in den letzten zwei Runden um sieben Prozent erhöht worden, beklagt die CBI. Bisher hatte sie der Regierung vorgeschlagen, die Mindestlöhne alle zwei Jahre in Höhe der Inflationsrate zu erhöhen und in den Jahren dazwischen lediglich um 10 Pence (vgl. www.cbi.org.uk). Die CBI unterstützt den Mindestlohn grundsätzlich, plädiert allerdings für eine langsamere Erhöhung. Nachdem der TUC für 2005 eine Erhöhung auf £ 5,35 und für 2006 in Richtung £ 6 gefordert hatte, hielt die CBI mit einer „Nullrunde" für 2005 und einer Erhöhung auf über £ 5 für 2006 für akzeptabel. Für die Wirtschaftspolitik hat die CBI eine *Economic Policy Group* eingerichtet und für die Steuerpolitik eine *Taxation Policy Group*, die auf finanzpolitische Vorlagen der verschiedenen Ebenen reagiert und die Mitglieder über finanzpolitische Veränderungen informiert.

Daneben gibt es auf Arbeitgerberseite die *Chambers of Commerce* und das 1903 gegründete *Institute of Directors* (IoD). Das IoD stellt Service- und Fortbildungsangebote für Manager bereit und stellt „mit seiner Programmatik freien Unternehmertums einen fortgesetzt wirksamen Faktor in der Willensbildung der Wirtschaftsfunktionäre dar" (ebd.: 178). Unter der Amtszeit Thatchers profilierte es sich durch Unterstützung des marktwirtschaftlich-liberalistischen Kurses der Regierung, hat nach dem Amtswechsel zu Blair allerdings auch Kontakte zu New Labour aufgebaut (ebd.: 178). Die britischen *Chambers of Commerce* sind eine Informations-, Fortbildungs- und Serviceeinrichtung für die kleineren Unternehmen in der Region auf der Basis freiwilliger Mitgliedschaft. Die ca. 60 regionalen Kammern sind im Dachverband *Association of British Chambers of Commerce* zusammengeschlossen. Sie betreiben v.a. kommunale und regionale Lobbyarbeit (Plöhn 2002: 178).

Die landwirtschaftlichen Interessen sind in der *National Farmers Union* (NFU) gebündelt, die einen stolzen Organisationsgrad von ca. 75 Prozent aller Landwirte erreicht. Die 1908 als Reaktion auf die Schrumpfung der Landwirtschaft gegründete NFU ist als Brachenverband korporatives Mitglied in der CBI. Der Verband ist „einer der effektivsten der britischen pressure groups" (Plöhn 2002: 179) und hat unverändert privilegierten Zugang zum Branchenministerium, dem *Ministry of Agriculture, Fisheries and Food* (MAFF). Die NFU nutzt ihren Insiderstatus beim Ministerium auch für das Lobbying auf europäischer Ebene und unterhält ein eigenes Büro in Brüssel. Der Schwerpunkt der NFU liegt in England; in Schottland gibt es die Schwesterorganisation *NFU Scotland* und in Nordirland die 1917 gegründete *Ulster Farmers' Union* (UFU). Regional konkurrierende Verbände sind die 1975 für Kleinbetriebe von Katholiken gegründete *Northern Ireland Agricultural Producers' Association* (NIAPA) und die 1955 gegründete *Farmers Union of Wales* (FUW).

Zu den ideellen Interessengruppen gehören die Umwelt-, Tierschutz-, Menschenrechts-, Frauen-, Friedens- und Freizeitverbände ebenso wie die Kirchen. Bei diesen Gruppen ist der Übergang zwischen organisiertem Verband und netzwerkartiger sozialer Bewegung oft fließend. Die 1961 gegründete Menschenrechtsorganisation *Amnesty International* (AI) hat landesweit ca. 147.000 Mitglieder, die sich auf 330 Ortsgruppen aufteilen. Amnesty ist Insidergruppe beim Foreign & Commonwealth Office und unter Labour-Regierungen auch beim Home Office (vgl. Kap. 2). Die Implementation des „Human Rights Act" 1998 hat die juristischen Möglichkeiten der Menschenrechtsgruppen erweitert. Eine ganze Reihe der gegenwärtig existierenden Tierschutzorganisationen wurde bereits im 19. Jahrhundert gegründet, so etwa die *Royal Society for the Prevention of Cruelty to Animals*, RSPCA, (1824), *Animal Concern* (1876) und die *Royal Society for the Protection of Birds*, RSPB (1889). Zu den jüngeren Gründungen gehören *World Wide Fund for Nature*, WWFN, (1961) und die militante *Animal Liberation Front*, ALF (1976).

Das umweltpolitische Feld ist durch das gleichzeitige Nebeneinander von verbandsförmiger und bewegungsförmiger Interessenartikulation gekennzeichnet. Zu den Umweltschutzverbänden gehören die 1970 gegründete *Friends of the Earth* (FOE) und *Greenpeace* (1977). Während bei FOE besonderes Gewicht auf die Partizipation und Motivation der (lokalen) Basis gelegt wird, sind bei Greenpeace partizipatorische Defizite beobachtet worden. Bei Greenpeace wird besonderes Gewicht gelegt auf die Inszenierung medienwirksamer „events", straffe Organisation und professionelle Durchführung ihrer Aktionen. Stark ausgeprägt ist bei Greenpeace auch die Differenzierung zwischen Geldgebern, der Führungsebene und den professionellen Aktivisten. Als ein Bumerang erwies sich Mitte der neunziger Jahre der Protest gegen die geplante Versenkung der Ölplattform Brent Spar. Dies konnte zwar verhindert werden konnte, jedoch stellte sich danach heraus, das Greenpeace mit falschen Informationen argumentiert hatte (ebd.). Neben diesen Verbänden gibt es im Umweltschutzbereich seit Anfang der neunziger Jahre eine Reihe „spontaneistisch-aktionistischer Protestgruppen ohne formale Mitgliedschaft", die mit ihren Aktionen die Erzielung öffentlicher Aufmerksamkeit weitgehend von den „etablierten" Organisationen übernommen haben. Anders als z.B. in der Bundesrepublik hat der Protest gegen die zivile und militärische Nutzung der Kernenergie keine herausragende, symbolische Bedeutung erfahren. Der vergleichsweise schwache Protest gegen einzelne Kernkraftwerke beschränkte sich auf das NIMBY-Prinzip.[85] Lediglich die atomare Wiederaufbereitungsanlage in Sellafield erregte größeren Widerspruch. Teilweise wurde der Protest in Gewerkschaften und in Parteien integriert.

Zu den Interessengruppen in einem weiten Sinne sind auch die Religionsgemeinschaften zu zählen. Obwohl Großbritannien weitgehend christlich geprägt ist, sind große Muslim-, Hindu-, Sikh- und jüdische Gemeinden vorhanden. Laut Volkszählung von 2001 gibt es etwa 41 Millionen Christen und über 1,5 Millionen Muslims im Vereinigten Königreich. Von den 8,6 Millionen, die bei der Volkszählung angaben, sie gehörten keiner Religion an, sind einige in Vereinigungen wie der *British Humanist Association* und der *National Secular Society* organisiert (ONS 2004: 228). Religionsgemeinschaften sind häufig aktiv in Freiwilligenarbeit und andere Gemeindeeinrichtungen eingebunden. Zwei Konfessionen haben einen hervorgehobenen Status: die *Anglican Church of England* und die *Presbyterian Church of Scotland*. Erzbischöfe und Bischöfe der *Church of England* werden von der Königin auf Vorschlag des Premierministers ernannt. Die *Crown Appointment Commission*, der auch Laien und Kleriker angehören, spielt bei der Auswahl der Bischöfe eine Schlüsselrolle (ebd.: 229). Zentrales Entscheidungsgremium ist die Generalsynode, die von Laien und Klerikern gewählt wird. Sie ist zuständig für die Kirchengesetzgebung, die Bestandteil der allgemeinen Gesetze werden kann, wenn sie von Parlament bestätigt wird. Die größte protestantische Kirche in Schottland ist die *Church of Scotland*.

Die heterogenen muslimischen Gemeinden haben sich 1997 zum *Muslim Council of Britain* zusammengeschlossen. Ihm gehören über 400 lokale, regionale und nationale Organisationen an. Sein Ziel ist die Förderung von Kooperation, Konsens und Einheit unter den Muslimen in Großbritannien. Nach den Anschlägen auf die Londoner U-Bahn vom 7. Juli 2005 bemühten sich Verbände wie die *Islamic Human Rights Commission* (IHRC), antimuslimischen Übergriffen und Vorurteilen entgegen zu wirken. Die muslimische Menschenrechtsorganisation wurde 1997 als unabhängige Non-profit-Organisation mit den Zielen der Informations- und Pressearbeit, der Rechtsberatung und des Lobbying bei Regierungen und internationalen Organisationen gegründet. Daneben werden Forschungspapiere verfasst, Kriegsverbrechen, Diskriminierung, anti-muslimische Übergriffe und Vorurteile in den Medien registriert. Die Londoner Anschläge wurden klar verurteilt, zugleich wurde darauf hingewiesen, dass es nach allen Terroranschlägen der letzten Jahre immer wieder auch Angriffe auf friedliche Muslime gegeben habe. Die Regierung wurde für Äußerungen kritisiert, dass

---

[85] NIMBY = Not In My Backyard

die *muslim community* das Problem des Extremismus angehen und dessen Ursachen stärker bekämpfen solle. Dies unterstelle, dass das Problem des Extremismus unter den Muslimen transparent und vor allem für jeden zugänglich sei. Dies sei aber in den häufig marginalisierten muslimischen Gemeinden keineswegs der Fall. Vielmehr würden mit solchen Argumenten anti-muslimische Stereotype bedient.[86]

Zur Intensivierung des Dialogs zwischen den Glaubensgemeinschaften hat das Innenministerium 2003 eine *Faith Communities Unit* eingerichtet und das Foreign & Commonwealth Office hat eine *Multi Faith Week* abgehalten. Darüber hinaus gibt es zahlreiche, von der Regierung geförderte regionale Aktivitäten zur Stärkung des interreligiösen Dialogs. Der innerchristliche Dialog wird durch die *Churches Together in Britain and Ireland* (CTBI) gefördert, eines Verbandes, der die Arbeit und Diskussion ihrer 33 christlichen Mitgliedskirchen organisiert. Die Kirchen in Schottland haben ein Parlamentsbüro eingerichtet, durch das sie ihre Interessen besser ins Schottische Parlament einbringen wollen (ONS 2004: 236). Für die interreligiöse Kooperation wurde 1987 das *Inter Faith Network* eingerichtet, dem über 100 Mitgliedsverbände der großen Religionsgemeinschaften angehören.[87]

8.4 Soziale Bewegungen

Eine der wichtigsten Funktionen sozialer Bewegungen ist es, Themen und Forderungen sozialer Gruppen, auf die die Parteipolitik bisher nicht reagieren konnte oder wollte, auf die politische Agenda zu setzen. Themen wie Umweltschutz und die Rechte von ethnischen und sexuellen Minderheiten wurden zuerst von sozialen Bewegungen aufgegriffen, ehe dann auch die politischen Parteien auf diese Themen reagierten (Webb 2002b: 178). Soziale Bewegungen sind häufig *single issue groups*, sie bewegen sich vornehmlich im Bereich der Interessenartikulation, während die Aggregation und Transformation der partikularen Interessen in allgemeine Gesetze Aufgabe der Parteien ist. Aber man hat auch in Großbritannien den Eindruck, dass sich die Parteien die Artikulationsfunktion immer mehr mit neuen sozialen Bewegungen und *single issue groups* teilen müssen. Die Bereitschaft der britischen Bevölkerung zur Beteiligung an Aktivitäten von *single issue movements* ist größer als die zur Beteiligung in Partei-

---

[86] Der Spiegel (28/2005: 35) sah in den Wochen nach den „7/7"-Anschlägen einen „Kampf um die mediale Opferrolle" der IHRC.

[87] Vgl. www.interfaith.co.uk

en (ebd.: 180). Auch die kontinuierlich abnehmende Zahl der Parteimitglieder deutet auf eine Veränderung des „markets for activism" zugunsten von eher partikularen und event- bzw. erlebnisorientierten und weniger langfristig gebundenen politischen Aktivitäten hin.

Für Handlungsformen und Adressaten sozialer Bewegungen ist zu berücksichtigen, ob es sich um eher macht- oder kulturorientierte Bewegungen handelt (vgl. Raschke 1988). In der Praxis gehen beide Aspekte allerdings oft fließend ineinander über. Typisch für die meisten sozialen Bewegungen ist jedoch, dass sie anders als Verbände viel stärker spezifische Kommunikationskulturen und Lebensstile prägen, über die sich dann auch die Bindung der Unterstützer an die Bewegung vollzieht. Soziale Bewegungen entwickeln häufig kulturelle Kompensationen für die schwache oder fehlende organisatorische Verstetigung.

Das britische Mehrheitswahlrecht gestattet es Regierungsparteien mit großen Mehrheiten, soziale Bewegungen und die von ihnen vertretenen Interessen länger zu ignorieren als dies unter Bedingungen des Verhältniswahlrechts mit oft knappen Mehrheiten und der Notwendigkeit zur Koalitionsbildung möglich ist. Dies bedeutet allerdings nicht, dass das britische Regierungssystem insgesamt weniger responsiv für die von sozialen Bewegungen transportierten Themen ist. Die höhere „Eintrittsschwelle" für die Themen kann z.B. die verbandsförmige Organisation der Gruppen fördern und damit zugleich ihre Effektivität im Regierungssystem oder auch ihre Radikalisierung.

Auch wenn sich soziale Bewegungen in der Regel an einzelnen Themen entzünden, gibt es doch eine Reihe von Rahmenthemen entlang gesellschaftlicher Cleavages, die das Auftreten von Protestbewegungen wahrscheinlich machen. Die Ausweitung des Wahlrechts zunächst auf die gesamte männliche Bevölkerung und nach dem Ersten Weltkrieg auch auf die Frauen lässt sich hier anführen. 1903 kam es in der *Woman's Social and Political Union* zu einem ersten Zusammenschluss von Frauen, die für das allgemeine Wahlrecht kämpften. Die Forderungen der *Suffragetten* (von engl. *suffrage*: Wahlrecht) nach politischer Emanzipation wurden zunächst moderat und zurückhaltend vorgetragen: „Als sich jedoch das Parlament hartnäckig weigerte, ihren Wünschen gehör zu schenken, wurden die Methoden radikaler: Suffragetten ketteten sich vor dem Unterhaus an, vereitelten Pferderennen, legten Feuer in Postkästen und attackierten Polizeibeamte, um auf ihre Forderungen in der Öffentlichkeit aufmerksam zu machen." (Kamm/Lenz 2004: 162) Nach dem Ersten Weltkrieg und nach dem patriotischen Engagement vieler Frauen in Armee, Industrie, Verwaltung und Landwirtschaft bekamen mit dem „Representation of the People Act" von 1918 alle Frauen über dreißig Jahren das Wahlrecht.

Auch wenn die Repräsentationsfunktionen von Parteien einerseits und Verbänden und Bewegungen andererseits teilweise überlappen, kann ihr Verhältnis zueinander doch eher als ergänzend denn als herausfordernd beschrieben werden (Webb 2002b: 183). Eine besondere Rolle nehmen auch die *NGOs* ein, deren politikwissenschaftliche Erforschung noch in den Anfängen steckt (vgl. Beyme/Helms 2004: 212). Vielfach werden NGOs als institutionalisierte, professionalisierte und spezialisierte Nachfolger der neuen sozialen Bewegungen der sechziger und siebziger Jahre betrachtet (ebd.). Auch wenn in der Namensgebung die Nichtzugehörigkeit zur Regierung betont wird, sind NGOs inzwischen in Policy-communities oder -Netzwerke eingebunden und üben entsprechenden Einfluss aus. Im Unterschied zu nationalstaatlichen Interessenverbänden wurde bei den i.d.R. international agierenden NGOs ein verschärftes Problem interner Demokratie beobachtet (Greven 2000).

Eine soziale Bewegung besonderer Art stellt die „Verfassungsbewegung" (Kastendiek 2001: 39) dar, die sich ab 1987/88 als überparteiliche Netzwerk formierte, wenngleich sie im Parteiensystem von den Liberal Democrats am meisten Unterstützung bekam. Die Labour Party hatte zunächst ein ambivalentes Verhältnis zur Verfassungsbewegung. Wie für Themen typisch, die von sozialen Bewegungen aufgegriffen werden, musste ihr die Diskussion „geradezu aufgedrängt werden" (ebd.: 40).[88] Zur Verfassungsbewegung gehört auch die schottische Nationalbewegung, die die *Scottish Question* wieder auf die Tagesordnung setzte und eine *Scottish Constitutional Convention* initiierte, die erstmals 1989 tagte und einen Verfassungsentwurf ausarbeitete, der sich in wesentlichen Punkten von Westminster-Modell unterschied. Am Beispiel der Verfassungsreform lässt sich eindrucksvoll die Eigendynamik und der „Durchmarsch" eines von sozialen Bewegungen initiierten Themas über die Parteipolitik bis zur Regierungspolitik mit *„open end"* illustrieren.

---

[88] 1988 kam es zur Gründung der Charter 88 als Sammelbecken des immer breiter werdenden Spektrums der Initiativen. Der Name Charter 88 bezog sich zum einen auf die tschechoslowakische Dissidentenbewegung Charta 77, zum anderen auf den dreihundertsten Jahrestag der Glorious Revolution 1988 (siehe Kap. 2).

Links:

Anglican Church of England: www.church-of-england.org.uk

CBI: www.cbi.org.uk

Friends of the Earth: www.foe.co.uk

Islamic Human Rights Commission: www.ihrc.org

Low Pay Commission (LPC): www.lowpay.gov.uk

National Farmers Union: www.nfu.org.uk

National Trust: www.nationaltrust.org.uk

TUC: www.tuc.org.uk

9. Verwaltung und Verwaltungsrecht

In den letzen drei Dekaden hat der Civil Service weitreichende Veränderungen erfahren. Seit dem Fulton-Bericht zur Verwaltungsmodernisierung von 1968 hat es immer wieder verschiedene Modernisierungswellen gegeben, deren weitreichendste von Margaret Thatcher Mitte der achtziger Jahre eingeleitet wurde. Die Zahl der Beschäftigten ist seither kontinuierlich reduziert worden, neue Management-Techniken sind eingeführt worden und nicht zuletzt wurde die monolithische Struktur durch eine Reihe von Dezentralisierungsmaßnahmen aufgelöst. Auch die Grundzüge des Reformprogramms der Regierung Blair beruhen auf Entscheidungen der Regierung Thatcher. Bei nur kleinen Akzentverlagerungen und geringen finanziellen Spielräumen begnügte man sich weitgehend mit einer Vertiefung der bereits laufenden Reformen. Der herkömmliche Staatsdienst ist in diesem Prozess grundlegend verändert worden. Der Typus des politisch neutralen Berufsbeamten ist auf dem Rückzug, stattdessen wird der auch politisch verantwortliche Manager in der Verwaltung gefördert. Durch den massiven Einsatz von *political advisors* wird sukzessive ein Äquivalent für den bislang unbekannten politischen Beamten eingeführt.

9.1 Entwicklung und Kultur der Zentralverwaltung

Die Gründung, Organisation und Reorganisation von Ministerien kann sowohl Ausdruck von Veränderungen im Binnenverhältnis der Regierung (wie z.B. veränderter politischer Prioritäten), als auch Antwort auf neue oder veränderte gesellschaftliche Problemlagen sein. So reicht z.B. das Amt des *Lord Chancellors* in das 7. Jahrhundert zurück und das des *Chancellor of the Exchequer* bis auf das 12. Jahrhundert. 1782 wurde das *Department for Foreign Affairs* und das für *Home and Colonial Affairs* gegründet. Seit Mitte des 19. Jahrhunderts kam es dann zu einer Reihe weiterer Neugründungen und Reorganisationen. 1870 wurde das Bildungsministerium gegründet, 1919 das Landwirtschafts- und Fischereiministerium, 1937 das *Air Ministry*, 1970 das Umweltministerium und 1974 das Ministerium für Energie, dass 1992 in das Handels- und Industrieministerium integriert wurde (Forman/Baldwin 1999: 320). Gelegentlich kommt es zur Bildung (und Wiederauflösung) von so genannten „Superministerien". Ein solches ist auch das von Labour 1997 durch Zusammenlegung gegründete *Depart-*

ment of the Environment, Transport and the Regions. Zu den jüngsten Änderungen gehört die Umwandlung des *Lord Chancellor's Department* in das *Department of Constitutional Affairs*, das um Kompetenzen aus Scotland Office und Wales Office erweitert wurde (Cabinet Office 2004a: 603, siehe Kap. 2). Insgesamt kann festgestellt werden, dass mit dem in Großbritannien nach 1945 aufgebauten Sozial- und Wohlfahrtsstaat und den damit einhergehenden etatistischen Anforderungen die Verwaltung zu einem entscheidenden politischen Faktor in der Regierungstätigkeit geworden ist. Das kann sehr eindrücklich an der Expansion der Zahl der in diesem Sektor Beschäftigten abgelesen werden.

Die Ursprünge des Civil Service liegen im 18. Jahrhundert, als die Vergabe von Staatsämtern noch weitgehend über Patronage erfolgte. Leitende Positionen wurden „vom Adel als staatliche Versorgungsposten beansprucht, wobei die Qualifikation des Amtsinhabers keine Rolle spielte." (Sturm 1998b: 215) Adel und Verwaltung waren zu einem „Patronage- und Beutesystem" verschmolzen, wobei die Arbeit in der Verwaltung gegenüber dem sozialen Leben der Amtsinhaber keine Priorität hatte (ebd.). Erst mit den Reformen von 1832 wurde das Patronageprinzip zurückgedrängt und seit den 1860er Jahren hielten das Leistungsprinzip und Examensergebnisse langsam Einzug bei der Stellenvergabe von Führungspositionen der öffentlichen Verwaltung. Leitbild der Verwaltungsrenovierung wurde im 19. Jahrhundert die britische *East India Company* und ihre Erfolge bei der Verwaltung Indiens, von der sogar die Bezeichnung Civil Service (für die nichtmilitärischen Beschäftigen der Gesellschaft) übernommen wurde.[89] Bis zur nächsten großen Reform 1968 arbeitete der Civil Service relativ unverändert. Die große Bedeutung der Eliteausbildung in den *Public Schools* und „Oxbridge" hat ihr gesellschaftliches Fundament in den neuen Leistungsanforderungen für den öffentlichen Dienst, die zu einer grundsätzlichen Modernisierung dieser Bildungsinstitutionen geführt haben und gleichzeitig die mit diesen Bildungsverläufen sich deutlich manifestierende Oberschichtorientierung des Civil Service zementierten.

1968 wurde aufgrund des *Fulton-Reports* die Beseitigung der Klassenstrukturen im Civil Service in Angriff genommen. Talentierte Beamte konnten nun auch ohne formale Voraussetzungen und Bildungsqualifikationen den Weg in höchste Leitungspositionen beschreiten. Allerdings hat sich die britische Verwaltungskultur, der „Ethos" oder „Geist von Whitehall"[90],

---

[89] Bis 1858 hatte die East India Company für die Regierung weitreichende administrative Funktionen in Indien ausgeübt. Nach einer Reihe von Aufständen wurde Indien offiziell Kronkolonie und unter *direct rule* verwaltet; die Company verlor ihre Alleinherrschaft in Indien.

[90] Händel (1979: 117) beschreibt ihn folgendermaßen: „Dieser Geist äußert sich in einer Art müheloser Überlegenheit (effortless superiority), in Behutsamkeit, Diskretion und nicht zuletzt makellosen Umgangsformen. Er beruht auf einer sicheren und breiten Allgemeinbildung, Menschenkenntnis und einem in den Public

nur langsam für Reformen geöffnet. Die Führungsebene der Ministerialverwaltung wird noch immer von den Absolventen der großen Public Schools und der Universitäten Oxford und Cambridge geprägt, die Teil des gesellschaftlichen „Establishments" sind. Der Zugang zu diesem Establishment, der traditionell durch das Kriterium Herkunft geregelt wurde, wird zunehmend für Kriterien wie Bildung, Leistung und Verdienst geöffnet (Händel/Gossel 2002: 35, 187). Trotz dieser meritokratischen Öffnung der Verwaltungskultur in der letzten Dekaden ist das Beharrungsvermögen einer eingespielten Regierungsmaschinerie nicht zu unterschätzen. Die Leitungsebene der Verwaltung, der *Senior Civil Service*, ist immer noch „a largely middle- or upper-middle-class, public-school, Oxbridge-educated, male and middle-aged group" (Barnett 2002: 97). Diese prägende Sozialstruktur ist ein wichtiger Grund für die Durchdringung der Verwaltung mit externer Beratung und *know how* unter der Regierung Blair, erklärt aber auch Thatchers Animositäten mit der Ministerialverwaltung, denn die erste britische Premierministerin entstammte eben auch nicht der traditionellen oberen Mittelschicht geschweige denn der berühmt berüchtigten *upper class* (Noetzel 1987)

Als Thatcher 1979 ins Amt kam, lag die Zahl der Civil Servants auf dem Rekordniveau von 732.200. Bereits 1986 war sie auf 594.400 gesunken, was einem Rückgang von 19 Prozent entspricht. Thatcher machte ausgiebig von ihrem Recht Gebrauch, Senior Civil Servants zu ernennen, so dass man auch von einer Politisierung des Civil Service sprach. Ein wichtiger Reformschritt war das Ende der 80er Jahre eingeführte *Next-Steps*-Programm. Die monolithische Struktur der Verwaltung wurde weitgehend zugunsten spezialisierter Behörden (*executive Agencies*) aufgebrochen, die größere Effizienz und mehr Wettbewerb bei der Vergabe ihrer Leistung erbringen sollten. *Executive Agencies* sind jetzt in allen Bereichen der Verwaltung angesiedelt. Nur noch ein kleiner Kern an Beamten ist in den Ministerien verblieben, der Großteil, drei Viertel aller Beamten, ist in solchen *Agencies* beschäftigt.

Die Regierung Blair setzte 1999 Akzente mit ihrem White Paper *Modernising Government*, in dem die Verwaltung weiter geöffnet und auf die Schlüsselziele der Regierung verpflichtet wurde. Um dies zu erreichen, sollte der Civil Service stärker mit externen Sachverständigen zusammenarbeiten. „While the focus was on improved management and the delivery of service to the consumer, sight was not lost of the core civil service values. Selection and promotion were to remain based on merit, and political impartiality and the giving of best

---

Schools geübten intensiven Charaktertraining." Noetzel (1989b) hat darauf hingewiesen, dass dieses Gentleman-Ideal bereits im Ost-West-Konflikt erheblich zerrüttet wurde, nachdem eine erhebliche Anzahl hoher Whitehall-Repräsentanten der geheimdienstlichen Tätigkeit für die Sowjetunion überführt wurden. Die Regierung Thatcher sah sich durch solche Vorfälle in ihrer neuen Mittelschichtskritik an der alten Whitehall-Elite zusätzlich bestätigt.

independent advice to government were to be maintained" (Barnett 2002: 112). Zu den allgemeinen Eigenschaften, durch die der Civil Service gegenwärtig charakterisiert wird, gehören Anonymität, politische Neutralität und Kontinuität. Zum Konzept der Anonymität gehört, dass Ministerialbeamte nach außen nicht in Erscheinung treten. Die Beamten sind gegenüber dem Minister verantwortlich, der wiederum die Verantwortung für die Arbeit des Hauses nach außen, gegenüber Parlament und Öffentlichkeit, übernimmt. Ohne politische Neutralität könnte die Verwaltung nicht unter unterschiedlichen Regierungen funktionieren. Jede neue Regierung muss ihre Programme zum Vollzug bringen und ist dabei auf die Arbeit der Civil Servants angewiesen. Sie sind die *doers* hinter den *makers* (ebd.: 98). Schließlich sorgt personelle Kontinuität auch auf den höchsten Ebenen dafür, dass die Erfahrung der Beamten nach einem Regierungs- oder Ministerwechsel der neuen Regierung weiter zur Verfügung steht.

Im Fall eines Regierungswechsels ist das „Interregnum" sehr kurz.[91] Ein unterlegener Premierminister verlässt unmittelbar nach der Wahl 10 Downing Street, der neue Premier zieht kurz danach ein. Die erste praktische Aufgabe einer neuen Regierung ist, die Verwaltung in den Griff zu bekommen und das Regierungsgeschäft am Laufen zu halten. Neue Minister haben, anders als in föderalen Systemen, in der Regel keine Regierungserfahrung. Sie müssen sich möglichst schnell mit dem Ministerium und der Regierungspraxis vertraut machen. Um den Übergang zu erleichtern bzw. zu beschleunigen hat Premierminister Douglas-Home 1964 die Konvention eingeführt, dass Schattenminister unmittelbar vor der Wahl begrenzten Zugang zu *Permanent Secretaries* (in Deutschland etwa beamtete Staatssekretäre) bekommen. Durch die Aufnahme und den Umfang solcher Vorkontakte kann natürlich auch Selbstbewusstsein demonstriert werden. Tony Blairs Team hat 1997 von der *Douglas-Home Convention* ausgiebig Gebrauch gemacht, „including discussions with the Cabinet Secretary and the Prime Minister's Principal Private Secretary" (Barnett 2002: 100).

Auch die unteren Verwaltungsebenen sind seit dem 19. Jahrhundert mehrfach neu organisiert worden. So gliederte sich England seit dem Mittelalter in 39 Grafschaften (*Counties*), Schottland in 34, Wales in 13 und Nordirland in 6. In den 70er Jahren wurden die *Districts* (Bezirke) als Untergliederungen der Grafschaften eingeführt. 2004 gab es in England 35 *Counties*. Ihr Organisationsprinzip ist eine zweistufige Lokalverwaltung. Demgegenüber spricht man bei den 40 *Unitary Authorities* von einstufiger Verwaltung. Sie erledigen alle Aufgaben einer Lokal- bzw. Gemeindeverwaltung. Sie sind quasi größere Districts, die aus

---

[91] Dagegen liegt in der Bundesrepublik Deutschland die Zeit zwischen Bundestagswahl und Kanzlerwahl zwischen 24 Tagen (Willy Brandt 1969 und Helmut Kohl 1983) und 66 Tagen bei Angela Merkel 2005 sowie 74 bei Helmut Schmidt 1976.

den Counties herausgelöst worden sind und umfassen häufig größere Städte außerhalb der Metropolen. In den Metropolen Englands gibt es sechs *Metropolitian Counties*, die sich wiederum in 36 *Metropolitan Districts* („Großstädtische Bezirke") unterteilen (vgl. Kap. 3.5).

London hat einen Sonderstatus. Hier heißen die 32 Stadtbezirke *London boroughs* und bilden zusammen mit der *City of London*, dem kleinsten, etwa eine Quadratmeile großen Stadtteil im Zentrum, *Greater London*. Seit 2000 wird die Stadt durch die *Greater London Authority* verwaltet, mit deren Einsetzung die Regierung an den 1986 von der Regierung Thatcher aufgelöste *Greater London Council* anschloss. Wales gliedert sich in 22 und Schottland in 30 *Unitary Authorities* sowie drei Inselbezirke. In Nordirland gibt es 26 Bezirksverwaltungen (*Districts*). Im Vergleich zur Bundesrepublik Deutschland fällt für das Vereinigte Königreich eine viel stärkere Gewichtung der einstufigen Verwaltung auf lokaler Ebene auf. Während die Kommunalverwaltung in der Bundesrepublik lediglich in kreisfreien Städten einstufig ist, ist dies in Großbritannien bis auf die englischen Counties inzwischen überwiegend der Fall. Von der Aufgabenstellung sind die Counties teilweise mit den deutschen Landkreisen vergleichbar, jedoch umfassen sie ein viel größeres Gebiet bzw. höhere Einwohnerzahlen.

9.2 Struktur und Personal des Civil Service

Regierung und Verwaltung bilden unterschiedliche, im politischen Machtkreislauf aber interdependente Bereiche politischen Handelns. Formal ist der *Civil Service* auf die Krone verpflichtet, faktisch ist er aber auf die Regierung ausgerichtet. Im Vergleich zur Bundesrepublik Deutschland ist er ein weniger autonomes Segment im Regierungssystem (Knill 2003). Die spezielle Organisationsstruktur des Civil Service zeigt sich auch darin, dass Lehrer und Richter, Angehörige der Streitkräfte und das Personal der Lokalverwaltungen und der Polizei nicht zu seiner Beamtenschaft gehören (Händel/Gossel 2002: 186). Von den über fünf Millionen Beschäftigten in öffentlichen Einrichtungen sind nur etwa ein Zehntel *Civil Servants*, also Berufsbeamten der Zentralverwaltung im engeren Sinn.

Gegenwärtig gibt es 21 Ministerien; die politisch einfluss- und prestigereichsten sind Finanzministerium sowie Innen- und Außenministerium. Die größten Haushalte haben die Ministerien für Gesundheit, soziale Sicherheit und Bildung und Beschäftigung. Insgesamt beschäftigte der britische Civil Service im Oktober 2003 546.670 Personen auf 516.990 Planstellen. Im Zehnjahresvergleich ist die Zahl der Beschäftigten um 4,6 Prozent gesunken, im

Jahresvergleich allerdings um 3,8 Prozent gestiegen. 52,4 Prozent der Beschäftigten sind Frauen, 8,1 Prozent gehören einer ethischen Minderheit an. Der Anteil der Beschäftigten mit Behinderung ist von April bis Oktober 2003 von 3,6 Prozent auf 4,3 Prozent gestiegen (Cabinet Office 2004a: 603).

Tabelle 22: Personalstruktur des britischen Civil Service

	Insgesamt	Frauen	Ethnische Minderheiten	Behinderte
Apr. 2002	516.020	51,8%	7,6%	3,6%
Okt. 2002	526.900	52,0%	7,9%	3,6%
Apr. 2003	542.770	52,3%	8,0%	3,6%
Okt. 2003	546.670	52,4%	8,1%	4,3%

Quelle: Cabinet Office 2004a: 603; alle Stufen

In personeller Hinsicht ist das *Department for Work and Pensions* mit 137.690 (einschließlich Agencies, davon 86.100 in *Jobcentern*) das größte Ministerium, gefolgt vom *Ministry of Defence* mit 92.310 (einschließlich Agencies) und *Inland Revenue* mit 82.700 Beschäftigten. Im *Senior Civil Service* (SCS), der ranghöchsten Dienstgruppe, sind 25,4 Prozent der insgesamt 4.430 Beamten Frauen. Die Ministerien und Agencies können selbst darüber entscheiden, welche Stellen zum SCS gehören sollen und welche Gehaltsstufe innerhalb einer vorgegebenen Bandbreite angemessen erscheint. Es gibt drei Gehaltsstufen (*pay bands*), deren unterste 2004 von £ 53.000 bis £ 112.000 reicht. Ihr gehört der Großteil der SCS-Beamten an. Für Spitzenbeamten in Gehaltsstufe drei besteht die Möglichkeit, bis zu £ 192.000 zu verdienen. Die leistungsbezogenen Obergrenzen sind in den letzten Jahren stark heraufgesetzt worden, um das Abwandern von Spitzenbeamten in die Privatwirtschaft zu begrenzen. Das Gehaltssystem aller Stufen unterhalb des Senior Civil Service ist an die einzelnen Ministerien delegiert worden. Darüber hinaus ist im SCS ein leistungsbezogenes Gratifikationssystem eingeführt worden. Die Zuschläge können bis zu 9 Prozent des Gesamtgehalts ausmachen. Die einzelnen Ministerien und Behörden sind dann dafür verantwortlich, dass sich die Gratifikation ihrer SCS-Beamten nach einem zentral vorgegebenen Schema verteilt.

Die traditionelle Laufbahnstruktur des Staatsdienstes ist in den letzten Dekaden sehr flexibel geworden. Bis dahin erfolgte etwa die Einstellung des Beamten in der Regel auf Lebenszeit und es gab klar definierte Laufbahnstrukturen für die allgemeine Verwaltung und eine Reihe spezialisierter und technischer Laufbahnen. „In der allgemeinen Verwaltung dominierte

Tabelle 23: Senior Civil Service – Verteilung der Gratifikationen 2003

Tranche	Umfang der Gratifikation	Anteil des SCS-Personals
Obere	5-9 %	25 %
Mittlere	2,5-4,5 %	65-70 %
Untere	0-2 %	5-10 %

Quelle: Cabinet Office 2004a: 583

eine ziemlich kleine Gruppe von höheren Staatsdienern, die im allgemeinen keine Juristen waren, sondern meistens eine humanistische Ausbildung hatten" (Johnson 2001: 320). Für die Rekrutierung des Nachwuchses war bis in die 90er Jahre die *Civil Service Commission* zuständig, die allerdings 1991 zunächst in eine Agency überführt und dann privatisiert wurde. Die Rekrutierung der Beamten erfolgt gegenwärtig weitgehend dezentralisiert durch die Ministerien und Agencies selbst. Höhere Stellen des Civil Service werden jetzt oft öffentlich ausgeschrieben, um den Quereinstieg aus der Wirtschaft und anderen Gesellschaftsbereichen zu ermöglichen. Auch erfolgt die Einstellung nicht mehr auf Lebenszeit, sondern durch befristete Verträge, häufig zunächst für fünf Jahre. Die dadurch gewonnene personelle Flexibilität wird besonders von den dezentralen Agencies intensiv genutzt. Durch die umfangreichen Reformen der letzten Jahrzehnte ist die Frage aufgeworfen worden, ob auf Verwaltungsebene nicht besser von einem „Disunited Kingdom" zu sprechen sei. Einheitliche Einstellungsmethoden und Laufbahnstrukturen sind kaum noch gegeben. „In der Tat gleicht das Personalwesen im Staatsdienst heutzutage mehr oder weniger dem Modell, das man bei den meisten großen Firmen in der Industrie oder im Finanz- und Versicherungswesen finden würde. Man stellt Personal nach Bedarf ein, je nach Tätigkeitsbereich mit verschiedenen Qualifikationen. Karriereaussichten sind sicher vorhanden, aber meistens mit keinen festen Erwartungen oder Gehaltsprogressionen verbunden." (Johnson 2001: 320). Wie für Unternehmen, die sich in einem Markt bewegen, gilt auch für den Staatsdienst das „Primat der Anpassungsfähigkeit", bei dem traditionelle Laufbahnstrukturen eher hinderlich sind.

9.3 Politische Verwaltung

9.3.1 Kernexekutive und Ministerien

Die Minister bilden mit dem Premierminister die wichtigste Schnittstelle zwischen Verwaltung und Parteiensystem. Anders als der Premierminister sind sie unmittelbar in die Leitung und damit in die Organisation eines Ministeriums eingebunden. Zugleich müssen Minister, einer ungeschriebenen Konvention folgend, einem der beiden Häuser des Parlaments angehören. Als Mitglieder des Unterhauses sind sie damit zugleich auch in die Organisation der Partei, die die Regierung stellt, eingebunden. Als Kabinettsmitglieder formen sie den organisatorischen Kern der Regierung und müssen dabei immer wieder die Logik parteipolitischen Wettbewerbs mit der Logik verwaltungsförmigen Handelns ausbalancieren. Bei der Besetzung der Ministerämter und weiterer Ämter übt der Regierungschef aufgrund seiner Patronagemacht erheblichen Einfluss auf die Besetzung der Verwaltungsleitungen aus. Die Aufgabe eines Ministers kann ganz allgemein beschreiben werden als „taking the lead in, and making decisions on, matters of policy; and the defence and promotion of that policy in Whitehall, Westminster, Brussels and the world at large." (Forman/Baldwin 1999: 327) An der Spitze eines durchschnittlichen Ministeriums steht ein *Secretary of State*, darunter können eine oder mehrere *Ministers of State, Parliamentary Under-Secretaries of State* und *Parliamentary Private Secretaries* stehen. Diese Ebene ist in der Regel mit Berufspolitikern besetzt. Daneben oder darunter können *special advisors* ernannt werden. Unter der politischen Führungsebene beginnt die der *permanent government* aus fest angestellten Karrierebeamten, allen voran ein *Permanent Secretary* und ein *Private Office*, darunter die Fachabteilungen (ebd.: 324).

Die Ministerien und Büros der Kernexekutive lassen sich nicht nach einheitlichen Gesichtspunkten gliedern, stattdessen gibt es eine Mischung aus Fachgebieten, Funktionen und weiteren Kriterien wie geographische Zuständigkeit. In der Struktur der Kernexekutive kommt so auch die Evolution des britischen Regierungssystems zu Ausdruck.

Obwohl die Verwaltung in Großbritannien viel offener für politische Steuerung ist als die der Bundesrepublik, hat sich dort (noch) nicht ein Typus des politischen Beamten herausgebildet, wie er z.B. in der Bundesrepublik bekannt ist. Der 1996 geschaffene *Senior Civil Service* besteht aus ca. 4.500 Karrierebeamten, die sich, wie auch die Minister, weniger als Spezialisten denn als Generalisten verstehen. „Ihr Fachwissen erwerben sie 'on the job' beim Wandern durch die verschiedenen Abteilungen eines Ressorts" (Hartmann 2004: 168). Als

Tabelle 24: Struktur der Kernexekutive

Koordinierungsaufgaben	10 Downing Street, Cabinet Office, Office of Public Service and Science, Privy Council Office
Klassische Ressorts	Treasury, Home Office, Foreign and Commonwealth Office
Multi-Fokus Ressorts	Culture, Media and Sport; Environment, Transport and regions; Trade and Industry; Education and Employment
Single-Fokus Ressorts	Social Security, Health, Defance, Agriculture, International Development
Geographische Zuständigkeit	Scottish Office, Welsh Office, Northern Ireland Office
Juristische Zuständigkeit	Dep. for Constitutional Affairs, Law Officers' Department, Lord Advocate's Department
Minister ohne Geschäfts-bereich	Leader of the House of Commons, Leader of the House of Lords
Sonstige	Chief Whip in the Commons, Chief Whip in the Lords

Quelle: Forman/Baldwin 1999: 321, eigene Ergänzung

Ausdruck der Bevorzugung des Generalistentums vor Spezialistentum findet in der Regel eine Stellenrotation der Spitzenbeamten statt. Das Prinzip der *permanent government*, der Regierung als Institution, bedeutet auf Leitungsebene der Ministerien, dass die Amtsgeschäfte weiterlaufen müssen, auch wenn der Minister oder die Regierung wechselt oder wichtige Fachbeamte ausscheiden. *Permanent government* meint den nichtgewählten Teil der Regierung, der insbesondere den Civil Service umfasst, *provisional government* den gewählten und folglich auswechselbaren Teil.

Der Einfluss der Ressortminister wird aber nicht nur durch die häufigen Kabinettsumbildungen beschränkt. Auch die Möglichkeiten eines Ministers, durch eigene Initiativen Akzente in der Regierungspolitik zu setzen, sind gering, da größere Projekte in den Kabinettsausschüssen konzipiert und beraten werden (Hartmann 2004: 168). Die Diskussion um *cabinet government* und *prime ministerial government* (vgl. Kap. 7.2) macht eine weitere Vermittlungsfunktion der Minister deutlich: die zwischen der Kernexekutive in Gestalt des Premiers und den unpolitischeren Bereichen von Ministerialbürokratie und Civil Service. Unter Blair hat sich zunehmend ein System herausgebildet, in dem die internen Politikberatung und -formulierung durch externe *special advisors* ergänzt wurde sowie die leitenden Ministerialbeamten stärker für den Erfolg von Politiken in die Verantwortung genommen wurden. Diese Entwicklung ist auch als auch als Versuch gelesen worden, eine Ersatzstruktur für die in anderen Ländern üblichen politischen Beamten zu schaffen (Hartmann 2004: 170).

Die Ministerialbürokratie ist auch der Hauptadressat der Kontakte von Interessengruppen und Regierung. Sie bildet mit Ministern und Verbänden *policy communities* bzw. *networks*. Das Interesse der Ministerialbürokratie an Verbandskontakten ist neben der Informationsfunktion dadurch begründet, dass sie der Regierung helfen, mögliche Auswirkungen legislativer Maßnahmen im Voraus besser einschätzen zu können (Döring 1993: 173). Entsprechend informiert, können die Beamten dem Minister Hinweise auf vermeidbare Konflikte mit gesellschaftlichen Gruppen oder sonstige Durchführbarkeitsschwierigkeiten einer Initiative geben (Hartmann 2004: 169).

9.3.2 Regierung und Verwaltung

Im Gegensatz zu Staaten mit dezentralisierter und fragmentierter Exekutive wie der Bundesrepublik Deutschland wird unitarischen Staaten wie Großbritannien mit einer starken Machtzentralisierung in der Exekutive auch ein hohes administratives Reformpotential zugeschrieben (Knill 2003: 430). Die hohe Kapazität für administrative Reformen wird zusätzlich durch die geringe institutionelle Ausprägung administrativer Verfahren und Strukturen begünstigt. Da es keine konstitutionellen Schranken für Verwaltungsreformen gibt, können hergebrachte Verwaltungsprinzipien durch Parlamentsentscheidungen einfach verändert oder ersetzt werden. Davon ist im Zuge der verschiedenen Reformwellen in Großbritannien auch häufig gebrauch gemacht worden. Im Vergleich etwa zur Bundesrepublik Deutschland findet sich im britischen Civil Service eine größere Offenheit für politische, „instrumentelle" Steuerung. Das macht die Verwaltung in Großbritannien offener für Reformen und „Pfadsprünge" in ihrer Entwicklung. Wie in vielen anderen OECD-Staaten hat auch im Vereinigten Königreich in den 80er Jahren eine Modernisierung der öffentlichen Verwaltung eingesetzt. Die Reformen der 80er Jahre unter Margaret Thatcher orientierten sich an Vorstellungen der *New Public Management*-Bewegung. Die Kritik dieser Bewegung richtete sich auf Größe und Struktur des staatlichen Sektors (Naschold/Bogumil 2000) und orientierte sich an der Übertragung privatwirtschaftlicher Steuerungselemente auf den öffentlichen Sektor bzw. die Auslagerung und Übertragung öffentlicher Aufgaben auf private Unternehmen und Non-Profit-Organisationen. Neben der bereits beschriebenen Auslagerung von Verwaltungseinheiten setzte man auf Konzepte wie *management by results, management by objectivs, management by competition* und Kontraktmanagement zwischen Politik und Verwaltung. Insgesamt kann man diese Entwicklung als einen Umbruch von einer produzentenorientierten zu einer kundenorientierten Organisationsform des öffentlichen Dienstes beschreiben. *New public management policies* sind stark an der Entwicklung von *targets* und *standards* (z.B.: say „no" with a smile) für die Qualität der Verwaltungen interessiert.

Tabelle 25: Gestaltungselemente des New Public Management

Ansatzpunkt	Maßnahmen
Organisationsstruktur	Dezentralisierung, Entflechtung und Verselbständigung Überprüfung der Leistungstiefe, Out-sourcing von Leistungen
Verfahren	Ziel- und Ergebnisorientierung durch Kosten-/Leistungsrechnung, Controlling, outputorientiertes Rechnungswesen und Wirkungsanalysen Trennung von Politik (policy making) und Dienstleistungsbereich (service delivery) durch klare Verantwortungsabgrenzung
Personal	Organisationsentwicklung durch die Einrichtung von Partizipations-, Kooperations- und Gruppenelementen, externe Beratung Personalentwicklung durch Personalbeurteilung, Fort- und Weiterbildung, Karriere- und Verwendungsplanung, Entwicklung von Corporate Identity
Außenverhältnis	Ausbau der Kundenorientierung durch Total Quality Management und Management by Competition

Quelle: nach Naschold/Bogumil 2000: 90

Die Regierung Blair hat diese Entwicklung nach 1997 nicht zurückgenommen, sondern im Gegenteil noch vertieft. Die Modernisierungsphilosophie von New Labour zielt auf einen Staat als „Ermöglicher", der in Kooperation mit Bürgern und zivilgesellschaftlichen Organisationen arbeitet und seine Leistungen in solchen von Vertrauen geprägten Netzwerken erbringt (Bevir/O'Brien 2001). Die oben skizzierten Reformen haben erhebliche Auswirkungen auf das Verhältnis von Regierung und Verwaltung gehabt. So gab es größere Verschiebungen im Berufsethos des Civil Service infolge der Einführung privatwirtschaftlicher Denk- und Verfahrensweisen. Die Erwartungen an die höheren Beamten haben sich vom „Amtsverwalter" zum Manager verlagert (Johnson 2001). Damit einher geht eine Verlagerung von Verantwortung. Trug früher der Minister die alleinige Verantwortung für sein Haus gegenüber

Öffentlichkeit und Parlament, so sind heute auch die Beamten, z.B. als Leiter von *executive Agencies*, stärker in die Verantwortung genommen und auch stärker in der Öffentlichkeit sichtbar. Es kann sogar zu öffentlichen Auseinandersetzungen zwischen Minister und Agency-Leiter über die Verantwortung von Pannen und Misserfolgen kommen. Die Verantwortlichkeit des Ministers und seine Kontrolle durch das Parlament sind dadurch tendenziell geschwächt worden. Die Reformen hatten auch zur Folge, dass statt von Bürgern nun von Kunden oder Konsumenten die Rede ist, die öffentliche Leistungen nachfragen.

Der politische Einfluss der Bürokratie wird als vergleichsweise hoch eingeschätzt. Dennoch ist es letztlich die Politik, das heißt die Exekutive, die darüber entscheidet, wie weit dieser Einfluss reichen soll. Knill (2003: 432) nennt zwei Faktoren für die im Vergleich zu Deutschland größere Unabhängigkeit der britischen Politik von der Verwaltung. Zum einen herrscht im dortigen Staatsdienst eine eher pragmatische und weniger legalistische Orientierung vor, die generelles strategisches Wissen bei der Politikgestaltung gegenüber detailliertem Verfahrenswissen vorzieht. Im Bereich dieses generellen Wissens stehen der Politik aber auch noch alternative Quellen wie *think tanks* und *political consultancies* zur Verfügung. Zum anderen besagt das Rotationsprinzip, dass die Beamten alle drei Jahre ihr Aufgabengebiet wechseln müssen. Damit soll verhindert werden, dass einzelne Beamte zu viel Insider- oder Expertenwissen akkumulieren und die Verwaltung durch Informationsmonopole die Politik von sich abhängig macht. Idealtypisch gegenübergestellt, ist das Verhältnis von Politik und Verwaltung in Großbritannien durch einen instrumentellen Charakter und in Deutschland durch einen autonomen, inkrementellen Charakter der Selbstanpassung der Verwaltung gekennzeichnet (ebd.). Für einen relativ hohen Einfluss der Verwaltung auf die Vorstrukturierung politischer Gestaltung spricht auch ihre Rolle beim Entwurf von Gesetzesvorlagen.

9.3.3 Verwaltungsrecht und -kontrolle

Der britische Civil Service arbeitet weitgehend unreguliert durch Gesetze. Ein umfassendes System von aufeinander abgestimmten Regeln und Verfahren existiert nicht. Auf der Ebene von leicht zu ändernden Verwaltungsvorschriften sind insbesondere dienst- und besoldungsrechtliche Fragen geregelt. Formal sind die Beschäftigten Beamten der Krone und werden unter königlichem Vorrecht (*royal prerogative*) ernannt. Die Verfahrensweisen für Minister und Beamten sind weniger durch Parlamentsgesetze geregelt als durch *orders in council* bzw. *prerogative orders* und regulative Codes. *Orders in council* sind königliche Verordnungen des geheimen Staatsrates (*Privy Council*, siehe Kap. 2), die der Regierung die Möglichkeit geben, unstrittige Materien per Erlass zu regeln und dass Parlament auf diese Weise zu entlasten. Solche Verordnungen haben aber keine Gesetzeskraft (Barnett 2002: 98).

Eine gesonderte Verwaltungsgerichtsbarkeit wie in der Bundesrepublik existiert nicht. Das kann darauf zurückgeführt werden, dass es kein dem bundesdeutschen vergleichbares Öffentliches Recht gibt. Das britische Recht gliedert sich primär in Zivilrecht und Strafrecht. Zwar gibt es auch die Unterscheidung von *public law* und *private law*, jedoch betreffen beide primär das Zivilrecht. Verwaltungsrecht wird als eine besondere Form des Zivilrechts angesehen. Die Unterscheidung, ob es sich bei einem Streitfall um public oder private law handelt, ist nicht immer einfach. Ein eigenes System öffentlichen Rechts hat sich seit den 60er Jahren erst langsam zu entwickeln begonnen, begünstigt auch durch den EG-Beitritt 1973. Daneben kann „the growth of judicial review of public administration" als „the most notable development of British law" in diesem Zeitraum gesehen werden (Jowell/Birkinshaw 1996: 273). Diese Entwicklung wurde weitgehend durch Richterrecht (*common law*) bewirkt, dem neben „techniques such as tribunals and inquiries and ombudsmen" (ebd.) die Kontrolle der Ausübung stattlicher Gewalt obliegt.

Streitfälle zwischen Bürgern und Staat werden nicht primär vor Gerichten verhandelt, sondern weitgehend vor fachspezifischen Tribunalen. Für alle anderen Zivilrechtsfälle, also Streitfälle zwischen Bürgern, und Strafrechtsfälle steht das reguläre Gerichtswesen zur Verfügung.[92] Allerdings gibt es den *administrative court* in der *Queens Bench Division*, der sich mit einer Reihe verwaltungsrechtlicher Berufungsklagen befasst. Er übt die ultimative verwaltungsrechtliche Rechtsprechung für England und Wales aus und supervidiert die Rechtsprechung der Tribunale und anderer untergeordneter Gerichte, die sich mit öffentlich-rechtlichen Streitigkeiten befasst haben. Häufig sind dies Entscheidungen kommunaler Behörden über die Gewährung sozialer Leistungen, wie etwa Versorgungsansprüche behinderter oder anderweitig benachteiligter Kinder. Auch Entscheidungen der Einwanderungs- und Regulierungsbehörden werden häufig Gegenstand von Verhandlungen.

Die Möglichkeiten zur Verwaltungskontrolle haben lange Zeit ihre Grenzen vor der Verfassungsdoktrin der Parlamentssouveränität gefunden, da das Parlament Gerichtsentscheidungen letztlich wieder „kassieren" kann. Diese Möglichkeit ist nun nicht mehr gegeben, wenn

---

[92] www.dca.gov.uk/legalsys/structure.htm

EU-Recht betroffen ist.[93]

Nicht zuletzt aufgrund solcher Probleme mit der Gewaltenteilung hat die Regierung Blair weitere Reformen initiiert wie die weitere Trennung von Judikative und Legislative durch Einrichtung eines *Supreme Court* bis 2008, der die Aufgaben der *Law Lords* des Oberhauses übernehmen soll (vgl. Kap. 2.5). Auch hat die Judikative keine Möglichkeit, ein verfahrensgemäß zustande gekommenes Gesetz als unrechtmäßig oder verfassungswidrig aufzuheben oder einzuschränken. Britische Gerichte führen keine Normenkontrolle durch, da es mangels förmlichen Verfassungsrechts hierfür auch keine Anhaltspunkte gäbe. Die Richter sind in ihrer Entscheidungsfindung traditionell zurückhaltend, mit entsprechender Kritik die Autorität des Parlaments herauszufordern (Forman/Baldwin 1999: 435). Die Gerichte gehen grundsätzlich mit verfassungspolitischen Streitfragen auch aus dem Verwaltungsrecht so um, dass ein umstrittenes Gesetz nach der *rule of law* im Einklang mit dem kodifizierten Recht und unter Berücksichtigung des *common law* ausgelegt wird. Eine „Fremdbindung" des Parlaments durch die Gerichte wird durch richterliche Zurückhaltung weitgehend vermieden. Auf der anderen Seite findet sich durch die Ausweitung von *judicial review* im Richterrecht neue Standards der Kontrolle öffentlicher Gewalt.

Da der Minister gegenüber dem Parlament verantwortlich ist, erwartet man von ihm auch eine Kontrolle seines Hauses auf die Einhaltung der Vorschriften des Verwaltungsrechts. Die richterliche Zurückhaltung kann dann dazu führen, dass bei Verwaltungsstreitigkeiten die Gerichte zurückstehen, wenn die Streitfälle durch den Minister entschieden werden, um auf diese Weise der politischen Kontrolle durch das Parlament den Vorzug zu lassen. Dieser Kontrollmechanismus durch die jeweiligen Ressortminister selbst gilt inzwischen allerdings als überholt und nicht ausreichend wirksam, wie z.B. das Anwachsen des *judicial review* belegen. Eine wirksamere Kontrolle als durch die ministerielle Aufsicht kann durch den parlamentarischen „Ombudsmann" und administrative Tribunale erreicht werden. Die unabhängigen, zu quasi-rechtlicher Entscheidung befähigten *administrative tribunals* werden durch Gesetz für einen bestimmten Aufgabenbereich wie *National Insurance, Pensions, NHS* und *Industrial Relations* errichtet. Ihre Aufgabe ist „to provide simpler, cheaper, quicker and more accessible forms of justice than are available in the Courts" (Forman/Baldwin 1999: 456). Sie befassen sich in der Regel mit einer großen Anzahl kleinerer Ansprüche bzw. Widersprüche. Ebenfalls

---

[93] "Given the doctrine of Parliamentary Sovereignty in the UK, whenever a judicial decision upsets the operation of a government policy or operation, the Government only has to pass an amending clause in a statute or even in regulations to overturn an awkward decision. Where the offending provision or regulation contravenes EC law, this option is no longer available [...]" (ebd.: 324).

durch Gesetz wurde 1967 erstmals ein Ombudsmann (*Parliamentary Commissioner for Administration*) für Beschwerden über die Zentralverwaltung eingerichtet. Der Ombudsmann wird vom Justizminister vorgeschlagen und hat eine ähnliche verfassungsrechtliche Stellung wie ein High Court Richter. Neben dem parlamentarischen Ombudsmann gibt es noch weitere für die Bereiche *Health Service, Local Government, Housing* und *Prisons*. Häufig werden die Eingaben über den Wahlkreisabgeordneten eingereicht.[94] Wie die Anzahl der Eingaben an den Ombudsmann ist auch die Anzahl der Gesuche um *judicial review* kontinuierlich gestiegen. Insgesamt zeigt sich, dass die Nachfrage nach juristischer Überprüfung staatlichen Handelns gestiegen ist und weiter steigen wird. Die britische Justiz und insbesondere die Verwaltungsgerichtsbarkeit werden zunehmend zu Adressaten für die Überprüfung und Korrektur staatlichen Handelns. Nicht zuletzt in Folge der Implementation des Human Rights Acts 1998 und weiteren europäischen Rechts dürften die Gerichte ihre „politische Zurückhaltung" eher reduzieren als erhöhen (vgl. Kap. 2) Für die Kontrolle der Ministerialverwaltungen kommen auch die *Select Committees* in Betracht. Gegenwärtig gibt es 18 dieser Parlamentsausschüsse, die jeweils die Arbeit eines Ministeriums überprüfen (vgl. Kap. 7).

Traditionell war die Geheimhaltung der Interna der Regierungsgeschäfte eines der obersten Prinzipien der britischen Zentralverwaltung. Aus dem Prinzip der kollektiven Verantwortlichkeit des Kabinetts wird die Geheimhaltung seiner Diskussionen abgeleitet. Beamte, die nichtautorisiert offizielle Informationen an die Öffentlichkeit geben, können sich sogar strafbar machen. Der so genannte „Official Secrets Act" 1989 legte insbesondere den Civil Servants quasi einen Maulkorb um, 1993 brachte die konservative Regierung das White Paper „Open Government" ein, dass die Regierung zwar transparenter und verantwortlicher machen und den Official Secrets Act einschränken sollte, ließ aber zugleich eine ganze Reihe von Ausnahmen zu wie Verteidigung und nationale Sicherheit, aber auch „internal opinion, discussion and advice; management of the economy and the collection of taxes; public authorities' commercial and negotiating interests" (Barnett 2002: 111). Auch der 2005 in Kraft getretene „Freedom of Information Act" zielt in die Richtung größerer Offenheit der Regierung, nimmt aber wieder ganze Bereiche, wie z.B. Beratung der Minister durch Beamte, aus. Barnett (2002: 92) schließt, „the secrecy of Whitehall is an established feature of British government", an dem auch die letzten Reformen wenig geändert haben (vgl. Kap. 2).

---

[94] 1996 wurden 246 Beschwerden als ganz oder teilweise gerechtfertigt angenommen (ebd.).

9.4 Administrative Devolution und Modernisierung

9.4.1 Administrative Devolution

Neben und vielfach überlagert von der exekutiven Devolution hat auch eine Regionalisierung der Verwaltungen eingesetzt. Die längste und tiefgreifendste Erfahrung mit administrativer Devolution hat sicher der *Northern Ireland Civil Service* (NICS). Der Civil Service in Nordirland ist nicht integriert in den britischen *Home Civil Service*. Von 1921 bis 1972 besaß Nordirland eine eigene Regierung und ein eigenes Parlament. Der NICS wurde 1921 mit Personal des früheren *Irish Civil Service* eingerichtet und „has always had its own head, civil service commission and internal grading structure/procedures, though these have tended to replicate those obtaining in GB" (Carmichael 2001: 34). Auch nach Einführung der *direct rule* 1972 blieb der NICS weitgehend autonom und wurde kaum als Regionalorganisation des UKCS aufgefasst. Für den NICS wurde das neu eingerichtete *Northern Ireland Office* (NIO) mit Sitz in London und Belfast zuständig. Die Gesetzgebung in dieser Phase Londoner Direktregierung der Provinz wurde in Form von *orders in council* durchgeführt, zu denen das Parlament keine Änderungen mehr vornehmen konnte (Carmichael 2001: 34). Die Konsequenz der Verwaltung Nordirland durch die Regierung in London war, dass der Civil Service in Nordirland einen weitaus größeren Einfluss auf die Politik und nicht zuletzt über die von London gewährten Subventionen gewann, als ihn vergleichbare Kollegen in Whitehall hatten. Beamten und Politiker in Nordirland formten eine eher territorial als funktional integrierte *policy community*, die die Isolierung gegenüber Whitehall und Westminster weiter förderte (ebd.). Eine weitere Folge von direct rule war, dass das Finanzregime relativ lax betrieben wurde und das Reformen nur selektiv adaptiert wurden (ebd.). Übernommen wurde Ende der 80er Jahre das *Next Steps*-Programm, in dessen Rahmen von 1990 bis 2001 ca. 72 % der 30.000 Beamten auf *Agencies* transferiert wurden. Seit 1999 arbeitet der NICS jedenfalls in den Phasen der Selbstregierung wieder für die Regierung in Stormont, die jetzt aus zehn Ministerien besteht (vgl. Kap. 3.4). Für den NICS bedeutet die erneute Devolution eine Herausforderung. Die politischen Entscheidungen können jetzt weitgehend in Nordirland selbst getroffen werden, und die Verwaltung wird an Autonomie und Entscheidungsspielraum verlieren, weil sie wieder stärker durch die Politik instrumentalisiert werden kann. Zum anderen ist die komplizierte Struktur des *power sharing* im neuen nordirischen Parlament zu berücksichtigen, die den NICS vermutlich weiter vom *Home Civil Service* differenzieren wird.

Obwohl erste separate administrative Strukturen für Wales bereits mit dem „National Insurance Act" 1911, dem „Welsh Health Act" 1919 und dem „National Health Service Act" 1946 niedergelegt worden sind, stellt die eigentliche Zäsur die Einrichtung des *Welsh Office* 1964 durch die damalige Labour-Regierung dar. Anders als das *Scottish Office* repräsentierte es eine politische Innovation, da es zuvor kein separates Verwaltungs- und Rechtssystem in Wales gab. Schottland hatte sich dagegen in diesen Bereichen mehr Eigenständigkeit bewahrt und bereits 1939 eine Reihe von Kompetenzen übertragen bekommen. Das *Welsh Office* wurde gegen den Widerstand aus Whitehall durchgesetzt und hatte anfangs nur 376 Beschäftigte, 1997 dagegen um die 3.000 (Cole et al. 2003: 224). Mit den beiden territorialen *Offices* wurde auch mit dem Prinzip gebrochen, die Verwaltung nur funktional, nicht territorial zu gliedern. Die Beamten blieben aber, anders als im Falle Nordirlands, Teil des britischen *Home Civil Service*. *Welsh* und *Scottish Office* waren ab 1997 die führenden Abteilungen bei der Planung und Implemention der Devolution. Der *Welsh Civil Service* umfasst nur einen kleinen Teil der Beamten in Wales, die von der *National Assembly* beschäftigt werden bzw. an Einrichtungen, die an der Devolution teilnehmen. Der Großteil ist aber für „non-devolved services such as social security and the Inland Revenue" (Cole et al. 2003: 228) tätig. Obwohl auch die Beschäftigten der Assemblies Teil des britischen *Home Civil Service* sind, ist bei ihnen doch die Auffassung vorherrschend, „that Wales would need its own Civil Service if devolution was to work, a conclusion with an even stronger logic in Scotland" (ebd.: 231)

Die unterschiedlichen Entwicklungen des Civil Service in Schottland und Wales sind nur zu verstehen, wenn man die traditionelle Existenz eines eigenen Bildungs- und Rechtssystems in Schottland berücksichtigt. Das Gefühl schottischer *separateness* wurzelt stark im Konzept der schottischen Nation. Die Karrieren der schottische *Senior Civil Servants* verlaufen weitestgehend innerhalb Schottlands, nur wenige sammeln kurzzeitig Erfahrungen in Whitehall-Ministerien (McMillan/Massey 2001: 27). Die im Vergleich zu Wales großen Kompetenzen des schottischen politischen Systems brachten auch für die Verwaltung einen Grad an Autonomie, der in den anderen Regionen unbekannt war. Die territoriale Zuständigkeit des *Scottish Office* bündelte eine Reihe von funktionalen Kompetenzen in den Händen des Ministeriums. Dadurch sei seiner Beamtenschaft mehr Verantwortung zugefallen als vergleichbaren Stellen in funktionaler Administration. Faktisch übt das Scottish Office eine Führungsfunktion gegenüber den Vertretungen der anderen Ministerien in Schottland aus (ebd.). Allerdings ist *Scottish Civil Service* kein feststehender Begriff. Nur ein kleiner Teil der Beamten in Schottland arbeitet für das Scottish Office, die Mehrzahl in anderen Behörden.

Weniger im Kontext administrativer Devolution als im Kontext allgemeiner Reformen sind die 1994 in England eingerichteten *Government Offices* (GOs) zu verstehen. Bereits im 1992er Wahlprogramm hatten die Konservativen angekündigt, die Regionalbüros der Zentralregierung zu stärken. 1994 wurden dann die Regionalbüros der Ministerien für Industrie und Handel, Bildung, Beschäftigung und Umwelt und Transport zu multifunktionalen Regierungsbüros in den Regionen verschmolzen. Konsequenterweise wurden später auch die Ministerien für Bildung und Beschäftigung zusammengelegt, und das Ministerium für Umwelt und Verkehr wurde um die Zuständigkeit für die Regionen erweitert. Die Einrichtung der GOs war die Reaktion auf geharnischte Kritik an mangelnder Koordination der Ministerien in den Regionen und unbefriedigender Effizienz und Effektivität. Die GOs sind ein Schritt in die Richtung, die Labour als Opposition bereits gefordert und später als *joined-up government* ausgebaut hat. Die GOs wurden zunächst als Versuch gestartet, dem sich bei Erfolg weitere Ministerien anschließen können. Gegenwärtig gibt es 9 GOs in den englischen Regionen, die die Arbeit von 10 Ministerien auf regionaler Ebene ausführen. Das *Government Office for London* z.B. hat 2004/05 einen Etat von £ 3 Milliarden, von dem über 2,5 Milliarden der *Greater London Authority* und ihr zugeordneten Funktionseinheiten wie *Transport for London* und der *London Development Agency* zustehen.[95] Die Einteilung der GO-Regionen bildete 1998 die Grundlage für die weitere Dezentralisierung Englands durch den „Regional Development Agencies Act". Den GOs ist in der Folge eine steigende Bedeutung für „the delivery of government" bescheinigt worden (McMillan/Massey 2001: 26). Ihre Aufgabe ist nicht, eigenständige regionale Identität oder Kultur zu fördern, sondern die in London entworfenen Politiken in den Regionen effizienter zu implementieren.

Die Einrichtung der *Regional Development Agencies* (RDAs) im April 1999 sah die Möglichkeit vor, auf freiwilliger Basis und indirekt gewählte regionale Versammlungen oder Kammern zu errichten. Die Initiative ging von (hauptsächlich nordenglischen) Labour-MPs aus, die der Überzeugung waren, dass die englischen Regionen mehr Selbstverwaltung und mehr Freiheit von London benötigten. Als eine Kompromisslinie zeichnete sich ab, dass ein Großteil der administrativen Kapazität bei den GOs verbleiben sollte, während die neu einzurichtenden RDAs die regionalen Identitätsbemühungen aufnehmen sollten. Sie brachten auch für die GOs eine Akzentverlagerung. Zum einen besteht nun eine Notwendigkeit zur Koordination zwischen beiden Einrichtungen, zum anderen können die GOs eine Vermittlungsfunktion zwischen den RDAs als „champions for their region" (ebd.: 28) und den Policy-

---

[95] www.gos.gov.uk/gol

Anforderungen von Whitehall, denen die GOs nach wie vor verpflichtet sind, übernehmen. Beide, GOs und RDAs sind Teil der administrativen und politischen Dezentralisierung der englischen Polity. Sie sind der administrativen Kohärenz ressortübergreifender Politiken und ihrer regionalen Vermittlung verpflichtet. Schließlich sind sie auch Ausdruck einer neuen, intergouvernmentalen Form des Regierens.

9.4.2 Privatisierung und Modernisierung

Unitarische Staaten wie Großbritannien und Neuseeland gelten in der vergleichenden Verwaltungsforschung als Vorreiter bei der Einführung des *New Public Managements*, wohingegen föderale Staaten wie Deutschland und Österreich als Nachzügler angesehen werden (vgl. Knill 2003). Nachdem bereits 1968 im Fulton Report umfangreiche Reformvorschläge gemacht wurden, kam es erst unter Thatcher zu wirklich tiefgreifenden Reformen des Civil Service. Thatcher hatte wenig Verständnis für den auf Behutsamkeit bedachten Ethos des Civil Service und betrachtete ihn als ein Hindernis bei der Implementierung ihrer weitreichenden Reformagenda. Die noch 1979 erfolgte Einrichtung der *Efficiency Unit* im Kabinettsbüro leitete einen grundlegenden Strukturwandel ein. Während es in der ersten Amtsperiode Thatchers noch vornehmlich um die Überprüfung und Realisierung von Einsparpotenzial ging, wurde in der zweiten Amtsperiode das *Next Steps*-Programm gestartet. Mit diesem Programm sollte die Effizienz durch die Ausgliederung spezialisierter Behörden weiter erhöht werden. Ziel war es, durch offenen Wettbewerb um die Besetzung der Behördenleitung mehr *value for money* zu produzieren. Schwerpunkte der Modernisierungswelle in den achtziger Jahren waren (Johnson 2001: 317):

● Stärkung des Kostenbewusstseins durch quantitatives Denken und Ausarbeitung von Maßstäben zur Bewertung von Effizienz und Effektivität;

● Einführung von privatwirtschaftlichen Managementmodellen;

● Priorität für die Verbesserung von Managementmethoden in allen Bereichen des öffentlichen Dienstes;

● Überführung von staatlichen Aufgaben in den privaten Sektor soweit möglich. Soweit dies nicht möglich war, sollte zumindest eine Dekonzentration staatlicher Aufgaben aus den Ministerien in so genannte *Executive Agencies* stattfinden, die dann wiederum stärker nach privatwirtschaftlichen Gesichtspunkten geführt werden konnten.

Unter John Major wurde die Umsetzung des Programms weiter intensiviert. Unter dem Stichwort *Citizen's Charter* wurde eine Reihe von Leistungsmerkmalen öffentlicher Dienstleistungen eingeführt, die die Öffentlichkeit von der Verwaltung erwarten kann. Öffentliche Dienstleistungen, aber auch privatisierte Versorgungsbereiche wie Gas, Elektrizität und Wasser, Ministerien und *Next Steps Agencies* wurden verpflichtet, sich überprüfbare Leistungsziele zu setzen und ihre Verantwortlichkeit gegenüber den Kunden zu erhöhen. Auch wenn der *chief executive* einer Agency gegenüber dem Minister verantwortlich ist, sind doch auch kritische Fragen nach ihrer Kontrolle aufgekommen. 1993 wurde die *Child Support Agency* eingerichtet, *Emploiment Agency*, *Prison Service*, *Passport Agency* und *Stationary Office* sind weitere Beispiele. Next Steps Agencies werden regelmäßig evaluiert und es wird überprüft, ob ihre Leistung noch notwendig sind und ob man durch *contracting out* größere Effizienz und Effektivität herstellen kann (Barnett 2002: 110).

Auf lokaler Ebene sollten Standards und Effizienz von Dienstleistungen durch *contracting out* verbessert werden. Während es zuvor selbstverständlich war, dass die Kommunalverwaltungen lokale Dienstleistungen selbst anboten, waren sie nun vermehrt zu öffentlicher Ausschreibung gezwungen. Sie durften die Leistungen nur weiterhin selbst anbieten, wenn sie nachweisen konnten, dass es keine externen Unternehmen gab, die die gleiche Leistung günstiger anbieten konnten (Barnett 2002: 110). Unter Major wurde dieser Grundsatz auch auf die Ministerialverwaltung übertragen, was zu einer weiteren Verringerung der Beamtenschaft und einer Veränderung des Charakters öffentlicher Leistungen führte. Regierungsbehörden waren nicht mehr länger die primären Anbieter öffentlicher Leistungen, sondern verantwortlich für die Ausschreibung der Leistungen an den privaten Sektor sowie für das Monitoring von Effizienz und Effektivität der angebotenen Leistungen. 1992 war das ausgegebene Ziel der Regierung, 25 Prozent der Behördenarbeit extern durchführen zu lassen (ebd.). In einem weiteren Reformschritt wurden die Next Steps Agencies darauf verpflichtet, ihre Arbeit daraufhin zu evaluieren, ob sie überhaupt noch benötigt werden. Falls der Nachweis ihrer Notwendigkeit erfolgt, soll im nächsten Schritt überprüft werden, ob *contracting-out* oder *market-testing* angezeigt sind und ob nicht eine höhere Effektivität erzielt werden kann, wenn die gesamte Agentur privatisiert wird.

Tony Blair setzte nach dem Regierungswechsel 1997 lediglich neue Akzente, ohne den Reformkurs grundsätzlich zu verändern. Schwerpunkte des White Papers *Modernising Government* von 1999 waren das Qualitätsmanagement und die Verbesserung der Kooperation zwischen Behörden sowie die weitere Öffnung der Verwaltung für Personal aus dem privaten Sektor. Staatssekretäre (*permanent secretaries*) wurden persönlich auf die Erreichung der

Schlüsselziele der Regierung verpflichtet. Ein neues Zentrum für *Management and Policy Studies* sollte die Ausbreitung von *best practice* quer durch den ganzen Civil Service fördern. Blairs Verwaltungsreformprogramm firmiert auch unter dem Titel *Delivering Better Government*. Wie bereits frühere Versuche ist auch Blairs Modernisierungsagenda vielfältig kritisiert worden. Ein Kritikpunkt sind die Kosten z.B. durch Programme zur Frühpensionierung von Beamten, Bonusprogramme und die vermehrte Rekrutierung aus dem privaten Sektor. Von den Gewerkschaften des öffentlichen Dienstes wurde z.B. kritisiert, dass die Öffnung für externe Rekrutierung den Spielraum der Minister für Ämterpatronage erhöhe (Barnett 2002: 114). Auch sei ein Großteil der Erhöhungen des Verwaltungsbudgets in den ersten Jahren der neuen Regierung quasi für Lohnerhöhungen der Bediensteten „verpufft". Von der Bevölkerung wahrnehmbare Fortschritte haben sich zunächst nur langsam eingestellt.

Nachdem es bis 2003 zur finanziellen Expansion im öffentlichen Sektor kam, deutete sich 2004 eine Trendwende an. Hintergrund ist, dass trotz des robusten Wirtschaftswachstums der letzten Jahre die Steuereinnahmen zu fallen begannen, u.a. weil bestimmte für das Steueraufkommen wichtige Komponenten wie Gehälter und Bonuszahlungen im Finanzsektor rückläufig waren. Bis 2008 sollen mehr als 40.000 Stellen gestrichen und so bis zu 20 Milliarden Pfund im Jahr eingespart werden. Auch ist geplant, die vom Finanzministerium vorgegebenen Detailziele für Modernisierungsfortschritte im öffentlichen Dienst zu verringern, weil die ständigen Kontrollen durch das Finanzministerium viele Mitarbeiter demotivierten.

Peck/Perri (2004) haben nach Sichtung einschlägiger wissenschaftlicher Studien fünf Stile identifiziert, mit denen die Dienstleistungsreformen von New Labour in der fachwissenschaftlichen Literatur beschrieben werden. Sie vermitteln einen Eindruck, wie kontrovers und widersprüchlich die Modernisierung des öffentlichen Sektors diskutiert wird.

• Inkonsistenz und Inkohärenz: in diesem Ansatz wird auf die internen Spannungen in New Labours Modernisierungsphilosophie und -praxis hingewiesen.

• Ideologie: hier wird auf die Bedeutung ideologischer Rahmenannahmen wie des „Dritten Weges" für die Neugestaltung des *Public Managements* hingewiesen.

• Managerialismus: Public Management wird als unpolitisch bzw. entpolitisiert und technokratisch beschrieben.

• Kontinuität: Der Stil der öffentlichen Verwaltung wird als Kontinuierung und Radikalisierung vorangegangener konservativer Reformansätze gesehen.

• Zentralismus: In dieser Perspektive wird die wachsende Dominanz der Minister und des exekutiven Zentrums über Dienstleistungen, Behörden und selbst das Parlament beschrieben.

Kontrovers diskutiert werden auch die Chancen und Risiken von *Public Private Partnership* (PPP), der Beteiligung Privater an öffentlicher Leistungserbringung unter Beibehaltung der hoheitlichen Erfüllungsverantwortung. Öffentlich-private Partnerschaften werden zur Finanzierung von Infrastrukturinvestitionen und anderer öffentlicher Leistungen nicht nur in Großbritannien immer populärer.[96] Sie bieten die Möglichkeit, größere öffentliche Investitionen ohne Steuererhöhungen oder Kreditaufnahme zu finanzieren und mit quasi privatwirtschaftlicher Effizienz durchzuführen bzw. zu betreiben. Solche Partnerschaften werden in den verschiedensten Bereichen und in unterschiedlichen Formen durchgeführt. Autobahnen, Gefängnisse, Krankenhäuser, Schulen und Studentenwohnheime sind Beispiele. Auch die Londoner U-Bahn befindet sich in einem Teilprivatisierungsprozess, bei dem die Unterhaltung der Infrastruktur von privaten Firmen durchgeführt wird. Kritik kommt vor allem von den Gewerkschaften, die beim Personaltransfer zu privaten Dienstleistungsfirmen verschlechterte Arbeitsbedingungen befürchten (Maass 2002: 4). Auch ist zu berücksichtigen, dass die Gewerkschaften im öffentlichen Sektor noch den mit Abstand höchsten Organisationsgrad haben.

Für die Durchführung solcher Partnerschaften stehen unterschiedliche vertragliche Konstruktionen bereit, etwa das Betriebsführungsmodell, bei dem ein privater Unternehmer gegen Entgelt Einrichtungen des öffentlichen Aufgabenträgers in dessen Namen betreibt. Im Betreibermodell sind weitergehende Kompetenzen im Rahmen der Aufgabenerledigung an den Privaten übertragen. Der Betreiber errichtet und betreibt ein Infrastrukturprojekt und trägt weitgehend das wirtschaftliche Risiko. Die Finanzierung erfolgt langfristig über Gebühren (z.B. Maut), die die Nutzer für die Inanspruchnahme zu entrichten haben. Eine weitere Form ist die Leistungserbringung durch Unternehmen, die sowohl öffentliche als auch private Anteilseigner haben. Die britische Regierung hat im Jahr 2000 ein solches *joint venture* (Partnerships UK) eingerichtet, das die weiteren Entwicklung und Implementierung von PPP zur Aufgabe hat. Gegenwärtig wird insbesondere im *National Health Service* auf private Finanzierungsinitiativen zurückgegriffen, um den Krankenhausbau zu unterstützen. Während PPP kurzfristig

---

[96] Ein (Negativ)Beispiel aus Deutschland für PPP ist die Problematik bei der Einführung der Lkw-Maut durch die Firma *Toll Collect* gewesen. Der Streit zwischen Betreiber und Staat um die Verantwortung für die Einnahmeausfälle durch den verspäteten Start illustriert zugleich, dass in weiten Bereichen noch eine nicht zu unterschätzende Rechtsunsicherheit besteht.

eine Entlastung der öffentlichen Haushalte bringt, findet langfristig eine erhebliche Bindung von Mitteln statt. Auch sind Fragen der Risikobewertung noch nicht durchgängig geklärt.

9.4.3 Quangos

Die umgangssprachliche Abkürzung *Quango* steht für *quasi autonomous non-governmental organisation* und bezeichnet staatliche Einrichtungen, denen im Zuge des wachsenden Trends zur Dezentralisierung von Macht Kompetenzen übertragen worden sind. Teilweise wird der Vorstand solcher Einrichtungen von Ministern oder der Königin ernannt, teilweise haben sie das Recht, ihn selbst auszuwählen. Quangos sind eine Entwicklung in der Ministerialbürokratie seit Anfang der 90er Jahre zur Einrichtung von quasi-staatlichen Behörden, die der direkten Einflussnahme durch die Regierung, allerdings auch der Kontrolle durch das Parlament, weitgehend entzogen sind. Die regierungsoffizielle Definition einer Quango ist: „A body which has a role in the processes of national government, but is not a government department or part of one, and which accordingly operates to a greater or lesser extent at arm's length from Ministers." (Cabinett Office 2004b) Offiziell werden solche Einrichtungen auch *Non-departmental Public Bodies* (NDPB) genannt; sie operieren weitgehend unabhängig von einem Ministerium, obgleich sie weitgehend aus dem Haushalt „ihres" Ministeriums finanziert werden und dem Verantwortungsbereich eines Minister zugeordnet sind.

Die von ihrer Aufgabe, Größe und Finanzierung her höchst unterschiedlichen Quangos lassen sich in acht Gruppen einteilen (zum Folgenden siehe Cabinet Office 2004b):

1. Exekutive Einrichtungen werden normalerweise durch Parlamentsgesetz oder Erlass eingerichtet und führen administrative, regulative oder kommerzielle Aufgaben im Auftrag der Regierung durch. Sie haben einen Vorstand (*Board*), dessen Mitglieder von Ministern oder auf Vorschlag der Minister vom Staatsoberhaupt ernannt werden und sich mindestens vierteljährlich treffen. Sie verwalten ihren eigenen Etat, haben ihr eigenes Personal (keine Civil Servants) und einen landesweiten Aufgabenbereich. 2004 wurden 210 solcher Einrichtungen von der Regierung gesponsort.

2. Beratende Einrichtungen werden normalerweise von Ministern eingerichtet und führen unabhängige Beratung der Minister und anderer Entscheidungsträger durch. Das ebenfalls von Ministern oder der Queen ernannte Board trifft sich mindestens jährlich. Sie beschäftigen kein eigenes Personal und sind auch nicht verantwortlich für ihren Etat. 2004 wurden 407 solcher Einrichtungen von der Regierung finanziert.

3. Tribunale werden durch Gesetz erreichtet und sind verantwortlich für die Revision von Behördenentscheidungen und Berufungsklagen rund um juristische Spezialgebiete. Sie haben im Bereich des Verwaltungsrechts eine komplementäre Stellung zu den Gerichten im Zivil- und Strafrecht, haben allerdings keinen eigenen Etat und kein eigenes Personal. 2004 wurden 34 Tribunale von der Regierung unterhalten. Im Zuge der Justizreformen wurde 2001 ein Vorschlag zu ihrer Reform gemacht. Die Tribunale sollten alle in einer gemeinsamen Behörde, dem *Tribunals Service*, zusammengefasst werden und dadurch mehr Unabhängigkeit von den zu kontrollierenden Körperschaften bekommen. Im Frühjahr 2006 wird deswegen der neugeschaffenen Agency *Tribunals Service* die Verantwortung für die größeren Tribunale wie z.B. das *Asylum and Immigration Tribunal*, die *Finance and Tax Tribunals* und die *Social Security and Child Support Commissioners*, übertragen. Weitere, wie die *Employment Tribunals* und das *Mental Health Review Tribunal*, werden bis 2008 von ihren derzeitigen Ministerien übertragen. Der Tribunals Service wird dann als executive Agency mit über 3.000 Beschäftigten unter Aufsicht des *Department for Constitutional Affairs* operieren.[97]

4. *Independent Monitoring Boards* kontrollieren das Gefängnissystem, die Haftanstalten, ihre Verwaltung und die Behandlung der Gefangenen.

5. *Public Corporations* sind Unternehmen, die sich ganz oder teilweise im Besitz der Regierung befinden. Die Regierung legt die Politiken fest, nach denen sich die Unternehmen richten müssen und kontrolliert ihre Umsetzung. Ein Großteil der Finanzierung erfolgt über Zuschüsse aus dem Schatzamt. Der für das Unternehmen zuständige Minister kann auf die Besetzung des Vorstands Einfluss nehmen, ist allerdings auch vor dem Parlament verantwortlich. Aufgrund der staatlichen Finanzierung greifen neben der Aufsicht durch das Board besondere Kontrollmechanismen. *Parliamentary Select Committees* und *Consultative Committees* überwachen und kontrollieren ihre Arbeit und gehen Beschwerden nach.

Insgesamt gibt es neun Public Corporations in Großbritannien, einige davon im öffentlichrechtlichen Rundfunk. Für die *British Broadcasting Corporation* (BBC), *Channel Four Television Corporation* und *Welsh Channel Four Authority* (S4C) zeichnet das *Department of Culture, Media and Sport* verantwortlich. Die Verantwortung für das *Office of Communications* (Ofcom) teilt es sich mit dem *Department of Trade and Industry*. Ofcom ist die Regulierungs- und Wettbewerbsbehörde für die britischen *communications industries*.

---

[97] www.tribunalsservice.gov.uk

Auch die BBC hat ihren eigenen, allerdings nicht selbsternannten Vorstand. Sie hat keine Werbeeinnahmen und wird weitgehend durch TV-Lizenzgebühren finanziert, die vom Schatzamt eingenommen werden. Die 12 *Governors* des Vorstandes werden von der Königin auf Vorschlag von Ministern ernannt. Alle Stellen werden öffentlich ausgeschrieben. Das Auswahlverfahren wird vom Ministerium für Kultur, Medien und Sport und unabhängigen Gutachtern nach dem gängigen *code of practice* geleitet. Schließlich wird dem Premierminister ein Vorschlag unterbreitet, der wiederum der Queen eine Empfehlung gibt.[98] Die Kontrolle der BBC erfolgt auch durch das Parlament. Fragen über die Ausgaben der BBC im Unterhaus müssen vom *Minister for Culture, Media and Sport* beantwortet werden. Zu Spannungen mit der Regierung und schließlich zum Rücktritt des *Director General* Greg Dyke kam es im Zuge der Kelly-Affäre im Januar 2004 (Kap. 4.3.2). Nachdem die Untersuchungskommission von Lord Hutton in der Kelly-Affäre zu dem Ergebnis kam, dass die Vorwürfe eines BBC-Reports, die Regierung habe ein Dossier über Iraks illegale Waffen „aufgesext", haltlos waren, stellte Dyke in einer Abstimmung seinen Posten zur Verfügung.

6. *Nationalised industries* sind öffentlich gehaltene Unternehmen, deren Aufgaben und Organisation häufig per Gesetz geregelt sind. Obwohl auch sie von Vorständen geleitet werden, die von Ministern ernannt werden und dem gegenüber sie auch verantwortlich sind, haben sie erheblich Unabhängigkeit von der Regierung. Nationalisierte Industrien sind mit kommerziellen oder regulativen Aufgaben betraut. Da sie nicht wettbewerblich operieren, muss sich die Kontrolle der Regierung besonders um Effizienz und Motivation in den Unternehmen sowie um ihre Zusammenarbeit mit dem privaten Sektor bemühen. Organisationen in diesem Sektor sind *British Shipbuilders* und *British Coal Corporation*, die von der Regierung sukzessive aufgelöst werden. Außerdem hat das Department of Trade and Industry die Verantwortung für die *Post Office Company* (jetzt: *Consignia Holdings plc*) und *British Nuclear Fuels plc* (BNFL, Betreiber eines nuklearen Brennstoffkreislaufs mit der Wiederaufbereitungsanlage in Sellafield).

7. Einrichtungen des NHS wie *NHS Trusts, Strategic* und *Special Health Authorities*. Insgesamt gibt es in diesem Bereich 24 solcher Körperschaften (vgl. Kap. 13.2).

8. Die *Bank of England*. Die 1694 gegründete Bank ist heute die Zentralbank für das Vereinigte Königreich. Seit 1946 stand sie unter direkter Aufsicht des Staates, ehe sie 1997 ihre Unabhängigkeit wieder zurück erlangte. Seither hat sie auch die Verantwortung für die Geldpolitik, d.h. für die Festlegung der Leitzinsen. Die Entscheidung darüber trifft das *Monetary*

---

[98] www.bbcgovernors.co.uk

Policy Committee der Bank unter Berücksichtigung des vom Finanzminister festgelegten Inflationszieles (vgl. Kap. 12.2.2).

Insgesamt gab es 2004 auf nationaler Ebene 839 von der Regierung (mit)finanzierte *public bodies*. Hinzu kommen die Quangos der Regionalregierungen in Edinburgh, Cardiff und Belfast. Die meisten der NDPB sind unter Aspekten von Finanzierung, Ernennungen und Aufgaben Teil der Regierung, so dass die Bezeichnung *non-governmental organisations* (in Quango) nicht immer den Kern der Sache trifft. Kritisiert wird, dass Quangos anfällig für Einflussnahmen und Missbrauch durch die Regierung sind, da in den meisten Quangos der Vorstand direkt von Ministern der Regierung ernannt wird und nicht etwa gewählt oder von einer unabhängigen Kommission bestätigt wird. Insbesondere in den 90er Jahren noch unter der konservativen Regierung hatte die Presse über eine Reihe von solchen fragwürdigen Praktiken berichtet. Die Unzufriedenheit mit dem bestehenden System führte dann zur Einsetzung des *Committee on Standards in Public Life*[99], das erstmals Mitte der 90er Jahre einen Bericht vorlegte und die Schaffung einer *Public Appointments Commission* empfahl. Bei der Ernennung von Führungsmitgliedern der Quangos sollten nun angemessene Standards eingehalten werden. Die Regierung richtete noch im selben Jahr das *Office of the Commissioner for Public Appointments*[100] ein. Durch die Arbeit der *Appointments Commission* scheint es allerdings gelungen zu sein, sie stärker aus der öffentlichen Diskussion heraus zu halten, als dies noch Mitte der 90er Jahre der Fall war. Vor 1997 hatte Labour noch versprochen, die Anzahl und den Einfluss der Quangos zu verringern. Jedoch bleibt fraglich, ob dies seit Amtsantritt der Labour-Regierung tatsächlich geschehen ist. Sowohl die Entwicklung der Ausgaben, die für solche *public bodies* getätigt werden wie auch ihre Anzahl deuten in eine andere Richtung. In den 210 *executive NDPBs* waren 2004 107.084 Personen beschäftigt (Cabinet Office 2004b: xvii). 2003 flossen 19,5 Prozent des Staatshaushaltes in *Public Bodies* und sechs Prozent in *executive NDPBs* (ebd.: xxiv).

Von den NDPB zu unterscheiden sind andere selbstverwaltete Körperschaften wie der Presserat (*Press Council*), die Rechtsgesellschaft (*Law Society*, Standesvertretung der 116.000 *solicitors* in England und Wales) oder das *Takeover Panel*, das Firmenübernahmen und Verschmelzungen regelt. Auch der *National Trust*, der sich um den Schutz bedrohter Küsten, Landschaften, Gärten und Gebäude kümmert, ist keine Quango, sondern finanziert sich ausschließlich durch Spenden, Mitgliedsbeiträge und Einnahmen aus den eigenen Läden, Teestu-

---

[99] www.public-standards.gov.uk

[100] www.ocpa.gov.uk

Abbildung 1: Anzahl der NDPBs

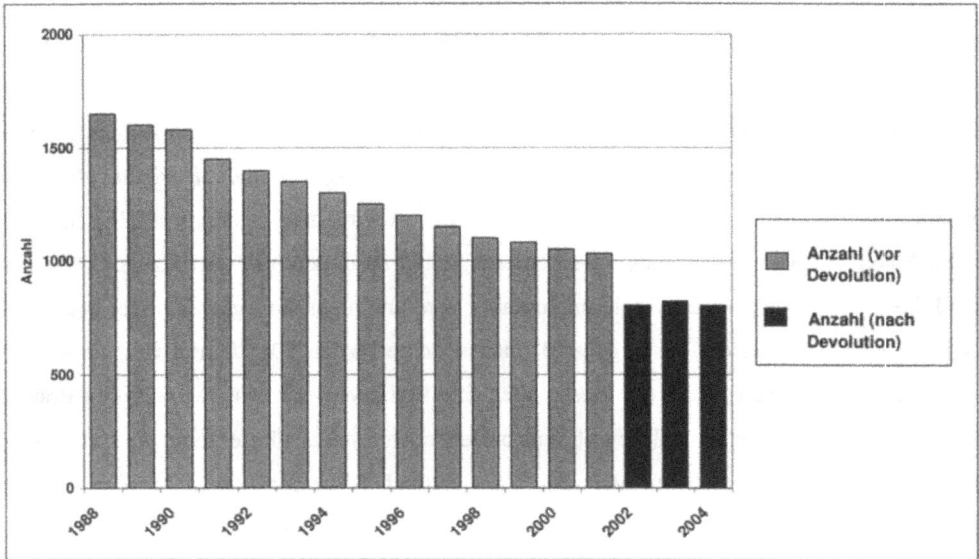

NDPBs, die an die neuen, dezentralisierten Institutionen in Schottland und Wales angeschlossen sind, werden ab 2002 nicht mehr berücksichtigt.
Quelle: Cabinet Office 2004b: XVI.

Abbildung 2: Ausgabenentwicklung der exekutiven NDPBs

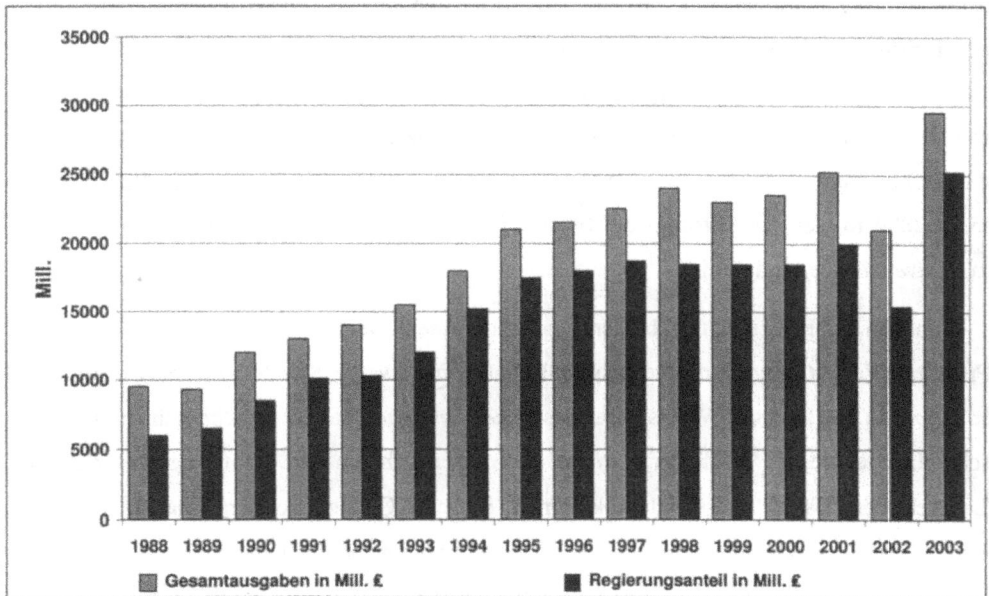

Quelle: Cabinet Office 2004b: XXIV.

ben, Restaurants und Ferienwohnungen. Diese Einrichtungen können unter einem freiwilligen *code of conduct* operieren oder haben gesetzlich zugewiesene Aufgaben wie zum Beispiel durch die Reihe der „National Trust Acts", zuletzt 1971. Sie gehören allerdings nicht mehr zum öffentlichen Sektor und sind folglich keine Quangos, auch wenn sie umgangssprachlich gelegentlich so bezeichnet werden.

Links:

Civil Service: www.civil-service.co.uk

Committee on Standards in Public Life: www.public-standards.gov.uk

Government Offices: www.gos.gov.uk

Office of the Commissioner for Public Appointments: www.ocpa.gov.uk

Privy Council: www.privy-council.org.uk

Public Private Partnership: www.partnershipsuk.org.uk

Tribunale: www.tribunalsservice.gov.uk

10. Außenpolitik und internationale Beziehungen

Die britische Außenpolitik des 20. Jahrhunderts stand nach Ende der beiden Weltkriege im Schatten der Transformation des *British Empire* zur europäischen Mittelmacht. Durch die enge Bindung an die USA und den Anschluss an die europäische Integration war und ist britische Außenpolitik durch das Spannungsverhältnis zwischen *special relationship* und gemeinsamem europäischen Handeln geprägt. Einerseits ist die Ambivalenz in der Europapolitik vor allem nach Ende des Kalten Krieges durch diesen außenpolitischen Zwiespalt zu erklären. Andererseits folgt britische Regierungspolitik der Maxime der „nationalen Interessen", die oftmals mit weltpolitischem Anspruch begründet wurden. Vor allem die Regierungszeit der Premierministerin Thatcher war von der Hoffnung geleitet, den internationalen Bedeutungsverlust des Königreiches aufzuhalten. New Labour ist seit dem Wahlsieg 1997 dieser Tradition gefolgt, wenn auch neue Leitlinien hinzutraten. Tony Blair hat trotz der Ankündigungen, verstärkt multilateral vorzugehen, die Vereinten Nationen zu stärken und den europäischen Einigungsprozess voranzutreiben, faktisch der besonderen Beziehung zu den USA im Rahmen des Irakkrieges 2003 den Vorzug gegeben.

10.1 Vom Empire zur Mittelmacht

Die Außenpolitik Großbritanniens im 20. Jahrhundert wurde geprägt von dem Spannungsverhältnis zwischen Machtbewußtsein und Machtverfall des Königreiches (Ebersold 1995). Einschneidende Eckpunkte für den Zerfall des Weltreiches waren die weltpolitischen Krisen der erste Hälfte des Jahrhunderts: Der Zusammenbruch des politischen Ordnungsgefüges nach dem Ersten Weltkrieg korrespondierte mit dem Niedergang des britischen Imperiums. Die Zeit zwischen den Weltkriegen wurde außenpolitisch zunächst bestimmt durch eine in Allianz mit Frankreich ausgeübte harte Haltung Großbritanniens in dem die Reparationsleistungen des Kriegsverlierer Deutschlands regelnden Versailler Vertrag. In den dreißiger Jahren dominierten wiederum auf Ausgleich bemühte realpolitische Erwägungen die *Appeasement* Politik der Regierung des Premierministers Chamberlain, die jedoch weitreichende negative weltpolitische Folgen hatte. Denn die Duldung der deutschen Annexion des Sudetenlandes durch das Münchener Abkommen 1938 bedeutete eine zumindest vorläufige britische Akzeptanz der Eroberungspolitik des nationalsozialistischen Deutschlands.

Mit dem Eintritt in den Zweiten Weltkrieg und trotz des Sieges über Nazi-Deutschland 1945 hatte Großbritannien weiter an Macht und wirtschaftlichem Einfluss verloren. Bereits das 1931 erlassene *Statute of Westminster* dokumentierte durch die verfassungsrechtliche Festschreibung des *Commonwealth of Nations* als Verbund weitgehend souveräner Staaten unter dem Dach des *Empires* die schrittweise Auflösung des Kolonialreiches (Kamm/Lenz 2004: 95). Obwohl das Vereinigte Königreich als Siegermacht und Teil der „großen Drei" aus dem Krieg hervorgegangen und an den Planungen über die Gestaltung der politischen Architektur des postfaschistischen Europas beteiligt war, zeigten die britische Entkolonialisierung Indiens 1947 und die Rückgabe des UN-Mandats in Palästina 1948 den weltpolitischen Machtverlust Großbritanniens nach dem Ende des Zweiten Weltkrieges. Das Sinken der britischen Weltmacht war aber zugleich verbunden mit dem allmählichen Aufstieg der ehemaligen britischen Kolonie USA und führte letztlich in das „amerikanische Jahrhundert", das durch den Übergang von der *Pax Britannica* zur *Pax Americana* gekennzeichnet ist.

Trotz des Machtverlustes hielt sich aber ein „myth of exceptionalism" (Lawler 2000: 282) in dem postimperialen Selbstverständnis der britischen Regierungspolitik, der nicht zuletzt durch die Exklusivität eines ständigen Sitzes im UN-Sicherheitsrat genährt wurde. Die britische Sicht auf die internationalen Beziehungen beruhte auf dem durch die Erfahrungen des Weltkrieges und seiner Folgen bedingten Selbstverständnis, Verteidiger der Freiheit gegenüber kontinentalen despotischen Einflüssen und Ideologien zu sein, sei es des Faschismus aus Italien und Deutschland oder gegenüber dem Kommunismus der Sowjetunion. Fehlende wirtschaftliche Ressourcen infolge der Kriegsbelastungen und die Dominanz der Siegermächte USA und UdSSR führten jedoch zu einer Diskrepanz zwischen dem Anspruch, weiterhin eine führende Rolle in der Welt zu spielen und der politischen Realität, die sich in den sich abzeichnenden Machtverhältnissen im Zuge des Kalten Krieges wiederspiegelte.

Im Zentrum britischer Außenpolitik nach 1945 musste daher die Transformation des überholten *Empires* in den Staatenverbund des *Commonwealth of Nations* stehen. „Größe" und „Selbstbehauptung" bildeten die durchgehenden Orientierungspunkte britischer Außenpolitik des 19. und 20. Jahrhunderts. „Selbstbehauptung" sollte nach dem Ende des Zweiten Weltkrieges die Auflösung des Empires abfedern und „wurde damit zu einem essentiellen Bestandteil einer Machtersatzpolitik, die ihre Hochphase in den 1950er Jahren erlebte" (Lehm-

kuhl 1995a: 5). Der durch die internationalen Rahmenbedingungen sich abzeichnende machtpolitische Niedergang Großbritanniens zwang die Regierungen nun außenpolitisch neue
Richtlinien zu setzten. Durch die Verbundenheit zu den USA und das Selbstverständnis westlicher demokratischer Rechtsstaat zu sein, war der zweite Strang der außenpolitischen Orientierung Großbritanniens nach Ende des Zweiten Weltkrieges vorgegeben. Die Eindämmung
des Sowjetkommunismus vor allem in Europa sollte zur Maxime der internationalen Beziehungen Großbritanniens werden. Anbindung an die USA auf der einen und eigenständige
Machtentfaltung auf der anderen Seite nährten europapolitisch die Vorstellung, dass „the
Continent was one thing and North America and Britain were another" (Tugendhat/Wallace
1988: 12). Allerdings folgte die enge Beziehung zur nordamerikanischen Weltmacht vor allem auch den eigenen Interessen. Großbritannien war nach den dramatischen Einschnitten
durch den Zweiten Weltkrieg auf die militärische und wirtschaftliche Hilfe der USA angewiesen.[101] Der Abbau der Streitkräfte und die Verlängerung der Arbeitszeit waren erste Versuche
die fehlende Investitionstätigkeit der britischen Industrie, vor allem im Vergleich zur westeuropäischen Konkurrenz, anzukurbeln. Die strukturellen Defizite spiegelten sich dann im zweiten Jahrzehnt nach Ende des Krieges wieder: während in den sechs EWG-Staaten das Brutto-
sozialprodukt zwischen 1960 und 1964 um 5,8 Prozent anstieg, waren es in Großbritannien
nur 3,8 Prozent (Noetzel 1989a: 169). Die britische Außenpolitik nach 1945 musste sich also
drei zentralen Problemfeldern widmen: der Einbeziehung der wirtschaftlichen und militärischen Supermacht USA in den Aufbau und die Verteidigung Großbritanniens und Westeuropas; die aus vielfältigen Gründen notwendige Transformation des ehemaligen britischen Empires in eine Allianz unabhängiger Staaten, sowie die Mitwirkung an einer neuen und friedli-
cheren politischen Ordnung in Europa.

---

[101] Zwischen 1948 und 1952 flossen 3,4 Milliarden US-Dollar (25 Prozent) an wirtschaftlicher Aufbauhilfe im
     Rahmen des *European Recovery Program* (Marshall-Plan) nach Großbritannien. Im Vergleich dazu erhielt
     Frankreich 2,8 Milliarden US-Dollar (20 Prozent), Italien 1,5 Milliarden US-Dollar (11 Prozent) und
     Deutschland 1,4 Milliarden US-Dollar (10 Prozent) (Hardach 1994: 244f.).

10.2 Drei Kreise britischer Außenpolitik

Die britische Außenpolitik des 20. Jahrhunderts war geprägt von dem Aufbau von Koalitionen als außenpolitisch wichtigstem Werkzeug, wenn auch vorwiegend auf intergouvernementaler Ebene. Nationale Alleingänge gehörten deshalb nur selten zum britischen Mittel der internationalen Politik. Symbolisch umgesetzt wurde diese Eingliederung der Außenpolitik Großbritanniens in verschiedene Allianzen durch drei ineinander verflochtene Ringe, die Winston Churchill 1953 auf eine Tischkarte zeichnete. Diese sollten die drei wichtigsten Bezugskreise englischer Außenpolitik symbolisieren: die Beziehungen zur USA als *special relationship*, das Commonwealth als Relikt der weltumfassenden *Empire*-Vergangenheit sowie ein gemeinsames Europa der Nationalstaaten. Die mit dieser symbolischen Aktion vorgegebene Doktrin der *three circles* in deren Schnittpunkt Großbritannien stehe, ist symptomatisch für die Ausrichtung britischer Politik im 20. Jahrhundert. Zwar haben sich die Prämissen Ende des Jahrhunderts vor allem zu Lasten des Commonwealth verschoben, dennoch findet britische Außenpolitik mehr denn je im Rahmen von Bündnissen und Organisationen statt. Ausgelöst durch den Anspruch, möglichst unabhängig zu bleiben und gleichzeitig eine internationale Führungsrolle zu bewahren, ist das Agieren Großbritanniens in der internationalen Politik immer wieder von Spannungen zwischen diesen drei Zentren der Außenpolitik geprägt. Bedeutend für die Akzentuierung der Außenpolitik ist vor allem die Zusammensetzung und personelle Ausrichtung der Regierung, die dem „Januskopf Großbritannien" (Garton Ash 2004: 34) das jeweilige außenpolitische Gesicht gibt.

10.2.1 Special Relationship

Vor allem die Gemeinsamkeiten in der Sprache, der Kultur und der demokratischen Traditionen werden in Großbritannien angeführt, wenn die *special relationship* zu den USA hervorgehoben wird. Interessanterweise ist dieser Terminus jedoch erst mit dem Niedergang des *Empires* und dem gleichzeitigem Aufstieg der ehemaligen britischen Kolonie eingeführt worden. Ihren Höhepunkt erlebte die besondere Beziehung zwischen den USA und Großbritannien zunächst durch die Allianz gegen den Aggressor Deutschland während des Zweiten Weltkrieges, in der der USA die Rolle der Schutzmacht zukam. Durch die Erfahrungen der beiden Weltkriege bildete die Sicherheitspolitik eines der zentralen Themenfelder außenpolitischer Entwicklungen nach 1945. Sowohl für Labour- als auch für Tory-Regierungen lag ein Schlüssel zur angestrebten Unabhängigkeit bei gleichzeitigem weltpolitischen Einfluß in der

atomaren Bewaffnung (Leitolf 1995: 272). Die britische Außenpolitik der Nachkriegszeit orientierte sich deshalb auch vornehmlich an einem europäischen Sicherheitssystem, das man
durch die atomare Schutzmacht der Vereinigten Staaten und die Gründung einer nordatlanti-
schen Militärallianz verwirklicht sah. Es ist daher nicht verwunderlich, dass gerade diese Beziehung im Zentrum der Nachkriegspolitik des Vereinigten Königreichs stand, denn nun bildete das gemeinsame Eindämmen (*containment*) der Bedrohung des sowjetischen Kommunismus das anglo-amerikanische Bindeglied. Mit dem Anschluss an die amerikanische Supermacht kappte man jedoch zugleich die zaghaften Bemühungen der Nachkriegszeit, sich als
Vermittler zwischen den beiden Großmächten zu positionieren und damit eine integrative
Rolle in der Weltpolitik zu spielen (Ebersold 1995; Dobson 1998).

Durch die Verschärfung des Kalten Krieges entwickelte sich die Position der USA zuneh-
mend in die des machtvollen Beschützers Großbritanniens und des westlichen Europas. Für
Großbritannien lag eine Chance zum Erhalt machtpolitischer Bedeutung nun in einer vermit-
telnden Position zwischen dem kontinentalen Europa und der zur Weltmacht avancierten
USA. 1947 wurde ein britisch-amerikanisches Sicherheitsabkommen geschlossen und mit der
Unterzeichnung des NATO-Vertrages 1949 entstand schließlich das westliche militärische
Bündnis um die Staaten USA, Großbritannien und Frankreich, das den Antikommunismus
und die Sicherung des status quo in Westeuropa in militärische Macht bündelte. Allerdings
setzte der Selbstbehauptungswillen Großbritanniens bei gleichzeitigem Machtzuwachs der
USA, der besonderen anglo-amerikanischen Verbindung gewisse Grenzen. Britische Außenpolitik der Nachkriegszeit orientierte sich zwar an den USA, dennoch waren die Regierungen
Attlee und vor allem Churchill weiterhin an einer eigenständigen Position Großbritanniens in
der Weltpolitik interessiert. „We must have a policy of our own and try to persuade the United States to make it their own", verlautete es aus dem Außenministerium bereits vor der
Potsdamer Konferenz 1945 (zit. n. Ebersold 1995: 144). Die spätere Aufrüstung zur Atom-
macht und der ständige Sitz im Sicherheitsrat mit Vetorecht der 1945 gegründeten Vereinten
Nationen waren schließlich die machtpolitische Umsetzung dieses Anspruches.

Zwar wirkte sich die weltpolitische Expansion US-amerikanischer Politik auf die besonderen Beziehungen als „Pfeiler britischer Macht nach dem Zweiten Weltkrieg" (Lehmkuhl
1995b: 300) zunehmend störend aus, doch dass die britisch-amerikanischen Beziehungen
fruchtbarer für die britische Politik zu sein schienen als die Partnerschaft mit den Europäern,
war das offensichtliche Ergebnis einer kurzzeitigen Intensivierung der Zusammenarbeit mit
Frankreich bei gleichzeitiger Abkehr von den USA während der Suez-Krise 1956. Zu ernsten
Differenzen in den Beziehungen zu den USA war es gekommen, als Großbritannien im Ver-

bund mit Frankreich und Israel versuchte, den ägyptischen Führer Abdel Nasser zu stürzen, um die Kontrolle über den Suez Kanal wiederzuerlangen. Da die USA aber durch diese Aktivitäten ihre Eindämmungspolitik in der Dritten Welt gefährdet sahen, übten sie, trotz grundsätzlicher Übereinstimmung in der Kritik an Nasser, Druck aus, so dass Premierminister Eden die Operation beenden und Großbritannien sich „mit Schimpf und Schande zurückziehen mußte" (Dobson 1998: 425). Ergebnisse dieses Offenbarungseides britischer Selbstbehauptungsansprüche waren zum einen der explizit gemachte Machtverlust des ehemaligen *British Empires*, und zum anderen eine engere Bindung Großbritanniens an die USA. Frankreich wiederum strebte von nun an eine engere Zusammenarbeit mit der Bundesrepublik an.

Der zweite wichtige Anknüpfungspunkt für spezielle Verbindungen zwischen den USA und Großbritannien war der ökonomische Aspekt, vor allem in der Frage des wirtschaftlichen Aufbaus nach dem weitestgehenden Zusammenbruch des europäischen Wirtschaftssystems nach dem Zweiten Weltkrieg. Während die USA in einer europäischen Integration mit britischer Vorreiterschaft die günstigste Verwirklichung des Marshall-Plans sahen, weigerte sich die Labour-Regierung in Großbritannien jedoch rückhaltlos auf eine europäische Lösung zu setzen (Dobson 1998: 423).

In den sechziger Jahren entwickelten sich die anglo-amerikanischen Beziehungen mit dem zunehmenden Machtverlust Großbritanniens zurück. Denn innerhalb der NATO war mit der Bundesrepublik nun ein neuer gewichtiger Partner für amerikanische Interessen in Europa hinzugekommen und die Ablehnung des EWG-Beitritts verschlechterte die britische Position als potentielle Brücke zu Europa zusätzlich. Zudem gelang es auch den Nachfolgern des 1963 zurückgetretenen Premierminister Macmillan, Douglas-Home, Wilson und Heath, nicht, durch persönliche Bindungen zu den amerikanischen Präsidenten Johnson und Nixon die Beziehungen zu verbessern (Himmler 2001: 77).

Obwohl sich im Verlauf der achtziger Jahre der allmähliche Niedergangs der Sowjetunion abzeichnete und damit das einende Band der *special relationship* zerfiel, intensivierten sich die Beziehungen zwischen den USA und Großbritannien wieder – nicht zuletzt durch die persönlichen Kontakte der konservativen Regierungschefs Reagan und Thatcher. Die Intensität der anglo-amerikanischen Partnerschaft lebte letztlich immer auch davon, inwieweit die jeweiligen Regierungschefs Gemeinsamkeiten verband. Durch die Intensivierung der Europäischen Integration, den strategischen Bedeutungsverlust Großbritanniens als wichtigstem Partner in Europa während des Kalten Krieges und die engere Verteidigungskooperation mit Frankreich, deutete in den neunziger Jahren zunächst alles auf einen schrittweisen Abbau der transatlantischen Brücke hin (Dobson 1998). Während der US-amerikanische Präsident Clinton mit dem konservativen Premier Major auch keine persönliche Ebene fand, verbesserten sich die Beziehungen zwischen Großbritannien und den USA allerdings mit dem Regierungsantritt Blairs analog zur persönlichen Beziehung Blair-Clinton. Beide Regierungschefs teilten die Ansichten über die Möglichkeiten einer beschleunigten Globalisierung und die Bedeutung multilateraler Entscheidungsfindung. Die Nähe hatte sich bereits durch die Verbindungen auf Parteien-Ebene zwischen Labour und den amerikanischen Demokraten entwickelt. So wirkten spätere Labour-Modernisierer wie Philip Gould bereits an Clintons 1992er Präsidentschaftskampagne mit (Marsh 2003: 54). Nach Ansicht Tony Blairs sollte Großbritannien die Brückenfunktion zwischen den USA und Europa übernehmen. Er begründete diese Mittlerposition mit den Abhängigkeiten untereinander: „our strength with the US is enhanced by our strenght with the rest of Europe and vice versa"[102].

Eine bedeutungsvolle Renaissance erlebten die „speziellen" britisch-amerikanischen Beziehungen vor und während des Irakkrieges 2003. Das mittlerweile fest in der Europäischen Union verankerte und von einer Labour-Regierung geführte Großbritannien entschied sich gegen die Position der EU-Kernstaaten Frankreich und Deutschland und für die US-Strategie des Einmarsches in den Irak auch ohne Legitimation durch eine UN-Resolution. Der außenpolitische Spagat zwischen den kontinentalen Antipoden in puncto Irakeinsatz wurde allerdings zur Belastungsprobe der Regierung Blair – sowohl innen- als auch außenpolitisch.

10.2.2 Europa

Die Europapolitik Großbritanniens ist geprägt von Ambivalenz und Brüchen. Bedingt durch die Insellage war das Verhältnis zwischen Großbritannien und den Staaten des europäischen Kontinents lange Zeit distanziert. Man empfand sich als unabhängiger Teil Europas, der historisch und sogar biologisch begründet, nach eigenen Gesetzmäßigkeiten funktioniere, wie Premierminister Blair im Jahr 2000 betonte, als er von der „proud and independent-minded island race"[103] sprach.

Eine auf Europa ausgerichtete Politik war für die Nachkriegsregierungen in Großbritannien zudem ohne den transatlantischen Hintergrund nicht denkbar. Während Frankreich und

---

[102] Blair, Tony: Prime Minister's Speech to the Polish Stock Exchange. Vortrag am 6. Oktober 2000. http://www.number-10.gov.uk/output/Page3384.asp (07.04.2005)

[103] Siehe Fußnote 102.

Deutschland die europäische Integration sowohl wirtschaftlich als auch politisch vorantreiben wollten, sahen die britischen Regierungen nach dem Zweiten Weltkrieg Europa zunächst nur unter sicherheitspolitischen Aspekten und lehnten den Beitritt zur Montanunion ab. Hinzu kam, dass der europäische Einigungsprozess in der britischen Politik nicht die Bedeutung wie etwa in Deutschland hatte, wo der Integrationsprozess als Teil der demokratischen Stabilisierung genutzt wurde. Die Erfahrung der beiden Weltkriege hatte die Kontinentalstaaten, allen voran Deutschland, Frankreich und die Benelux-Staaten, dazu veranlasst, eine supranationale Zusammenarbeit in Europa anzustreben. Bei der Gründung des Europarates und der britischen und skandinavischen Verhinderung der Einrichtung einer regierungsähnlichen Instanz offenbarten sich die unterschiedlichen Vorstellungen über die Ausgestaltung einer europäischen Zusammenarbeit. Während den Kontinentaleuropäern eine den nationalen Souveränitäten übergeordnete Autorität vorschwebte, setzten die Briten ihre Auffassung durch, nach der der Europarat nur eine beratende Funktion einnehmen sollte. Als internationale Organisation 1949 gegründet, lag die Aufgabe des Europarates darin, die Zusammenarbeit der europäischen Staaten, insbesondere auf den Gebieten Wirtschaft, Soziales, Kultur und Wissenschaft, zu fördern und zur Durchsetzung der Menschenrechte beizutragen. Da die politische Annäherung Europas für die britischen Regierungen nur ein Projekt unter vielen darstellte, lagen die Interessen Großbritanniens, nicht zuletzt durch das Selbstverständnis eine Mittlerfunktion zwischen den USA und Europa einzunehmen, im Gegensatz zu den mitteleuropäischen Staaten vor allem in zwischenstaatlicher Kooperation. Auch wenn Winston Churchill in seiner *three circles*-Doktrin Europa als wichtiges Element britischer Außenpolitik einbezog, umfasste diese Strategie doch zuvorderst eine souveräne Stellung Großbritanniens in der internationalen Politik. Westeuropa war in den Augen britischer Regierungen „the one from which Britain gained least, and to which it was forced to make the heaviest contribution" (Tugendhat/Wallace 1988: 13). Genährt durch die Ablehnung einer Abtretung von Souveränitätsrechten an eine übergeordnete Institution und der Einschätzung, die Initiative für eine Europäische Wirtschaftsgemeinschaft habe keine Aussicht auf Erfolg, stand die Europapolitik im Rahmen der britischen Außenpolitik im Schatten des transatlantischen Bündnisses und der Empire- bzw. Commonwealthpolitik (Becker 2002: 285; Bulmer/Wallace 2004: 159f; Brunn 2004: 64f.).

Da die europäische Integration sich jedoch besser entwickelte als erwartet, gewann die Europapolitik für britische Regierungen an Attraktivität. Der erste Versuch einer EG-Mitgliedschaft unter Premierminister Macmillan sollte deshalb auch neben den Exportchancen mit einem hohen Prestigegewinn verbunden sein (Dobson 1998: 426). Doch sowohl dieser als auch ein zweiter unter der von Harold Wilson geführten Labour Regierung gestellter Antrag 1967 scheiterte an dem Veto der französischen De Gaulle-Regierung. Erst ein dritter Antrag auf Mitgliedschaft führte letztlich 1973 zum erfolgreichen Beitritt in die Europäische Gemeinschaft, der zusätzlich durch ein bestätigendes und von überparteilichen Europabefürwortern getragenes Referendum 1975 legitimiert wurde. Allerdings waren die sozialpsychologischen Voraussetzungen für eine europäische Integration in Großbritannien andere als in den kontinentaleuropäischen Staaten: „Only the British entered the EC [European Community] out of a sense of defeat. Empire gone, Commonwealth fading, economy spluttering, military prowess faltering."[104]

In der Ära Thatcher blieb Europa ein ambivalentes Politikfeld, allerdings mit punktuellen Vertiefungen. Eine aktive Europapolitik betrieb die Regierung Thatcher vor allem hinsichtlich der Entwicklung und Stärkung eines freien Binnenmarktes und einer liberalen EG-Handelspolitik. Marktöffnung durch Erweiterung der EG hatte Vorrang vor einer Vertiefung des europäischen Einigungsprozesses. Skeptisch war jedoch auch die Regierung Thatcher weiterhin was den Aufbau supranationaler Institutionen anging. „In her gerneral approach to Western Europe Mrs. Thatcher has been anxious to downgrade the theology of European integration and emphasise what she regards as the „practicalities" of intergovernmental cooperation." (Allen 1988: 36)

Die generellen Zweifel gegenüber einer europäische Einigung konnten auch unter der Regierung des Konservativen John Major nicht abgebaut werden. Der weniger „eiserne" weil beratungswilligere Nachfolger von Margaret Thatcher ging in der Europapolitik nach dem Prinzip des „wait and see" vor. Infolge der tiefen innerparteilichen Spaltung der Konservativen in eine proeuropäische und eine euroskeptische Fraktion gelang es der Regierung Major nicht, ein klares europapolitisches Profil zu finden, wobei das Ausscheiden aus dem Europäischen Währungssystem 1992 den Höhepunkt der zwiegespaltenen britischen Europapolitik bedeutete. Die Frage des Europaengagements des Vereinigten Königreichs nutzten die innerparteilichen Skeptiker um durch polarisierende Strategien die Europapolitik zum Grundsatzthema für die Vorherrschaft innerhalb der Konservativen Partei zu instrumentalisieren.

Die Regierung Blair entwickelte ein deutlich entspannteres und konstruktiveres Verhältnis zu den europäischen Partnern und Institutionen. Zwar gelang es auch ihr nicht, die öffentliche Meinung in Großbritannien von einer positiven Grundstimmung zur europäischen Einigung

---

[104] Clegg, Nick (MEP): The real reason, in: The Guardian vom 12. Juni 2003.

zu überzeugen,[105] dennoch war es vor allem die generelle Offenheit gegenüber einer Mitgliedschaft in der WWU[106] und ein tendenziell europafreundlicher Kurs, der die Außenpolitik New Labours über die skeptische Politik der Regierungen Thatcher und Major hinaus brachte. Vor allem mit der Festlegung eines Beitritts zur Eurozone per Referendum, „when economic conditions are right" (Barnett 2002: 210), symbolisierte man zumindest eine grundsätzliche Offenheit gegenüber einer einheitlichen europäischen Währung. Einer offensiveren Europapolitik der Regierung Blair stand insbesondere die euroskeptische Presse im Weg, die den Beitritt zur Eurozone als Aufgabe der wirtschaftlichen Souveränität brandmarkte (Baker/Sherrington 2004: 352).[107] Hilfreich für eine Annäherung an kontinentale Europakonzeptionen war vor allem der Kontakt zu anderen sozialdemokratisch geführten Ländern. Ähnlich wie Tony Blairs Vorstellungen in Großbritannien mit einem *third way* eine modernisierte „Ideologie des Pragmatismus" (Bulmer/Wallace 2004: 165) einzuführen, basierte das Konzept des deutschen Kanzlers Schröder auf dem Versuch, mit dem *Dritten Weg* eine *Neue Mitte* zu formen. Ideologische und nicht zuletzt persönliche Anknüpfungspunkte erleichterten somit den Anschluss zu den führenden Staaten der europäischen Integration.

Ein Spannungsverhältnis britischer Außenpolitik entstand jedoch aus dem Anspruch einer natürlichen Führungsrolle im europäischen Mächteverhältnis als transatlantischer Partner der USA und der gleichzeitigen Mitgliedschaft in der Europäischen Union, die ein uni- oder bilaterales Vorgehen nur schwerlich vertrugen. Nicht überraschend ist die Europapolitik der New Labour-Regierung in der Binnenbetrachtung im Vergleich zu anderen Politikfeldern deshalb auch von einem weniger klareren und behutsameren Vorgehen geprägt (Lawler 2000: 283). Tony Blair bevorzugte ebenso wie seine Vorgänger auch weiterhin die ökonomische vor der politischen und institutionellen Dimension der europäischen Integration, was er in einer Rede im Jahr 2000 in eine für die Kommunikationstrategie New Labours exemplarisches Wortspiel über die Zukunftsvorstellungen für die EU formulierte: „A superpower, but not a superstate"[108]. Diese ambivalente Haltung war allerdings auch aus innenpolitischen Gründen zu erklären, da die Konservativen die weiterhin vorhandene europaskeptische Position in der bri-

---

[105] Nicht zu unterschätzen dürfte die ablehnende Haltung der britischen Presse gegenüber der EU und ihren Institutionen sein, denn immerhin dreiviertel der Zeitungen in Großbritannien sind in ihrer Berichterstattung kritisch gegenüber der EU eingestellt (Grant 2003: 88).

[106] So trat die Blair-Regierung dem noch von Thatcher abgelehnten Sozialkapitel des Maastrichter Vertrages bei und machte es damit zu in Großbritannien geltendem Recht.

[107] Die *Sun* prophezeite gar das Ende des britischen Königreichs: „A thousand years of British sovereignty are about to be buried by undertaker Blair." (Baker/Sherrington 2004: 362)

[108] Blair, Tony: Prime Minister's Speech to the Polish Stock Exchange. Vortrag am 6. Oktober 2000. http://www.number-10.gov.uk/output/Page3384.asp (07.04.2005)

tischen Politik quasi institutionalisiert hatten und New Labour schon aus wahltaktischen Gründen eine klare proeuropäische Position scheuen musste. Die Europa-Skepsis ist in Großbritannien zumindest so stark, dass die Regierung Blair die Abstimmung über den Beitritt zu einer gemeinsamen Währungsunion der EU-Staaten offen ließ und die Volksabstimmung über die EU Verfassung auf Grund der gescheiterten Referenden in Frankreich und den Niederlanden absagte.

Die Krise der Europäischen Union im Jahr 2005 könnte für die Ausgestaltung der britischen Europapolitik jedoch auch Vorteile haben. So gab es nicht wenige Beobachter, die die britische Erweiterungs- statt Vertiefungspolitik im Zuge der französischen und niederländischen Ablehnung der Verfassung gestärkt sahen. Obwohl die EU-Ratspräsidentschaft ab Juli 2005 im Vorfeld vor allem von der Krise der Gemeinschaft belastet wurde, eröffnete sie für die britische Regierung jedoch die Perspektive, ihre Vorstellungen einer wirtschaftlichen Liberalisierung zugunsten der politischen Intensivierung durchzusetzen. Dass man durch die Skepsis der europäischen Bürger Oberwasser für seine eigene Politik bekommen hatte, zeigte sich auch an der starren Haltung des Premierministers in der Frage der europäischen Agrarsubventionen, die Blair als Befriedigung von Sonderinteressen deklarierte. Man müsse in Innovation und Ausbildung investieren und nicht jede Kuh mit zwei Euro am Tag fördern.[109] Der britische Regierungschef sprach sich damit gegen die Verzerrung des EU-Haushaltes durch die starke Subventionierung des landwirtschaftlichen Sektors aus, die dazu führt, dass britische Steuerzahler trotz des „Britenrabatts" fast dreimal so viel in den EU-Haushalt einbezahlen wie französische. Ohne den britischen Rabatt, der aufgrund der Marginalität britischer Agrarindustrie als Ausgleich für die 45 Mrd. € EU-Subventionen für den europäischen Agrarsektor eingerichtet wurde, müsste ein britischer Bürger im Verhältnis das Zwölffache eines Franzosen in den EU-Haushalt einbezahlen (vgl. MacShane 2005: 4).

10.2.3 Commonwealth

Die dritte wichtige Komponente außenpolitischen Handelns im Regierungssystem Großbritanniens betrifft die Verwaltung und strategische Nutzung der aus der Kolonialzeit stammenden Verbindungen zu den Staaten des ehemaligen *British Empires*. Die Unabhängigkeit Britisch-Indiens 1947 beschleunigte die folgende Auflösung des britischen Imperiums nach dem Ende des Zweiten Weltkrieges. Die Entkolonialisierung verlief in zwei Abschnitten, die zu-

---

[109] Vgl. The Guardian 22.06.2005.

nächst im asiatisch-pazifischen Raum ihren Anfang nahmen (1950er Jahre) und in den sechziger und siebziger Jahren die afrikanischen Gebiete erreichte. Letztlich fiel mit dem Auslaufen des Pachtvertrages zwischen China und Großbritannien über Hongkong am 30. Juni 1997 auch der letzte bedeutende – sieht man von der überkommenen strategischen Relevanz Gibraltars einmal ab – koloniale Besitz des einstmaligen imperialen Empires aus dem Machtkreis Großbritanniens. Die Umwandlung des Kolonialreiches in einen Verbund von autonomen Staaten im Zuge der Entkolonialisierung innerhalb des *Commonwealth* vollzog sich im Vergleich etwa zu dem Zerfall des Habsburgerreiches jedoch weitgehend friedlich.[110] Sowohl Labour-Regierungen als auch Regierungen der Konservativen „dealt with these problems in a highly pragmatic way" (Birch 1998: 230). Die Phase der Neuordnung der kolonialen Gebiete sollte zwar möglichst selbstbestimmte Partner hervorbringen, letztlich standen aber auch hier die sicherheitspolitischen, ökonomischen und strategischen Interessen Großbritanniens im Vordergrund. Die Regierung Attlee sah in der Stärkung des Commonwealth die Möglichkeit, ein Gegengewicht zu den USA aufzubauen (Leitolf 1995: 266). Diese Interessenpolitik zeigte sich unter anderem in den britisch-arabischen Beziehungen, die man in der Zeit des Kalten Krieges vor den kommerziellen amerikanischen Interessen und sowjetischem Einfluß exklusiv bewahren wollte (Ebersold 1995: 148).

Heute ist das Commonwealth ein Verbund souveräner und gleichberechtigter Staaten, die nicht zuletzt aus der Notwendigkeit globalisierter Märkte wirtschaftlich und politisch kooperieren. Das *Commonwealth of Nations* umfasst weltweit 53 unabhängige Staaten, die jedoch nicht immer auch britische Kolonien waren, wie etwa die ehemalige deutsche Kolonie Namibia. Oberhaupt des Commonwealth ist die britische Königin Elisabeth II., wobei sie in sechzehn dieser Länder auch Staatsoberhaupt ist. Der Verwaltungssitz des Commonwealth in London, der geleitet wird durch einen von den Regierungschefs auf fünf Jahre gewählten Generalsekretär (ohne Exekutivfunktion). Die 1971 in Singapur verkündete *Declaration of Commonwealth Principles* beschreibt den Staatenbund als „voluntary association of independent sovereign states, consulting and co-operating in the common interests of their peoples and in the promotion of international understanding and world peace"[111].

Der weiterhin vorhandene Rückbezug auf das koloniale Erbe in der britischen Außenpoli-

---

[110] Von der Entkolonialisierung Indiens und Pakistans einmal abgesehen, die hunderttausende Menschenleben kostete und Millionen Menschen in Flucht und Vertreibung zwang.

[111] Vgl. FCO (Foreign & Commonwealth Office): What is the Commonwealth and what does it stand for? http://www.fco.gov.uk/servlet/Front?pagename=OpenMarket/Xcelerate/ShowPage&c=Page&cid=10070293 93663 10.03.2005

Tabelle 26: Mitgliedstaaten des Commonwealth

Europa	3	Vereinigte Königreich [*Großbritannien (England, Schottland, Wales) + Nordirland*], Malta und Zypern
Afrika	18	Botswana, Gambia, Ghana, Kamerun, Kenia, Lesotho, Malawi, Mauritius, Mosambik, Namibia, Nigeria, Sambia, Seychellen, Sierra Leone, Südafrika, Swasiland, Tansania, Uganda
Amerika	13	Antigua und Barbuda, Bahamas, Barbados, Belize, Dominica, Grenada, Guyana, Jamaika, Kanada, St. Kitts and Nevis, St. Lucia, St. Vincent, Trinidad und Tobago
Asien	8	Bangladesch, Brunei Darussalam, Indien, Malaysia, Malediven, Pakistan, Singapur, Sri Lanka
Australien/Ozeanien	11	Australien, Fidschi, Kiribati, Nauru, Neuseeland, Papua Neuguinea, Samoa, Solomon-Inseln, Tonga, Tuvalu, Vanuatu

Stand 2005. Quelle: www.thecommonwealth.org

tik klang in einem Ausspruch des Labour Premierminister Harold Wilson im Jahr 1965 an, der davon sprach, dass „Britain's frontiers were on the Himalayas" (zit. n. Leitolf 1995: 265). Auch wenn die imperialen Vorstellungen allmählich zugunsten zwischenstaatlicher Verbindungen zurückgingen, blieb doch der Wille regionale Vormacht, etwa im Mittleren Osten, zu sein. Dabei traten Spannungen vor allem deshalb auf, weil die britischen Regierungen die nationalistischen Gruppierungen nicht als gleichberechtigte Gesprächspartner, sondern vielmehr als Handlanger ihrer Interessen ansahen (Ebersold 1995: 155). Auch wenn die Commonwealth-Politik in den letzten fünfzig Jahren zunehmend an Bedeutung für britische Regierungen verloren hat, wirkten die Folgen der postimperialen Außenpolitik Großbritannien, allen voran der Rückzug aus Palästina (1948) und Zypern (1960), bis in das 21.Jahrhundert hinein. Für das britische Selbstverständnis ist die Vorstellung, an der Spitze eines weltumspannenden Staatenbundes zu stehen, allerdings weiterhin Bestandteil von Gesellschaft und Politik. Das Festhalten an den traditionellen internationalen Verbindungen durch den Commonwealth-Verbund spiegelt sich unter anderem in der offiziellen Amtsbezeichnung des Außenministers als *Secretary of State for Foreign and Commonwealth Affairs* wieder. Zudem fließen immerhin annähernd 70 Prozent der bilateralen Entwicklungshilfe in die Commonwealth Länder (Ansprenger 1998: 407). Sowohl die ökonomischen als auch die gesellschaftlichen Bezüge zu den Commonwealth Ländern haben seit dem Ende des Empires jedoch zweifellos abgenommen. Während der Tsunami-Katastrophe in Südasien Anfang 2005 ließ sich zumindest vordergründig an der breiten Hilfswelle für die betroffenen Regionen eine spezifische Beziehung zu den betroffenen Commonwealth-Staaten nicht erkennen. Die Zentren der wirtschaftlichen Austausches liegen heutzutage zweifelsohne in den Partnerstaaten der EU sowie den USA, China und Japan und weniger in den ehemaligen Kolonialmärkten in Asien oder Afrika. Im

Jahr 1948 umfassten die britischen Exporte in das Commonwealth noch 45,88 Prozent des Gesamtexports (Lehmkuhl 1992: 97). Dagegen befinden sich für das Jahr 2003 unter den für Großbritannien neun wichtigsten Absatzmärkten mit den USA (15,4 Prozent des Exportanteils von Gütern aus GB) und Japan (2,0 Prozent) nur zwei Nicht-EU-Märkte und auch in der Importbilanz findet sich kein Commonwealth-Staat [1948: 44,19 Prozent des Gesamtimports (Lehmkuhl 1992: 98)] unter den neun wichtigsten Handelspartnern (ONS 2004: 381). Insofern markiert die in den sechziger Jahren eingeleitete wirtschaftliche Hinwendung zu Europa „das Ende des britischen Sonderweges in der Außenwirtschaft mit seiner einzigartigen Konzentration auf die Länder des Empires und der Dritten Welt" (Schröter 1992: 170).

10.3 Außenpolitische Entscheidungsprozesse

Da Außenpolitik im Regierungshandeln stärker als andere Ressorts nationalen parteiübergreifenden Prämissen zu folgen hat, sind die Grundlagen außenpolitischer Entscheidungsprozesse im politischen System des Vereinigten Königreichs von besonderer Bedeutung. Die institutionellen Rahmenbedingungen der Außenpolitik dienen im Regierungssystem Großbritanniens als Schlüssel, um die Brüche und Kontinuitäten in der Außenpolitik einzuordnen.

Häufig besteht der *policy-making-process* aus den vier Phasen der Formulierung, der Interpretation, der Implementation und der abschließenden Präsentation (Williams 2004). Dieser dynamische Prozess ist jedoch durch die Involvierung von verschiedenen Akteuren und Institutionen nicht klar zu trennen und verläuft deshalb fließend. Das Ressort Außenpolitik mitsamt seiner Gestaltung fällt konstitutionell gesehen der Exekutive zu, genauer gesagt in den Aufgabenbereich des Außenministers und des *Foreign and Commonwealth Office* (FCO), das sich 1968 aus dem *Department of Commonwealth Relations* und dem *Foreign Office* zusammenschloss. Die Legislative wird an den außenpolitischen Richtungsentscheidungen kaum beteiligt. Zwar muss das Parlament die Regierungspolitik billigen und Gesetze ratifizieren. Die Gestaltung der Außenpolitik obliegt jedoch dem Kabinett und in besonderem Maße dem Regierungschef (vgl. Kap. 2). Zudem liegt das Interesse der meisten Parlamentsmitglieder auf den Gebieten der Innen- statt der Außenpolitik, wobei nicht klar zu trennen ist, inwiefern das mangelnde Interesse mit der fehlenden Entscheidungsmacht zusammenhängt. Der Premierminister ist schon deshalb die richtungsgebende Instanz, da seiner Person die außenpolitische Repräsentativfunktion der Regierungspolitik obliegt.[112]

Das Fehlen eines kodifizierten Verfassungstextes erlaubt der Exekutive den Gestaltungsrahmen ihrer Regierungspolitik inklusive außenpolitischer Richtungsentscheidungen flexibel zu nutzen. Die institutionelle Unschärfe der Vorgaben provozierte deshalb eine Entwicklung von dem durch parlamentarische Bedeutungsmacht geprägten *Parliamentary Government* des 19. Jahrhunderts zu einer Kompetenzverlagerung zugunsten des Regierungskabinetts, die mit dem Begriff des *Cabinet Government* bezeichnet wurde. Nach dem Zweiten Weltkrieg konzentrierte sich die Macht innerhalb der Exekutive zunehmend in dem Amt des Premierministers, wodurch eine Entwicklung zur *Prime Ministerial Government* zu verzeichnen war (Himmler 2001: 44f.).[113]

Während im 19. Jahrhundert der Außenminister relativ unabhängig agierte, wurden die außenpolitischen Entscheidungen der Nachkriegszeit des 20. Jahrhunderts in erster Linie durch den Premierminister vorgegeben, etwa durch Eden während der Suezkrise oder durch Thatcher während des Falklandkrieges (vgl. Birch 1998: 224). Durch den Spielraum des Premierministers im Funktionsrahmen des Kabinetts hängt das Nutzen der Machtkompetenzen jedoch auch von dem jeweiligen Regierungsstil des Premiers ab. Die Schwierigkeit liegt in dem Spannungsverhältnis zwischen der Kompetenz des Premierministers, die politischen Richtlinien vorzugeben und zu koordinieren, und dem Verlangen der Minister, ihr jeweiliges Ressort autonom zu leiten. Dieser potentielle Streitfaktor um Kompetenzfragen tritt umso deutlicher zu Tage, wenn sich der jeweilige Premierminister über bestimmte Politikfelder zu profilieren versucht. Häufig ergreifen die Regierungschefs dementsprechend in außenpolitischen Fragen die Initiative und dominieren die in der Theorie durch das gesamte Kabinett zu bestimmenden Leitlinien britischer Außenpolitik. Vor allem unter den Regierungschefs Chamberlain (1937-1940), Churchill (1940-1945/1951-1955), Heath (1970-1974), Thatcher (1979-1990) und Blair (1997-) ist eine Dominanz des Premierministers in außenpolitischen Fragen festzustellen. Tony Blair steht in diesem Sinne in der Tradition der Konzentrierung der Macht der konservativen Premierministerin Margret Thatcher (Himmler 2001: 48; Gray 2004: 43).

---

[112] So repräsentiert der Premier die Regierung des Vereinigten Königreichs bei internationalen politischen Anlässen, etwa bei den G-8-Gipfeln.

[113] Zum Spannungsverhältnis zwischen „Prime Ministerial Government" und „Cabinet Government" vgl. Kap. 7.2.

Die „Zentralisierung" der Machtkompetenzen innerhalb der Regierung zugunsten des Premiers traten vor allem dann zu Tage, wenn mit dem Argument des „nationalen Interesses" außenpolitisch schwierige Fragen zu entscheiden waren. Der allgemeingültige Bezug auf das Argument im nationalen Interesse zu handeln, hat in der britischen Politik eine lange Tradition. Beruft sich eine Regierung bei ihren außenpolitischen Entscheidungen auf diesen Aspekt, wird damit an die gemeinschaftsbildende Verteidigungshaltung der britischen Bevölkerung appelliert, die mit den erfolgreichen Widerständen kontinentaler Invasionsversuche der Vergangenheit assoziiert wird. Der Begriff des nationalen Interesses liegt dabei unterschiedlichen Lesarten zugrunde: im etatistischen Sinne bezieht er sich auf das überragende Interesse des Staates, die Sicherheit der Bevölkerung zu garantieren, oder er ist als Begriff für das Destillat der verschiedenen Interessen einer pluralistischen Gesellschaft zu verstehen. Im Rahmen der Irakkrise 2003 wurden darauf hingewiesen, dass sich in Großbritannien zwei unterschiedliche Prinzipien gegenüber ständen: „The old idea of national interest often operated in terms of formal principles, such as the importance of the Suez Canal to British interests [...] one of the new principles being advanced has a moral character unusual in this form of deliberation: namely, that war cannot be used as an instrument of policy at all" (Minogue 2005). Für die Bewertung des „nationalen Interesses" sind daher zwei Faktoren zentral: Wer entscheidet und welche Erwägungen sind für die Beurteilung des nationalen Interesses relevant? Es wurde bereits deutlich, dass grundsätzlich dem Kabinett und im Regierungssystem Blair in besonderem Maße dem Premierminister eine große Entscheidungskompetenz in außenpolitischen Fragen zukommt. Es bleibt daher den Vorstellungen der Exekutive überlassen, in welcher Weise nationale/s Interesse/n Eingang in die Außenpolitik der Regierung finden und welche Herausforderungen mit dem Argument, nationale Interessen zu verteidigen, entgegengetreten wurde. Ging es um die Entscheidung Krieg zu führen, waren es die Premierminister, die die Richtung der Außenpolitik vorgaben und nach außen präsentierten. Dabei schien die Frage der Präsentation vor allem mit der Regierung New Labour in den Vordergrund zu rücken. Denn das „selling" (Williams 2004: 912) der Außenpolitik gegenüber der Öffentlichkeit wurde in Zeiten der ubiquitären medialen Beobachtung und des *spin doctoring* (vgl. Kap. 4.3) zur wichtigen Komponente im Prozess des *foreign policy making*.

Ironischerweise ist dem Medien-Premierminister Blair gerade bei außenpolitischen Entscheidungen die öffentliche Darstellung allerdings quasi als Bumerang entgegengekommen. Während bei innenpolitischen Kontroversen die Medienstrategie New Labours nicht unwesentlich zur Durchsetzung ihrer Politik beitrug, verhielt es sich im „Fall Irak" anders. Der Versuch, den Einmarsch im Irak 2003 als Reaktion auf eine Bedrohung durch Saddam Hussein und als Folgeerscheinung des *War Against Terrorism* darzustellen, scheitere durch seine offensichtlich vorgeschobene Argumentation. „His [Blairs] evasive and misleading public justification of the war has undermined his credibility in all areas" (Gray 2004: 46). Insofern greift das Argument der Verteidigung des nationalen Interesses bei Kriegentscheidungen und dessen lautstarker öffentlicher Propagierung nur bedingt. Zumal wenn es sich um einen Allianzkrieg handelt, dessen Legitimation für den nicht direkt bedrohten Partner besonderer Erklärungen bedarf.

10.4 Wandel und Kontinuität – außenpolitische Leitlinien

Die Außenpolitik in Großbritannien ist im Gegensatz etwa zur Bundesrepublik, deren außenpolitische Richtungsentscheidungen oftmals heftige Differenzen zwischen den Fraktionen im Bundestag vorausgingen, durch ein höheres Maß an Konsens zwischen Regierung und Opposition geprägt. Birch (1998: 225) hat darauf hingewiesen, dass es seit 1945 lediglich zwei außenpolitische Entscheidungen gab, die nicht von der Opposition getragen wurden: die Suez Krise 1956 und der Beitritt zur EG 1973. Der Bezug auf das nationale Interesse fungiert damit oftmals auch als quasi überparteiliches und die politischen Mandantsträger disziplinierendes Argumentationsmuster: Es geht um die Nation, ideologische und parteipolitische Differenzen müssen weitestgehend außer Acht gelassen werden. Die parteipolitischen Debatten in Fragen der Außenpolitik bezogen sich daher meist auf die Mittel und weniger auf die Ziele (Leitolf 1995: 264).

Die britische Außenpolitik wird durch die Verfolgung von ökonomischen, geographischen und strategischen Interessen von drei unterschiedlichen Dimensionen geleitet. Die Außenpolitik ist dabei jenes Politikfeld, in dem der Aspekt der Kontinuität der Regierungspolitik Vorrang vor parteipolitisch motivierten Richtungswechseln genießt. Dennoch lassen sich seit dem Wahlsieg New Labour auch signifikante Unterschiede in der Außenpolitik Großbritanniens im Unterschied zur Regierungszeit des konservativen Premiers John Majors festmachen. Die ökonomische Ausrichtung der Außenpolitik folgte mit dem Amtsantritt von Tony Blair dem Konzept des *third way*, dem Versuch sozialstaatliche Elemente im globalisierten freien Markt zu implementieren. Der neue sozialdemokratische Regierungschef orientierte sich dabei an den Ideen des amerikanischen Präsidenten und Demokraten Bill Clinton, vor allem hinsichtlich der Metaphorik des Begriffs. „Blair used it as he did other ideas, as a political marketing tool" (Gray 2004: 43).

Während die geographische Komponente vornehmlich durch das FCO (*Foreign & Commonwealth Office*) vertreten wird, bestimmt der Premierminister die strategische Dimension der britischen Außenpolitik, zumal wenn es um den Einsatz britischer Truppen im Ausland geht. Der Regierungsstil Tony Blairs zeigte sich während militärischen Krisen, von Kritikern als „Tony-as-warrior-phenomen" (Hennessy 2005: 6) bezeichnet, durch die Verlagerung der Entscheidungsfindung von dem gesamten Kabinett in kleinere Beratungsstäbe mit Spezialisten und vertrauensvollen Mitarbeitern Blairs.[114] Um Führungsqualitäten unter Beweis zu stellen spricht demnach einiges dafür, außenpolitische Entscheidungen als Ausdruck der nationalen Interessen zu interpretieren und damit zum bevorzugten Feld im *Prime Ministerial Government* der Regierung Blair werden zu lassen. Faktisch ist zudem die Souveränität der Regierungsspitze vor allem im Hinblick auf Kriegentscheidungen bedeutend. Während die formelle Kriegserklärung in der Bundesrepublik dem Bundestag als Souverän obliegt, ist die formelle Entscheidungsgewalt über Krieg oder Frieden in Großbritannien von dem Regierungschef in Absprache mit dem Monarchen zu treffen (vgl. Kap. 2).

Die Maxime der Selbstbehauptung hat trotz veränderter Rahmenbedingungen in der internationalen Politik und den Wechseln an der Regierungsspitze und den damit verbundenen Veränderungen eine gewisse Kontinuität erfahren im britischen Regierungshandeln des ausgehenden 20. Jahrhunderts. Die britische Außenpolitik der drei letzten Premierminister ist vornehmlich geprägt von dem kontinuierlichen Streben, Großbritannien als politischen Machtfaktor in der internationalen Politik auch nach dem Ende der bipolaren Weltordnung zu etablieren. Damit schlossen sich sowohl konservative als auch sozialdemokratische Regierungen dem außenpolitischen Leitfaden Großbritanniens im 20. Jahrhundert an, der zwischen Niedergangserfahrung und zukunftsorientiertem Machterhaltungsstreben balancierte (Ebersold 1995: 142).

Die Außenpolitik unter Premierministerin Margaret Thatcher orientierte sich an einem wiedergewonnen Exzeptionalismus, der sich durch eine nostalgische Beziehung zu Englands Vergangenheit erklären lässt. „We have ceased to be a nation in retreat", hatte die als „eiserne Lady" bezeichnete Premierministerin nach dem Ende des Falklandkrieges erklärt (Schmidt 1998: 391). Thatcher verteidigte strikt die Interessen Großbritanniens innerhalb der Europäi-

---

[114] So im Falle des Kosovo Einsatzes, nach den Anschlägen vom 11.September 2001 und dem Kriegseinsatz im Irak 2003 (Williams 2004: 916f.).

schen Gemeinschaft[115] und wandte sich gegen den Abbau nationaler Souveränität zu Gunsten supranationaler Institutionen. Im Mittelpunkt stand die Re-Transformation einer ehemaligen Weltmacht in einen Entscheidungsträger der Weltpolitik, wobei der Bezugspunkt die verklärte Vorstellung der glorreichen britischen Vergangenheit bildete. „She believed she could end the cycle of national decline and rejuvenate Britain in the image of a fabulous past" (Gray 2004: 40). Geprägt durch einen „highly ideological" (Byrd 1988: 1) Ansatz von Außenpolitik dominierten Unilateralismus, Antikommunismus und die Verteidigung der „nationalen Interessen" die Politik der Ära Thatcher. Im Vordergrund ihrer Außenpolitik stand der Sicherheitsaspekt des Vereinigten Königreichs, den sie vor allem in der Abwehr des Sowjetkommunismus verwirklicht sah. Dementsprechend lag die Ausrichtung der außenpolitischen Leitlinien auf der Betonung der Beziehungen zu den USA als engstem Verbündeten und weniger in den Integrationsbemühungen des westeuropäischen Festlandes. „Dies beinhaltete für sie die Notwendigkeit, eine adäquate Verteidigungsposition beizubehalten, die für Großbritannien auch Kernwaffen einschloß." (Himmler 2001: 50) Den Höhepunkt der in ihren Augen so bedeutsamen Reputation Großbritanniens in der internationalen Staatengemeinschaft erreichte Thatcher schließlich mit dem militärischen Sieg über die argentinischen Invasionstruppen auf den unbedeutenden Falklandinseln 1982 – der zugleich aber auch Ausdruck eines Willens war, Interessenpolitik notfalls mit militärischen Mitteln zu führen. (Clarke 1988; Wheller/Dunne 1998: 850; Lawler 2000: 282).

Das Regierungshandeln folgte in der Ära Thatcher eher informellen Kriterien, indem sie den institutionellen Vorgaben misstraute und einen personenbezogeneren Regierungsstil anwendete. Die Premierministerin versuchte durch persönliche Bindungen eine Politik der „personal diplomacy" aufzubauen (Birch 1998: 225). Dies schlug sich etwa in den engen Beziehungen zu US-Präsident Reagan nieder. Zudem nahm Thatcher für sich in Anspruch, mit der Einladung zu einem Besuch Gorbatschows 1984 als erste die reformerische Bedeutung des neues sowjetischen Staatschefs erkannt zu haben (Schmidt 1998: 396).

Der Thatcher-Nachfolger John Major bevorzugte im Gegensatz zu seiner stärker an Ideologien ausgerichteten Vorgängerin in seiner Außenpolitik eine pragmatischere Vorstellung der internationalen Rolle des Königreiches. Die europäische Dimension war aber auch für Major in erster Linie mit der Verbesserung der machtpolitischen Interessen des Königreiches

---

[115] Thatcher hatte auf dem EG Gipfel in Fontainebleau 1984 den sogenannten „Britenrabatt" durchgesetzt: Da das EG-Budget zu etwa zweidrittel aus Agrarsubventionen bestand, die aufgrund der marginalen Landwirtschaft in Großbritannien kaum Einsatz fanden, einigte man sich darauf, dass das Vereinigte Königreich zwei Drittel seiner Nettozahlungen von der EU zurückerstattet bekam.

verbunden: „We should be at the centre of Europe if we are going to properly protect our interests. [...] What it does mean is that we are in a better position to influence the way in which Europe goes" (zit .n. Holmes 1998: 3). Die Europapolitik Majors war ähnlich ambivalent wie die anderer britischer Regierungschefs. Bedingt durch verstärkte antieuropäische Töne musste Major seine Außenpolitik auch nach den innerpolitischen Gegnern ausrichten, so dass er täglich einer „permanent crisis mode" (Gray 2004: 41) ausgesetzt war. Gegen Ende seiner Amtszeit war aus der Euro*phorie* zur Zeit des Maastricht-Vertrages 1992 ein Umschwenken auf euroskeptische Positionen festzustellen, vor allem aus innerparteilicher Notwendigkeit. Insofern bestand das außenpolitische Profil Majors vorwiegend aus dem Balanceakt zwischen Fortbestand der *special relationship* und dem Ausbau der europäischen Integration auf der einen und der Vermittlung zwischen Innen- und Außenpolitik auf der anderen Seite.

Die außenpolitischen Vorstellungen der neuen Labour-Regierung hatten zunächst den Anspruch, sich weniger an der Rückkehr zur machtvollen Größe vergangener Tage als an den Anforderungen einer globalisierten Welt zu orientieren. Statt *rule Britannia* stellte nun *cool Britannia* das Leitmotiv britischer Außenpolitik dar (Wheeler/Dunne 1998: 850). Multilateralismus orientiert an einer neuen „ethischen Sichtweise" sollte das eindimensionale internationale Vorgehen der Tory-Regierung ersetzen. Eine Stärkung der UNO war dabei zunächst eine der Komponenten des „new internationalism" (Lawler 2000: 290) der Blair-Regierung. Zudem gehörte Großbritannien, im Gegensatz zum Verbündeten USA, von Beginn an zu Verfechtern eines Internationalen Strafgerichtshofes. Mit dem Amtsantritt Tony Blairs verbunden war jedoch auch der außenpolitische Spagat zwischen einer führenden Rolle im europäischen Einigungsprozess und der traditionellen Linie des unabhängigen *global players* in der Weltpolitik.

10.5 New Labour, New Britain, New Europe?

Die Außenpolitik stellt einen der vier Eckpfeiler in Tony Blairs Konzept des New Britain dar. Dem traditionellen internationalen Anspruch der Partei verpflichtet, lag der Ansatz New Labours in dem Vorhaben, Großbritannien zu einem zentralen Entscheidungsträger der internationalen Politik zu machen, dessen Führungsrolle in der internationalen Gemeinschaft auf „internationalism and engagement" (Lawler 2000: 283) aufgebaut sein sollte. Dokumentiert wurde dieses Bedürfnis durch die Aufnahme der Menschenrechtskonventionen in das *Foreign*

& Commonwealth Office (FCO) Mission Statement 1998. In einer Rede in Chicago 1999 betonte Blair seine Auffassung von Globalisierung, die nicht nur ökonomischer, sondern auch
politischer und vor allem sicherheitspolitischer Natur sein müsse. Blair forderte eine „new
doctrine of international community"[116], die vor allem interventionistisch orientiert sein sollte.

In der Frage der europäischen Integration stand New Labour nach der Regierungsübernahme für einen europafreundlichen Kurs. Angetreten mit dem Anspruch, die zögerliche Europapolitik seiner Vorgänger/innen zu überwinden, mehrten sich jedoch bald die Stimmen, die an-
mahnten, dass die Regierung den Worten auch Taten folgen lassen müsse. Denn neben dem
eigenen Anspruch, unabhängig in der Weltpolitik Einfluss nehmen zu können, im Notfall
auch im Gegensatz zur EU-Politik, stellte vor allem die Distanz zur Europäischen Währungsunion ein Hemmnis für eine Führungsrolle in der EU dar. Nachdem der günstige Moment des
Wahlsieges 1997 für ein Euro-Referendum verpasst wurde, hatte sich die Stimmung für einen
Beitritt zur EWU auch in der zweiten Amtszeit nicht wesentlich verbessert. Dies haben manche Kritiker als Hinweis einerseits auf eine generelle Trennung dessen, was die Regierung
rhetorisch leistet und dessen, was substantiell heraus kommt, verstanden (Marsh 2003). Andererseits wurde aber auch das größer werdende Missverhältnis zwischen dem Anspruch Großbritanniens auf eine europäische Führungsrolle und der Integration in die EU gesehen. „[I]t is
clear that the longer Britain remains outside the single currency the more political influence in
the EU it will lose – there is no prospect of Britain being the 'dominant actor', as Tony Blair
intends, while the country is not in EMU." (Hughes/Smith 1998: 98)

Die Entwicklungen während und nach dem Irakkrieg 2003 offenbarten, dass die Isolation
innerhalb der EU, für die die Major-Regierung verantwortlich gemacht wurde, auch unter
Blair nicht überwunden werden konnte – wenn auch unter anderen Vorzeichen. Die auf verschiedenen Ebenen fortgeschrittene aber weniger öffentlich sichtbare schrittweise Annäherung Großbritanniens an europäische Ideen erlitt durch die tiefe Spaltung der EU in der Frage
der Unterstützung der USA während des Irakkonfliktes vor allem für ein gemeinsames europäische Bewusstsein der Briten einen fatalen Rückschlag. Blairs Bevorzugung der amerikanischen Linie beruhte auf der Vorstellung, an der Seite der Supermacht USA an der Gestaltung
der Weltpolitik mitwirken zu können, wenn auch zu Lasten des vereinten Europas. Da die für
den europäischen Einigungsprozess wichtigen Staaten Deutschland und Frankreich im Zuge
des Irakkrieges durch den amerikanischen Verteidigungsminister Rumsfeld als „altes Europa"

---

[116] Blair, Tony: Doctrine of the International Community. Speech to the Economic Club of Chicago. Vortrag am
22. April 1999. http://www.globalpolicy.org/globaliz/politics/blair.htm (04.03.2005)

bezeichnet wurden, nahm Großbritannien als treuer Verbündeter der US-amerikanischen Einmarsches in den Irak quasi die Rolle zwischen „altem" US-kritischem und „neuem" US-freundlichen (Ost-)Europa ein. Betont wurde dieses Schema des Europaverständnisses in einer Rede des Staatsministers für Europafragen im Außenministerium der Regierung Blair, Denis MacShane, der Europa vor die Wahl stellte, Amerika mit ausgestreckten Armen entgegenzutreten oder zurückzukehren „to the old Europe of condescension and a sense of superiority over the United States"[117].

Für die Beziehungen zwischen Großbritannien zu seinen europäischen Partnern wirkte sich die Beteiligung am Irakkrieg und vor allem die einseitige Unterstützung der Politik Bushs ohne vorherige Konsultation der EU-Partner daher höchst störend aus. „Blair's reputation has been damaged irreparbly by his decision to back the Bush administration's ill-fated adventure in Iraq" (Gray 2004: 40). Die zwei zentralen Kreise der britischen Außenpolitik schienen sich mit dem Irakkonflikt gewissermaßen im Wege zu stehen. Die Regierung Blair musste nun zwischen der gewichtigen „coalition of the unwilling" (Baker/Sherrington 2004: 347) innerhalb der EU auf der einen und der bedingslosen Unterstützung der USA im *War Against Terror* auf der anderen Seite vermitteln, ohne dabei die innenpolitische Dimension in dieser die Öffentlichkeit spaltenden Frage zu vernachlässigen. Die Brücke, die die Regierung Blair zwischen Europa und Amerika sinnbildlich bilden wollte, schien mit der Kontroverse um den Irakeinsatz massive Risse bekommen zu haben. Dementsprechend war die Außenpolitik Blairs in der Nachkriegszeit um die Restauration des europäischen Pfeilers bemüht.[118]

Betrachtet man resümierend die Außenpolitik New Labours insbesondere unter dem kommunikativen Aspekt auf der einen und dem politischen Output auf der anderen Seite, hat New Labour „merely substituted new rhetoric for the old Churchillian concept of interlocking circles, with Britain uniquely placed at their interceptions" (Marsh 2003: 50). Neuerungen waren insbesondere die offene Propagierung von multilateralem Engagement und der Einsatz für eine internationale Gemeinschaft. Vor allem im Bereich Wirtschaft und Soziales legte die Labour Regierung ihren Schwerpunkt auf Vertiefung der EU. Allerdings legte man weiterhin in

---

[117] MacShane, Denis: Europe has a responsibility to work with the United States. Rede auf der Quadriga Konferenz Rom, 20.02.2005.
www.fco.gov.uk/servlet/Front?pagename=OpenMarket/Xcelerate/ShowPage&c=Page&cid=1007029391647&a=KArticle&aid=1107298470199 (10.03.2005)

[118] Um das Bild des bedingungslosen Adjutanten Bushs zu verhindern, weigerte sich Blair bisher, die *Congressional Gold Medal* des amerikanischen Kongresses für seine Unterstützung im Irakkrieg aus der Hand von Präsident Bush entgegenzunehmen.

der Tradition britischer Regierungen den Akzent auf den nationalstaatlichen Charakter der Gemeinschaft und betonte das Souveränitätsprinzip.

Mit dem aufgeschobenen Referendum über die EU Verfassung und spätestens mit einer Volksabstimmung über den Beitritt zur Eurozone wird die Labour Regierung allerdings ihr Schicksal mit der Europapolitik des Vereinigten Königreiches verbinden (müssen). Die ambivalente Haltung, die das Verhältnis britischer Regierungen zur europäischen Integration seit dem Ende des Zweiten Weltkrieges kennzeichnete, kann durch die Regierung Blair nach dem Wahlsieg im Jahr 2005 schärfere Konturen gewinnen. Denn nur eine klare proeuropäische Haltung würde die Chancen auf eine Zustimmung der Wähler ermöglichen. Vor allem im Hinblick auf die Meinungsmacht einer polarisierenden Boulevardpresse scheint es für New Labour sinnvoller, die Drei-Kreise-Doktrin der Außenpolitik in ihrem eigenen Interesse zugunsten einer Zentrierung der europäischen Frage aufzugeben. Erst als auch finanzpolitisch voll integriertes Mitglied der Europäischen Union könnte sich der zweite zentrale Kreis der britischen Außenpolitik, die spezielle Beziehung zu den USA, wieder voll entfalten, um die selbstgewählte Brückenfunktion Großbritanniens zwischen Europa und Amerika integrativ einzunehmen. Wird man jedoch im europäischen Einigungsprozess an den äußeren Rand gedrängt, „the British would be less able to nudge union policies in an Atlanticist direction" (Grant 2005: 91). Dies wäre umso so bedauerlicher, so die Argumentation auf amerikanischer Seite, als mit einem französisch-deutsch geführten Europa die „relatively anti-Americans" (ebd.) die Oberhand hätten.

Wenn die Einschätzung zutrifft, dass es insbesondere die Einführung des Euros wäre, für die Blair in Erinnerung bleiben möchte (Gray 2004: 40), müssten den frommen Wünschen auch überzeugende Taten folgen. Die Aussicht, nicht unter dem Erfolgsdruck einer nahenden Wahl zu stehen, könnte Tony Blair nutzen, um die Akzeptanz der europäischen Integration in Großbritannien voran zu treiben. Denn erst das Selbstverständnis sowohl der Regierungspolitik als auch der Gesellschaft unlöslicher Teil der europäischen Gemeinschaft zu sein, würde die Spannungen zwischen den angloamerikanischen und den europäischen Beziehungen als wichtigste Zentren der britischen Außenpolitik des zwanzigsten und einundzwanzigsten Jahrhunderts, sowohl innen- als auch außenpolitisch lösen können.

Links:

Commonwealth Secretariat: www.thecommonwealth.org

Department for International Development (DFID): www.dfid.gov.uk

Office for Foreign and Commonwealth Affairs (FCO): www.fco.gov.uk

Premierminister (offizielle Seite der Regierung von GB): www.number-10.gov.uk

Wilton Park Conferences: www.wiltonpark.org.uk

11. Innen- und Justizpolitik

Die britische Innenpolitik ist in besonderer Weise durch die Aufgabe der Integration einer multiethnischen Gesellschaft geprägt. Durch den irisch-republikanischen sowie den internationalen Terrorismus und die organisierte Kriminalität hat das Politikfeld innere Sicherheit und Kriminalpolitik an Bedeutung gewonnen. Kritiker werfen der Labour-Regierung vor, mit ihrer strengen *law and order*-Politik immer stärker die bürgerlichen Freiheiten und die Zivilgesellschaft zu untergraben. Andererseits findet die Labour-Regierung trotz umstrittener Maßnahmen wie die Einführung von Personalausweisen mit ihrer konservativen Rechts- und Sicherheitspolitik anklang in breiten Bevölkerungskreisen. In der Einwanderungspolitik setzt die Regierung auf *managed migration*. Nachdem die Anzahl der Asylanträge 2002 mit 84.130 einen Höchststand erreicht hatte, ging die Regierung auch hier zu einem restriktiven Kurs über. In der Justizpolitik ist mit dem „Human Rights Act" 1998 ein neuer menschenrechtlicher Standard für die britische Justiz gesetzt worden. Mit der Einrichtung des *Departments for Constitutional Affairs* ist das alte *Lord Chancellors Department* quasi generalüberholt worden. Die Reform des *court systems* und des außergerichtlichen *tribunal systems* sowie die Verbesserung des Opferschutzes stellen in diesem Feld weitere zentrale Maßnahmen dar.

11.1 Entwicklung und Grundzüge

In einem sehr allgemeinen Sinn lassen sich alle Formen, Inhalte und Prozesse politischen Handelns und Entscheidens entweder der Innen- oder der Außenpolitik zuordnen. Innenpolitik in diesem allgemeinen Sinne umfasst auch Aufgaben, die zunehmend in spezialisierte Ministerien wie z.B. Arbeit und Sozialpolitik, Familien- und Gesundheitspolitik oder Wirtschafts- und Bildungspolitik ausgegliedert worden sind. Das Innenministerium als eines der ältesten und „klassischen" Ministerien ist nur noch für einen kleinen Teil der Innenpolitik in diesem weiten Sinne zuständig. Thematisch eng verbunden ist das Innenressort mit dem Justizministerium. Von der allgemeinen Staatsaufgabe der „Aufrechterhaltung von Recht und Ordnung" fällt dem Justizressort die Aufgabe der Rechtspolitik zu, dem Innenressort die Aufrechterhaltung der „inneren Ordnung" des Staatswesens, was häufig auch mit dem Begriff der

„inneren Sicherheit" umschrieben wird. Zu den Aufgaben des Innenressorts zählen Angelegenheiten der Staats- und Rechtsordnung, der allgemeinen Verwaltung, des öffentlichen Dienstes, der Polizei und Kriminalpolitik sowie des Verfassungsschutzes.

Die Grundlagen des britischen Rechtswesens wurden bereits unter Henry II (1154-89) gelegt, der überall im Land *local courts* installierte und dafür sorgte, dass Richter regelmäßig im Land umher reisten, um die Einheitlichkeit der Rechtsprechung zu gewährleisten. Anders als auf dem Kontinent und teilweise auch in Schottland wich das englische Recht immer mehr von der römischen Rechtstradition ab. Es entwickelte sich stattdessen das *common law* durch die Tätigkeit der Richter in den Gerichten. Ab dem 17. Jahrhundert wurde schließlich die Gesetzgebung durch das Parlament die dominierende Rechtsquelle (*statute law*). Erst ab dem 19. Jahrhundert wurde die Gesetzgebung durch das Parlament immer mehr auch zur Regulierung gesellschaftlicher Verhältnisse genutzt (Barnett 2002: 411), während vorher vor allem Fragen der staatlichen Ordnungssicherung im Zentrum standen. Insgesamt kennt das britische Recht gegenwärtig fünf Rechtsquellen: *common law*, *statute law*, *constitutional conventions* und *case law*, das am Einzelfall gewonnene, vom Richter geschöpfte Recht. Europäische Richtlinien werden nur insofern zur Rechtsquelle, als sie in britisches Recht übertragen werden. Die „Europäisierung" der Innen- und Justizpolitik umfasst neben der supranationalen Willensbildung und Zusammenarbeit auch die Implementation gemeinschaftlicher Regeln in nationales Recht (Müller 2003, Glaeßner 2005, Hartlapp 2005). Die EU ist insofern zwar nicht unmittelbare Rechtsquelle, aber im Kontext von *multi level governance* im Feld der Innen- und Justizpolitik zunehmend wichtiger geworden (Kap. 11.2).

Im Vereinigten Königreich gibt es insgesamt drei Rechtssysteme: England und Wales haben ein gemeinsames, Schottland und Nordirland jeweils ein eigenes Rechtssystem. Das *House of Lords* ist gegenwärtig die höchste Berufungsinstanz, mit Ausnahme des schottischen Strafrechts. Weitere historisch bedingte Kennzeichen sind die starke Stellung von Laien im Rechtssystem[119] sowie eine Reihe von nichtgerichtlichen Alternativen zur Rechtsfindung. Das britische Rechtswesen ähnelt in mancher Hinsicht eher dem US-amerikanischen als dem kontinentaleuropäischen. Der historische Prozess der Staatsbildung führte zwar zu einem zentralistischen Staatswesen, aber nicht zu einem einheitlichen Rechtssystem und auch nicht zu einem zentralen Polizeiwesen. Während das Rechtssystem in drei Regionen segmentiert ist, ist die Polizei primär Sache der Kommunen.

---

[119] Weit über 90 % aller Strafrechtsprozesse werden vor Laiengerichten verhandelt, so genannten *Magistrat Courts*.

Zu den wichtigsten Aufgaben des Innenministeriums gehört die Verbrechensbekämpfung und -prävention, die Bekämpfung und Prävention organisierter und internationaler Kriminalität sowie die Abwehr von Terrorismus und anderer Bedrohungen der nationalen Sicherheit, des Weiteren die Gewährleistung effektiver Rechtsprechung, die Reduzierung des Drogenhandelns und -missbrauchs sowie die Steuerung der Immigration unter Aspekten wirtschaftlichen Wachstums und sozialer Inklusion. In der zweiten Amtszeit Blairs standen Reformen öffentlicher Dienstleistungen sowie im Zivil-, Straf- und Strafprozessrecht und effektivere Kriminalitätsbekämpfung auf der innen- und justizpolitischen Agenda. Zu den innenpolitischen Zielen der dritten Amtszeit Blairs gehören die weitere Modernisierung des öffentlichen Dienstes, die Einbringung neuer Anti-Terror-Gesetze, die die Verurteilung von Terrorverdächtigen erleichtern sowie eine straffere Asylpolitik. Von den über 700 Terrorismusverdächtigen, die seit dem 11. September 2001 in Großbritannien inhaftiert wurden, sind bislang nur 17 verurteilt worden. Daneben plant die Regierung die Einführung von maschinenlesbaren Pässen mit biometrischen Daten sowie die Strafbarkeit der Anstachelung zu religiösem Hass.

Seit den 70er Jahren kam es immer wieder zu Anschlägen der nordirischen IRA in England. Im Februar 1974 kamen bei einem Anschlag in Nordengland auf einen Bus mit Soldaten und ihren Angehörigen 12 Menschen ums Leben, im Herbst des Jahres starben 28 Menschen bei einer Anschlagserie in britischen Pubs. Im Juli 1982 starben elf Menschen bei einem IRA-Attentat auf Soldaten und im Dezember 1983 weitere sechs durch eine Kaufhausbombe. Im Oktober 1984 entging Premierministerin Thatcher auf einer Parteiversammlung in Brighton knapp einem Attentat, bei dem fünf Menschen starben. 1989 starben elf Menschen bei einem Attentat auf die Königliche Marinemusikschule und 1992 tötete eine Autobombe im Londoner Finanzviertel drei Menschen. Im April 1993 verwüstete eine IRA-Bombe Teile des Londoner Finanzviertels und tötet einen Menschen. 1996 starben weitere zwei Menschen bei einem IRA-Anschlag in den Docklands von London und 2001 brachte eine IRA-Splittergruppe eine Automobe vor der BBC-Zentrale zu Explosion, wobei ein Mensch verletzt wurde. Mit jedem der IRA-Anschläge wurden die Sicherheitsvorkehrung verbessert und die Polizei, Krankenhäuser und die Notfalldienste besser geschult. Im Unterschied zu den neuen Formen des internationalen Terrorismus gab die IRA ihre Anschläge auf zivile Einrichtungen häufig kurz vorher bekannt, so dass die Polizei eine minimale Chance hatte, die Menschen zu evakuieren. In späteren Jahren ging die IRA zu einer Strategie über, nicht möglichst viele Menschen zu töten, sondern großen wirtschaftlichen Schaden anzurichten und die Stadt lahm zu legen, was ihr 1997 auch mit einer Reihe inszenierter Drohungen gelang. Während der IRA-Terror langsam abebbte[120], warnten Experten vor einer wachsenden Gefahr durch islamistische Gruppierungen, die Großbritannien nicht zuletzt wegen seiner Beteiligung am Irak-Krieg 2003 als Ziel auswählen können. Mit dem Anschlag auf einen PAN AM-Jumbo über Lockerbie 1988 wurde Großbritannien erstmals vom internationalen Terrorismus betroffen. Seit den Anschlägen von New York und Madrid hatte man fest mit islamistischen Anschlägen auch in London gerechnet. Während des G 8-Gipfels im schottischen Gleneagles am 7. Juli 2005 explodierten Bomben in der Londoner U-Bahn und in einem Bus und töteten 56 Menschen.

Die Terroranschläge vom Juli 2005 trafen eine multiethnische Gesellschaft mit langer Einwanderungstradition und stetig wachsender Zahl ethnischer Minderheiten. 2001 gehörten 7,9 Prozent oder 4,6 Millionen Menschen einer ethnischen Minderheit an. Innerhalb der letzten zehn Jahre ist ihr Anteil um über 50 Prozent gewachsen. Etwa die Hälfte von ihnen stammt vom indischen Subkontinent, ca. ein Viertel sind Farbige, vor allem afrikanischer und karibischer Abstammung. Etwa 1,8 Millionen dieser Briten sind Muslime (ONS 2004: 108). Ungefähr die Hälfte der ethnischen Minderheiten lebt in London und gilt als relativ gut in die britische Gesellschaft integriert. Zumindest unter den Jüngeren existiert auch ein ausgeprägtes britisches Nationalgefühl. Zugleich finden sich in den muslimischen Einwanderergemeinden immer häufiger kleine Gruppen radikalisierter Fanatiker zusammen, die bereit scheinen, auch als Selbstmordattentäter aktiv zu werden. Dieser *homegrown terrorism* rekrutiert sich weitgehend aus der zweiten oder dritten Generation von Einwanderern, die auf diese Weise auch gegen die Anpassung ihrer Elterngeneration protestieren wollen.

Die fünfziger Jahre hatten den ersten großen Zustrom von Einwanderern aus dem Commonwealth gebracht, der dann mit den „Commonwealth Immigration Act" erstmals 1962 reguliert wurde. Das Gesetz forderte von allen arbeitssuchenden Immigranten den Nachweis beruflicher Qualifikation und schränkte so die freie Einreise aus dem Commonwealth ein. 1971 wurde die Immigration an die Beantragung einer Arbeitserlaubnis oder den Nachweis gebunden, dass Eltern oder Großeltern im Vereinigten Königreich geboren wurden. Weitere Einschränkungen erfolgten 1981 und 1988. Während von 1993 bis 1997 jährlich etwa 50.000 legale Einwanderer ins Land kamen, stieg die Zahl bis 2003 auf 158.000.[121] Neben der Einwanderung aus dem Commonwealth spielt heute die Einwanderung aus den Ländern des früheren Ostblocks eine zunehmend große Rolle. Nach der EU-Osterweiterung erhielten zwi-

---

[120] An der Frage der nachprüfbaren und irreversiblen *decommission* (Entwaffnung) ist der Friedensprozess in Noerirland immer wieder ins Stocken geraten (vgl. Kap. 3.4).

[121] Die Zahlen sind Netto-Einwanderung. 2002 standen 512.800 Einwanderern 359.400 Auswanderern gegenüber (ONS 2004: 104).

schen Mai und November 2004 90.000 Menschen aus den neuen EU-Mitgliedsländern eine Arbeitserlaubnis für Großbritannien. Die Arbeitsmigranten aus den neuen EU-Mitgliedsländern sind nicht unwillkommen, da sie oft Arbeiten ausführen, die bei britischen Arbeitern nicht beliebt sind und nach einiger Zeit wieder in ihr Heimatland zurückkehren.

11.2 Justizreform und Europäisierung

Kernanliegen verfassungspolitischer Reformen ist die weitere institutionelle Differenzierung von Judikative, Exekutive und Legislative (Kap. 2). Die umfangreichen Verfassungs- und Justizreformen in der zweiten Amtsperiode Blairs lassen sich am besten unter dem Stichwort *differentiated polity* zusammenfassen. Im Juni 2003 hat die Regierung angekündigt, einen neuen, unabhängigen *Supreme Court* errichten zu wollen, der die juristischen Funktionen der *Law Lords* des Oberhauses übernehmen soll. Mit diesen Plänen sollte auch das Amt des *Lord Chancellors* hinfällig geworden, der bislang noch in allen drei politischen Gewalten vertreten war: als Kabinettsmitglied in der Exekutive, als oberster Richter in der Judikative und als *Speaker* des Oberhauses in der Legislative. Des Weiteren ist nach diesen Plänen eine unabhängige *Judicial Appointments Commission* eingerichtet worden. Ein entsprechender Gesetzentwurf (*Constitutional Reform Bill*) wurde erstmals im Februar 2004 vorgelegt (ONS 2004: 46, 203) und nach heftigen Kontroversen und Veränderungen durch die *Lords* im März 2005 verabschiedet. Dazu ist die gesetzliche Verantwortung für die Gerichtsbarkeit weitgehend an einen *Secretary of State for Constitutional Affairs* und den *Lord Chief Justice*[122] transferiert worden (ebd.). Gegenwärtig werden das reduzierte Amt des *Lord Chancellors* und das des *Ministers für Constitutional Affairs* in Personalunion von Lord Fallconer of Thoroton ausgeübt.

Im Juni 2003 wurde mit der Umwidmung des *Lord Chancellors Department* in *Department for Constitutional Affairs* die justizpolitisch relevante Kompetenzen des Hauses gestärkt. Zu seinen Aufgaben gehört die Bereitstellung effektiver und zugänglicher Gerichtsbarkeit für alle, die Sicherung der Rechte und Pflichten der Bürger und die Modernisierung von Recht

---

[122] *Lord Chief Justice* ist das zweithöchste Richteramt an den Gerichten von England und Wales. Er ist Vorsitzender der *Queen's Bench Division* des *High Court* und der *Criminal Division* des Berufungsgerichtes. Mit der Ernennung zum *Lord Chief Justice* ist gewöhnlich eine Berufung ins Oberhaus verbunden. Die *Queen's Bench Division* ist Teil des *High Court of Justice* in England und Wales und verantwortlich für Zivilrechtsfragen wie Verträge, klagbare Delikte (*tort*) und Verwaltungsrecht. Berufungen der *Magistrates' Courts* und einiger Tribunale werden hier ebenfalls verhandelt.

und Verfassung. Das *Department for Constitutional Affairs* (DCA) ist der zentrale rechtspolitische Akteur. Das Ministerium stellt eine Verbindung zum Zivilprozessrecht her und bietet Informationen zu ADR (*alternative dispute resolution*) als einer Alternative zu den Gerichten an. Zu seinen Aufgaben gehört die Verbesserung des *Criminal Justice System* (CJS), das die Anzahl der geahndeten Verbrechen erhöhen sowie Verbrechen und auch die Angst davor insgesamt reduzieren soll.

Darüber hinaus ist die Verwaltung des Gerichtswesens zentralisiert und als Agency (*Her Majesty's Courts Service*, HMCS) ausgegliedert worden, die den *Court Service* und die 42 *Magistrates' Courts Committees* ersetzt hat. HMCS verwaltet seit April 2005 alle Gerichte in England and Wales außer dem House of Lords. Damit sind erstmals die Organisation von *Magistrates'*, *Crown*, *County* und *Supreme Courts* in einer Behörde zusammengefasst. Die Einrichtung einer vereinheitlichten Verwaltung in diesem Bereich ist ein Ergebnis des „Courts Act" 2003. Darüber hinaus soll die Wartezeit auf einen Verhandlungstermin reduziert werden und effiziente, schnelle Asylverfahren etabliert werden. Auch die nichtgerichtlichen Verfahren der Streitschlichtung durch Tribunale sind reorganisiert und in einer Agency zusammengefasst worden (vgl. Kap. 9).[123]

Zu den Aufgaben des DCA gehört die Wahl- und Verfassungsreform einschließlich der Einrichtung einer unabhängigen *Judicial Appointments Commission* auf gesetzlicher Basis, um Kandidaten für die Ernennung als Richter zu empfehlen, die Einrichtung eines neuen *Supreme Court*, der das alte Ausschusssystem des Oberhauses ersetzen soll sowie weitere verfassungspolitische Reformen. Es hat darüber hinaus die Oberverantwortung für die Bereiche Menschenrechte, Informationsfreiheit, Datenschutz und *gender recognition*.

Die umstrittene Reform des Ausweis- und Meldewesens hat durch die Terroranschläge von Juli 2005 neue Dringlichkeit bekommen. Viele potenzielle Terroristen tauchten in London unter, unbehelligt von Melde- oder Ausweispflicht und geschützt durch ein liberales Rechtssystem, das die in muslimischen Kreisen weitverbreitete Leugnung des Holocaust ebenso als Meinungsfreiheit erlaubt wie wildeste Aufrufe zur Gewalt, solange sie nicht konkret mit einer Tat verbunden sind. Für die dritte Amtsperiode sieht die Regierung vor, das Anstacheln zu religiösem Hass unter Strafe zu stellen. Auch soll an diesem Punkt eine verschärfte Abschiebepraxis ansetzen. Nach geltendem Recht darf Großbritannien niemanden in ein Land abschieben, in dem ihm Verfolgung oder Folter droht. Die Regierung strebt nun bilaterale Abkommen mit Ländern wie Jordanien, Algerien und Libanon an, in denen zugesichert wird,

---

[123] www.tribunalsservice.gov.uk

dass abgeschobenen Häftlingen dort keine Misshandlung oder Folter drohe. Dadurch soll die Abschiebung von Extremisten und „Hasspredigern" in diese Länder ermöglicht werden.

Die Justizreform der letzten Jahre umfasst auch eine Aufwertung des Opferschutzes. Die Initiative der Regierung zu einem Verbrechensopfergesetz („Domestic Violence, Crime and Victims Act") erweitert die Bestimmungen einer außergesetzlichen Opfercharta von 1996. Im Rahmen der Reform des *Criminal Justice System* verbesserte das Ende 2004 verabschiedete Gesetz den Schutz sowie die Unterstützung und die Rechte von Opfer und Zeugen von Verbrechen. Laut Blair musste das Rechtssystem in ein neues Gleichgewicht zu Gunsten der Opfer gebracht werden (Potter 2003). Das Gesetz ermöglicht dem Innenminister, einen Kodex aufzustellen, der der Strafjustiz die Pflicht zu Schutz, Unterrichtung und praktischer Unterstützung von Verbrechensopfern zuweist. Verletzt eine Behörde den Verhaltenskodex oder werden die Leistungen nicht erbracht, steht dem Opfer der Klageweg über den *Parliamentary Commissioner for Administration* (Ombudsmann, vgl. Kap. 9.3.3) offen. Außerdem wurde durch das Gesetz ein unabhängiger *Commissioner for Victims* eingesetzt, der die Interessen von Opfern und Zeugen vertritt. Seit 1964 gibt es eine staatliche Entschädigung für Opfer von Gewaltverbrechen, die sich zuletzt auf über £ 200 Millionen pro Jahr summierte (ebd.). Die Ausgaben werden teilweise durch Einnahmen aus Straf- und Bußgeldern gegenfinanziert.

Mit dem „Criminal Justice Act" 2003 sind eine Reihe von Umwälzungen für das britische Rechtssystem verbunden gewesen. Der Entwurf hatte zuvor einige Widerstände im Oberhaus zu überwinden, weil die Peers eine Einschränkung des Rechts auf *trial by jury* befürchteten und weil das alte Recht, für ein Verbrechen nicht zweimal vor Gericht gestellt zu werden, abgeschafft werden sollte. Dieses Recht geht auf eine Tradition aus dem 12. Jahrhundert zurück, wonach eine Person für ein einmal verhandeltes Verbrechen nicht erneut vor Gericht gestellt werden darf, auch wenn neue Gegebenheiten für ihre Schuld sprechen (*double jeopardy*, „Doppelmord"). Die Klausel soll den Angeklagten vor mehrfacher Bestrafung für ein und dasselbe Vergehen schützen. Im „Criminal Justice Act" 2003 wurde diese strenge Regelung aufgeweicht. Erneute Verhandlungen trotz eines früheren Freispruches sind nun erlaubt, wenn es neue und „zwingende" Beweise gibt. Auch wurde von den Lords kritisiert, dass nun *bad character* als Beweis in Verhandlungen benutzt werden darf. Das Gesetz trug mit dazu bei, New Labours Image als *law and order*-Partei (vgl. Parmar 2000) zu festigen.

Weniger eindeutig ist das Image New Labours hinsichtlich einer gemeinsamen europäischen Innen- und Justizpolitik. Die Innen- und Justizpolitik der EU umfasst die Felder der Asyl-, Einwanderungs- und Visapolitik, die Kooperation von Polizei- und Zollbehörden sowie in Zivil- und Strafsachen (Müller 2003: 27). Durch den Vertrag von Maastricht wurde die Zusammenarbeit in der Justiz- und Innenpolitik als so genannte „dritte Säule" der EU institutionalisiert (Kap. 2). Mit dem Vertrag von Amsterdam wurden wesentliche Teile dieser dritten Säule vergemeinschaftet und in die erste Säule überführt, wo sie unter dem Titel IV „Visa, Asyl, Einwanderung und andere Politiken betreffend den freien Personenverkehr" eingefügt wurden. Der Amsterdamer Vertrag versteht unter europäischer Innenpolitik die Herstellung eines „Raums der Freiheit, der Sicherheit und des Rechts". Die dritte Säule umfasst nun nur noch die „Bestimmungen über die polizeiliche und justitielle Zusammenarbeit in Strafsachen" (neugeschaffener Teil VI des EU-Vertrages). Gegenstand der Regelung ist die Bekämpfung und Verhütung der internationalen Kriminalität, insbesondere des Terrorismus, des Waffen- und Drogenhandels, des Menschenhandels und der Bestechung und Bestechlichkeit. Die Europäisierung der britischen Innen- und Justizpolitik wird in den nächsten Jahren angesichts internationaler Herausforderungen wie Terrorismus, organisierter Kriminalität und Menschenhandel weiter anwachsen (vgl. Müller 2003: 435). Sie hat sich bereits in den letzten Jahren als ein sehr dynamisches Politikfeld gezeigt, dessen Eigendynamik sich Großbritannien nur schwer entziehen können wird.

Großbritannien fährt hinsichtlich der Europäisierung seiner Innen- und Justizpolitik einen ambivalenten Kurs oder „Sonderweg". Auf der einen Seite beteiligt es sich aktiv an der Zusammenarbeit im Bereich der Asylpolitik, der Bekämpfung illegaler Immigration und organisierter Kriminalität sowie der Rechtshilfe in Strafsachen und dem europäischen Haftbefehl. Auf der anderen Seite ist man dem Schengen-Abkommen nicht beigetreten, sondern beteiligt sich lediglich auf freiwilliger Ebene an einzelnen Regelungen des Vertrages (Glaeßner 2005: 101). Im Bereich der Terrorismusbekämpfung hat man sich vorbehaltlos europäischen Initiativen angeschlossen, die Inkorporation der Europäischen Menschenrechtskonvention erfolgte erst sehr spät und mit Vorbehalten. Nach den Anschlägen vom 11. September 2001 suspendierte man die Verpflichtungen aus Art. 5,1 der Konvention, die Maßnahmen wie Festnahmen, Freiheitsentzug und Vorführung vor den gesetzlichen Richter betreffen (ebd.: 102). Auch wenn die Inkorporation der Konvention durch den „Human Rights Act" von 1998 wichtige neue Rechtsstandards setzte, findet sich andererseits auch immer wieder die Freiheit, diese Standards zu übertreten. „Kein anderer europäischer Staat beging öfter Menschenrechtsverletzungen bezüglich der Europäischen Menschenrechtskonvention als Großbritannien" (Karg 2003: 23). Es zeigt sich hinsichtlich der Europäisierung britischer Innen- und Justizpolitik ein ähnlich ambivalenter Eindruck wie bei der britischen Europapolitik generell. Wie in anderen Feldern befürchtet man den Verlust oder die Beschädigung der Parlamentssouveränität und betont die britische Eigenständigkeit. Auf der anderen Seite wird man sich aber der Integrationsdynamik dieses Politikfeldes nicht entziehen können. Die Auseinandersetzungen um die Einführung der Personalausweise illustriert diese Spannungslinie deutlich.

11.3 Terrorismus und innere Sicherheit

Großbritannien kann auf eine lange Erfahrung im Umgang mit Terrorismus zurückblicken. Terror und Gewalt haben nicht nur in der nordirischen Gesellschaft über mehr als dreißig Jahre hinweg ihre Spuren hinterlassen. Nachdem die IRA 1974 bei einem Anschlag in Birmingham 21 Menschen getötet hatte, erließ die Regierung mit der „Prevention of Terrorism Bill" harte Gegenmaßnahmen. Das Gesetz sollte eigentlich nur ein Jahr Gültigkeit haben, wurde aber immer wieder verlängert und bildete die Grundlage weiterer Antiterrorgesetze. In der Folge war es der Polizei erlaubt, jede des Terrorismus verdächtigte Person anzuhalten, zu durchsuchen und Personen, die einer illegalen Organisation angehören könnten, auf Verdacht zu verhaften und bis zu einer Woche zu inhaftieren (Karg 2003: 23). Zu den Besonderheiten des Rechtssystems gehört auch, dass polizeiliches Abhören keiner richterlichen Erlaubnis bedarf. Auch kann das Schweigen eines Verdächtigen während eines Verhörs später vor Gericht gegen ihn verwendet werden. Regelungen, die ursprünglich nur für Nordirland gedacht waren, sind schon lange vor dem 11. September 2001 auf England und Wales übertragen worden.

Im Jahr 2000 wurde mit dem „Terrorism Act" die investigativen Befugnisse der Behörden stark erweitert. Bereits kurz nach den Anschlägen vom 11. September 2001 hatte das Innenministerium ein weiteres Anti-Terror-Gesetz („Anti-Terrorism, Crime and Security Act", ATCSA) als Teil ihrer gesetzgeberischen Antwort auf die Terrorakte von Washington und New York initiiert. Darin bekamen die Behörden die Befugnis, terrorismusverdächtige Ausländer ohne Gerichtsverfahren zeitlich unbefristet zu inhaftieren, wenn sie nicht ausgewiesen oder in ihr Herkunftsland abgeschoben werden können und das Land auch nicht freiwillig verlassen. Mit dieser Regelung sollte auf Fälle reagiert werden, in denen die für eine gerichtliche Verurteilung hohen Standards und Beweise nicht erbracht werden können, sie aufgrund von Art. 3 der EMRK aber auch nicht abgeschoben werden können, wenn ihnen in ihrem Heimatland z.B. Folter droht (Fenwick 2003: 58). Eine Vorlage von gerichtsverwertbaren Beweisen ist für die Inhaftierung nicht erforderlich gewesen. Begründet wurden die erweiterten Kompetenzen mit der Stärkung der inneren Sicherheit und dem Schutz der Bürger und ihrer Rechte. Man befände sich in einem *state of emergency*, der von der Regierung bei einem feindlichen Angriff oder einem Kriegszustand ausgerufen werden kann. Klagen gegen das Gesetz, das gegen das Diskriminierungsverbot der Europäische Menschenrechtskonvention verstoße, weil es sich ausdrücklich nur gegen Ausländer richte, wurden von einem Appellationsgericht zunächst verworfen (Karg 2003:17). Das Gericht schloss sich der Ansicht der Regierung an, Einwanderungspolitik sei grundsätzlich nicht ohne Formen der Diskriminierung möglich. Erst der Oberste Gerichtshof Großbritanniens hat im Dezember 2004 entschieden, dass diese Regelungen unvereinbar mit europäischen Menschenrechtsstandards sind. Ende 2004 waren insgesamt neun Personen aufgrund des Gesetzes interniert, die meisten von ihnen schon mehrere Jahre. Begründet wurde das Urteil damit, dass nicht zulässig ist, aufgrund von Nationalität und Einwanderungsstatus zu diskriminieren. Ein in vergleichbarer Weise des Terrorismus verdächtiger Brite könne nämlich aufgrund des Gesetzes nicht festgehalten werden.[124]

Des Weiteren ist im Kampf gegen den Terrorismus die elektronische Überwachung ausgeweitet worden. Internet Provider und Mobilfunkunternehmen wurden verpflichtet, ihre Daten länger aufzubewahren und sie der Polizei auch ohne richterlichen Beschluss zur Verfügung zu stellen. Verdächtige Finanztransaktionen sollen besser dokumentiert werden und Fluglinien und Fährunternehmen sollen die Daten von Fracht und Passagieren länger aufbewahren (Karg 2003: 16). Am großen Widerstand der Öffentlichkeit gescheitert ist bislang allerdings die ebenfalls vom Innenministerium geplante Einführung von Personalausweisen. Die Regierung Blair hat die Einbringung eines solchen Gesetzes aber für die dritte Amtszeit wieder auf die Agenda gesetzt. Von Anwälten und Bürgerrechtsgruppen ist kritisiert worden, dass die Polizei inzwischen fast ohne Kontrolle und Begrenzung Informationen über die Bürger abfragen kann, von ihnen selbst, von anderen Behörden, von Telefongesellschaften usw. Nach den Anschlägen vom Juli 2005 auf die Londoner U-Bahn will der Innenminister vor allem bei den elektronischen Nachrichtenverbindungen ansetzen. Bislang mussten britische Telekommunikationsunternehmen die technischen Details des Telefon- und Internetverkehrs sechs bis zwölf Monate lang speichern, um die Kontakte von Terroristen besser rekonstruieren zu können. Da eine entsprechende Speicherungspflicht solcher Kommunikationsdaten in anderen EU-Ländern nicht oder nicht in gleichem Maße gilt, will Großbritannien in diesem Sinne auf EU-Ebene initiativ werden. Hier ist Großbritannien mit dem Vorschlag aufgetreten,

---

[124] FR, 17.12.2004, zum speziellen gerichtlichen Verhandlungssystem für Terrorverdächtigen vgl. auch The Times, 4. 4.2005, S. 16.

künftig alle e-mail- und Telefondaten fünf Jahre lang speichern zu lassen. Auch wird vorge-
schlagen, dass die Daten zum Passagier- und Flugverkehr künftig allen betroffenen EU-
Behörden zur Verfügung stehen sollten und eine europaweite Datensammlung über Verkauf,
Diebstahl und Verlust von Sprengstoffen einzurichten ist.

Die britische Innenpolitik sieht sich nach den Anschlägen von London mit dem Problem
des *homegrown terrorism* konfrontiert. Die vermutlichen Täter stammen aus pakistanischen
Familien, sind aber in Großbritannien geboren und lebten in der nordenglischen Stadt Leeds.
Die zwischen 19 und 30 Jahre alten Männer sollen mit dem Sprengstoff in Militärrucksäcken
gemeinsam nach London gefahren sein. Auffällige elektronische *chatters* vor den Anschlägen
in London sind auf diese Weise vermieden worden. Gängige Suchkriterien scheinen zu versagen, da die Täter den Behörden gänzlich unbekannt sind und auch nicht durch radikale Kleriker und andere Lebenserfahrungen im muslimischen Ausland radikalisiert worden sind.[125]
„Nur" ein Prozent der rund 1,7 Millionen Muslime driften nach Experteneinschätzung in „extremistische Bewegungen und terroristische Aktivitäten" ab, was einem Potenzial von 17.000
Personen entspräche. Schwer quantifizierbar ist auch die Zahl der britischen Muslime, die in
den 90ern in Lagern al Qaidas in Tschetschenien, Afghanistan und Pakistan trainiert wurden.
Nach dem 11.9.2001 schätzte der britische Inlandsgeheimdienst MI 5 ihre Zahl auf 500 bis
1000. Nach England zurückgekehrt, leben sie als *clean skins* unauffällig und unbescholten
(Zeit, 12.7.2005).

Die Reaktionen der Katastrophenhilfe nach den Anschlägen vom Juli 2005 waren nicht zuletzt deshalb so professionell, weil ein solches Ereignis allgemein erwartet wurde, entsprechende Szenarien geübt wurden und der Katastrophenschutz (*contingency planning*) in den
letzten Jahren reorganisiert und verbessert worden war (Smith 2003). Geleitet und kontrolliert
wird der Zivilschutz von einem Kabinettsausschuss, dem *Civil Contingency Committee*. Der
Ausschuss wird vom Innenminister geleitet und umfasst Mitglieder von allen Schlüsselminis-
terien, den devolvierten Behörden, der Polizei und der Sicherheitsbehörden und hat die ultimative Befugnis, Notfallprozeduren vorzubereiten, durchzuführen und zu evaluieren. Im Kri-
senfall kommen die Minister selbst in dem Ausschuss als nationales Krisenzentrum zusammen. Da der Ausschuss in solchen Fällen im *Cabinet Office Briefing Room A* zusammen tritt,
wird er auch COBRA genannt. Seit Juli 2001 ist dem Ausschuss für die laufende Arbeit ein

---

[125] In einem Dossier von Innen- und Außenministerium wird davon ausgegangen, dass al Quaida an britischen
Schulen und Universitäten gezielt Muslime aus der Mittelschicht zu rekrutieren versucht. Extremistische
Rekrutierer würden an den Universitäten gezielt Muslime ohne kriminelle Vorgeschichte, aber mit techni-
schen, ingenieurwissenschaftlichen oder IT-Qualifikationen ansprechen; vgl. The Times, 10.7.2005.

Sekretariat im *Cabinet Office* zugeordnet, das weitgehend die Aufgaben übernommen hat, die zuvor in der Abteilung *Emergency Planning* des Innenministeriums angesiedelt waren. Der Fokus der etwa 100 Beamten dieses Sekretariats liegt „on pre-empting possible crisis situations, on offering guidance on how to deal with them when they arise, and on managing coordination required across different branches of government." (Smith 2003: 412)

11.4 Polizei und Kriminalität

Die britische Polizei hatte in der Bevölkerung lange Zeit ein hervorragendes Image. Der nur mit Gummiknüppel und Trillerpfeife ausgerüstete *Bobby* repräsentierte ein Vorbild korrekten Verhaltens und Charakters. Das hohe Ansehen der Polizei resultierte aus einer Reihe von Gründen wie z.B., dass die Polizei normalerweise keine Waffen trägt, dass sie lokal organisiert und kontrolliert ist, es keine undurchsichtig organisierten Spezialkräfte gab und sie ohne politischen *bias* und außer Reichweite der Regierung operiert. Seit den 70er Jahren ist das Ansehen der Polizei durch Korruptions- und Missbrauchsfälle, Probleme mit der Verantwortlichkeit und steigender Kriminalität gesunken. *Policing* ist zunehmend ein Thema in der parteipolitischen Auseinandersetzung geworden. Während Bürgerrechtsgruppen mehr Schutz vor polizeilichem Machtmissbrauch fordern, will die *law and order*-Lobby mehr Befugnisse für die Polizei einführen (Forman/Baldwin 1999: 454).

Die lokal organisierte und kontrollierte britische Polizei hat einen vergleichsweise autonomen Status. Es gibt keine nationale Polizei, lediglich einige Spezialkräfte. Das ist darauf zurückzuführen, dass man der Zentralregierung in London so wenig wie möglich Kontrolle über die Polizei einräumen wollte. Eine Ausnahme ist die Londoner Polizei. An der Spitze der *Metropolitan Police* von Groß-London (*Scotland Yard*) steht der *Commissioner of Police*, der gegenüber dem Innenminister sowie unmittelbar gegenüber dem Parlament verantwortlich ist. Daneben gibt es die Polizei der *City of London*, die dem Magistrat der Stadt verantwortlich ist. Auch die übrige britische Polizei ist auf lokaler und regionaler Ebene organisiert und der entsprechenden politischen Ebene verantwortlich. Die lokalen Polizeieinheiten sind den ebenfalls lokalen *police authorities* verantwortlich, die sich aus Gemeinderäten und Friedensrichtern zusammensetzen. Sie ernennen den *chief constable*, der wiederum für die Einstellung der anderen Dienstgrade verantwortlich ist. Durch den lokalen Aufbau der Polizei sollte gewährleistet werden, dass die britische Polizei zu keiner Zeit Machtinstrument der Krone bzw. Regierung wird, das die Bürger bespitzelt oder reglementiert. Durch die dezentrale Organisation sollte genau diese Möglichkeit verhindert werden und die Polizei sich ganz auf die Aufgabe der Verbrechensbekämpfung beschränken. Hierzu steht der Polizei ein vergleichsweise breites Spektrum an Kompetenzen zur Verfügung. Sie hat z.b. staatsanwaltliche Funktionen und darf in den meisten Fällen (außer z.b. bei Mord und Vergehen gegen den „Official Secrets Act") darüber entscheiden, ob Anklage erhoben wird oder nicht (Döring 1993: 190). Seit dem „Police and Criminal Evidence Act" 1986 darf sie – ohne konkreten Tatvorwurf – auf der Straße Verdächtige anhalten und durchsuchen und, mit nachträglicher richterlicher Bestätigung, sogar bis zu vier Tage inhaftieren (Händel/Gossel 2002: 189). Im Zuge der Terrorismusbekämpfung hat die Polizei in den letzten Jahren eine Reihe von Kompetenzen bekommen, die durch die dezentrale Organisationsform ursprünglich verhindert werden sollten. Der noch am Gentleman-Ideal orientierte Bobby ist zunehmend durch den Sicherheitsspezialisten verdrängt worden. Die Anzahl bewaffneter Polizisten in London hat sich zunehmend erhöht. Nach der irrtümlichen Erschießung eines flüchtigen Terrorverdächtigen Ende Juli 2005 wurde publik, dass schon seit Frühjahr 2002, ein halbes Jahr nach den New Yorker Anschlägen, die Vorschriften der Londoner Polizei für den Schusswaffengebrauch geändert worden sind.[126] Bei Einsätzen gegen mutmaßliche Selbstmordattentäter sind gezielte Kopfschüsse nicht nur erlaubt, sondern geboten.

Neben der Polizei verfügt Großbritannien über eine Reihe spezialisierter Einrichtungen wie den Inlandsgeheimdienst MI5, den Auslandsgeheimdienst MI6 (auch als SIS bekannt, „James Bond"), das *Government Communications Headquarters* (GCHQ, Informationsbeschaffung, Datensicherheit der Regierungskommunikation, Terrorismus), die *National Crime Squad* (organisierte Kriminalität) und *National Criminal Intelligence Service* (Informationsauswertung, z.B. Internetkommunikation, Drogen, Schwerkriminalität) sowie eine Reihe weiterer zentraler Behörden (vgl. Glaeßner 2005: 88). Der *Special Air Service* (SAS) ist eigentlich eine militärische Spezialeinheit, übernimmt aber auch polizeiliche Spezialaufgaben, vergleichbar der deutschen GSG 9. Vor allem die Beamtenschaft des Inlandsgeheimdienstes MI5 expandiert aufgrund der gewachsenen Terrorgefahr. Der Inlandsgeheimdienst ist quasi in die Regionen gegangen und hat dort ein Netz von MI5-Anti-Terror-Filialen aufgebaut, um regionalen Bedrohungen besser begegnen zu können. Auch bei Scotland Yard, der Londoner Polizei, ist die Anzahl der Mitarbeiter in der Terrorismusbekämpfung gestiegen. Auf der Reformagenda der Regierung steht der Umbau von Scotland Yard zu einer neuen Polizeibehörde nach dem Vor-

---

[126] Ein vor der Polizei in der Londoner U-Bahn flüchtender, aber unschuldiger Brasilianer war mit sieben Kopfschüssen getötet worden.

bild des amerikanischen FBI. Bereits heute sind die etwa 30.000 Beamten der Londoner Polizei bei schweren Finanz- und Drogendelikte, der Sicherheit des Königshauses und der Terrorismusabwehr nicht mehr auf den Großraum von London beschränkt. Im Wahlkampf 2005 haben v.a. die Konservativen auf das Themenfeld innere Sicherheit gesetzt und eine zu hohe Kriminalität beklagt. Dementsprechend wurde z.B. mehr Polizei und mehr Gefängnisse gefordert. Kritisiert wurde auch Labours *early release from prison scheme* und das Ausufern von *political correctness* und Bürokratie im Polizeidienst.

Ein weiteres prominentes Issue in diesem Politikfeld ist die Kriminalpolitik. Die Labour-Regierung hat von Anfang an großen Wert auf die Verringerung der Kriminalität gelegt. Da sie einen Zusammenhang von wirtschaftlicher Situation und Kriminalitätsrate sieht, stellt sie auch wirtschaftspolitische Maßnahmen wie das *welfare to work*-Programm, verbesserte Berufsausbildung oder Wohnungspolitik in den Dienst der Kriminalitätsbekämpfung. Ziel der originär kriminalpolitischen Aktivitäten der Regierung ist nicht nur eine effektivere Kriminalitätsbekämpfung selbst, sondern auch die Reduzierung der Angst vor und der Ursachen von Verbrechen. Zu den Maßnahmen gehört ein *crime reduction scheme* sowie die Schaffung einer Reihe von neuen Institutionen zum Zweck der effektiveren Kriminalitätsbekämpfung. Im europäischen Vergleich hat Großbritannien eine relativ hohe Gefangenenrate (Lewis 2000: 185). Höhere Mindeststrafen, ein härteres Vorgehen und *zero tolerance* lassen ein weiteres Wachstum der Gefangenenzahlen erwarten. Die Politik der Regierung richtet sich aber auch auf schnellere und effektivere Bestrafung z.B. von jugendlichen Intensivtätern durch gemeinnützige Arbeit und ihre konsequente Vollstreckung. Zur Verbesserung der öffentlichen Sicherheit wurde z.B. in der ersten Amtsperiode 400 Millionen Pfund für Einbruchsprävention, Überwachungskameras und Programme für Straffällige eingesetzt (Lewis 2000: 181). Ziele in der Kriminaljustiz sind die Verkürzung der Verfahrensdauer und die Reduzierung der Rückfallrate jugendlicher Intensivtäter, die Verringerung des Drogenkonsums unter Straftätern und im Strafvollzug, Verringerung der Rückfälligkeit von Gefangenen durch verbesserte Programme und Ausbildung im Strafvollzug.

Von den 5,9 Millionen registrierten Delikten in England und Wales in 2003/04 nahmen Diebstahl und Hehlerei mit 23 % den größten Anteil aus, gefolgt von Vergehen mit Sachbeschädigung (20 %) und Gewaltdelikten (einschließlich *sexual offences*) mit 19 % (ONS 2004: 205). Ihren Höhepunkt hatte die Kriminalität der offiziellen Statistik zufolge 1995, seither ist die Kriminalitätsentwicklung rückläufig (ebd.: 204). Während die Anzahl der Delikte zurückgeht, stieg die Anzahl der Personen, die in England und Wales verwarnt oder schuldig gesprochen wurden, von 2001 bis 2002 um drei Prozent. Auch wenn in den drei Landesteilen unterschiedliche Statistiken geführt werden, deuten die Zahlen doch darauf hin, dass in England und Wales pro Kopf am meisten Vergehen begangen werden und in Schottland die Aufklärungsrate am höchsten ist (ebd.: 205).

Etwa vier Millionen Menschen in England und Wales konsumieren pro Jahr mindestens eine unerlaubte Droge. Die sozialen und ökonomischen Folgekosten des Drogengebrauchs werden auf 10 bis 18 Milliarden Pfund im Jahr geschätzt (ebd.: 207). Seit 1971 werden Drogen in drei Gruppen klassifiziert: *Class A* umfasst Opiate, Halluzinogene, Ecstacy und Kokain, *Class B* enthält Amphetamine und Barbiturate und *Class C* Cannabis, Anabolika und Tranquilizer. 2004 wurde Cannabis von B (Höchststrafe 5 Jahre) auf C (Höchststrafe 2 Jahre) heruntergestuft. Die Höchststrafe für Herstellung und Handel mit Drogen liegt bei 14 Jahren (ebd: 208). In letzter Zeit ist insbesondere die Bedrohung durch organisierte Kriminalität wie z.B. Drogenschmuggel und Menschenhandel ins Zentrum entsprechender Politiken gerückt. Die konservative Vorgängerregierung mit ihrer individualistischen Ideologie hatte sich diesem Phänomen lang verschlossen bzw. es auf einzelne kriminelle Individuen zu reduzieren versucht (Glaeßner 2005: 86). Organisierte Kriminalität in Großbritannien ist stärker international als europäisch vernetzt, was auf die Insellage des Landes und seine immer noch engen Commonwealth-Verbindungen zurückgeführt wird (ebd.).

11.5 Einwanderungs- und Asylpolitik

Nach der Auflösung des britischen Kolonialreiches verabschiedete das Parlament 1948 den „British Nationality Act", der den Bürgern des Vereinigten Königreichs, seiner Kolonien und der Commonwealth-Staaten ein gemeinsames Bürgerrecht mit allgemeiner Freizügigkeit gewährte. In der Folge stieg die Zahl der Einwanderer aus dem Commonwealth rasch an und wurde in den 50er Jahren unter dem Eindruck einer boomenden Wirtschaft von der Regierung sogar noch gefördert. Größere Einwandererkontingente kamen in den 60er Jahren aus Indien, Pakistan und Bangladesch, Afrika und der Karibik. Neben den Commonwealth-Nationalitäten stellten Chinesen (aus Hongkong) eine der größten Gruppen der Eingewanderten dar. Mit veränderter wirtschaftlicher Lage Ende der 60er und in den 70er Jahren verschärfte sich auch die Einwanderungspolitik. Eine grundlegend Neubestimmung erfolgte durch den „Immigration Act" 1971, der 1986 u.a. durch die Einführung der Visumpflicht für eine Reihe von Ländern verschärft wurde, ohne dass allerdings der Zustrom von Einwanderern wesentlich gebremst werden konnte. Seit den 60er Jahren ist die Einwanderungs- und Minderheitenpolitik geprägt von einer restriktiver werdenden Abschottung nach außen und einer Integrations- und Gleichstellungspolitik gegenüber den schon im Lande ansässigen Minderheiten nach innen (Baringhorst 1998: 154). Im „Nationality Act" 1981 wurde die koloniale Prägung der britischen Staatsangehörigkeitsregelung weitgehend aufgehoben. Das Territorialprinzip wurde durch ein Abstammungsprinzip eingeschränkt. In der Anti-Diskriminierungspolitik hat man sich in Großbritannien weitgehend am US-amerikanischen Vorbild orientiert (ebd.).

Der einwanderungs- und integrationspolitische Diskurs wird von drei Positionen strukturiert: Ein radikaler Anti-Rassismus wurde vor allem „von linken Kritikern der Anti-Diskriminierungsgesetze und der multikulturellen Reform der achtziger Jahre propagiert. [...] Statt ethnischer Vielfalt betonten sie [...] die prinzipielle Gleichheit aller Angehörigen ethnischer Minderheiten als Objekte des Rassismus der 'weißen' Mehrheitsgesellschaft" (ebd.: 155). Ein zweiter, pluralistisch-integrativer Ansatz im Umgang mit der multiethnischen Gesellschaft begrüßt kulturelle und ethnische Differenzen als Bereicherung. In dieser Diskursposition wird auch der Mainstream minderheitenpolitischer Akteure und auch der Bevölkerung gesehen (ebd.: 156). Als dritte Position gelten die konservativen Assimilationsverfechter, die eine Integrations- und Anpassungspflicht lediglich auf Seiten der ethnischen Minderheiten sehen. Diskursprägend ist in letzter Zeit der Gegensatz von pluralistisch-integrativen und konservativ-assimilationsorientierten Positionen geworden (ebd.: 157). Insgesamt hat die britische Integrationspolitik nicht zu einer Assimilation der vielfältigen ethnischen Gemeinschaften geführt. Innerhalb der einzelnen Gemeinschaften haben sich traditionelle Orientierungen weitgehend erhalten und zu einer ausgeprägten räumlichen und sozialen Segregation vieler Gemeinschaften geführt. Allerdings suchen diese Gruppen ihre politische Repräsentation weitgehend über die etablierten Wege politischer Willensbildung, insbesondere die Labour Party zu erreichen und kaum über separate, ethnisch oder religiös ausgerichtete Parteien (ebd.). Die Zahl nicht-weißer Unterhaus-Abgeordneter ist von 1987 bis 1997 lediglich von vier auf sieben gestiegen.

Weitere Verschärfungen, jetzt auch auf dem Gebiet des Asylrechts, erfolgten durch die „Immigration and Asylum Acts" 1999, 2002 und zuletzt 2004. Nach der Gesetzesänderung von 2002 sank die Zahl der Asylanträge von ihrem Rekordstand in 2002 von 84.000 auf unter 50.000 in 2003. Das Thema der rasch angestiegenen Asylbewerberzahlen war zwischenzeitlich auch von den Medien aufgegriffen und emotionalisiert worden. Von den 65.000 Fällen, die 2003 entschieden wurden, bekamen sechs Prozent Asyl gewährt und 11 Prozent ein Bleiberecht. Die Anzahl der Asylanträge hatte sich zuvor in den letzten fünf Jahren etwa verfünffacht. Auch ging die Regierung nach gestiegener Fremdenfeindlichkeit in der Bevölkerung dazu über, die Asylbewerber nicht mehr gleichmäßig über das gesamte Land zu verteilen, sondern spezielle Aufnahmezentren im ländlichen Raum einzurichten. In diesen Zentren können die Asylbewerber bis zu einem halben Jahr untergebracht werden. Dort wird auch eigens Schulunterricht erteilt, so dass die Kinder nicht mehr in die lokalen Schulen eingegliedert werden müssen. Im März 2003 verwarf das Appellationsgericht in London die Regelung, Asylbewerbern die Arbeitserlaubnis sowie Verpflegung und Unterkunft zu verweigern, wenn diese sich nicht unmittelbar bei der Einreise den Behörden melden.

Auch das Einwanderungsrecht wurde von der Regierung unter dem Stichwort *managed migration* zunehmend verschärft. Nach der letzten Änderung im Frühjahr 2005 dürfen nur noch Spezialisten und „Spitzenkräfte" wie Computer- und Finanzexperten, Ärzte und Ingenieure nach Großbritannien übersiedeln, ohne zuvor einen Arbeitsvertrag nachweisen zu müssen. Gut ausgebildete Fachkräfte mit oder ohne Studium dürfen ebenfalls übersiedeln, sofern sie bereits einen Arbeitsvertrag unterschrieben haben und für die entsprechende Tätigkeit keine EU-Staatsbürger verfügbar sind. Fachkräfte und „Spitzenkräfte" dürfen nach fünf Jahren eine unbefristete Aufenthaltsgenehmigung beantragen, müssen dabei allerdings gute Sprach- und Landeskenntnisse nachweisen. Kein Recht auf eine dauerhafte Aufenthaltsgenehmigung haben gering qualifizierte Arbeitnehmer, die teilweise in der Landwirtschaft, im Gaststättengewerbe und in der Nahrungsmittelverarbeitung Arbeit gefunden hatten. Sie müssen nach Ende der Tätigkeit, spätestens aber nach fünf Jahren, wieder ausreisen. Für die Zukunft wird davon ausgegangen, dass solche Gastarbeiter aus Drittweltländern durch solche aus osteuropäischen Ländern ersetzt werden. Allerdings hat die britische Regierung – im Gegensatz zur deutschen und österreichischen – den Mai 2004 in die EU aufgenommenen Staaten volle Arbeitnehmerfreizügigkeit zugebilligt.

In 2003 bekamen 143.000 Immigranten die permanente Aufenthaltserlaubnis, davon war der größte Anteil asiatischer und afrikanischer Herkunft (38 und 31 Prozent). 2001 zählen sich 4,6 Millionen oder rund 8 Prozent der Bevölkerung zu ethnischen Minderheiten. Insbesondere für die Gruppe der Pakistani und Bangladeschi ist das Risiko, Opfer einer rassistisch motivierten Straftat zu werden besonders hoch. Insgesamt ist die Zahl der rassistisch motivierten Straftaten jedoch sinkend.

Seit Ende der 90er Jahre wird das Thema Menschenhandel intensiv auf der politischen Agenda verhandelt. 2002 wurde es in das White Paper *Secure Borders, Save Haven: Integration with Diversity in modern Britain* aufgenommen. Menschenhandel wird dort definiert als

„transporting people in order to exploit them, using deception, intimidation or coercion" (76). Betroffen sind vor allem Frauen, die nach ihrer Einschleusung zu Prostitution oder anderer sexueller Ausbeutung gezwungen werden sowie Menschen, die als billige Arbeitskräfte gehalten werden. Die Opfer der Menschenhändler kommen meist aus Osteuropa, Afrika und China (Candappa 2003: 3). Frauen aus Osteuropa werden häufig mit Anzeigen für gutbezahlte Jobs im Ausland oder heiratswillige „Gentleman" geworben oder auch von den Händlern direkt angesprochen. Afrikanische Jugendliche werden häufig mit dem Argument geködert, sie könnten mit dem verdienten Geld ihre Verwandtschaft in Afrika unterstützen. Nach der Einreise wird dann gedroht, der Verwandtschaft könnte etwas passieren, falls das Opfer sich nicht fügt.

Für die Einreise in das Vereinigte Königreich gibt es zwei Möglichkeiten. Entweder sie nutzen das Asylverfahren, um ins Land zu kommen und dann nach einiger Zeit abzutauchen oder sie nutzen reguläre Wege wie Studenten- oder Touristenvisa (ebd: 2). Das wahre Ausmaß des Menschenschmuggels liegt weitgehend im Dunkeln. 1998 wurden 71 Fälle von Frauenhandel im Prostitutionsgewerbe gezählt (ebd.: 4). Die Schätzungen des tatsächlichen Umfangs in diesem Zeitraum lagen zwischen 140 und 1.400 Fällen. Es wird auch vermutet, das Großbritannien als eine Art Umschlagplatz fungiert, von wo die Menschen entweder nach Nordamerika oder auf den Kontinent weiter transportiert werden (ebd.).

Im „Nationality, Immigration and Asylum Act" 2002 wurde gezielt gegen Menschenhandel vorgegangen. Das Gesetz richtete sich speziell gegen Menschenhandel zum Zweck der Prostitution und sah Freiheitsstrafen von bis zu 14 Jahren vor (die gleiche Höchststrafe gilt für Drogenhandel). Eine wesentlich umfangreichere Regulierung in diesem Bereich bot der „Sexual Offences Act" 2003. Er erweiterte den Straftatbestand auf alle Formen des Menschenhandels (auch innerhalb des Landes) mit dem Ziel, sexuelle Vergehen an Erwachsenen oder Minderjährigen zu begehen. Insgesamt geht es dem Gesetz um den Schutz der besonders Hilfsbedürftigen wie Kinder und Behinderte und den Kampf gegen sexuelle Ausbeutung und Kinderhandel. Zur Bestimmung nicht-konsensueller sexueller Handlungen wird eine Definition von Konsens eingeführt: „a person consents if he agrees by choice and has the freedom and capacity to make that choice" (section 74). Bisher hatte für einen Angeklagten der Glaube an eine Zustimmung des Opfers für einen Freispruch ausgereicht.

Menschenhandel zum Zweck der Ausbeutung ihrer Arbeitskraft ist vor allem im Bereich der Landwirtschaft und sonstiger Landarbeit sowie im Baugewerbe und der Verpflegungsindustrie (*catering*) anzutreffen. Auch hier liegt das Ausmaß weitgehend im Dunkeln. Während

Menschenhandel für die britische Sexindustrie seit 2002 gesetzlich bekämpft wird, fehlt eine vergleichbare Legislation für Handel und Ausbeutung von Menschen in diesen Bereichen bisher noch, was aber nicht heißt, dass die Regierung in diesem Feld bisher untätig geblieben ist. Das Innenministerium als für Immigration zuständiger Akteur leitet und koordiniert eine Reihe von Maßnahmen, an denen NGOs und lokale sozialpolitische Einrichtungen beteiligt sind.

11.6 Perspektiven britischer Innen- und Justizpolitik

Bereits als Schatteninnenminister von 1992 bis 1994 hat Tony Blair eine Formel geprägt, mit der es New Labour später gelang, in einem Politikfeld in Führung zu gehen, das traditionell von den Konservativen besetzt war. Mit „tough on crime, though on the causes of crime" (Parmar 2000: 207) gelang eine Balance zwischen traditioneller *law and order*-Politik und einem weicheren Ton, mit dem die sozialen Hintergrunde von Kriminalität und Gesetzlosigkeit angesprochen wurden. Das Ansteigen der Kriminalitätsstatistik bis Mitte der 90er Jahre illustriert das Unvermögen der Konservativen, mit einer Politik des Bestrafens krimineller Individuen Erfolge zu erzielen. Auch in anderen Bereichen der Innen- und Justizpolitik ist es Labour immer wieder gelungen, mit konservativer *law and order*-Politik zu punkten und auf diese Weise die Konservativen aus einem ihrer klassischen Politikfelder zu verdrängen. Dies zeigt sich gegenwärtig besonders im Bereich innerer Sicherheit und Terrorismusbekämpfung. Die Debatte über die Gestaltung, Gewichtung und Vereinbarkeit von Politiken der inneren Sicherheit und bürgerlicher Freiheiten hat eine lange Tradition und wird durch die jüngsten sicherheitspolitischen Initiativen der Regierung weiteren Auftrieb erhalten.

Auf der einen Seite wird eine zunehmende Aushöhlung der bürgerlichen Freiheitsrechte beklagt und die Aufrüstung zu einem Polizei- und Kontrollstaat befürchtet. Als Folge einer reaktionären Politik, wie sie in Großbritannien (und den USA) in den letzten zwanzig Jahren verfolgt werde, sei eine 'culture of control' entstanden, die Freiheits- und Bürgerrechte den vermeintlichen Notwendigkeiten einer präventiven Sicherheits- und Kriminalpolitik unterordne (Glaeßner 2005: 105). Auf der anderen Seite wird die Kritik an der Politik der Herstellung und Aufrechterhaltung der *public order* als „Denunziation" der Absichten des Gesetzgebers kritisiert. Die Regierung komme lediglich einem gestiegenen Sicherheitsbedürfnis der Bürger und ihrem veränderten Verständnis bzw. einer veränderten Wertigkeit von öffentlicher Sicherheit und Ordnung entgegen (ebd.). Auch wird aus dieser Perspektive auf den „Human Rights Act" hingewiesen, der eine wesentliche Verbesserung menschenrechtlicher Standards gebracht hat und als „der bedeutendste Akt der Europäisierung" bezeichnet worden ist (ebd.: 104), da er nicht nur ansatzweise eine gerichtliche Normenkontrolle durch eigene Gerichte, sondern auch durch den Europäischen Gerichtshof für Menschenrechte eingeführt hat (vgl. Kap. 2). Auf der anderen Seite beschleunigt der internationale Terrorismus aber eine Entwicklung in der Gesetzgebung, die das Sicherheitsbedürfnis immer öfter vor den Ausbau der Bürgerrechte stellt (ebd.: 100).

Links:

Criminal Justice System: www.cjsonline.org

Department for Constitutional Affairs: www.dca.gov.uk

Gerichtswesen: www.hmcourts-service.gov.uk

HM Prison Service (England und Wales): www.hmprisonservice.gov.uk

Innenministerium: www.homeoffice.gov.uk

Kriminalitätsbekämpfung: www.crimereduction.gov.uk

Kriminalstatistik für England und Wales: www.crimestatistics.org.uk

Menschenhandel: www.crimereduction.gov.uk/toolkits/tp00.htm

Polizei: www.police.uk

12. Wirtschafts- und Finanzpolitik

Die britische Politik, insbesondere die Wirtschaftspolitik, war nach dem Ende des Zweiten Weltkrieges bis in die 1970er Jahre hinein geprägt vom parteiübergreifenden Nachkriegskonsens, dem so genannten *postwar settlement*, welcher sich u.a. durch einen ausgedehnten öffentlichen Sektor und eine starke staatliche Kontrolle und Steuerung der Wirtschaft ausdrückte. Der „Thatcherismus", eine angebotsorientierte Wirtschaftspolitik, beendete diese Phase ab 1979 endgültig; die folgenden einschneidenden neoliberalen Reformen und Veränderungen haben bis heute maßgeblichen Einfluss auf die britische Wirtschaft und somit auch auf die Wirtschafts- und Finanzpolitik.

1997 übernahm mit New Labour eine Partei die Regierungsgeschäfte, die sich programmatisch stark reformiert und speziell in der Wirtschafts- und Finanzpolitik den Konservativen angenähert hatte. Eine der ersten und bedeutendsten Maßnahmen, welche diese Neuausrichtung unterstrich, war die Entlassung der Nationalbank, der *Bank of England*, in die Unabhängigkeit. In der Finanzpolitik gelang es u.a., die öffentliche Verschuldung deutlich zu senken und die Staatsfinanzen zu konsolidieren. Akzente setzte Labour insbesondere in der Arbeitsmarktpolitik mit der *welfare to work*-Strategie und den *New Deal*-Arbeitsmarktprogrammen, die nach Angaben der Regierung in großem Maße dazu beitrugen, die Arbeitslosigkeit beträchtlich zu senken. Insgesamt ist eine deutliche Kontinuität der Wirtschafts- und Finanzpolitik Labours im Hinblick auf ihre konservativen Vorgängerregierungen zu verzeichnen; die wirtschaftlichen Erfolge der vergangenen Jahre scheinen Labour hierbei Recht zu geben.

12.1 Entwicklung und Grundzüge

Der Neubeginn der britischen Wirtschafts- und Sozialpolitik nach dem Ende des Zweiten Weltkrieges war geprägt durch das so genannte *postwar settlement*. Die Überzeugung, dass eine staatliche Lenkung ökonomischer Prozesse Wirtschaftskrisen verhindern könne, dass staatliche Interventionen in die Wirtschaft also notwendig, sinnvoll und darüber hinaus auch effizient seien, hatte sich während und nach der Weltwirtschaftskrise und in der Zeit des

Zweiten Weltkrieges weitläufig herausgebildet. Auf ihr gründete sich der überparteiliche Nachkriegskonsens, der im Großen und Ganzen bis in die 1970er Jahre Bestand hatte.

Charakteristisch für die britische Wirtschaft der Nachkriegszeit war das hohe Maß an nationalisierten, also verstaatlichten, Unternehmen. Beginnend mit der *Bank of England* (1946) wurden unter der Labourregierung Attlee bis 1951 Unternehmen, teilweise auch ganze Industriezweige – wie etwa Kohlebergbau, Eisenbahn, Luftverkehr, Gas- und Elektrizitätsversorgung sowie Eisen- und Stahlindustrie – verstaatlicht. Insgesamt standen durch die umfangreichen Verstaatlichungen etwa 20 % der britischen Wirtschaft unter öffentlicher Kontrolle und Einflussnahme (Händel/Gossel 2002: 111). Neben dieser *mixed economy*, d.h. einer Wirtschaft mit einem ausgedehnten öffentlichen Sektor in Verbindung mit der allgemein anerkannten Führungsrolle des Staates für die makroökonomische Entwicklung, zählte eine Vollbeschäftigungspolitik auf keynesianistischer Grundlage zu den Merkmalen des *postwar settlement*. Die Wirtschafts- und Sozialpolitik der Nachkriegsjahre war im Prinzip Ausdruck dieser neu entstandenen umfassenden Verantwortlichkeit des Staates (Abromeit 1998: 360).

Zu Beginn der fünfziger Jahre trat Großbritannien in eine Phase von Wirtschaftswachstum und Vollbeschäftigung ein; doch im Vergleich zu anderen Industrienationen, wo in dieser Zeit regelrechte „Wirtschaftswunder" zu verzeichnen waren, fiel Großbritannien mehr und mehr zurück. Seine Ursachen hatte der erkennbare „relative Niedergang" insbesondere im langsameren Produktivitätswachstum des Landes, der ein geringeres Wirtschaftswachstum und eine geringere internationale Wettbewerbsfähigkeit der britischen Wirtschaft nach sich zog. Ausdruck fand dies besonders in der Exportwirtschaft. So hatten britische Unternehmen in den sechziger und siebziger Jahren erhebliche Einbußen am Weltmarktanteil hinzunehmen. Die Verfolgung teilweise konträrer wirtschaftspolitischer Ziele – neben der Vollbeschäftigung waren dies die Ausgeglichenheit der Zahlungsbilanz, die Stabilität der Preise[127] sowie Wirtschaftswachstum – zwangen die britischen Regierungen regelmäßig, aktiv in die Wirtschaft einzugreifen. Dabei wechselten sich zumeist konjunkturbelebende und konjunkturdämpfende Maßnahmen ab, was im Ergebnis die so genannte *stop-and-go*-Phase der britischen Wirtschaftsgeschichte nach sich zog. Kurzfristig konnten so zwar Defizite und Schwierigkeiten ausgeglichen werden, langfristig jedoch führten diese Maßnahmen nicht zur Verbesserung der strukturellen Probleme des Landes, da beispielsweise Einschränkungen der öffentlichen Aus-

---

[127] Neben der Preisstabilität im Innern, d.h. der Inflationskontrolle, betraf dies auch die Stabilität der ausländischen Preise, also den Wechselkurs des britischen Pfund gegenüber anderen Währungen (Pollard 1998: 326).

gaben, etwa um die Inflation zurückzudrängen, zumeist zu Lasten der staatlichen Investitionen gingen, was wiederum ein sinkendes Wirtschaftswachstum zur Folge hatte.

Die wirtschaftliche Lage Großbritanniens verschlechterte sich seit den späten 1960er Jahren zusehends. Vor allem die zunehmende öffentliche Verschuldung aufgrund der keynesianistischen nachfrageorientierten Wirtschaftspolitik des Staates verstärkte inflationäre Tendenzen; hinzu kam eine neuerliche Abwertung des britischen Pfunds, eine Verschlechterung der allgemeinen Wirtschaftslage sowie zunehmende Auseinandersetzungen zwischen den mächtigen Gewerkschaften und den Unternehmen, welche eine Spirale von Lohn- und Preiserhöhungen auslösten und in Verbindung mit der ersten Ölkrise in den frühen Siebzigern in einem enormen Anstieg der Inflation mündete. So stieg die Inflationsrate von etwa fünf Prozent 1968 auf über neun Prozent 1971. Ihren Höhepunkt erreichte sie 1975 mit dramatischen 25 % (Händel/Gossel 2002: 114). Die britische Regierung sah sich, wie andere Regierungen in Europa auch, mit einem neuen Phänomen konfrontiert: der Stagflation, also dem gemeinsamen Auftreten von Stagnation und Inflation, welcher mit den herkömmlichen keynesianistischen Instrumenten, das heißt mit einer expansiven Geld- und Fiskalpolitik, nicht mehr erfolgreich begegnet werden konnte. Die Verbindung von niedriger Produktivität, geringem Wirtschaftswachstum, zunehmenden Arbeitskämpfen und steigender Inflation führte im Verlauf der siebziger Jahre zum wiederholten Auftreten wirtschaftlicher und sozialer Krisen, was gemeinhin als „britische Krankheit" apostrophiert wurde.

Der Wahlsieg der Konservativen 1979 setzte dem wirtschafts- und sozialpolitischen Nachkriegskonsens endgültig ein Ende und läutete die „konservative Revolution" unter den Premiers Thatcher und Major ein. Der „Thatcherismus", eine angebotsorientierte Wirtschaftspolitik, definierte die Ziele der Regierung neu: Hauptpriorität hatte nun die Inflationsbekämpfung; Vollbeschäftigung und Zahlungsbilanzausgleich wurden dagegen als sekundär betrachtet. Der Staat sollte sich mehr und mehr aus wirtschaftlicher Planung und direkter Einflussnahme zurückziehen („rolling back the frontiers of the state") und stattdessen investitionsfreundliche Rahmenbedingungen schaffen. In der Folge kam es zu umfangreichen Privatisierungen vormals staatlicher Unternehmen, Subventionsabbau, Steuersenkungen vor allem zu Gunsten höherer Einkommen und Unternehmen sowie einer allgemeinen Reduzierung staatlicher Aktivitäten, welche sich insbesondere in öffentlichen Ausgabenkürzungen wiederspiegelten. „Die Reduktion des Staatsdefizits, die Einschränkung des öffentlichen zu Gunsten des privaten Sektors und die Freisetzung der Kräfte von Privatinitiative und freiem Unternehmertum waren dabei die Ecksteine" (Becker 2002: 50). Zusätzlich verfolgte die Regierung Thatcher eine rigorose Konfrontationspolitik gegenüber den Gewerkschaften, da sie diese als Hauptschuldige an der wirtschaftlichen Misere der Siebziger ausgemacht hatte. Unterm Strich fällt die Bilanz dieser Wirtschaftspolitik ambivalent aus. Zwar gelang es der Regierung, die Inflationsrate bis 1983 auf unter fünf Prozent zu senken, jedoch zum Preis einer um 15-20 % sinkenden Industrieproduktion und einer Rekordarbeitslosigkeit von mehr als 10 % (Händel/Gossel 2002: 117). Ab Mitte der achtziger Jahre schienen die angebotsorientierten Maßnahmen zu greifen, und die britische Wirtschaft wuchs schnell; bis Ende des Jahrzehnts stieg das Bruttoinlandsprodukt (BIP) durchschnittlich um etwa vier Prozent jährlich und neue Arbeitsplätze entstanden vor allem im Dienstleistungsbereich (Alcock 2003: 231). Diesem Boom folgte jedoch eine heftige Depression in den frühen Neunzigern mit erneut steigenden Arbeitslosenzahlen, was Anfang 1993 erneut in einer Arbeitslosenquote von über 10 % bzw. einer Zahl von mehr als 3 Millionen Arbeitslosen gipfelte. Zum Regierungsantritt Tony Blairs 1997 konnte das Land allerdings bereits wieder auf mehrere Jahre Wirtschaftswachstum zurückblicken. Die ökonomischen Erfolge der konservativen Ära sind jedoch teuer erkauft worden. So zogen die wirtschafts- und sozialpolitischen Reformen unter Thatcher und Major eine Vertiefung der Kluft zwischen arm und reich sowie eine wirtschaftliche und soziale Verödung ganzer Landstriche nach sich (Händel/Gossel 2002: 120).

12.2 Wirtschafts- und Finanzpolitik unter New Labour

12.2.1 Programmatik und Ziele

Während der langen 18 Oppositionsjahre seit dem Amtsantritt der konservativen Premierministerin Margaret Thatcher 1979 hat sich Labour einigen programmatischen Änderungen unterworfen. Dies geschah – nach teilweise verheerenden Wahlniederlagen in den 1980er Jahren – verstärkt seit Anfang der Neunziger unter dem Parteivorsitzenden John Smith und, nach dessen plötzlichen Tod 1994, durch dessen Nachfolger Tony Blair. In dieser Zeit wurde Labour grundlegend modernisiert; man verabschiedete sich mehr und mehr von sozialistischen Ideen. Exemplarisch dafür ist die Änderung der *Clause IV* des Parteistatuts im Jahre 1995, die ursprünglich eine Verstaatlichung der Schlüsselindustrien vorsah. New Labour versteht diese Änderungen als notwendige Anpassungen an neue ökonomische und politische Realitäten (vgl. Kap. 6.3). Labour erkennt heute den Kapitalismus als effiziente Form der Wirtschaft und den Markt als überlegenes Instrument der Allokation von Gütern und Dienstleistungen grundsätzlich an (Sturm 1997: 384; Sturm 1998a: 279). Dabei wird allerdings immer wieder betont,

dass die Dynamik des Kapitalismus mit dem sozialen Zusammenhalt einer Gesellschaft vereinbar sein muss; Individualismus und Gemeinschaft sowie wirtschaftliche Effizienz und soziale Gerechtigkeit gehören für New Labour notwendigerweise zusammen (Gray 2004: 39).
Hierfür steht beispielhaft die Programmatik des „Dritten Weges", der „als flexibler Mittelweg
zwischen liberaler Marktwirtschaft amerikanischer Prägung und sozialer Wohlfahrtsökono-
mie westeuropäischer Prägung konzipiert" (Händel/Gossel 2002: 120f.) ist.

Die grundlegende Voraussetzung, um die Rolle als Oppositionspartei wieder zu verlassen,
sei eine „glaubwürdige und kompetente Wirtschaftspolitik, eine Abkehr vom klassischen *tax
and spend*-Image Labours und eine tragfähige Partnerschaft mit den Unternehmern" (Becker
2002: 62), so das Kalkül der New Labour-Programmatiker Anfang und Mitte der neunziger
Jahre. So stand und steht im Zentrum der Wirtschaftspolitik die „Schaffung von Vertrauen in
die wirtschaftspolitischen Fähigkeiten der neuen Labourpartei und die Erkenntnis, dass Disziplin und Berechenbarkeit der Wirtschaftspolitik entscheidende Eckpunkte für den Machterwerb und Machterhalt darstellen" (Becker 2002: 57). Hinzu kommt „die Schaffung einer engen Partnerschaft mit der Wirtschaft und der Aufbau eines Image kompetenter Manager der
Wirtschaftspolitik" (ebd.).[128] Insgesamt geht New Labour programmatisch wie symbolisch auf
deutliche Distanz zu früheren Labour-Regierungen und erkennt faktisch die ökonomischen
Verhältnisse, wie sie nicht zuletzt durch die Konservativen seit Ende der siebziger Jahre geschaffen wurden, als irreversibel an (Gray 2004: 39).

Ausdruck fand dieser Wandel speziell im Wahlkampf 1997, als sich Labour bereits früh-
zeitig in der Wirtschafts- und Finanzpolitik auf den Kurs der vorangegangenen konservativen
Regierung Major festlegte. So versprach das Wahlprogramm unter anderem, während der
ersten beiden Regierungsjahre innerhalb des Ausgabenrahmens des letzten Haushalts der Major-Regierung zu verbleiben, mit dem Ziel, die Staatsverschuldung zurückzuschrauben.
Daneben sprach sich Labour gegen Steuererhöhungen während der ersten Legislaturperiode
aus (was allerdings lediglich die direkte Besteuerung betraf, wie sich sehr bald zeigen sollte),
gab als Langfristziel eine Senkung des Einstiegssteuersatzes der Einkommensteuer auf 10 %
bekannt und legte als Vorgabe für eine niedrige und stabile Inflation ein Ziel von 2,5 % oder
darunter fest (Moran/Alexander 2000: 111). Alles in allem akzeptierte Labour die fiskalischen
Prinzipien Ausgabendisziplin, Ablehnung von Steuererhöhungen und Ausgeglichenheit des

---

[128] Exemplarisch dafür steht der Ausspruch Tony Blairs auf dem ersten Labour-Parteitag nach der Regierungsübernahme hinsichtlich des Verhältnisses der neuen Regierung zur Wirtschaft: „For business, this will be a
government on your side not in your way." (zit. nach Sturm 1998: 280)

Staatshaushalts ebenso wie die umfangreichen Privatisierungen der konservativen Ära seit 1979 (Sturm 1998a: 279).[129]

Vordringlichstes wirtschaftspolitisches Ziel der Regierung Blair war und ist, ein hohes und stabiles Niveau von Wirtschaftswachstum und Beschäftigung zu erreichen, um die (wirtschaftliche) Wettbewerbsfähigkeit Großbritanniens innerhalb der Weltwirtschaft zu erhöhen. Zur Erreichung dieses Ziels hat sich die Regierung unter anderem folgende Aufgaben gesetzt: Sicherung und Fortführung der makroökonomischen Stabilität, Erhöhung der Beschäftigungsmöglichkeiten für jedermann, nachhaltige Erhöhung der Produktivität sowie Aufbau einer gerechteren Gesellschaft (ONS 2004: 345). Wie dies genau geschehen soll und welche Maßnahmen und Ergebnisse dies nach sich zog wird im Folgenden näher beleuchtet.

12.2.2 Wirtschaftspolitische Rahmensetzung

Auf der Überzeugung, dass eine niedrige und stabile Inflation eine Grundvoraussetzung zur Erreichung eines hohen und stabilen Niveaus von Wirtschaftswachstum und Beschäftigung ist, gründet das oberste Ziel der Geldpolitik der Regierung: Geldwertstabilität. Während der letzten Jahrzehnte zeichnete der britische Finanzminister (*Chancellor of the Exchequer*) neben der Finanzpolitik (Kap. 12.2.4.) auch für die Geldpolitik verantwortlich. So wurden im Finanzministerium (*HM Treasury*) die Entscheidungen hinsichtlich des Zinsniveaus getroffen; zusätzlich hatte der Finanzminister direkten Einfluss auf die von der Regierung abhängige britische Zentralbank (*Bank of England*, BoE). Obwohl man erwarten könnte, dass eine solche Bündelung der Kompetenzen ein hohes Maß an Koordination zwischen Geld- und Finanzpolitik ermöglicht, war dies in der Praxis mitunter nicht der Fall, so dass es vorkommen konnte, dass beide Bereiche in verschiedene Richtungen arbeiteten und somit Quellen wirtschaftspolitischer Instabilität darstellten, was sich beispielsweise anhand der *stop-and-go*-Politik der fünfziger bis sechziger Jahre zeigte (Balls/O'Donnell 2002: 23, 26). Nach dem Ausscheiden Großbritanniens aus dem Europäischen Währungssystem 1992 rückte die Preisstabilität als geldpolitisches Ziel in den Vordergrund. Von nun an gab die britische Regierung einen Zielkorridor für die Inflation vor, der zwischen ein und vier Prozent lag. Und das Ergebnis schien der Politik Recht zu geben: die Inflationsrate verringerte und stabilisierte sich

---

[129] Sturm weist in diesem Zusammenhang darauf hin, dass die Kontinuität der Wirtschaftspolitik New Labours nicht lediglich taktisch gemeint sei, sondern einen politisch-kulturellen Wandel widerspiegele, den die konservativen Regierungen seit 1979 durchgesetzt haben. Er spricht dabei von einem neuen wirtschafts- und sozialpolitischen parteiübergreifenden Konsens (Sturm 1997: 380).

gegenüber den siebziger und achtziger Jahren und ein lang anhaltendes Wirtschaftswachstum setzte ein.

Ein großes Interesse hat New Labour an der Verbesserung der Koordination von Geld- und Finanzpolitik im Hinblick auf wirtschaftliche Stabilität, ein Bestreben, welches man mit den konservativen Vorgängerregierungen gemein hat. Unmittelbar nach der Amtsübernahme, noch im Mai 1997, kündigte die neue Labour-Regierung überraschend die Einführung eines *New Monetary Policy Framework* an, welches durch den *Bank of England Act* 1998 formal bestätigt wurde. Das wichtigste Resultat bestand in der Entlassung der *Bank of England* in die Unabhängigkeit und der Übertragung der Zuständigkeit für die Zinspolitik – und somit die Sicherung der Geldwertstabilität – an das neugeschaffene *Monetary Policy Committee* (MPC) der *Bank of England*. Durch diesen Schritt gab das *Treasury* die geldpolitische Kontrolle faktisch an eine unabhängige Zentralbank ab, was einen gravierenden Einschnitt in der britischen Wirtschaftsgeschichte darstellte.

Die geldpolitische Hauptaufgabe der *Bank of England* ist es, Preisstabilität zu gewährleisten und somit die Wirtschaftspolitik der Regierung zu unterstützen. Preisstabilität wird durch die Vorgabe eines Inflationsziels seitens der Regierung definiert. Im Unterschied zu den Inflationszielen der konservativen Regierungen, welche als Zielkorridor definiert wurden, wird seit 1997 ein Zielwert vorgegeben (aktuell 2 %), dessen Über- oder Unterschreiten geldpolitische Maßnahmen nach sich zieht. Die Regierung trägt also auch weiterhin die Gesamtverantwortung für die Geldpolitik, da sie das Inflationsziel festsetzt und dessen Erreichung überwacht; das MPC trägt dagegen die operationale Verantwortung für die Erreichung des vorgegebenen Ziels, es ist also für die technische Ausführung verantwortlich, indem es die Höhe der Leitzinsen festlegt (und somit das Zinsniveau beeinflusst), die nach seiner Einschätzung notwendig ist, um das gesteckte Inflationsziel zu erreichen (Balls/O'Donnell 2002: 49). Das *Monetary Policy Committee* setzt sich zusammen aus dem Zentralbankpräsidenten (*Governor*), seinen zwei Stellvertretern (*Deputy Governors*), zwei weiteren Zentralbankmanagern, die vom *Governor* nach Rücksprache mit dem Finanzminister ernannt werden, und vier externen Mitgliedern, welche direkt vom Finanzminister berufen werden. Zusätzlich ist es einem Vertreter des *Treasury* erlaubt, an den Sitzungen des MPC teilzunehmen; dieser verfügt allerdings über kein Stimmrecht („a voice but no vote"; Balls/O'Donnell 2002: 106). Das MPC trifft sich mindestens einmal im Monat. Zinsentscheidungen werden unmittelbar nach dem Treffen bekannt gegeben. Es ist rechenschaftspflichtig gegenüber der Regierung, dem *Bank's Court of Directors* (Zentralbankpräsidium), dem Finanzminister und dem Parlament. Großer Wert wird auf Transparenz der Entscheidungen der Zentralbank gelegt. So werden im „Bank of England

Act" verschiedene regelmäßige Bekanntmachungen und Veröffentlichungen seitens der BoE gefordert. Neben der Veröffentlichung der Sitzungsprotokolle des MPC innerhalb von sechs Wochen zählt dazu insbesondere der vierteljährige *Inflation Report*, der die jüngsten geldpolitischen Entscheidungen der BoE darlegt und die künftig zu erwartenden Maßnahmen zur Erreichung der Ziele der BoE anzeigt. Zusätzlich enthält er in der Regel detaillierte Ausführungen hinsichtlich der wirtschaftlichen Entwicklung Großbritanniens wie auch über die Finanz- und Geldmärkte, den Arbeitsmarkt sowie Kosten und Preise (Balls/O'Donnell 2002: 54).

Die mit dem „Bank of England Act" einhergehenden Veränderungen schränken den Spielraum der Regierung de facto ein. Sie verspricht sich davon jedoch eine langfristige Planungssicherheit und wachsendes Vertrauen der Wirtschaft in ihre Wirtschaftspolitik. Denn die Unabhängigkeit der BoE markiert einen entscheidenden Bruch mit früheren, oftmals kurzfristigen Politikansätzen und eine eindeutige Verpflichtung hin zu einer langfristig konzipierten Wirtschaftspolitik, da beispielsweise kurzfristige politische Einflüsse zurückgedrängt werden, weil Wirtschaftsexperten – und nicht mehr Politiker – die tagesaktuellen relevanten Entscheidungen treffen. Zusätzlich soll mehr Transparenz die Geldpolitik konsistenter und berechenbarer machen. „The rationale was that by removing the control of interest rates from the Treasury, economic policy would be transparent, open and consistent. This would provide a stable background for business to plan and invest." (Thain 2000: 222)[130]

Die bisherige geldpolitische Bilanz kann sich in puncto Geldwertstabilität seit Einführung des *New Monetary Policy Framework* durchaus sehen lassen. So betrug die Inflation in den Jahren 1997 bis August 2003 durchschnittlich 2,4 % und lag damit lediglich geringfügig unter dem von der Regierung ausgegebenen Inflationsziel von (damals) 2,5 %. Dabei war die Inflation nicht nur gering, sondern vor allem auch stabil. Denn während dieses Zeitraumes bewegte sich die Inflation innerhalb einer Spanne von 2,1 bis 2,8 % im Jahresdurchschnitt (ONS 2004: 353). Seit Dezember 2003 gilt ein Inflationsziel (auf geänderter statistischer Basis) von 2 %; die Inflationsrate betrug 2004 durchschnittlich 1,3 % (HM Treasury 2005: 230). Zwar war die Inflation bereits während der Regierungsjahre John Majors relativ niedrig; der gravierendste Unterschied besteht jedoch darin, dass sich mittlerweile die langfristigen Inflationserwartungen um das vorgegebene Inflationsziel der Regierung bewegen, was ein gewisses Maß an Glaubwürdigkeit und Vertrauen in die Wirtschaftspolitik der Regierung signalisiert (Balls/O'Donnell 2002: 334).

---

[130] Noch ein weiterer Aspekt sei vermerkt: eine unabhängige Zentralbank ist eine grundlegende Voraussetzung für einen möglichen Beitritt Großbritanniens zur EURO-Zone.

Abbildung 3: Inflationsentwicklung 1992-2005

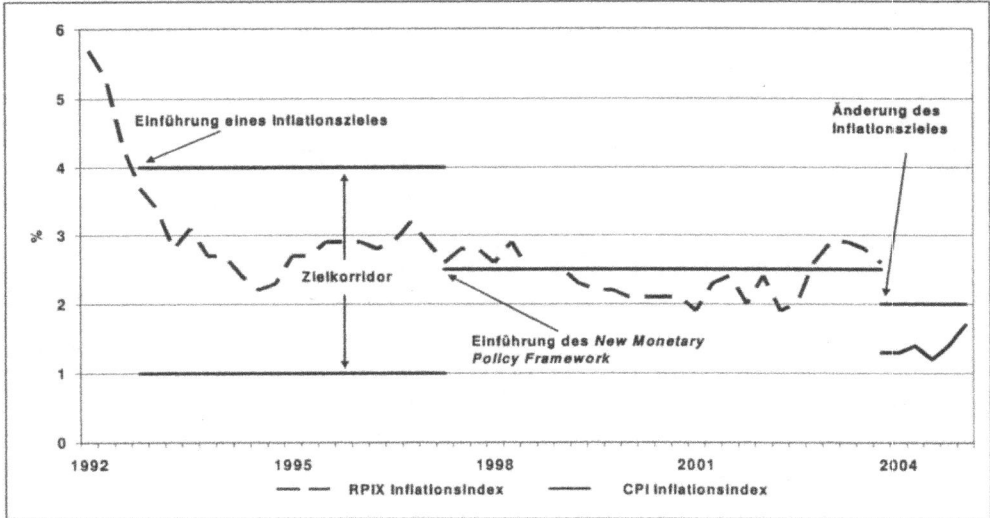

Quelle: National Statistics Online; eigene Darstellung

Einen bedeutenden Rollenwandel erfuhr das Finanzministerium seit der Regierungsübernahme Labours, was insbesondere mit der Person des Finanzministers Gordon Brown verbunden ist. Trotz der Kompetenzabgaben in der Geldpolitik an die *Bank of England* hat der Einfluss und die politische Macht des *Treasury* – und damit auch Browns – innerhalb der britischen Administration stark zugenommen und ist einmalig innerhalb der britischen Nachkriegsgeschichte (Alcock 2003: 236; Thain 2000: 219). So war es etwa das Finanzministerium, welches viele der Wirtschafts- und Sozialreformen der Regierung Blair initiierte und vorbereitete sowie teilweise selbst Maßnahmen durchführte und überwachte. Es wurde mehr und mehr zum Motor wirtschafts- und sozialpolitischer Reformen und trägt heute, neben der Kontrolle der Finanzpolitik, in Zusammenarbeit mit anderen Ministerien[131] die Verantwortung für eine breit gefächerte Wirtschaftspolitik. Premierminister Blair gab seinem Schatzkanzler Brown viel Handlungsfreiheit in wirtschaftspolitischen Belangen und überließ ihm den Vorsitz nahezu sämtlicher wirtschaftspolitischer (Kabinetts-)Ausschüsse von Bedeutung. So hat das Finanzministerium „seine traditionelle Rolle als finanzpolitischer Wächter [...] ausgeweitet und ist in der Regierung Blair zu einem politikgestaltenden Akteur geworden" (Becker 2002: 61). Es ist heute das „Schlüsselministerium" der britischen Administration und etablierte sich als „zweites Machtzentrum neben 10 Downing Street" (ebd.), dem Sitz des Premiers.[132]

---

[131] Etwa dem *Department for Work and Pensions* (DWP) oder dem *Department for Trade and Industry* (DTI).

[132] Zum Verhältnis und der Rollenverteilung zwischen Blair und Brown vgl. auch Kap. 6.3.

Ein eminent wichtiges Thema, an dem sich die Gemüter in Großbritannien seit Jahren erhitzen, ist die Haltung zum EURO. Hier stellt sich die Regierung bewusst gegen einen Großteil der Bevölkerung und der eigenen Partei, die einem britischen Beitritt zur EURO-Zone gegenüber skeptisch eingestellt sind. Die Regierung Blair spricht sich dagegen grundsätzlich für einen EURO-Beitritt Großbritanniens aus, allerdings unter der Bedingung bestimmter politischer und ökonomischer Voraussetzungen. Auf diese Weise versucht man, die politischen und öffentlichen Kontroversen zu beruhigen. Der entscheidende Faktor im Hinblick auf einen Beitritt zum EURO-Raum ist das nationale ökonomische Interesse. Dabei hat die Regierung den Beitritt an die positive Bewertung eines Kataloges von fünf ökonomischen Vorbedingungen bzw. Prüfungen geknüpft.[133] Die letzte Beurteilung dieser Kriterien fand im Frühjahr 2005 im Zusammenhang mit der Einbringung des Haushalts 2005/06 statt und schloss mit dem Ergebnis, dass ein EURO-Beitritt derzeit nicht im wirtschaftlichen Interesse Großbritanniens sei. Man wird die Entwicklung im EURO-Raum aber weiterhin verfolgen und die Kriterien regelmäßig neu prüfen. Ein Blick auf die ökonomischen Rahmendaten scheint diese Einschätzung zu bestätigen. So wuchs die britische Wirtschaft 2004 bereits im 13. Jahr in Folge. Das Bruttoinlandsprodukt (BIP) erhöhte sich 2004 um 3,1 %, die höchste Rate seit vier Jahren, im Gegensatz zur EURO-Zone, die für 2004 lediglich ein Wachstum von 1,75 % aufweisen kann (HM Treasury 2005: 214). Es betrug 2004 1,067 Mrd. Pfund (ONS 2005: 15). Im Zeitraum von 1993 bis 2002 erhöhte sich die Leistungsfähigkeit der britischen Wirtschaft beträchtlich, die jährliche Wachstumsrate des BIP lag mit 2,8 % über dem Durchschnitt der EU- und G7-Staaten (2,4 bzw. 2,0 %), was in den 70er und 80er Jahren nicht der Fall war (ONS 2004: 349f.). Und auch für die nähere Zukunft werden die ökonomischen Aussichten Großbritanniens positiv eingeschätzt. So rechnet etwa die Regierung für 2005 mit einem Wirtschaftswachstum von 3 bis 3,5 % (EURO-Raum 1,5 %) (HM Treasury 2005: 227, 214).[134]

---

[133] So ist im Einzelnen zu prüfen: „sustainable convergence between the United Kingdom and the economies of a single currency; whether there is sufficient flexibility to cope with economic change; the effect on investment; the impact on the UK financial services industry; and whether it is good for employment" (ONS 2004: 346).

[134] Unabhängige Schätzungen sprechen dagegen von einem geringeren Wirtschaftswachstum und setzen für 2005 im Durchschnitt lediglich 2,6 % und für 2006 2,3 % an gegenüber den Erwartungen der Regierung von 3–3,5 % (2005) und 2,5-3 % (2006) (HM Treasury 2005: 236, 227; auch OECD 2004).

Abbildung 4: Entwicklung des Bruttoinlandsprodukts 1979-2004

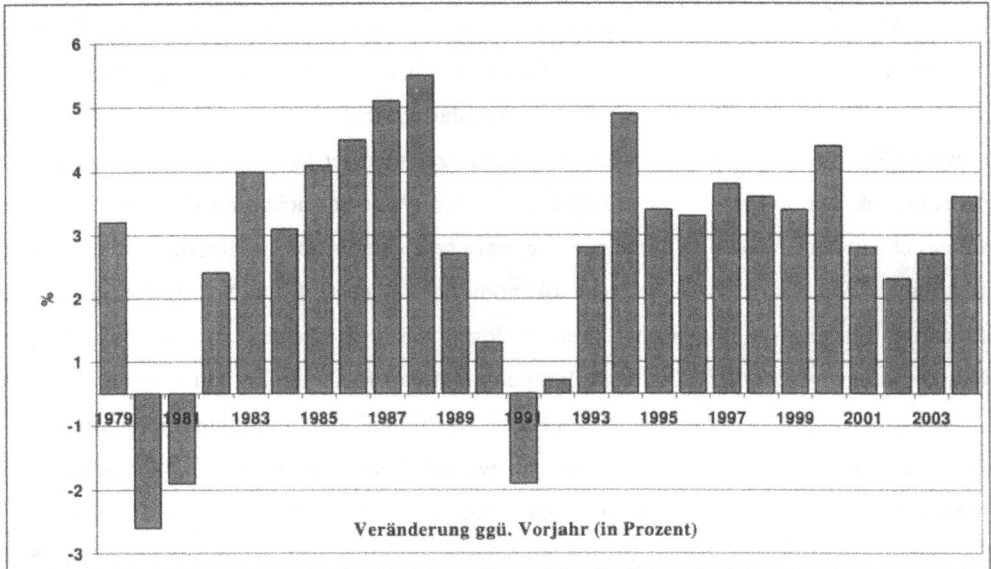

Quelle: National Statistics Online; eigene Darstellung

12.2.3 Arbeitsmarktpolitik

Die reinen Zahlen der offiziellen britischen Arbeitsmarktstatistiken seit den neunziger Jahren muten beeindruckend an. So nimmt etwa die Zahl der Arbeitslosen seit 1993 nahezu stetig ab, die Arbeitslosigkeit befand sich 2004 auf Rekordtiefständen. Im Jahr 2004 waren nach Berechnungen der *International Labour Organization* ILO durchschnittlich 1,41 Millionen Menschen arbeitslos, was einer Arbeitslosenquote von 4,7 % entsprach und der niedrigste Stand seit 1975 war. Die Zahl der Beschäftigten lag Ende 2004 bei 28,5 Millionen, das waren etwa zwei Millionen mehr als noch Mitte 1997, was einer Beschäftigungsquote von 74,9 % gleichkam, einem der höchsten jemals erzielten Werte (HM Treasury 2005: 80). Die Zahl der Langzeitarbeitslosen sank auf 290.000 gegenüber mehr als 500.000 im Jahr 1998.[135] Insgesamt ist seit 1997 in allen Teilen Großbritanniens die Arbeitslosigkeit gesunken und die Beschäftigungsquote gestiegen (u.a. ONS 2004: 149ff.).[136] Damit schneidet Großbritannien, die Ar-

---

[135] Langzeitarbeitslosigkeit definiert als Arbeitslosigkeit von einem Jahr oder darüber. Von den 290.000 Menschen, die im Frühjahr 2004 offiziell länger als ein Jahr arbeitslos waren, hatten 135.000 bereits zwei Jahre oder mehr keine Arbeit. Dies entsprach gegenüber dem Frühjahr 2003 einem Rückgang von 9 bzw. 13 % (ONS 2004: 150).

[136] Kritiker bemängeln hingegen – neben dem üblichen Vorwurf statistischer Schönfärberei – dass ein Großteil des Rückgangs der Arbeitslosigkeit auf einen zunehmenden Anteil von Teilzeitarbeit zurückzuführen ist und

beitslosenquote 2004 betreffend, im internationalen Vergleich weit besser ab als beispielsweise die Bundesrepublik Deutschland (11,7 %) oder die USA (5,5 %).

Abbildung 5: Entwicklung der Arbeitslosigkeit 1971-2004

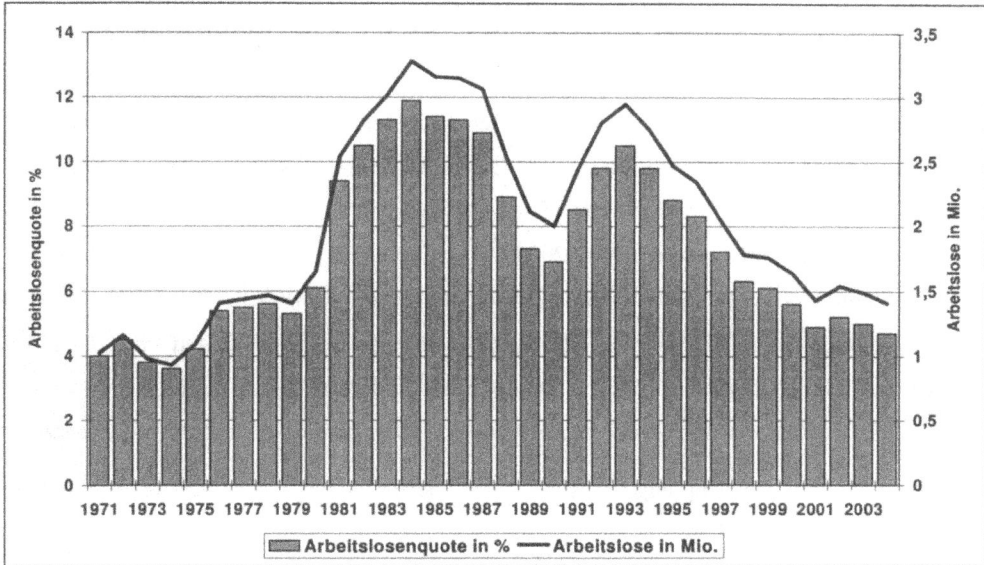

Quelle: National Statistics Online, ILO; eigene Darstellung

Soweit die blanken Zahlen. Doch woraus resultieren diese Erfolge? Als Gründe werden regelmäßig das langanhaltend starke Wirtschaftswachstum, die Flexibilität des britischen Arbeitsmarktes (beides indes „Errungenschaften" aus der Zeit der konservativen Regierungen Major und vor allem Thatcher) und nicht zuletzt die Arbeitsmarktpolitik der Regierung Blair, hier insbesondere die *welfare to work*-Strategie und die *New Deals*, hervorgehoben.

Auf der politischen Agenda Großbritanniens wurde die Arbeitsmarktpolitik vor allem seit den 1970er Jahren immer wichtiger. Doch trotz des dramatischen Anstiegs der Arbeitslosenzahlen und vielfacher Forderungen nach einem stärkeren arbeitsmarktpolitischen Engagement der Regierung blieb sie während der Amtszeit Thatchers nachrangig (Schmid/Picot 2001: 238). Ihr Schwerpunkt lag bis in die neunziger Jahre hinein vor allem auf Beratung und Vermittlung von Arbeitslosen. Unter der Regierung Major wurde im Jahre 1996 die Arbeitslosenunterstützung reformiert und die *Jobseekers Allowance* (JSA) eingeführt, auf deren Grundlage heute ein großer Teil der aktiven arbeitsmarktpolitischen Maßnahmen basieren (ebd.).

---

dass neue Arbeitsplätze vor allem im Niedriglohnbereich und im öffentlichen Sektor entstanden (vgl. u.a. Maass 2004: 5).

Die Zielsetzung New Labours, dauerhaft ein möglichst hohes Maß an Beschäftigung zu erreichen, wurde besonders anschaulich im *Green Paper* „Towards Full Employment in a Modern Society" aus dem Jahr 2001 zusammengefasst. Sie basiert unter anderem darauf, Arbeitslose durch Ausweitung der *New Deal*-Programme in Arbeit zu vermitteln, ihnen den Übergang zu bezahlter Arbeit durch Ausräumen von Hindernissen und Sicherstellen finanzieller Absicherung im Falle von Erwerbsarbeit zu erleichtern, bezahlte Arbeit durch Arbeitsanreize und Reformierung des Steuer- und Beihilfesystems generell attraktiver zu machen sowie den Arbeits- und Produktivitätsfortschritt durch „lifelong learning" zu sichern und zu gewährleisten, dass die Menschen gut ausgebildet und in der Lage sind, sich den ändernden ökonomischen Verhältnissen anzupassen (ONS 2004: 151). Das arbeitsmarktpolitische Hauptaugenmerk der Regierung liegt dabei auf der so genannten *welfare to work*-Strategie. Sie verspricht sich davon, Arbeitslose, die ja in der Regel Empfänger von Sozialleistungen sind, wieder in das Erwerbsleben einzugliedern, das heisst, sie „from welfare to work" zu führen (dazu auch Kap. 13.1.2). Charakteristisch für die *welfare to work*-Strategie sind dabei folgende Punkte:

• „Die Auffassung, der Empfang von staatlichen Transferleistungen schaffe Abhängigkeiten und führe ins soziale Abseits.

• Die Postulierung von Verpflichtungen, welche durch die Entgegennahme von Transferzahlungen entstehen.

• Die Ausübung von Druck, um Erwerbslose auch über ihre vorhandene Bereitschaft hinaus zur Arbeitsaufnahme zu bewegen." (Schmid/Picot 2001: 230)

Das zentrale Element dieser Strategie sind die *New Deal*-Arbeitsmarktprogramme. Wie bei früheren Programmen der aktiven Arbeitsmarktpolitik liegt auch bei ihnen ein Schwerpunkt auf der Beratung, Schulung und Vermittlung von Arbeitslosen. Ein neues Element ist bei einigen Programmen die Verpflichtung zur Teilnahme, um auch künftig Sozialleistungen zu erhalten; bei Nichtteilnahme können Sanktionen verhängt und Sozialleistungen gekürzt werden. Sie wurden gegenüber früheren Programmen auf zusätzliche Personengruppen wie Behinderte, Alleinerziehende oder Lebenspartner von Arbeitslosen ausgeweitet. Die Teilnehmer sollen im Rahmen der einzelnen Programme ihre eigenen Möglichkeiten erkennen und entwickeln, Fähigkeiten und Erfahrungen erwerben und schließlich Arbeit finden. Der *New Deal for Young People* (NDYP), der bereits Teil des 1997er Wahlprogramms New Labours war, und der *New Deal 25 plus* (ND25+) sind die beiden größten *New Deal*-Programme. Ersterer wurde im Januar 1998 in 12 Testgebieten eingeführt und im April desselben Jahres auf die nationale Ebene ausgeweitet. Bis Ende 2004 nahmen ca. 1,25 Mio. Jugendliche am NDYP

Tabelle 27: New Deal-Arbeitsmarktprogramme

New Deal for Young People

Verpflichtend für 18- bis 24-Jährige, die seit über 6 Monaten arbeitslos sind und JSA erhalten. Am Anfang steht eine bis zu 4 Monate dauernde Eingangs- oder Orientierungsphase (*Gateway*) mit intensiver individueller Betreuung und Beratung bei der Arbeitssuche. Wenn die Arbeitssuche innerhalb dieser Zeit nicht erfolgreich ist, muss der Teilnehmer sich für eine der folgenden Optionen entscheiden:

- Aufnahme einer sechsmonatigen subventionierten Arbeit (während dieser Zeit erhält der Arbeitgeber eine Subvention von £ 60 pro Woche)

- Teilnahme an einer einjährigen Vollzeitaus- oder -weiterbildung

- Annahme einer sechsmonatige Beschäftigung in einer gemeinnützigen Einrichtung

- Sechsmonatige Beschäftigung in eigens dafür geschaffenen Umweltprojekten

Alle Optionen beinhalten einen Bildungs- oder Ausbildungsanteil. Bei Nichtteilnahme an einem der offerierten Programme wird die staatliche Unterstützung gekürzt. Die Optionen 2 bis 4 garantieren eine Bezahlung mindestens auf JSA-Niveau.

Nach Auslaufen der Programme erhält der Teilnehmer weiterhin Sozialleistungen für Arbeitssuchende in Verbindung mit intensiver Betreuung bei der Jobsuche.

New Deal 25 plus

Verpflichtend für Personen ab 25 Jahren, die 18 Monate oder länger arbeitslos sind und JSA erhalten. Nach einer bis zu viermonatigen *Gateway*-Phase mit intensiver persönlicher Unterstützung bei der Arbeitssuche kann der Teilnehmer bei Nichtvermittlung einer Arbeitsstelle wählen zwischen einer sechsmonatigen subventionierten Beschäftigung (Subvention beträgt bis zu £ 75 pro Woche für Vollzeit- und £ 50 pro Woche für eine Teilzeitbeschäftigung) oder der Teilnahme an einer einjährigen Bildungsmaßnahme (Weiterbildung, Umschulung) bei fortlaufendem Bezug von JSA.

Nach Auslaufen der gewählten Option ohne eine erfolgreiche Vermittlung in Arbeit folgt eine Anschlussphase weiterer intensiver Betreuung bei der Jobsuche. Bei Nichtteilnahme an diesem Programm drohen Kürzung oder Aussetzung der staatlichen Unterstützung.

New Deal 50 plus

Freiwilliges Programm für Leute ab 50, die seit mindestens 6 Monaten arbeitslos sind und Sozialleistungen beziehen. Es beinhaltet neben persönlicher Beratung und Hilfe bei der Jobsuche die Möglichkeit der Weiterbildung bzw. Umschulung, die mit bis zu £ 1.500 (über 2 Jahre verteilt) bezuschusst werden kann.

New Deal for Lone Parents

Programm für Alleinerziehende, deren jüngstes Kind zwischen 5 und 16 Jahren alt ist und die weniger als 16 Stunden wöchentlich arbeiten. Der Besuch eines persönlichen Beratungsgespräches ist obligatorisch, die weitere Teilnahme freiwillig. Sie beinhaltet u.a. Hilfe bei Arbeitssuche und Kinderbetreuung, Bildungsmöglichkeiten, Sammeln von Arbeitserfahrungen (*work trials*) sowie finanzielle Unterstützung bei dadurch anfallenden Kosten. Auch nach erfolgreicher Arbeitssuche ist eine weitere Betreuung möglich.

New Deal for Disabled People

Freiwilliges Programm für körperlich oder geistig Behinderte, die Behindertenunterstützung erhalten. So genannte *Job Broker*, die Erfahrung in der Arbeit mit Behinderten besitzen, beraten in Verbindung mit lokalen Arbeitsämtern (*Jobcentre Plus*) die Teilnehmer über Arbeits- und Bildungsmöglichkeiten und bieten Hilfe bei der Arbeitssuche. Sie bieten den vermittelten Teilnehmern auch während der ersten 6 Monate im neuen Job weitere Unterstützung.

New Deal for Partner

Freiwilliges Programm für Lebenspartner von Menschen, die Sozialleistungen (zumeist aufgrund Arbeitslosigkeit) erhalten. Es bietet neben persönlicher Beratung u.a. Hilfe bei Arbeitssuche und Kinderbetreuung sowie Weiterbildungsmöglichkeiten für den potentiellen Zweitverdiener eines Arbeitslosenhaushaltes.

New Deal: self-employment

Personen, die bereits an einem *New Deal*-Programm teilnehmen und sich darüber hinaus selbständig machen wollen, finden hier Beratung und Unterstützung. Dies kann neben der Vermittlung grundsätzlicher unternehmerischer Fähigkeiten auch Bildungszuschüsse und weitergehende Betreuung während der ersten zwei Jahre der Selbständigkeit beinhalten.

Quelle: ONS 2004: 152, www.newdeal.gov.uk; eigene Darstellung

teil, von denen sich zu diesem Zeitpunkt noch etwa 68.000 in einer der Maßnamen befanden. Offiziellen Angaben zufolge haben nach Auslaufen ihrer Maßnahmen 550.800 Jugendliche einen Arbeitsplatz gefunden, 437.800 bzw. ca. 37 % davon für mindestens ein Vierteljahr (DWP 2005: 6). Der ND25+ startete landesweit im Juli 1998 (damals unter dem Namen *New Deal for Long-term Unemployed*) und galt bis März 2001 für diejenigen, die seit mindestens zwei Jahren arbeitslos waren; danach wurde die Schwelle auf 18 Monate heruntergesetzt. Insgesamt haben ca. 763.000 Personen daran teilgenommen, etwa 52.000 davon befanden sich im Dezember 2004 weiterhin in einer Maßnahme. Einen Arbeitsplatz fanden nach dem Verlassen des Programms 213.700 Menschen, 166.500 von diesen länger als 3 Monate (ebd.: 7). Der *New Deal for Lone Parents* (NDLP) war das erste eingesetzte *New Deal*-Programm. Die Testphase begann bereits kurz nach dem Wahlsieg New Labours im Juli 1997 in acht Regionen und wurde im Oktober 1998 auf ganz Großbritannien ausgedehnt. Ziel ist es, die Perspektiven und den Lebensstandard Alleinerziehender und ihrer Kinder nachhaltig zu erhöhen, indem ihnen geholfen wird, bezahlte Arbeit zu finden bzw. diese, falls bereits einer Tätigkeit im Sinne einer Teilzeitbeschäftigung nachgegangen wird, auszuweiten (Dolton/Balfour 2002: 179). Bis Ende 2004 hatten 769.000 Alleinerziehende den NDLP durchlaufen, während 71.000 weiterhin daran teilnehmen (DWP 2005: 6). Der *New Deal for Partner*, dessen Zweck es ist, Lebenspartnern von Arbeitslosen eine Beschäftigung zu verschaffen um die Zahl der Arbeitslosenhaushalte zu verringern, startete nach einer Testphase von Februar bis März 1999 im April desselben Jahres im ganzen Land. Der *New Deal for Disabled People* (NDDP), an dem bisher mehr als 130.000 Menschen teilgenommen haben, soll schließlich „das Bewusstsein für die Beschäftigungsbedürfnisse behinderter Personen bei Arbeitgebern [...] stärken" (Dolton/Balfour 2002: 179). Die staatlichen Ausgaben für einzelne *New Deal*-Programme beliefen sich 2004/05 auf £ 330 Mio. beim NDYP, £ 256 Mio. für den ND25+, £ 95 Mio. beim NDLP und £ 42 Mio. für den NDDP (ONS 2004: 151). Seit 1998 wurden etwa 3,6 Mrd. Pfund im Zusammenhang mit den *New Deal*-Programmen investiert (HM Treasury 2005: 83), von denen ein großer Teil aus den Einnahmen der *windfall tax* stammt. Auf Arbeitgeberseite hatten bis Mitte 2004 etwa 89.000 Unternehmen als *New Deal*-Vertragspartner Arbeits- oder Ausbildungsplätze zur Verfügung gestellt.

Die speziell auf bestimmte Personengruppen zugeschnittenen *New Deal*-Programme zur Wiedereingliederung in den Arbeitsmarkt werden flankiert von verschiedenen breiter angelegten Maßnahmen der Regierung. Zu nennen wäre hier einerseits das unter dem Slogan *employability* zusammengefasste Konzept der Verbindung von Bildung und Beschäftigung. So sollen durch „lifelong learning" die individuellen Fähigkeiten, sich wandelnden Wissens- und Qualifikationsbedingungen am Arbeitsmarkt anzupassen, verbessert werden. Die Förderung der Aneignung von Wissen und der geistigen Flexibilität des Einzelnen steht hier im Vordergrund, um am Arbeitsmarkt „die Kompetenzen anbieten zu können, die aktuell benötigt werden" (Schmid/Picot 2001: 243). Andererseits versucht die Regierung insbesondere, Anreize für die Aufnahme niedrigbezahlter Arbeit zu erhöhen, was sich etwa in der Einführung eines gesetzlichen Mindestlohnes (seit Oktober 2005 £ 5,05 pro Stunde für Erwachsene und £ 4,25 pro Stunde für Arbeitnehmer zwischen 18 und 21 Jahren; HM Treasury 2005: 96, vgl. auch Kap. 8.2.3) oder in der Einführung von *tax credits* ausdrückt (Kap. 13.1.2), Maßnahmen, die unter der Losung *making work pay* vermarktet werden.[137]

Zuständig für die Arbeitsmarktpolitik ist formal das *Department for Work and Pensions* (DWP), zu dessen Aufgaben unter anderem die *New Deal*-Programme und die Aufsicht über die Arbeitsmarktverwaltung zählen. Dem DWP ist der *Employment Service* (ES) zugeordnet, welcher in etwa der Bundesagentur für Arbeit in Deutschland entspricht und der seit 1997 grundlegend modernisiert wurde. Der ES betreibt in Zusammenarbeit mit der *Benefits Agency* (Behörde mit Zuständigkeit für staatliche Sozialleistungen bei Personen im erwerbsfähigen Alter) die so genannten *Jobcentre Plus* (Kap. 13.1.2), eine Weiterentwicklung der *Jobcentres* (lokale Arbeitsämter). Die ersten 50 *Jobcentre Plus* nahmen (als Pilotprojekt) im Oktober 2001 ihre Arbeit auf; bis Mitte 2004 wurden insgesamt bereits 500 eröffnet (HM Treasury 2004: 158) und bis Ende 2006 sollen sie flächendeckend in ganz Großbritannien betrieben werden. Sie sollen im Gegensatz zu den herkömmlichen *Jobcentres* nicht mehr nur Arbeitsvermittlung und darüber hinausgehende Beratung für Arbeitssuchende anbieten, sondern generell der zentrale Anlaufpunkt für Bezieher von Sozialleistungen im erwerbsfähigen Alter sein, etwa indem dort über die Berechtigung zum Erhalt von Beihilfen entschieden, diese an die Anspruchsberechtigten ausbezahlt und weitere Beratungsleistungen, beispielsweise im Rahmen der *New Deal*-Maßnahmen, angeboten werden. Es wird künftig also eine zentrale Einrichtung geben, an die sich Arbeitslose in nahezu allen sie betreffenden Fragen wenden können und wo unter einem Dach Sozial- und Arbeitsmarktmaßnahmen koordiniert werden sollen. Insgesamt hat die Regierung bis 2004 etwa £ 2,2 Mrd. in die neue *Jobcentre Plus*-Infrastruktur investiert (HM Treasury 2004: 158).

---

[137] Mit anderen Worten: die *welfare to work*-Strategie umfasst „active labour market policies – tailored and appropriate help for those without work, to prevent long term detachment from the labour market; policies that make work pay – improved incentives through reform of the tax and benefit system, and the introduction of the National Minimum Wage; and policies that reduce barriers to work – including education, skills, childcare and training policies to create an adaptive, flexible and productive workforce" (HM Treasury 2005: 81f.).

Die offiziellen Zahlen der Regierung suggerieren einen großen Erfolg der Arbeitsmarkt-maßnahmen Labours und insbesondere der *New Deal*-Programme. So hätten bis Ende 2004 mehr als 1,2 Millionen Menschen durch die *New Deals* Arbeit gefunden, ein großer Teil davon längerfristig (HM Treasury 2005: 83). Die Zahlen geben jedoch keine Auskunft darüber, „wie viele von diesen Personen auch ohne den New Deal eine Anstellung gefunden hätten, noch ist zu erfahren, wie der New Deal die Beschäftigungswahrscheinlichkeit für die Teilnehmer auf lange Sicht beeinflusst hat" (Dolton/Balfour 2002: 180). Dazu sind ein Großteil der neuen Arbeitsplätze nicht in der privaten Wirtschaft entstanden, sie sind zu einem großen Teil staatlich subventioniert und oftmals zeitlich befristet (u.a. Becker 2002: 58, Maas 2004: 5). So gesehen ist eine genaue, vor allem nachhaltige Bewertung der Arbeitsmarktpro-gramme äußerst schwierig.[138] Unbestritten ist allerdings, dass die Bildungs- und Qualifizie-rungsoptionen, die ein wesentlicher Teil vieler *New Deal*-Programme sind, die (kurzfristigen) Eingliederungschancen in den Arbeitsmarkt und die langfristigen Beschäftigungsperspektiven der Teilnehmer positiv beeinflussen können.

Wie gesehen verfolgt Labour mit der aktiven Arbeitsmarktpolitik eine mehrgleisige Strate-gie. Einerseits wird verstärkt Druck auf Arbeitslose ausgeübt, wenn ihnen beispielsweise in-nerhalb verschiedener *New Deals* mit dem Entzug von *Jobseekers Allowance* oder anderen Sozialleistungen gedroht wird, um sie zur Beschäftigungssuche anzuhalten. Andererseits wird versucht, mittels finanzieller Verbesserungen (z.B. *Working Tax Credit*) sowie Bildungsange-boten die individuellen Anreize zur Arbeitsaufnahme zu verbessern. Zusätzlich wird die Mo-dernisierung und Effektivierung von Infrastruktur und Verwaltung, etwa mit der Etablierung des *Jobcentre Plus*-Netzwerks, vorangetrieben (Stichwort: *New Public Management*; Kap. 9.4.2). Und tatsächlich, so muss konstatiert werden, ist mit der auf Sanktionen und Anreizen beruhenden *welfare to work*-Strategie der Regierung „eine stärkere Aktivierung bei der Ar-beitssuche und bei der Teilnahme an arbeitsmarktpolitischen Maßnahmen" (Schmid/Picot 2001: 246) verbunden.

---

[138] Eine umfangreiche Kritik der *New Deal*-Programme während der ersten Regierungsjahre Labours findet sich bei Dolton/Balfour 2002.

12.2.4 Finanzpolitik

Die Art und Weise, wie die britischen Regierungen der Nachkriegszeit Finanzpolitik betrieben und wie die öffentlichen Finanzen im Allgemeinen gehandhabt wurden, hat sich regelmäßig geändert und gründete oftmals auf kurzfristigen politischen Erwägungen denn auf längerfristiger strategischer Planung. Doch gerade diese langfristige Planung und damit verbunden Berechenbarkeit und Vertrauen in die Wirtschafts- und Finanzpolitik war und ist erklärtes Anliegen New Labours. Vor diesem Hintergrund ist die Installierung eines *New Fiscal Policy Framework* zu sehen, mittels welchem eine stabile langfristige Entwicklung der öffentlichen Finanzen sichergestellt werden soll, die wiederum beispielsweise eine Grundvoraussetzung für nachhaltige staatliche Investitionen ist.

Innerhalb dieses neuen institutionellen Rahmens stellt der „Finance Act" aus dem Jahr 1998 die rechtliche Grundlage des so genannten *Code for Fiscal Stability* dar, welchem das Unterhaus im Dezember 1998 zustimmte. Dieser führt die Bestimmungen des „Finance Act" näher aus und erläutert beispielsweise, wie diese sich in der finanzpolitischen Praxis wiederspiegeln sollen. Der *Code for Fiscal Stability* legt die fünf Grundprinzipien des finanzpolitischen Managements der Regierung dar:

- „**transparency** in the setting of fiscal policy objectives, the implementation of fiscal policy and in the publication of the public accounts;

- **stability** in the fiscal policy making process and in the way fiscal policy impacts on the economy;

- **responsibility** in the management of the public finances;

- **fairness**, including between the generations; and

- **efficiency** in the design and implementation of fiscal policy and in managing both sides of the public sector balance sheet." (Balls/O'Donnell 2002: 145)[139]

Daneben verlangt er von der Regierung eine Darlegung ihrer finanzpolitischen Ziele. Für Labour sind dies insbesondere „over the medium term, to ensure sound public finances and that spending and taxation impact fairly within and between generations", sowie „over the short term, to support monetary policy and, in particular, to allow the 'automatic stabilisers' to help smooth the path of the economy" (ONS 2004: 347). Diese Ziele wiederum sollen

---

[139] Hervorhebungen im Original.

Abbildung 6: New Fiscal Policy Framework

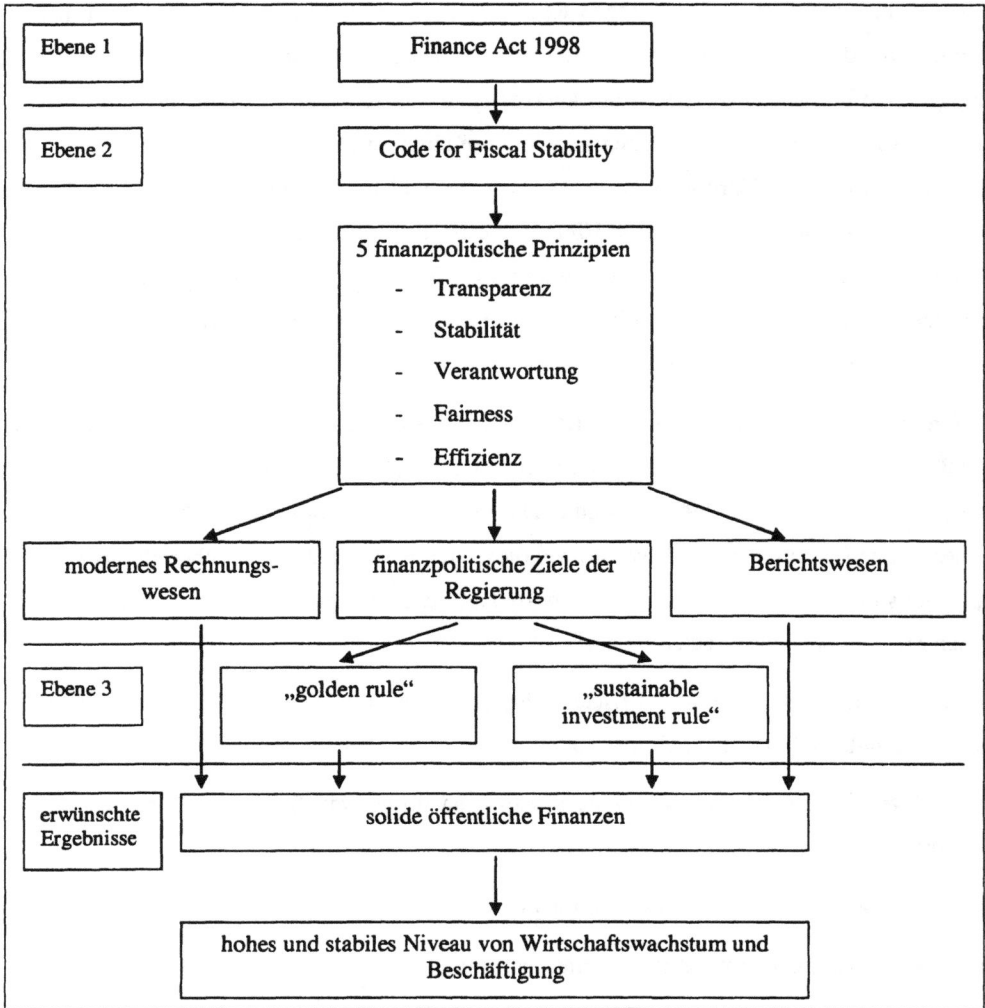

| Ebene 1 | Finance Act 1998 |

| Ebene 2 | Code for Fiscal Stability |

5 finanzpolitische Prinzipien
- Transparenz
- Stabilität
- Verantwortung
- Fairness
- Effizienz

| modernes Rechnungs-wesen | finanzpolitische Ziele der Regierung | Berichtswesen |

| Ebene 3 | „golden rule" | „sustainable investment rule" |

| erwünschte Ergebnisse | solide öffentliche Finanzen |

hohes und stabiles Niveau von Wirtschaftswachstum und Beschäftigung

Quelle: Balls/O'Donnell 2002: 133, eigene Ergänzung

mittels zweier finanzpolitischer Regeln erreicht werden, welche die Grundlage des Ausgabenrahmens der Regierung darstellen und die somit eine große Bedeutung für die Struktur und
Gestaltung des öffentlichen Haushalts besitzen. Nach der so genannte „golden rule" sollen –
über einen Konjunkturzyklus betrachtet – die öffentlichen Ausgaben durch die Einnahmen
gedeckt sein. Zusätzlich ist eine Neukreditaufnahme nur zur Finanzierung von Investitionen
und nicht etwa zum Bestreiten laufender Ausgaben zulässig. Die „sustainable investment rule" besagt, dass die öffentliche Nettoverschuldung proportional zum Bruttoinlandsprodukt
(BIP) über einen Konjunkturzyklus betrachtet stabil bleibt, möglichst unter 40 % des BIP.

Zusätzlich dazu sollen verschiedene im *Code for Fiscal Stability* aufgeführte regelmäßige Berichte und Veröffentlichungen[140] des Schatzamtes oder angegliederter Behörden sowie ein modernes Rechnungswesen die Finanzpolitik der Regierung transparenter gestalten. Von all diesen Maßnahmen erwartet man sich gesunde und stabile öffentliche Finanzen, die mittelbar positive Auswirkungen auf Wirtschaftswachstum und Beschäftigung haben sollen. Darüber hinaus wird versucht, die langfristige Konsistenz der Finanzpolitik sicherzustellen, so dass kurzfristige politische Erwägungen gegenüber langfristigen Planungen untergeordnet bleiben.[141]

Eine bedeutende Maßnahme der Regierung Blair im Hinblick auf die Konsolidierung und Stabilisierung der öffentlichen Finanzen war die Verhängung eines Ausgabenmoratoriums für die ersten beiden Regierungsjahre. Bereits im Wahlprogramm 1997 versprach New Labour, sich während dieser Zeit innerhalb des Ausgabenrahmens des letzten Major-Haushalts bewegen zu wollen, um die Staatsverschuldung zurückzuschrauben und einen größeren finanziellen Handlungsspielraum zu gewinnen. Im Ergebnis fiel während dieser Zeit bei einem steigenden BIP das Niveau der öffentlichen Ausgaben. Ebenso konnte erstmals seit Ende der 1980er Jahre das Niveau der staatlichen Kreditaufnahme reduziert werden (Alcock 2003: 236). Andererseits war man durch diese Einschränkungen kaum in der Lage, eigene Ausgabenprioritäten zu setzen. So verblieb die Ausgabenstruktur ähnlich wie unter der konservativen Vorgängerregierung Major. Ausnahmen, welche auch publicitywirksam vermarktet wurden, waren die Erhöhung der Ausgaben für Gesundheit und Bildung, was vor allem durch das anhaltende Wirtschaftswachstum und, in dessen Folge, durch steigende Steuereinnahmen in Verbindung mit einer Erhöhung der indirekten Besteuerung möglich wurde. Nach Ablauf der Ausgabenbeschränkung wurde erstmals für das Haushaltsjahr 1999/2000 die so genannte *Comprehensive Spending Review* (CSR), ein neuartiges Instrument zur Kontrolle und Planung der öffentlichen Ausgaben über einen Zeitraum von drei Jahren, erarbeitet. Die erste CSR galt für die Haushalte 1999/2000 bis 2002/2003 und sah weitere bedeutende Ausweitungen der Etats für Gesundheit und Bildung vor; die zweite gilt für den Zeitraum bis 2006.

Im Haushalt für das Haushaltsjahr 2005/06, der im März 2005 eingebracht wurde, sind die öffentlichen Gesamtausgaben (*Total Managed Expenditure*) mit etwa 519 Mrd. Pfund veran-

---

[140] Beispielhaft zu nennen wären etwa *Economic and Fiscal Strategy Report, Financial Statement and Budget Report, Debt and Reserves Management Report* oder *Pre-Budget Report* (dazu Balls/O'Donnell 2002: 141ff.).

[141] Eine ähnliche Zielsetzung war bereits mit dem *New Monetary Policy Framework* im Hinblick auf die Geldpolitik verbunden.

schlagt. Die Aufwendungen für soziale Sicherheit machen dabei mit £ 146 Mrd. den größten Einzelposten aus, gefolgt von den Ausgaben für Gesundheit (£ 90 Mrd.) und Bildung (£ 68 Mrd.). Auf der Habenseite rechnet man mit Einnahmen von ca. 487 Mrd. Pfund. Die größten Einzelposten stellen die Einnahmen aus Einkommenssteuer (£ 138 Mrd.), Beiträgen zur Sozialversicherung (£ 83 Mrd.) sowie Mehrwertsteuer (£ 76 Mrd.) dar. Die Differenz, also £ 32 Mrd., soll über die Aufnahme neuer Kredite gedeckt werden; dies entspräche einer Neuverschuldung von 2,6 % des BIP, womit Großbritannien die Voraussetzungen des EURO-Stabilitätspaktes, d.h. eine jährliche maximale Nettoneuverschuldung von 3 % des BIP, erfüllen würde. Insgesamt wird die öffentliche Nettoverschuldung für das Jahr 2005/06 £ 452 Mrd. bzw. 35,5 % des BIP betragen. Die öffentlichen Ausgaben stiegen seit 1973/74 real von £ 253 Mrd. auf heute £ 519 Mrd., also um mehr als das Doppelte. Während dieses Zeitraumes machten die Staatsausgaben im Verhältnis zum BIP in der Spitze fast 50 % (1975/76) aus. Dieser Anteil fiel bis auf 37,4 % im Haushaltsjahr 1999/00 und steigt seitdem wieder kontinuierlich auf heute über 41 % an.

Abbildung 7: Öffentliche Ausgaben 1948-2005

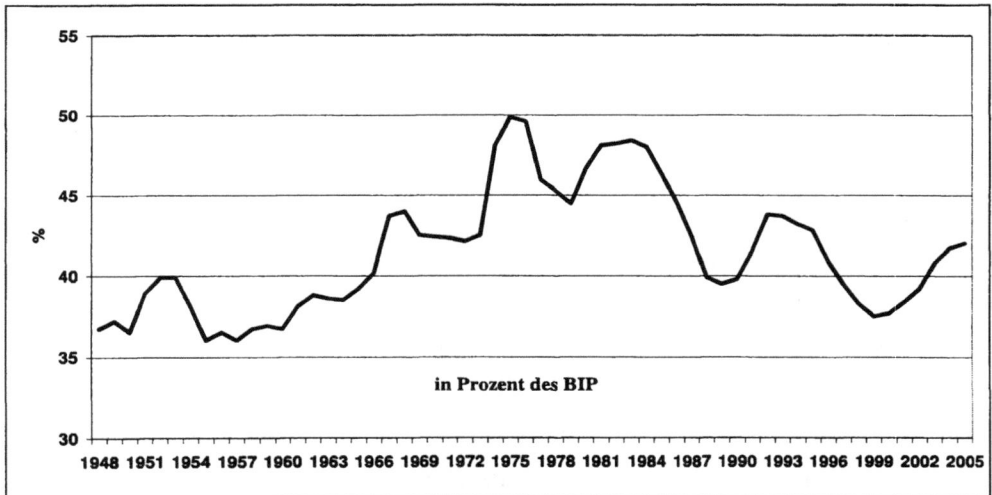

Quelle: National Statistics Online, Public Sector Finances Databank des HM Treasury; eigene Darstellung

Auch in den kommenden Jahren ist von wachsenden öffentlichen Ausgaben auszugehen; sie sollen bis 2007/08 auf bis zu £ 580 Mrd. ansteigen. Einen besonderen Schwerpunkt in der Ausgabenpolitik legt Labour neben der Gesundheits- und der Bildungspolitik vor allem auf die öffentlichen Neuinvestitionen. Betrugen diese im Haushalt 2002/03 noch 1,1 % des BIP, so wurden sie in den vergangenen Jahren drastisch erhöht und betragen im aktuellen Haushalt bereits 2,1 %; sie sollen bis 2006/07 auf 2,3 % steigen und dann £ 29 Mrd. betragen. Mit dieser Maßnahme will man den Unterinvestitionen in die Infrastruktur der vergangenen Jahrzehnte begegnen (HM Treasury 2005: 14, 32, 247; ONS 2004: 366f.).

Wie fällt die finanzpolitische Performance der Labour-Regierung in Bezug auf die beiden selbstgesteckten Regeln aus? Hinsichtlich der *golden rule* ist zu sagen, dass laut den Einschätzungen der Regierung der hier relevante Konjunkturzyklus Mitte 1999 begann und voraussichtlich Ende 2005 endet. Nachdem innerhalb dieses Zyklus während der ersten drei Haushaltsjahre das Budget jeweils positiv war und somit Überschüsse angesammelt werden konnten, verbrauchte sich dieses Polster seit dem Haushaltsjahr 2002/03 zusehends, da seitdem die öffentlichen Ausgaben die Einnahmen übersteigen und die staatliche Verschuldung anwächst. Dennoch erwartet die Regierung, über diesen Konjunkturzyklus betrachtet, insgesamt einen Budgetüberschuss von 0,1 % des BIP bzw. £ 6 Mrd. zu erwirtschaften und somit die *golden rule* zu erfüllen (HMT 2005: 32f., 240).[142] Bezüglich der *sustainable investment rule* fällt die Bewertung eindeutiger aus. Seit 1996/97 nahm die Nettoverschuldung der öffentlichen Hand kontinuierlich ab; belief sie sich in diesem Jahr noch auf 44 % des BIP, so wurde sie bis 2001/02 auf fast 30 % reduziert. Anschließend folgte ein leichter Anstieg, so dass sie sich 2005/06 bei etwa 35,5 % des BIP befindet und somit die *sustainable investment rule*, nach welcher sich die öffentliche Nettoverschuldung unter 40 % des BIP bewegen soll, deutlich eingehalten wird (HM Treasury 2005: 35, 240).

Die Gründe für die stückweise Konsolidierung der öffentlichen Finanzen und die (teilweise) Erzielung von Überschüssen liegen zum einen in dem zweijährigen Ausgabenmoratorium der ersten Blair-Regierung aus den Haushaltsjahren 1997/98 und 1998/99 begründet, in dessen Verlauf ein rigoroser Sparkurs (mit wenigen Ausnahmen) mit dem Ziel verfolgt wurde, die von den Konservativen geerbte Verschuldung abzubauen. Zum anderen sorgte die seit Mitte der neunziger Jahre wachsende britische Wirtschaft in Verbindung mit einer Erhöhung der allgemeinen Steuerlast für steigende Staatseinnahmen (Becker 2002: 53f.). So sprach sich New Labour während und nach dem Wahlkampf 1997 zwar gegen Steuererhöhungen im Laufe der ersten Legislaturperiode aus; dieses Versprechen betraf allerdings in erster Linie lediglich die direkte Besteuerung, wie sich bald zeigen sollte. Nachdem in den Jahren 1979 bis 1997 bereits die konservativen Regierungen das Verhältnis der Steuerlast zu Ungunsten der indirekten Besteuerung veränderten, etwa indem die Einkommensteuer gesenkt und im Ge-

---

[142] Seitens Finanzanalysten wird allerdings bezweifelt, dass sich diese Einschätzung tatsächlich bewahrheiten wird (vgl. u.a. FAZ 17.03.2005, S. 11).

Abbildung 8: Öffentliche Verschuldung 1993-2005

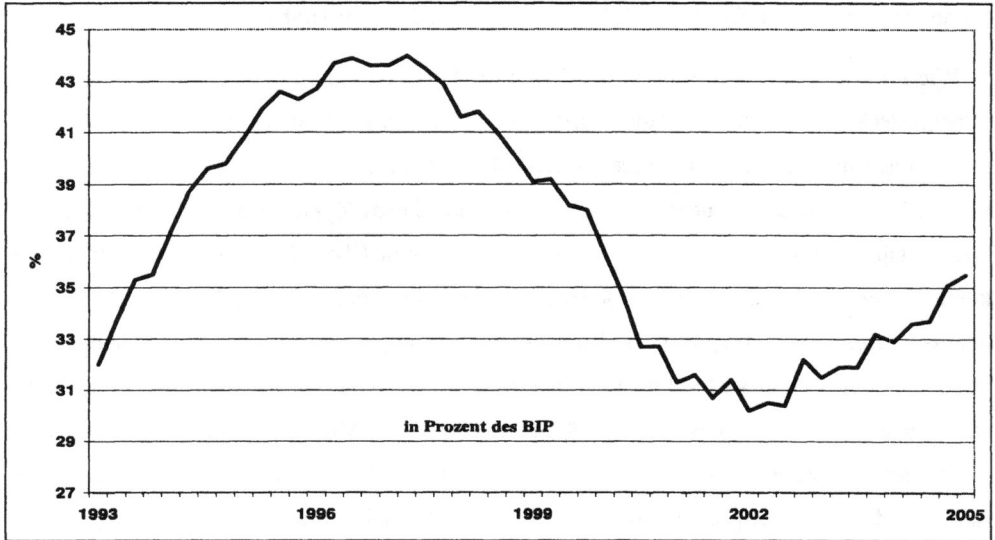

Quelle: National Statistics Online; eigene Ergänzung

genzug die Mehrwertsteuer drastisch erhöht wurde, knüpfte Labour an diese Tradition an. Die Erhöhung der Steuerlast mittels (von den Konservativen so bezeichneter) *stealth taxes* ging insbesondere einher mit der Anhebung von Verbrauchssteuern, etwa auf Benzin, Alkohol und Tabak,[143] mit der Streichung von Steuervergünstigungen und mit der Einführung der so genannten *windfall tax*, einer Sondersteuer auf privatisierte Versorgungsunternehmen.[144] Dagegen wurden Senkungen der direkten Besteuerung, vor allem der Einkommenssteuer und der Körperschaftssteuer für Unternehmen, öffentlich in den Vordergrund gestellt.

Insgesamt stiegen die Steuereinnahmen (inkl. Beiträge zur Sozialversicherung) im Verhältnis zum Bruttoinlandsprodukt während der ersten Legislaturperiode der Regierung Blair (1997-2001) um 2 % an; seit dem Jahr 2003/04 steigen sie kontinuierlich. Für 2005/06 wird

---

[143] Interessant ist in diesem Zusammenhang, dass trotz Erhöhungen der indirekten Besteuerung die Mehrwertsteuer, die wichtigste der indirekten Steuern, während der ersten Regierung Blair nicht nur nicht erhöht, sondern auf einige Produkte sogar gesenkt wurde (Clark 2002: 189f.).

[144] Diese *windfall tax* wurde bereits im Wahlkampf 1997 angekündigt und spülte in den Haushaltsjahren 1997/98 sowie 1998/99 jeweils £ 2,6 Mrd. in die Staatskasse, die u.a. zur Finanzierung der *New Deal*-Arbeitsmarktprogramme genutzt wurden (HM Treasury 2005: 99). Labour machte sich dabei insbesondere die öffentliche Unzufriedenheit und Entrüstung sowohl über die Leistungen dieser privatisierten Unternehmen als auch über so empfundene ungerechtfertigte Gewinne zunutze, da die neuen Eigentümer die Unternehmen in der Regel zu einem Bruchteil des tatsächlichen Wertes erwarben und die Unternehmensleitung sich nach der Privatisierung ihre Bezüge nicht selten um ein Vielfaches erhöhten. Die *windfall tax* sollte diese hohen Gewinne zum Teil wieder abschöpfen.

ein Wert von 37,3 % und für die kommenden Jahre ein weiterer Anstieg bis auf 38,5 %
2008/09 erwartet (HM Treasury 2005: 254). Im internationalen Vergleich befand sich Großbritannien im Jahr 2003 hinsichtlich der Abgabenquote (bestehend aus Steuern und Sozialab-
gaben) mit 35,3 % des BIP etwa auf einer Stufe mit Deutschland (36,2 %), weit hinter den
USA (25,4 %), aber noch deutlich vor Frankreich (44,2 %) (FAZ 17.03.2005, S. 11).

Abbildung 9: Öffentliche Einnahmen aus Steuern und Abgaben

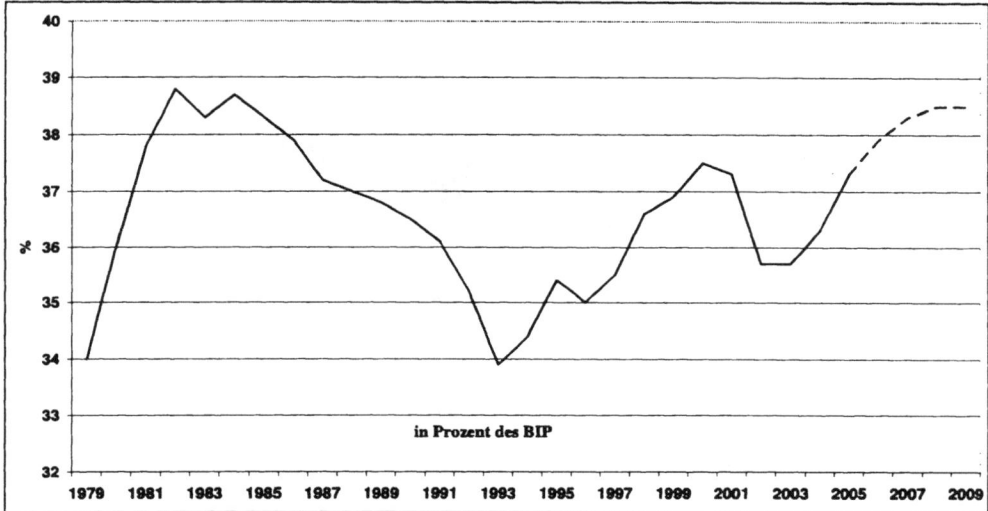

Quelle: National Statistics Online, HM Treasury 2005: 254; eigene Darstellung

Im Großen und Ganzen ist eine Kontinuität in der Finanzpolitik Labours gegenüber den
vorangegangenen konservativen Regierungen Major und Thatcher zu erkennen. Es kam zwar
punktuell zu anderen Schwerpunktsetzungen, etwa im Bereich der Gesundheits- und Bil-
dungsausgaben, jedoch unterscheiden sich die Ausgabenstrukturen und -trends nur unwesentlich voneinander (u.a. Thain 2000: 230, 237); fundamentale Änderungen in der Einnahmen-
und Ausgabenstruktur der öffentlichen Finanzen, wie man sie vielleicht früher bei Regierungswechseln von den Konservativen zu Labour (und umgekehrt) hätte vermuten können,
blieben insgesamt gesehen aus und sind auch im weiteren Verlauf der Labour-Regierungszeit
nicht zu erwarten. Die institutionelle Rahmung, speziell das *New Fiscal Policy Framework*,
ist Ausdruck dieser Kontinuität und trägt dazu bei, diese noch zu verstärken.

Abbildung 10: Haushalt 2005/06 – Ausgabenstruktur

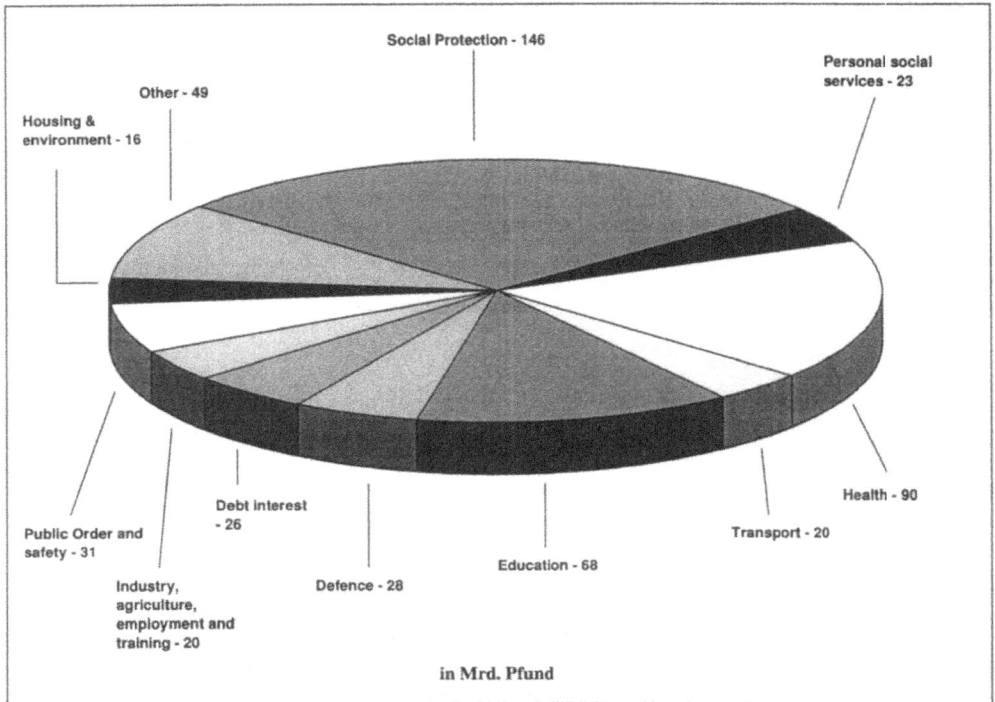

Social Protection - 146
Personal social services - 23
Other - 49
Housing & environment - 16
Public Order and safety - 31
Debt interest - 26
Industry, agriculture, employment and training - 20
Defence - 28
Education - 68
Transport - 20
Health - 90

in Mrd. Pfund

Quelle: HM Treasury 2005: 14

Abbildung 11: Haushalt 2005/06 – Einnahmenstruktur

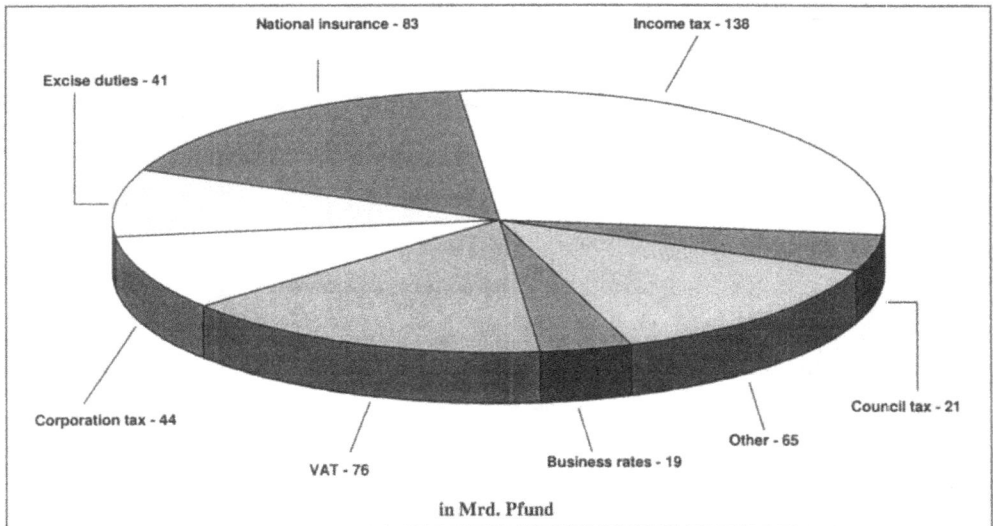

National insurance - 83
Income tax - 138
Excise duties - 41
Corporation tax - 44
VAT - 76
Business rates - 19
Other - 65
Council tax - 21

in Mrd. Pfund

Quelle: HM Treasury 2005: 14

12.3 Fazit und Ausblick

Wie fällt das wirtschaftspolitische Fazit nach mehr als zwei Regierungsperioden Labours aus? Auffallend ist die inhaltliche Kontinuität der Wirtschafts- und Finanzpolitik New Labours zu ihren konservativen Vorgängern. Die ökonomischen Verhältnisse, wie sie vor allem während der Regierungszeit Margaret Thatchers geschaffen wurden, erkannte die Blair-Regierung faktisch an.[145] Auch ist ein Bekenntnis zu typischen konservativen Ideen wie etwa einer antiinflationistischen Geldpolitik oder einer konsequent auf Stabilität ausgerichteten Finanzpolitik deutlich ausgeprägt. Die angebotsorientierte Strategie der Vorgängerregierungen wurde vor allem in der Arbeitsmarktpolitik weitergeführt. Der Schwerpunkt der Wirtschaftspolitik der Regierung Blair liegt auf Aktivierung, also auf der Schaffung günstiger Rahmenbedingungen, um wirtschaftlichen Wohlstand zu erreichen, statt auf direkter Intervention. Auch dies ist eher eine konservative oder liberale denn eine klassische Labour-Position. Doch auch sozialdemokratische Ideen finden sich wieder. Deutlich wird dies im Bestreben, durch den Markt entstandene soziale Ungleichheiten zu verringern. So beendete man die drastische und als ungerecht empfundene Umverteilungspolitik der konservativen Jahre zugunsten einer moderaten egalitären Umverteilung, speziell durch das Steuersystem (Clark u.a. 2002: 193-198; Moran/Alexander 2000: 120), oder führte nationale Mindestlöhne ein. Dazu soll eine aktive Arbeitsmarktpolitik das Beschäftigungsniveau und die Wiedereingliederungschancen Benachteiligter in den Arbeitsmarkt langfristig erhöhen und somit soziale Ausgrenzung bekämpft werden, allerdings ohne eine Rückkehr zur interventionistischen, keynesianistisch orientierten Wirtschaftspolitik, welche von früheren Labour-Regierungen präferiert wurde.[146]

Insgesamt ist Labour auf einem guten Weg, das selbstgesteckte wirtschaftspolitische Ziel eines dauerhaft hohen und stabilen Niveaus von Wirtschaftswachstum und Beschäftigung zu erreichen. Die makroökonomischen Rahmendaten zeugen von einer niedrigen und stabilen Inflation, während die Wirtschaft ein solides Wachstum und ein steigendes Beschäftigungsniveau aufweist. Insgesamt genießt Großbritannien seit Jahren eine Periode von Stabilität und Wachstum, ein Phänomen, welches das Land „aufgrund der ruckartigen Wirtschafts- und Geldpolitik der Vergangenheit jahrzehntelang nicht kannte." (Becker 2002: 50) Dies ist zwar nicht in Gänze auf die Wirtschafts- und Finanzpolitik Labours zurückzuführen, sondern ba-

---

[145] Die Akzeptanz der umfangreichen Privatisierungen vormals öffentlicher Unternehmen sei an dieser Stelle exemplarisch genannt.

[146] Abromeit spricht in diesem Zusammenhang von einem „nun wohl von der gesamten politischen Klasse vollzogenen Wechsel weg von der Verpflichtung auf (keynesianische) Vollbeschäftigungspolitik hin zur (monetaristischen oder „orthodoxen") anti-expansionistischen Fiskalpolitik" (Abromeit 1998: 369).

siert vielmehr auf dem Fundament der konservativen Reformen der 1980er Jahre in Zusammenhang mit einem starken Wachstum der Weltwirtschaft ab Mitte der Neunziger. Nichtsdestotrotz trug auch die Blair-Regierung ihren Teil dazu bei, diesen Trend aufrechtzuerhalten. So gelang es ihr etwa, das Vertrauen von Unternehmen und Finanzmärkten in ihre wirtschafts- und finanzpolitischen Fähigkeiten zu gewinnen, was vor allem mit ihrer Neuausrichtung in der Geld- und Fiskalpolitik verbunden ist. Und auch mittelfristig sind die wirtschaftlichen Aussichten positiv. So rechnet die britische Regierung auch weiterhin mit einem Wirtschaftswachstum, welches u.a. über dem der EURO-Zone liegt (2,5-3 % für 2006 und 2,25-2,75 % für das Jahr 2007 gegenüber jeweils 2,25 %) (HM Treasury 2005: 227).

Ein deutlicher Schwerpunkt der Regierungspolitik wird in den kommenden Jahren auf der Erhöhung der Produktivität der britischen Wirtschaft liegen, um im internationalen Wettbewerb Schritt halten zu können. Wie gesehen wies die britische Wirtschaft in den vergangenen Jahrzehnten im Vergleich zu anderen Industriestaaten ein geringeres Produktivitätswachstum auf (Kap. 12.1). Seit Mitte der neunziger Jahre konnte Großbritannien allerdings gegenüber anderen Wirtschaften, insbesondere der deutschen und der französischen, aber auch der US-Wirtschaft, relativ aufholen. Um diesen Trend fortzuführen und die „Produktivitätslücke" zu schließen, kündigte die Regierung im Haushalt 2005/06 ein ganzes Bündel von Maßnahmen an, die in den nächsten Jahren verstärkt in Angriff genommen werden sollen und die es mittelfristig zu erreichen gilt (vgl. HM Treasury 2005: 41ff.).

Links:

Bank Of England: www.bankofengland.co.uk

HM Revenue & Customs: www.hmrc.gov.uk

HM Treasury: www.hm-treasury.gov.uk

International Labour Organization (ILO): www.ilo.org

Jobcentre Plus: www.jobcentreplus.gov.uk

National Statistics Online: www.statistics.gov.uk

New Deals: www.newdeal.gov.uk

13. Sozial- und Gesundheitspolitik

13.1 Sozialpolitik

Der moderne britische Wohlfahrtsstaat wurde geschaffen, um Menschen in finanzieller Not einen Mindestlebensstandard zu sichern. Er geht in seinen Ursprüngen maßgeblich auf den *Beveridge-Report* (1942) zurück und blieb in seinen Grundstrukturen bis heute weitgehend erhalten. Die drei Säulen der Sozialpolitik in Großbritannien sind die allgemeine Sozialversicherung (*National Insurance*), der nationale Gesundheitsdienst (*National Health Service*) und die soziale Mindestsicherung. Die durch Arbeitnehmer- und Arbeitgeberbeiträge finanzierte *National Insurance* stellt eine finanzielle Absicherung im Alter, bei Arbeitslosigkeit, im Falle von Krankheit und Arbeitsunfällen sowie bei Mutterschaft bereit. Die steuerfinanzierte soziale Mindestsicherung umfasst im Wesentlichen Sozialhilfe (*Income Support*), *Tax Credits*, einen Sozialfond (*Social Fund*) und Wohngeld (*Housing Benefit*). Die bereitgestellten Leistungen werden vom *Department for Work and Pensions* (DWP) verwaltet.

Die Hauptaufgabe der Sozialpolitik sieht die Labour-Regierung in der Bereitstellung einer stabilen Mindestsicherung für alle, in der Verringerung der sozialen Exklusion und in der Modernisierung des Sozialsystems. Die Grundidee ist, das soziale Sicherungssystem von einem passiven in ein aktives System umzuwandeln, das die Menschen befähigt, aus der sozialen Abhängigkeit heraus- und ins Erwerbsleben zurückzufinden.

13.1.1 Entwicklung und Grundzüge des britischen Wohlfahrtsstaates

Sozialpolitik ist in Großbritannien eng verbunden mit der Herausbildung des modernen Wohlfahrtsstaates, der in seinen noch heute vorhandenen Grundstrukturen auf den *Beveridge-Report* aus dem Jahre 1942 zurückgeht. Der von der damaligen Regierung in Auftrag gegebene Report sollte einen umfassenden Überblick über den Zustand der sozialen Sicherung in Großbritannien geben. Er wurde maßgeblich von William Beveridge verfaßt und enthielt neben detaillierten Entwürfen zur Reformierung des damaligen staatlichen Sicherungssystems auch die Idee einer weit stärkeren Rolle des Staates innerhalb der Sozialpolitik.

Die Notwendigkeit verstärkter staatlicher Einflußnahme sah Beveridge insbesondere bei der Bekämpfung der „five giant evils": „disease, idleness, ignorance, squalor and want" (Alcock 2003: 6). Universalität, eine umfassende Risikoabsicherung und Angemessenheit der Leistungen sollten die Hauptprinzipien für den zukünftigen Wohlfahrtsstaat sein. Nach Ende des Zweiten Weltkrieges wurden durch die Labour-Regierung Attlee auf Basis der Vorschläge des *Beveridge-Reports* grundlegende Reformen durchgeführt. Zentral war die Einrichtung eines Sozialversicherungssystems (*National Insurance, NI*) im Jahre 1946, welches die Versicherten im Falle von Krankheit, Arbeitslosigkeit und Alter absichern und ein soziales Existenzminimum garantieren sollte. Finanziert wurde das System über Arbeitnehmer- und Arbeitgeberbeiträge. Daneben entstand 1948 ein Sicherheitsnetz für diejenigen außerhalb der *National Insurance*: die steuerfinanzierte und bedarfsabhängige Sozialhilfe (*National Assistance*), die lediglich eine untergeordnete und abnehmende Rolle spielen sollte. Als dritte Säule der Sozialpolitik fungiert seit 1948 der weitgehend steuerfinanzierte Nationale Gesundheitsdienst (*National Health Service, NHS*). Hinzu kam eine auf Vollbeschäftigung ausgerichtete staatliche Wirtschaftspolitik.

Im weiteren Verlauf erfuhr der Wohlfahrtsstaat eine breite Unterstützung. Der parteiübergreifende britische Nachkriegskonsens beruhte unter anderem auf der gestiegenen Akzeptanz sozial- und wirtschaftspolitischer Eingriffe des Staates, welche sich vor und während des Zweiten Weltkrieges herausgebildet hatte. So blieben die wohlfahrtstaatlichen Strukturen auch unter konservativen Regierungen über viele Jahre nahezu unangetastet. Sie wurden weiter verfeinert und ausgebaut, was zu einer Expansion der Sozialausgaben führte. Gleichzeitig machten sich aber seit den siebziger Jahren die ökonomischen Probleme Großbritanniens und die Veränderungen in der Weltwirtschaft bemerkbar. Sinkendes Wirtschaftswachstum, steigende Arbeitslosen- und Inflationsraten in Verbindung mit steigenden Haushaltsdefiziten waren zunehmende Belastungen der Sozialpolitik.

Ein Kurswechsel in der Sozialpolitik begann mit dem Ende der Konsenspolitik und dem Beginn der konservativen Ära unter Margaret Thatcher in den späten 1970er Jahren. Die kritischen Stimmen, die eine umfassende Reform des Wohlfahrtsstaates forderten, mehrten sich zunehmend. Der Wohlfahrtsstaat in seiner bisherigen Form wirke sich negativ auf das Individuum aus, indem er es entmündige, wurde argumentiert. Er erlaube dem Einzelnen aufgrund seines Anspruchs, eine umfassende Absicherung zu garantieren, keinen eigenverantwortlichen

Umgang mit seinem Schicksal (Sturm 1999: 37). Die konservativen Regierungen unter That-cher und ihrem Nachfolger John Major trieben von 1979 bis 1997 auf Grundlage dieser Vor-stellung radikale sozialpolitische Veränderungen mit den Leitbegriffen *individual responsibi-lity*, *market ideology* und *better targeting* voran (vgl. Kamm/Lenz 2004). Der Einzelne sollte durch mehr Eigenverantwortung den Staat entlasten, das Sozialsystem sollte marktgerechter und damit effizienter arbeiten und Wohlfahrtsleistungen gezielter zur Verfügung stellen. Das Sozialleistungsniveau wurde teilweise drastisch gesenkt und die Anspruchskriterien ver-schärft, wodurch vermehrte Anreize zur Arbeitsaufnahme geschaffen werden sollten. Auch sollte der Staat zukünftig keine umfassende Absicherung, sondern lediglich eine Grundsiche-rung zur Verfügung stellen. Mehr individuelle Vorsorge, etwa bei privaten Renten- oder Krankenversicherungen, statt staatlicher Fürsorge wurde gefordert und gefördert.

13.1.2 Sozialpolitik unter New Labour

13.1.2.1 Sozialpolitische Programmatik und Ziele

Die Idee des *Third Way* ist die Basis der Sozialpolitik New Labours. Dessen Vorstellungen gehen in Teilen zurück auf einen Bericht der *Commission on Social Justice* (*Borrie Commis-sion*) aus dem Jahr 1994. Dieser stellte den traditionellen Vorstellungen der umfassenden Wohlfahrtsbereitstellung hauptsächlich durch den Staat oder durch freie Märkte einen dritten, zwischen diesen Polen liegenden Ansatz gegenüber. Die Labour-Regierung brachte dies auf die griffige Formel „*what counts is what works*" (Alcock 2003: 11), was eine starke Orientie-rung am Kriterium der Effizienz impliziert. Nicht zu vernachlässigen ist in diesem Zusam-menhang ebenso der Einfluss des ehemaligen Direktors der *London School of Economics and Political Science*, Anthony Giddens, der häufig als Vordenker, Theoretiker oder gar Erfinder der Idee des *Third Way* bezeichnet wird und der die Entwicklung *New Labours* maßgeblich geprägt hat.[147] Für das Verständnis der Sozialpolitik New Labours ist es zudem wichtig, das grundsätzliche Verhältnis zwischen Gemeinschaft, Staat und Individuum zu beachten. Nach Tony Blairs Vorstellungen soll der moderne Wohlfahrtsstaat den Rahmen bereiten, „in dem wir ausgehend von den Werten der Gemeinschaft und der sozialen Gerechtigkeit ein hohes Niveau der sozialen Integration erhalten, aber in dem sich die Rolle des Staates ändert, so daß von ihm nicht notwendigerweise erwartet wird, die gesamte soziale Versorgung bereitzustel-

---

[147] Zur Darstellung der Idee des *Third Way* siehe Giddens, Anthony: The Third Way. The Renewal of Social Democracy. Cambridge 1998.

len, sondern sie überaus wirkungsvoll und fair zu organisieren und zu regulieren" (zit. nach Schönwälder 2002: 251).

Wie die konservativen Vorgängerregierungen betont auch Labour die negativen Seiten des Wohlfahrtsstaates. Dessen umfassende Leistungen schafften eine „Abhängigkeitskultur" (Sturm 1999: 37), da sie individuelle Anreize schwächten und den Einzelnen in einer langfristigen Abhängigkeit gefangen hielten. Zudem hätte die Erfahrung gezeigt, dass die sozialen Probleme trotz gestiegener Sozialleistungen nicht verschwinden würden. Blair machte deshalb schnell klar, dass es mit New Labour kein Zurück zum umfassenden Wohlfahrtsstaat früherer Prägung geben würde und gab damit grundlegende Überzeugungen vergangener Labour-Regierungen auf. Stattdessen bestätigte er die *mixed economy of welfare*, also das Nebeneinander öffentlicher, privater und gemeinnütziger Institutionen innerhalb des Systems der sozialen Sicherung, welches besonders seit Margaret Thatcher aktiv vorangetrieben wurde. Hier wird die auch in anderen Zusammenhängen erkennbare programmatische Kontinuität zwischen New Labour und den Konservativen deutlich.

Im Verhältnis zur Gesellschaft verfolgt Labour eine gänzlich andere Politik als die konservativen Vorgängerregierungen. Während etwa Margaret Thatcher bereits die bloße Existenz einer Zivilgesellschaft abstritt[148] und sich die Tendenz zu einer Zwei-Drittel-Gesellschaft durch die Förderung von Individualismus und Leistungsdenken während der Regierungen Thatcher und Major verstärkte, ist ein zentrales Anliegen der Blair-Regierung, die Gemeinschaft zu stärken und die soziale Integration voranzutreiben. Die Belebung der Zivilgesellschaft auf Basis einer neuen Partnerschaft zwischen Individuen, Organisationen und dem Staat steht dabei im Mittelpunkt. Innerhalb der Gesellschaft haben alle Partner die gleichen Ziele: die Sicherung des sozialen und wirtschaftlichen Fortschritts. Der Staat nimmt dabei vorrangig die Rolle eines Vermittlers und Initiators ein.

Ein weiteres zentrales Element der Sozialpolitik New Labours ist die gemeinsame Betonung von Rechten und Pflichten. Während im Wohlfahrtsstaat der Nachkriegsära jeder das Recht auf umfassende staatliche Sozialleistungen hatte, propagiert New Labour ein eher vertragliches Modell, innerhalb dessen die staatliche Bereitstellung sozialer Sicherheit von der Erfüllung bestimmter Pflichten abhängig ist. Besonders augenscheinlich wird dies am Beispiel der *welfare to work*-Strategie und der *New Deals*, innerhalb derer der Transfer von Sozialleistungen an die Verpflichtung der Adressaten geknüpft ist, sich aktiv um die Aufnahme

---

[148] Verwiesen sei an dieser Stelle auf Margaret Thatchers berühmt gewordenen Ausspruch „there is no such thing as a society" (vgl. Sturm 1997: 384).

einer Beschäftigung zu bemühen. Dies korrespondiert mit einer weiteren inhaltlichen Neuausrichtung Labours. Die gewährten Leistungen sollen den Einzelnen motivieren und in die Lage versetzen, sein Schicksal selbst in die Hand zu nehmen und zu verbessern. *Equality of opportunity* (Chancengleichheit) lautet das Zauberwort. Hingegen wird ein offensives programmatisches Bekenntnis zu klassischen Umverteilungsvorstellungen Labours (im Sinne von *tax and spend*) vermieden (vgl. Schönwälder 2002: 256).

Bereits kurz nach der Amtsübernahme veröffentlichte die Regierung Blair eine Fülle von Berichten, offiziellen Statements, *Green Papers* und *White Papers* zu Themen wie sozialer Sicherheit, Renten, Bildung, Gesundheit oder Familie. Darin umriß sie ihre sozialpolitischen Vorstellungen, machte auf kurzfristige und langfristige Trends aufmerksam, kündigte eine Reihe von Initiativen an und gab sozialpolitische Ziele vor. Sie dienten zusätzlich als Diskussionsgrundlage. So wurden etwa im Green Paper „New Ambitions for our Country" (1998) Labours Visionen zur langfristigen Entwicklung der Sozialpolitik bis 2020 dargelegt; das Green Paper „Partnership in Pensions" (1998) beschäftigte sich mit der zukünftigen Struktur der Altersvorsorge und im Green Paper „New Contract for Welfare" (1998) wurden Vorstellungen zur Reform des Wohlfahrtsstaates erörtert. Hinzu kam eine große Anzahl von Veröffentlichungen, teilweise von Blair selbst, teilweise von engen Mitarbeitern oder Labour nahestehenden Think Tanks.

Das zentrale sozialpolitische Ziel der Regierung ist die Bekämpfung der Armut, speziell der Kinderarmut. 1997/98 galt etwa ein Viertel der Bevölkerung Großbritanniens, ca. 14 Millionen Menschen, als arm. Etwa 4,5 Millionen davon waren Kinder. Das heißt, dass jedes dritte Kind in Armut lebte (Schönwälder 2002: 257f.)[149]. Labour kündigte an, die Kinderarmut bis 2010 halbieren und bis 2020 abschaffen zu wollen. In engem Zusammenhang mit der Armutsbekämpfung steht der Kampf gegen soziale Ausgrenzung. Zu diesem Zweck wurde im Dezember 1997 die *Social Exclusion Unit* (SEU) eingerichtet, die sich mit den Problemen Benachteiligter in der Gesellschaft beschäftigt. Dies betrifft neben (Langzeit-)Arbeitslosigkeit beispielsweise Obdachlosigkeit oder soziale Probleme wie hohe Kriminalität oder schlechte gesundheitliche Zustände in bestimmten Wohngebieten („*problem estates*"). Zusätzlich werden jährliche Berichte über Ergebnisse im Kampf gegen Armut und soziale Ausgrenzung veröffentlicht. Großes Engagement zeigt Labour auch in der Familienpolitik.

---

[149] In diesem Zusammenhang ist zu beachten, dass die Bevölkerungsarmut je nach angewandter Armutsdefinition in nicht unerheblichem Ausmaß voneinander abweichen kann. Schönwälder definiert Armut nach dem international geläufigen Kriterium als Einkommen unterhalb des halben Durchschnittseinkommens (vgl. Schönwälder 2002: 257).

Der herausragende Wert der Familie „als Kern einer moralisch und sozial gesunden Gesellschaft" (Schönwälder 2002: 254) wurde von Labour und speziell von Tony Blair stets besonders betont. Dabei soll nicht nur durch finanzielle Zuwendungen und Vergünstigungen die Stellung der Familie (beispielsweise im Gegensatz zu Alleinerziehenden) gestärkt werden. So setzt sich Labour auch für eine Verbesserung der Kinderbetreuung ein, etwa indem der Bau von Kindertagesstätten vorangetrieben wird. Das Ziel der Regierung ist, bis 2010 jeder Familie, die es möchte, werktags einen Kinderbetreuungsplatz für Kinder zwischen 3 und 14 Jahren bereitzustellen (HM Treasury 2005: 107). Und nicht zuletzt sieht sich New Labour als Motor zur Reform des Sozialstaates, „*to transform a passive benefit system into an active welfare state*" (Daguerre 2004: 49). Dies wird besonders deutlich vor dem Hintergrund der Verbindung von sozialpolitischen und arbeitspolitischen Maßnahmen im Sinne der *welfare to work*-Strategie, die darauf abzielt, den Arbeitsmarkt zu beleben[150]. Auch institutionelle Veränderungen zeugen davon. So wurde im Jahre 2001 das *Department for Social Security* (DSS) durch das *Department for Work and Pensions* (DWP) ersetzt und dessen Verantwortungskreis zusätzlich um den Bereich Beschäftigung des bis dahin existierenden *Department for Education and Employment* (DEE)[151] ausgeweitet. Ebenso begann im Oktober 2001 die Einrichtung der so genannten *Jobcentre Plus*, einer zentralen Anlaufstelle für Bezieher von Sozialleistungen im arbeitsfähigen Alter, die unter einem Dach Sozial- und Arbeitsmarktmaßnahmen koordinieren sollen. Dort soll unter anderem ein größerer Wert auf persönliche Gespräche und Beratung von Sozialleistungsempfängern gelegt werden (Kap. 12.2.3).

13.1.2.2   Struktur und Veränderungen des sozialen Sicherungssystems

Das System sozialer Sicherung in Großbritannien besteht im Wesentlichen aus den drei Ebenen allgemeine Sozialversicherung (*National Insurance*, NI), nationaler Gesundheitsdienst (*National Health Service*, NHS) (Kap. 13.2.) sowie verschiedenen Formen sozialer Mindestsicherung. Der NHS wird vom *Department of Health* (DH) verwaltet, die allgemeine Sozialversicherung und die soziale Mindestabsicherung unterstehen formal dem *Department for*

---

[150] Ins Auge fällt in diesem Zusammenhang die programmatische Nähe der SPD während der Kanzlerschaft Gerhard Schröders mit New Labour (etwa anhand des Schröder-Blair-Papiers vom Juni 1999) sowie die Durchführung vergleichbarer Sozialreformen in Deutschland (Hartz-Arbeitsmarktreformen). Dies wirft die Frage auf, inwiefern das britische Beispiel Modellcharakter für die Sozialdemokratie und den Umbau des Sozialstaates besitzt.

[151] Welches umorganisiert wurde und nun unter dem Namen *Department for Education and Skills* firmiert.

Work and Pensions (DWP).[152]

Die *National Insurance* umfasst Renten-, Arbeitslosen- und Unfallversicherung sowie Kranken- und Mutterschaftsgeld und finanziert sich überwiegend aus den einkommensabhängigen Sozialversicherungsbeiträgen der erwerbstätigen Versicherten, die etwa zur Hälfte vom Arbeitgeber getragen werden. Die Beiträge werden für die Sozialversicherung insgesamt in den *National Insurance Fund* einbezahlt; eine Aufteilung nach einzelnen Leistungsbereichen erfolgt nicht (Schmid 2002: 166). Staatliche Zuschüsse spielen bei der Finanzierung lediglich eine untergeordnete Rolle. Die Leistungen der Sozialversicherung sind an bestimmte Anspruchsvoraussetzungen, wie etwa Beitragszeiten oder die Einkommenshöhe der Versicherten, gebunden.

Die allgemeine Rentenversicherung zahlt an Versicherte eine pauschalisierte staatliche Grundrente (*State Retirement Pension*). Voraussetzung für den Erhalt der vollen Grundrente ist, dass die Versicherten das Rentenalter von 60 Jahren für Frauen bzw. 65 Jahren für Männer erreicht und für mindestens 90 % ihres Arbeitslebens Beiträge entrichtet haben (Schmid 2002: 167). Die volle wöchentliche Grundrente beträgt seit April 2005 für Alleinstehende £ 82,05 und £ 131,20 für Verheiratete (HM Treasury 2005: 115). Fällt das Renteneintrittsalter oder die Beitragzeit niedriger aus, so vermindert sich entsprechend auch die Rente. Im Haushaltsjahr 2001/2002 erhielten ca. 11 Millionen Menschen eine *State Retirement Pension*; dies entsprach etwa £ 42 Milliarden (ONS 2004: 161). Zusätzlich ist es seit 1978 möglich, eine verdienstbezogene staatliche Zusatzrente (*State Earnings-Related Pension Scheme*, SERPS; seit 2002 *State Second Pension*) zu erhalten, die vor allem auf Niedrig- und Durchschnittsverdiener abzielt. Die gewährten Renten liegen allerdings (wie gesehen) auf einem vergleichsweise niedrigen Niveau.[153] Des Weiteren werden seitens der Rentenversicherung Witwenrenten gezahlt. Neben der staatlichen haben freiwillige betriebliche Rentenversicherungen enorm an Bedeutung gewonnen. Außerdem ist es möglich, eine unabhängige private Rentenversicherung abzuschliessen, was aufgrund der niedrigen staatlichen Renten besonders für Arbeitnehmer mit höherem Einkommen attraktiv erscheint.

---

[152] Dem DWP sind u.a. angegliedert die *Benefits Agency* (Behörde mit Zuständigkeit für die Auszahlung von staatlichen Sozialleistungen) und die *Pension Agency* (Behörde mit Zuständigkeit für die Auszahlung staatlicher Renten).

[153] So entspricht die Grundrente etwa einem Drittel des Durchschnittslohns eines Industriearbeiters. Die maximale verdienstbezogene Zusatzrente beträgt etwa 25 % des durchschnittlich zu berücksichtigen Einkommens. Die höchstmögliche Leistung aus Grund- und Zusatzrente beträgt nur etwa die Hälfte des durchschnittlichen Bruttoeinkommens (Schmid 2002: 289, 167).

Abbildung 12: Vereinfachte Struktur des britischen Sozialsystems

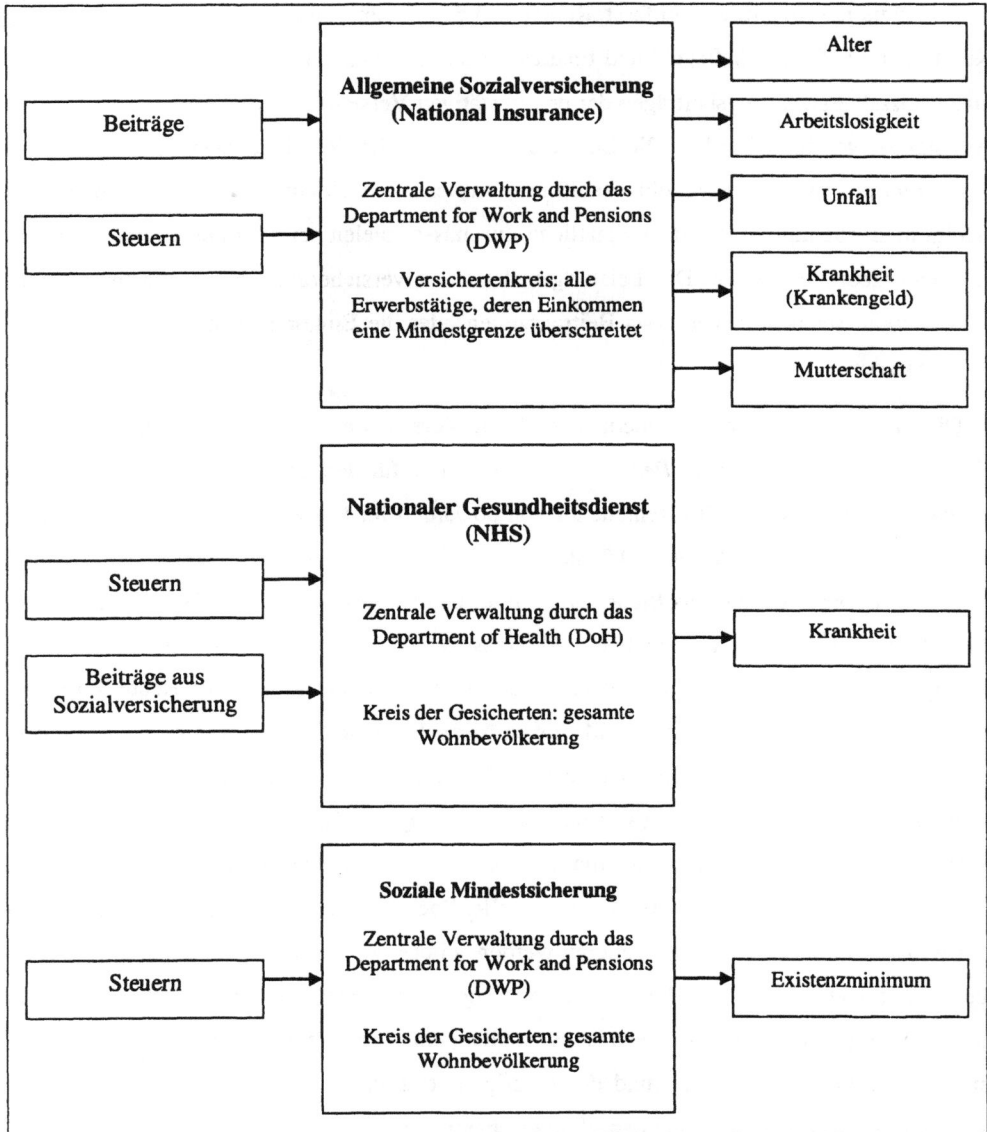

Beiträge	**Allgemeine Sozialversicherung (National Insurance)**	Alter
		Arbeitslosigkeit
Steuern	Zentrale Verwaltung durch das Department for Work and Pensions (DWP)	Unfall
	Versichertenkreis: alle Erwerbstätige, deren Einkommen eine Mindestgrenze überschreitet	Krankheit (Krankengeld)
		Mutterschaft
Steuern	**Nationaler Gesundheitsdienst (NHS)**	
	Zentrale Verwaltung durch das Department of Health (DoH)	Krankheit
Beiträge aus Sozialversicherung	Kreis der Gesicherten: gesamte Wohnbevölkerung	
Steuern	**Soziale Mindestsicherung** Zentrale Verwaltung durch das Department for Work and Pensions (DWP) Kreis der Gesicherten: gesamte Wohnbevölkerung	Existenzminimum

Quelle: Schmid 2002: 172; eigene Ergänzung

Innerhalb der National Insurance stellen die Ausgaben für die staatlichen Renten den größten und einen stetig wachsenden Posten dar. Die demographische Entwicklung der letzten Jahrzehnte, d.h. die Zunahme der absoluten und relativen Anzahl älterer Menschen an der Gesamtbevölkerung Großbritanniens, hat diesen Trend noch verstärkt. Die konservativen Regierungen versuchten deshalb seit 1979, die staatlichen Rentenausgaben durch die Förderung privater und betrieblicher Altersvorsorge zu reduzieren. In der Folge stiegen allein in den Jahren zwischen 1987 und 1993 fast fünf Millionen Briten aus der staatlichen Zusatzrente aus, um sich alternativ abzusichern (Schönwälder 2002: 259). Die Blair-Regierung sieht den wachsenden Rentenausgaben ebenfalls besorgt entgegen. Sie machte bereits früh deutlich, dass von ihr eine Rückkehr zum Rentenniveau der siebziger Jahre ebenso wenig zu erwarten ist wie eine Kopplung der Rentenerhöhungen an die Einkommensentwicklung, was als ein eindeutiger Bruch mit Old Labour-Vorstellungen gewertet wurde. Auch betont sie die Wichtigkeit einer alternativen Altersvorsorge zur staatlichen Rente und geht damit den von konservativer Seite beschrittenen Weg weiter. Von der Mehrheit der Arbeitnehmer wird erwartet, dass sie eine private oder betriebliche Rentenversicherung abschließen, während die staatliche Zusatzrente in Zukunft hauptsächlich die Renten von Geringverdienern verbessern soll. Zusätzlich verfolgt die Regierung die Strategie, die Einkünfte der ärmsten Rentner, also derer, die neben der niedrigen staatlichen Rente keine zusätzlichen Einnahmen erhalten, zu verbessern. Hierfür wurden weitere Zuwendungen eingeführt. Die bedeutendste war die *Minimum Income Guarantee*, welche eine gezielte Ergänzung zur staatlichen Rente darstellte. Sie wurde im Oktober 2003 durch den ähnlichen *Pension Credit* ersetzt. Dieser garantiert jeder Person, die mindestens 60 Jahre alt ist, ein wöchentliches Einkommen von mindestens £ 109,45 für Alleinstehende bzw. £ 167,05 für Paare (HM Treasury 2005: 115). Er wurde Ende 2004 an etwa 2,65 Millionen Rentnerhaushalte (bzw. mehr als 3,2 Millionen Rentner) gezahlt; bis 2008 soll die Zahl der Empfängerhaushalte auf mindestens 3,2 Millionen steigen (ebd.). Die Einkommenssituation des ärmsten Drittels der Rentner hat sich nach Angaben der Regierung durch die Einführung des *Pension Credit* jährlich im Durchschnitt um £ 600 verbessert (HM Treasury 2004: 157, 159).

Die Arbeitslosenversicherung ist seit dem „Jobseekers Act" 1996 einheitlich geregelt. Arbeitslos gemeldete Personen, die ausreichend Sozialversicherungsbeiträge gezahlt haben, nicht willentlich arbeitslos sind, keiner geregelten Tätigkeit von mehr als 16 Stunden wöchentlich nachgehen und sich aktiv um eine neue Anstellung bemühen, erhalten ungeachtet vorhandener Ersparnisse oder Einkünfte des Partners sechs Monate lang ein beitragsabhängiges Arbeitslosengeld (*Contribution-based Jobseekers Allowance*) in Höhe von wöchentlich £ 53,95 (Stand Dezember 2004; ONS 2004: 172). Reichen die bisher gezahlten Sozialversicherungsbeiträge für den Erhalt der *Contribution-based Jobseekers Allowance* nicht aus oder hat der Versicherte nach Ablauf dieser Zeit noch keine neue Anstellung gefunden, wird ihm eine einkommensabhängige Arbeitslosenhilfe (*Income-based Jobseekers Allowance*) gewährt (u.a. Schmid 2002: 170). Hierbei wird die gesamte Einkommenssituation des Versicherten betrachtet, d.h. auch Einkünfte von Ehegatten oder Lebenspartnern sowie etwaige Ersparnisse werden hinzugezogen und verringern möglicherweise den Anspruch. Die volle *Income-based Jobseekers Allowance* beläuft sich auf £ 55,65 pro Woche (Stand Dezember 2004). Die *Jobseekers Allowance* (JSA) hat neben ihrer sozialpolitischen Funktion auch einen zentralen arbeitsmarktpolitischen Stellenwert. Die Knüpfung des JSA-Bezugs an verschiedene Bedingungen soll die tatsächliche Verfügbarkeit für den Arbeitsmarkt und eine aktive Beschäftigungssuche der Arbeitslosen sicherstellen. So kann etwa die Zahlung von JSA ausgesetzt werden, wenn der Arbeitslose ein Arbeitsangebot ohne triftigen Grund ablehnt oder eine Verlängerung der Arbeitslosigkeit selbst verschuldet (Schmid/Picot 2001: 238).

Die Unfallversicherung deckt für den Versicherten (und dessen Angehörige) Einkommensausfälle bei Verletzungen, Krankheit oder Tod als Folge eines Arbeitsunfalls oder einer Berufskrankheit ab. Im Falle der Invalidität wird eine Rente gewährt. Bei vorübergehender Arbeitsunfähigkeit sind die gewährten Leistungen mit dem Krankengeld vergleichbar (Schmid 2002: 170). Dieses wird bei Arbeitsunfähigkeit infolge Krankheit für maximal ein halbes Jahr gezahlt.

Die Höhe und Dauer des Mutterschaftsgeldes ist von Einkommen und Beitragszeiten der Versicherten abhängig. Es wird für maximal 26 Wochen gezahlt. Frauen, die für mindestens 26 Wochen bei demselben Arbeitgeber angestellt waren und ein durchschnittliches Einkommen von mindestens £ 79 pro Woche aufweisen können, haben Anspruch auf *Statutory Maternity Pay*. Sie erhalten während der ersten sechs Wochen eine wöchentliche Beihilfe, die 90 % des durchschnittlichen Wocheneinkommens beträgt, und anschließend einen Pauschalbetrag von £ 106 pro Woche bzw. 90 % des wöchentlichen Durchschnittseinkommens, sofern dieses geringer als £ 106 war (HM Treasury 2005: 194, ONS 2004: 166). Erfüllen Frauen diese Kriterien nicht, so haben sie Anspruch auf eine wöchentliche *Maternity Allowance*, die pauschal £ 106 beträgt bzw. ebenfalls 90 % des wöchentlichen Durchschnittseinkommens, falls dieses unter £ 106 lag (ebd.).

Die soziale Mindestsicherung ist als Sicherheitsnetz für diejenigen konzipiert, die außerhalb des Systems der *National Insurance* stehen, da sie aufgrund ihrer persönlichen Situation keine oder nur unzureichende Versicherungsansprüche erworben haben. Sie wird aus Steuergeldern finanziert und ist bedarfsabhängig. Im Wesentlichen gibt es vier Formen der sozialen Mindestsicherung (Schmid 2002: 173). Die Sozialhilfe (*income support*) ist die bedeutendste. Sie verbessert das Familieneinkommen in Abhängigkeit von Familiengröße und Alter des Antragstellers. Voraussetzung für den Erhalt ist, daß keines der Familienmitglieder vollzeitbeschäftigt ist (d.h. mehr als 16 Stunden wöchentlich arbeitet) und dass die Ersparnisse des Antragstellers weniger als £ 8.000 (bzw. £ 16.000 bei Menschen in häuslicher Pflege oder im Pflegeheim) betragen (ONS 2004: 161). Etwa 4,1 Millionen Menschen erhielten 2002/2003 in Großbritannien Sozialhilfe (ONS 2004: 173).[154] Neben der Sozialhilfe bestand bis 1999 der bereits 1971 von der konservativen Regierung Heath eingeführte *familiy credit*, eine Unterstützung für Geringverdiener. Dieser wurde als direkte Beihilfe an Familien mit Kindern, die nur über ein geringes Erwerbseinkommen verfügen, unter der Voraussetzung gezahlt, daß mindestens ein Familienmitglied vollzeitbeschäftigt ist. Er wurde vom *working families tax credit*[155] abgelöst, der gegenüber dem *familiy credit* auf eine größere Anzahl von Haushalten ausgedehnt wurde und diesen großzügigere Einkommensbeihilfen bereitstellte. Außerdem wird er nicht als direkte Beihilfe gezahlt, sondern als Steuernachlaß für Geringverdiener gewährt. Er sollte die Aufnahme niedrig bezahlter Arbeit attraktiver machen und damit den Arbeitsmarkt beleben. Ähnliche Zuwendungen gab es für geringverdienende behinderte Arbeitnehmer (*Disabled Person's Tax Credit*) sowie zur teilweisen Abdeckung von Kindererziehungskosten. 2003 wurden diese Beihilfen neu geregelt und ausgeweitet. Der im April desselben Jahres eingeführte *Working Tax Credit* zielt auf alle Geringverdiener ab, der neue *Child Tax Credit* bedeutet eine inhaltliche und finanzielle Erweiterung bisheriger Kinderzuschüsse (vgl. Alcock 2003: 31; auch ONS 2004: 161).[156] Er wurde im April 2004 um 13 % erhöht, ein weiterer Schritt im Hinblick auf die Verringerung der Kinderarmut (ONS 2004: 166). Im Dezember 2004 kamen 2,2 Millionen Arbeitnehmerfamilien und mehr als 250.000 Geringverdienerhaushalte ohne Kinder in den Genuss des *Working Tax Credit* (HM Treasury 2005: 96). Ein weiterer Bestandteil der sozialen Mindestsicherung ist der Sozialfond (*social fund*). Aus

---

[154] Antragsteller können Personen im Alter von 16 bis 59 Jahren sein. Die wöchentlichen Zahlungen betragen (Stand April 2004) £ 33,50 für 16-17-Jährige, £ 44,05 für 18-24-Jährige, £ 55,64 für Personen ab 25 und £ 87,30 für Paare (ONS 2004: 161).

[155] *Tax Credits* sind eine Art negativer Einkommenssteuer. Der Staat bezuschusst geringe Arbeitseinkommen dadurch, dass er einen Teil der Einkommenssteuer monatlich (zusätzlich zum Gehalt) an den Arbeitnehmer zurückzahlt – praktisch handelt es sich also um staatliche Lohnzuschüsse. *Tax Credits* können sukzessive reduziert werden, wenn das Erwerbseinkommen über ein bestimmtes Niveau gestiegen ist (vgl. Schmid/Picot 2001: 244).

[156] Zu aktuellen Beträgen und Einkommensgrenzen i.H.a. den Erhalt von *Child* und *Working Tax Credits* siehe HM Treasury 2005: 193.

ihm werden Zuschüsse und Kredite an Bedürftige, beispielsweise für größere Investitionen, vergeben, die sukzessive zurückgezahlt werden müssen. Die Gewährung ist an strenge Auswahlkriterien gebunden. Schließlich können Sozialhilfebezieher und Geringverdiener Wohngeld (*Housing Benefit*) in Anspruch nehmen, welches allerdings außerhalb der landesweiten Programme steht und von lokalen Behörden verwaltet wird (ähnliches gilt für weitere lokale Beihilfen wie z.B. *Council Tax Benefits*).

Die soziale Mindestsicherung sollte ursprünglich eine untergeordnete und abnehmende Rolle innerhalb des Systems der sozialen Sicherung spielen. Sie gewann allerdings schnell an Bedeutung, da sich die Leistungen der *National Insurance* von Anfang an auf einem niedrigen Niveau bewegten, so dass das soziale Existenzminimum oftmals nicht abgedeckt wurde. Folglich wurde vor allem *income support* im Laufe des 20. Jahrhunderts immer wichtiger. Steigende Arbeitslosenzahlen verstärkten insbesondere ab den 1970er Jahren diesen Trend. Waren in den fünfziger Jahren nur etwa eine Million Menschen in Großbritannien auf *income support* angewiesen, so lag die Zahl in den Neunzigern bei zehn Millionen (Alcock 2003: 28). In einigen Bereichen, etwa bei Arbeitslosigkeit, hat *income support* die Leistungen der *National Insurance* bereits weitgehend ersetzt (vgl. Schmid 2002: 173).

Zusätzlich zu Leistungen der *National Insurance* und der sozialen Mindestsicherung gibt es allgemeine Leistungen wie etwa das Kindergeld (*child benefit*) oder die Behindertenrente (*incapacity benefit*), die ebenfalls steuerfinanziert sind. Das Kindergeld, welches alle Familien (oder Alleinerziehende) erhalten, wurde von New Labour sukzessive erhöht und beträgt derzeit für das erste Kind £ 16,50 pro Woche und für jedes weitere Kind £ 11,05 (ONS 2004: 161). Es wird generell bis zum Alter von 16 Jahren gezahlt.[157] Der Erhalt von Behindertenrente wurde grundlegend reformiert. Da sich die Zahl der Antragsteller und damit einhergehend auch die Leistungen für Behinderte seit den achtziger Jahren vervielfacht hatten (laut einer Statistik des DWP galten 2002/03 10 Millionen Erwachsene und 700.000 Kinder in Großbritannien als behindert[158]; ONS 2004: 110), wurde unter anderem ein massiver Missbrauch vermutet. Infolge dessen wurden die Kriterien zum Erhalt stark angezogen. So werden verstärkt die finanziellen Verhältnisse der Bezieher und Antragsteller durchleuchtet und ihr Anspruch verringert sich, wenn alternative Einkommensquellen vorhanden sind. Alle neuen Antragstel-

---

[157] Ausnahmen sind beispielsweise bei Berufsausbildung möglich, denn im Fall einer Vollzeitberufsbildung kann *child benefit* auch bis zum 19. Lebensjahr gezahlt werden (ONS 2004: 161).

[158] Behinderung definiert als „a mental or physical impairment that has an adverse effect on someone's ability to carry out normal day-to-day activities over a period of at least twelve months. The adverse effect must be substantial and long-term." (ONS 2004: 111)

ler müssen sich einem persönlichen Gespräch stellen, etwa um herauszufinden, ob der Grad ihrer Behinderung eine Verfügbarkeit für den Arbeitsmarkt zulässt. Nur Behinderte, denen die Aufnahme einer behindertengerechten Arbeit nicht möglich ist, erhalten die volle Behindertenrente.

13.1.2.3   Finanzierung

Die Ausgaben für soziale Sicherheit sind in Großbritannien während der letzten zwei Jahrzehnte kontinuierlich gestiegen. Allein zwischen den Haushaltsjahren 1990/91 und 1999/2000 war ein Anstieg von £ 74,3 Mrd. auf £ 99,1 Mrd., also um etwa ein Drittel, zu verzeichnen (Alcock 2003: 22). Die Gründe hierfür sind u.a. in der zunehmenden Zahl von Rentnern und in der steigenden Arbeitslosigkeit zu verorten. Das Leistungsniveau wurde dabei nicht erhöht; es wurde im Gegenteil sogar teilweise verringert.[159]

Im Wahlkampf 1997 hatte New Labour versprochen, während der ersten beiden Amtsjahre die öffentlichen Ausgaben innerhalb des gesetzten Rahmens des letzten Etats der Regierung Major zu belassen, um den Staatshaushalt zu konsolidieren. Mit einer sofortigen Ausweitung der Sozialleistungen war also nicht zu rechnen. Es fanden allerdings Umschichtungen innerhalb des Haushalts statt. Einsparungen bei den Verteidigungsausgaben und im Bereich der sozialen Sicherheit wurden verwendet, um zusätzliche Mittel für die Bereiche Gesundheit, Bildung und Verkehr bereitzustellen. Weiterhin versuchte die Regierung, die Sozialausgaben durch Umwandlung von Beihilfen in *tax credits*, mittels Förderung der Arbeitsaufnahme von Arbeitslosen und mithilfe von Änderungen bei den Leistungen für Alleinerziehende und Langzeitarbeitslose zu begrenzen.

Ein Hauptziel Labours, das sich stark auf die Finanzierung sozialpolitischer Maßnahmen auswirkt, ist Stetigkeit und Transparenz in der Finanzpolitik (Kap. 12.2.4). Ein Mittel, um dies zu gewährleisten, ist der *Comprehensive Spending Review* (CSR), eine Art Dreijahresplan für die Planung öffentlicher Ausgaben. Der erste galt, nach Ablauf des Haushaltsmoratoriums, für die Haushalte 1999/2000 bis 2002/2003, der zweite gilt für den Zeitraum bis 2006. In beiden wurden beträchtliche Ausgabenerhöhungen für Bildung und Gesundheit angekündigt. Die Sozialausgaben versucht man dagegen weiterhin durch Verschärfung der Bezugsvoraussetzungen oder durch Umstrukturierung der Leistungen und damit Verschiebung der Kosten in andere Haushaltsposten zu begrenzen.

---

[159] So kürzte Labour etwa die Hilfen für nichterwerbstätige alleinerziehende Eltern und langfristig Arbeitslose.

Die Sozialausgaben sind trotz der Ausgabenerhöhung für Bildung und Gesundheit der größte Posten der öffentlichen Gesamtausgaben und machen im Haushalt 2005/06 28% dieser aus (£ 146 Mrd. von £ 519 Mrd.), fast soviel wie Gesundheit und Bildung zusammen. Über die Hälfte von ihnen wird an Rentner gezahlt. Dagegen stehen geschätzte Einnahmen aus Sozialversicherungsbeiträgen von £ 83 Mrd. im Haushaltsjahr 2005/06. Das entspricht 17 % der öffentlichen Einnahmen (HM Treasury 2005: 14).[160]

13.1.3 Fazit und Ausblick

Dass mit der Regierungsübernahme durch New Labour 1997 kein grundsätzlicher Strategiewechsel in der Sozialpolitik verbunden sein würde, hat Tony Blair bereits sehr früh betont (vgl. u.a. Sturm 1997: 380). Und in der Tat ist erkennbar, dass die sozialpolitischen Maßnahmen der neuen Regierung zuweilen mehr mit konservativen Ansätzen gemein hatten als mit klassischen Labour-Idealen. Die Relativierung des Ideals der umfassenden Wohlfahrtsbereitstellung durch den Staat und damit verbunden die Forderung nach mehr Privatinitiative und Eigenverantwortung im Hinblick auf soziale Absicherung, die Betonung von mehr Markt und Effizienz innerhalb des sozialen Sektors sowie der gezielte Einsatz der Sozialpolitik als Mittel der Arbeitsmarktpolitik, d.h. etwa die Förderung der Arbeitsaufnahme durch *tax credits* oder die negative Sanktionierung bei Verweigerung der Arbeitsaufnahme, seien an dieser Stelle exemplarisch genannt. Andererseits wurde versucht, an die Labour-Tradition anzuknüpfen. Beispielhaft hierfür ist die Übernahme der Europäischen Sozialcharta 1998 oder die Einführung eines gesetzlichen Mindestlohnes im April 1999. Und natürlich wird auch nicht versäumt, (publicitywirksam) eigene Schwerpunkte zu setzen. Hier seien besonders die Förderung von Kindern und Geringverdienerhaushalten mittels *Child Tax Credit* und *Working Tax Credit*[161] sowie die Verbesserung der Stellung von Rentnern durch die Erhöhung der staatlichen Grundrente und die Einführung der *Minimum Income Guarantee* bzw. des *Pension Credit* herausgestellt.

---

[160] Zu detaillierten Informationen zur Einnahmen- und Ausgabenstruktur der öffentlichen Hand, speziell im Haushaltsjahr 2005/06, siehe Kapitel 12.2.4.

[161] In jüngster Zeit geriet das System der *Tax Credits* zunehmend in die Kritik. Auslöser waren überhöhte Zahlungen von etwa 2 Mrd. Pfund an einkommensschwache Haushalte, die aufgrund von Berechnungsproblemen seit 2004 getätigt wurden und nun von den Finanzämtern zurückgefordert werden (FAZ 12.07.05, S. 12).

Obwohl Labour gewiss kein egalitäres Programm verfolgt, konnte eine verhaltene Umverteilung realisiert werden (vgl. Schönwälder 2002: 258; Alcock 2003: 35). Es ist zu beobachten, dass sich durch die Steuer- und Sozialpolitik der Regierung die Situation unterer Einkommensgruppen durchaus verbessert hat. So gelang es etwa, die Bevölkerungsarmut von 21 % im Jahr 1992 auf 17 % 2003 zu verringern (vgl. ONS 2004: S. 112)[162]. Die Einkommen der ärmsten 20 Prozent der Haushalte mit Kindern konnten innerhalb der ersten beiden Amtsjahre der Regierung Blair um etwa 15 % erhöht werden, während die Einkommen der reichsten zehn Prozent der Haushalte um lediglich ein Prozent stiegen (Moran/Alexander 2000: 115). Die Zahl der Kinder, die in einkommensschwachen Haushalten lebten, konnte zwischen 1998/99 und 2002/03 um etwa 500.000 gesenkt werden (HM Treasury 2004: 157). Insgesamt zielt die Politik Labours darauf ab, „im Rahmen einer überaus differenzierten Sozialstruktur eine stabilere Minimalsicherung durchzusetzen und Exklusionseffekte zu vermindern." (Schönwälder 2002: 258). So soll den Menschen die Möglichkeit gegeben werden, ihr Schicksal selbst in die Hand zu nehmen und auf Basis einer staatlichen Minimalsicherung dieses aktiv zu verbessern.

Doch trotz der erzielten Verbesserungen ist die Armut (insbesondere die Kinderarmut) in Großbritannien immer noch relativ hoch; sie liegt mit 17 % über dem EU-Durchschnitt[163] von 15 % (ONS 2004: S. 112).[164] Zudem reichen die bisherigen Aktivitäten (speziell die Erhöhung von Sozialleistungen) nicht aus, um die Betroffenen langfristig aus der Armut herauszuführen (vgl. u.a. Alcock 2003: 35). Hierzu ist nicht bloß eine finanzielle Verbesserung nötig, sondern es müssen langfristig Perspektiven geschaffen werden. Und schlussendlich wird sich noch zeigen müssen, ob Tony Blair und Labour es schaffen, den britischen Wohlfahrtsstaat auf lange Sicht zu modernisieren und zu verbessern, „to turn it into an active welfare state that promotes personal responsibility and individual opportunity as opposed to what is characterized as a 'passive' welfare state that encourages dependency and lack of initiative" (Weber 1999: 76).

---

[162] Laut *Official Yearbook* gilt als arm, wer in einem *low income*-Haushalt lebt, d.h. dessen Einkommen weniger als 60 % des Durchschnittseinkommens beträgt (vgl. ONS 2004: 511).

[163] Der seit Mai 2004 auf 25 Mitglieder erweiterten EU.

[164] Ein ähnliches Bild zeichnet der jüngste Bericht zur Kinderarmut der UNICEF, nach dem die Kinderarmut in Großbritannien während der 1990er Jahre zwar deutlich um 3,1 % zurückging, aber mit aktuell 15,4 % im Vergleich mit anderen Industrieländern immer noch recht hoch ist (Vergleichszahlen: Deutschland 10,2 %, Frankreich 7,5 %, dagegen USA 21,9 %; UNICEF 2005: 4f.).

13.2 Gesundheitspolitik

Der *National Health Service* stellt seit 1948 eine weitgehend kostenlose ärztliche Betreuung für die Bevölkerung Großbritanniens bereit. Die Grundidee bei der Schaffung des NHS war, jedermann – unabhängig von seinen finanziellen Mitteln – eine umfassende medizinische Versorgung zu gewährleisten. Der NHS wird hauptsächlich aus Steuermitteln finanziert. Diese Grundausrichtung ist bis heute weitgehend erhalten geblieben. Er untersteht formal dem *Department of Health* (DH).

Seit den 1970er Jahren wurde der staatliche Gesundheitssektor zunehmend auch für private Anbieter von Gesundheitsleistungen geöffnet. Besonders unter den konservativen Regierungen (1979-1997) kam es zu umfassenden Reformen des britischen Gesundheitswesens. Diese Reformen setzt Labour teilweise fort. Erklärtes Ziel der Labour-Regierung ist, den NHS innerhalb des gegebenen Rahmens zu verbessern und weiterzuentwickeln. Dezentralisierung, Flexibilisierung und Modernisierung stehen dabei im Mittelpunkt. Die staatlichen Gesundheitsausgaben wurden dazu stark ausgeweitet. Langfristig plant Labour, an der bestehenden Organisationsform des NHS als überwiegend steuerfinanziertem Gesundheitssystem festzuhalten.

13.2.1 Organisation des NHS

Der *National Health Service* (*NHS*) wurde im Jahre 1948 ins Leben gerufen. Auch er geht in seinen Grundzügen auf den *Beveridge-Report* des Jahres 1942 zurück und stieß auf breite und parteiübergreifende Unterstützung. Seine Strukturen blieben bis heute in weiten Teilen erhalten.

Der *NHS* untersteht dem *Department of Health* und ist mit mehr als einer Million Beschäftigter das größte Gesundheitssystem der Welt (Maass 2003: 11; auch ONS 2004: 188). Er wird hauptsächlich aus Steuermitteln finanziert. Für den einzelnen Bürger besteht keine Krankenversicherungspflicht, da jeder Anspruch auf eine kostenlose ärztliche Behandlung hat. Die abgedeckten Leistungen umfassen ambulante und stationäre Betreuung sowie Behandlungen bei Fachärzten. Heute sind allerdings nicht mehr alle Leistungen kostenlos. So sind Selbstbeteiligungen bei Medikamenten, Brillen oder Zahnersatz mittlerweile die Regel.

Erste kleinere Reformen des Gesundheitswesens wurden ab 1974 durchgeführt. So wurde es beispielsweise sukzessive für private Anbieter von Gesundheitsleistungen geöffnet. Zu einschneidenden Veränderungen innerhalb des NHS kam es jedoch besonders in den achtziger Jahren während der Amtszeit Margaret Thatchers. In dieser Zeit wurde das Gesundheitssystem zunehmend nach betriebswirtschaftlichen Kriterien geführt. Unter dem Stichwort *New Public Management* (Kap. 9.) wurden mehr und mehr externe Manager und nicht, wie bis dahin zumeist üblich, Mediziner die wichtigsten Entscheidungsträger innerhalb des NHS. Neue Instrumentarien wie Budgetierung und Zielsysteme kamen verstärkt zum Einsatz. Zusätzlich wurde die private Gesundheitsvorsorge als Alternative zum NHS von staatlicher Seite verstärkt gefördert. Insgesamt war in der Gesundheitspolitik, wie in anderen Bereichen der Sozialpolitik auch, eine zunehmende Orientierung an wettbewerblichen Märkten erkennbar. Diesem eingeschlagenen Weg folgte auch die konservative Regierung Major in den neunziger Jahren.

Eine vor diesem Hintergrund zentrale Maßnahme war die Einführung von Angebots- und Nachfragestrukturen innerhalb des Gesundheitssystems während der dritten Amtszeit Thatchers. Mittels eines *internal market* sollte das Gesundheitswesen effizienter und moderner gestaltet und insgesamt kostengünstiger werden. Dazu wurden die im NHS tätigen Akteure in Nachfrager nach und Anbieter von Gesundheitsleitungen eingeteilt. Nachfrager waren beispielsweise Ärzte, die auf Wunsch eigenständig über ihr Budget verfügen konnten (*GP fundholder*[165]). Die Nachfrager sollten bei Anbietern von Gesundheitsleistungen, wie Krankenhäusern oder Fachärzten, diese möglichst günstig einkaufen. Insgesamt besaßen Ärzte bei der Verwendung ihrer finanziellen Mittel recht große Autonomie. Sie konnten mit ihrem Nachfrageverhalten nicht nur Art und Umfang, sondern auch Preise für Dienstleitungen beeinflussen. Weit wichtiger aber war, dass sie erwirtschaftete Überschüsse selbstständig verwenden konnten, um sich moderne technische Geräte anzuschaffen, ihr Leistungsangebot auszuweiten und insgesamt ihre Attraktivität für Patienten zu verbessern. Denn mit einer steigenden Zahl der Patienten erhöhte sich auch ihr Einkommen. Die durchgeführten Reformen stellten aber lediglich graduelle Veränderungen innerhalb des bestehenden Gesundheitssystems dar. Eine grundlegende Umgestaltung, etwa in Richtung eines Krankenversicherungssystems, fand nicht statt, die öffentliche Struktur des NHS wurde nicht ernsthaft in Frage gestellt. Ein Grund dafür liegt in der breiten Akzeptanz, die der NHS trotz vorhandener Probleme und Defizite in der britischen Bevölkerung genießt.

---

[165] GP – *General Practitioner* (allgemeiner praktischer Arzt)

Als Patient registriert man sich bei einem allgemeinen Arzt (GP) oder in einer Gemein-schaftspraxis (*Health Centre*), von wo aus man bei Bedarf an einen Facharzt oder in ein Krankenhaus überwiesen wird. Die Ärzte innerhalb des NHS sind keine öffentlichen Ange-stellten, sondern zumeist freiberuflich tätig, aber vertraglich an den NHS gebunden. Sie sind in der *British Medical Association* organisiert (vgl. Kap. 8.2.2), welche die Honorare ihrer Mitglieder direkt mit dem Gesundheitsministerium aushandelt. Anschließend werden sie ent-sprechend der Zahl der bei ihnen registrierten Patienten bezahlt.

Seit den achtziger Jahren findet man zunehmend private Ärzte und Kliniken, nachdem vor allem die stationäre Behandlung lange Zeit von öffentlichen Krankenhäusern dominiert wur-de. Die Kosten für dortige Behandlungen können von einer der auch seit dieser Zeit vermehrt auf den Markt drängenden privaten Krankenversicherungen abgedeckt werden. So hatten 2001 bereits 6,7 Millionen Briten eine zusätzliche private Krankenversicherung, um die Defi-zite des NHS zu umgehen (Kamm/Lenz 2004: 301; auch ONS 2004: 201).

Diese Defizite resultieren zum größten Teil aus der chronischen Unterfinanzierung des bri-tischen Gesundheitssystems. Die Gründe dafür liegen unter anderem im medizinischen Fort-schritt der letzten Jahrzehnte, der etwa gestiegene Kosten für technische Ausrüstung und Me-dikamente nach sich zog, sowie in der sich verändernden Altersstruktur in Großbritannien, eine Entwicklung, die auch in anderen Industrieländern zu beobachten ist. So konnten die staatlichen Gesundheitsausgaben nicht mit den tatsächlich benötigten Mitteln Schritt halten. Als Folge dieser jahrelangen Unterfinanzierung wurden Investitionen in die Ausstattung von Arztpraxen und Krankenhäusern nicht getätigt und medizinisches Personal wanderte auf-grund niedriger Bezahlung vielfach in den privaten Sektor ab. Die verbliebenen Ärzte sind häufig überlastet. So gibt es im internationalen Vergleich in Großbritannien relativ wenig Ärzte und medizinisches Personal. Während 2001 in Deutschland auf 1.000 Menschen 3,4 Ärzte und in den Frankreich 3,0 Ärzte kamen, waren es in Großbritannien lediglich 1,7. Hin-sichtlich der Krankenhauskapazitäten zeigt sich ein ähnliches Bild. Kommen in Deutschland auf 1.000 Einwohner 7,3 und in Frankreich immerhin noch 4,5 Klinikbetten, sind es in Groß-britannien lediglich 2,4 (Le Grand 2002: 148). Es existieren zudem lange Wartelisten für ein-gehendere Untersuchungen und Behandlungen in Krankenhäusern sowie bei nicht lebens-wichtigen Operationen. Warteten im März 1998 etwa 1,3 Millionen Menschen auf eine Kran-kenhausbehandlung, so waren es im Frühjahr 2004 immerhin noch etwa 900.000 (DH 2004: 19). Und als wären die Probleme nicht schon groß genug, gibt es erhebliche Defizite im Be-reich der Krankenhaushygiene. Beispielhaft hierfür ist das verstärkte Auftreten eines antibio-tikaresistenten Bakteriums namens MRSA (Methicillin-resistant Staphylococcus aureus). Die

Infektionen von Krankenhauspatienten mit MRSA sind in den neunziger Jahren erheblich angestiegen, die Anzahl der Todesfälle aufgrund einer Infektion belief sich in England und Wales nach offiziellen Angaben auf 800 zwischen 1993 und 2002 (ONS 2004: 178).[166] Insgesamt hatte sich der quantitative Abstand des britischen Gesundheitssystems zu anderen europäischen Ländern mit Krankenversicherungspflicht in den letzten Jahrzehnten stetig vergrößert.

13.2.2 Gesundheitspolitik unter New Labour

Bereits vor der Wahl 1997 entdeckte Labour die Gesundheitspolitik als eines der wichtigsten Politikfelder für sich. Nach ihrem Wahlsieg war die Regierung Blair angetreten, den NHS grundlegend zu reformieren und modernisieren. Schnell wurden hochgesteckte Ziele ausgegeben, wie etwa die Wartezeiten auf eine Krankenhausbehandlung „bis 2005 von maximal 18 Monaten (!) auf sechs Monate und bis 2008 auf drei Monate zu reduzieren" (Becker 2002: 46). Außerdem sollte der Mangel an Personal und Kapazitäten drastisch verringert werden. Dazu war geplant, ebenfalls bis 2008 15.000 Ärzte und 35.000 Krankenschwestern sowie anderweitig qualifiziertes medizinisches Personal neu einzustellen. Des Weiteren sollen 40 neue Kliniken gebaut und 10.000 zusätzliche Betten geschaffen werden (Becker 2002: 47; auch ONS 2004: 190).

Wer allerdings annahm, die neue Regierung würde die Veränderungen der vorangegangenen konservativen Regierungen zurücknehmen, wurde enttäuscht. Labour beabsichtigte weder eine Rückkehr zur zentralistischen, bürokratischen Steuerung des Gesundheitssystems wie unter vorangegangenen Labourregierungen, noch eine Weiterführung des, wie man meinte, Ungleichheit schaffenden Marktsystems der neunziger Jahre, sondern, wie auf allen Feldern der Sozialpolitik, einen „Dritten Weg", basierend auf Partnerschaft und Leistungsfähigkeit.

---

[166] Weit erschreckendere Zahlen lieferte die Süddeutsche Zeitung in einem Artikel im Dezember 2004. Dort heißt es: „Jedes Jahr, so wird geschätzt, erkranken daran 100 000 Menschen bei ihrem Klinikaufenthalt. Etwa 5000 davon sterben an der antibiotikaresistenten Bazille." (SZ 14.12.04, S.12)

13.2.2.1   Organisatorische Veränderungen[167]

Die organisatorischen Reformen New Labours im Gesundheitssystem begannen mit der Veröffentlichung des *White Papers* „The New NHS. Modern. Dependable." im Dezember 1997.
Der unter der Thatcher-Regierung eingeführte *internal market* wurde teilweise abgeschafft
(beispielsweise hob man die Budgethoheit einzelner Ärzte auf), die Teilung in Nachfrager
und Anbieter von Gesundheitsleistungen blieb jedoch grundsätzlich bestehen, der Schwerpunkt verschob sich allerdings von einer wettbewerblichen auf eine eher kooperative Beziehung zwischen diesen. Neue Nachfrager nach Gesundheitsleistungen wurden eingeführt: die
GP fundholder wurden durch so genannte *Primary Care Groups* (PCGs), Zusammenschlüsse
mehrerer Allgemeinmediziner, ersetzt. Eine große Anzahl dieser PCGs fusionierte schnell zu
lokalen *Primary Care Trusts* (PCTs), welche heute eine breite medizinische Grundversorgung, inklusive etwa zahnmedizinischer Behandlung oder Pflegediensten, anbieten. Von allgemeinen Ärzten innerhalb des öffentlichen Gesundheitssystems wurde erwartet, dass sie sich
einem PCT anschließen. Die heute in England bestehenden 303 lokalen PCTs verwalten jeweils eigenständig ihre Mittel und verfügten 2004/2005 insgesamt über etwa 81 % des NHS-
Budgets (ONS 2004: 183). Sie betreuen häufig eine große Anzahl von Menschen, mitunter
350.000 und mehr (Le Grand 2002: 145). Die von ihnen erwirtschafteten Überschüsse können
sie selbständig, etwa für Investitionen in technische Ausstattung, verwenden.

Ein wichtiger Fokus Labours liegt auf der Dezentralisierung der Gesundheitspolitik. Nach
der Vorstellung Blairs soll sich der Staat mehr und mehr aus der direkten Kontrolle des Gesundheitswesens zurückziehen und stattdessen eine dezentrale, lokale Verwaltung des NHS
ermöglichen. So wurden die bestehenden 95 *Local Health Authorities* (kommunale Träger des
NHS) abgeschafft und ihre umfangreichen Planungsaufgaben auf die lokalen PCTs und PCGs
übertragen. Außerdem löste man die dem *Department of Health* direkt angeschlossenen *Regional Offices* auf und ersetzte sie durch 28 *Strategic Health Authorities*, welche in der Regel
für 1,5 bis 2,4 Millionen Einwohner tätig sind. Sie nehmen allgemeine regionale Planungs-
und Überwachungsaufgaben wahr. Durch die Verlagerung der Planungskompetenzen auf die
regionale und lokale Ebene soll verstärkt auf die Bedürfnisse der Patienten eingegangen und
Dysfunktionalitäten, welche in der Vergangenheit durch zentrale Planung entstanden, abgebaut werden. Dies soll insgesamt zu einem Mehr an Flexibilität und Modernität innerhalb des

---

[167] Die hier dargestellten Änderungen der Organisationsstruktur betreffen in wesentlichen Teilen das Gesundheitssystem in England. In den anderen Teilen Großbritanniens (Schottland, Nordirland, Wales) haben sich
aufgrund verstärkter Dezentralisierungsprozesse (Devolution) in den vergangenen Jahre teilweise andere
Strukturen herausgebildet.

NHS beitragen. Vor diesem Hintergrund ist auch die Propagierung einer verstärkten partnerschaftlichen Zusammenarbeit zwischen regionalen Gesundheitsbehörden und lokalen Verwaltungen seitens der Regierung zu sehen.

Ein Betätigungsfeld, welchem sich New Labour schnell zuwandte, ist die Verbesserung der Servicequalität innerhalb der öffentlichen Dienste im Allgemeinen und speziell im Gesundheitswesen. So wurden verschiedene zentrale Einrichtungen wie das *National Institute for Clinical Effectiveness* (*NICE*) 1999 oder die *Commission for Healthcare Audit and Inspection* (*CHAI*) im April 2004 ins Leben gerufen. Innovationen, welche diese Entwicklung für Patienten am direktesten spürbar machen, sind die Einrichtung der Hotline *NHS Direct*, ein Telefonservice zur Gesundheitsberatung, und der *NHS Walk-in Centres*, in denen der Patient ohne Voranmeldung medizinische Beratung erhält. Beide werden in der Regel von Krankenschwestern betrieben. Um in NHS-Krankenhäusern zusätzliche Anreize zur Verbesserung der Servicequalität und Effizienz zu schaffen, werden seit einigen Jahren regelmäßige Überprüfungen durchgeführt und auf der Basis zentral festgelegter Indikatoren Ratings erstellt. Krankenhäuser, die über einen längeren Zeitraum eine schlechte Performance aufweisen, droht die Ersetzung des Managements oder die Übernahme durch private Investoren und Wohlfahrtseinrichtungen. Kliniken, die regelmäßig gut abschneiden, kommen in den Genuß von Vergünstigungen. So werden sie seltener überprüft, erhalten zusätzliche Mittel oder größeren Freiraum hinsichtlich Investitionen oder Lohnstrukturen; sie sollen sich künftig auch selbst verwalten können. So wurden im April 2004 die ersten zehn *NHS Foundation Trusts* gegründet, weitere zehn folgten im Juli 2004. Die größere Transparenz, die solche veröffentlichten Ranglisten ermöglichen, kommt nicht zuletzt auch den Patienten direkt zu Gute, die sich bei der Wahl ihres Behandlungsortes daran orientieren können. Seitens der Regierung erhofft man sich dadurch einen stärkeren Wettbewerb innerhalb des NHS.

Zusätzlich intensiviert die Regierung die Zusammenarbeit mit privaten Anbietern von Gesundheitsleistungen. Im Jahre 2000 schloss das DH eine Vereinbarung mit Vertretern des privaten und freiwilligen Gesundheitssektors, welche es dem NHS u.a. ermöglicht, freie Kapazitäten des nichtstaatlichen Gesundheitssektors zu nutzen, etwa um Operationen durchzuführen oder Patienten aus öffentlichen in private Kliniken zu verlegen. Und im April 2004 kündigte die Regierung zwei Verträge mit privaten Klinikbetreibern an, welche im Auftrag des NHS in den Jahren 2004/05 fast 25.000 Operationen (vor allem Hüft- und Knieoperationen) durchführen sollten. Das Auftragsvolumen hierfür belief sich auf mehr als £ 75 Millionen (ONS 2004: 201).

Trotz der zum Teil bedeutenden Veränderungen in der Organisation des NHS in den letzten zwei Jahrzehnten und speziell seit 1997 blieb das Grundprinzip der öffentlichen Finanzierung des Gesundheitswesens unangetastet und wurde sogar vielfach von Politikern und Entscheidungsträgern aller Couleur bekräftigt.

13.2.2.2   Finanzierung

Der NHS wird zum überwiegenden Teil aus Steuergeldern finanziert. Diese machten 2003/04 etwa 74 % aus. Weitere 21 % stammen aus Beiträgen zur *National Insurance*, die verbleibenden 5 % finanzieren sich durch Gebühren und andere Einnahmen (ONS 2004: 187). Die finanzielle Lage des NHS war bei Amtsantritt der Regierung Blair sehr angespannt. Denn obwohl die öffentlichen Ausgaben für das Gesundheitssystem im letzten Viertel des 20. Jahrhunderts schrittweise erhöht wurden, war das Ausgabenniveau insgesamt, vor allem im internationalen Vergleich, niedrig. Hinzu kam die eingeschränkte Haushaltspolitik der Major-Regierung in den neunziger Jahren. So fielen beispielsweise die öffentlichen Ausgaben für den NHS im Haushaltsjahr 1996/97 real um 0,1 Prozent (Alcock 2003: 67).

Das Wahlkampfversprechen New Labours, während der ersten beiden Regierungsjahre innerhalb der Ausgabengrenzen der vorangegangenen Regierung Major zu verbleiben, schränkte die finanziellen Möglichkeiten stark ein. Wollte die Blair-Regierung aber die von ihr ausgegebenen, ambitionierten Ziele erfüllen, so war es notwendig, das Ausgabenniveau drastisch zu steigern. Dies geschah vor allem ab dem Haushaltsjahr 1999. So erhöhte Labour die Gesundheitsausgaben bis 2001/02 auf £ 59 Mrd. im Vergleich zu £ 42 Mrd. im Haushaltsjahr 1996/97 (Alcock 2003: 68).

Zu einer enormen Ausweitung des Gesundheitsetats kam es vor allem in der zweiten Amtszeit Blairs. Ab dem Haushaltsjahr 2002/03 wurden die Ausgaben für den NHS deutlich erhöht. Die Planung sah vor, bis 2007/08 die Ausgaben um mehr als £ 40 Mrd. von £ 66,3 Mrd. im Jahre 2002 auf £ 107,2 Mrd. zu steigern. Das Wachstum der Gesundheitsausgaben läge damit deutlich über dem Anstieg der anderen Einzeletats des Haushalts. Der Anteil der Gesundheitsausgaben am Bruttoinlandsprodukt (BIP) würde im Haushaltsjahr 2007/08 9,2 % betragen statt 7,6 % im Jahr 2002/03 und etwa 6% im letzten Amtsjahr John Majors (ONS 2005: 187; Alcock 2003: 68). Finanziert wird diese Ausweitung zum Teil durch eine einprozentige Erhöhung der Beiträge zur Sozialversicherung vom April 2003 sowie mittels angekündigter Steuererhöhungen. Im Ganzen machen die Gesundheitsausgaben im Staatshaushalt

2005/06 etwa £ 90 Mrd. oder 17,3 % aus und waren damit der zweitgrößte Posten hinter den Sozialausgaben (HM Treasury 2005: 14).

Tabelle 28: Öffentliche Gesundheitsausgaben 2002/03-2007/08

	2002/03	2004/05	2005/06*	2006/07*	2007/08*
Öffentliche Gesundheitsausgaben (in Mrd. £)	66,3	81,1	ca. 90	97,4	107,2

* Angaben geschätzt; Quelle: ONS 2004: 187, HM Treasury 2004: 100, HM Treasury 2005: 14; eigene Ergänzung

Abbildung 13: Öffentliche Gesundheitsausgaben 1997-2007

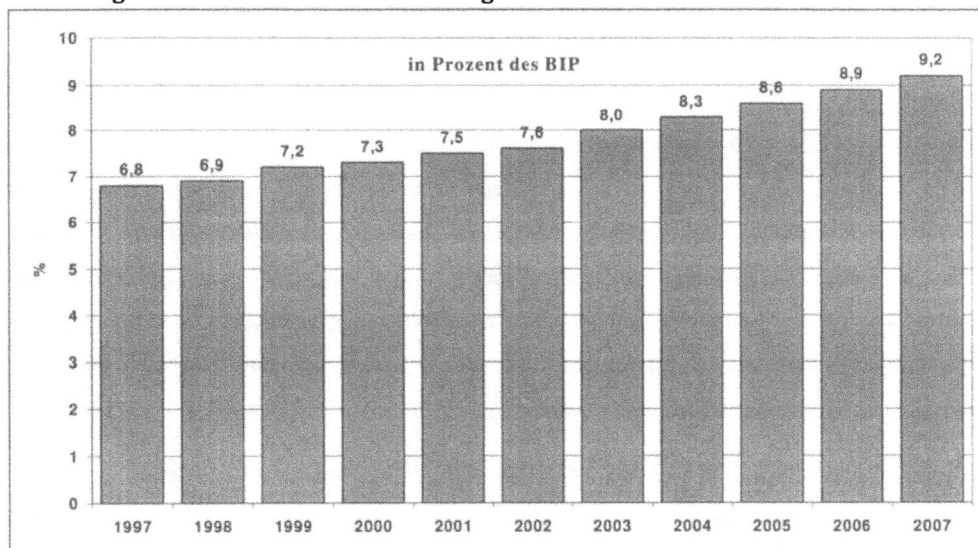

Quelle: National Statistics Online; eigene Ergänzung

Die drastische Erhöhung der Gesundheitsausgaben korrespondiert mit den Ergebnissen des so genannten *Wanless-Report*. Dieser im Jahr 2001 von Schatzkanzler Gordon Brown in Auftrag gegebene Bericht sollte die langfristigen Perspektive des NHS unter der Prämisse untersuchen, dass er in seiner bisherigen Form, d.h. überwiegend steuerfinanziert, bestehen bleibt. Die Studie wurde im April 2002 (zusammen mit dem Haushalt) veröffentlicht und besagt, dass Großbritannien zukünftig einen weitaus größeren Anteil seines Bruttosozialproduktes für das Gesundheitswesen ausgeben muss. So werde die Quote in 20 Jahren bei zwischen 10,6% (optimistische Prognose) und 12,5% (pessimistische Prognose) liegen. Der *Wanless-Report* betont daneben ausdrücklich den Ausbau der Zusammenarbeit zwischen öffentlichem und privatem Sektor im Gesundheitsbereich. Erste wichtige Schritte in diese Richtung unternahm die Labour-Regierung bereits Ende der neunziger Jahre. Seit dieser Zeit setzt man verstärkt auf private Investitionen im Gesundheitsbereich. Ein Beispiel hierfür ist die *Private Finance Initiative* (PFI; vgl. Kap. 9.4). Hier finanzieren Privatinvestoren gemeinsam mit der öffentlichen Hand Investitionsvorhaben im Gesundheitssektor. So kündigte das DH kurz vor der Wahl 2001 publikumswirksam ein Programm für den Bau neuer Krankenhäuser an, welches teilweise mittels PFI finanziert werden sollte. Im Haushaltsjahr 2005/06 rechnet man für den Gesundheitsbereich von Seiten der Regierung mit dem Abschluss von PFI-Verträgen im Gesamtwert von mehr als drei Milliarden Pfund (HM Treasury 2005: 266).

13.2.3 Fazit und Ausblick

Wie ist die Gesundheitspolitik Labours einzuschätzen? Zum einen ist deutlich geworden, „daß Labour an der bestehenden Organisationsform des NHS als weitgehend zentral geführtem und steuerfinanziertem System festhalten will" (Becker 2002: 48). Die geplanten Ausweitungen des Gesundheitsetats, die angekündigten Steuererhöhungen und nicht zuletzt der *Wanless-Report* sind hierfür ein eindeutiges Votum. Doch eine Rückkehr zum zentralistischen Steuerungsmodell früherer Labourregierungen stand nie wirklich zur Diskussion. Stattdessen wurde ein Großteil der unter den konservativen Regierungen vorgenommenen Umgestaltungen des Gesundheitssystems akzeptiert und übernommen.

Erklärtes Anliegen New Labours 1997 war, den NHS innerhalb des vorgegebenen Rahmens zu verbessern und weiterzuentwickeln. Im Mittelpunkt standen dabei Modernisierung und Flexibilisierung, etwa durch die Schaffung und den Ausbau von Wettbewerb, das Setzen von Anreizen hinsichtlich Verbesserungen und Effizienz, die Dezentralisierung und Kompetenzverlagerung auf die regionale und lokale Ebene oder durch die enorme Ausweitung der finanziellen Mittel. Die durchgeführten Reformen zeigen dabei eindeutig in eine marktorientierte Richtung.

Ob die Gesundheitspolitik Labours letztendlich erfolgreich sein wird, hängt nicht zuletzt von der Erreichung der selbstgesteckten, ambitionierten Ziele ab. Insgesamt wurden vom *Department of Health* 38 verschiedene Ziele ausgegeben (Le Grand 2002: 147). Neben der drastischen Verkürzung der Wartezeiten auf Krankenhausbehandlungen und Operationen sowie der starken Ausweitung hinsichtlich Kapazitäten und Gesundheitspersonal zählen dazu auch die Verringerung der Sterberaten aufgrund von Krebs und durch Unfälle um jeweils 20 % und durch Herzkrankheiten und Schlaganfall um 40 % bis 2010 (auf Basis der Jahre 1995-1997). Und auch ein bereits in den siebziger Jahren auf der politischen Agenda stehendes Problem griff Labour wieder auf. Bereits seit geraumer Zeit ist bekannt, dass innerhalb der britischen Bevölkerung signifikante regionale und soziale Unterschiede hinsichtlich Gesundheit und Sterblichkeit existieren. So wies der von der Regierung in Auftrag gegebene und 1998 veröffentliche *Acheson-Report* auf zunehmende *health inequalities* hin und betonte den negativen Zusammenhang zwischen sozialer Klasse, Armut und Gesundheit. Auf diesem Gebiet will Labour ebenfalls bis 2010 eine Verbesserung zwischen besonders betroffenen sozialen Gruppen und der Gesamtbevölkerung sowie zwischen einzelnen Regionen und dem gesamten Land erreichen. Dazu wurde u.a. die *Health Inequalites Unit* (HIU) im DH gegründet oder 26 *Health Action Zones* eingerichtet, die in besonders betroffenen Gebieten in Zusammenarbeit mit lokalen Behörden sowie privaten und gemeinnützigen Einrichtungen die bestehenden regionalen Gesundheitsprobleme bekämpfen sollen und mit erheblichen zusätzlichen Mitteln ausgestattet wurden. Das Hauptaugenmerk der Regierungsmaßnahmen liegt dabei auf verbesserter Prävention und medizinischer Grundversorgung der besonders benachteiligten Bevölkerung.

Die bisher erreichten Ziele sind ambivalent zu bewerten. Zum einen ist zu beobachten, dass die Wartezeiten und -listen für Behandlungen und Operationen tatsächlich verringert werden konnten. Die Zahl der Patienten, die auf eine Behandlung warten, konnte von mehr als einer Million 1997 bis 2004 um immerhin 264.000 gesenkt werden; trotzdem ist diese Zahl immer noch erschreckend hoch.[168] Die maximale Wartezeit auf Operationen hat sich von bis zu 18 Monaten zumindest auf neun Monate im April 2004 halbiert. Wartezeiten von mehr als sechs Monaten konnten um etwa 70 % verringert werden, und verglichen mit 1997/98 wurde die Anzahl durchgeführter Operationen um 450.000 gesteigert (HM Treasury 2004 94, 97).[169] Andere Indikatoren weisen dagegen auf eine sinkende Effizienz innerhalb des NHS hin (vgl. u.a. Le Grand 2002: 140-143). Allerdings wird man die grundsätzliche Frage stellen müssen, inwiefern so komplexe Systeme wie das Gesundheitssystem überhaupt durch Maßnahmen der Regierung steuerbar sind. Hinzu kommt die Frage einer adäquaten Operationalisierung und Messbarkeit der Effizienz. Dies sind sicherlich Probleme, die auch in anderen

---

[168] Zur weiteren Verdeutlichung der Diskrepanz von Anspruch und Wirklichkeit: „Zwar wurde gerade mit geschwellter Brust verkündet, dass die Wartelisten um ein Drittel kürzer geworden sind. Trotzdem warten in Großbritannien derzeit immer noch aktuell 857 200 Menschen auf eine Operation, darunter 69 000 mehr als ein halbes Jahr schon." (SZ 14.12.04, S. 12)

[169] Zur detaillierteren Darstellung der Fortschritte und Verbesserungen innerhalb des NHS seit dem Amtsantritt Labours 1997 und zu weiteren gesundheitspolitischen Zielsetzungen und Maßnahmen der Regierung siehe insbesondere DH 2004.

Policy-Bereichen gegeben sind. Vor dem Hintergrund der britischen Gesundheitspolitik ist jedoch auffällig, dass trotz der Defizite und anhaltender Schwarzmalerei objektiv messbare und international vergleichbare Indikatoren, wie z.B. die durchschnittliche Lebenserwartung, in Großbritannien ähnlich wie in anderen Industrienationen ausfallen.[170] Insgesamt muss weiter abgewartet werden, um wirklich beurteilen zu können, ob die Vielzahl der von Labour getätigten Maßnahmen mehr waren als reiner Aktionismus und ob die initiierten organisatorischen Veränderungen und die Ausweitung der Gesundheitsausgaben langfristig tatsächlich die erhofften Wirkungen entfalten und somit die von der Regierung gesetzten Ziele erreicht werden können.

Links:

Child Support Agency: www.csa.gov.uk

Commission for Healthcare Audit and Inspection: www.chai.org.uk

Department for Work and Pensions (DWP): www.dwp.gov.uk

Department of Health (DH): www.dh.gov.uk

Jobcentre Plus: www.jobcentreplus.gov.uk

National Health Service (NHS): www.nhs.uk

National Institute for Health and Clinic Excellence: www.nice.org.uk

New Deals: www.newdeal.gov.uk

Pension Service: www.thepensionservice.gov.uk

---

[170] So betrug die durchschnittliche Lebenserwartung in Großbritannien 2000/02 75,7 Jahre für Männer und 80,4 Jahre für Frauen im Vergleich zu 73,4 bzw. 81,2 Jahren in Deutschland (ONS 2004: 100; Statistisches Bundesamt 2004: 54).

Literaturverzeichnis

Abercrombie, Nicholas/ Warde, Alan: Contemporary British Society. Cambridge 2000.

Abromeit, Heidrun: Entwicklungslinien im Verhältnis von Staat und Wirtschaft, in: Hans Kastendiek et al. (Hrsg.): Länderbericht Großbritannien. Bonn 1998, S. 358-378.

Alcock, Pete: Social Policy in Britain. Houndmills u.a. 2003.

Allen, David: British Foreign Policy and West European Cooperation, in: Byrd, Peter (Hrsg.): British foreign policy under Thatcher. Oxford 1988, S. 35-53.

Ansprenger, Franz: Erbe des Empire – Bedeutungswandel des Commonwealth, in: Hans Kastendiek et al (Hrsg.): Länderbericht Großbritannien. Bonn 1998, S. 405-419.

Armingeon, Klaus: Parteien, Verbände und soziale Bewegungen, in: Herfried Münkler (Hrsg.): Politikwissenschaft. Ein Grundkurs. Reinbek bei Hamburg 2002, S. 447-489.

Armstrong, Hilary: Five Sides to a New Leaf, in: Municipal Journal 4/1997, S.18-19.

Baker, David: Britain and Europe: Treading Water or slowly drowning? in: Parliamentary Affairs 56/2003, S. 237-254.

Baker, David/ Sherrington, Philippa: Britain and Europe. The Dog that Didn't Bark, in: Parliamentary Affairs 58/2005, S.303-317.

Baker, David/ Sherrington, Philippa: Britain and Europe. Europe and/or America?, in: Parliamentary Affairs 57/2004, S. 347-365.

Bale, Tim: 'The Death of the Past'. Symbolic Politics and the Changing of Clause IV, in: David M. Farrell (Hrsg.): British Elections and Parties Yearbook 1996. London, Portland 1996, S. 158-177.

Ballinger, Chris: The local battle, the cyber battle, in: David Butler, Dennis Kavanagh: The British General Election of 2001. Houndmills 2002, S. 208-234.

Balls, Ed/ O'Donnell, Gus: Reforming Britain's Economic and Financial Policy. Houndmills u.a. 2002.

Bandelow, Nils C.: Kollektives Lernen durch Vetospieler? Konzepte britischer und deutscher Kernexekutiven zur europäischen Verfassungs- und Währungspolitik. Baden-Baden 2005.

Baringshorst, Sigrid: Einwanderung und multiethnische Gesellschaft, in: Hans Kastendiek et al.: Länderbericht Großbritannien. Bonn 1998, S. 146-162.

Barnett, Hilaire: Britain unwrapped. Government and Constitution explained. London 2002.

Becker, Bernd: Politik in Großbritannien. Paderborn 2002.

Becker, Bernd-Werner: Machterhalt und Zukunftsgestaltung. Elemente erfolgreicher politischer Steuerung in Großbritannien, in: Zeitschrift für Parlamentsfragen 36/2005(a), S. 301-310.

Becker, Bernd-Werner: How to campaign against a lack of faith. Eine Analyse des britischen Unterhauswahlkampfes 2005, in: Zeitschrift für Politikwissenschaft 3/2005(b), S. 765-791.

Benz, Arthur (Hrsg.): Governance - Regieren in komplexen Regelsystemen. Wiesbaden 2004.

Bergsdorf, Wolfgang: Öffentliche Meinung und politisches Argument. Zu Begriff und Funktion der pluralistischen Kommunikation, in: Jürgen Wilke (Hrsg): Öffentliche Meinung - Theorie, Methoden, Befunde. Beiträge zu Ehren von Elisabeth Noelle-Neumann. Freiburg (Breisgau) 1992, S. 41-50.

Berrington, Hugh (Hrsg.): Britain in the Nineties. The Politics of Paradox. London 1998.

Bevir, Mark/ O'Brien, David: New Labour and the Public Sector in Britain, in: Public Administration Review 61/2001, S. 535-547.

Bevir, Mark/ O'Brien, David: New Labour and Networks of Public Service Delivery, in: Britain. European Consortium for Political Research, University of Copenhagen 2000.

Beyme, Klaus von/ Helms, Ludger: Interessengruppen, in: Ludger Helms, Uwe Jun (Hrsg.): Politische Theorie und Regierungslehre. Eine Einführung in die politikwissenschaftliche Institutionenforschung. Frankfurt a.M. 2004, S. 194 - 218.

Birch, Anthony H.: The British System of Government. London 1998.

Bonney, Norman: Local Democracy Renewed?, in: The Political Quarterly 75/2004, S. 43-51.

Bonney, Norman: The Scottish Parliament and Participatory Democracy. Vision and Reality, in: The Political Quarterly 74/2003, S. 459-467.

Boundary Commission for England: Annual Report 2003/2004. London 2004.

Boundary Commission for Scotland: Fifth Periodical Review of Constituencies. Edinburgh 2004.

Bradbury, Jonathan/ McGarvey, Neil: Devolution. Problems, Politics and Prospects, in: Parliamentary Affairs 56/2003, S. 219-236.

Bradbury, Jonathan/ Mitchel, James: Devolution. Between Governance and Territorial Politics, in: Parliamentary Affairs 58/2005, S. 287-302.

Bradbury, Jonathan/ Mitchell, James: Devolution and Territorial Politcs. Stability, Uncertainty and Crisis, in: Parliamentary Affairs 55/2002, S. 299-316.

Bradbury, Jonathan/ Mitchell, James: Devolution. New Politics for Old? in: Parliamentary Affairs 54/2001, S. 257-275.

Brandenburg, Heinz: Who Follows Whom? The Impact of Parties on Media Agenda Formation in the 1997 British General Election Campaign, in: International Journal of Press/Politics 7/2002, S. 34-54.

Britische Botschaft: Arbeitsmarktpolitik in Großbritannien. Britische Botschaft Berlin, Juli 2004.
www.britischebotschaft.de/de/embassy/eu/lsa.htm (20.01.2005).

Brooks, Josie: Labour's Modernization of Local Government, in: Public Administration 78/2000, S. 593-612.

Brown, William/ Oxenbridge, Sahra: The development of co-operative employer/trade union relationships in Britain, in: Industrielle Beziehungen. Zeitschrift für Arbeit, Organisation und Management 11/2004, S. 143-158.

Brunn, Gerhard: Die Europäische Einigung von 1945 bis heute. Bonn 2004.

Bude, Heinz: Das Altern einer Generation. Frankfurt a.M. 1997.

Budge, Ian/ Crewe, Ivor/ McKay, David/ Newton, Ken: The New British Politics. London 2004.

Bulmer, Simon/ Wallace, Helen: Großbritannien, in: Werner Weidenfeld (Hrsg.): Die Staatenwelt Europas. Bonn 2004, S. 156-171.

Burch, Martin: British Cabinet. A residual executive, in: Parliamentary Affairs 41/1988, S. 34-47.

Burch, Martin/ Holliday, Jan: The Prime Minister's and Cabinet Offices. An Executive Office in All But Name, in: Parliamentary Affairs 52/1999, S. 32-45.

Burnside, Ross/ Curtis, Stephen/ Herbert, Stephen: Election 2003. Scottish Parliament SPICe briefing 03/25. Edinburgh 2003.
www.scottish.parliament.uk/business/research/briefings-03/sb03-25.pdf (11.05.2005)

Butler, Anthony: The Third Way Project in Britain. The Role of the Prime Minister's Policy Unit, in: Politics 20/2000, S. 153-159.

Butler, David/ Butler, Gareth: Twentieth-Century British Political Facts 1900-2000. Houndmills 2000.

Butler, David/ Kavanagh, Dennis: The British General Election of 2005. Houndmills 2005.

Butler, David/ Kavanagh, Dennis: The British General Election of 2001. Houndmills 2002.

Butler, R. A.: The Art of the Possible. London 1971.

Byrd, Peter (Hrsg.): British foreign policy under Thatcher. Oxford 1988.

Byrne, Paul: Social Movements in Britain. London 1997.

Byrne, Tony: Local Government in Britain. London 2000.

Cabinet Office: The Civil Service Yearbook. London 2004(a).
www.civil-service.co.uk/pages/statsTables.asp (15.07.2005)

Cabinet Office: Public Bodies 2004. London 2004(b).
www.civilservice.gov.uk/improving_services/agencies_and_public_bodies/public_bodies_directory (15.07.2005)

Candappa, Mano: Prevention and Fight against Trafficking. Institutional Developments in Europe. UK Report. Centre for Research in Ethnic Relations, University of Warwick. Warwick 2003.

Carmichael, Paul: The Northern Ireland Civil Service, in: Public Money and Management 21/2001, S. 33-38.

Clark, Tom et al.: Taxes and Transfers 1997-2001, in: Oxford Review Of Economic Policy 18/2002, S. 187-201.

Clarke, Michael: The Soviet Union and Eastern Europe, in: Byrd, Peter (Hrsg.): British foreign policy under Thatcher. Oxford 1988, S. 35-53.

Coats, David: Großbritanniens Nationaler Mindestlohn. Geschichte, Implementierung und Zukunftsperspektiven. London 2004 (FES paper).

Cochrane, Feargal: The Future of the Union II: Northern Ireland, in: Justin Fischer/ David Denver/ John Benyon (Hrsg.): Central Debates in British Politics. London 2003, S. 48-63.

Cole, Alistair/ Jones, J. Barry/ Storer, Alan: 2003: Inside the National Assembly for Wales: the Welsh Civil Service under Devolution, in: The Political Quaterly 74/2003, S.223-232.

Cole, Michael: Local Government Reform in Britain 1997-2001: National Forces and International Trends, in: Government and Opposition 38/2003, S. 181-202.

Colls, Robert: Identity of England. Oxford 2002.

Considine, Mark: Making Up the Government's Mind: Agenda Setting in a Parliamentary System, in: Governance. An International Journal of Policy and Administration 11/1998, S. 297-317.

Constitution Unit: Nations and Regions. The Dynamics of Devolution – Devolution Monitoring Programme. Northern Ireland report 11. London 2002.

Cornford, James; Robins, Kevin: New Media, in: Jane Stokes, Anna Reading (Hrsg.): The media in Britain. Current debates and developments. New York 1999, S. 108-125.

Coxall, Bill/ Lynton, Robins: Contemporary British Politics. Houndmills 1998.

Creuzberg, Claudia: Deutsche und englische Verfassungskultur im Vergleich und Perspektiven für eine europäische Verfassung. Magisterarbeit Universität Dresden. Dresden 2004.

Crewe, Ivor: The Opion Polls. Still Biased to Labour, in: Parliamentary Affairs 54/2001, S. 650-665.

Criddle, Byron: MPs and Candidates, in: David Butler, Dennis Kavanagh (Hrsg.): The British General Elections of 2001. Houndmills 2002. S. 182-207.

Curran, James/ Seaton, Jean: Power without Responsibility. The Press and Broadcasting in Britain. London 1997.

Curtice, John: The electoral System: Biased to Blair? In: Parliamentary Affairs 54/2001, S. 803-814.

Daguerre, Anne: Importing Workfare. Policy Transfer of Social and Labour Market Policies from the USA to Britain under New Labour, in: Social Policy & Administration 38/2004, S. 41-56.

Davis, Aeron: Public relations, news production and changing patterns of source access in the British national media, in: Media, Culture & Society 22/2000, S. 39-59.

Department for Constitutional Affairs (DCA): Delivering Justice, Rrights and Democracy – DCA Departmental Report 2004/05. Norwich 2005.

Department for Work and Pensions (DWP): DWP Statistical Summary – March 2005, London 2005.

Department of Health (DH): The NHS Improvement Plan, London 2004.

Department of Health (DH): Health Act 1999. Quality and Performance in the NHS. High Level Performance Indicators and Clinical Indicators, London 1999.

Dicey, Albert Van: Lectures Introductory the Study of the Law of the Constitution (1885). 10. Aufl. London 1959.

Diez, Thomas: Die EU lesen. Diskursive Knotenpunkte der britischen Europadebatte. Opladen 1999.

Dixon, Rob/ Williams, Paul: Tough on debt, tough on the causes of debt? New Labours's Third Way of foreign policy, in: British Journal of Politics and International Relations 3/2001, S. 150-172.

Dobson, Alan: Die „Special Relationship": Zur Entwicklung der britisch-amerikanischen Sonderbeziehung seit 1945, in: Hans Kastendiek et al. (Hrsg.): Länderbericht Großbritannien. Bonn 1998, S. 420-436.

Dolton, Peter/ Balfour, Yvonne: Der New Deal, „Welfare to Work"-Programme in Großbritannien, in: Perspektiven der Wirtschaftspolitik 3/2002, 175-187.

Döring, Herbert: Großbritannien. Regierung, Gesellschaft und politische Kultur. Opladen 1993.

Driver, Stephen/ Martell, Luke: New Labour. Politics after Thatcherism. Cambridge 1998.

Dunleavy, Patrick/ Margetts, Helen: From Majority to Pluralist Democracy? Electoral Reform in Britain since 1997, in: Journal of Theoretical Politics 13/2001, S. 295-319.

Dunleavy, Patrick/ Margetts, Helen: Mixed electoral systems in Britain and the Jenkins Commission on electoral reform, in: British Journal of Politics and International Relations 1/1999, S. 12-38.

Ebersold, Bernd: „Delusions of Grandeur": Großbritannien, der Kalte Krieg und der Nahe Osten, 1945-1956, in: Hans-Heinrich Jansen, Ursula Lehmkuhl (Hrsg.): Grossbritannien, das Empire und die Welt. Britische Außenpolitik zwischen „Größe" und „Selbstbehauptung", 1850-1990. Bochum 1995, S. 139-168.

Eberwein, Wilhelm: Die Entwicklung der Arbeitsbeziehungen in Europa. Wechselwirkungen zwischen der nationalen und der europäischen Ebene am Beispiel von Deutschland, Frankreich, Großbritannien und Italien, in: Arbeit und Politik. Mitteilungsblätter der Akademie für Arbeit und Politik an der Universität Bremen 14, Nr. 29/30, 2002, S. 40-44.

Eldridge, John/ Kitzinger, Jenny/ Williams, Kevin: The Mass Media and Power in Modern Britain. Oxford 1997.

Esser, Frank/ Reinemann, Carsten: „Mit Zuckerbrot und Peitsche". Wie deutsche und britische Journalisten auf das News Management politischer Spin Doctors reagieren, in: Christine Holtz-Bacha (Hrsg.): Wahlkampf in den Medien – Wahlkampf mit den Medien. Opladen/Wiesbaden 1999, 40-68.

Esser, Frank/ Reinemann, Carsten; Fan, David: Spin Doctors in the United States, Great Britain, and Germany. Metacommunication about Media Manipulation, in: International Journal of Press/Politics, 6/2001, S. 16-45.

Fairclough, Norman: New Labour, New Language? London 2000.

Fenwick, Helen: The reaction of Great Britian's Legal Order to September 11, 2001, in: Bernd Rill (Hrsg.): Terrorismus und Recht - der wehrhafte Rechtsstaat, Hanns-Seidel-Stiftung, München 2003, S. 57-68.

Fisher, Justin: Next step: State Funding for the Parties? in: The Political Quaterly 74/2003, S. 392-399.

Fisher, Justin: British political Parties. Herffordshire 1996.

Flinders, Matthew: Mechanisms of Judicial Accountability in British Central Government, in: Parliamentary Affairs 54/ 2001, S. 54-71.

Foreign & Commonwealth Office (FCO): UK international priorities: strategy for the FCO. Presented to Parliament by the Secretary of State for Foreign and Commonwealth Affairs. Norwich 2003.
www.fco.gov.uk/Files/kfile/FCOStrategyFullFinal,0.pdf (05.04.2005)

Forman, F.N./ Baldwin, N.D.J.: Mastering British Politics. Houndmills 1999.

Foster, C.D.: A Stronger Centre of Government. London 1997.

Fröhlich, Michael: Geschichte Großbritanniens. Von 1500 bis heute. Darmstadt 2004.

Fröhlich, Stefan: Vom „Prime Ministerial Government" zur „British Presidency"? Zur Stellung des britischen Regierungschefs im internationalen Vergleich, in: APuZ B 18/1997, S. 31-38.

Füchtner, Natascha: Die Modernisierung der Zentralverwaltung in Großbritannien und Deutschland. Strategien konservativer und sozialdemokratischer Regierungen. Frankfurt a.M. 2002.

Fulton, Lionel: Britische Gewerkschaften und Arbeitsbeziehungen im Vereinigten Königreich. London 2001 (FES paper).

Garton Ash, Timothy: Freie Welt. Europa, Amerika und die Chance der Krise. München u.a. 2004.

Gavin, Neil T./ Sanders, David: The Press and Its Influence on British Political Attitudes under New Labour, in: Political Studies 51/2003, S. 573-591.

Giddens, Anthony: The Third Way. The Renewal of Social Democracy. Cambridge 1998.

Glaeßner, Gert-Joachim: Großbritannien. Ein europäischer Sonderweg in der Politik innerer Sicherheit. In: Gert-Joachim Glaeßner et al. (Hrsg.): Europäisierung der inneren Sicherheit. Eine vergleichende Untersuchung am Beispiel von organisierter Kriminalität und Terrorismus. Wiesbaden 2005, S. 85-106.

Goetz, Klaus H.: Regierung und Verwaltung. In: Ludger Helms et al. (Hrsg.): Politische Theorie und Regierungslehre. Frankfurt a. M. 2004, S. 74-96.

Goodhart, Philip: Referendum. London 1971.

Goodwin, Peter: The Role of the State, in: Jane Stokes et al. (Hrsg.): The media in Britain. Current debates and developments. New York 1999, S. 130-142.

Grant, Charles: What If the British Vote No?, in: Foreign Affairs, 84/2003, S. 86-97.

Grant, Wyn: Pressure Politics. A Politics of Collective Consumption? in: Parliamentary Affairs 58/2005, S. 366-379.

Grant, Wyn: Pressure Politics. The Changing World of Pressure Groups, in: Parliamentary Affairs 57/2004, S. 408-419.

Grant, Wyn: Pressure Groups and British Politics. Houndmills 2000.

Gray, John: Blair's project in retrospect, in: International Affairs 80/2004, S. 39-48.

Greven, Michael Th.: Die Beteiligung von Nicht-Regierungsorganisationen als Symptom wachsender Informalisierung des Regierens, in: Vorgänge 39/2000, H.3, S. 3-12.

Habermas, Jürgen: Strukturwandel der Öffentlichkeit. Frankfurt am Main 1990.

Händel, Heinrich: Großbritannien, Bd. 1: Staat und Verwaltung, München 1979.

Händel, Heinrich/ Gossel, Daniel: Großbritannien, München 2002.

Hardach, Gerd: Der Marshall-Plan. Auslandshilfe und Wiederaufbau in Westdeutschland 1948-1952. München 1994.

Harrop, Martin: An Apathetic Landslide. The British Election of 2001, in: Government & Opposition 36/2001, S. 295-313.

Hartlapp, Miriam: Die Kontrolle der nationalen Rechtsdurchsetzung durch die Europäische Kommission. Frankfurt 2005.

Hartmann, Jürgen: Das politische System der Bundesrepublik Deutschland im Kontext. Wiesbaden 2004.

Hartmann, Jürgen: Westliche Regierungssysteme. Parlamentarismus, semi-präsidentielles und präsidentielles Regierungssystem. Opladen 2000.

Hazell, Robert et al.: The Constitution: Consolidation and Cautious Advance, in: Parliamentary Affairs 56/2003, S. 157-169.

Hazel, Robert/ Masterman, Roger/ Sandford, Mark/ Seyd, Ben/ Croft, Jeremy: The Constitution. Coming in from the Cold, in: Parlamentary Affairs 55/2002, S. 219-234.

Hazell, Robert/ Russell, Meg/ Seyd, Ben/ Sinclair, David: The British Constitution in 1998-99: The Continuing Revolution, in: Parliamentary Affairs 53/2000, S. 242-261.

Hearst, Stephen: Broadcasting Regulation in Britain, in: Jay G. Blumler (Hrsg.): Television and the public interest. Vulnerable values in West European Broadcasting. London u.a. 1992, S. 61-78.

Heffernan, Richard: Prime ministerial predominance? Core executive politics in the UK, in: British Journal of Politics and International Relations 5/2003, S. 347-372.

Helms, Ludger: Politische Opposition. Theorie und Praxis in westlichen Regierungssystemen. Opladen 2002.

Helms, Ludger: Der parlamentarische Gesetzgebungsprozess in Großbritannien. Ein Vergleich mit den Verfahrensregeln im Deutschen Bundestag und Bundesrat, in: Der Staat 40/2001, S. 405-419.

Helms, Ludger: Das britische Parteiensystem in der Ära Blair, in: Politische Studien 51/2000, S. 101-111.

Helms, Ludger: Wettbewerb und Kooperation. Zum Verhältnis von Regierungsmehrheit und Opposition im parlamentarischen Gesetzgebungsverfahren in der Bundesrepublik Deutschland, Großbritannien und Österreich. Opladen 1997.

Hennessy, Peter: Ruler and Servants of the State. The Blair Style of Government 1997-2004, in: Parliamentary Affairs 58/2005, S. 6-16.

Hennessy, Peter: Cabinet government. A commentary, in: Contemporary Record 8/1994, S. 484-494.

Hennis, Wilhelm/ Graf Kielmansegg, Peter/ Matz, Ulrich (Hrsg.): Regierbarkeit. Studien zu ihrer Problematisierung, Bd. 1. Stuttgart 1977.

Hennis, Wilhelm/ Graf Kielmansegg, Peter/ Matz, Ulrich (Hrsg.): Regierbarkeit. Studien zu ihrer Problematisierung, Bd. 2. Stuttgart 1979.

Herbert, Stephen/ Burnside, Ross/ Wakefield, Simon: UK Election 2005 in Scotland. SPICe briefing 05/28. Edinburgh 2005.
www.scottish.parliament.uk/business/research/briefings-05/SB05-28.pdf (15.07.2005)

Heywood, Andrew: Britain's Dominant Party System, in: L. Robins et al. (Hrsg.): Britain's changing Party System. London 1994.

Himmler, Norbert: Zwischen Macht und Mittelmaß. Großbritanniens Außenpolitik und das Ende des Kalten Krieges. Akteure, Interessen und Entscheidungsprozesse der britischen Regierung 1989/90. Berlin 2001.

HM Treasury: Budget 2005, London 2005.

HM Treasury: Spending Review 2004, London 2004.

HM Treasury: Budget 1997, London 1997.

Hogg, Sarah/ Hill, Jonathan: Too Close to Call. Power and Politics. John Major in No. 10. London 1995.

Hohendahl, Peter Uwe (Hrsg.): Öffentlichkeit. Geschichte eines kritischen Begriffs. Stuttgart, Weimar 2000.

Holmes, Martin: John Major and Europe. The Failure of a Policy 1990-7. The Bruges Group Working Paper 28/1998.
www.brugesgroup.com/mediacentre/index.live?article=75 (19.04.2005)

House of Commons Information Office: Private Bills. Factsheet L4. London 2005.

House of Commons Information Office: Private Members' Bills Procedure. Factsheet L2. London 2003.

House of Lords: House of Lords Briefing. London 2005.

Hübner, Emil/ Münch, Ursula: Das politische System Großbritanniens. München 1998.

Hughes, Kirsty/ Smith, Edward: New Labour – new Europe?, in: International Affairs 74/1998, S. 93-104.

Humphreys, Peter J.: Das Mediensystem in Großbritannien, in: Hans-Bredow-Institut (Hrsg.): Internationales Handbuch Medien 2004/2005. Baden-Baden, S. 326-340.

Humphreys, Peter J.: Mass media and media policy in Western Europe. Manchester 1996.

Hunziker, Peter: Medien, Kommunikation und Gesellschaft. Einführung in die Soziologie der Massenkommunikation. Darmstadt 1996.

Ingle, Stephen: The British Party System. London 2000.

Irvine, Derry (Lord Irvine of Lairg QC): The Human Rights Act: Principle and Practice, in: Parliamentary Affairs 57/ 2004, S. 744-753.

Jaenicke, Douglas: New Labour and the Clinton Presidency, in: David Coates et al. (Hrsg.): New Labour in Power. Manchester 2000, S. 34-48.

Jäger, Wolfgang: Fernsehen und Demokratie. Scheinplebizitäre Tendenzen und Repräsentation in den USA, Großbritannien, Frankreich und Deutschland. München 1992.

Janowski, Cordula Agnes: Die nationalen Parlamente und ihre Europa-Gremien. Legitimationsgarant der EU? Baden-Baden 2005.

Jansen, Hans-Heinrich/ Lehmkuhl, Ursula (Hrsg.): Grossbritannien, das Empire und die Welt. Britische Außenpolitik zwischen „Größe" und „Selbstbehauptung" 1850-1990. Bochum 1995.

Jeffery, Charlie: Verfassungspolitik im Vergleich. Britische Devolution und deutscher Föderalismus, in: Gert-Joachim Glaeßner et al. (Hrsg.): Verfassungspolitik und Verfassungswandel. Deutschland und Großbritannien im Vergleich. Opladen 2001, S. 125-142.

Jeffery, Charlie/ Palmer, Rosanne: Devolution im Vereinigten Königreich. Erste Antworten auf die 'englische Frage'?, in: Vorstand des Europäischen Zentrums für Föderalismus-Forschung Tübingen (Hrsg.): Jahrbuch des Föderalismus. Föderalismus, Subsidiarität und Regionen in Europa. Bd. 4. Baden-Baden 2003, S. 259-269.

Jeffery, Charlie/ Palmer, Rosanne: Das Vereinigte Königreich – Devolution und Verfassungsreform, in: Vorstand des Europäischen Zentrums für Föderalismus-Forschung Tübingen (Hrsg.): Jahrbuch des Föderalismus. Föderalismus, Subsidiarität und Regionen in Europa. Bd. 1. Baden-Baden 2000, S. 321-339.

Johnson, Dominic: Abschied von der Insel? Großbritannien im Wandel. Bonn 1997.

Johnson, Nevil: Manager statt Amtsverwalter? Zu den Veränderungen im britischen Staatsdienst, in: Die Öffentliche Verwaltung 54/2001, S. 317-322.

Jordan, Ulrike et. al (Hrsg.): Political reform in Britain, 1886 - 1996. Themes, ideas, policies. Bochum 1997.

Jowell, Jeffrey/ Birkinshaw, Patrick: English Report, in: Jürgen Schwarze (Hrsg.): Das Verwaltungsrecht unter europäischem Einfluss. Zur Konvergenz der mitgliedstaatlichen Verwaltungsrechtsordnungen in der Europäischen Union. Baden-Baden 1996, S. 273-332.

Jowell, Jeffrey/ Cooper, Jonathan (Hrsg): Delivering Rights. How the Human Rights Act is Working. London 2003.

Jun, Uwe: Der Wandel von Parteien in der Mediendemokratie. SPD und Labour Party im Vergleich. Frankfurt a.M. 2004.

Jun, Uwe: Politische Parteien und Kommunikation in Großbritannien. Labour Party und Konservative als professionalisierte Medienkommunikationsparteien, in: Ulrich von Alemann (Hrsg.): Parteien in der Mediendemokratie. Wiesbaden 2002.

Kaiser, Andre: Verbände und Politik, in: Hans Kastendiek et al.: Länderbericht Großbritannien. Bonn 1998, S. 224-238.

Kamm, Jürgen/ Lenz, Bernd: Großbritannien verstehen, Darmstadt 2004.

Karg, Michael Simon: Mehr Sicherheit oder Einschränkung von Bürgerrechten. Die Innenpolitik westlicher Regierungen nach dem 11. September 2001. Hanns-Seidel-Stiftung. München 2003.

Kastendiek, Hans: Traditionelles und neues Verfassungsdenken in Großbritannien, in: Gert-Joachim Glaeßner et al. (Hrsg.): Verfassungspolitik und Verfassungswandel. Deutschland und Großbritannien im Vergleich. Wiesbaden 2001, S. 29-52.

Kastendiek, Hans/ Rohe, Karl/ Volle, Angelika (Hrsg.): Länderbericht Großbritannien. Geschichte, Politik, Wirtschaft, Gesellschaft. Bonn 1998.

Kastning, Lars: Vereinigtes Königreich, in: Winfried Steffani (Hrsg.): Regierungsmehrheit und Opposition in den Staaten der EG. Opladen 1991.

Katzenstein, Peter S.: Policy and Politics in West Germany. The Growth of a Semisovereign State. Philadelphia 1987.

Kavanagh, Dennis: British Politics. Continuities and Change. 4. Ed. Oxford 2000.

Kavanagh, Dennis: Thatcherism and British Politics. Oxford 1990.

Kavanagh, Dennis/ Richards, David: Departmentalism and Joined-Up Government. Back to the Future?, in: Parliamentary Affairs 54/2001, S. 1-18.

Kelly, Richard/ Gay, Oonagh/ White, Isobel: The Constitution: Into the Sidings, in: Parliamentary Affairs 58/2005, S. 215-229.

Kerr, Michael: Transforming Unionism. David Trimble and the General Election 2005. Dublin 2005.

King, Anthony: Does the United Kingdom still have a Constitution? (The Hamlyn Lectures Fifty-Second Series). London 2001.

King, Anthony. (Hrsg.): The British Prime Minister. Basingstoke 1985.

Kingdom, John: Government and politics in Britain. An introduction. Cambridge 1999.

Knill, Christoph: Indikatoren für die Entwicklungsdynamik nationaler Verwaltungen. Administrative Reformkapazität in föderalen und unitarischen Systemen, in: Verwaltungsarchiv. Zeitschrift für Verwaltungslehre, Verwaltungsrecht und Verwaltungspolitik 94/2003, S. 419-436.

Knill, Christoph: Staatlichkeit im Wandel. Großbritannien im Spannungsfeld innenpolitischer Reformen und europäischer Integration. Wiesbaden 1995.

Korte, Karl-Rudolf/ Fröhlich, Manuel: Politik und Regieren in Deutschland. Paderborn u.a. 2004.

Lambe, Paul/ Rallings, Colin/ Thrasher, Michael: Elections and Public Opinion. Plus Ca Change..., in: Parliamentary Affairs 58/2005, S. 335-350.

Lawler, Peter: New Labour's foreign policy, in: David Coates et al. (Hrsg.): New Labour in power. Manchester 2000, S. 281-299.

Laws, John: Law and Democracy, in: Public Law 1995, S. 68-83.

Lawson, Nigel.: Cabinet government in the Thatcher years, in: Contemporary Record 8/1994, S. 440-447.

Le Grand, Julian: The Labour Government and the National Health Service, in: Oxford Review Of Economic Policy 18/2002, S. 137-153.

Leach, Steve/ Pratchett, Lawrence: Local Government. A New Vision, Rhetoric or Reality?, in: Parliamentary Affairs 58/2005, S. 318-334.

Lehmkuhl, Ursula: „Größe" und „Selbstbehauptung" als Formeln britischer Weltgeltung. Einige theoretische und Methodische Überlegungen, in: Hans-Heinrich Jansen et al. (Hrsg.): Grossbritannien, das Empire und die Welt. Britische Außenpolitik zwischen „Größe" und „Selbstbehauptung" 1850-1990. Bochum 1995(a), S. 3-30.

Lehmkuhl, Ursula: Britische Formeln zur Macht. Eine empirische Bestandsaufnahme, in: Hans-Heinrich Jansen et al. (Hrsg.): Grossbritannien, das Empire und die Welt. Britische Außenpolitik zwischen „Größe" und „Selbstbehauptung" 1850-1990. Bochum 1995(b), S. 295-304.

Lehmkuhl, Ursula: Das Empire/Commonwealth als Faktor britischer Europapolitik 1945-1961, in: Clemens A. Wurm (Hrsg.): Wege nach Europa. Wirtschaft und Außenpolitik Großbritanniens im 20. Jahrhundert. Bochum 1992, S. 91-122.

Leitolf, Jörg: Selbstbehauptung und Parteipolitik. Die Labour Party und Großbritanniens Rolle in der Welt 1945-1990, in: Hans-Heinrich Jansen et al. (Hrsg.): Grossbritannien, das Empire und die Welt. Britische Außenpolitik zwischen „Größe" und „Selbstbehauptung" 1850-1990. Bochum 1995, S. 263-291.

LePrestre, Philippe G.: Role quests in the post-cold war era: foreign policies in transition. Montreal 1997.

Lewis, Chris: Kriminalpolitik in England und Wales, in: Bewährungshilfe. Zeitschrift für Bewährungs-, Gerichts- und Straffälligenhilfe 47/2000, S. 181-185.

Lindblom, Charles E.: Inkrementalismus. Die Lehre vom „Sich-Durchwursteln", in: Wolf-Dieter Narr et al. (Hrsg.): Wohlfahrtsstaat und Massenloyalität. Köln 1975, S. 161-177.

Ling, Tom: Delivering joined-up government in the UK: Dimensions, issues and problems, in: Public Administration 80/2002, S. 615 - 642.

Lippmann, Walter: Public Opinion. New York 1922.

Lipset, Seymour M.: The First New Nation. The United States in Historical and Comparative Perspective. New Brunswick u.a. 2003 [1963].

Lompe, Klaus/ Rass, Hans Heinrich/ Rehfeld, Dieter: Enquête-Kommissionen und Royal Commissions. Beispiele wissenschaftlicher Politikberatung in der Bundesrepublik Deutschland und in Großbritannien. Göttingen 1981.

Lord Lester of Herne/ Lydia Clapinska: Human Rights and the British Constitution, in: Jowell, Jeffrey/ Dawn, Oliver: The Changing Constitution. 5. Ed. Oxford 2004, S. 62-88.

Lowndes, Vivien: Rebuilding Trust in Central/Local Relations. Policy or Passion?, in: Lawrence Pratchett (Hrsg.): Renewing Local Democracy? The Modernisation Agenda in British Local Government. London 2000.

Luhmann, Niklas: Die Politik der Gesellschaft. Herausgegeben von André Kieserling, Frankfurt a.M. 2000.

Maass, Gero: Politik(er) ohne Rückwärtsgang. Zur Wirtschaft und Politik in Großbritannien im Jahr 2003, Friedrich-Ebert-Stiftung London 2003.

Maass, Gero: Public Private Partnership - Königsweg oder Mythos? Friedrich-Ebert-Stiftung London 2002.

MacShane, Denis: Großbritanniens EU-Präsidentschaft. Interne Krise, äußere Stärke und wirtschaftliche Bewegung. Friedrich-Ebert-Stiftung London 2005.

www.feslondon.dial.pipex.com/pubs02/GB EU-Praesidentschaft.pdf (25.07.2005)

Mandelson, Peter: Revolution revisited, in: The Guardian vom 17.05.2002(a).

Mandelson, Peter: How spin turned on us, in: The Guardian vom 17.05.2002(b).

Mandelson, Peter/ Liddle, Roger: Blair Revolution Revisited. London 2004.

Marsh, Steve: Blair, Britain and the Anglo-American Special Relationship, in: Merle Tönnies (Hrsg.): Britiain under Blair. Heidelberg 2003, S.49-74.

McLean, Iain: The Jenkins Commission and the Implications of Electoral Reform for the UK Constitution, in: Government and Opposition 34/1999, S. 143-160.

McMillan, Janice/ Massey, Andrew: A Regional Future for the UK Civil Service? The Government Offices for the English Regions and the Civil Service in Scotland, in: Public Money & Management 21/2001, S. 25-31.

Merkel, Wolfgang: Ende der Sozialdemokratie? Machtressourcen und Regierungspolitik im westeuropäischen Vergleich. Frankfurt a.M. 1993.

Minogue, Kenneth: The Fate of Britain's National Interest. The Bruges Group Working Paper 47/1, 2004. www.brugesgroup.com/mediacentre/index.live?article=206#national (19.04.2005)

Mitchell, James: Devolution and the Future of the Union I, in: Justin Fischer et al. (Hrsg.): Central Debates in British Politics. London 2003, S. 33-47.

Mitchell, James/ Bradbury, Jonathan: Devolution. Comparative Development and Policy Roles. In: Parliamentary Affairs 57/2004, S. 329-346.

Moran, Michael/ Alexander, Elisabeth: The Economic Policy of New Labour, in: David Coates et al. (Hrsg.): New Labour in Power. Manchester u.a. 2000, S. 108-120.

Morgan, Kevin/ Mungham, Geoff: Redesigning Democracy. The Making of the Welch Assembly. Bridgend 2000.

Müller, Thorsten: Die Innen- und Justizpolitik der Europäischen Union. Eine Analyse der Integrationsentwicklung. Opladen 2003.

Murswieck, Axel: Des Kanzlers Macht. Zum Regierungsstil Gerhard Schröders, in: Christoph Egle et al. (Hrsg.): Das rot-grüne Projekt. Wiesbaden 2003, S. 117-136.

Naschold, Frieder/ Bogumil, Jörg: Modernisierung des Staates. New Public Management in deutscher und internationaler Perspektive. Opladen 2000.

Negrine, Ralph: The media and Politics, in: Justin Fisher et al. (Hrsg.): Central debates in British politics. London 2003, S. 186-202.

Newton, Kenneth/ Brynin, Malcom: The National Press and Party Voting in the UK, in: Political Studies 49/2001, S. 265-285.

Noelle-Neumann, Elisabeth: Öffentliche Meinung. Die Entdeckung der Schweigespirale. Frankfurt am Main, Berlin 1996.

Noetzel, Thomas: Geschichte Irlands. Vom Erstarken der englischen Herrschaft bis heute. Darmstadt 2003.

Noetzel, Thomas: Muster ohne Wert. Modernisierungspolitik in Großbritannien seit 1945, in: Leo Kißler et al. (Hrsg.): Der halbierte Fortschritt. Modernisierungspolitik am Ausgang des 20. Jahrhunderts. Marburg 1989(a), S. 164-184.

Noetzel, Thomas: Die Faszination des Verrats. Eine Studie zur Dekadenz im Ost-West-Konflikt. Hamburg 1989(b).

Noetzel, Thomas: Die Revolution der Konservativen. England in der Ära Thatcher. Hamburg 1987.

Nohlen, Dieter: Wahlrecht und Parteiensystem. Opladen 2000.

Norris, Paul: The 1998 Northern Ireland Assembly Election, in: Politics 20/2000, S. 39-42.

Norris, Pippa: Will New Technology Boost Turnout? Evaluating Experiments in UK Local Elections, in: Norbert Kersting et al. (Hrsg.): Electronic Voting and Democracy. A Comparative Analysis. Houndmills 2004, S. 193-225.

Norris, Pippa: All Spin and No Substance? The 2001 British General Election, in: International Journal of Press/Politics, 6/2001(a), S. 3-10.

Norris, Pippa: Apathetic Landslide. The 2001 British General Election, in: Parliamentary Affairs 54/2001(b), S. 565-589.

Norris, Pippa/ Wlezien, Christopher (Hrsg.): Britain Votes 2005. Oxford 2005.

Norton, Philip: The British Polity. 4. Ed. 2001.

Norton, Philip: Does Parliament Matter? New York 1993.

O'Neill, Michael: Great Britain. From Dicey to Devolution, in: Parliamentary Affairs 53/2000, S. 69-95.

Office for National Statistics (ONS): Quarterly National Accounts. 4th Quarter and Year 2004. London 2005.

Office for National Statistics (ONS): UK 2005. The Official Yearbook of the United Kingdom of Great Britain and Northern Ireland. London 2004.

Organization for Economic Cooperation Development (OECD): OECD Economic Outlook 76. Dezember 2004.

Østergaard, Bernt S. (Hrsg.): The media in western Europe. The Euromedia Handbook. London 1992.

Palmowski, Jan: Auf der Suche nach der neuen Mitte. Die britische Liberale Partei 1914-1931, in: Geschichte und Gesellschaft. Zeitschrift für Historische Sozialwissenschaft 29/2003, S. 40-65.

Parmar, Inderjeet: New Labour and 'law and order', in: David Coates et al. (Hrsg.): New Labour in power. Manchester 2000, S. 207-220.

Pattie, Charles/ Johnston, Ron: A Low Turnout Landslide. Abstention at the British General Election of 1997, in: Political Studies 49/2001, S. 286-305.

Peck, Edward/ Perri 6: New Labour's Modernisation in the public Sector. A neo-durkheimian Approach and the Case of mental Health Services, in: Public Administration 82/2004, S. 83-108.

Peters, Guy B.: Interest Groups and European Governance. A Normative Perspective, in: Andreas Warntjen et al. (Hrsg.): Governance in Europe. The Role of Interest Groups. Baden-Baden 2004, S. 57-65.

Plasser, Fritz: „Amerikanisierung" der Wahlkommunikation in Westeuropa. Diskussions- und Forschungsstand, in: Hans Bohrmann et al. (Hrsg.): Wahlen und Politikvermittlung durch Massenmedien. Wiesbaden 2000, S. 49-67.

Plöhn, Jürgen: Großbritannien. Interessengruppen im Zeichen von Tradition, sozialem Wandel und politischen Reformen, in: Werner Reutter et al. (Hrsg.): Verbände und Verbandssysteme in Westeuropa. Opladen 2001, S 169-196.

Pollard, Sidney: Struktur- und Entwicklungsprobleme der britischen Wirtschaft, in: Hans Kastendiek et al. (Hrsg.): Länderbericht Großbritannien. Bonn 1998, S. 295-330.

Potter, Mark: Opferschutz im Straf- und Strafverfahrensrecht im europäischen Vergleich. Länderbericht für Großbritanien. Göttingen 2003.
http://cdl.niedersachsen.de/blob/images/C8949126_L20.pdf, (16.Aug. 2005)

Pratchett, Lawrence: Local Government. From Modernisation to Consolidation, in: Parliamentary Affairs 55/2002, S. 331-346.

Pratchett, Lawrence/ Leach, Steve: Local Government: Choice Within Constraint, in: Parliamentary Affairs 57/2004, S. 366-379.

Pratchett, Lawrence/ Leach, Steve: Local Government. Selectivity and Diversity, in: Parliamentary Affairs 56/2003, S. 255-269.

Pratchett, Lawrence/ Wingfield, Melvin: Electronic Voting in the United Kingdom. Lessons and Limitations from the UK Experience, in: Norbert Kersting et al. (Hrsg.): Electronic Voting and Democracy. A Comparative Analysis. Houndmills 2004, S. 172-189.

Prince, Sue: The Law and Politics. Upsetting the Judicial Apple-Cart, in: Parliamentary Affairs 57/2004, S. 288-300.

Rallings, Colin/ Thrasher, Michael: Local Electoral Participation in Britain, in: Parliamentary Affairs 56/2003, S. 700-715.

Raschke, Joachim: Soziale Bewegungen. Ein historisch-systematischer Grundriss. Frankfurt, New York 1988.

Reynolds, David: Britannia overruled. British policy and world power in the twentieth century. London 1992.

Rhodes, R.A.W.: One more time, what is governance and why does it matter?, in: Jack Hayward et al. (Hrsg.): Governing Europe, Oxford 2003.

Rhodes, R.A.W.: Understanding Governance, Buckingham 1997.

Richardson, Jeremy: The market for political activism. Interest groups as a challange to political parties, in: West European Politics 18/1995, S. 116-139.

Ritter, Gerhard A. et. al (Hrsg.): Rivalität und Partnerschaft. Studien zu den deutsch-britischen Beziehungen im 19. und 20. Jahrhundert; Festschrift für Anthony J. Nicholls. Paderborn 1999.

Robbins, Keith: Britain and Europe. Devolution and foreign policy, in: International Affairs 74/1998, S. 105-118.

Rohde, Kathrin: Die britischen Verfassungsreformen unter Tony Blair 1997 bis 2001. Burkean modernisation or Painite revolution? Berlin 2003.

Rohe, Karl et al. (Hrsg.): Krise in Großbritannien? Studien zu Strukturproblemen der britischen Gesellschaft und Politik im 20. Jahrhundert. Bochum 1987.

Rucht, Dieter: Parteien, Verbände und Bewegungen als Systeme politischer Interessenvermittlung, in: Oskar Niedermayer et al. (Hrsg.): Stand und Perspektive der Parteienforschung in Deutschland. Opladen 1993, S. 251-275.

Rüdig, Wolfgang: Umwelt als politische und ökonomische Herausforderung: Eine britische Erfolgsgeschichte? in: Hans Kastendiek et al. (Hrsg.): Länderbericht Großbritannien. Bonn 1998, S. 588-606.

Russell, Andrew/ Fieldhouse, Edward: Neither Left Nor Right. The Liberal Democrats and the Electorate. Manchester 2005.

Sancho, Jane/ Glover, John: Conflict around the clock. Audience reactions to media coverage of the 2003 Iraq war. October 2003. www.ofcom.org.uk/research/consumer_audience_research/tv/tv_audience_reports/conflict _around_the_clock.pdf (17.01.2005)

Scammell, Margaret/ Harrop, Martin: The Press Disarmed, in: David Butler et al. (Hrsg.): The British General Election of 2001. Houndsmill 2002, S. 156-181.

Scharpf, Fritz W.: Politischer Immobilismus und ökonomische Krise. Kronberg 1977.

Schieren, Stefan: Die stille Revolution. Der Wandel der britischen Demokratie unter dem Einfluss der europäischen Integration. Darmstadt 2001.

Schmid, Josef: Wohlfahrtsstaaten im Vergleich. Opladen 2002.

Schmid, Josef/ Picot, Georg: „Welfare to Work" bei Blair und Schröder – eine Idee, zwei Realitäten?, in: Gerhard Hirscher et al. (Hrsg.): Die Strategie des „Dritten Weges". München 2001, S. 229-264.

Schmidt, Gustav: Großbritanniens internationale Position nach dem Zweiten Weltkrieg, in: Hans Kastendiek et al. (Hrsg.): Länderbericht Großbritannien. Bonn 1998, S. 381-404.

Schmidt, Manfred G.: West Germany. The Policy of the Middle Way, in: Journal of Public Policy 7/1987, S. 139-177.

Schmitt-Egner, Peter: Handbuch zur Europäischen Regionalismusforschung. Wiesbaden 2005.

Schmitter, Philippe C./ Lehmbruch, Gerhard (Hrsg.): Trends toward corporatist intermediation. Beverly Hills u.a. 1979.

Schneider, Volker: State Theory, Governance and the Logic of Regulation and Administrative Control, in: Andreas Warntjen et al. (Hrsg.): Governance in Europe. The Role of Interest Groups. Baden-Baden 2004, S. 25-41.

Schönwälder, Karen: Konturen eines „Dritten Weges". Großbritannien unter den Blair-Regierungen, in: Leviathan 30/2002, S. 250-266.

Schröder, Hans-Christoph: Die Geschichte Englands. Ein Überblick, in: Hans Kastendiek et al. (Hrsg.): Länderbericht Großbritannien. Bonn 1998, S. 15-69.

Schröter, Harm G.: Sonderweg und (un)aufhaltsame Hinwendung zu Europa. Zur Entwicklung der britischen Außenwirtschaftsstrukturen im 20. Jahrhundert, in: Clemens A. Wurm (Hrsg.): Wege nach Europa. Wirtschaft und Außenpolitik Großbritanniens im 20. Jahrhundert. Bochum 1992, S.155-170.

Schulz, Andreas: Der Aufstieg der „vierten Gewalt". Medien, Politik und Öffentlichkeit im Zeitalter der Massenkommunikation, in: Historische Zeitschrift 270/2000, S.65-97.

Schulz, Winfried: Politische Kommunikation. Theoretische Ansätze und Ergebnisse empirischer Forschung. Wiesbaden 1997.

Schwarz, Hans-Peter: Das europäische Konzert der gelähmten Leviathane. Variationen zum Thema Unregierbarkeit und Außenpolitik, in: Wilhelm Hennis et al. (Hrsg.): Regierbarkeit, Bd. 1. Stuttgart 1977, S. 296-312.

Sebald, Martin: Oppositionsstrategien im Vergleich. Der Anteil der parlamentarischen Minderheit am Machtwechsel in Großbritannien und Deutschland, in: Gerhard Hirscher et al. (Hrsg.): Aufstieg und Fall von Regierungen. Machterwerb und Machterosion in westlichen Demokratien. München 2001, S. 113-146.

Seldon, Anthony: Major. A Political Life. London 1997.

Seldon, Anthony/ Ball, Stuart: The Conservative Century. The Conservative Party Since 1900. Oxford 1994.

Semetko, Holli A./ Scammell, Margaret/ Goddard, Peter: Television, in: Parliamentary Affairs 50/1997, S. 609-615.

Seymour-Ure, Colin: Newspapers. Editorial opinion in the national press, in: Parliamentary Affairs 50/1997, S. 586-608.

Shell, Donald: Labour and the House of Lords. A Case Studie in Constitutional Reform, in: Parliamentary Affairs 53/2000, S. 290-310.

Sked, Alan: Post-war Britain. A political history. London 1993.

Smith, Gordon: Die Institution der politischen Partei in Großbritannien, in: Dimitris Th. Tsatsos et al. (Hrsg.): Parteienrecht im europäischen Vergleich. Baden-Baden: Nomos 1990.

Smith, James: Civil Contingency Planning in Government, in: Parliamentary Affairs 56/2003, S. 410-422.

Smith, Martin J.: Prime Minister and Cabinet, in: Justin Fisher et al. (Hrsg.): Central debates in British politics. Harlow 2002, S. 223-238.

Sontheimer, Kurt/ Bleek, Wilhelm: Grundzüge des politischen Systems Deutschlands. Bonn 2003.

Sparks, Colin: The Press, in: Jane Stokes et al. (Hrsg.): The media in Britain. Current debates and developments. New York 1999, S. 41-60.

Stanyer, James: Politics and the Media. A Crisis of Trust?, in: Parliamentary Affairs 57/2004, S. 420-434.

Stanyer, James: Politics and the Media. A Breakdown in Relations for New Labour, in: Parliamentary Affairs 56/2003, S. 309-321.

Stanyer, James: Politics and the Media. A Loss of Political Appetite?, in: Parliamentary Affairs 55/2002, S. 377-388.

Stanyer, James: The New Media and the Old. The Press, Broadcasting and the Internet, in: Parliamentary Affairs 54/2001, S. 349-359.

Stanyer, James/ Wring, Dominic: Public Images, Private Lives. An Introduction, in: Parliamentary Affairs 57/2004, S. 1-8.

Statistisches Bundesamt: Statistisches Jahrbuch 2004 für die Bundesrepublik Deutschland. Wiesbaden 2004

Stewart, John. The Nature of British Local Government. Houndmills 2000.

Stokes, Jane: Publishing, in: Jane Stokes et al. (Hrsg.): The media in Britain. Current debates and developments. New York 1999, S. 10-24.

Stokes, Jane/ Reading, Anna (Hrsg.): The media in Britain. Current debates and developments. New York 1999.

Sturm, Roland: Das politische System Großbritanniens, in: Wolfgang Ismayer (Hrsg.): Die politischen Systeme Westeuropas. Opladen 2002, S. 217-253.

Sturm, Roland: Sozialstruktur und Gesellschaftspolitik, in: Bundeszentrale für politische Bildung (Hrsg.): Informationen zur politischen Bildung – Großbritannien, 262/1999, S. 32-38.

Sturm, Roland: New Labour – New Britain? Großbritannien nach dem Wahlsieg Tony Blairs, in: Hans Kastendiek et al. (Hrsg.): Länderbericht Großbritannien. Bonn 1998(a), S. 275-292.

Sturm, Roland: Staatsordnung und politisches System, in: Hans Kastendiek et al.: Länderbericht Großbritannien. Bonn 1998(b), S. 194-223.

Sturm, Roland: Großbritannien. Wirtschaft - Gesellschaft - Politik. Opladen 1997.

Sullivan, Helen: Local governmentreform in Great Britain, in: Norbert Kersting et al. (Hrsg.): Reforming Local Government in Europe. Closing the Gap between Democracy and Efficiency. Opladen 2003, S. 39-64.

Thain, Colin: Economic Policy, in: Patrick Dunleavy et al. (Hrsg.): Developments in British Politics 6. Houndmills 2000, S. 219-237.

Theakston, Kevin: Prime Ministers and the Constitution. Attlee to Blair, in: Parliamentary Affairs 58/2005, S. 17-37.

Thomaß, Barbara: Arbeit im kommerziellen Fernsehen. Quantitative und qualitative Effekte neuer Anbieterformen in Deutschland, Belgien, Frankreich, Großbritannien und Spanien. Münster, Hamburg 1993.

Tugendhat, Christopher/ Wallace, William: Options for British foreign policy in the 1990s. London 1988.

Tunstall, Jeremy: The United Kingdom, in: Bernt S. Østergaard (Hrsg.): The media in western Europe. The Euromedia Handbook. London 1992, S. 238-255.

Tunstall, Jeremy: Great Britain, in: Hans Kleinsteuber et al. (Hrsg.): Electronic Media and Politics in Western Europe. Frankfurt a.M. u.a. 1986, S. 110-134.

United Nations Children's Fund (UNICEF): Child Poverty in Rich Countries 2005. Florenz 2005.

Vick, Douglas W./ Doyle, Gillian: Communications Act 2003 in Großbritannien. Über die „konvergierte Regulierung" zum deregulierten Medienmarkt?, in: Media Perspektiven H. 1/2004, S. 38-48.

Volle, Angelika: Großbritannien und der europäische Einigungsprozess. Bonn 1989.

Wakeham, J.: Cabinet government, in: Contemporary Record 8/1994, S. 473-483.

Warntjen, Andreas/ Wonka, Arndt (Hrsg): Governance in Europe. The Role of Interest Groups. Baden-Baden 2004.

Webb, Paul: Parties and Party Systems. Prospects for Realignment, in: Parliamentary Affairs 56/2003, S. 283-296.

Webb, Paul: Parties and Party Systems: More Continuity than Change, in: Parliamentary Affairs 55/2002(a), S. 363-376.

Webb, Paul: Representation. Parties, Pressure Groups and Social Movements, in: Justin Fisher et al. (Hrsg.): Central debates in British politics. Harlow 2002(b), S. 171-185.

Webb, Paul: The Modern British Party System. London u.a. 2000.

Weber, Helmut (Hrsg.): The Future of the Welfare State. British and German Perspectives. Trier 1999.

Weller, Patrick: Cabinet government. An elusive ideal?, in: Public Administration 81/2003, S. 701-722.

Weymouth, Anthony: The Media in Britain, in: Anthony Weymouth (Hrsg.): Markets and myths. Forces for change in the media of Western Europe. London, New York 1996, S. 37-75.

Wheeler, Nicholas J./ Dunne, Tim: Good international citizenship. A third way for British foreign policy, in: International Affairs 74/1998, S. 847-870.

Wilke, Jürgen: Auf langem Weg zur Öffentlichkeit. Von der Parlamentsdebatte zur Mediendebatte, in: Ottfried Jarren et al. (Hrsg.): Zerfall der Öffentlichkeit? Wiesbaden 2000, S. 23-38.

Williams, Paul: Who's making UK foreign policy?, in: International Affairs 80/2004, S. 909-929.

Williams, Raymond: Communications. Harmondsworth 1982.

Willke, Helmut: Ironie des Staates. Grundlinien einer Staatstheorie polyzentrischer Gesellschaft. Frankfurt am Main 1992.

Willke, Helmut/ Teubner, Gunther: Dezentrale Kontextsteuerung im Recht intermediärer Verbände, in: Rüdiger Voigt (Hrsg.): Verrechtlichung. Analysen zu Funktion und Wirkung von Parlamentarisierung, Bürokratisierung und Justizialisierung sozialer, politischer und ökonomischer Prozesse. Königstein 1980, S. 46-62.

Wilson, David: The United Kingdom. An increasingly differentiated polity?, in: Bas Denter et al. (Hrsg.): Comparing Local Governance. Trends and Developments. Houndmills 2005, S. 155-173.

Wilson, David: New Local Governance, in: Justin Fischer et al. (Hrsg.): Central Debates in British Politics. London 2003(a), S. 264-279.

Wilson, David: Unravelling Control Freakery. Redefining Central-local Government Relations, in: British Journal of Politics and International Relations, 5/2003(b), S. 317-346.

Wimmer, Hannes: Die Modernisierung politischer Systeme. Staat, Parteien, Öffentlichkeit. Wien, Köln, Weimar 2000.

Woodhouse, Diana: The Law and Politics. In the shadow of the Human Rights Act, in: Parlamentary Affairs 55/2002, S. 254-270.

Wurm, Clemens A. (Hrsg.): Wege nach Europa. Wirtschaft und Außenpolitik Großbritanniens im 20. Jahrhundert. Bochum 1992.

Young, Ross: Welsh Assembly Elections 1 May 2003, Research Paper 03/45, House of Commons Libary, London.
www.parliament.uk/commons/lib/research/rp2003/rp03-045.pdf

Ziegesar, Detlef von: Großbritannien ohne Krone? Darmstadt 1993.

Personen- und Sachregister

Autorenangaben

Jochen Fischer, M.A., wissenschaftlicher Mitarbeiter am Institut für Politikwissenschaft der Philipps-Universität Marburg.

Ray Hebestreit, Bankkaufmann, Studium der Politikwissenschaft und Volkswirtschaftslehre an der Philipps-Universität Marburg.

Thomas Krumm, Dr., wissenschaftlicher Mitarbeiter am Institut für Politikwissenschaft der Philipps-Universität Marburg.

Thomas Noetzel, Dr., Professor am Institut für Politikwissenschaft der Philipps-Universität Marburg.

Sandra Staicu, M.A., Studium der Politikwissenschaft und Anglistik an der Philipps-Universität Marburg.

www.ingramcontent.com/pod-product-compliance
Lightning Source LLC
Chambersburg PA
CBHW061752260326
41914CB00006B/1085